의료윤리학의 이론과 실제

[Iryo Rinrigaku no ABC]
Copyright ⓒ 2015 Kenji Hattori · Takao Ito All rights reserved.

No part of this book may be used or reproduced in any manner whatsoever without written permission except in the case of brief quotations embodied in critical articles and reviews.

Originally published in Japan in 2015 by Medical Friend Co. Ltd
Korean Translation Copyright ⓒ 2016 by Rhodos Publishing Co.
Korean edition is published by arrangement with Medical Friend Co. Ltd
through BC Agency.

이 책의 한국어판 저작권은 BC를 통한
Medical Friend Co.와의 독점 계약으로 한국어 판권을 로도스 출판사가 소유합니다.
저작권법에 의하여 한국 내에서 보호를 받는 저작물이므로 무단전재와 복제를 금합니다.

의료윤리학의 이론과 실제

핫토리 켄지·이토 타카오 지음 | 김도경·정신희 옮김

우리는 어떻게 살 것인가
— 감수의 말을 대신하며

코펠이 아직 1학년이던 작년 10월 ×일 오후에 있었던 일입니다. 코펠은 삼촌과 둘이서 긴자에 있는 어느 백화점 옥상에 서 있었습니다.

오는지 안 오는지, 알 수 없을 정도로 가느다란 안개비가 회색빛의 하늘에서 조용히 계속 내려와서, 코펠의 외투에도, 삼촌의 레인코트에도 어느새 안개를 얹어 놓은 듯이 작은 은색 물방울이 잔뜩 묻었습니다. 코펠은 아무 말도 없이 바로 아래에 보이는 긴자거리를 내려다보고 있었습니다.

이 이야기는 1937년 신조사(新潮社)에서 발간된 「일본소국민문고(日本少国民文庫)」 중 한 권으로 『너희들은 어떻게 살 것인가(君たちはどう生きるか)』*의 제1장 첫머리입니다. 철학자인 요시노 겐자부로가 중학교 1학년인 코펠의 자발적인 사고와 개인적인 경험을 바탕으로, 인간의 삶에 대한 이야기를 들려주는 훌륭한 작품입니다. 코펠은 '삼촌'에 의해서 인간과 사회에 대해 눈을 뜨기 시작합니다.

『의료윤리학의 이론과 실제』는 의료라는 세계에서 살아가려는 젊은 코펠 군들에게 두 명의 삼촌이 "어떻게 살아야 할 것인가" 하는 윤리 문제에 대해 들려주는 의욕적인 작품입니다. 두 명의 삼촌이란, 아사히카와 의과대학의 문예부 동아리 방에서 만나서 청춘을 같이 보낸 뒤, 정신과 임상의로서 의료현장에 헌신해온 이토 타카오와 정신과 의사로서 초기 연수를 마친 뒤, 의료인은 환자의 삶에 어디까지 개입하는 것이 허용되는가라는 의문을 가지고, 다시 대학에서 철학을 전공한 핫토리 켄지입니다.

이 책은 제1부에서는 기본이론에 대해 이야기하며, 제2부에서는 실천편 23가지 사례를 바탕으로 이야기가 이어집니다.

예를 들면 이런 식입니다. "환자 입장이 되어보세요"라는 말을 듣는 경우가 있다. "환자 입장이 될 수 있을까"라는 질문을 던지고, 다양한 상황을 해설하고 난 뒤, "우리는 누구라도 (환자의 부모나 자식조차) 환자 자신이 될 수 없다. 그것은 절대로 불가능한 일이다. 기껏 할 수 있는 것이라고는 환자 자신이 된 척하는 정도이다"고 대답합니다. 실천편의 '사례11'에서는 "자유와 존엄은 '구속'으로 인해서 잃어버리는 것인가"라고 물으면서, 자유가 제한됨으로써 지켜지는 체면도 있다고 단언하고 있습니다. '사례14'에서는, 간호사는 전문가로서 책임 있는 행동을 하지 않으면 안 되며, 의사의 지시에 반하는 행위가 윤리적인 경우도 있다고 기술하고 있습니다. 또한 제3판에서는 「의료윤리학의 지형도」가 보충되어 나아가야 할 방향성을 정하고 있습니다. 윤리 원칙과 사례 연구의 방법론도 여러분의 윤리관을 갈고 닦는 데 도움이 될 것입니다.

『의료윤리학의 이론과 실제』는 제가 『너희들은 어떻게 살 것인가』를 읽었던 때와 비슷한 마음의 동요를 독자들에게 가져다줄 것입니다. 코펠이 잠시 멈춰 서 있는 회색빛의 하늘에 푸른 하늘이 얼굴을 내비칩니다. 머리와 마음을 움직이면서 차분히 읽어주길 바랍니다.

2015년 11월 11일

이베 토시코(井部俊子)

제3판을 펴내며

 이 책의 초판은 의료윤리학을 처음 배우는 의료계 학생을 위하는 한결같은 마음으로 완성했다. 그 후 11년이 지나는 동안, 현장에 있는 의료인과 실습 지도자들이 사용할 수 있도록 고쳐 쓸 필요가 있다고 생각하게 되었다.
 초판을 출판한 뒤, 이전에 없던 윤리 지침·가이드라인의 붐이 일었다. 그런 규정을 지키고, 매뉴얼을 정비하는 것이 윤리이며, 그래서 윤리적인 결말을 낼 수 있다고 착각하는 풍조가 눈 깜짝할 사이에 퍼져 나갔다. 제2판이 나온 뒤 이러한 경향은 가속화되어 '의료인에 의한 의료인을 위한 의료인의 윤리'라는 형태로, 법을 염두에 두고 가이드라인의 갑옷으로 몸을 지킴으로써, 의료인의 '자율' 개념이 부활하게 되었다. 이것은 의료윤리학의 현대사 중에서도 엄청나게 큰 방향전환이다.
 이러한 잘못된 생각 때문에 나아가야 할 방향을 잃어버리게 된 상황에서 경종을 울리고, 길의 방향을 바로잡기 위해서, 이번 판에서는 새롭게

「의료윤리학의 지형도」라는 장을 새로 썼다. 그동안 법률의 개정, 지침·가이드라인이나 용어 개정이 여러 차례 있었기 때문에, 이에 대해서도 명확히 해두었다. 오랜만의 제3판 개정이기에, 실천편에서는 사례 일부를 다른 것으로 바꿔 넣었으며, 제2판에서 주석을 맡았던 세 명의 동료들이 집필자에게 많은 도움을 주었다. 새로이 여섯 명에게 해설(주석)을 부탁하였다. 또한 종래에는 각자의 개성을 살리기 위해, 서로 간섭을 하지 않으려 했던 편집자 두 명의 분담 부분에 대해, 이번에는 비판적인 자세에서 서로의 원고를 읽고 내용을 꼼꼼히 따졌다. 그 결과, 많은 장과 사례에서 대폭적인 수정이 이루어졌다. 더 나아가 전자의료기록(EMR)이나 의료경제, 또한 고전적인 윤리학설, 유럽의 임상윤리학 방법론의 동향 등에 이르기까지 많은 부분에서 설명을 업그레이드하여, (권말 자료 등 간략화도 시도했으나) 약간 페이지도 늘어났다. 글자만 잔뜩 적혀 있으면 읽기가 불편하다는 독자의 목소리에도 귀를 기울여, 도표를 넣어서 정리하기 쉽도록 노력했다.

그러나, 실전 수업 감각은 예전 그대로 남겨두었다. 지면 아래에, 머릿속에 떠오른 생각, 의문, 친구나 동료의 의견을 써가면서, 이 세상에 한 권밖에 없는 당신만의 기초 이론 책으로 만들어보길 바란다.

2015년 11월 23일

핫토리 켄지·이토 타카오

제2판 서문

　마구잡이로 지식을 열거한 책, 학문적으로 고상하게 겉치레를 한 책, 자신의 연구 성과를 잔뜩 실은 교과서. 그런 책은 도서관의 서가에 놓여 있는 것으로 충분하다. 상식을 뛰어넘어서 생각하는 능력, 상상하는 능력을 연마할 수 있는, 어찔어찔하고 흔들릴 수 있는 놀이동산 같은 교과서를 만들자는 취지에서 우리는 이 책의 초판을 내게 되었다. 그로부터 몇 년이 지나, 다행히 좋은 평을 받아서 쇄를 거듭할 수 있었고(9쇄), 또한 몇몇 성격이 다른 대학, 전문학교, 대학원 과정 등(의학과, 간호학과, 문학부, 법학부)에서 이 책을 교과서로 강의하면서 사용 감각을 확인할 수 있었다. 나아가 학생과 의료인들의 소감과 의견을 들으면서, 설명이 부족한 부분을 보충하고 시대의 흐름에 맞춰서 한 번 더 구상해보고 싶다는 마음이 커지게 되었다.
　애초부터 이 책은 특정한 사고방식을 일방적으로 강요하지 않으며, 대화형 수업이나 자습에 적합하게 만들었다. 대화를 촉진시키고 고정관념을 깨부수며 의문점이나 반대의견을 생각해내는 데 도움이 될 수 있도록, 여러 분들에게 던지는 질문 외에 일부러 극단적인 의견을 적은 부분도 있다. 감히 "나는 이렇게 생각한다"라고 적은 부분도 있다.

지식을 많이 외워서 저장해두면 언젠가 반드시 도움이 되는 날이 올 테니 열심히 공부해, 하는 이러한 부류의 교육을 브라질의 교육자 파울로 프레이리는 "은행예금형"이라고 이름 붙였다. 교사로부터 받은 지식이라는 이름의 돈을 학생은 장래에 쓰게 될 날을 위해서 열심히 노트나 머릿속에 쑤셔 넣는다. 이미 여러분도 잘 알다시피, 이 책은 은행예금용으로 만들지 않았다. 체육시간에 비유하면 앞으로 나란히, 우향우 등의 정렬이나 행진 연습이 아닌, 피구 게임을 하는 듯한 책이다. 공 대신에 의견을 교환하면서 문제점을 발견하고, 다른 새로운 견해를 찾고, 문제를 풀기 위해 궁리해나가는 것을 목적으로 하는 책이다.

그렇지만 오늘날 강의실이나 직장에서 솔직하게 의견을 교환하기란 그렇게 간단하지만은 않은 것 같다. 정답 유형을 잔뜩 암기해서 입학시험에 합격한 학생들에게, 이제 시험은 끝났으니 지금부터 스스로의 힘으로 자유롭고 철저하게 생각을 해보라고 말한다고 해서, 곧바로 사고방식을 전환할 수 있는 건 아니라는 사실도 알게 되었다. 어쩌면 의료인들도 항상 주위와 같은 견해, 동일한 보조 맞추기를 요구받고 있으며, 조금이라도 다른 의견을 내면 동료들로부터 따돌림을 당하게 될지도 모른다. 그런 직장에 오래 있다 보면 마음이 굳어버리지 않는 게 오히려 신기한 일이다.

그래서 이번 개정판에는 초판 저자와 여러 분과의 사이를 이어주는, 일명 독자대표와 같은 사람들이 해설자로서 지면에 참가해주었다. 이들은 서로 다른 의료시설과 교육기관에 소속되어 있다. 의료에 대한 관점, 인생 경험, 가치관, 성격, 생활 방식이 서로 상당히 다를 게 분명하다. 이들에게 본문에 대한 의견이나 감상, 비판, 보충, 경험을 전해 받았다. 또한 몇 명의 재학생들도 참가해주었다.

본문에 적힌 내용을 절대시하거나 그대로 받아들이는 것을 바라지 않기에, 초판에서는 복화술처럼 가상으로 대화를 주고받았지만, 제2판에서는 드디어, 설정된 각본이 없는 대화와 응수를 통해서 본문을 상대화하는 시도를 실현할 수 있었다. 다만 페이지 관계상 여러 번 주고받은 대화를 다 적을 수는 없었다. 그 뒷이야기는 여러분에게 맡기고 싶다. 본문과 마찬가지로 논평도 어디까지나 특정 입장에서 나온 하나의 주장일 뿐이라는 것을 마음에 두고 읽어주길 바란다. 모든 내용은 강의실 안, 직장 안, 그리고(당신의 마음 안에서의) 자기 자신과의 대화를 위한 실마리나 발판이다. 아무쪼록 고정된 문장보다, 더 깊은 곳으로 자유롭고 유연하게 나아가주길 바란다. 페이지 여백에 당신이나 친구들의 의견을 적어 넣어서 이 세상에 단 한 권밖에 없는 소중한 책으로 만들어준다면 정말로 기쁘겠다.

또한, 초판에서 생략되었던 출처와 참고문헌, 이 책에 이어 읽어주었으면 하는 책과 논문 등을 넣기로 했다. 그런데, 이미 우리의 머릿속 깊은 곳에 스며들어, 언제 누구에게 어떤 책으로 배웠는지 기억이 나지 않는 것도 상당히 있다. 이 모든 것을 다 적지 못한 점에 대해서는 용서를 빈다.

한 가지 더, 독자의 요청에 응하기 위해, 초판에서는 굳이 쓰지 않기로 했던 윤리 원칙과 사례 연구 방법론을 추가하기로 했다. 조금 일반적인 교과서처럼 된 부분도 있지만, 기본자세는 초판 이래로 변하지 않았다. 이러한 개정에 관한 아이디어에 찬성해주시고, 실현을 위해서 힘써주신 메디컬 프렌드사 편집부 나카무라 요우이치를 비롯한 편집부 여러분들에게 진심으로 감사의 인사를 드린다.

하이데거는 철학은 일을 복잡하게 하는 데 있다고 말했다. 문제를 알기 쉽게 하거나, 답을 도출하기 위해서가 아니라, 문제 그 자체를 까다롭게 하는 것이 철학의 존재 이유라고 말한다. '그건 이상해, 학문은 모르는 것을 알 수 있도록 하거나, 문제에 대한 답을 도출하기 위해서 존재하는 것이 아닌가'라고 생각하는 사람도 있을 것이다. 그러나 이 책은 알기 쉬운 말로 적었지만, 문제를 어렵고 까다롭게 하려는 마음으로 썼다.

시원한 답을 즉시 알기 위해 딱 잘라서 단순화하거나, 도식화, 매뉴얼화하며, 얽히고설킨 실매듭을 가위로 싹둑 잘라서 후련해지는 것에 대해 우리는 반대한다. 딱 잘라서 생각하면 답은 당연히 나올 것이다. 그러나 그런 답에 과연 얼마만큼의 의미가 있을까? 그렇게 윤리가 단순한 행동 지침이나 절차적인 것으로 변질되어버려서, 유명무실하게 되어가는 것을 그저 바라만 보고 있을 수는 없다.

우리는 살아 있는 동안, 시시각각 다양한 문제를 마주하지 않으면 안 된다. 결단을 재촉받기도 한다. 그러나 우리는 자신의 인생문제를 매뉴얼이나 순서도 또는 윤리원칙에 따라 척척 해치우는 건 아니지 않는가. 도출한 답 뒤 저편에 인생이 있는 것이 아니라, 뿌리치고 뛰어넘어도 계속해서 솟아나오는 문제와 마주해나가는 것, 그것이 살아가는 것이라고 생각한다. 목적지에 도착하는 것이 여행이 아니듯이 답을 도출했다고 안심하는 것은 의료윤리학이 지향하는 곳이 아니다.

사례 연구를 하는 경우, 정보를 손질해서 단순화시킨 사례를 사용하면 답은 쉽게 나온다. 짧게 상세한 것을 생략하면 생략할수록 생각할 여지나 고민이 줄어들어 결론을 내리기 쉽게 된다. 어떻게든 답을 내는 것을 목표로 삼고 있는 기법이나 방법론을 제시하는 책에서는, 멋진 답을 매끄럽게 도출하고 또한 다른 의견이 나오지 못하도록, 다루기 쉽고 단순화시킨 사례가 사용되며, 거기에서 일반론이 도출되는 경향이 있다. 그렇지만 그렇게 (소라게나 게가 사는 모래사장 위를 불도저로 난폭하게 달리는) 연습을 반복해서 한다 해도, 실제 의료현장의 복잡한 상황에서는 도움이 안 되는 건 물론이거니와, 오히려 거칠고 무례하며 유해할 수도 있다.

"평소의 방법과는 다른 방법으로 생각할 수는 없을까? 평소의 견해와는 다른 방법으로 사물을 바라볼 수는 없을까?" 푸코는 오랫동안 그런 마음가짐으로 살았다고 한다. 참 좋은 말이다. 우리도 지금까지의 방식과는 다른, 보다 더 바람직한 의료 방식의 가능성은 없는지, 전진하다가도 후퇴하면서, 이곳저곳 샛길로 새면서, 뒤에서 옆에서 비스듬하게, 그리고 정면에서 생각해나가도록 하자.

2011년 12월 24일

핫토리 켄지·이토 타카오

제1판 서문

이 책의 원제는 '의료윤리학의 ABC'이다. 그러나 의사나 의과대학 학생만을 위한 윤리학 책이 아니다. 의료와 관련된 사람이라면 누구나가 생각하고, 씨름하지 않으면 안 되는 윤리학, 그런 의미로서의 '의료윤리학'이다.

요즘 일본에 간호윤리학이라는 말이 자주 들리며 머지않아 치과윤리학이나 약학윤리학 등에 지금보다 더 많은 스포트라이트가 비춰질 것이다. 그러나 그런 특수한 윤리학을 배우기 전에, 그것들의 공통된 토대가 되는 기본적인 의료윤리학을 배워야 하는 필요성은 결코 희박해지지 않을 것이다.

이 책은 복제인간이나 인간배아줄기세포, 뇌사나 장기이식 문제를 다루지 않는다. 어디까지나 일상에서 흔히 볼 수 있는 의료현장의 윤리 문제를 다루고 있다. 일상 속에서 너무나 당연하고 너무나 자주 보기 때문에, 오히려 놓쳐버리고 눈치채지 못하는 윤리 문제를 인지하는, 즉 문제를 발견하는 감수성을 연마하는 것이 이 책의 목적이다.

그렇기 때문에 지루하고 재미없는 항목 해설식의 교과서처럼 만들지는 않았다. 또한 세간의 논쟁이나 제도 제정의 동향, 또는 어떤 연구자가 이러이러한 학설을 주장하고 있다는 식의 소개를 하는 최근의 정보 관련 서적과 같은 구성도 피했다. 그런 책은 언젠가 낡아져 버려질 것이다. 그러나 이 책은 다르다. 항상 책장에 꽂아두고, 몇 번이고 다시 읽어주길 바라는 마음으로 책을 썼다. 그렇기 때문에 격식에 찬, 무미건조한 글쓰기는 하지 않았다. 대담하면서도 빈틈없이, 겉모습만 번지르르한 의료윤리의 마루청을 통째로 뜯어내는 책, 그리고 마지막 페이지까지 우리 필자들과 함께 - 때로는 필자의 논술에 의문을 가지면서 - 끝까지 읽어준 독자에게는 근본적인 것을 생각할 수 있는 힘이 생기는 책, 그런 책이 되도록 노력했다.

무슨 이유에서인지 요즘 세간에서 윤리 붐이 일고 있다. 우리 필자들은 이러한 일시적이고 표면적인 조류에 편승하고 싶지 않다. 우리는 의학과나 간호학과 학생을 비롯한 많은 학생들의 교육을 담당하고 있지만, 제자들이 표면적으로 매우 윤리적인 것처럼 치장을 하고 사회로 나가는 모습을 보고 싶지 않다. 만약 세상의 원칙적인 윤리 붐에 뒤쳐지지 않기 위한 지침서, 외부 평가를 통과하기 위한 의료윤리 매뉴얼, 환자에게 좋은 인상을 주기 위한 매뉴얼 책 같은 것들이 있다면, 이 책은 그런 것들과는 완전히 다른 성격의 책이다. 이 책은 바람직한 의료 본연의 자세를 정면에서 진지하게 되묻고, 고민스러운 의료윤리학의 문제를 생각하고 해결해 나가기 위한 책이다.

의료윤리라는 말을 들으면, 많은 학생들이 충분한 정보에 의한 동의, 무슨 선언, 환자의 권리 존중 이야기라고 속단을 하거나, 또는 휴머니즘이 가득한 고매한 마음가짐에 관한 설교적이고 의례적인 '도덕' 이야기라고 상상한다. 학생뿐만 아니라 의료인 중에도 그런 생각을 가진 사람들이 있을 것이다. 그런 학생과 의료인을 위해서 이 책을 준비했다. 의료윤리학은 초등학교 때에 배운 '도덕' 같은 것이 아니다. 훨씬 더 괴롭고, 씁쓸하고, 깊이 있는 것이다. 애당초 '절대불변의 올바른 의료규범' 같은 건 지금까지 존재하지 않았으며 현재도 없으며, 또한 후대에도 나오지 않을 것이다. 이러이러한 것만 준수하면 '나는 윤리적이다'라며 안심하고 지낼 수 있는 황금 매뉴얼을 손에 넣는 건 불가능하다.

간호학계에는 다양한 간호이론이 있다. 어떤 나라에서 새로운 간호이론이 발표되면, 누군가 번역을 해서 그것을 소개하고, 그것이 널리 퍼지고…… 그렇게 되면 더 이상 이전부터 있었던 여러 간호이론은 쓸모가 없어져 버려지게 되는 걸까. 새로운 간호이론 하나만으로 모든 문제가 해결되는 걸까. 그런 일은 있을 수가 없다. 이 점에 있어서는 의료윤리학도 마찬가지다.

의료윤리학이라는 작은 영역에도 수많은 학설과 원칙이 혼재하고 있다. 입장도 여러 가지이다. 토론과 협상에도 불구하고 그것들을 하나의 관점으로 정리한다는 것은 상상할 수 없다. 또한 우리 필자들은 그러한 수학이나 물리의 공식 같은 법칙을 적용하면, 의료현장에서 일어나는 복잡한 윤리 문제가 전부 해결된다고 생각하지 않는다. 원칙이나 체계, 입장에 얽매여서 오히려 문제의 본질이 제대로 보이지 않게 되며, 자유로운 발상이 방해를 받아서 사각이나 맹점이 확대되는 건 아닌지 우려하고 있다. 이러한 의미에서 이 책은 독자의 자유로운 발상을 촉진시키기 위한 책이라고 할 수 있다. 일부에서 확산되고 있는 의료윤리 문제를 해결하기 위한 도구를 일부러 사용하지 않은 것은 그 때문이다.

의료윤리학의 문제에 임하기 위해서는 다용도 칼 한 자루만으로는 터무니없이 부족하다. 윤리학을 토대로 삼되, 인문과학이나 사회과학의 성과를 구사하면서 마지막으로는 감성을 총동원하지 않으면 안 된다. 의료윤리학의 문제와 마주해나가기 위해서는 논리적으로 생각하는 힘 이외에도, 문제의 광맥이나 핵심을 찾아낼 수 있는 후각과 여러 학문의 드넓은 초원을 자유로이 뛰어다니는 데 필요한 방향감각, 그리고 보이지 않는 것을 볼 수 있는 유연한 상상력이 필요하다. 그런데 아무리 주위를 둘러보아도 그런 능력을 종합적으로 꽃 피워주는 것을 목적으로 한 책을 찾기란 정말로 어렵다. 이러한 이유에서 이 책을 기획하게 되었다. 또 기회가 주어진다면, 우리는 또 다른(아마도 좀더 학술적인) 형태의 책을 만들 것이다. 그러나 다른 어떤 책보다 우선은 이러한 책을 완성하고 싶었다.

그런 이유로 이 책은 주로, 다양하고 풍부한 능력이 아직 꽃망울 상태인 간호학과 학생을 위해서 쓰였지만, 다른 의료계 학생, 풍부한 경험을 지닌 의료인, 비의료계 학생이나 의료를 받는 입장에 있는 일반인들도 읽을 수 있도록 쓰였다.

필자가 소속하고 있는 일본 군마(群馬)대학 의학부 의학과에서는 90분 강의를 60회에 걸쳐서 총 90시간이 전문 필수과목 〈의료윤리학 강의·실습〉에 할당되어 있다. 이 강의의 정수를 담아서 완성한 것이 이 책이다. 우리를 불러주는 학교나 병원, 시민 모임이 있으면 기꺼이 어디든 나갈 생각이다. 그러나 매주 찾아갈 수도 없으며, 한 번에 두 시간 정도의 강연으로는 이야기할 수 있는 내용이 자연히 제한된다. 그래서 당장은 직접 찾아갈 수 없는 학교나 병원, 모임의 사람에게, 이 책을 통해서, 우리가 하고 있는 강의 내용을 가능한 한 실제 수업과 비슷한 형태로 전달하려고 노력했다. 의료윤리학 전임교원이 없는 학교에서도 자습용으로 어렵지 않게 사용할 수 있을 것이며, 전임교원이 있는 학교나 병동의 연구 모임에서는 토론 재료로 사용하기에 충분한 책이라고 믿고 있다. 물론 우리 강의의 시도가 완벽하다고는 꿈에도 생각하지 않는다. 읽는 모든 사람들로부터 기탄없는 의견을 들을 수만 있다면, 그것을 교육현장이나 이 책의 개정판에서 반영하고 싶다.

그럼, 이 책의 사용법에 관해서 잠시 설명을 하겠다. 물론 자유롭게 읽어도 무방하지만, 준비운동의 의미로 「의료윤리학의 키워드」를 먼저 읽어주길 바란다. 그리고 이어서 「의료윤리학의 기본문제」의 각 장을 읽으면 이해하기 쉬울 것이다. 「실천편」에는 23가지 사례를 준비해 놓았다. '사례2'와 '사례3'은 짝을 이루고 있지만, 나머지는 모두 독립된 개별 사례여서 순서대로 읽을 필요는 전혀 없다. 잠시 시간이 있을 때 읽고 싶은 페이지를 펼쳐 보면 좋을 것이다. 「의료윤리학의 응용문제」의 각 장은 기본문제와 사례 연구와의 연결고리 역할도 하고 있으며, 개중에는 약간 어려운 장도 있다. 천천히 읽어주길 바란다.

  이 책에 실은 사례는 일부를 제외하고는 대부분 가상으로 꾸며졌다. 이 중에는 사례집이나 비디오 교재에서 가져온 내용도 있지만, 일본 토네중앙병원 외과의사(2010년부터 사이타마 적십자병원 완화케어진료과 부장)이며, 일본 군마대학 의학부 비상근 강사인 하라 타카시가 작성한 내용이 많이 실려 있다. 이름 명기가 없는 사례는 필자가 작성한 것이다. 부자연스럽거나 오류가 있으면 곤란하기 때문에, 교토대학 대학원 의학연구과 의료윤리학분야 조교수(2005년 봄부터 쿠마모토대학 대학원 교수)인 아사이 아츠시와 하라 타카시에게 사례 감수를 부탁해서 많은 조언을 받았다. 물론 사례와 관련된 서술에 대해서는 위의 두 분이 아닌 필자에게 책임이 돌아온다는 사실은 두 말할 나위도 없다. 또한 각 장이 어느 정도 모습이 갖추어졌을 때, 가장 먼저 군마대학 의학부 학생인 미야기 아키코(2008년 봄부터 군마대학 대학원 의학철학·윤리학 분야 조교)에게 읽어봐달라고 부탁했다. 학생 시점에서 나온 많은 조언이 이 책의 완성에 큰 힘이 되었다. 그리고 무엇보다 감수를 맡아주신 세이로카간호대학의 이베 토시코 학장님과 도움을 주신 메디컬 프렌드사 편집부의 여러분들, 특히 후지모토 히로키의 노력이 없었으면 이 책이 세상에 나올 수 없었다. 도움을 주신 여러분들, 그리고 우리를 오늘날까지 키워주고 지원해주신 한 분 한 분께 정중히 감사의 말을 전하고 싶다.

마지막으로 이 책의 필자 두 사람의 관계와 약력에 관해서 간단하게 적겠다. 두 사람은 당시 개교한 지 채 몇 년 되지 않은 아사히카와 의과대학의 문예부 동아리 방에서 만나, 청춘의 방황기를 같이 호흡하며 지냈다. 졸업을 한 뒤, 이토는 정신과 의사로서 병원과 복지시설 등에서 진료를 해오고 있다. 정신과 영역의 윤리 문제에 대해서 지금까지 몇 편의 논문을 썼지만, 기본적인 위치는 임상의이며, 의료윤리학의 전문 연구자나 교사는 아니다. 의료현장에서 직면하는 정답이 없는 질문에 부딪히면서, 매일 고심하는 사람 중 한 명으로서 이 책의 집필을 분담했다. 이토의 2년 후배인 핫토리는 철학과 오카다 마사카츠 교수의 연구실에 들어가 6년을 지냈다. 정신과 의사로서 초기 연수를 받은 뒤, 의료인은 환자의 삶에 어디까지 개입하는 것이 허용되는가라는 의문을 안고, 와세다대학 제1문학부 철학과에 편입학했다. 그때부터 의학에 있어서의 철학·윤리학 쪽으로 연구의 초점을 바꾸기까지, 반 히로시 교수 밑에서 칸트를 중심으로 한 근현대 독일철학을 배웠다.

두 사람은 멀리 떨어져 살며 각자의 길을 걸으면서도, 일 년에 몇 번은 고가 밑에 있는 꼬치구이집에서 술잔을 나누면서, 또는 온천탕에 몸을 담그면서, 문학이나 철학에 대해 논쟁을 거듭하는 시간을 계속 가져왔으며, 시와 문예평론을 쓰고 서로 주고받았다. 그러던 어느 날, 당시 아직 의료윤리학에 관련된 책이 얼마 없었기 때문이기도 했지만, 이토는 당면하고 있는 곤란한 사례에 대해서 윤리학적으로 어떻게 생각해야 하는지에 대해 핫토리에게 상담을 하였다. 그리고 철학을 전공하고 있는 핫토리마저도 절대적인 정답을 이끌어내지 못하는 현실을 깨닫고는 깜짝 놀랐다. 그와 동시에 왠지 모르게 안심이 되었다. 그건 고민이 자신의 무지 때문만이 아니라는 사실을 깨달았기 때문일지도 모른다. 모르는 것은 솔직하게 모른다고 말해도 괜찮다. 그 뒤부터는 안심하고 고민하게 되었다.

그로부터 10년 정도 지나, 핫토리는 의학부와 대학원에서 의학철학·윤리학을 담당하게 되었으며, 이토는 비상근 강사로서 가끔씩 수업에서 의료현장의 고민을 학생에게 던지면서, 생각을 깊게 만드는 과정을 공유하고 있다. 군마에서는 학생, 교수할 것 없이 하나가 되어서 과외활동으로 문예작품을 함께 읽는다. 의료에 관한 것은 의학만으로는 알 수가 없다. 윤리에 관한 것은 철학만으로는 알 수가 없다. 사람이 사는 것에 미묘한 사정은 문예작품을 통해서만 이해할 수 있는 부분이 존재한다. 그러므로 어쩌면 의료윤리학 기초의 한 귀퉁이 – 적어도 사례 연구를 읽고 풀어내는 열쇠 – 는 문학에 있을지도 모른다. 작품을 읽는 방법에 대해서 서로 대화를 나눔으로써, 자신의 이해의 얕음이나 독선이 드러나는 체험은 마음을 상쾌하게 한다. 이러한 체험 속에서 얻은 것이 이 책을 통해서 독자 여러분에게 전해질 수만 있다면 더 이상 기쁜 일은 없을 것이다.

   의료윤리학이란 그렇게 따분한 것이 아니다. 만약 이 책을 읽고 나서 깨달음을 얻었다는 말을 듣는다면, 우리 두 사람은 너무나도 기뻐서 맥주를 엄청나게 마시게 될게 틀림없다.

2001년 11월 23일
핫토리 켄지·이토 타카오

옮긴이의 말

　이 책을 처음 접했을 때 처음 머리에 떠오른 단어는 세심함, 그리고 아이러니하게도 과감함 이었다. '의료인이 환자를 이만큼 생각할 수 있을까' '우리가 환자에게 간섭하지 않으면서 관심을 기울이고 배려할 수 있을까' '이것도 일본에서는 의료윤리 사례라고 할 수 있구나'라는 세심함에 대한 의문과 감탄의 마음이 들었다. 또한 윤리적으로 보기 힘든 선택, 때로는 비윤리적이라고 할 수도 있는 선택에 대해 '왜 안 되는가'라는 과감한 질문을 곳곳에서 발견할 수 있었다.
　의사가 아닌 환자의 가족으로, 의료윤리·환자와의 의사소통을 가르치는 교육자로 임상현장을 접하면서, 이 책을 읽으며 과도하고도 세심하다고 느꼈던 부분을 다시 곱씹어보았다. 오히려 과도한 것은 의료인의 무심함이었고, 의사 중심의 목표 지향적인 말과 행동이었다. 의료윤리학 책에 이런 내용을 적어도 되는지 놀랐던 부분도, 현실은 이렇지만 원칙이 있으니 그렇게 해야 한다고 강요했던 나의 모습을 반성하게 했다. 그리고 보니

내가 지금까지 읽은 의료윤리학은 주로 미국이나 캐나다 사람이 쓴 책이었다. 서양과 상황이 다르다고 하면서도 종종 '서양에서는 이러이러하다'라는 말을 함으로써 그것이 답인 양 이야기했던 것 같다.

의문의 대상으로 여기지 않았던 것들을 다시 생각하고 나의 교육 방식을 고민하게 한 것만으로 이 책의 번역은 나에게 충분한 의미가 있었다. 또한 저자인 켄지 교수님과의 만남은 나에게 큰 배움의 기회가 되었고, 또 즐거움이었다. 바라기는 쉽게 읽혀지는 부분도 그냥 읽고 넘기지 않았으면 좋겠다. 단어 하나하나, 질문 하나하나에 대해 고민하고 답을 하고, 더 나아가 다른 질문을 만들어나갔으면 좋겠다. 책의 저자는 이 책을 보건의료 분야를 준비하는 학생이나 종사하고 있는 사람들을 대상으로 적었는데, 나는 생명윤리나 의료윤리에 관심 있는 사람들, 의료에 의문을 품는 사람들 모두에게 도움이 될 것이라고 생각한다. 의료현장에 대해 더 많이 이해할 수 있으며, 질문에 답을 하다보면 어느 순간 의철학을 하게 되기 때문이다.

이 책의 하단 부에 적힌 내용들은 원래 책의 원편에 있었다. 책을 읽으면서 드는 생각, 내용에 대한 보충 설명들이 책의 본문 흐름과 같은 높이에 있어서 번거롭지 않게 저자들의 논의에 참여할 수 있었다. 여러 가지 이유로 그 내용은 책의 하단으로 내려갔고, 그러면서 상당 부분 참조 내용을 생략하고, 우리나라에 관련된 내용을 삽입하였다. 보충 설명이 책의 어디에 있든지, 책의 여기저기에 자신의 생각과 질문을 적어가며 자신만의 책을 만들기 바라는 저자의 의도대로 책이 이용되었으면 좋겠다.

이 책을 소개하고 번역을 제의해주신 권복규 교수님께 감사를 드린다. 또한 2판 번역을 마치자마자 3판이 나왔음에도 수고를 아끼지 않고 번역을 맡아준 공동 번역가이자 초벌 번역을 맡아주신 정신희님, 번역기를 이용해 한글 번역 초벌을 다시 점검해준 책의 원저자 분들, 막바지 번역작업으로 바빠진 나의 일정을 배려해주시고 지지해주신 동아대 의료인문학교실의 여러 교수님들, 정신과 영역 번역에 자문을 맡아주신 박시성 교수님, 금요 모임의 학문의 동지들 모두에게 감사를 드린다.

2016년 12월

김도경

목차

우리는 어떻게 살 것인가	5
제3판을 펴내며	8
제2판 서문	10
제1판 서문	15
옮긴이의 말	22

제1부 기본 이론

I 의료윤리학 산책	31
II 의료윤리학의 지형도	41
III 의료윤리학의 키워드	81
IV 의료윤리학의 기본문제	103
A. 프라이버시와 기밀유지	104
B. 충분한 정보에 의한 동의	124
C. 의료정보의 개시와 설명	146
D. 사실의 고지	155
E. 온정적 간섭주의	164
V 의료윤리학의 응용문제	176
A. 치료 거부	177
B. 환자의 연약함과 자율의 존중	189
C. 돌봄과 윤리	203
D. 환자와 의료인의 의견 대립	215

E. 가족과 '그 외의 관계' 226

　　F. 한정된 의료자원의 배분 237

Ⅵ 의료윤리학의 이론과 방법 256

　　A. 의료윤리 4원칙과 문제점 257

　　B. 고전적 윤리학설의 요점 268

　　C. 임상윤리학의 방법론 275

　　D. 사례 연구 방법 287

제2부 실천편—사례 연구

A. 성인 간호 – 일반 진료과 현장에서 297

　　사례 1. 재발 암 고지와 치료 297

　　사례 2. 어떻게든 연명의료를 받고 싶다면 306

　　사례 3. 인공호흡기 장착 거부 314

　　사례 4. 반복된 흡인 322

　　사례 5. 파트너에게 전하기 329

　　사례 6. - D - 336

B. 모성간호, 소아간호, 산부인과, 소아의료의 현장에서 344

　　사례 7. 어린이의 의사결정 344

　　사례 8. 유전 상담 350

　　사례 9. 장애를 가진 신생아의 치료 보류 359

C. 노년간호, 노년의료의 현장에서 368

　　사례 10. 고령자의 인공심장박동기 368

　　사례 11. 신체 구속 376

　　사례 12. 경관영양 384

　　사례 13. 퇴원 조정 390

　　사례 14. 간호사와 의사의 연계 396

D. 정신간호, 정신의료의 현장에서	403
사례 15. 알코올 의존증의 치료	403
사례 16. 동반된 신체질환의 강제 치료	412
사례 17. 자살 방지를 위한 행동 제한	421
E. 보건활동과 연구, 교육의 현장에서	431
사례 18. 재류 외국인에 대한 의료	431
사례 19. 해외 파견	437
사례 20. 독거노인의 재택 지원	445
사례 21. 다른 문화권에서의 연구조사	453
사례 22. 설문조사	462
사례 23. 실습에서 다루는 환자 정보	470
미주	478
참고문헌	484
부록	489
찾아보기	496
비오스총서를 펴내며	500

* 본문 집필 분담

핫토리 켄지
제1부 기본 이론
「의료윤리학 산책」「의료윤리학의 지형도」「의료윤리학의 키워드」「의료윤리학의 기본문제」
A1~7, B~E
「의료윤리학의 응용문제」A, B, E, F1~5, 「의료윤리학의 이론과 방법」B~D,
제2부 실천편 사례 5, 8, 18, 19, 21, 22

이토 타카오
제1부 기본 이론
「의료윤리학의 응용문제」C, D
제2부 실천편 사례 3, 7, 9~12, 14~17, 20, 23

하라 타카시
제1부 기본 이론
「의료윤리학의 기본문제」A8
제2부 실천편 사례 1, 2

토쿠나가 쥰
제1부 기본 이론
「의료윤리학의 응용문제」F6~8
제2부 실천편 사례 4, 13

미야기 아키코
제1부 기본 이론
「의료윤리학의 이론과 방법」A

니시카와 아키노리
제2부 실천편 사례 6

제1부

기본 이론

I 의료윤리학 산책

"여러분, 안녕하세요. 다음 사례를 가지고
공부를 시작하도록 하겠습니다."

톰의 사례

톰은 폐모자충 폐렴(Pneumocystis pneumonia, PCP)으로 인공호흡기 치료를 받고 있다. 처음 경험하는 에이즈 증상이었다. 입원 5일째 그는 HIV 양성반응 사실을 통보받았다. 톰은 이후의 모든 치료에 동의하지 않고 현재 받고 있는 치료도 중지해달라고 했다. 그는 반복된 입원과 에이즈로 인해 더 많은 증상이 계속해서 나타나고 몸이 쇠약해지는 경과를 겪는 것을 원치 않았다. 또한 자신은 제한된 의료자원을 이용할 가치가 없다고 생각했다. 여러 가지 관점에서 그는 충분한 판단능력을 가지고 있었으며, 가족은 그를 지지하였다. 주치의는 병원 임상윤리위원회에 조언을 구했다.

이 사례를 논하는 위원회는 신속하게 결론을 내렸다. 비교적 짧았던 토의 시간 대부분은 톰의 의사결정 능력에 초점이 맞추어졌다. 톰은 자신의 요청이 어떤 결과를 가져올 것인지 이해하고 있는 듯했다. 그래서 위원회는 그의 자율은 존중되어야 하며, 주치의는 그의 요청을 받아 들여

야 한다고 했다.[1]

    보건·복지 계열로 진출하고자 하는 여러분은 전문적 지식과 기술을 몸에 익혀서 환자와 그들의 가족을 위해서 최선을 다하길 원하며, 도움이 되고 싶다고 생각할 것이다. 치료나 간호를 받은 환자가 퇴원하면서 밝은 표정으로 고맙습니다, 라고 하는 말을 원동력 삼아 계속해서 열심히 할 것이다. 하지만 의료인으로 일을 하고 있다면, 여러분은 환자들이 의료인의 노력에 항상 고마워하지는 않는다는 것을 경험하고 있다. 톰의 사례와 같이 치료를 하면 도움을 얻을 수 있는데도 불구하고 환자가 치료를 거부하는 경우는 그리 드물지 않다.
    당신이 이 사례에 담당자라면, 임상윤리위원회의 판단을 어떻게 생각할 것인가? 찬성할 것인가? 아니면?
    윤리연수회 강사로서 여러 병원에 신세를 지고 있다. 강의에 앞서 참석자들에게 이 사례에 대해 의견을 물어 보면 대략 95퍼센트가 윤리위원회의 결론에 찬성 입장을 보인다. 나중에 자세히 다루겠지만, 예전에는 의료인이 전문가로서 가장 적절한 치료가 무엇인지를 판단하고 환자는 그에 따르는, 이른바 "맡기는 의료(おまかせ療)"가 대부분이었다. 그러나 지금은 환자 중심의 의료가 좋으며, 환자의 자기 결정이 중요하다고 여겨진다. 따라서 톰이 치료를 거부하면 그건 어쩔 수 없으며, 억지로 치료를 강요할 수 없다고 생각하는 사람이 많은 것 같다. 윤리 공부를 하고 그에 대한 경험을 쌓은 윤리 위원들이 윤리 학설을 근거로 해서 답을 도출했으니, 틀리지 않았을 것이라고 생각을 하는 사람도 있다. 위원들의 머릿속에는 톰의 인생이나 인성이 아닌, 자율성 존중의 원칙이나 자기결정능력, 충분한 정보에 의한 동의(Informed Consent)와 같은 그럴 듯하면서 추상적인 말이 중요한 위치를 차지하고 있는 것 같다.
    이 사례를 소개하면서 두보스(E. Dubose)와 하멜(R. Hamel)은 논문의 결론에서 다음과 같이 말한다. - 위원들은 톰이 "동성애는 혐오스러우며 동성애자를 중범죄자로 보는 보수 기독교 전통이 강한 환경 속에서 성장해 왔다는 점, 가족들 특히 아버지와의 관계가 좋지 않았다는 점, 소년기 이후 자존감(self-esteem)이 줄곧 낮았고 자살시도를 세 번이나 했다는 점, 친구 관계도 좋지 않았다는 점, 최신 에이즈 치료법에 관한 지식이 불충분하며 정확하게 알지 못했다는 점 등에 대해서 좀더 자세히 파악하려고 노력했어야 했다". 회의에서 위원들의 관심은 이러한 톰의 인생사에 대한 여러 측면보다 추상적인 자율성의 존중의 원칙에 향해 있었다.†

의료계에서는 주관적인 것보다도 객관적인 것에 무게를 두려 한다. 상상보다도 증거(evidence, 통계 처리를 거친 수학적인 데이터)가 신뢰를 얻는다. 의료윤리에 관한 책도 여러 가지 지식을 전해주는 것이 많다. 그러나 여러분이 위의 톰의 사례에서 배웠으면 하는 것은, 그럴듯한 이론이나 원칙, 명분보다 상상력과 환자에 대한 관심이 기본이 되어야 한다는 것이다. 주위의 몰이해로 자신을 비관하고 자포자기하여 "나는 한정된 의료 자원을 사용할 가치가 없다고 생각했던" 톰에게 필요한 것은 무엇일까? 그가 원하는 대로 퇴원을 시키고 폐렴으로 죽게 내버려두는 것일까? 아니면 톰의 심정을 이해하고 가까이 다가갈 수 있는 당사자, 예를 들면 성적소수자를 위한 지원활동을 하고 있는 동성애자나 HIV POSITIVE(항체반응양성. 감염자의 의미와, 적극적으로 산다는, 두 가지의 의미를 지닌다) 지원 그룹의 사람들과 잠시라도 이야기를 나눠보기를 권해보는 건 어떨까? 어느 쪽이 좋을까? 마음속으로 손을 들어보자.

---

† 「누가」 톰에 관한 상세한 정보를 알 수 있을까. 의사? 간호사? 임상심리사? 급성기 병동, 제한된 시간 속에서 누가 자세히 이야기를 들어줄 수 있을까? 과연 관계가 깊지 않은 의료인에게 얼마나 자세히 이야기를 할 수 있을까? [아다치 토모]
Re: 이야기를 들어주는 사람은 특정 직종에 한정되지 않는다. 모든 내용을 단번에 들을 가능성도 없으며, 필요도 없다. 단, 톰이 '유한한 의료자원'을 입에 담은 시점에서 눈치를 챘어야 한다. 프라이버시에 대한 접근방식에 관해서는 사례 5 참조. [핫토리]

의료윤리의 학습 의미를 윤리 전문용어 등의 지식을 배워 사용하는 것이라고 착각하고 있는 사람은 자율성 존중의 원칙을 높이 내걸고 톰을 죽음으로 몰고 갈 가능성이 있다. 왜 좀더 구체적으로 사례에 다가 서서 생각하려 하지 않는 걸까? 여러분은 정말 그것이 좋다고 생각하는가?

이 책은 지식 편중·공식 매뉴얼 주의와는 다른 입장에서 집필되었다. 그러므로 딱딱하고 옹색한 윤리에서부터 탈출하기 위해서 스트레칭을 하고, 근육 풀기부터 시작하려 한다. 벌써 충분히 풀렸다고 말하는 사람은 지름길로 질러서「의료윤리학의 지형도」로 나아가보길 바란다.

사랑·정성·신뢰관계

"의료인에게 있어 제일 필요한 것은 사랑입니다.""정성이 무엇보다 중요합니다.""환자에 대한 성실함을 잊어서는 안 됩니다.""의료인에게 있어서의 기본은 환자에게 공감하는 자세입니다." 자주 듣는 말이다.

의료현장에서의 윤리 문제가 의료인에게 사랑이나 성실함이 부족해서 생기는 것일까, 사랑이나 성실함을 가지면 윤리 문제가 해소될 수 있을까, 어차피 말뿐인 건 아닐까, 단지 겉으로 내비치는 포즈가 아닐까?

마찬가지로, 왠지 고맙긴 하지만, 잘 이해가 안 되는 것이 '의의 마음(医の心)'이라는 말이다. 칠판에 '의(醫)'라고 적힌 글자를 보면 엄숙한 마음이 들다가도, 한편 그것이 대체 어떤 마음인지 물으면 아리송하다. 휴머니즘이 넘치는 마음이라고 답을 해도 너무 막연한 느낌이 든다. 의료인이 아닌 사람 중에도 마음씨 착하고 인간적인 사람은 많이 있다.

그렇기 때문에, 이 책에는 붓으로 적어서 액자에 넣어두거나 거실에 걸어두는게 어울릴 것 같은 말은 더 이상 등장하지 않는다. 적어도 그런 고마운* 말은 외워본들 아무런 소용이 없다.

"환자분들로부터 신뢰받는 의료인이 되고 싶습니다"라는 말은 신입생들이 제일 많이 하는 말중 하나이다. 신뢰받는 의료인이란 대체 어떤 의료인일까? 어떻게 하면 그렇게 될 수 있을까?

갑자기 이상한 예를 들어서 미안하지만, 누군가가 당신을 정말로 사랑하게 되었다고 가정해보자. 그 사람은 당신의 마음에 들기 위해서 무슨 일이든 하려 한다. 이런 느낌은 처음이라면서 매일 연애편지를 쓴다. 당신을 좋아해, 라고 읊조리는 가수의 앨범을 반복해서 듣고 있다고 한다. 당신이 "이거 해줄래"라고 부탁하면, 아무리 바빠도 싫은 내색 없이 웃는 얼굴로 잘 해 준다. 당신은 이 사람을 좋아하겠는가?

좋아하게 될 수도 있고, 싫어져서 멀리하고 싶어질지도 모른다. ―비슷한 게 아닐까. 즉 상대에 따라 달라진다는 점. 아무리 열심히 해도 신뢰를 받을지, 사랑을 받을지는 상대의 마음에 달려 있다. 어떤 일을 이루어내거나 어떠한 성품을 몸에 익힌다고 해서 반드시 신뢰를 받고 사랑을 받는 건 아니다.†

우리가 할 수 있는 건 신뢰받는 인간이 되는 것이 아니라, 사랑받을 자격이 있고 신뢰받을 만한 인간이 되도록 노력하는 것뿐이다. 소라게는 덩치가 커지면 오래된 작은 조개껍데기 집을 버린다. 오래된 집을 버리지 않으면 성장할 수 없다. 나는 이 책의 독자들이 일찍부터 겉모양뿐인 작고 일관된 우등생이 되지 말고, 몇 번이 되든지 변신을 거듭하며 천천히 성장

---

* 일본어로 '감사하다(ありがたい)'를 한자로 적으면 '有り難い', 즉 '그런 일은 좀처럼 없다'라는 의미다. 낯선 지역을 여행하면서 길을 잃고 헤매다가, 밤이 되자 비까지 내리기 시작했다. 마음이 약해지기 시작할 때 즈음, 우연히 지나가던 마을 사람이 일부러 차로 숙소까지 태워주었다고 하면. 이때 '고맙습니다(有り難うございます)'라고 말한다.
† 환자에게 감사하다는 말을 들을 때, 환자로부터 신뢰를 받고 있다고 착각하고 있지는 않는가? 진심으로 환자를 대하는 겸허한 자세를 잃을 때, 신뢰관계는 사라진다고 생각한다. 연애도 마찬가지일까? [키타즈메]
어떻게 하면 환자가 자신을 정말로 신뢰하고 있는지 알 수 있을까? 우리는 상대방의 마음을 직접 알 수 없으며, 행동이나 태도를 통해서 추측하는 수밖에 없다. [나카자와]
Re: 그렇다. 추측할 수밖에 없다. 그러나 추측하는 것은 (무슨 이유에서인지) 할 수 있다. [핫토리]

하기를 바란다.

만약, 나는 절대적으로 사랑받는 인간이며, 모두에게 신뢰를 받는 의료인이고 윤리적인 인간이라고 자만하면서, 그래서 나를 보고 배우라고 말하는 사람이 있다면 그는 진짜로 둔감한 사람이다. 그 사람은 엄청난 착각을 하고 있다. 나는 의료윤리학 교수이지만 스스로 윤리적이라고 자신 있게 말하지 못한다. 윤리적이라는 것은 그렇게 간단하지 않다.

우리가 할 수 있는 것은 오로지 사랑을 받을 자격이 있고 신뢰를 받을 만한 인간이 되도록, 그리고 윤리적일 수 있도록 노력해나가는 것뿐이다. 마법 지팡이를 휘두르거나 훌륭한 선생님의 이야기를 듣고 의료윤리학 관련 책을 읽는 것으로 우리는 그렇게 갑자기 변하지 않는다.

책임

책임을 지고 직무에 임한다, 또는 의료인으로서 책임을 다한다,라는 말을 한다. 의료사고가 발생하지 않도록 의료인 각자가 책임감을 가지고 일을 하자는 말을 들으면 왠지 믿음직스러운 느낌이 든다.

그런데 책임이란 무엇일까? 아주 흔히 "책임을 지세요" "책임을 지겠습니다"라는 말을 하는데, 책임을 진다는 것은 대체 어떤 것일까, 도대체 어떻게 하면 책임을 질 수 있을까?

예를 들어 내가 오토바이를 타고 가던 중 부주의로 교차로에서 자동차와 부딪혔다고 해보자. 오토바이가 크게 망가지고 나도 가벼운 부상을 입었으며, 상대방의 차도 많이 찌그러지고 흠집이 났다. 솔직하게 용서를 구하고, 운전면허증을 보여주면서 이름과 연락처를 상대방에게 알리며, 경찰에 연락을 해서 사고현장의 검증을 부탁하고, 교통법규 위반 벌금과 상대방 차의 수리비를 지불한다. 며칠 뒤에 선물용 과자 상자 같은 것을 가지고 다시 상대방한테 사과를 하러 간다. 이것으로 책임을 다 했다고 할 수 있을까?

학생과의 회식 자리에서 분위기가 고조되어, 술에 잔뜩 취한 내가 여학생 C를 끌어안고 키스를 했다고 해보자. C는 놀란 것은 물론이고, 남몰래 좋아하던 T군이 보는 앞에서였기 때문에 울음을 터뜨리고 말았다. 그 자리에 있던 모든 사람들로부터 분노에 찬 차가운 시선을 받으며, 나는 책임을 지지 않으면 안 되겠다고 느낀다. 어떻게 하면 좋을까? C에게 용서를 구한다. 그 자리에 있었던 모든 이에게 사과한다. 학장이나 총장한테 사정을 설명하고 사과한다. '윤리학 교수, 술에 취해 여학생을 성추행'이라는 제목의 신문 기사가 실리고, 사회적 제재를 받는다. C의 정신적 고통에 대해서 위자료를 지불한다. 윤리학 교수로서 해서는 안 되는 행위를 했다는 이유로 사직서를 제출한다. 징계면직을 당한다. 가족이 뿔뿔이 흩어진다. 스님이 된다. 죽음으로써 사죄한다. 이런 것들로 나는 자신이 저지른 행위에 대한 책임을 다했다고 할 수 있을까? C가 "사과 했으니까 그걸로 됐어요"라고 말해준다면 어떨까, 반대로 "절대로 용서 못해요"라고 말한다면 어떨까, 키스보다 더 한 짓을 했다면 어떨까?

의료현장에서 예를 들어보자. 당신이 실수로 4살짜리 입원환자 M의 수액용기에 다른 환자의 주사액을 넣었고, 그 결과 M에게 중증의 장애가 생겼다고 해보자. 어떻게 당신은 책임을 질 수 있을까?

이 같은 3가지 예에 대해 사태의 중요성이 서로 다르다고 할지 모른다. 고작 자동차라고 하는 물체에 흠집을 낸 것과 사람을 다치게 한 것에는 차이가 있다. 그건 당연하다. 그렇지만 만약 내가 C의 일로 인해 퇴직하게 된 것에 화가 나서 루브르 박물관에 있는 「미로의 비너스」를 가루가 될 정도로 부숴버렸다고 하자. C에게 한 키스와 「미로의 비너스」에 대한 파괴 행위를 비교해볼 때, 사태의 중요성은 어떤가? 사람이냐 물건이냐가 아니라 회복 가능한가 불가능한가로 판단해야 할까, 세계적인 문화유산을 원상복구가 불가능할 정도로 파손시키는 것에 비하면 여학생에게 키스를 한 정도는 아무런 일도 아니라고 말해도 괜찮은 걸까? 그런 건 비교할 수 없다고? 그러고 보니, 사항에 따라서 책임지기 쉬운 정도의 차이가 있다는 생각은 틀렸을지도 모른다.†

책임이란 원래부터 아무리 해도 다 할 수 없는 것이 아닐까? 아무리 해도 다 할 수 없는 것에 책임이라고 이름 붙인 건 아닐까?††

이렇게까지 생각하면 책임이 무슨 의미인지 알 수 없으며 혼란스럽다. 그런데도 사회에서는 책임, 책임하면서 떠들고 있다. 그게 무엇인지 알맹이가 없는 것 같은 느낌도 든다. 그래서 제안하는데, 그럴듯한 멋진 말을 분위기에 맞춰 대충 쓰면서 아는 척하는 건 그만두자. 책임이라는 말을 쓰면 안 된다는 것이 아니다. 쓰려면 말의 의미를 잘 되새기고, 어떤 의미로 그 말을 사용하고 있는지 다른 사람에게 질문을 받더라도 아무렇지 않게 대답할 수 있을 때 쓰자는 것이다. 말은 거실에 걸어두기 위해서가 아니라 사용하기 위해, 즉 생각하고 생각한 것을 다른 사람과 나누기 위한 것이다.

환자의 입장이 된다는 것

우리는 어릴 적부터 자주 "다른 사람의 입장이 되어라" "다른 사람의 마음을 느낄 줄 아는 아이가 되어라"라는 말을 들으며 자라왔다. 어릴 적, 나는 어떻게 하면 그렇게 될 수 있는지 몰랐다. 부모님께 어떻게 하면 다

---

† 책임을 진다는 건 도망치지 않는 것이다. 반대로 책임을 지게 된다는 건 도망칠 수 없다는 것이다. 도망치지 않는다는 것은 자신의 마음에 자리 잡은 공포와 함께 있는 것이다. 일본에서 예로부터 내려오는 생활방식에 비추었을 때, 비겁한 데가 없다는 의미일까? [카토]
†† '신뢰를 받고, 가까이 다가서서, 도움을 주는' 등의 듣기 좋은 말을 쓸 때에는 주의가 필요하다. 낡은 문구를 베껴 쓰는 건 아닌지, 자기 스스로 그 의미를 확인하면서 써야 한다고 생각한다. [니시]

른 사람의 입장이 될 수 있는지 물었다면, 어떤 대답을 들을 수 있었을까?

"환자의 입장이 되어라"라는 말을 듣곤 한다. 환자의 입장이 될 수 있을까? 남아 있는 삶이 얼마 남지 않은 환자의 입장, 병명도 모른 채 한 달 이상이나 미열이 지속되는 상태에서 입원 하고 있는 환자의 입장, 인공호흡기에 연결되어 자신의 숨을 기계 동작에 맞추어 쉬고 있는 환자의 입장, 가족의 보살핌을 받지 못한 채 몇십 년이나 정신과 병동에서 생활하고 있는 환자의 입장이 될 수 있을까? 늦은 밤 간호사 호출 버튼을 눌러야 할지 고민하는 환자의 입장이, 황달이 나아지면서 온 몸이 가려워 잠을 잘 수 없는 환자의 입장이.†

의지할 것이 전혀 없을 정도로 침울할 때, 화가 나서 주체할 수 없이 눈물이 나올 때, 병이 낫지 않는다는 소리를 들었을 때, 누군가가 다가 와서 살짝 이런 말을 한다. "당신의 기분, 진짜로 잘 알겠어요". 당신은 '아아, 나의 기분을 알아주는 사람이 여기에 있구나!'라고 생각할까?

환자의 부모나 자식이라 할지라도, 우리는 누구도 환자 자신의 입장이 될 수 없다. 그건 절대로 불가능하다. 기껏 할 수 있는 것이라고는 환자의 입장이 되었다고 여길 뿐이다. 이 '여김'을 망각한 채 완전히 환자의 입장이 되어 공감하고 있다고, 마음을 이해하고 있다고 착각에 빠져 있는 의료인을 보면 대단히 거슬린다. 환자의 입장이 될 수 없다는 사실을 이해하면서, 그렇지만 바로 옆에서 의료를 제공하는 것이 의료인이 지켜야 할 자세

---

† 상대방의 입장이 되어서 생각하려 할 때, 누구나 우선은 '나라면 이렇게 하고 싶다/하고 싶지 않다'라는 생각을 한다. 그러나 나와 그 상대방은 건강 상태, 경제적 상황, 가족관계, 지금까지 살아온 인생 전부가 다르다. [쿠라바야시]

'어차피 그 사람을 대신하는 것이 불가능하다면, 주관적인 판단은 독단적이면서 잘못된 해석을 낳을 수 있는 위험한 것이다. 그렇다면 객관적으로 평가 가능한 항목으로 만들어진 알고리즘에 따라서 의료를 제공하는 수밖에 없지 않은가'라며, 큰 한숨을 쉬고 싶어질지도 모른다. 그러나 이해할 수 없다는 것을 아는 신중함은 포기와는 전혀 다른 이질적인 것이다. [미야기]

의료인으로서의 경험이 늘어날수록 "이런 타입의 환자는 이렇다"라고 꼬리표를 다는 경향이 강해진다. 그것이 항상 옳지 않을 수 있다는 사실을 잊지 말아야 한다. [아다치 토모]

이다.

　환자의 입장이 될 수는 없다고 해서, 그렇다고 또 의료인이 완벽하게 중립적이거나 공평한 것은 아니다. 눈앞에 있는 환자에게 쉽게 이런저런 감정이입을 하게 마련이다. 그러한 자신의 감정을 똑똑히 거울에 비춰볼 필요가 있다. 예를 들면 너무나도 좋아했던 돌아가신 할머니와 똑같이 닮은 환자를 다른 환자보다 더 친절히 대할지도 모른다. 반대로 편애만 해서 너무 싫어 했던 초등학교 담임선생님과 닮은 환자를 자신도 모르게 차갑게 대할 수도 있다.

　이상으로 준비운동은 끝났다. 윤리를 그럴듯한 미사어구로 몸을 꾸미는 것이라 생각하는 사람이 있다. 또는 주위에서 손가락질을 받거나 소송을 당하는 일이 없도록 윤리라는 갑옷으로 몸을 감싸서 자신들을 지켜야 한다고 생각하는 사람이 있다. 이 책을 읽어 나가기 전, 지금부터 무거운 갑옷은 벗어버리자. 노천탕에 들어가는 기분처럼 자유로워지자. 당신은 「벌거벗은 임금님」 이야기를 알고 있을 것이다. 새 옷을 좋아하는 임금님이 바보에게는 보이지 않는 옷감으로 옷을 만든다는 사기꾼한테 속아 넘어간다. 임금님이 그 옷을 몸에 걸치고 한껏 뽐을 내면서 행진을 하는데, 신하들과 마을 사람들은 바보 소리는 듣고 싶지 않은데다가 임금님의 체면도 있어 전혀 보이지 않는 그 옷에 대해 입을 모아 칭찬을 늘어놓는다. 그러던 와중에 꼬마 아이가 '알몸이잖아'라고 바른 지적을 한다. 의료윤리학을 배울 때에는 신하나 구경꾼이 되지 말자. 바보에게 보이지 않는 옷 같은 건 옷이 아니니 입거나 칭찬거리가 되지 못한다. 모두가 윤리적인 것처럼 행동하면 그것만으로 의료현장이 좋아질 것이라고 생각하는가? 자, 풍덩, 온탕에 몸을 담그듯 본론으로 들어가자.

II 의료윤리학의 지형도

윤리란 무엇인가

한자로 '倫理'라고 적고 '윤리'라고 읽는다. 잘 알고 있겠지만 윤리는 논리가 아니다.

논리(論理)의 '논'은 말씀 언(言) 변이 붙는다. 논리란 말을 사용해서 생각을 전개할 때의 규칙을 일컫는다. 이 규칙에서 벗어나면 '말하는 내용이 비논리적이다'라는 비난을 받는다. 삼단논법이라는 말을 들어보았을 것이다. 그것도 논리 중 하나다. '고래는 포유류. 고래는 바다에서 산다. 그러므로 포유류는 바다에서 산다'라는 말을 들으면 어딘가 이상하고, 납득할 수 없다. 그것은 삼단논법을 괴상하게 사용했기 때문이다.

한편, 윤리의 '윤'은 사람 인(人) 변이 붙는다. 인간적일 것 같지 않은가? 혹시 정력절륜(精力絶倫)이라는 말을 알고 있는가? 정력이란 스태미나(stamina) - 특히 남성의 성적인 욕구, 기능을 일컫는 말이다. 그렇다면 절륜이란 무슨 뜻일까? 문제는 여기에 있다. 윤리의 '倫'자 앞에 '끊을 절(絶)'자가 붙어 있다. 그렇다면 윤리와는 거리가 먼, 난잡함의 극치를 일컫는 말일까? 아니면 불륜처럼 상대를 가리지 않고 만나는 것일까? 실은 양쪽 다 틀렸다. 원래 '倫'자 밑에 있는 '책 책(冊)'은 종이가 없던 시대에 글자를 쓸 때 사용하던 죽간을 가리킨다. 모은다는 의미의 △을 위에 올린 侖은 죽간을 단단하게 엮어서 묶은 모양이다. 여기에 사람 인 변이 붙어서 '동속(同屬, 같은 무리)'이라는 의미가 된다. 그러므로 절륜이란, 다른 동속과는 비교도 할 수 없을 정도로 우수하다는 뜻으로, 말하자면 성적인 힘이 다른 사람보다 강하다는 표현이 된다. 또한 '리(理)'는 '리(里)'에서 만들어졌다. '里'는 '田+土'로, 세로와 가로로 선을 그어서 구획을 정리한 전답을 일컫는다. 논두렁길을 의미하는 일본어 '畦道'의 '畦' 자와도 꼭 닮았다. 가장자리의 '王'은 원래 '옥(玉)'으로 아름다운 돌[중국에서는 비취(翡翠)]을 뜻한다. 그러므로 理라는 것은 아름다운 길을 말한다. 따라서 두 글자가 합쳐진 윤리라는 숙어는 동속 사이에 인정된 아름다운 삶의 방식, 동속 안에 스며들어 있는 삶의 방식에서의 법도라는 의미가 된다.†

여기까지 이해가 잘 되었는지 모르겠다. 윤리란 같은 무리 사이(동속) – 이것을 공동체 또는 사회라고 표현해도 괜찮다 – 그 내부의 삶의 방식에서의 규칙을 말한다.

동속이 바뀐다면 과연 윤리는 어떻게 될까? 시대가 변하거나 다른 문화권, 다른 사회라면 동속 간의 윤리도 달라지는 것이 당연하다.[3] 예를 하나 들어보겠다. 일찍이 남태평양의 어느 섬나라에서는 젊은 미혼 남녀 간의 성적관계에 대해서는 관대했으나, 두 사람이 같은 식탁에 앉아 있는 것은 엄격하게 금지했다고 한다. 지금 세대의 부모들이 상상하는 윤리와는 정반대이다. 다른 예로 어떤 나라에서는 남의 집에서 식사 대접을 받으면 남기지 않고 다 먹어야 한다고 교육을 받는다. 그런데 이웃 나라에서는 남기

---

† '倫理'라는 말이 만들어진 과정을 살펴보면, 질서와 아름다움이라는 두 가지의 의미가 함축되어 있다. 미의식은 의외로 윤리에 가까운 것 같다. 그리스어인 코스모스는 우주의 질서를 뜻하지만, 이 말에서 코스메틱(미용)이라는 말이 생겨났다. [카토]

지 않으면 실례가 된다. 여기서 질문을 하나 하겠다. 어느 쪽의 윤리가 옳을까? 어느 쪽의 윤리관을 더 높다고 할 수 있을까? 선택하기 어렵다. 각각의 윤리는 각 사회 속 삶의 방식에 대한 규칙이기 때문이다. 의료현장의 윤리도 기껏해야 그 시대, 그 사회에서의 규칙으로 보일 뿐이다.

이 즈음에서, 예전에 받은 질문을 하나 소개하겠다. "윤리는 모두 다 로컬 룰(Local rule)인가요?" – 좋은 질문이다. 어떻게 대답해야 할까? 이번 기회에 모두 분명히 이야기해보겠다. 어떤 윤리학자는 "그렇다"고 대답한다. 다른 윤리학자는 "꼭 그렇지만은 않다, 그건 아니다"라고 답한다. 각각의 시대나 사회, 문화마다 윤리가 바뀐다고 생각하는 입장을 상대주의(moral relativism)라고 한다.

반면 언제 어디서나 예외 없이 성립하는[이것을 보편적(universal)이라고 한다 – 보편은 변하지 않는 것하고는 다르다] 윤리의 원리와 그 근거를 탐구해온 윤리학자들이 많이 있다. 이런 사람들은 로컬 룰에 만족하지 않고, 변하지 않는 부동의 궁극적인 윤리의 핵심을 탐구하였다. 수적으로도 이들은 윤리학자들 중 양지바른 가도를 걷고 있는 주류로 여겨진다. 앞에서 윤리는 동속 간에 성립하는 삶의 방식에 대한 규칙이라고 했다. 만약 이 동속의 테두리를 국한된 지역이나 문화권, 나라에서 모든 인간, 전 인류에까지 광범위하게 넓힌다면 윤리는 더 이상 로컬 룰이 아니게 된다. 단, 여기서 한 가지 주의할 것은 주류나 다수파의 입장이라고 해서, 정당성이 보증되지는 않는다. 게다가 주류도 온전한 하나가 아니라, 실제 여러 입장이 있다. 여기서부터는 이야기가 조금 어려워지므로, 자세한 설명은 뒤에서 하겠다(B. 고전적 윤리학설의 요점, ⇒ p. 269~274).

윤리학에 한정된 이야기가 아니다. 우리가 잘 알고 있는 불교를 예로 들어보자. 불교는 크게 두 종류로 나눠진다. 상좌부불교(각자 출가하여 수행을 통해 깨달음을 얻고, 부처가 되는 것을 목표로 한다)와 대승불교(자신이 깨달음을 얻는 것보다, 먼저 많은 사람들을 이상적인 열반으로 이끄는 것을 중요하게 생각한다)가 그것이다. 동아시아에서 불교라고 하면 대승불교가 주류다. 그런데 대승불교에는 여러 종파가 있다. 그렇다고 해서 불교가 뭐든 다 틀렸거나, 불완전, 뒤떨어졌다고는 하지 않는다. 이번에는 여러분에게 물어보겠다. 생물학이나 생리학, 의학, 간호학, 작업치료학, 복지학⋯⋯은 각각 '하나'일까?

친숙한 예를 가지고 생각해보자. 절대로 틀어지지 않는 인간관계, 배신이나 질투가 없는 영원히 지속되는 우정이 이 세상에 존재한다고 생각하는가? 사랑을 예로 드는 편이 이해하기 쉽다면 사랑도 좋다. 식지 않는 사랑, 변하지 않는 사랑이 이 세상에 존재한다고 생각하는가? – 다양한 우정의 모습이 있으며, 사랑에도 다양한 모습이 있다. 그 모습이 모두 다르더라도 상관없다고 생각하는 사람은 상대주의에 가깝다. '그건 이상해, 누가 보더라도 진실한 우정, 진실한 사랑이라고 할 수 있는 모습이 있을 거야, 그런 것이 있어야만 해, 대체 그건 어떤 걸까⋯⋯'라고 생각하는 사람은 주류의 입장에 친화적이라고 할 수 있다. 이 세상을 보면 궁극적이고 이상적인 것을 추구해봤자 헛수고일 것만 같은 느낌이 들기도 한다. 그래도 포기하지 않겠다는 마음가짐을 지닌 사람도 있다. "어느 쪽 입장이 옳습니까?"라는 질문을 받을 것이다. 이 질문에 대해서는 윤리학자들 사이에서도 연구·논의가 계속되고 있다.[†]

위의 설명이 충분하지 않은가? 산을 소재로 한 폭의 그림을 그려보자. 가운데 부분은 누가 어떻게 보더라도 분명히 산일 것이다. 그런데 양 끝의

---

† 이 책에는 온갖 것들에 관해서 다수 의견과는 반대되는 견해와 전세계적으로 주류인 논조에 대해서도 비판적인 의견이 적혀있다. 이 교재를 읽기 전까지는 세상의 논조를 의심없이 믿었지만, 지금은 아니다. 앞으로 어떤 견해가 유행할지 모르지만, 모든 것을 비판 없이 그대로 받아들이지는 않을 것이다. 이것이 내가 이 책에서 배운 가장 큰 교훈이다. [1학년/K]

산기슭은 어떤가? 어디까지를 산이라고 할 수 있을지 확실치 않다. 높고 두드러진 곳을 볼 것인가, 아니면 경계선이 불분명한 주변에 시선을 둘 것인가. 어느 쪽을 주시할지에 따라서 산을 보는 방법이 달라진다. 동속의 테두리를 어디까지 넓혀서/좁혀서 생각하냐에 따라 윤리가 미치는 범위는 '로컬(Local)'이 되기도 하고 '글로벌(Global)'이 되기도 한다.

동속이라는 테두리의 크기 이외에 또 하나 가변적인 요소가 있다. 도리의 노폭(路幅)*이 그것이다. 도리의 노폭을 굉장히 좁게 파악하면, '~해야 한다'라는 딱딱한 형식이 된다. 이것을 'should의 윤리(should-ethics)'라고 하자. 'should'의 윤리는 골프나 등산과 닮았다. 골프에서는 각 홀에 하나씩 있는 작은 구멍 안에 골프공을 넣어야만 한다. 등산은 산 정상을 목표로 해서 등정하는 것이다. 스트라이크 존이 좁은 셈이다. 이와 반대로 노폭을 넓게 잡으면, '~해도 괜찮아' '~하는 것도 있지'라는 부드러운 허용의 형식인 'may의 윤리(may-ethics)'가 된다. 하이킹처럼 강가나 언덕의 사면, 때로는 산 정상이 도착 지점이 된다. 모두가 목표로 삼아야 하는 한 지점을 전제하지 않는다. 단, 골짜기 사이나 벼랑 아래로 떨어지거나, 강의 급류에 휩쓸려서는 안 된다. may의 윤리는 스트라이크 존이 should의 윤리보다 넓다. 하지만 볼로 판정되는 범위(데드볼)도 있다.

윤리는 대체로 어느 한쪽 유형에 속한다. '길을 잃고 헤매는 사람을 도와줘도 괜찮다'라는 식의 표현은 우리 감각에 맞지 않다. 이 경우 '도와줘야 한다' 쪽이 가슴에 와 닿는다. 하지만 모든 윤리를 should의 윤리로 생각할 필요는 없다. 의료현장에는 때때로 should의 윤리가 작용하며, 또한 더 자주 may의 윤리가 작용한다. '이제 힘든 치료를 중단하고 퇴원해서 가족과의 시간을 소중히 해야 한다'거나 '포기하지 말고 치료를 받아

---

* 도리의 노폭(筋道の道幅): '筋道'란 동속 간에 바람직하다고 여겨지는 해야 할, 혹은 하면 좋은 도리, 사리, 이치, 법도를 의미한다. 따라서 '筋道의 道幅'이란 도리, 이치, 법도라는 길의 넓이, 폭이라는 의미로, 도리의 노폭이라고 번역하였다. [옮긴이]

야 한다'라며, 일반론으로 '해야 한다'형으로 말하면, 감각적으로 지나치며 압박당하는 느낌이다. 이 경우에는 '퇴원하는 수도 있다'라거나 '치료를 계속 받을 수 있다'라고 하는 편이 부드러우면서도 잘 어울린다. 윤리라고 하면 흔히 딱딱한 should의 이미지가 강하게 느껴진다. 그리고 이 형식에 얽매이면, 어떻게든 절대 옳은 답을 찾기 위해 초조해지기 마련이다. 하지만 좀더 유연하게 생각을 해볼 필요가 있다. may의 윤리는 최소한 하면 안 되는 것을 확실히 정해놓고, 상황이나 관계자의 가치관에 걸맞는 목표를 찾는다.†

윤리와 도덕

일본 초등학교에는 '도덕'시간이 있다. NHK 교육방송을 보거나, 교과서를 읽기도 하며, 친구들끼리 의견을 교환하기도 한다. 이때 '도덕과 윤리는 어떻게 다른가요?'라는 질문을 가끔 받는다.

실망스럽게 들릴지 모르지만, 단어의 유래(어원)로 말하자면 윤리와 도덕은 실제로는 다르지 않다. 윤리(ethics)의 어원은 고대 그리스 시대까지 거슬러 올라간다. 그리스어에 원래 새나 짐승의 둥지, 소굴을 의미하는 '에토스(ethos, ἔθος)'라는 말이 있다. 이것이 인간의 주거를 가리키는 말이 되었으며, 다시 그 뜻이 변해서 도시국가(polis)의 관습을 의미하게 되었다. 이 관습이 몸에 배어 형성된 시민의 인격이나 품성이 ēthos((ἦθος)라는 말로 표현되었다. 이것의 형용사형(ethickos)이 윤리(ethics: 독일어로는 Ethik, 프랑스어로는 éthique)라는 말의 어원이다. 그리스 시대 이후, 로마

---

† Should나 may에는 인간의 가치나 정념(주관성)이 얽혀 있다. may에는 '해도 된다'와 '~일지도 모른다'라는 두 가지 용법이 있다. 후자가 더 주관적이지만, 전자에도 주관성이 많이 들어 있다. [카토]

시대에 'ethos'는 mos, 또한 'ēthos'는 mores(mos의 복수형)라고 하는 라틴어로 번역되어 쓰였으며, 이것의 형용사로써 '모럴리스(moralis)라는 말이 만들어졌다. 이것이 도덕(moral)의 어원이다. 요컨대, 윤리와 도덕은 언어의 성립 과정이 연결되어 있는 동떨어진 의미의 말이 아니다.

그리스어: ethos(관습) → ēthos(품성) → ethikos ⇒ ethics(윤리)
번역↓
라틴어: mos → mores → moralis ⇒ moral(도덕)[4]

그런데 언어는, 오랜 역사의 흐름 속에서 그 말을 사용하는 사람에 의해 각각의 독특한 신념이나 의미를 부여받아 변화하기도 한다(프라이버시라는 말의 의미 변화에 대해서는 p. 114 참조). 어원은 거의 대부분 겹쳐져 있지만, 최근 200년 동안에 윤리와 도덕이 서로 다르다고 주장하는 사람들이 나타났다. 그런 주장들도 사람들마다 서로 다르다. 예컨대 ①윤리를 품성의 측면으로, 도덕을 관습의 측면으로 이해하는 견해, ②세상에서 실제로 사람들을 이끄는 것이 도덕이며, 그것을 학문적으로 고찰하는 것이 윤리라고 보는 견해, ③공동체에 특유한 갖가지 윤리를 접목시켜 보편적·형식적인 것으로 승화 시킨 것을 도덕으로 보는 견해가 있다. 이런 것들을 기억할 필요는 전혀 없다. ①~③과 같은 견해를 가지고 있는 연구자도 있다는 정도이다. 중고등학교까지 교과서를 읽고 배우는 수준의 세계(공부)와 실제 학문의 세계(연구)가 이렇게 완전히 다르다는 것이다. 교과서에는 마치 모든 내용이 알려져 있고 확정된 것처럼 설명한다. 그러나 그것은 공부 단계일 뿐이다.†

---

† 이 책은 '사고방식'을 가르쳐준다. 찬성 의견도 반대 의견도 적혀 있다. 최종적으로 어느 쪽을 우선해야 한다는 결론은 거의 (일부로) 쓰여 있지 않다. 이 방법은 환자에게 하는 설명과 닮은 점이 있다. 의료인이 환자에게 치료법을 선택하게 할 때, A, B 양쪽의 장점/단점을 알기 쉽게, 가능한 한 똑같이 설명해서, 최

또한 우리를 혼란스럽게 하는 것은 '윤리'나 '도덕'이 두 글자의 한자로 표현되어 있다는 것이다. '윤'이나 '도'나 '덕'에는 독특한 의미가 내재되어 있다.†

윤리란? 또는 자유란? 이런 의문이 들어서 사전을 찾아보는 사람이 많을 것이다. 일반적인 의미를 간편하게 찾아보기에 사전은 분명 편리하다. 그러나 사전에 ○○○라고 적혀 있다고 해서 그것을 절대로 옳은 정의라고 생각해서는 안 된다. 사물에 관해서 생각을 하거나 글을 쓰는 사람(플라톤도 괜찮고, 데카르트도 괜찮다)이 어느 출판사의 국어사전을 일일이 찾아보면서 사전에 실려 있는 그대로의 의미를 사용해 책을 썼다고 생각하는가? 그렇지 않다.

모든 사람들이 납득하는 정의를 찾거나 정하는 것은 어렵다. 그것보다 상대와 자신이 쓰고 있는 말의 뜻에 차이가 있는 경우가 있다는 것을 염두에 두고, 각각이 뜻하는 의미를 서로 확인하는 것이 중요하다. 이것은 논의에 차이가 있을 때는 물론이거니와, 반대로 서로 의견이 잘 맞는 것처럼 보일 때에도 해보는 것이 좋다. 나중에 서로의 주장이 원점으로 돌아가는 일이 없기 위해서라도.††

윤리와 자연법칙

여기서 퀴즈를 내겠다. 오른쪽이라고 하면 왼쪽. 위라고 하면 아래. 산

 종적인 판단은 환자 자신에게 맡긴다. 이 책은 그런 방법으로 쓰여졌다. [1학년/C]
† 노자의 『도덕경』에는 우리가 이해하고 있는 도덕과 전혀 다른 세계가 그려져 있다. 그것은 도(道)의 덕(德)이라는 의미이기 때문이다. [카토]
†† 중요한 점은 화자나 저자가 어떤 의미나 묘미를 더해서 말을 사용하고 있는지를 생각하면서 듣거나 읽는 것이다. 위의 윤리와 도덕에서의 예로 말하자면 ①의 견해를 지닌 사람이 ②의 입장에 있는 사람의 이야기를 들으면, 말에 두서가 없어 잘 이해하지 못한다. 말이 안 통한다고 느낄 게 뻔하다. 그럴 때에는 처음부터 말을 인식하는 방식이 다를 수 있다는 생각을 해보아야 한다.

이라고 하면 강(아니, 바다인가?), 그렇다면 윤리라고 하면 무엇일까? 힌트는 ○리(○안은 한 글자)다. 지금까지 정리(整理)나 조리(調理)라고 대답한 사람이 있었는데 정답과는 거리가 멀다. 두 번째 힌트는 고등학교에서 배우는 과목이다. 그런데 지리는 아니다. 정답은 물리(物理)다. 윤리가 오른쪽이라면 왼쪽은 물리다.[5]

물리는 물체가 따르는 도리, 자연의 법칙을 말한다. 졸고 있는 학생을 향해서 분필을 던지면 분필은 포물선을 그리면서 날아간다. 운동의 법칙, 관성의 법칙, 중력의 법칙을 따르는 분필은 어떤 의미에 있어서 부자유한 상태다. 다른 방향으로 자기 마음대로 날아갈 수 없다. 던져진 대로 날아가서 낙하한다. 모든 조건만 알면 체공시간과 낙하지점을 계산할 수 있다. 살아 있는 사람은 물체의 한 종류인 몸을 가지고 있다. 몸은 중력의 법칙을 따르며 혈관 속을 흐르는 혈액은 유체의 법칙을 따른다.

중학교에서 화학을 배웠을 것이다. 나무를 태우면 숯이 만들어진다($C + O_2 \rightarrow CO_2$). 물을 전기분해하면 수소와 산소가 발생한다($2H_2O \rightarrow 2H_2 + O_2$). 이것은 누가, 어디서, 언제 하더라도 전혀 상관없다. 어떻게 해도 같다. 그러나 의료는 화학반응식대로 화합물을 만드는 것처럼 되지 않는다. 자연법칙에 따른 인체 메커니즘을 열심히 공부하고 지식을 아무리 암기한다 해도 그것만으로 좋은 의료를 할 수는 없다. 왜냐하면 의료의 대상은 물체로서의 몸이 아니라 인간이기 때문이다. 의료는 인간이 인간을 상대로 사회 속에서 행해지는 것이기 때문이다. 또한 의료행위는 예측 불가능한 우발적인 상황에 영향을 받는다. 의료는 의료를 원하는 측과 제공하는 측의 쌍방이 대화를 통해 무엇을, 어디까지, 어떻게 할지 개별 상황이나 사정에 맞춰서 결정해나가는 것이다.

모든 인간은 몸 외에도 개인적인 욕구나 가치관, 감정, 기억을 가지고 사회 속에서 인간관계를 맺으며 생활하고 있다. 자연과학의 성과나 통계 자료만으로 치료방침을 결정할 수 있는 게 아니다. 좋은 효과가 기대된다며 의료인이 추천하는 치료를 환자가 거절할지도 모른다. 일이나 가족을 보살피는 게 중요하지, 자신의 신체에 관한 일은 별로 중요하지 않다고 생각하는 환자도 있다. 의료는 연구실 안에서 탐구되는 자연과학으로써의 의학 너머에 있다. 그러므로 임상현장에 종사하는 의료인은 인체뿐 아니라 인간 마음의 미묘함이나 사회에 관한 것을 이해하기 위해 노력해야 한다.*†

윤리란 의료에서 의학을 뺀 영역, 즉 인간에서의 인간다운 면이나 사회 현실, 사람들의 가치관과 관련이 있다. 최첨단 과학에 비하면 보잘것없고 화려함이 부족하지만, 그 부분이 없으면 의료는 화학실험이나 물건을 만드는 것과 같은 수준이 되어버린다.††

윤리와 자연법칙을 비교해보면 다음과 같다(표1-1).

표1-1 윤리와 물리

윤리(도덕법칙)	물리(자연법칙)
인위적인 규칙(해당 사회에 속한 사람들이 정함)	비인위적인 섭리(사람이 만들거나 생각한 것이 아님)
해당 인간사회 속	우주 끝
사람들의 자유를 제약	(자유롭지 못한)물체를 지배

---

* 인간이나 사회에 관심이 없는 의료계 학생은 임상계열보다는 기초 연구나 환자와 직접적으로 관계를 맺지 않는 검체나 영상을 다루는 분야가 어울릴 것이다.
† 의료인은 의학적 자료를 중심으로 설명하는 경향이 있다. 환자·가족은 대체로 의학적 자료 건너편에 있는, '병에 걸린 나는 어떤 '생활'을 보내게 될 것인가? 치료를 하면 '원래의 생활'로 돌아 갈 수 있을까?'를 알고 싶어 한다. 대화가 통하지 않는 이유는 이러한 시점의 차이 때문이 아닐까? [아다치 토모]

환자나 가족에 대한 잘못된 대응의 원인은 단순한 지식부족이나 능력 부족만은 아닐 것이다. 그런 의료인은 대부분 동료와의 관계도 원활하지 않는 경우가 많은 것 같다. [하라]

Re: 교육단계에서 대인관계 능력이 상당히 떨어지는 의료계 학생을 어떻게 대응하는 것이 바람직할까? 성적만 나쁘지 않으면 진급·졸업시키는 건 교육기관의 본연의 모습이 아니다. [핫토리]
†† 고대 그리스에서는 신들의 영역에서 생성 전개해나가는 우주의 모든 자연과 그 법칙[physis →여기서 물리학physics와 신체적physical. (내과)의사physician 등의 말이 생겨났다]과 인간이 인위적으로 정한 규정·관습·제도·법이 대조를 이룬다고 여겼다. [핫토리]

무엇을 어떻게 생각하든 자유지만, 사람에게는 해도 되는 일과 해서는 안 되는 일이 있다. 이것을 규칙이라고 할 수 있다. 규칙은 자연법칙처럼 우주의 시작과 동시에 이미 존재해온 것이 아니라, 인간이 사회 단위에서 정해서 수정을 거듭한 것이다. 에클레어를 먹을 것인가 몽블랑을 먹을 것인가는 자유이며 윤리가 관여할 문제가 아니다. 그러나 거짓말을 할 수도 있고 진실을 고백할 수도 있는 어떤 종류의 행위에 대해, 어느 쪽이나 선택할 수 있는 제약 없는 자유로운 상황 속에서 윤리가 문제시되며, 규칙이 정해져 있다. 윤리라는 이치(도덕법칙)는 반쯤은 자유로운, 즉 자유의사를 지닌 인간이 따라야 할[그리고 인간이 자기자신한테 부과한 - 이것을 자율(⇒ pp. 189; 272)이라고 표현하겠다] 규칙을 말한다. 분명, 윤리는 자연법칙과 같이 우주적인 확장성을 가지고 있지는 않다. 전자 현미경으로 관찰할 수 있는 것도 아니다. 그러나 현실에서 우리들은 자연법칙과 윤리, 이 두 가지 아래에서 살고 있으며, 이 두 가지가 겹쳐진 속에서 의료행위가 이루어진다. 자연과학이나 생명의 과학을 아무리 배우고 연구한다 하더라도 윤리를 알게 되지는 않는다.

윤리와 법

윤리는 동속 간에서 성립하는 삶의 방식의 법도(法度)로서 동속의 테두리를 어떻게 잡느냐에 따라서 윤리의 내용이 변한다. 폭력단이나 국제적인 마약 밀매 조직 내부에도 윤리는 있을 것이다. 그렇기 때문에 '세상에서 윤리! 윤리! 하는 것 치고, 윤리는 애매모호해서 미덥지 못한 느낌이 든다'고 생각하는 사람이 있다. 그런 사람들은 법이나 가이드라인 같은 것이 믿음직스러우며 실질적으로 도움이 된다고 생각하는 경향이 있다. 그렇다면 법과 윤리는 어디가 어떻게 다를까?

법이 무엇인가 역시 윤리가 무엇인가와 같이 여러 학설들이 있다. 그럼에도 과감하게 적어보자면, 법이란 영토(국가나 주)의 통치자가 공인하는 사회규범(사회 안에서 사회의 질서를 지키기 위해서 정한 '해도 되는 일' '해야 되는 일' '해서는 안 되는 일'의 규정집)을 말한다.

국가가 문장화한 것(성문법 = 제정법)뿐만 아니라, 재판을 할 때의 판단 기준으로써 채용되는(성문법 이외의) 규범 또한 법으로 받아들여진다. 성문법 이외의 규범에는 그 사회의 관습, 도리(사회통념이나 공서양속), 판례(과거 재판의 사례집)가 있다. 이러한 모든 것을 법이라고 한다면 관습이나 도리와 같은 형태로 윤리도 이에 포함된다(표1-2). 그러므로 법과 윤리는 물과 기름의 관계가 아니다. 윤리는 법의 요소(要素)로써 법에 포함되는 경우가 있다. 단, 국가나 통치자 등이 공인하는 윤리의 경우로 한정 된다. 일본의 호쿠리쿠 지방에서는 연말이 되면, 한 해 동안 신세를 진 분이나 시댁에 방어를 선물하는 관습이 있다. 그렇다고 해서 이것이 곧 법은 아니다. 국가 공인의 관습이 아니기 때문이다.

표1-2 법이란

```
국가·주(해당 통치자)가 공인한 사회규범
= (제정된 성문법 + 전통적인 사회관습·조리(사회통념·공서양속) + 판례)
         ↑                                                      ↑
     대륙법 중심                                              영미법 중심
```

세계적으로 법은 독일, 프랑스, 이탈리아 등이 채택하고 있는 대륙법과 영미법의 두 가지 계통(법계라고 한다)으로 나눌 수 있다. 대륙법은 고대 로마의 법을 모델로 해서 정비된 법전(의회가 제정하고 문장화한 성문법)이 중심이 된다. 이에 반해, 영미법은 축적된 판례 중심으로, 새로 제정된 성문법이 이를 보충하는 형식을 띤다. 정통적인 전통 관습이나 그것을 기

반으로 하는 판례의 축적으로부터 만들어진 영미법의 법규범을 관습법(common law)이라고 한다.

일본은 메이지 유신을 계기로 독일을 모델로 법을 구축했다. 따라서 기본적으로 성문법 중심의 대륙법계에 속해 있다. 제2차 세계대전 이후에는 미국법의 영향을 받게 되었다. 그렇다면 메이지 유신 이전은 어떠했을까?

기본적으로 대륙법계에 속하는 일본에서는 성문법이 중요하다. 성문법의 중심은 법률이다. 법률은 국회(일본에서 유일한 입법기관)의 의결을 거쳐서 가결되어 성립된 것이다. 법률 위에는 일본 헌법이 있으며, 법률 밑에는 행정기관이 내리는 명령[내각에 의한 정령(政令)과 각성(各省)에 의한 성령(省令)], 규칙, 지방자치단체 의회마다의 조례가 (효력의 우선순위에 차이가 있다) 단계적 구조로 위치하고 있다(표1-3). 법률과 명령을 합쳐서 법령이라고 한다. 어쨌든, 국민이 선거라고 하는 다수결의 원리로 뽑은 국회의원이 제정한 것이 법률이다. 이 법률은 국민 모두의 자유를 제한하거나, 다른 한편으로 어느 특정한 사람들에게 자격·권리·권한을 부여[이를 수권(授權)이라고 한다]하기도 한다. 법에 정해진 절차를 거쳐서 요건을 충족한 사람만이 간호사, 조산사, 보건사, 의사, 임상병리사 등의 자격을 부여받는다.

표1-3 일본 성문법의 구조

```
효력이 큼  헌법
  ↑       법률(←국회)
          명령((정령(政令)·부령(府令)←내각(內閣)/성령(省令)←각성(各省))
          규칙
          조례(←지방자치단체)
```

다수결은 때로 위험하다. 그렇기 때문에 국민의 대표인 국회의원이 제정했다고 모든 법률을 인정하는 것은 아니다. 국가가 절대로 해서는 안 되는 것, 지키지 않으면 안 되는 것을 헌법으로 내걸어서, 모든 법률이 헌법에 기반하도록 하고 있다. 이렇듯, 정치에 몸담은 통치자는 헌법이라고 하는 최상위 법의 틀 안에서 권력을 행사해야 하는데, 이것을 입헌주의라고 한다.†

자 그럼, 어느 정도 법과 윤리의 차이점과 유사점에 대해서 이야기를 할 준비가 되었다.

일본은 성문법 중심의 법체제로 법령에 주목해, 여기서는 관습이나 도리 등의 (윤리와 겹치는) 요소를 제외하고, 법과 윤리를 비교해보겠다(표 1-4).

표1-4 법과 윤리

법(특히 성문법)	윤리
규범(해도 되는 것, 해야 할 것·해서는 안 되는 것)	
1. 국회가 제정(공포·시행일이 명확) 2. 명문화(문장으로) 되어 있음 3. 국가·공권력에 의한 강제 4. 위반하면 때에 따라 손해배상이나 형벌이 발생 5. 외적행위(단 형법에서는 고의인지 과실인지가 문제) 6. 통상적으로 지킬 수 있는 현실적 수준	1. 누가 언제 정했는지 불명 2. 명문화되어 있지 않음 3. 사회의 시선·체면에 속박 4. 위반하면 양심의 가책·때로는 사회적 제재를 받음 5. 마음의 내면적 상태(마음가짐. 단, 공리주의는 마음이 아닌 결과가 중요) 6. 때로 이상적이며 고도의 수준

법과 윤리는 동일하게 규범이라는 점에 있어서는 공통된 부분이 있다. 규범의 規는 규준의 '규', 範은 모범의 '범'이다. 살아가면서 해도 되는 것,

---

† 헌법은 국가가 국가로써 존재하기 위한 기반이다. 그럼 헌법은 누가 어떻게 만드는 것인가? 일본은 물론 이거니와 주권자인 국민이 만든다. 이런 의미에서는 일본 국민은 헌법 전문을 외우고, 항상 그 내용을 되새겨 보아야 한다. 그것이 주권자로서의 권리와 의무의 기초를 이룬다. [카토]

해서는 안 되는 것, 해야 되는 것, 본연의(to be) 자세에 대한 규칙이다. 사람들이 실제로 어떻게 살고 있는가(being)는 사실과 대조된다(좌우의 관계). 많은 사람이 저축을 하고 있다. 사실이 그렇다 하더라도 저축을 꼭 해야 하는 것은 아니다. 제한속도 범위 내에서 달리는 자동차 수가 적고 주차위반을 하는 운전자가 꽤 많은 것이 사실이지만, 교통법규는 당연히 지켜야 하는 규범이다. 좀처럼 다른 사람에게 상냥하게 대해지지 않더라도, 상냥하게 대하라고 말한다. 규범으로서의 법과 윤리는 사람들의 현실의 모습·행동을 (실사소설처럼) 있는 그대로 묘사하지 않는다. (누구 한 사람도 그렇게 하지 않는다 하더라도) 정말 실제 어떻게 해야 하는지[should, 윤리학의 세계에서는 독일어로 'Sollen(당위)'라고 표현한다], 어디까지 허용되는지(may)를 가리킨다.

  법과 윤리의 차이는 무엇인가? 그 착안점으로, 누가 만들었는지, 언제 어디서나 읽고 싶을 때 읽을 수 있도록 명확한 문장으로 표현되어 있는지, 강제적인지, 지키지 않으면 어떻게 되는지, 마음속까지 추궁을 받는지, 지키기 어려운지를 생각해 볼 수 있다. ①윤리는 누가 정했는지 알 수 없다. ②윤리는 문장으로 되어 있지 않다(부모나 조부모들은 말로 주의를 주지, 윤리 책을 찾아보면서 주의를 주지는 않는다). ③윤리에는 국가에 의한 강제성이 없다('사람들에게 친절해라, 다른 집에 초대받아 갈 때는 예의 바르게 행동해라, 의료인은 환자한테 정중한 말을 사용해라'라는 식으로 법은 지시하지 않는다). ④윤리에 반하는 행동을 했을 때, 당사자는 양심의 가책으로 괴롭거나 주위 사람들로부터 사회적 제재를 받을 수 (모임에 초대를 받지 못하는 등의) 있어도, 배상금을 지불하거나 형무소에 들어가는 식의 국가권력의 강압적인 명령을 받지는 않는다. ⑤우연히 경찰차가 보여서 제한속도대로 브레이크를 밟으며 운전했다면 일단은 법을 지킨 셈(적법성, 독일어로는 'Legalität')이 되지만, 어쩌다가 우연히 결과적으로 윤리적인 행위를 했다 하더라도, 그 당시 진심이 아니었다면 윤리적(도덕성, 독일어로는

'Moralität')이라는 칭찬은 받지 못한다(다른 예로 누군가가 길을 물어서 장난으로 아무렇게나 가르쳐 주었는데 우연히도 그 길이 맞았을 때). 윤리는 마음가짐이 중요하다. 그러나 법에 있어서는 어쨌든 어떻게 행동하는가가 중요하다. 이것은 독일의 철학자 토마지우스(C. Thomasius)의 이야기이다. ⑥ 윤리적이 되는 것이 법을 지키는 것보다도 어려울 때가 있다. 제한속도 표시를 보고 액셀러레이터를 밟고 있는 발의 힘을 빼는 것에 비해, '너희의 적을 사랑하라'를 실행에 옮기는 편이 더 어렵다(표1-4).

남을 다치게 하면 안 된다는 것에 대해서는 법도 윤리도 일치한다. 그러나 법과 윤리는 때때로 서로 상충되는 것을 지시한다. 전형적인 예가 소포클레스가 쓴 그리스 비극 중 하나인『안티고네』에 잘 표현되어 있다. 자신을 추방한 조국에 대한 반역을 계획해서 싸우다가 죽은 오라비가 있었다. 삼촌인 왕은 그의 매장을 엄격하게 금지했다. 그러나 여동생인 안티고네는 오빠의 명복을 빌기 위해서 시체를 모래로 덮었다. 그 일로 그녀는 왕으로부터 사형 선고를 받고 유폐된다. 제사장과 장로의 진언으로 안티고네는 사형을 면하지만, 왕은 안티고네와 (그녀의 약혼자 였던) 왕의 아들이 자살한 모습을 보게 된다.†

그렇다면 생각해보자. 법만 있다면 윤리는 더 이상 쓸모없는 걸까? 법률만 지키면 되는 걸까? '의료인은 환자의 불안을 완화시키는 돌봄을 제공해야 한다……'라는 말은 어느 법령에도 적혀있지 않다. 「환자에게 진짜 병명을 알리지 말고, 가짜 병명을 알려 주세요」라고 하는 가족으로부터의 부탁에 대해 어떻게 대처하면 좋을까? 이에 대해서 법령은 지시해 주지 않는다. 반대로 윤리가 있으면 법은 필요 없을까? 둘 다 틀렸다.

갑작스런 질문일지 모르지만, 과일 파르페를 좋아하는가? 정사각형으

---

† 안티고네가 오빠를 매장한 것은 가족애로서 당연한 행위다. 여기서 국가의 법과 가족애(자연권이라고 불러도 좋다) 중 어느 쪽을 우선할 것인가라는 문제에 직면하게 된다. [카토]

로 썬 과일이나 반구 형태의 바닐라 아이스크림은 법, 그리고 모양이 없는 크림이나 과일 소스, 시럽을 윤리라고 상상해 보면 어떨까. 법령이나 판례는 읽을 수 있지만 윤리는 읽을 수 없다. 서점에서 육법전서는 살 수 있지만 윤리전서와 같은 규정집은 살 수 없다(윤리 학설에 대해서 쓰인 연구서나 학습 참고서는 판매되고 있다). 이 책도 의료현장에서 의료인이 지키지 않으면 안 되는 윤리규정집 같은 게 아니다. 의료현장의 윤리 문제를 마음 깊이 잘 생각하게 하기 위한 윤리학 교과서다. 과일 파르페는 모양이 있는 재료나 모양이 없는 재료, 어느 한 가지만으로는 만들 수 없다. 잘라 놓은 과일 위에 아이스크림을 얹는다고 파르페가 되지 않는다. 물론 크림과 시럽만으로도 파르페는 만들 수 없다. 딱딱한 하드 타입의 법과 그 사이를 채워 주는 소프트 타입의 윤리가 서로 맞아떨어지지 않으면 파르페를 만들 수 없다.

그런데도 "윤리, 윤리"라고 말하면서, 상당수의 책이나 사람들이 거의 법에 대해서만 이야기하고 있는 것이 사실이다. '정육점' 간판을 내걸고 있으면서, 고로케와 고기튀김, 커틀릿, 햄만 팔고 있는 가게와 비슷하다. 정육점이라면 꼭 다리 살이나 로스, 등심, 삼겹살이나 간 고기, 가슴살도 같이 팔면 좋겠다.

윤리지침·가이드라인

윤리 문제를 떠나서, 의료인은 가이드라인 류에 매우 친숙하다. 학회마다 각종 진료 가이드라인이나 암 표준진료 규약을 정해서 근거(evidence, 의학의 경우에는 통계 처리된 경험 지식을 말한다)에 기반한 표준적 치료법을 세세하게 규정하고 있다. 수년마다 한 번씩 개정되기(개정판이 출판되면, 바로 다음 개정작업에 착수하는 것 같다) 때문에, 절대 변하지 않는다고 할 수 없다. 그렇지만 표준적 치료법은 모든 의료인에게는 신뢰할 만한 나침반이며, 권위적인 경전 역할을 하고 있다. 이것 없이 오늘날의 의료는 성립하지 않는다고 말해도 과언이 아니다. 그러한 이유로 지침이나 가이드라인이라는 이름이 붙어 있으면, 의료인은 고분고분 그대로 받아들이는 습성·체제가 있다. 윤리 지침에 대해 같은 태도를 보여도 괜찮을까?

대략 설명하자면, 2005년 무렵부터 일본에서 윤리지침이라고 하는 것이 마구잡이로 많이 만들어졌다. 지침이란 방침, 참고라는 의미로써 규정인 것임에는 틀림없다. 이 윤리지침은 크게 두 부류 – 행정기관과 학술단체 – 에서 만들어진다.

한 가지 염두에 두어야 할 것은 윤리지침, 가이드라인은 법률이 아니며, 법령에 포함되지 않는다. 고시(告示)나 통달(通達), 통지(通知)는 모두 (행정기관 내부에서만 효력을 지닌다) 행정규칙 안에 들어간다. 행정기관에서 만든 윤리지침의 경우 특정 정부부처가 만들어서 법령일 것이라고 착각하는 사람이 꽤 많다고 한다. 하지만 윤리지침·가이드라인은 국회에서 심의하여 정하는 것이 아니며, 법률에 '구체적인 내용은 ××윤리지침에서 정하도록 한다'라고 적혀 있지도 않으며 (법률의 위임 또는 법률에 의한 수권이라고 한다) 그에 따라 만들어지는 것도 아니다. 즉 법률도 아니며 법률상의 근거도 없기 때문에, 윤리지침은 법적 구속력을 가지지 않는다. 학술단체가 작성한 가이드라인도 물론 법적효력은 없다(단, 해당 학술단체나 학회에 속해 있는 회원에 대해서는 효력을 지니고 있다). 법령이 아니며 법적구속력이 없다는 것은 윤리지침이나 가이드라인을 위반해도 불법이 아니라는 뜻이다.

그렇지만 현실에서는 상황에 따라 다르게 적용되기도 한다. 윤리지침이나 가이드라인이 인간 사회에 스며들게 되면 관습, 도리로 여겨지게 된다. (법령이 아니어서) 행정규칙에 구애받지는 않지만, 재판이 열릴 때 법원은 관습, 법도로써의 윤리지침·가이드라인을 참고해서 판결을 내릴 가능

성이 있다. 이런 점에서 법령이 아니라는 이유로 윤리를 경시해서는 안 된다.†

여기서, 법과 윤리와의 차이점을 살펴보기 위해서 사용한 착안점을 재활용해서, 윤리지침·가이드라인의 성격을 다시 정리해 보도록 하자(표 1-5).

표1-5 윤리지침·가이드라인의 성격

> ① 누가 언제 만들었는지 분명하다.
> ② 언제, 어디서, 누구라도 읽을 수 있도록 명확하게 문장으로 표현되어 공개되어 있다.
> ③ 행정기관이 만든 것은 실질적으로는 반 강제력을 지니며, 학술단체가 만든 것은 회원에 대해서 강제력을 지닌다.
> ④ 위반하면 때로 실질적인 불이익을 받을 가능성이 있다.
> ⑤ 마음가짐까지는 상관하지 않는다.
> ⑥ 지키는 것 자체는 어렵지 않다.

'어, 뭐야, 이름에 윤리라는 말이 들어가 있는데도 윤리지침·가이드라인은 윤리보다 거의 법령에 가깝잖아'(윤리의 특징에 대해서 다시 한 번 확인해주길 바란다 ⇒ p. 54). 좋은 반응이다.

윤리지침·가이드라인에 잘 따르고 있으니 당연히 윤리적이라고 생각한다면, 그 사람은 윤리를 모르는 사람이다. 법과 윤리를 혼동하고 있는 것이다. 눈에 보이는 것, 문장으로 적혀 있는 것, 정부가 실시하고 있는 것

---

† '사람을 대상으로 하는 의학연구에 관한 윤리지침'의 준수는 상당히 어렵다. 임상연구의 연구 디자인, 연구 대상, 침습·개입 레벨 등에 따라 윤리적 배려의 방법이 달라진다. 연구 대상자에 대한 윤리적 배려의 최저 라인을 지키고, 그렇게 함으로써 비로소 연구 대상자의 「마음 상태」에 대한 배려를 할 수 있게 되는 건 아닐까. [아다치 토모]
Re: 조직이나 제도, 문서양식을 정비하고, 세세한 규정의 구체적 예에 대한 실무적 적용을 이해하는 데 시간과 노력이 필요하다. 정비와 이해를 하고 나면 전혀 어렵지 않다. [핫토리]
Re: 예를 들면, 위원이 5명 이상 출석하면 윤리심사위원회가 성립된다는 식의 조건 준수가 연구 대상자의 마음을 배려하는 것의 전제가 되지는 않을 것이다. [나카자와]

에만 신경을 쓰는 사람이다. 윤리적인 것이 윤리지침 안에 포함되지 않았다고 말할 수는 없지만, 지침에 없거나 넣을 수 없는 것도 있다. 윤리지침에 적힌 대로 하나하나 그대로 실천했다고 가정해보자. 그것은 외면적 행위일 뿐이다. 경찰차가 보여 단속에 걸리지 않으려고 법정속도를 지키면서 운전하는 것과 마찬가지다. 그렇게 하면 단속에 걸리지 않는다. 단속에 걸리지만 않으면 괜찮다는 발상 자체가 전혀 윤리적이지 않다. 윤리는 내가 단속에 걸리지만 않으면 괜찮다,라는 식의 자기중심적인 발상을 초월한다. 왜냐하면 언젠가 당신이 의료를 받는 입장이 되었을 때, 고소당하거나 걸리지 않으면 괜찮다는 마음가짐으로 이루어진 의료·간호를 받고 싶지 않을 것이기 때문이다.

법은 최소한의 윤리(das ethische Minimum),[6] 해당 사회 상황 규범의 최저 라인(das Minimum der Normen)이라고 법학자 옐리네크(G. Jellinek)이 말했다(1908). 윤리지침·가이드라인은 바로 최저 라인에 가깝다.[†] 이에 반해, 의료윤리학은 최저선에 머무르지 않고 보다 바람직한 의료가 어떤 의료인지를 생각하려고 한다. 윤리지침이나 가이드라인이 계속해서 만들어지고 있으니 이걸로 됐다고 생각하는 사람은, 오로지 고소당하지 않는 것에만 정신이 팔려, 보다 바람직한 의료에는 별로 관심을 기울이지 않는 사람임에 분명하다. "왜 그렇겠어요. 고소를 당하면 진짜 힘들어요. 재판을 받으면서 진료를 하는 건 정신적으로 괴롭다구요"라고 말하는 학생도 있다. 그 마음은 이해가 된다. 재판 등으로 괜한 에너지를 뺏기는 건 의료인으로서 괴롭으며 피하고 싶다. 일상적인 의료에 지장이 생길 수도 있다.

[†] 윤리지침이 최저 라인이라 할지라도 최저 라인이 무엇인지도 모른 채, 예를 들면 임상연구를 하는 의료인이 의외로 많이 있다. 윤리지침은 이 최저 라인을 주지하기 위한 교육적 역할을 담당하고 있는 면도 가지고 있다. [아다치 토모]

행동지침으로서의 윤리원칙은 법과 마찬가지로 비상식적인 일탈행동을 처벌하는 뉘앙스를 지니며, 시험의 합격 최저기준 60점을 가리킨다. 최선의 의료·연구에 관해서는 아무 것도 가르쳐 주지 않는다. 원칙만 지키면 윤리는 통과했다고 생각한다면, 예술과 기술의 두 가지 의미를 가지는 art(의술)의 의미가 희박해진다. [카토]

그렇기 때문에 자기 자신을 지키지 않으면 안 된다. 법령이나 윤리지침·가이드라인을 준수하는 것은 힘든 일이 아니다. 당연히 지키지 않으면 안 된다. 문제는 지키기만 하면 그것으로 충분하다고 잘못 생각하는 것이다. '송장 빼놓고 장사 지낸다'라는 말을 들어서는 곤란하다. 자신을 지키는 것(마이너스를 예방하는 것)에만 신경을 쓰고, 어떻게 하면 환자나 가족, 연구 대상자(연구 피험자)에게 도움이 되는지 생각하지 않는다면 충분히 할 일을 다 했다고 말할 수 없다. 법령이나 판례, 윤리지침·가이드라인에만 신경을 쓰고 (법 바로 옆에 있는) 본래의 윤리에 관심이 없다면, '눈 가리고 아웅' 하는 꼴이 된다. 그러한 몰이해를 촉진 시키고 있는 건 해당 행정당국일지도 모른다. 왜냐하면 〈윤리〉지침이라는 이름 그 자체가, 해당 지침을 지키기만 하면 윤리면에서 만전을 다하는 것이라거나 정부의 보증수표라는 오해를 불러 올 가능성이 있기 때문이다. 법령이나 윤리지침만으로 윤리가 커버된다고 착각을 하면서 '윤리는 중요하다'고 치켜세운다면, 윤리에게는 불행한 일일 것이다. 윤리가 법보다 우위에 있다는 뜻이 아니다. 환기하는 의미에서 다시 한 번 더 강조하자면, 과일과 아이스크림만으로도, 크림과 시럽만으로도, 파르페를 만들 수는 없다.

윤리강령

윤리지침·가이드라인과 비슷한 이름을 가진 것 중에 윤리강령(code of ethics)이 있다. 이것은 전문직단체나 기업이 자신들의 사회적 사명이나 근본적인 가치관, 직무수행상의 행동규범을 정하고, 이것을 구성원에게 훈시함과 동시에, 사회에 대해서 공개적으로 서약하는 것을 말한다. 윤리지침·가이드라인이 어떤 특정한 문제에 대한 구체적인 방책을 다룬다면, 윤리강령은 좀 더 전반적인 내용, 기본적인 자세를 표명한다. 윤리강령의 원조로 '히포크라테스 선서'나 '나이팅게일 선서' 등이 있다(둘 다 본인이 쓰지 않았다).*

최근의 윤리강령은 훨씬 추상적으로, 일반화된 서술이 눈에 띈다. 이런 의미에서 윤리강령은 슬로건, 혹은 광고용 풍선이라고 할 수 있다. 이것은 소리 높이 포부를 외치며 우러르는 이념을 가리킨다. 매우 낮은 수준의 서비스를 제공하거나 불법행위를 하는 시설과 사람에게, 암행어사 출두요! 라며 혼을 내는데 쓰일 수 있을지도 모른다. 하지만 기준이 명확하지 않거나, 난감하고, 어떻게 해야 할지 모르는 임상현장의 절박하고 구체적 문제나 사례에 대해 윤리강령은 해답을 가져다주지 않는다. 고교야구 개회식의 선수선서 '우리 선수 모두는 스포츠맨 정신에 따라서, 정정당당하게……'와 비슷해서, 처음부터 실용을 목적으로 하고 있는 것이 아닌 마치 종이풍선과 같은 것이다. 잘못 사용하지 않도록 주의해야 한다.†

만약 윤리강령을 정말 소중히 다루고 싶다면, 장식용으로 높은 곳에 두지만 말고 철저하고 세밀하게 고찰해야 한다. 추상적이며 애매한 표현이 의미하는 바를 나 자신이나 현장에 적용하여 이해하고 풀어내려는 작업이 필요하다. 예를 들면, 개인정보를 '타자와 공유할 때에는 적절한 판단 하에 행한다'(「간호 윤리강령 5」)의 「적절한 판단」이 어떤 판단을 가리키는 지에 대해 깊이 생각하는 것을 말한다. 윤리강령에도, 이에 대한 해설에도, '적절'함을 판단하기 위한 리트머스 시험지가 될 수 있는 설명은 어디

---

* 일본의사회 '의사윤리'에 '의사는 의사회에 가입해야 한다' '주치의가 있는 환자에 있어 주치의의 허락 없이 진료하는 것은 부덕한 행위다' '적정한 보수는 반드시 확보해야 한다' '함부로 무료 또는 적은 치료비로 진료 등을 해서는 안 된다' 등의 내용이 적혀 있다. 이러한 내용들을 어떻게 평가할지는 제쳐두더라도(일본의사회는 내용 개정을 하면서 이러한 사항을 지워버렸으나) 매우 구체적으로 세세한 부분까지 관여하여 적었다는 것을 알 수 있다.
† 윤리강령을 사용해서 윤리교육을 해달라는 부탁을 받은 적이 있는데, 실제로는 사용하지 않았다. 강의를 부탁한 사람은 아마도 윤리강령을 이해하면 「윤리적」인 의료인이 된다고 생각했을 것이다. 함께 깊은 대화를 나누고 검토하는 작업 중에 윤리강령도 윤리교육의 교재가 될 수 있을 것이다. [아다치 토모]
Re:「적절한 판단」에 대해서 현장에 입각해서 의견을 서로 나눌 때, 실질적인 교재가 되는 건 윤리강령이 아니라 사례일 것이다. [나카자와]

에서도 찾을 수 없다. 이대로는 잘 들지 않는 부엌칼이나 다름없다. 무엇이 적절한 판단인지 함께 의견을 나누며 검토하는 작업이 윤리강령에 생명을 불어 넣는다.†

법과 가이드라인의 재고 - 법학자의 목소리

이쯤에서 법학 전문가의 목소리를 들어보자. 일본 후생노동성 '인생의 최종단계에서의 의료 결정 프로세스에 관한 가이드라인'(2007년 작성, 2015년 개정)*의 총괄역할을 맡았던 히구치 노리오는 훗날 다음과 같이 쓰고 있다.[7]

'지금, 필요한 것은 명확한 규정이라고 한다. 명확함은 획일성을 의미한다. 누구나 죽어야만 하는 존재인 사람이 종말기를 맞이하는 모습은 사람마다 각양각색이다. 병에도 여러 종류가 있다. 의료기관도 작은 곳에서부터 큰 곳까지 있다. 가족의 모습도 한결같지 않다. 각각의 다양한 종말기에 명확하고도 획일적으로 적용되는 규정을 만드는 것은 너무나 곤란한 일이며, 또 얼마나 위험한 일인가.' '이번에 가이드라인을 책정함에 있어서 가장 우려했던 점은 의료현장에서 가이드라인을 융통성 없이 엄격하게 해석하고 획일적으로 적용을 하는 것이며, 그 결과 일종의 사고정지 상황이 발생하는 경우다. 눈앞의 개별적인 구체적 환자를 진찰하는데 경찰을 염려하여 명확하게 정해진 대로만 일을 하게 되는 상황이다.' '"명확한 규정"이라는 양자 택일식 해답을 구하는 것이 아니라, 오히려 본래의

---

† '적절한 판단에 기반해서' '적절한 처치를 취하고' '적절한 간호를 받을 수 있도록'……이라고 윤리강령(해설을 포함)에 기재되어 있다. '적절'이라는 말에는 답이 확실치 않는 애매한 것을 그럴듯하게 아울러 버리는 마법의 힘이 있다. 그러나 결코 실천적이지 않으며 도움이 되지도 못한다. [쿠라바야시]

* 2007년에는 '종말기 의료의 결정 프로세스에 관한 가이드라인'이라는 명칭이었다.

의료 문제에 더 관심을 집중해야 할 때이다. 경찰이나 검찰이 없는 세계를 가정하고, 무엇이 환자를 위한 것인지 생각하는 것이다. 환자에게 필요한 것은 법이나 명확한 규정이 아니다. 개개의 구체적인 환자, 소중한 개인을 배려하는 의료다. 지금은 의사와 언론이 의료가 아닌 법에 과도한 관심을 기울이고 있는 듯한 인상을 받는다.'*

헌법학자인 하세베 야스오는 법률학이나 헌법학은 "과학이 아닌, 굳이 비유하자면 기예(art)에 가깝다"라고 말한다.[8] 왜냐하면, 목표로 하는 이상적인 사회가 어떤 사회인지에 대한 답이 학자에 따라 달라서, 끝없이 논의를 계속하고 있기 때문이다. 한편, "날마다 해결하지 않으면 안 되는 구체적인 문제가 어지럽게 널려"있어서 "사람들이 근본적으로 대립하고 있는 문제를 되도록 건드리지 않으면서, 해결하려 해야 한다. 지금까지는 적어도 이 정도에서 타협할 수 있을 것 같은, 그런 부분을 찾아 나가야 하기" 때문이다. 대립하고 있는 문제에 대해서는 "결론은 나오지 않으며, 모두가 다양한 문제에 대해서 끝없이 생각을 이어가는 것이 법률학"이기 때문에 "법률학은 진보하지 않는다"고 말한다.

하세베는 "인간이란 자신이 중요하다고 생각하는 일은, 남도 중요하다고 여겨주길 바라는 존재이지요"라고 말한다. 고양이를 좋아하는 사람과 개를 좋아하는 사람, 애완동물을 싫어하는 사람을 떠올려보면 이 말을 잘 이해할 수 있다. '그러니까 실제로 이 세상에 다양한 사고방식이나 가

---

* 우리나라의 경우, '호스피스·완화의료 및 임종 과정에 있는 환자의 연명의료 결정에 관한 법률'이라는 이름의 법이 2016년 2월에 제정되었다. 설문 조사에서 다수의 시민들이 연명의료 관련 법을 원하였으며, 국회에서도 절대 다수의 찬성으로 법이 통과되었다. 그런데 이 법의 제정에 있어, 단지 지금의 죽음은 존엄하지 못하며, 법이 있으면 존엄한 죽음을 보장받을 수 있을 것이라는 막연한 생각이 전제되지 않았나 싶다. 존엄한 죽음이 무엇인지, 더 근본적으로는 존엄이 무엇인지에 대한 고민이 있어야 했다. 법이 다양한 모습의 죽음을 포괄하고 인정하는데 어떤 역할을 할 수 있을지 의심스러우며, 법 때문에 의사가 좋은 의료, 환자 중심으로 생각하지 못하고 법, 경찰의 눈치를 보아야 하는 상황이 만들어지지는 않을지 걱정스럽다. 바라기는 존엄한 죽음에 대한 숙고, 충실하고 의미 있는 사전돌봄계획(advance care planning) 등의 절차들이 만들어져 법의 거친 부분들이 무마될 수 있었으면 좋겠다. [옮긴이]

치관이 있다는 사실을 인정하고 싶어 하지 않는다.' 개/고양이를 좋아하는 사람은 세상 모든 사람들이 개/고양이를 좋아해 주길 바랄 것이다. 이러한 상황에서 '세상의 선악에 대한 판단이 다양하며, 또한 가치관이 다양하다는 사실을 인식'시키는 것은 '상당히 무리한 것을 해달라는 부탁이 된다.' 이런 의미에서도 법률학은 기예와 비슷하다고 말한다. '법률의 세계에는 진보도 결론도 없다고 하셨는데, 법률학자로서 만족하시는지요?'라고 대담을 하던 상대방이 질문을 하자, 하세베는 법률학이 "획기적으로 진보해서, 그것대로 여러분 모두가 살아야 하는 법률학이 만들어진다면, 그쪽이 훨씬 더 무섭겠죠"라고 대답했다. 그리고 "그러니까 헌법이라는 것은 무엇을 가르칠 것인가라는 것 보다, 무엇을 가르치지 않을 것인가가 중요하다. 결국, 인간이 어떻게 살아야만 하는가라는 질문의 답을 헌법이 가르쳐주지는 않는다. 각자 생각하고, 각자 결정하라고 하는 것이 헌법학의 메세지다"라며 이야기를 마무리 짓고 있다.†

사법에서는, 사실인정과 법적용에 있어 재판관의 판단이 작용하는 것은 분명하며, 애당초 법의 결격이라고 해서 어떤 사항에 대해서 적용되어야 할 법이 빠져 있는 경우도 있다(법령은 국민생활·행동의 모든 영역을 커버하고 있지 않아서, 마치 구멍이 나 있는 치즈와 같다). 삼심제도 때문이기도 하지만 사법 판단이 확정되기까지는 시간이 걸린다. 이러한 것도 법 판단의 특성이기는 하나 그 이전에 히구치나 하세베의 저서를 읽어보면, 윤리보다도 법 쪽에 믿음이 간다고 해서 무조건 법에 의지하는 자세에 문제가 있다는 것을 알 수 있다.

---

† 60점짜리 의료를 보증하는 윤리원칙과 이상을 내 건 윤리강령과의 '간격'이 임상현장이다. 여기에 하세베가 말하는 '예(芸)' 즉, 아트(의술)를 추구하는 공간이 있다. 여기에서의 키워드가 「돌봄」이 아닐까? [카토]

윤리와 윤리학

윤리는 동속 간에서 성립하는 바람직한 삶의 방식의 틀을 말한다. 앞에서, 원래 새나 짐승의 둥지(ethos)나 도시국가에서 공인된 시민이 몸에 익혀야 할 품격이 윤리의 어원이라고 하였다. 윤리는 명문화된 법령과는 다르다. 윤리지침이나 가이드라인은 그 이름과는 달리, 모양은 (윤리보다) 법령에 가깝다고도 했다. 그러면 윤리가 무엇인지 의심스럽다고 머리로 생각하는 사람도 있을 것이다(지하철에서 노인에게 자리를 양보하지 않는 젊은 이한테 눈살을 찌푸릴 때, 그 윤리성을 의심스러워하지 않으면서도 말이다). 또한 윤리의 원형이 로컬 룰이라고도 했다. 그렇다고 한다면, 어느 정도까지가 옳은 건지 미심쩍다고 생각하는 사람이 있을 것이다. 예를 들어, 노예제도는 어떨까? 그리스 시대에 문제시되지 않았다면, 그리스의 윤리가 어떻게 된 건가? 이런 예는 얼마든지 찾을 수 있을 것이다. 그렇다면 윤리라고 하는 것을 반드시 윤리적이라고 단정 지을 수는 없지 않을까? 세상에 윤리로 인식되고 있는 것을 아무 비판 없이 올바른 것으로 받아들여도 될지 의심이 드는가? 그렇다. 그렇기 때문에 윤리학이 있는 것이다. 윤리학은 윤리에 관한 학문이다. 윤리도 윤리학도 영어로는 다 같이 'ethics'라고 쓴다. 편리하게도 일본어에서는 '학'자를 붙이거나 떼서 구분할 수 있다. 이 책의 제목은 '의료윤리의 이론과 실제'가 아니다. 이러 이러한 규정을 지키라는 계몽을 목적으로 한 교과서가 아니기 때문이다. 동속이 바뀌거나 시대나 사람들의 의식이 바뀌면, 그에 따라 바뀔 수 있는 이 세상의 윤리를 비판적으로 점검하고 생각하기 위한 책이기 때문에, '의료윤리학의 이론과 실제'라고 정한 것이다.[†]

[†] 그렇기 때문에 윤리학에서는 자신도 모르게 세상의 '윤리'에 함몰되어 있는 '자기'를 되돌아보는 작업을 반드시 해야만 한다. [카토]

윤리학은 윤리에 관한 학문이다. 분명히 말하면 윤리에 관한 철학이다. 실천철학이라고 표현하는 연구자도 있다(반대는 이론철학). 철학은 머리를 최대한으로 활용해서 본질, 뿌리를 추구하는 학문으로, 윤리학이란 윤리의 본질이나 근원을 생각하는 학문이다. 윤리학은 크게 두 가지 영역으로 나눌 수 있다. 오래전부터 있어 왔던 규범윤리학과 20세기에 들어와서부터 연구가 왕성히 진행되고 있는 메타윤리학이다. 메타라고 하는 것은 비판적인 관점에서 꼼꼼하게 재해석하는 것을 의미한다.

표1-6 윤리학

- 윤리학
    규범윤리학 - 무엇을 할 것인가에 대한 이론
        덕윤리, 의무론, 공리주의, 사회계약설 등
    메타윤리학
        정동(情動)주의, 지령주의, 착오이론, 비자연주의 실제론, 준실제론 등
- 응용윤리학
    생명윤리학, 환경윤리학, 경영윤리학, 정보윤리학 등

규범윤리학의 목적은 ①무엇을 하는 것이 선(善)하고/옳은 것인가에 관한 최고 원리, ②그 원리의 근거를 밝히는 것이다.[9]

메타윤리학은, 규범윤리학의 여러 학설 사이의 끊임없는 논쟁에 끼어들거나 어느 한쪽 편에 들지 않으면서 냉정하게 사고하려고 한다.[10] 예를 들어, 어떤 영화감독은 '이것이야 말로 사랑의 영화다, 사랑이란 헌신이다'라고 주장하며 작품을 세상에 내놓는다. 다른 작품을 지닌 감독은 '아니, 사랑이란 에로스다'라고 말하면서 다른 형식의 작품을 세상에 발표하

비판은 비난과 다르다. 비난이란 나쁜 점을 들어 시비를 거는 것이다. 비판은 어떤 것을 잘 음미하고 나서, 그것의 의의나 근원, 한계(알맞은 범위)를 밝히는 것이다.

고 평가를 구한다. 작품이 규범윤리에 해당한다. 어떤 것이 좋은 작품인지를 둘러싸고 평론가나 심사위원, 영화 팬이 의견을 다투는 경우를 자주 본다. 메타윤리학 연구자는 승패에 대해서는 함구하면서 원래 영화(실제로는 윤리를 말함)란 무엇인가, 사랑이란, 헌신이란, 에로스란 무엇인지를 문제 삼는다. 영화가 현실세계의 모사인가, 아니면 새로운 세계의 창조인가. 연기를 한다는 건 무엇을 뜻하는가, 애당초 영화에는 어떤 의미가 있는 것일까 등의 질문을 한다.

즉 메타윤리학자는 규범윤리학자들이 오랫동안 해왔던 일(윤리학을 하는 것) 그 자체, 혹은 사용해온 말 그 자체를 비판적인 관점에서 분석한다. 규범윤리학의 학설은 때로 설교처럼 느껴지는데 메타윤리학에서는 그런 느낌이 들지 않는다. 윤리학을 '윤리에 관한 철학'이라고 한다면 메타윤리학은 〈'윤리에 관한 철학'에 대한 치밀한 철학〉이다.[11] 어떤 연구자는, '△△는 나쁘다'라고 하는 규범윤리학의 판단(문)을 '△△? 이봐, 웃기지 말라고' 하는 식의 개인적인 감정의 표출, 외침에 지나지 않는다고 말한다. 메타윤리학은 학문으로써는 매우 지적이며 재미있어 보인다. 게다가 윤리 이야기나 규범윤리학의 학설, 4원칙 같은 것을 우러러보며 고마워하는 풍조를 가볍게 웃어넘기는데도 유용하게 쓰일 수 있다. 그러나 어려운 윤리 문제를 즉시 판단하여 해결하려 하는 임상현장에는 어울리지 않는다.†

윤리는 흔히 '▽▽는 ××할 것' 식의 명령조로 가득 찬 문언집이라는 이미지를 가지기 쉬운데, 진짜 윤리학의 영역에서는 이렇듯 윤리학 연구자들끼리 진짜 윤리를 둘러싼 끝없는 탐구를 진지하게 이어가고 있다. 윤

---

† 어려운 문제가 소용돌이 치고 있는 현장일수록, 그곳을 연기 공간으로 받아 들이고, 영화·연극평론가가 되어보는 건 머리를 식히는 데 효과적일 것이다. 자기 마음속에서 소용돌이 치고 있는 정념이나 콤플렉스를 깨닫기 위해서라도, 메타 윤리학적인 접근이 도움이 되는 경우가 있다. 임상심리사인 시나가와 히로지가 말처럼 '누군가가 자신을 건드렸을 때, 짜증이 날 때, 누군가가 자신의 허점을 찔렀을 때' 어느 것이 지금의 자신인가라고 자문해보는 것도 좋을 것이다. [카토]

리지침이나 가이드라인의 그림자에 가려서 잘 보이지는 않지만 이것만은 전하고 싶다. 윤리는 절대로 정해진, 또는 정부기관의 배급품이 아니다.

의료윤리학·생명윤리학·임상윤리학

이 책의 제목에 의료윤리학이라는 말이 들어 있다. 왜 생명윤리학(bioethics)이 아니지? 생명윤리와는 다른 거야?라는 질문을 받은 적이 있다. 이 책은 의료현장의 윤리 문제를 다룬다는 의미에서 의료윤리학(health care ethics)이라는 말을 쓰고 있다. '헬스 케어 윤리학'도 괜찮지만 일반적으로 널리 알려지지 않았다는 이유로 외래어는 쓰지 않았다(표1-7).

표1-7 윤리학의 계층

(규범) 윤리학	거짓말을 하는 것이 옳은가
의료윤리학·생명윤리학	환자한테 거짓 병명을 알리는 것이 옳은가
임상윤리학	301호실의 야마다 카츠지의 가족이 거짓 병명을……

예전부터 있었던 것은 의료윤리학(medical ethics)이다. 의료윤리학은 의사에 의한, 의사를 위한, 의사의 윤리학이다. 과거에 의사는 자신들, 전문지식인[프로페셔널(professional)]의 마땅히 그래야 할 모습을 자기 스스로 정했다. 초심자, 전문가가 아닌 사람들이 의료윤리학에 관여할 수 없었다. 폐쇄적이었다고도 할 수 있다. 의사들은 이것을 자율(스스로 자신의 규율을 만든다는 의미의 자율⇒p. 190)이라고 인식했다.

1970년대 초반, 생명윤리학이라는 신조어가 만들어지고 유포되었다.[12] 이 말의 발신지는 두 곳이다. 하나는 지구환경윤리와 과학이 어떤 것이어야 하는지 본연의 자세를 고찰하려는 입장(V. R. Potter)에서 나왔고, 또 다른 하나는 인간 존재에 관한 생명과학과 의료가 어떤 것이어야 하는지를 다분야 연구자의 시점에서 학제적으로 고찰하려는 입장(A. E. Hellegers)에서 나왔다. 이야기를 요약하면 후자의 문제의식이 지금의 생명윤리학의 주류가 되었다. 생명윤리학이라는 이름만 봐서는 생명에 관계된 첨단 의료연구의 윤리 문제만을 다루고 있는 듯 보일지 모르지만, 그렇지 않다. 의료현장의 윤리 문제도 포함된다. 단지 전통적인 의료윤리학과 다른 점은 '의사에 의한, 의사를 위한……' 식의 방식에서 벗어나려고 하는 것에 있다. 의료 전문가 이외의 다양한 분야의 연구자나 전문가, 시민이 의료의 윤리 문제에 대해서 지속적으로 의견을 나누는 개방성이 생명윤리학의 특징이다.†

그리고 임상윤리학(clinical ethics)이 있다. 이 윤리학의 특징은 무엇보다도 의료현장에서 만나는, 어떻게 대처해야 좋을지 고민스러운 여러 사례의 윤리 문제를 사례별로 각종 사정을 취합하면서, 최대한 구체적으로 생각해서 해결해나가려고 하는 것이다. 임상윤리학은 사례로 시작해서 사례로 끝난다. 이에 반해서 의료윤리학이나 생명윤리학은 일반적인 추상적 질문을 마주하면서, 일반론적인 답을 이끌어 내려고 한다. 예를 들면, 인공임신중절은 허용될 수 있는 행위인가? 또는 한 번 장착한 인공호흡기를 제거하면 안 되는가, 등이 있다.

이 책의 전반부는 의료윤리학적인 성격을, 후반부는 임상윤리학적인 성격을 지니고 있다. 의료윤리학 문제를 생각할 때에는, 개별 사례의 특이한 사정을 고려하지 않은 채 이론적으로만 단계적으로 파고들어가려 한다. 한편, 모든 사례에 적용되는 기준이나 방정식을 만드는 것이 목적이

---

† '생명'윤리라는 말에도 문제가 있다. 'Life'의 번역어로써 생명, 목숨, 인생, 이 세 가지를 생각할 수 있으나, 이러한 말들을 한꺼번에 표현하는 말은 없다. 영어도 왜 'ethics of life'라고 하지 않았을까. [카토]

아닌 임상윤리학에서는 개별 사례를 다루기 위해, 합리적 사고뿐 아니라 감성을 활용해야 한다. 목표는 해당 사례의 윤리 문제를 해결하는 곳에 있지, 학설을 확립하는 곳에 있지 않다. 물론 개별 사례에 초점을 맞추어 생각한다고 해도 결국 인간이 하는 데에는 한계가 있다. 그러므로 임상윤리학이 항상 유일하고 절대적인 답을 도출해낸다고는 생각하지는 않는다.[13] 잠정적(일단)·개연적(역시 그렇구나)인 답으로 만족하는 수밖에 없다고 생각한다. 그렇다고 해서 대충하지는 않는다. 아무리 노력해도 잠정적·개연적인 답 이외에는 나오지 않을 것이다. 하지만 보다 더 사리에 맞는, 납득할 수 있는 답을 찾으려는 자세가 중요하다.

종종 "윤리 같은 건 어차피 정답이 없잖아요"라는 탄식이나 경멸조의 말을 듣는다. 이번 기회에 여기에 대해서 적어보겠다. 이렇게 말하는 사람은 초등학교 때부터 문제집으로만 공부를 한 사람이다. 문제집 뒷부분에는 대부분 해답이 적혀 있어서 자기가 답을 맞춰본다. 오랫동안 그렇게 공부를 하면 답이나 해법을 모르는 문제에 도전하는 것이 익숙하지 않아 답이 나와 있지 않은 문제를 마주했을 때, 어떻게 해야 할지 모르게 된다. 자신도 모르게 흔해 빠진 문제와 답이 적혀 있는 책을 가지고 공부를 하고 답을 통째로 암기하면 그것으로 충분하다고 생각하고 싶어진다. 충분한 정보에 의한 동의를 받는 것이 중요하다거나, 배려하는 마음가짐으로 환자를 돌보는 것이 윤리적인 태도라고 하는 슬로건을 암송하면 끝이라고 여기는 것이다. 하지만 그렇게 해서는 의료윤리의 실제 문제에 대처할 수 없다. 그래서 때문에 지금 당신의 손에 이 책이 쥐어져 있는 것이다.†

임상윤리학은 산수가 아니다.[14] 공식에 숫자를 끼워 맞춰 계산을 해서

---

† 시험공부를 할 때에 페이지 위에 올려놓으면 빨간색 글자로 인쇄된 정답이 보이지 않게 되는 빨간 시트를 사용할 때가 있다. 그러나 인간을 상대로 하는 직업교육에서는 감정에 호소하면서, 인내심을 가지고 끈질기게 생각을 해나가는 힘을 기르는 학습이 필요하다. 중요한 용어나 윤리원칙을 통째로 외우더라도, 생각하는 힘이 없으면 환자에게 다가 설 수 없다. 임상현장에 빈칸에 들어 가는 용어를 찾거나 ○/×로 처리할 수 있는 문제는 하나도 없다. [키타즈메]

정답을 낼 수 있는 것이 아니다. 당신도 살면서 고민에 빠진 적이 있을 것이다. 어떻게 하지, 이래도 저래도 안 될 때, 이런저런 생각을 할 것이다. 그럴 때 공식이나 원칙을 사용해서 답을 찾으려 하는가? 친구가 제삼자 입장에서 단순하게 일반론적인 조언을 할 때 당신은 어떤 기분이 드는가? 자신의 인생 문제는 여러모로 고민하면서, 환자나 가족의 인생 문제에 관해서는 쉽게 공식이나 매뉴얼로 척척 정답을 내려 하거나, 생각해봐야 소용없다는 식으로 말하는 건 이상하지 않는가? 문제집에 있는 문제의 해답은 찾는 것(왜냐하면 출제자는 정답을 미리 준비해두었기 때문)이다. 하지만 인생이나 사회의 문제에 대한 답은 궁리해서 고안해내는 것(미리 답을 준비해두는 출제자 같은 사람은 어디에도 없기 때문)이다. 이 둘을 혼동하면 안 된다.

눈앞에 있는 사례에서 시작하는 임상윤리학에서는 먼저 사례를 이해하는 것이 중요하다. 어떤 사례인지, 어떤 사정이 있는지, 환자는 어떤 심정인지, 가족과는 어떤 관계인지, 왜 그런 태도를 취하고 있는지 등을 파악도 하기 전에 이렇다 저렇다 논의를 해봐야 소용이 없다. 더구나 오해를 한 채로 대화를 계속해나가면, 환자나 가족이 납득할 수 있는 해결책에서 점점 더 멀어져 간다. 옷을 입을 때 첫 단추를 잘 못 끼우면, 나중에 처음부터 다시 해야 한다.†

사례를 이해할 때에 필요한 것은 궁색한 논리가 아니다. 철학이나 윤리학 또는 법학도 아니다. 소설을 읽거나 영화나 연극을 볼 때처럼 상상력이 필요하다. 그렇기 때문에 이 책에서는 가끔씩 소설이나 연극이 등장한다(그림 1-1).

---

† 「I 의료윤리학 산책」 서두에 나오는 톰의 사례에는 그의 성격이나 가족 배경에 관한 자세한 설명이 없었다. 논의를 시작하기 전에 사례의 설명에서 부족한 정보를 보충하는 것은 중요한 일이다. 정보가 불충분하면 잘못된 방향으로 논의가 진행된다. [나카자와]

그림1-1 생명윤리학·의료윤리학·임상윤리학

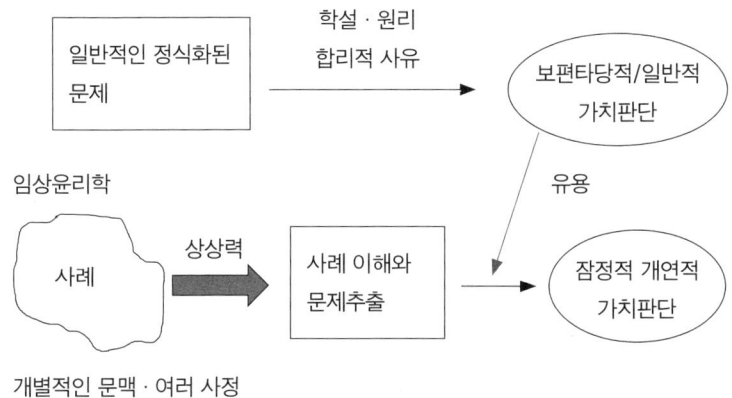

의료윤리학과 간호윤리학의 역사

　5분 만에 읽을 수 있을 정도로 아주 간단하게 의료윤리학의 역사를 살펴보자(그림1-2).[15] 그리스 시대의 히포크라테스에서 시작하면, 당시의 의술은 각 유파의 스승으로부터 제자로 전승되었다. 지금처럼 국가시험이 있었던 것이 아니다. 코스 섬 출신인 히포크라테스는 코스 학파의 지도자였다. 윤리는 동속간의 규정이다. 이 말이 기억나는가? 코스 학파의 일원이 되기 위해서는 이 학파의 윤리를 지킬 필요가 있었다. 초창기 의술 유파마다 의료윤리를 각자 따로 정하였다. 그것은 후세에 유파를 뛰어 넘어 직업윤리로 발전해 나갔다. 직업윤리는 전문직(프로)의 규칙이다. 여기에는 몸가짐을 바로 하고, 말투에 신경을 쓰며, 돈에 욕심을 부리지 않고 추파를 던지지 않는 등의 매너와 에티켓이 포함되어 있다. 프로서의 규칙을 지킴으로써 환자로부터 신뢰를 얻고, 적정한 수입을 확보한다(사업 번

창)는 면도 있었다. 규칙을 어기고 의사의 신용을 떨어뜨린 자에게 제재를 가해서 동료들로부터 추방시키기도 했는데, 이렇게 함으로써 의사의 면목을 지킨 것이다(자정성). 한마디로 말하면 의사에 의한, 의사를 위한, 의사의 윤리였다. 의사의 윤리는 의사가 정한다. 의사가 아닌 사람이 참견할 영역이 아니었다. 자신들 스스로가 자신들을 바로잡기 위한 것으로, 이것을 자율이라고 한다(⇒p. 104).

그림 1-2 의료윤리의 흐름

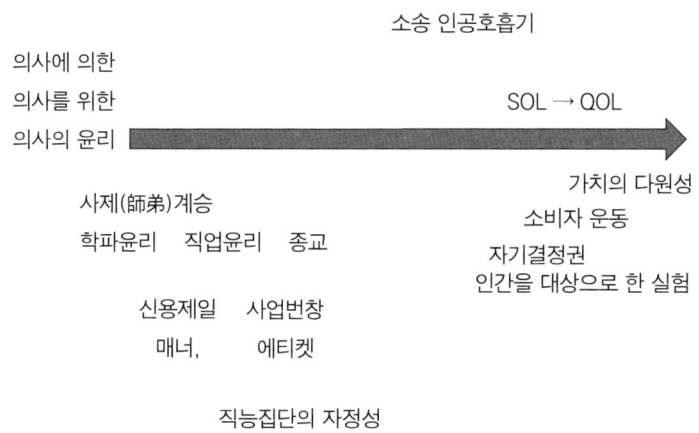

그리스 식의 의료윤리는 이후에 기독교 교리의 영향을 받아 전개된다. 이웃 사랑의 정신을 바탕으로 부상당한 적군도 의사는 치료해야 하는데, 치료를 받고 난 적군은 적군이므로 다시 싸우게 된다. 이런 이야기는 모두 생략하겠다. 의학의 역사는 재미있는 분야로 전문 서적을 가지고 공부해 보길 바란다.

엄청나게 큰 변화는 19세기 말에 일어났다. 이때부터 의료에 관련된 소송이 일어나기 시작했다. 재판이 행해진다는 것은, 의사의 폐쇄적 세계에

틈이 벌어져 법률가가 관여하기 시작했다는 뜻이다. 게다가 의사가 재판을 받는다. 이것은 오랫동안 자율의 세계를 유지해온 의사에게 중대한 일이다. 1960년대 전후로는 사회에 다양한 움직임이 일어난다(⇒ p. 64-65). 의사가 아닌 사람들이 의사의 행동과 의료의 방식에 대해 적극적으로 발언하게 되었다. 환자의 권리, 자기결정의 중요성이 강조되었다. 이렇게 해서 오래전부터 내려온 의사의 자율, 즉 의사에 의한, 의사를 위한, 의사의 윤리에 외풍이 불어 들어오기 시작했다.* 의사는 외부 세계의 목소리에 귀를 기울이지 않으면 안 되게 되었다. 의사들은 인문 계열 연구자로부터 윤리에 관해 배울 기회를 가지게 되었다.

1960년대 후반 인공호흡기가 보급되면서 목숨을 잃어야 했던 사람들의 생명을 구할 수 있게 되었다. 그 후, 반대로 생명 연장이 아닌 QOL이 중요하다고 주장하는 사람들이 나오기 시작했다. 이렇게 그리스 시대부터 이어져 오던 전통적인 의료윤리의 틀 안에서는 대처할 수 없는 문제들이 나타났다.

이런 문제들을 해결하기 위해서 의학계 내부의 노력뿐만 아니라, 윤리학, 사회학, 종교학, 법학 등 다분야의 연구자나 시민들에 의한 학제적인 (전문분야의 울타리를 헐어버리는) 노력이 필요하다고 생각되었다. 2000년을 경계로 많은 의료 분야 대학에서 의료윤리 교원을 배치하여 수업을 하고 있으며, 국가시험에 의료윤리에 관한 문제가 출제되기 시작하였다.[16] 그런데 그 이후 각종 의학계열 학회가 법률가의 도움으로 계속해서 윤리 가이드라인을 작성하게 되면서, 오히려 의사들은 윤리에 대해서 타 분야의 전문가로부터 배우거나 같이 노력해 나갈 필요성을 느끼지 못하게 되었다. 윤리지침이나 가이드라인을 제정하고 준수하기만 하면 문제없다는

---

* 일본에서는 1982년에 일본의철학·윤리학회가 설립되었다. 회원의 약 70퍼센트가 비의료계 연구교육자이다.

의식이 강해진 것이다.

최근 이런 식의 의사에 의한, 의사를 위한, 의사의 윤리로 의사의 자율이 부활하게 되었다. 1980~1990년대에 볼 수 있었던 외부의 목소리를 듣는 자세는 상당히 약해졌다. 외국의 학회에서 발표를 들어 보면 이런 흐름은 일본뿐 아니라 다른 나라에서도 현저하다. 윤리, 윤리라고 외치는 목소리가 커짐과 동시에 윤리의 내실이 상당히 변질되고 있다. 그렇기 때문에 지금보다 더욱 의료윤리학의 필요성이 대두되고 있다.

간호윤리학은 어떨까? 의료윤리의 역사와 마찬가지로 간호윤리학의 흐름을 적어 보자. 간호윤리학은 어디에서 어디로 향하고 있는 걸까. 사회에서 발생한 어떤 일이 간호윤리의 흐름을 크게 바꾸었을까?

이런 질문을 받으면 많은 간호계열 종사자는 보건사, 조산사, 간호사법의 제정, 전문간호사·인정간호사 등의 제도를 든다(그림 1-3).

그림 1-3 간호윤리의 흐름(1)

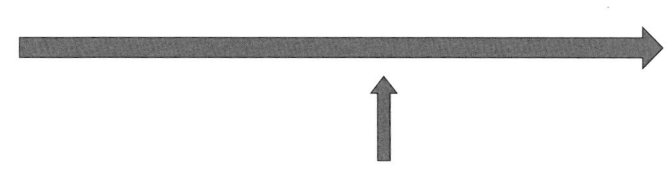

법 또는 제도(일본)(보건사조산간호사법/전문간호사 · 인정간호사)

위 표와 같은 흐름의 인식은 잘못되지 않았다. 내가 묻고 싶은 건 간호하는 사람의 자질·지위향상을 꾀하는 제도나 그들의 권리 주장 이야기가 아니다. 간호의 본질이나 간호에서의 윤리에 관한 사고방식, 인식 방식이 시대에 따라 어떻게 변화해 왔는가이다. 그리고 간호와 사회와의 관계이다. 외부에서 보면 간호는 점점 전문화 되며, 영역과 기능이 확장되고 있다. 이것은 간호하는 사람에게 매우 큰 의미를 지니고 있다. 문제는 그것이 간호의 세계 밖에 있는 사람들에게 있어서 대체 어떤 의미를 지니고 있는가이다. 간호의 세계 밖에 있는 사람들은 간호에 무엇을 바라고 있으며, 그 요구에 간호사는 어떻게 응답하고 있는가이다. 간호하는 사람들이 자신들끼리 뭉쳐서 자신의 자질·지위 향상에만 눈을 돌린다면, 간호 외의 세계에 있는 사람들의 목소리를 들을 수 없다. 간호는, 과거의 의사 뒤를 따라 간호사에 의한, 간호사를 위한, 간호윤리를 추구해 나갈 것인가, 아니면 간호를 요청하는 사회에 있는 사람들과 함께 간호의 본질·윤리에 대한 물음을 탐구해 나갈 것인가? 지금, 간호윤리는 기로에 서 있다.

시험 삼아 간호윤리의 역사에 대해서 스케치 해보았다(그림 1-4). 이것을 모범답안으로 생각하지는 않는다. 여러분 스스로가 사회 안에서 간호의 역할이나 간호사의 윤리가 어떻게 변화해 왔는지를 조사하고 연구해서 흐름도를 만들어보길 바란다. 작업치료사나 물리치료사 등의 의료계열 전문직을 준비하는 사람들도 자신의 전문영역에 대해서 조사해보고, 언제 변곡점이 있었는지, 변화를 가져 온 사회적 요인이 무엇이었는지 확인해 보길 바란다.

그림1-4 간호윤리의 흐름(2)

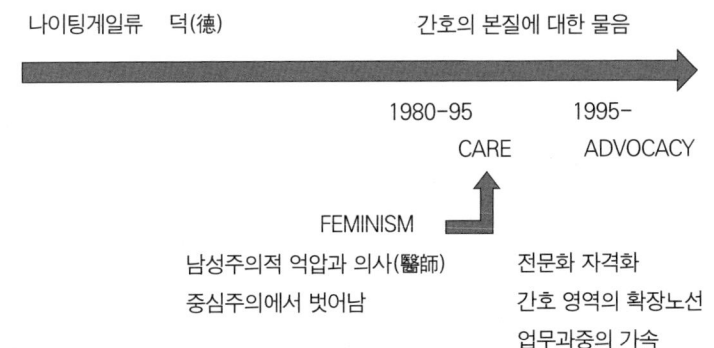

윤리학을 한다는 것, 윤리학을 하는 방법

윤리라고 하면 왠지 모르게 수준이 높고 대단하며, 고상할 것 같다. 윤리를 말하는 사람은 고결하여, 다른 모든 사람들을 심판할 수 있을 정도의 위엄을 가졌다고 착각하기 쉽다. 이런 윤리의 이미지를 이용해서 윤리는 다양한 역할을 떠맡아 왔다. 윤리는 아름다운 용모를 위해 외면을 치장하기 위한 규제 표시항목으로 축소되기도 했고, 자기선전을 위해서 쓰여진다거나, 고민 속에 헤매지 않도록 하기 위한 매뉴얼을 가장한 옷을 입기도 했다. 이것을, 윤리적인 척 하기 위한 윤리, 윤리의 의태(擬態), 2차 사용 또는 목적 외 사용이라고 부르기도 한다(표1-8).

표1-8 윤리의 의태(윤리의 2차 사용, 목적 외 사용)

보증을 위한 윤리	인정이나 평가를 위한 윤리 →	법령·지침의 준수
위장을 위한 윤리	주위 시선을 속이기 위한 윤리 →	겉치레 표어 게시
매뉴얼 윤리	기계정비·방재·사고대응을 모방 →	흐름도

이 책은 초판부터, 오래된 각질층이나 때에 찌든 획일적인 이야기를 벗겨내고, 의료윤리의 매끈한 피부를 되살리려 하고 있다. 의료윤리는 장식품이 아니다. 의료윤리는 체면이나 겉치레(겉모양)를 위한 것도 아니며 위장용 망토나 면죄부도 아니다. 손님을 대하는 태도나 사회인의 예의도 아니다. 자신도 모르는 외부나 위에서 부여받은 억압적인 '속박'도 아니다. 경험이 풍부한 의료인이라고 해서 누구나 터득하고 구현하고 있는 것도 아니다.[†]

[†] 권위자가 된다고 해서 임상현장에서 일어나는 윤리 문제를 전부 해결할 수 있고, 해결 방향으로 인도할 수 있게 되는 건 아니다. 늘 망설이면서 의사결정을 하고 있다. 때와 장소에 따라서 느낀 의문이나 망설임

어떤 것을 지키기만 하면 자신들이 윤리적이라고 착각을 하게 되는 그런 의료윤리 매뉴얼은 존재하지 않는다. 그런 것이 있는 것처럼 말하는 의심스러운 설교에 속아서는 안 된다. 환자를 돕는 의료윤리라거나 QOL을 높이는 의료윤리라는 얼핏 보기에는 그럴 듯하지만, 이런 실체를 알 수 없는 말에 속아서는 안 된다. 의료윤리는 단순한 슬로건이 아니며, 분위기를 조성하는 소품이 아니다.††

의료윤리학은 훨씬 더 진흙탕처럼 질퍽질퍽하고 애달프며 석연치 않는 요소를 함축하고 있다. 아무리 그곳에서 빠져 나오고 싶어도 결코 도망쳐 나올 수 없다. 의료인인 이상, 아니 의료에 관계를 하고 있는 이상(언젠가는 의료를 받을 가능성도 포함해서) 감성과 지성을 총동원해서 받아들이지 않으면 안 되는 문제이다. 의료윤리학은 대처해나가야만 하는 문제인 동시에, 과제이지 결코 해답 뭉치가 아니다. 우리들은 작은 병아리처럼 입을 벌리고 답만을 기다려서는 안 된다. 우리들 자신이 스스로 생각을 하고 대화를 통해서 한층 더 다듬어 나가야 한다(표1-9).

을 언어화하고, 논의를 거듭하고, 멈추지 않고 생각을 해가는 것이 임상윤리 문제를 생각하는 출발 지점이라는 생각이 든다. [키타즈메]
†† 자신의 머리로 생각하기 위한 기초지식이나 기본적인 틀로써 원리와 같은 정답 다발이 있는 것은 아닐까? 원리나 이론은 윤리적 문제에 답을 단락적으로 끼워 맞추는 등의 폐해가 있다. 기초적인 교육으로 효과적이지만, 문제는 이 단계에서 윤리교육이 멈춰버리는 것이다. 이 단계에서부터 임상윤리의 상상력을 활용할 수 있게 되기까지 배움이 절대적으로 필요하다. 기초지식과 상상력이 모두 요구된다. [아다치 토모]
Re: 산수 공부에는 정리나 공식, 예제·모범답안이 도움이 된다. 윤리도 산수와 마찬가지일까? 아리스토텔레스는 윤리를 (이론) 지적인 학문과는 구분했다. 윤리교육에 유효한 건 원리·지식이 아니라「예의 범절을 가르치는 것」이라고 생각하는 사람도 있다. 나는 임상윤리가 기초적인 윤리학의 응용이라고는 생각하지 않는다. [핫토리]
Re: 윤리원칙은 답이 아니다. 자기 스스로 생각을 한다는 것은 고정된 틀에 맞춰서 생각을 하는 것이 아니라, 다양한 시점에서 문제를 인식하고 고심하는 것이다. [나카자와]

표1-9 윤리학을 할 때 도움이 되는 것(A. Weston)[17]

- 귀를 기울여 독단을 피한다.
- 자기 정당화를 서두르지 않는다.
- 권위를 방패막이로 삼지 않는다.
- 규칙을 의심한다.
- 선택지를 넓힌다.
- 불가능하더라도 먼저 대담하게 이상적인 것을 생각하고, 거기서 현실성이 있는 곳으로 천천히 돌아간다.
- A혹은 B로 양극화하지 않는다(딜레마형 사고에서 벗어나야 한다).
- 상상력이 도달하는 범위를 넓힌다.

　수준 낮은 답을 곧바로 찾으려 하지 말고, 얼마 동안 천천히 고민하고, 흔들리면서 생각해보자. 개중에는 절대로 흔들린 적이 없는 사람, 자신의 의견을 꺾지 않는 사람, 자신만의 윤리관이나 간호에 대한 관점을 일찍부터 확립한 사람, 이견을 가진 사람을 말로써 이기는 것이 강하며 능력 있는 것이라고 오해하는 사람이 있다. 그렇지 않다. 마음의 심지부터 흔들릴 줄 아는 사람, 고뇌할 줄 아는 사람, 필요하다면 자신의 의견을 바꿀 수 있는 사람이야 말로 강한 사람이다. 그런 사람은 다른 사람의 의견도 바꿀 수 있는 힘을 가지고 있다. 혼자서 생각하는 사람보다 여러 사람과 대화를 할 줄 아는 사람 쪽이 훨씬 더 멋지다. 어중간한 고상한 윤리관 따위는 서둘러 지니지 않아도 괜찮다. 솔직히 말해 자신만의 윤리관, 혼자서 윤리관을 확립하는 것만큼 간단한 것은 없다. 그것은 하려고 마음만 먹으면 누구나 할 수 있다. 그보다 한층 더 어렵고 훨씬 더 중요한 것은 윤리관의 확립을 가능한 한 뒤로 미루는 것이다. 자신의 신념을 고집하기보다, 윤리 문제 그 자체의 크기와 깊이 앞에서 겸허해지는 것이 중요하다. 그러한 자세가 다른 많은 사람들과의 유익한 대화를 가능하게 해준다. 이해하는 척, 아는 척, 잘난 척 하지 말며 의료윤리의 문제를 정확히 바라보면서 생각을 해나가도록 하자. 여기에는 해서는 안 되는 질문, 가져서는 안 되는 의문, 해서는 안 되는 생각은 하나도 없다.

III 의료윤리학의 키워드

QOL과 SOL

일본인의 평균수명이 80세를 넘었으나 1950년경에는 약 60세였다. 수명 연장의 배경에는 영유아 사망률 감소가 포함되기 때문에, 단순히 옛날 사람들 모두가 60세가 되어 죽은 것은 아니다. 그러나 당시 회사의 정년은 50세로, 일할 수 있을 때까지 일을 하다가 얼마 살지 못하고 죽는 사람이 꽤 많았을 것이다.

1930년 이전에는 남녀 모두 평균수명이 45세 이하였다. 당시 의료기관이나 의료인의 수는 지금과 비교할 수 없을 정도로 적었고, 치료법도 지금의 시점에서 본다면 매우 한정되어 있었다. 치료를 받는 것 자체가 상당히 힘들었음은 틀림없는 사실이다. 진찰을 받는 것만으로도 "정말 고맙습니다"라는 말이 나오는 상황이었다. 오래 살고 싶어도 오래 살 수 없던 시절에 의료인, 환자, 가족 모두는 하루라도 오래 사는 것을 중요하게 여기면서 의료에 필사적이었다. 생명을 최우선으로 보는 이러한 입장을 생명지상주의(vitalism)라고 한다. 이 입장에 의문을 느끼고, 이의를 제기하는 사람이 있었다 해도 상당히 소수파였을 것이다.

우리는 지금 이렇게 살아 있으면서 책을 쓰거나 읽고 있는데, 이것 자체는 매우 불가사의한 일이다. 왜 지금까지 갑작스럽게 심장이 멈추지 않은 채 살아 있는 걸까. 언제 멈추더라도 이상하지 않은데, 이유는 잘 모르지만 우리는 살아 있다. 고마운 일이다. 살아 있는 것 그 자체가 고맙다는 사고방식을 SOL[생명의 신성성(Sanctity of Life)]이라고 부른다. 심한 치매로 자기 자식이 병문안을 온 것도 모른 채 오랫동안 누워 침대에 묶여 있는 어머니의 소변통을 손으로 만져보면 따뜻하다. 돌아가시면 소변이 나오지 않게 되고 차갑게 식는다. 따뜻하다는 것은 어머니가 살아 있다는 증거다. 이런 생각을 하니 눈물이 나올 정도로 고마웠다고 이야기하던 사람이 있었다. 무언가를 할 수 있다(걸을 수 있다, 말할 수 있다, 퍼즐을 풀 수 있다)라는 말이 아니다. 살아 있는 것만으로도 충분히 고맙다는 것이 'SOL'의 관점이다.

반면, 단지 살아 있다는 것만으로는 가치가 없다. 심장이 움직이고 숨을 쉬고 있다는 것만으로 인간답게 산다고 말할 수 없다. 하물며 단지 생물학적으로 살아 있다는 이유만으로 각종 장치에 연결되어 모든 것을 의학적으로 관리받는 것은 인간으로서 너무나도 비참하다, 라는 견해도 있다. 그들은 그렇게 사는 것을, 마치 수온과 산소농도가 잘 조절된 수조에 살고 있는 열대어나 SF만화에 자주 나오는 배양액 안에 떠 있는 뇌와 같다고 비유한다. 이런 입장에 있는 사람은, 살아 있는 시간의 길이보다 어떻게 살고 있는지 그 상태가 인간에게 더 의미 있다고 생각한다. 단지 심장만 움직이는 것에서 좀더 생산적인 생활까지, 삶의 상태에 질적으로 높고 낮음의 차이가 있다는 사고방식이다. 그 질을 QOL[삶의 질(Quality of Life)]이라고 부른다. QOL이 낮으면 그저 생존해 있는 것에 가깝다. 그런 상태에서 생명 연장은 큰 의미가 없다. 고통을 동반하거나 굴욕적인 방식으로 연명되는 것은 견딜 수 없으며, 그런 의료는 유해하다고 여긴다. 이러한 생각은 의료기술과 산업이 발전하여 어느 정도 연명이 가능하게 되면서 등장하였다. 1960년대 후반, 인공호흡기가 보급되기 시작한 시기를 전환점으로 볼 수 있다.

당신은 SOL과 QOL, 어느 쪽 견해에 가까운가? QOL의 견해에 찬성하는 사람이 대다수인 것 같다. 그렇지만 SOL이라고 답하는 사람도 적지 않다. 원래 다수결로 결론을 낼 수 있는 문제가 아니며, 옳고 그름이라는 기준으로 딱 잘라 말할 수 없는 문제이다.

QOL인가 SOL인가를 두고 의견을 일치시키는 것은 매우 어렵다. 만약 어느 한쪽이 절대적으로 옳다고 한다면, 논의해야 할 의료윤리의 문제는 상당히 줄어들 것이다. 그러나 아무리 궁리해보아도 의료윤리 문제에 결말이 날 것 같지는 않다.

그럼에도 불구하고, 때때로 '생명의 존엄과 인간성의 존중에 입각한 높은 윤리관'이라는 문구가 의료계 교육기관이나 병원의 안내 소책자에 실린다. 이것을 번역하면 'SOL과 QOL 모두를 중시한 높은 윤리관' 정도가 될 것이다. 이건 대체 무슨 뜻이지? 이 두 가지는 오른쪽과 왼쪽, 물과 기름의 관계가 아닌가? 그렇게 단순하게 붙여 써도 되는 걸까?

QOL 체크 시트

QOL이라는 말이 몇 년 전부터 사용되기 시작했다고 생각하는가? 5년 전, 10년 전……20년 전? 아니, 훨씬 이전 1950년대에 미국에서 사용되기 시작했다.

그런데 그때 말의 의미나 사용 방법은 지금과 많이 달랐다.[18] 당시, 경제 성장에만 중점을 두면서 자연환경이 마구잡이로 파괴되었고, 그것이 조금씩 문제로 여겨지기 시작했다. 자연환경 파괴는 결국 그 장본인인 인간의 생존환경 악화로 직결된다. 어떤 사회학자는 공업화나 경제성장도 중요하지만 미국 국민 전체의 QOL을 염두에 두고, 자연환경 보호와 균형을 맞추어야 한다고 제언했다. 여기서 두 가지 주목할 점이 있다. 첫째 의료와 관계 없는 분야에서 QOL이라는 말이 사용되기 시작했다. 그리고 다음으로 (개개인이 아닌) 국민 전체의 QOL로서 사용되었다는 것이다.

1960년대가 되어서야 의료현장에서 QOL이라는 말이 사용되기 시작하였다. 그 당시 용도는 다음과 같다. 약이나 의료인, 병상 등의 의료자원에는 한계가 있다. 여유롭지 않다. 그러므로 미국 국민 전체의 QOL을 향상시키기 위해 이러한 의료자원을 적절하게 배분할 필요가 있다. 여기서도 아직 국민 전체의 QOL이다. 1970년대가 되어서야 이러한 흐름에 변화가 생겨 개개인의 QOL이라는 사고방식이 나타나기 시작했다.

그 당시 생각은 다음과 같았다. 목소리가 쉬는 증상으로 병원을 찾은 유명한 가수가 후두암을 진단받았다. 치료의 선택지는 다음 중 하나이다. 수술로 후두부를 외과적으로 적출하거나 화학요법(항암제 치료)을 받는 것. 수술을 하면 5년 생존율이 높다는 객관적인 자료(data)가 있다. 단, 그렇게 하면 지금과 같이 노래를 부를 수 없다. 화학요법을 하면 부작용은 있지만 목소리는 잃지 않는다. 그렇지만 오래 살 가능성은 낮다. 생명지상주의의 입장에 있는 의료인은 여러 가지 자료를 보여주면서 외과 수술을 권할 것이다. 그런데 환자 본인이 느끼기에 만족도가 높은 삶은 어느 쪽일까? 목소리는 나오지 않지만 암 재발 가능성이 훨씬 낮고 불안이 적은 삶과 오래 살 가능성은 떨어지지만 목소리가 나오는 삶, 그중 환자 본인은 어떤 삶을 (주관적으로) 질적으로 높다고 느낄까? 도저히 의료인은 짐작할 수 없다. 의료인이 알고 있는 것은, 어느 쪽이 더 오래 살 수 있는지에 관한 과거 자료에서 산출된 확률뿐이다.

그렇기 때문에 객관적인 자료를 기반으로 한 의료인의 판단을 강요할 것이 아니라, 환자 자신이 생각하기에 어떤 삶이 더 질 높고 바람직한 삶인지, 어느 쪽이 QOL이 높은 삶의 방식인지, 본인의 주관적 판단을 존중하여 치료방침을 결정해나가자는 방향의 주장이 제창되기 시작했다. QOL은 환자 본인의 주관적인 만족도로 바꿔 말할 수 있다. 즉 QOL의 높고 낮음을 결정하는 것은 환자 자신이다.

그로부터 10년, 20년이 지나, 동아시아의 섬나라 일본에 QOL이라는 말이 들어왔고, 눈 깜짝할 사이에 퍼져 나갔다. 꽤 오래전부터 병원별 또는 병동별, 진료과별, 질환별로 'QOL 체크 시트'가 만들어져서 일상 진료에 매우 일반적으로 사용되고 있다. 스스로 식사를 할 수 있으면 ★점, 혼자 배뇨를 할 수 있으면 ★점, 통증이 어느 정도면 ★점……, 합계 ★★점. 저번 주보다 ★점 올랐다, 라는 식으로 사용되고 있다. 애매한 방법이 아니라 제대로 정량화(점수화) 해서 환자의 상태를 평가하려는 것이다.

그런데 잠깐 짚고 넘어가야 할 문제가 있다. 이것이 QOL일까? 정통 원조인 1970년대형 QOL은 환자가 스스로 기준을 정해서 평가하는 것이었다. 그러나 체크 시트는 만드는 쪽도 체크하는 쪽도 환자가 아니다. 평가 항목도 대부분 객관적으로 평가 가능한 것뿐이다. 원래 정통 원조에서의 취지는 객관적·의학적인 판단보다 주관적인 판단을 우선시하여 치료의 방향을 결정하자는 것이었는데, 이러한 사고방식은 어디로 사라져 버린 걸까? 질을 우선으로 살피고자 했음에도 불구하고, 양으로 표현되는 것만 본다면, Q의 의미와 완전히 정반대이다.

말은 사용되면서 의미가 바뀐다. QOL이라는 말도 그렇다. 1950년대와 1970년대를 보면 QOL은 미국이라는 같은 나라에서, 전혀 다른 영역에, 완전히 다른 의미로 사용되었다. 1970년대 미국에서의 사용방식과 지금 일본 의료현장에서의 사용방식 중 어느 쪽이 QOL과 어울린다고 느껴지는가?

중증 지적 장애아를 위한 시설에서 근무하고 있는 전문직 종사자로부터 상담 요청이 들어왔다. "아이의 QOL을 측정하고 싶은데, 어떤 항목을 넣으면 좋을지 고민입니다"라고 한다. 왜 QOL을 측정하려고 하는지 묻자 이런 대답이 돌아 왔다. "먼저 모든 아이의 QOL을 측정하고, 그 후 직원이 아이들을 가까이서 집중적으로 돌봄으로써 QOL이 향상되었다는 것을 자료로 나타낼 수 있다면, 저희들이 하는 직무의 중요성, 존재 이유를 증명할 수 있어서 기쁠 것 같아요." 당신이 그 자리에 있었다면, 그 사람에게 어떤 조언을 해줄 수 있었을까?†

일본뿐 아니라 전 세계에서 QOL을 이와 같이 사용한다면 어떻게 될 것인가? '매우 심한 선천성 장애를 가지고 태어난 아기가 있다. 지금 여기에서 적극적으로 최선의 치료를 하더라도 장래에 높은 QOL은 기대할 수가 없으니 치료를 보류하도록 하자.' 또는 '이 노인은 치매가 심하게 진행이 되었고 원래 앓고 있던 질환의 합병증도 상당히 심하다. 본인의 고통도 클 것이고 QOL도 상당히 낮으니 적극적인 치료는 이제 그만 중단하기로 하자.' —QOL이라고 하는 말의 이러한 사용 방식에 대해서 당신은 어떻게 생각하는가?††

좋은 죽음의 이야기

막 입학한 간호학과 학생들과 이야기를 하다가 왜 간호사를 지망하게 되었는지를 물었더니, "환자분들에게 좋은 죽음을 맞이할 수 있도록 도와드리고 싶었기 때문입니다"라는 대답이 돌아 오길래 나도 모르게 숨을 삼킨 적이 있다. 좋은 죽음이란 어떤 죽음일까?

---

† QOL을 측정하지 않으면 루틴의 기계적 반복이 되며, 측정이 자기목적화되면 의료인의 의료인에 의한 의료인을 위한 QOL이 되어버린다. 그렇게 되면 QOL 측정이 필요한 동안은 돌봄은 돌봄이 아니게 된다. [카토]
†† 자신의 기준으로 평가할 수 없는 환자의 QOL은 불명인 게 당연하다. 환자를 대신해서 판단을 해주려고 하는 생각은 온정적 간섭주의(paternalism)적이다. [나카자와]

평온한 죽음, 고통 없는 죽음, 가족이 지켜보는 가운데 편안하게 죽는 죽음, "덕분에 좋은 인생이었습니다. 고맙습니다"라며 주위 사람들에게 감사를 전하며 손을 잡고 모두에게 감동을 주는 죽음, 인격적으로 가장 성숙했을 때의 죽음, '나'다운 죽음, 일이나 재산을 정리한 뒤의 죽음, 마음의 어지러움이 없는 편안한 죽음, 자기 집 방에서 누운 채로 맞이하는 죽음, 하고 싶은 것을 모두 다 하고 나서의 죽음, 가족에게 폐를 끼치지 않고 갑자기 맞이하는 죽음, 튜브나 코드에 연결되지 않는 자연스러운 죽음. 이렇듯 다양한 의견이 있을 수 있다.

꽤 오래전부터 일본에서는 죽음준비교육(death education)이 실시되고 있다. 죽음을 금기시하지 않고 죽음에 대해 깊이 생각하며 마음을 잘 다스려서 후회 없는 좋은 죽음을 맞이하려는 취지이다. 죽음을 직시하면서 사는 것이 좋은 삶을 사는데 첫걸음이 된다고 생각하는 사람이 있다.

죽음준비교육은 원래 기독교 계열의 학교에서 시작된 것으로, 사후에 영원한 삶이 있기 때문에 희망을 가지고 평안하게 신이 있는 곳으로 가고자 하는 종교적인 메시지가 담겨 있다. 일종의 포교활동으로 보아도 무방하다. 특정 종교 정신을 가지고 설립된 학교나 병원에서 포교활동은 자연스러운 일이며, 이는 종교자의 사명이기도 하다. 하지만 공립 기관에서는 특정한 종교색을 표방하거나 특정한 사생관에 서는 것에 신중함이 요구된다.

'죽음'이라는 제목의 엄청 두껍고 깊은 내용이 담겨 있는 책을 쓴 프랑스의 사상가 장켈비치(V. Jankélévitch)는 "죽음을 배울 수는 없다. 죽음에서 배울 수 있는 것은 아무것도 없다"라고 말한다.[19] 그의 말을 빌리면, 죽음 저 너머에 또 다른 삶이 있다고 생각하는 것은 죽음에 대한 모독이다. 사후에 삶이 있다면 죽음이 죽음이 아니게 되어버린다. 죽은 뒤에는 아무것도 없기 때문에 죽음은 죽음이며, 그렇기 때문에 엄숙한 것이다. 유럽인 중에 그렇게 생각하는 사람들이 있다.

어떤 죽음이 좋은 죽음인가. 여기서는 종교인이 포교하는 사생관을 다루지 않는다. 왜냐하면, 이 책은 특정한 입장에 있는 일부의 사람들만을 대상으로 한 책이 아니기 때문이다. 신앙을 가진 사람은 이런 말에 기분이 좋지 않을 수 있다. 그러나 아무리 당신에게 있어서 당신의 신앙만이 진실하다 해도, 장래에 돌보게 될 상당수의 환자는 당신과 다른 종교를 가지고 있거나 없을 수 있다. 그래도 당신은 그들을 돌볼 것이다. 그러므로 이 책을 읽고 난 후 그 위에서 교리에 따른 의료윤리를 공부하길 바란다.

우리는 죽음의 이미지를 어디서 얻고 있을까?[20] 형제자매의 수도 적고 조부모와 동거하고 있는 사람도 별로 없으며 의료기술이 발달하여 영유아 사망률이 낮은 지금, 가까운 사람의 죽음을 곁에서 볼 기회는 매우 적다. 우리가 가진 죽음의 이미지는 상당 부분 텔레비전 드라마나 영화 등에서 온 것일지 모른다. 텔레비전 드라마에서 대부분의 사람은 편안하게 죽어간다. 악역만이 으아악 소리치며, 발버둥치고, 몸부림치며 뒹굴면서 죽어간다. 이런 식으로 착한 사람이 어떻게 죽는지 그 이미지가 우리의 머릿속에 각인된다. 그런데 '죽기 싫어, 무서워'라고 울면서 죽어가는 것은 꼴사납고 부끄러운, 나쁜 죽음일까.

의료인도 한 사람의 인간으로서, 개인적으로 이상적이라고 여기는 죽음의 이미지를 가지는 것은 나쁘지 않다. 하지만 일반 사람들 보다 많은 죽음을 곁에서 본 의료인이 좋은 죽음·나쁜 죽음, 소위 말하는 죽음의 질(QOD)의 높고 낮음의 차이에 대해서 공공연하게 말하는 것은 어떤가, 그래도 될까? 우리는 타인이 QOD를 어떻게 평가할지 신경쓰면서, QOL에 더해서 QOD까지 의료인의 평가를 받으며, 죽어 가야만 하는 걸까?

죽음은 그것이 어떤 죽음이라 할지라도 죽음이다. 삶의 방식이 다양하듯이 죽는 방식도 다양하다. 애초에 생각한 대로 살려 해도 그럴 수 없다. 마찬가지로, 생각한 대로 죽는다는 보장이 없다. 무엇보다 언제 죽을지조차 모른다. 궁극적으로 죽음은 우리들이 제어할 수 있는 대상이 아니기 때문이다.

평온하고 아름다운 죽음이 실제로 있을지도 모른다. 불만이나 한스러운 일, 고통이나 불안을 표현하지 않은 채 주위 사람들한테 감사하면서 죽는 사람도 있을 것이다. 어떤 측면에서 그러한 죽음이 〈좋은〉 죽음일지 모른다. 본인에게 '좋은' 죽음일 수 있다. 가족이나 의료인에게도 후회가 적고 고마운 죽음이다. 이것을 '편한' 죽음이라고 표현할 수도 있다. 바쁜 의료인에게 번거롭게 하지 않으면서 외적으로 깔끔하게 죽는 환자는 부담이 덜 들어서 편하다.[†]

어릴 때에 말을 잘 듣고 착했던 아이가 사춘기가 되면서 반대로 다른 아이들보다 말썽을 더 많이 부리는 경우를 흔히 본다. 학교에 다닐 때는 우등생이었는데, 나이가 들면서 우등생이었던 자신에게 싫증이 나 정반대의 삶을 사는 경우도 있다. 전부는 아니지만 말썽을 부리지 않는 우등생은 자신도 모르는 사이에 상당히 무리하기도 한다. 마찬가지로 모범적인 입원생활을 하고 있는 환자 중에는 과도한 부담을 느끼고 있는 사람도 있을 수 있다. 좋은 환자가 되려고 무리해서 자신의 내면에 있는 불안이나 분노, 슬픔을 전부 끌어안은 채, 한계에 다다를 때까지 참는 경우도 있다. 표면적인 평온함에만 눈길을 주고 이러한 내면의 괴로움을 알아채지 못하는 둔감한 의료인이 되어서는 안 된다.

나는 배설물을 주위에 던지면서 모두를 힘들게 하고, 오랫동안 사람들의 기억에 남을 개성적인 죽음을 맞이하고 싶다. 지금 그렇게 생각하고 있지만 실제로 실행에 옮길 수 있을지는 미지수이다. 그럴 만한 체력이 남아 있을지도 모르고 병이 아니라 돌발적인 사고로 갑자기 죽을 수도 있다. 다시 말하지만 죽음은 우리들이 제어할 수 있는 대상이 아니다. 수면과 비슷

[†] 좋은 죽음을 접했다는 생각이 들 때, 나 자신이 편해지는 듯한 느낌이 드는 경우가 있다. 그런데, 그 죽음이 정말로 좋은 죽음이었을까 자문을 하게 되면, 그 기분은 어디론가 사라져버린다. [하라]

하다. 잠이 들면 안 될 때에 잠이 들어 버린다거나 자고 싶은데 한 잠도 못 잔다거나.

수면장애 환자에게 수면제를 처방하듯이 의료는 지금까지 죽는 방식을 제어하려고 노력해왔다. 여기에는 의료를 받는 측의 요망이 전혀 없었던 것은 아니다. 그렇다고 해도 죽음을 의료라는 무대 위에 올려서 완벽하게 연출하는 것은 불가능하다. 밤의 어둠을 없애고 대낮만 있는 세계로 바꾸는 것이 불가능한 것과 마찬가지로, 죽음을 자기 마음대로 통제할 수 있을 정도의 힘을 인간이 가지고 있지 않기 때문이다.[†]

특히 의료인은 죽음을 의료의 패배라고 생각해온 경향이 있다. 병이나 죽음을 불건전하고 부절제한 생활을 하는 사람이 받는 당연한 대가 또는 벌이라고 말하는 사람도 있다. 그러나 죽음은 원래 인간의 힘으로는 제어할 수 없다. 인간의 유한성이라는 관점에서 이러한 견해를 재점검해볼 필요가 있다.

자유와 자기결정

윤리란 분필이나 별과 같은 물체의 도리가 아니라, 인간 삶의 방식의 법도와 같다. 사람은 단순한 물체와 어떻게 다를까? 불을 사용하는 것, 언어를 사용하는 것, 제일 큰 차이는 사람은 자유롭다는 것이다. 인간의 행동은 계산할 수 없다. 너무나 자유로워서 자기자신이 무엇을 해야 하는지조차 모를 때가 있다. 분필이나 조약돌에는 이런 고민이 없다.[††]

[†] 세익스피어의 『햄릿』. 영화로는 케네스 브래너가 감독·주연한 것을 추천한다. "사느냐 죽느냐 그것이 문제로다"라고 말한 뒤 햄릿은 "죽음이라는 잠 속에서, 나는 어떤 꿈을 꾸게 될지 모르겠다"(그래서 자살을 실행에 옮기지 못한다)라며 독백을 한다(제3막 제1장).

[††] "인간은 자유형을 선고 받았다"라고 사르트르가 말했다

슈크림이나 소다수와 달리 인간은 의사(意思)를 지녔으며 게다가 그 의사는 상당히 자유롭다. 빈집을 털 계획을 세우거나, 다른 부족의 사람들을 해치려고 생각하기도 하고, 아이를 갖고 싶어 하기도 하며, 연예인을 만나길 바란다거나, 모금활동에 참가하려고 하거나, 임신이 안 되도록 바란다거나, 이젠 그만 자야겠다고 생각을 하기도 한다. 자유의사를 가진 인간은 자신의 의사에 반하는 것이나 바라지 않는 것을 해야 할 때 불쾌감을 느끼며 때로 상처를 받기도 한다. 제과 전문학교 진학이나 좋아하는 사람과의 교제를 부모가 반대한다면 슬프고 화가 날 것이다.

지금으로부터 수십 년 전까지만 해도 일본에는 견습생이라고 해서, 초등학교를 졸업 즈음의 남자아이들이 기술을 익히기 위해 부모 곁을 떠나 장인이나 상인의 집에서 살면서 힘들게 일하는 경우가 있었다. 당연히 그곳에 자유는 없다. 자아에 눈을 뜨기 시작하는 사춘기 전이며, 게다가 그런 일이 흔히 있었던 시대였기 때문에 가능했을 것이다. 의료현장도 마찬가지다. 옛날에는 의료를 받을 때 환자가 이렇게 해달라고 자유로운 의사를 표명하는 상황은 생각할 수 없었다. '맡기는 의료'였던 것이다.

그러나 요즘은 개인의 자유가 존중되는 시대이다. 이것은 국민의 권리, 즉 인권이다. 법에 위배되거나 타인에게 위해를 가하지 않는 한, 자신에 관한 일은 자기 스스로가 결정하는 자기결정권이 인정되고 있다. 마음에 안 들면 병원을 바꾸는 것 정도는 자유이다. 개인의 자유와 자기결정권은 지금 팡파르처럼 높이 울려 퍼지고 있다.

인정해야 한다. 그런데 다시 생각해보자.

우리는 그 정도로 자유로운가? 스스로 무언가를 결정하는 것이 가능한가? 옷을 살 때, 머리를 자를 때, 자기 스스로 선택하고 결정하는 듯하지만 실제로는 선택할 수밖에 없는 경우가 종종 있다. 패션잡지에서는 올 여름에 유행하는 색을 크게 다룬다. 짧은 머리 스타일이 유행한다는데 자기만 긴 머리를 하고 있다면, 약간 불편함을 느낀다. 누군가로부터 협박을 받거나 강제된 것은 아니다. 어찌되었든 최종적으로 결정하는 사람은 바로 나다. 분명 그렇지만 자신도 모르는 사이에 움직여지고, 재촉받으며, 속박당하고 있을지 모른다. 나의 의사를 유도하고 있는 것은 미디어나 유행에만 한정되지 않는다.

메밀면을 만드는 방법을 가르쳐주는 학원에 다닐 정도로 나는 메밀면을 좋아한다. 아버지도 할아버지도 메밀면을 좋아한다. 그렇다면 메밀면을 좋아하는 것은 나의 개성이나 취미라기보다 (혈통이라기보다는 식생활 습관을 매개로 한) 할아버지나 아버지의 영향을 상당히 많이 받아서 일지도 모른다. 아무리 벗겨도 껍질뿐이고 심지가 없는 양파처럼, 외부의 영향을 차례차례 벗겨내도 나 스스로의 의사(意思)의 심지를 찾을 수 없는, 그 의사는 결국 주위에서 받은 영향의 복합체일 뿐인지도 모른다. 자유라고 여기고 있지만 의외로 실제 부자유한지도 모른다.

이렇게 놓고 보면 진심이라는 것이 있는지 조차 알 수 없다. '입으로는 이렇게 말하고 있지만 진심은 다르다'라거나 '진심을 털어 놓는다'라고 말은 하지만 그것이 진심인지를 자기 스스로 느낄 수 있는지조차 상당히 의심스럽다. 예를 들어 무의식이라는 말을 한다. 우리는 보통 자신의 의식 안에 숨어 있는 무의식을 느끼지 못한다. 느끼고 있다면 그것을 무의식이라고 부르지 않을 것이다.[†]

의료의 세계에서는 자주, 환자의 '마음'을 드러내도록 돕고 충분히 이해하는 것에 대한 필요성이 강조되고 있다. 그러나 어쩌면 당사자인 환자도 자신의 진짜 '마음'을 모를 수 있다. 자기 자신에게 비추어 생각해보자. 무엇을 하면서 살고 싶은지 질문을 받았을 때 당신은 어떻게 대답할 것

[†] 갑자기 '환자'가 되어, 의학적 데이터를 늘어놓은 설명을 듣고, 자기 몸이 어떻게 된 건지 확실히 모르는 채, 어떤 치료가 좋겠어요? 어떤 요양시설을 원하세요?라는 질문을 들으면 '잘 모르겠어요'라고밖에 대답할 수 없을 것이다. 가능하다면 병이 걸리기 전의 자신으로 돌아가고 싶다는 생각만 들 것이다. [아다치 토모]

인가?

자기결정이라고 하면 엄청나게 눈부시고 멋진 권리인 것처럼 느껴질지 모르지만, 반드시 그렇지는 않다. 메밀면과 우동, 어느 쪽을 좋아하는가? 장어덮밥과 돈가스 덮밥이라면. 밀푀유와 가토 쇼콜라, 어느 쪽을 좋아하는가? 가방과 구두, 어느 쪽을 살 것인가? 여행지로 파리 아니면 뉴욕? 이런 선택이라면 즐겁다. 선택하는 것은 멋진 일이다. 그러나 구역질이 날 듯한 괴상한 요리 두 접시 중 어느 쪽이든 한 접시를 선택해야 한다면 어떨까? 선택할 수 있으니까 괜찮아, 자기결정권 만세라고 말할 수 있을까? 의료현장에서의 자기결정은 그와 비슷하다. 수술이냐 화학요법이냐, 부작용이나 합병증 위험 부담(리스크)이 높은 완치를 목표로 하는 치료를 받을 것인가 말 것인가?

의료현장에서는 위험부담이나 불확실성에 움츠러들고 주저하며, 잘 되기를 기도하면서도 한편으로 희망이 없다고 느끼며 절망하고, 눈을 감아버리기도 하고, 때로는 잘 모르지만 흐름에 맡기는 식의 자기결정이 이루어지고 있다.[21] 스스로 선택하는 것을 행운으로 여기는 것이 아니라, 자신 이외에 선택해줄 수 있는 사람이 없기 때문에 어쩔 수 없이 자기결정을 해야 하는 경우도 있다. 환자가 자기결정을 했으니 환자에게 자기책임이 있다는 투의 말을 의료인이 하는 것을 들은 적이 있는데, 이것은 거칠고 조심성 없는 말이다. 그런데 대체 책임을 진다는 것은 어떻게 하는 것을 말하는 걸까?

자기결정능력

"난 스스로 결정해"라고 유치원에 다니는 유유지가 말했다고 하자. '좋았어, 너만 믿어'라고 대답을 할까? 용돈 500원으로 어느 과자를 살지를 결정하는 정도라면 믿어도 괜찮을 것이다. 하지만 집 구매와 같은 결정을 유유지에게 맡길 수는 없다. 재산상, 신분상의 권리/의무의 발생, 변경, 소멸(법률효과에 속하는) - 예를 들면 매매나 대출, 회사설립 등 - 을 야기하는 행위를 법률행위라고 한다. 집을 사려고 계약을 체결하는 것도 법률행위다. 이러한 법률행위를 단독으로 유효하게 할 수 있는 법률상의 지위·자격을 가리켜 법률용어로 행위능력이라고 한다. 행위능력이 제한되는 사람을 가리켜 제한행위능력자라고 하는데 다음과 같은 사람이 이에 해당된다. 일본의 민법에서는 미성년자(20세 미만), 성년피후견인, 피보좌인을 제한행위능력자로 정의하고 있다. 유유지는 미성년자이기 때문에 제한행위능력자에 해당한다. 행위능력은 이렇게 연령, 그리고 가정재판소의 결정에 따라 분명하게 정해진다. 제한행위능력자의 법률행위는 법정대리인에 의해 취소될 수 있다.

이와 별도로 연령이나 가족재판소의 심판과 같은 명확한 사실에 따르지 않는 구분이 있다. 의사능력(意思能力)이 그것인데, 사리를 변식(辨識)하는 능력(일본 민법 7조), 자기가 하는/했던 행위의 결과를 이해하는 데 필요한 지적능력을 가리킨다. 7~10세 미만의 아이나 만취자, 중증 정신장애자나 치매 환자는 의사능력이 없다고 여겨지지만, 결국에는 사례마다 개별적 판단을 요구한다. 결국 유유지는 행위능력은 물론 의사능력도 없다고 판단된다. 중증 지적장애가 없다면 중학생 치에의 경우 의사능력은 인정된다. 그러나 미성년자이기 때문에 행위능력은 인정되지 않는다. 나는 스무 살을 넘겼고 가정재판소에서 성년후견인 심판을 받지 않았기 때문에 행위능력이 있다고 여겨진다. 하지만 극악무도한 사람에게 잡혀서 강제로 다량의 술과 수면제를 먹고 어떤 서류에 인감도장을 찍었다면, 그 당시 나에게는 의사능력이 없었다고 간주되며, 서류계약은 무효로 인정받게 될 것이다. 행위능력과 의사능력을 구분해서 적었는데, 둘 다 일본의 법률용어라는 점을 염두에 두길 바란다.

이에 반해 의료윤리학에서는 자기결정능력 또는 판단능력, 대응능력이라고 하는 용어를 사용한다. 영어로는 'competency'이다. 이 능력을 갖춘 사람을 가리켜 'competent'하다고 표현한다. 자기결정능력은 일정한 연령이나 가정재판소 기준을 따르지 않는 점에서 행위능력보다는 의사능력에 가까우나 법률용어는 아니다. 자기결정능력이란 ① 명시되고 설명된 의학적인 정보(의학적 지식과 자신의 병세)를 이해하고, ② 자신의 일로써 진지하게 받아들이며, ③ 가능한 선택지와 예상되는 결과와 확률을 감안하여, ④ 비교·측량해서 어떻게 할 것인지를 판단한 뒤에, ⑤ 결정하고, ⑥ 그 결정을 의료인에게 표현하는 능력을 말한다. 자신이 내린 결정을 의료인에게 전할 때에 반드시 구두로 언어표현을 해야만 하는 것은 아니다. 글로 쓰거나 눈 깜빡임, 전자기기를 활용하는 경우도 종종 있다. 중학생 치에에게 자기결정능력이 있는지 여부를 판단할 수 있는 명확하고 절대적인 판단기준은 없다. 뇌파나 혈액검사로 치에의 자기결정능력의 유무는 판정할 수 없다. 많은 연구자들이 각종 학설을 제안하고 있지만 일치된 의견을 이루지 못하고 있다. 망상에 기반한 결정을 하는 경우에는 자기결정능력이 없다고 여기는 견해도 있는데, 이는 사례에서 다루도록 하겠다(⇒ p. 413).†

드레인(J. Drane)은 슬라이딩 스케일 모델(sliding scale model)을 제창했다.²² 이 이론은 자기결정능력 여부를 하나의 고정된 기준을 가지고 결정하는 것이 아니라, 몇 가지의 기준을 일의 중대함에 따라 엄격하거나 유하게 적절히 적용하여 사용하는 게 좋겠다는 아이디어이다. 난이도가 높은

---

† Competency(competence)의 뜻은 다양하다. 자기결정을 수행하는데 필요한 종합적 능력이라는 뜻에서 이 책에서는 자기결정능력이라고 했다. 판단능력이라고 하면 부분적으로 한정되어버리고, 대응능력이라고 하면 접대나 위기관리 능력처럼 들리기 때문이다.

우리나라에서 'competence'는 주로 결정능력 또는 의사결정능력으로 번역된다. 저자의 의도를 살려 본문 한자 그대로 자기결정능력이라는 단어로 번역하였다. [옮긴이]

위험한 수술을 받는 것과 따끔한 주사바늘을 찔러 혈액검사를 받을 때 판단에 필요한 지적 능력에는 수준의 차이가 있다는 사고방식이다. 그렇지만 지능검사처럼 전국 공통의 판정법이 있지 않다.

그럼에도 불구하고 의료현장에서는 각각의 환자에게 자기결정능력이 있는지 여부를 대충이나마 판별해야 할 필요가 있다. 일일이 가정재판소에 판단을 맡길 수는 없다. 로(B. Lo)는 몇 가지 질문을 적힌 구체적인 리트머스 시험지를 제안하였다.

표1-10 자기결정능력을 평가하는데 도움이 되는 질문(B. Lo)[23]

> 1. 명시·설명된 정보를 이해하고 있는가.
> "자신의 건강 상태에 어디가 어떻게 안 좋은지 알려주시겠습니까?"
> "혈관조영은 어떤 검사입니까?"
> 2. 자신이 선택한 것이 어떤 결과를 가져올지 알고 있는가.
> "혈관조영 검사를 받지 않으면 어떻게 된다고 생각하십니까?"
> "혈관조영 검사의 이점과 생길 수 있는 위험성에 대해서 설명 드렸습니다. 만약 그런 일이 일어났을 때 일상생활에 어떤 영향을 받게 될까요?"
> 3. 선택을 할 때에 정확하고 합리적인 추론을 하고 있는가.
> "어떻게 해서 결론을 내렸습니까?"
> "혈관조영 검사를 받지 않기로 결정한 이유를 알려주세요"
> "어떤 점에서 혈관조영 검사가 다른 검사에 비해서 좋지 않다고 생각하나요?"

하지만 로는 이러한 질문에 대해 만족할 만한 답이 몇 개 이상 나올 때 자기결정능력이 있다고 할 수 있는지, 어떤 대답이 만족할 만한 것인지의 기준을 제시하지 않는다. 그런 기준을 제시하는 것은 무리다. 또한 로는 어떤 사람의 판단이 지금까지의 가치관이나 생활방식에 일치하는지도 참고가 된다고 말한다. 진짜 참고가 될까? 사람의 기분이나 가치관은 바뀔 수 있는데, 지금까지와 다르다는 이유만으로 자기결정능력이 없다고 판단하는 것은 문제가 있다.

최선의 이익

자기결정능력이 있다고 인정되면 환자에게 의료현장에서의 자기결정이 허용된다. 유치원생 유유지에게 자기결정능력 있다고 인정되지는 않을 것이다. 유유지는 어린이 드라마에 나오는 괴수에 대해서는 잘 알고 있을지 모르겠지만, 혈관조영 검사나 쇼크라는 의학적 상태를 이해하지는 못한다. 그렇다면 자기결정능력이 충분하지 않다고 판단되는 환자의 치료방침은 어떻게 정할 수 있을까?

두 가지 결정 방법이 있다. 우선순위가 높은 순으로 ① 사전지시(advanced directive), ② 환자의 최선의 이익(best interests)이 그것이다.

사전지시에 대해서는 나중에 다루겠지만(⇒ p. 306) 간단히 적어보면, 예전에 환자에게 자기결정능력이 충분하였던 때가 있었고(지금은 없더라도) 그때에 어떤 의사표시를 해놓았다고 한다면, 그 의사(이것이 '사전지시'이다)를 존중하자라는 것이다. 사람의 마음은 변할 수 있어서, 시간이 지났음에도 불구하고 사전지시대로 하는 것이 절대 옳다고 잘라 말할 수는 없지만, 사전지시는 중요한 단서가 된다.

이러한 실마리가 없을 때 최선의 이익이라고 하는 사고방식이 유용하게 쓰인다. 유유지의 경우 인생관이나 가치관이 완성되었다고 보기는 어려우며, 사전지시가 있을 것이라고도 생각할 수 없다. 그러므로 유유지에게 있어 최선의 이익이 무엇인지를 파악해서 치료방침을 세워 나가는 자세가 요구된다. 최선의 이익이란 환자 당사자에게 있어서의 최선을 기준으로 하는 사고방식으로, 가족이나 주위 사람들에게 있어서의 최선이 무엇인지는 기준이 되지 않는다.

환자의 최선의 이익이 무엇인지를 정하는 사람은 환자를 잘 아는 사람으로 대부분은 가족이다. 그러나 가족의 판단이 항상 환자를 위해 이루어지지는 않는다. 가족의 결정이 환자의 최선의 이익의 관점에서 이루어지지 않았다고 느껴질 때에 의료인은 MSW(medical social worker), 윤리위원회, 고문변호사, 가정법원을 활용하는 방법을 생각해볼 필요가 있다. 어린이의 경우에는 가정재판소에 친권상실 신청하여 친권 대리인에게 판단을 맡기는 방법이 있다.

그렇다면 무엇이 환자에게 최선의 이익인지를 결정하는 기준은 무엇일까? 지금까지 세 가지 아이디어가 있다.[24] 그러나 아직 정설은 없다.

① 쾌락주의(hedonism)

한마디로 말하면 본인에게 쾌락을 주는 것이 본인에게 이익이라는 생각이다.

얼핏 보면 옳은 말처럼 보일 수 있으나, 그렇지 않다고 반론을 제기하는 사람이 있다. 가령, 최고의 쾌락을 가져다주는 약물을 지속적으로 주입하는 기계가 있다고 했을 때, 평생 동안 이 기계에 연결되어 항상 행복감에 젖어 있기를 바라는 사람이 있을까? 감각적인 쾌락이 저급하다면 훨씬 고도의 '경험기계'를 상상해보자.[25] 이 장치에 연결되면 친구와의 교제, 위대한 소설을 써냈을 때의 달성감, 또는 원하기만 하면 다른 어떠한 - 어려운 국가시험에 합격해서 유능한 의료인이나 교원으로서 활약하고 있는 듯한 - 인생경험을 확실하게 맛볼 수 있다고 하면 어떨 것 같은가? 이러한 인공배양 탱크 안에서 꿈을 꾸면서 끝나는 인생을 선택하는 사람이 있을까? 아무리 고난으로 가득 차 있더라도 가공의 세계에서 경험하는 쾌감보다는 실제의 생활을 선택할 것이다. 인생에 바라는 것은 내적인 성취감이나 쾌감 그 자체가 아니라, 그 이상의 것이기 때문이다.

② 욕구충족설(preference theory)

본인의 선호(preference)를 충족시키는 것이 본인에게 이익이라는 주장

이다.[26]

쾌락은 바라지만 '경험기계'에 연결되는 것을 좋아하지 않는 사람에게 어울린다. 사람마다 선호하는 것은 가지각색이다. 스릴러 영화를 보면서 비명을 지르고 싶어 하는 사람이 있는가 하면 골동품을 위해 전 재산을 쏟아 붓는 사람도 있다. 그런데 선호를 충족시키는 것을 반드시 좋은 일이라고 할 수는 없다. 예를 들어 외국에서 갓 출판된 연구서를 사고 싶어서 가지고 있는 돈을 다 털어 주문을 했지만 (선호충족), 막상 손에 넣고 나서 읽어보니, 그럴듯한 제목과는 달리 내용이 없는 책이 의외로 많아 실망을 하게 된다(불이익). 예상은 빗나가기도 한다. 카레라이스를 좋아하는 사람은 외식을 할 때 메뉴에 카레가 있으면 카레를 먹고 싶어 한다. 여행지에서 가벼운 마음으로 가게에 들어가 카레를 주문했는데, 한 입 먹고 맛이 없어 친구들이 먹고 있는 돈까스 정식을 주문했으면 좋았을 텐데라며 후회하는 경우도 있다. 즉 선호가 충족되면, 만족할 것이라거나 당사자에게 이익이 된다고 잘라 말할 수는 없다. 좀더 자세한 정보가 있으면 괜찮을까? 절대 실패하지 않는 진로지침서와 같은 것이 있다고 생각하는가? 호흡곤란 상태에 빠지게 되었을 때 이러이러한 처치를 해달라고 강력하게 희망한 사람에게 실제로 그런 상황에서 그 처치를 했다면, 이것으로 잘 된 걸까? 그것은 그때의 본인만 알 수 있다. 혹은 본인마저도 더 이상 판단할 수 없을지 모른다.

③ 객관적 리스트설

본인이 그것을 쾌락이라고 느끼든 느끼지 않든, 무엇을 바라든지, 그런 것과는 관계없이 그 사람에게 좋은 것, 이익이 되는 것이 있다고 생각하는 사람들이 있다. 이런 사람들은 속임을 당하지 않는 것, 재능을 꽃피우는 것, 사람들을 위해서 도움이 되는 것, 친구와의 친밀한 교재를 통해서 서로가 서로를 이해하는 것, 장수하는 것을 객관적 관점에서 좋은 것이라고 말한다. 이런 단순한 예에서는 그럴 수 있다. 그렇다면 생명유지장치에 의해서 생명을 유지하는 것과 그러지 않고 죽는 것 중, 어느 쪽이 객관적으로 이익인지 이미 정해져 있을까? 게다가 대체 어떻게 하는 것이 객관적으로 좋은지 어떻게 설명할 수 있을까?

이처럼 환자에게 최선의 이익이 무엇인지를 실수 없이 확실하게 확인하고 근거를 제시하는 것은 터무니없을 정도로 어려워서 윤리학자나 법학자 어느 누구도 아직 해내지 못했다. 그것은 인간이 할 수 있는 일의 한계 너머에 있다. 가족이나 현장의 의료인 ─ 의사 이상으로 환자와 자주 만나며, 배려하는 마음으로 곁에 함께 있는 간호사 ─ 이라면 환자에게 무엇이 최선의 이익인지를 올바로 판별할 수 있을까? 할 수 없다고 생각하는 편이 안전하다. 중요한 것은 주위 사람의 최선의 이익을 우선시하지 않는 것이다.†

의학적 무익성

최선의 이익에 대해서 적었으니 무익성(futility)이라는 사고방식에 대해서도 아주 간단하게 소개하겠다. '아주 간단하게'라고 한 것은 무익이라는 사고방식 자체가 무익하다는 의견이 의료인 사이에 뿌리 깊게 박혀 있어서, 무익성이라는 개념은 학문적으로 완성되어 있지 않은 허공에 매달린 상태로 있다. 그럼에도 불구하고 의료현장이나 교실에서 여전히 무익이라는 말이 언급되며, 그런 말을 들은 주위 사람들이 비판하지 않고 입을 다물며 침묵하는 광경을 보게 된다. 그러므로 설명을 하지 않을 수 없다.

---

† 본인의 이익을 우선시하는 건 당연하지만, 결과적으로 주위 사람, 특히 가족에게 있어서의 최선의 이익을 우선시해야 하는 경우도 많다. 본인의 의향을 알고 있다 하더라도, 본인과 가족의 사회적·경제적 요인이 복잡하게 얽혀 있어서 최종적으로는 가족의 형평·사정이 우선시되는 경우가 있다. [아다치 토모]

다른 말과 마찬가지로 이 말에도 의미 있는 역사가 있다.[27] 1960~70년대에 환자의 자기결정권이라는 사고방식이 퍼지면서 환자나 가족은 의료인의 과도한 의료행위에 대해 무익한 치료를 중지해 달라고 호소하였다.

1980년대가 되자 단순히 의료인이 제안한 치료를 거부하거나, 몇 가지 선택지 중에서 고르는 범주를 넘어, 환자의 측면에서 이러이러한 치료를 받고 싶다는 요구가 나오기 시작했다. 그러자 이번에는 의료인 측에서 무익이라는 말을 사용하였다. 아무리 환자가 요구한다 하더라도 전문가의 관점에서 의학적 적응이 되지 않는다(의학적 상태에 대해 치료법이 적절하지 못하고 유효하지 않다)고 판단되면, 그 판단이 자기결정권보다 우세하다는 주장이 나오기 시작했다. 그러자 '의료인의 판단이 항상 옳은가, 온정적 간섭주의다!'라는 반대 의견이 나왔다. 이에 대해서 병태생리학적으로 무익하다는 것은 QOL이 높고 낮음을 판단하는 것이 아니라, 환자측이 요구하는 치료가 생물학적 차원에서 병태(병리적 상태)를 개선할 수 없기 때문에 무익하다라는 설명이 이루어지게 되었다.†

개선되지 않는다는 것을 증명하는 근거로서 예후(회복 상태)에 대한 통계 자료가 사용되었다. 그러나 자료의 분포에는 불규칙성이 있기 때문에, 전체적으로 많은 환자는 개선되지 않지만, 소수의 개선된 환자가 있다. 그러자 '확률이 낮다는 이유만으로 무익하다고 단언할 수 있는가? 무익하다고 생각하지는 않는다'라는 반대 의견이 나왔다. 치료가 유효한지 무효한지 단정 지어서 말하기는 어렵다. 컬러칩을 본 적이 있는가? 빨간색과 노란색이 양끝에 있고 그 중간은 오렌지색으로 되어 있다. 어디서 어디까지가 빨간색인지 결정하기 어렵다. 이와 마찬가지이다. 아무리 수치를 꺼내

---

† "죽어도 괜찮으니까 항암제 치료를 해주세요"라는 부탁을 환자·가족 쌍방으로부터 받는 경우가 자주 있다. 이런 얼핏 듣기엔 역설적으로 들리는 발언 속에 어떠한 마음이 담겨져 있는지를 의료인은 잘 생각해볼 필요가 있다. 무익성을 설명하는 것만으로 그칠 게 아니라, 치료 그 자체에 전적으로 의지하는 환자·가족의 마음에 공감하면서 이야기를 해나가면 좋겠다. [니시]

보아도 어디에서나 변화는 완만하여 싹둑 자를 수가 없다.

  1990년대에 양적·질적 두 측면에서 무익을 정의하려는 시도가 있었다. 유사한 증례 100개의 치료 성적에서 효과가 없으면 양적으로 무익하다고 할 수 있으며, 또한 아무리 치료를 해도 지속적식물인간상태(PVS) 또는 집중치료를 계속 받아야 하는 상태를 벗어날 수 없다면 질적으로 무익하다고 말할 수 있다고 주장했다. 그러나 실제로 이 기준을 운용해본 결과, 그렇게 간단하게 나누는 것이 불가능하다는 것을 알게 되었다. 환자나 가족에게 필요한 것은 의학적 효과(effects)가 아니라 이득(benefit)이라는 목소리도 커지기 시작했다. 또한, 무익이라고 하는 기준을 제시하더라도 의료경제면에서의 이익이 그다지 크지 않다는 보고가 계속해서 나왔다. 이렇게 무익을 정의하고 누구나가 납득할 수 있는 기준을 확립하려던 움직임은 1990년대 중반 이후부터 쇠퇴하기 시작했다.

  그 뒤 미국의 어느 판사가 포르노는 정의할 수 없지만, 실제로 보면 알 수 있다는 말을 하였다. 마찬가지로 무익도 정의를 내리거나 매뉴얼화하는 데에는 맞지 않지만, 개별 사례에 따라서 공평, 공정하고 신중히 판단하는 것이 가능하다는 주장이 나왔다. 이 입장을 취하는 연구자는 두 가지 주의점을 이야기한다. 무익은 의료를 받는 측과 제공하는 측 쌍방으로부터 나올 수 있다는 것, 그리고 시합 종료를 알리는 징처럼 땡땡 울려서 쌍방의 대화를 일방적으로 마무리 짓는 최후의 카드로 무익이라는 말을 사용하지 말아야 한다는 것이다.

IV 의료윤리학의 기본문제

지금부터가 드디어 본편이다. 전반부에서는 의료윤리학의 아주 기본적인 토대를 살펴보도록 하겠다. 의학·간호학의 세계에서라면 해부학·생리학·생화학에 해당된다고 생각하면 된다.

'프라이버시와 기밀유지'에 관한 문제에서 시작해보겠다. 프라이버시를 철저하게 지키는 것은 굳이 학습할 필요도 없는 당연한 일이다. 하지만 당연한 것을 그냥 나열하면서 끝내지는 않을 것이다. 또한 전인적 의료도 의표를 찌르는 각도에서 그 의미를 다시 생각해보도록 하겠다.

여러분도 잘 아는 '충분한 정보에 의한 동의'에도 예상 밖의 일반적이지 않은 내용이 적혀 있을 것이다. 의료인이 환자나 가족에게 무엇을, 어떻게, 어디까지 설명하면 좋은지 문제가 된다. 이에 대해 생각하는 것이 '의료정보의 개시와 설명'이다. '진실말하기(truth telling)'는 항상 이루어져야 하는가, 아니면 때에 따라서는 안 해도 되는가에 대해서도 생각해보겠다.

마지막으로 충분한 정보에 의한 동의라는 사고방식이 등장하기까지 의료계에서 부동의 위치를 지키고 있었던 '온정적 간섭주의(paternalism)'라는 견해를 점검해보겠다. 이름이 낯설지 모르겠지만 우리에게는 아주 익숙한 것이다.

A. 프라이버시와 기밀유지

기밀유지(confidentiality)는 의료인의 중요한 의무 중 하나이다. 기밀유지란 알게 된 개인정보를 본인의 허락 없이, 그다지 필요로 하지 않는 타인에게 누설해서는 안 된다는 것을 뜻하는 말이다. 진실말하기의 중요성이나 충분한 정보에 의한 동의의 등장은 긴 의료역사 속에서 최근의 일인 데 비해, 기밀유지의 중요함은 그리스 시대부터 일관되게 언급되어 왔다. 바꿔 말하면 그 정도로 옛날부터 기밀유지는 지키기 어렵다. 그렇지 않다면 기밀유지가 중요하더라도 일부러 계속해서 이야기되지는 않았을 것이다.†

일본에서 기밀유지 위반은 형법134조에 의거해서 처벌받는다. 조문에는 다음과 같이 적혀 있다. "정당한 이유가 없음에도 불구하고, 업무상 다루었던 일을 통해서 알게 된 타인의 비밀을 유출했을 때에는 6개월 이하의 징역이나 10만 엔 이하의 벌금에 처한다."* 그렇다면 '정당한 이유'가

---

† 환자의 프라이버시가 자주 화제에 오른다. 그런데 의료인의 프라이버시는 어떤가? 인터넷의 발달하면서 최근 의료기관이 정보 제공을 목적으로 흔히 홈페이지를 사용한다. 그중에는 호텔 소개 페이지와 구분이 안 될 정도로 잘 만들어진 것도 있다. 홈페이지에는 담당의의 얼굴사진과 때로는 의료 장면을 찍은 사진까지 올라와 있다. 지하철 안에서 모르는 사람이 말을 걸거나 않을지 걱정도 된다. [하라]

* 우리나라도 역시 기밀유지 위반은 처벌의 대상이다. 형법 제317조(업무상비밀누설), 의료법 제19조(정보누설금지)에서 의료인의 기밀유지를 다루고 있다. (형법 제317조 "의사, 한의사, 치과의사, 약제사, 약종상, 조산사, ······ 직에 있던 자가 그 직무 처리 중 지득한 타인의 비밀을 누설할 때에는 3년 이하의 징역이나 금고, 10년 이하의 자격정지 또는 700만 원 이하의 벌금에 처한다", 의료법 제19조 "의료인이나 의료기관 종사자는

있으면 비밀을 누설해도 된다는 것이다. 어떤 경우에 기밀유지를 지키지 않아도 되는가? 어떤 이유이면 '정당한 이유'가 될 수 있을까?

「세계의사회 리스본 선언」에서는 매우 엄격하게 기밀유지를 내세우고 있다. '표1-11'에 적혀 있는 문장을 소리 내어 천천히 읽어보길 바란다. 환자 개인의 '모든' 정보는 사망 이후에도 기밀이 지켜져야 한다. 당사자의 명확한 동의가 없거나 법에서 정한 것이 아닌 이상 정보를 공개해서는 안 된다. '알아야 할 필요'가 있을 때에만 다른 의료인에게 공개해도 된다라는 내용(8b)이 1995년 수정시 추가되었다. '알아야 할 필요'는 누가 어떻게 결정하는 것일까?

표1-11 세계의사회 리스본 선언(일부)

8a. 환자의 건강상태, 의학적 상태, 진단, 예후 및 치료에 관한 모든 정보와 다른 개인정보는 환자가 사망한 이후에도 기밀로 유지하여야 한다. 단, 후손이 자신의 건강위험에 대한 정보에 접근할 권리가 있을 때에는 예외로 한다.	8b. 기밀정보는 환자가 명시적 동의를 하거나 법에 명시적 규정이 있는 경우에 한하여 공개할 수 있다. 정보는 환자의 명시적 동의가 없다면 엄격하게 따져서 '알아야 할 필요'가 있을 때에만 다른 의료제공자에게 공개될 수 있다.

1. 기밀유지에 앞서 요청되는 사려 깊음

일본의 의료시설은 진찰실과 처치실 사이 칸막이가 얇은 커튼으로 되어 있거나 문을 열어놓기도 하며 벽이 얇아, 때로 이야기하는 소리가 밖으로 새어 나간다. 1인실이 아니라면 병실 내에 있는 가족이나 의료진 사이

이 법이나 다른 법령에 특별히 규정된 경우 외에는 의료·조산 또는 간호업무나 …… 업무를 하면서 알게 된 다른 사람의 비밀을 누설하거나 발표하지 못한다"). 우리나라 법에서는 기밀유지를 지키지 않아도 되는 조건으로 '이 법이나 다른 법령에 특별히 규정된 경우'를 제시하였다. 일본법의 '정당한 이유'와 비교되는 항목이다. 일본의 경우 표현이 모호하기는 하지만, 상황과 여건을 고려하여 판단할 수 있는 재량이 있어 보인다. [옮긴이]

의 대화를 다른 환자가 그대로 들을 수도 있다. 누설의 의도가 없다 하더라도 결과적으로 말이 새어 나가는 예가 적지 않다. 이것은 의료인의 부주의나 의무위반이라기보다 의료시설의 구조적 문제이다.

예전 병실 입구에는 그 방에 입원하고 있는 환자의 이름이 적혀 있었다. 의료인이나 병문안을 온 사람들, 환자 본인의 편의를 위해서일 것이다. 그러나 입원 사실을 알리고 싶지 않은 사람도 있다. 비슷한 일이 외래에서도 일어난다. "핫토리 환자분. 핫토리 켄지 환자분. 비뇨기과 3번 진찰실로 들어오세요"라는 안내방송이 나올 때가 있다. 창구에서 "오늘은 어떻게 오셨어요?"라는 말을 듣기도 한다. 이 책을 공부한 사람이 마침 그 자리에 있다면, "응? 어디선가 들어 본 이름인데. 어디가 아플까?"라는 호기심이 생길지도 모른다. 이러한 일은 도덕성이나 윤리성 수준의 문제보다 훨씬 앞선 사려 깊음(delicacy)의 문제이다.*†

일은 열심히 하지만, 배려가 부족하여 기밀유지를 어기기도 한다. 병원 엘리베이터 안이나 통로, 식당에서 환자의 일에 대해 무심코 이야기하는 경우가 있다. 까다로우며, 매일매일이 염려되고 고민스러운 사례일수록 화제에 오르기 쉽다. 동네 음식점에서 업무 이야기가 화두가 되어, 환자에 대해 열중해서 이것저것 말하고 있었는데, 반대편 칸막이 자리에 그 환자의 가족이 있었다는 이야기를 들은 적이 있다. 기밀유지라는 어려운 말을 사용하기 전에 극히 상식적인 사려 깊음을 지니지 않으면 안 된다.

---

* 이 글의 저자는 'delicacy'를 가타카나로 표기하면서, 단순하게 '배려'로 번역되지 않도록 하였다. 저자는 '보다 세심하며 타인에게 민감한 배려'의 의미로 'delicacy'라는 단어를 사용했다. 여기에서는 이후 등장하는 '배려'라는 단어와 구분하기 위해 '사려 깊음'으로 번역하였다. [옮긴이]
† 음식점이나 지하철에서 옆사람들의 대화가 들린다. 대화의 내용에서 의료종사자인 것을 안다. "기밀유지의 의무란 무엇입니까?" "조금만 더 조용한 작은 목소리로" "중요한 정보가 새고 있어요"라고 무심코 소리 내고 싶어진다. 이 책을 접하고부터 스스로 상식적인 사려 깊음을 지니도록 더 의식하고 노력해야겠다고 항상 반성한다. [키타즈메]
종종 페밀리 레스토랑에 간다. 바로 옆 테이블에서 "간호사 호출 버튼을 눌러서……" "인계가……"라는 말이 들렸다. 잡담 속 한마디에서 직업을 추측할 수 있다. [쿠라바야시]

2. 비밀을 지키는 방법

비밀을 지키는 방법에는 두 가지가 있다.

① "보고 들어서 알게 된 타인의 비밀을 다른 사람에게 누설해서는 안 된다." 그리고 하나 더, 아마도 이 쪽이 기본형이고 중요하며 비밀을 지키는 방법으로 제일 확실하다고 생각하는데, 그것은 ② 비밀에 관여하지 않는 것, 비밀을 꺼내지 않도록 하는 것이다. 처음부터 비밀을 모르면 당연히 그것을 타인에게 누설하는 것 자체가 불가능하다. 그러므로 비밀을 알려고 하지 않음으로써 비밀을 지키는 방법이, 알게 된 비밀을 흘리지 않는 방법보다 기본형이 된다.

그런데 일반적으로 의료인은 환자에 대한 모든 것을 알고 싶어 하며, 파악하고자 하는 욕구를 가지고 있는 것 같다. 이것을 전인적 의료의 필요조건으로 착각하기도 한다. 하지만 의료인이 알고 싶어서 물어보는 내용이 실제 치료에 도움이 되며 환자 본인에게 유익하다는 보장이 없다. 예를 들어 어떤 사람이 다리를 다쳐서 병원에 왔다고 가정해보자. 이 사람의 이혼력이나 성장 과정, 학력, 비임균성요도염의 과거력, 음주 습관을 알아낸다고 해서 무슨 의미가 있을까?

내가 인턴 때 읽은, 지금까지 가슴 깊은 곳에 새겨져 있는 이야기가 있다. 카사하라 요미시라는 일본을 대표하는 정신과 의사의 책 내용이다. 그 내용을 아주 간략하게 소개하려 한다.

어느 날 카사하라는 우울증으로 고생하고 있는 남성을 진찰한다. 아마도 어머니가 죽고 난 뒤부터 우울 증세가 나타난 것 같았다. 언뜻 보기에는 당연한 증상 같지만, 이것이 반년 이상 지속되었기 때문에, 상을 치른 뒤에 느끼는 일반적인 슬픔으로 볼 수 없다고 카사하라는 생각했다. 진찰실에서 남성은 자신과 어머니의 관계에 대해서 말하기 시작했다. 어머니는 기녀였으며, 남성은 그 지방의 유명인사와의 사이에서 태어난 아이였다. 부모 자식 사이의 오붓함은 없었지만 남성은 아름다운 어머니를 진심으로 사랑했고, 또한 불우한 성장 과정을 딛고 열심히 살아왔다. 고향을 떠나 대학에서 공부를 했으며, 지금은 회사 간부라고 한다. 이제야 효도를 할 수 있겠다라고 생각하고 있던 바로 그때 어머니가 쓰러졌다. 알고 보니 예전부터 혈압이 높았다고 한다. 어머니는 이것을 동생에게는 말했다고 한다. 왜 나에게는 한마디도 하지 않았을까…… 자세한 부분은 생략하지만, 그 남성은 자신과 '어머니와의 관계에 대한 비밀'을 숨김없이 털어 놓았다. 카사하라는 이 부분에 대해서 다음과 같이 적고 있다.[28]

"내가 제지하지 않았다면 그는 더 많을 이야기를 했을 것이다. 그러나 나는 이야기를 막았다. 그렇게 한 건 진찰 시간이 촉박해서가 아니다. 어쨌든 수면을 취하고 쉬는 것이 먼저라는 것, 그리고 언젠가 이 이야기의 남은 부분을 당신이 이야기하길 원한다면 언제라도 기꺼이 듣겠지만 오늘은 이 정도로 하자고 제안을 했다".
치료 경과는 순조로워서 반년 만에 약을 끊을 수 있었다. 그로부터 5년이 지났지만 소설보다 더 기이한 남성의 성장 과정에 관한 이야기를 "나는 그 이후 듣지 못했다."

환자의 마음 깊은 곳으로 들어가지 않았다는 것을 정신과 의사답지 못하다고 생각해도 이상하지 않다. 우울의 근본적 원인을 알아내야만 의료인이 비로소 의료다운 의료를 할 수 있지 않을까 하고 생각하는 사람도 있을 것이다. 여기서 카사하라의 의견을 들어보자.
"우리의 목표는 환자의 치료이지, 환자의 심리를 해석하는 것이 아니다. 아니, 그러한 심리해석은 치료에 도움이 되는 범위 내에서 이루어져야지, 결코 해석을 위해서 환자를 이용해서는 안 된다. 될 수 있는 한 적은 부위를 깊지 않게 절개하는 것에 비유하고 싶다. 가령 환자의 감춰진 마음에 대해서 어떤 추론이 가능할지라도, 노출할 필요가 없는 부분은 듣지 않아도 된다. 이 사례의 경우, 약간의 정신분석학적 지식이 있다면 좀더 파고들어가서 해석하는 것이 그렇게 어렵지 않았을 것이며, 환자도 그것을 원했을지 모른다. 그러나 환자가 원한다고 해서 좋다고 말할 수 없다. 이 점은 정신과 의사에게 있어 중요한 절제라고 나는 생각한다. 환자에게 필요 이상의 것을 '고백'하게 할 이유는 아무것도 없다. 내가 초진 때 그의 '고백'적인 진술을 도중에 끊은 것은 이러한 생각에 기반을 두었기 때문이다."

"될 수 있는 한 적은 부위를 깊지 않게 절개하는 것"이라는 말 속에서 카사하라의 다정함을 느끼는 건 나뿐일까. 앞서 강조한 사려 깊음의 극치라고 표현해도 괜찮을 것 같다.†

들어가려고 하면 쉽게 발을 들여놓을 수 있는 비밀의 화원이 바로 이곳에 있다. 혹자는 '의료인이니까 비밀을 알게 된다 하더라도 어떤 비난도 받지 않을 거야, 다른 사람한테 이야기하지 않으면 괜찮아, 또한 환자 심리의 깊은 곳을 파악하는 건 좋은 의료를 제공하는 데 필요한 거야'라고 말을 할지도 모르겠다. 그러나 심리를 이해하는 것과 그 사람의 인생에 관여하는 것은 전혀 다른 문제이다. 나는 카사하라가 말하는 "정신과 의사에게 있어서 중요한 절제"를 그대로 "의료인에게 있어서 중요한 절제"로 바꿔 쓸 수 있다고 생각한다. 때때로 사적 혹은 직업적인 흥미 때문에 의료인이 환자 당사자의 치료와 직접적 관계가 없는 일을 알고 싶어 할 수도 있다. 증례보고나 연구 발표를 위해서 수집해야 하는 기초적인 정보도 있다. 그러나 반드시 알아야만 하는 내용일까? 환자에게 도움이 되는 것일까? 자신의 호기심을 채우려는 마음은 아닌가? 방을 확인하고 친구관계나 외출하는 곳을 알아두는 등 자식에 관한 것이라면 모든 것을 알아야

---

† 많은 정보를 얻는 것이 문제 해결로 연결된다고 하여 환자로부터 꼬치꼬치 캐묻고 있지는 않은가? 환자의 마음을 깊이 절개하여 비밀로 간직하고 있는 고민을 억지로 찾아내어도, 그 고민을 모두 해결할 수 있지 않다. 지켜보는 간호도 필요하다. [키타즈메]

비로소 안심을 하는 부모의 모습과 닮아 있지는 않은가? 자문할 필요가 있다. 적어도 환자본인에게 직접 환원되지 않는 일이 치료의 일환이라는 명목으로 행해져서는 안 될 것이다.

3. 전인적 의료와 프라이버시

전인적 의료에 대해 들어본 적이 있는가? 그게 어떤 것일까? 절대적인 정의는 없는 듯하며 사람에 따라서 전혀 다른 의미로 받아들여지고 있다. 여하튼 아래와 같은 일반적인 견해가 있다. ─환자를 단순히 세포나 장기의 집합체로 보지 않는다. 병이 있는 부분만 보지 말고 환자를 하나의 사람으로서 통째로 볼 것. 나아가 그 사람이 처해있는 상황이나 생활상까지 시야에 두고 다각적으로 파악해서 시행하는 의료를 말한다. 이런 견해는 단순하고 이해하기 쉽다. 인간적인 느낌이 든다. 지금까지의 의료는 병만 보고 사람을 보지 않았다. 그래서는 안 된다.

그러나 이런 전인적 의료라는 이름으로 환자에 관한 모든 정보가 수집되는 경우가 있다. 숨기고 싶은 과거나 생활상, 부부관계까지도 때로 의료정보로 기록되고, 의료인들 사이에서 공유되어 환자는 마치 알몸이 되어 버린다. 이런 식으로 환자의 모든 것을 아는 것이 환자를 사람으로서 통째로 본다는 의미일까? 만약 정말로 이런 것이 전인적 의료라고 한다면, 전인적 의료는 환자의 프라이버시권과 충돌한다.[†]

환자를 장기의 집합체로 보지 않고, 사람으로 보며, 사람답게 다루려는 주장은 옳다고 본다. 하지만 그렇다고 하여 환자의 모든 정보를 얻기 위

[†] 일부러 환자의 특정 부분에 한정해서 주의를 기울이는 자세를 흩뜨리지 않는 편이 좋은 결과를 가져오는 경우가 압도적으로 많다. 그러나 다음과 같은 경우도 있다. 장폐색이 재발해서 입원하고 있는 고령여성의 경우 식이상태를 알 필요가 있다. 식사내용, 조리방법, 같이 사는 가족관계, 경제상태 등도 정보로써 필요하며, 이러한 것들이 문제해결의 요건이 되는 경우가 많다. [오노]
Re: 아주 좋은 「알 필요」가 있는 내용이다. 본문에서 문제 삼고 싶었던 것은 전인적 의료를 하려고 했는데 결과적으로는 전환자적 치료(사람으로 보지 않고 환자 - 의료인 앞에서는 정보적으로 당연하게 알몸이 되는 것 - 로 본다)가 되지 않았냐는 점이다. [핫토리]

해, 마치 저인망 그물망을 치듯이 의료의 시선으로 환자를 훑거나, 환자를 통째로 의료의 대상으로 취급하는 것은 삼가야 된다고 생각한다. 그렇지 않으면 사람을 (사람으로서가 아니라) 환자, 즉, 의료의 '대상'으로 보게 된다. 전 '환자'적 의료가 되어버린다. 진심으로 환자를 하나의 사람으로 보고자 한다면, 그 사람의 생활 모두를 의료라는 좁은 무대 위에 세워 마음의 주름진 곳까지 조명을 비추려는 생각 따위는 하지 않는 것이 좋다. 그리고 대부분의 경우, 환자의 사적 생활 영역을 알게 되었다고 해서 의료인이 환자의 인생을 통째로 짊어지고 받쳐줄 수 없다. 만약 진정으로 환자를 전인적인 사람으로 보고 대하길 원한다면, 일부러라도 환자의 한 부분에만 눈길을 두려는 의료인의 신중한 자세 유지가 좋은 결과를 가져올 수 있을 것이다. 나는 그런 경우가 압도적으로 많다고 생각한다.

4. 자신에 대해 이야기를 하고 싶어 하는 환자―비밀이란 무엇인가

이쪽에서 알려고 하지도 않았는데, 환자 스스로 먼저 자신의 이야기를 하고 싶어 하는 경우도 상당히 많다. 의사에게는 하지 않은 말을 간호사에게 하거나, 간호사에게 말하지 않은 것을 무심코 간호조무사나 간호학생, 청소부에게 흘려 이야기하는 환자가 많이 있다. 경험적으로 환자의 가장 일상적이며 꾸미지 않은 있는 그대로의 모습을 보고 있는 사람은 청소하는 아저씨, 아주머니가 아닐까라고 생각한다(인턴 시절, 담당하던 환자의 진짜 상태에 대해서 상당히 많은 가르침을 받았다).

실습 중인 간호학생은 가끔 담당하고 있는 환자로부터 사적인 이야기를 듣는 기회를 가지기도 한다. 그럴 때 어떻게 대처하면 좋을까? 여기에 몇 가지 접근방식이 있다. ① 치료와 직접적인 관계가 없는 개인적인 이야기는 의료인으로서 가능한 한 듣지 않는 게 좋다. 냉정하게 거절하면 나쁜 인상을 줄 수 있으니 적당히 흘려듣거나 맞장구를 쳐주는 정도로 끝낸다. ② 환자가 이야기하고 싶어 하니까 들어줘야 한다. 다른 사람과 이야기를 함으로써 마음을 정리한다거나 후련해지는 경험은 누구나 해보았을 것이다. 이야기를 들어주는 것은 돌봄과 같고 좋은 인간관계를 만드는 데 도움을 주므로, 프라이버시 같은 어려운 것은 고려하지 않아도 된다. ③ 이야기의 내용에 따라 달라진다. 사소한 이야기라면 들어도 되지만, 상당히 특별한 이야기라면 가능한 듣지 않도록 한다. 이야기가 깊어지면 "저 같은 학생이 이런 중요한 이야기를 들어도 될까요"라는 식으로 확인을 하듯이 거리를 두면서 말을 끊어본다. "그래, 그럼 됐어"라고 대답하지는 않더라도 자신이 말하고 있는 내용의 중요성을 깨달을 수 있는 계기는 될 것이다.†

어떤 답을 선택할지는 그 사람의 개성이나 취향(미적 감성)의 문제라고 생각한다. 다양한 개성이나 취향을 지닌 의료인이 같은 병동 안에 있는 것은 나쁘지 않다. 환자도 저마다 다양한 개성이나 취향을 지니고 있으므로 여러 의료인이 있는 편이 자신의 감성에 맞는 사람을 찾기 쉬울 것이다. 이런 전제하에 ③에 대해서 좀 더 적어보도록 하겠다.

마음 편히 들을지 말지를 결정짓는 지점은 어디인가? 이런 질문을 받으면 좀 당황스럽겠지만, 먼저 '푸념, 자랑 혹은 회상'과 '고백'의 차이라고 대답하고 싶다. 「비밀을 지키는 방법」에서 소개한 우울증 남성의 사례를 떠올려보자. 또한 이미 여러 사람에게 이야기한 내용과 그렇지 않은 내용과의 차이도 크다. 비밀로 하고 싶은 것과 그렇지 않은 것과의 차이라고 말할 수도 있다. 이야기 듣기를 거절할 때에는 "저에게 이런 소중한 이야기를 해주셔서 감사합니다. 그런데 이런 중요한 이야기를 제가 들어도 될지 좀 망설여지네요. 정말로 저에게 이야기해도 되는지 다시 한 번 생각해

---

† 정보의 공유와 방침의 통일이라는 말은 의료현장의 상식이 되었다. 되도록 많은 정보를 팀에서 공유하는 것이 안전하고 적절한 의료나 돌봄에 불가피하다. 확실히 그럴지도 모른다. 그러나 가까스로 말한 비밀이 전자 차트의 게시판에 크게 붙여져 자신이 모르는 곳으로 새어나가고 있다는 걸 알게 되면 환자는 사실을 감출지도 모른다. [하라]

보시고, 만약 괜찮다면 그때 듣도록 하겠습니다"라고 말할 수 있다. 이와 반대로 이야기를 듣게 되었을 때에는, "소중한 이야기를 들려주셔서 고맙습니다. 하신 말씀은 절대로 다른 사람에게 하지 않겠습니다"라고 할 수 있다. 무엇이 비밀이 아닌지는 의료인 정할 내용이 아니다. 당사자 본인이 정하는 것이다. 그러나 적어도 한 번쯤 상대를 살짝 방어해주는 것은 당연한 배려이며 친절이라고 나는 느낀다.

그런데 "이 이야기는 당신에게만 하는 거야, 다른 사람한테는 비밀이야"라고 하는 말 속에 의료·간호에 매우 중요한 정보가 들어 있다는 사실을 깨달았을 때, 실습 중인 간호학생은 어떻게 해야 될까? 방금까지의 이야기와는 달리 이것은 윤리학 문제이다. 기밀유지를 지키기 위해 침묵해야 될 것인가, 아니면 즉시 병동의 실습지도자나 간호교원에게 이 사실을 보고해야 할 것인가?†

기밀유지는 중대한 일이다. 그렇지만 경우에 따라, 의료·간호 방침을 완전히 바꾸지 않으면 해당 환자에게 엄청난 불이익이 생길 것으로 판단되는 환자의 이야기도 있을 것이다. 만약 그렇다면 당신은 자신의 생각을 환자에게 말해야만 하며, 정규 직원에게 전달해도 좋다는 허락을 받을 필요가 있다. 이때 다음과 같은 말을 덧붙일 수 있다. "간호사가 많이 있는데요, 어느 간호사라면 이 이야기를 전해도 괜찮을까요? 이 사람이라면 좋다는 간호사가 있다면 전해서 상담을 해도 괜찮겠습니까?"*††

---

† 내가 만약 환자로부터 "당신한테만 이야기하는데, 암 때문에 살 가능성이 없다는 사실을 알게 된다면, 난 내 스스로 목숨을 끊을 거야"라는 말을 듣는다면 상급자에게 보고할지도 모르겠다. [오노]
* 환자가 "쿠마다 간호사라면 말해도 괜찮아"라고 말했다고 하자. 나라면 환자가 없는 곳에서 쿠마에게 환자 이야기를 하지 않겠다. 환자와 쿠마다가 함께 세 명이서 이야기를 나눌 수 있는 기회를 만들어서, 직접 환자가 쿠마다에게 이야기를 하도록 하거나 이야기하기가 곤란하다면 내가 먼저 대충 이야기를 끄집어내서 환자가 이야기를 계속 이어나가도록 할 것이다.
†† 학생은 환자의 비밀을 지키는 것보다 환자에게 어떠한 불이익이 생기지 않도록 하는 것이 무엇보다 중요하다. '스스로 판단할 수 없는 일은 전부 지도교수나 교원에게 보고, 상담할 것.' 학생은 그렇게 교육받았을 것이다. [쿠라바야시]

간호실습학생 혼자 환자의 말을 마음에 담아두는 것은 환자를 위하는 일이 아니다(그럴 가능성이 있다). 그런데 만약 경험자의 판단을 들어볼 필요성을 느낀다고 이야기했으나 환자가 거절한다면 어떻게 하는 게 좋을까. 환자 몰래 간호교원이나 병동의 실습지도자에게 보고해도 좋을까?

환자에게 불이익이 생긴다고 해서 환자와의 약속을 어겨도 된다고 한다면, 충분한 정보에 의한 동의는 물론 현재의 의료윤리 원칙을 모조리 온정적 간섭주의(⇒ p. 164) 식으로 고쳐나갈 각오를 해야 한다.

5. 프라이버시권이란 무엇인가

프라이버시권은 대체 언제부터 있었을까? 다른 나라에서 주장이 나온 지 이제 겨우 100년 정도밖에 지나지 않았다.

초창기 프라이버시권는 조용히 혼자 있도록 내버려두는 권리를 뜻했다. 한 방에 가족이나 친구 5명이 산다면 다른 사람들의 시선에서 벗어나 나만의 시간과 공간을 확보할 수 없다. 그 후 머리 모양이나 복장 또는 자신의 일을 누구로부터도 간섭받지 않고 스스로 결정하는 권리라는 의미로 받아들여진 시기도 있었다. 그러나 얼마 지나지 않아서, 자기정보통제권이라는 생각에 이르게 된다(표1-12). 즉 나에 관한 정보에 접근해도 되는 사람은 누구인가, 어느 범위까지 허용할 것인가는 다른 누구도 아닌 나 자신이 정하는 것이다. 간단히 말하면 누구와 어느 정도의 친밀한 인간관계를 가질 것인지 결정하는 개인의 자유를 가리킨다. '그 일은 반 친구 모두가 알아줬으면 좋겠어, 그런데 선생님에게 알리고 싶지는 않아. 이 일은 사이코나 케즈케에게는 털어놓아도 좋아, 그런데 아키오미나 카즈후미는

환자는 왜 지식이나 기술적인 면에서 뛰어난 의사나 간호사가 아닌, 학생에게 속마음을 털어 놓았을까. 교수나 지도자에게 상담을 받을 수 없는 상황이 있음을 학생들은 이해해둘 필요가 있다. 윤리원칙을 알고 있는 것만으로는 환자에게 다가 설 수 없다. 학생이 스스로 판단하고 대응하지 않으면 안 되는 상황이 있다는 것을 학생과 함께 생각하는 것이 윤리교육의 중요한 과제이다. [키타즈메]

절대로 안 돼' 이런 식이다.

표1-12. 프라이버시권(the right to privacy) 의미의 다양한 변화

혼자 있을 권리(the right to be let alone, 1890) 이런 저런 간섭을 받지 않고 자신의 일을 스스로 결정하는 권리 자기정보통제권(the rights to control self-information, 1967)

A가 주위 사람들한테 마구 수다를 떠는 말들(예를 들면 복권에 당첨되었다거나, 데이트를 했다거나)이 B에게는 누구에게도 말하고 싶지 않은 비밀인 경우가 있다. 내 이름과 얼굴을 알고 있는 사람이 나의 행동을 체크하면서, 내가 가게에서 허리 사이즈 몇 인치인 청바지를 입어봤다느니, 편의점에서 어떤 잡지를 샀다는 등의 말들을 퍼뜨리고 있다면 기분이 매우 상할 것이다. 누군가가 뜬금없이 "지난주에 비뇨기과 진찰 받았다고 스즈키에게 들었는데 상태는 어떠십니까?"라고 말을 하면, 이 사람은 어디까지 나에 대해 알고 있는 걸까, 그곳에는 스즈키가 없었는데 어떻게 알고 있는 걸까라며 무서워질 것이다. 당신이 예전에 사귀었던 사람의 이름과 데이트 기간, 장소가 칠판에 적혀 있었다고 가정해보자. 그 정도는 아무렇지도 않을까?

타인의 감시나 간섭 또는 압력이 미치지 않는 사적 영역에서의 자유, 그리고 정보가 무단으로 공개되거나 유출되지 않는 사적 영역을 확보하는 것, 이것이 프라이버시권이다. 이 권리는 같은 가족 사이, 친구 사이에서도 소중한 것이다. 하물며 의료현장에서라면 더 말할 필요도 없다.

상대와의 거리가 너무 멀거나 너무 가까울 때 자신도 모르게 상대의 프라이버시권을 망각하는 경우가 흔히 있다. 눈앞의 환자를 수많은 환자 중의 한 명으로 여기면, 사적 정보는 단순한 업무상의 공유정보로 보이게 된다. 음식점의 주문표에 적힌 '돈까스 카레(대)1, 오늘의 점심2, 라면세트1' 이라는 식의 문자열과 크게 다르지 않게 된다. 반대로 어느 정도의 시간을 같이 보내면서 친밀한 인간관계를 쌓게 되면, 이번에는 상대가 타인이며 단지 치료계약관계로 상대의 프라이버시 영역에 들어가는 것이 허용될 뿐이라는 자각이 희석되기 쉽다.

6. 기밀유지는 왜 중요한가

때로 환자가 의료인에게 말하고 싶지 않은 일, 말하기 어려운 것을 가지고 있다 하더라도 전혀 이상하지 않다. 환자는 그러한 정보 없이 객관적인 검사 자료만으로 정확한 진단이 가능할 것이라고 여기고 있는지 모른다. 그러나 어떤 종류의 정보 - 예를 들면 예전에 걸린 어떤 병이나 어떤 종류의 생활방식 - 를 의사에게 알리지 않았기 때문에 감별진단상의 유력한 실마리를 놓쳐서 오진으로 이어진 사례도 꽤 많다.[†]

스스로를 위해서 자발적으로 치료를 받는 경우 환자는 숨기거나 거짓 없이 필요한 정보를 제공할 것, 동의한 치료에 대한 요양 지시를 지킬 것, 이 두 가지를 요구받는다. 만약 이것이 지켜지지 않아서 의료상의 불이익이 발생한다면, 환자 측에도 책임이 있다고 볼 수 있다. 그렇지만 말하기 어려운 건 역시 말하기 어렵다.

그래서 직무수행을 위해, 또한 환자 자신을 위해, 의료인은 유용한 정보를 얻을 수 있는 관계를 만들도록 방법을 모색하는 자세를 갖추어야 한다. 이때 기밀유지 준수의 보장은 최소한의 조건이다. 의료인이 기밀유지 의무를 지키며 그 의무를 지킬 것이라는 믿음이 있을 때, 환자는 다른 사람에게는 좀처럼 밝히지 않는 기왕력, 가족력, 성장과정, 현재의 병력, 생활상

[†] 다른 사람에게 말할 수 없는 일을 이야기하는 것만으로 환자는 스스로 '나는 이런 걸 생각하고 바라고 있었구나'를 처음으로 느끼며, 이것이 치료로 이어지기도 한다. 반대로 이야기를 한 뒤에 후회하고 상처를 받을 위험성도 충분히 있다. 프라이버시란 미묘한 것이다. [카토]

을 의료인에게 털어놓으며, 또한 신체 진찰과 검사를 받을 마음을 가진다. 피임, 임신, 중절, 약물남용 등의 남에게 알리기 거북한 내용에 관해 보호자나 그 어떤 누구에게도 절대로 말하지 않겠다고 환자와 약속했을 때, 사춘기 외래 재진율과 치료지속 비율이 높아졌다는 통계가 있다.[29]

아무런 질문도 안 했는데도 개인적인 비밀 이야기를 꺼내는 환자도 있다. 그렇다 하더라도 그 사람을 프라이버시에 신경을 쓰는 않는 사람이라고 단정 지어서는 안 된다. 아무리 담당 의료인이 초면이라 하더라도, 의료인이라는 이유로, 환자는 자신의 사적인 정보를 알리고 맡기려는 마음가짐을 갖는다. 의료인 모두를 예외 없이 도덕적 인격자로 믿어서가 아니다. 그렇게 의지하고 믿을 수밖에 없기 때문이다. 즉 환자의 의료인에 대한 신뢰는 처음부터, 말하자면 선택의 여지가 없는 요청의 성격을 가지고 있다. '사소한 일에는 신경 쓸 여유가 없으니 어쩔 수 없이 말은 하지만 제발 다른 사람한테는 말하지 말아줘, 당신을 믿으니까'라며 말하는 환자의 필사적인 요청을 이해하고 그 부탁을 들어주려는 의료인의 태도가 환자에게 전해졌을 때, 결국 환자로부터의 신뢰는 일시적인 것에서 적극적인, 진정한 의미로서의 신뢰로 변해갈 것이다.

윤리학 이야기는 아니지만 중요한 점을 짚고 가야겠다. 사람에서 사람으로 옮기는 감염질환의 경우, 사회 방위적 관점에서도 특히 기밀유지 의무의 준수가 필요하다고 주장하는 사람이 많이 있다. 기밀유지 의무가 준수될 것이라고 충분히 보증되지 않으면, 환자는 자신의 개인정보가 제삼자에게 세어 나가거나 보건위생당국으로 통보되어 프라이버시를 침해당하게 될 것을 두려워하게 된다. 결국 환자는 의료기관에서 진료 받기를 주저하여 조기에 진단과 치료를 받을 기회를 놓쳐버리며, 그 사이 수면 아래서 감염질환이 널리 전파되는 최악의 시나리오가 있을 수 있다.

이와 관련하여 다시 한 번 사려 깊음의 문제를 살펴보길 바란다. 성감염증 환자에게 의료인이 "어디서 옮았어?" "즐기기만 하니까 걸리는 거야" "상대는 몇 명이었어?" "부인(남편)은 알고 있어?"라며 설교인지 심문인지 모를 발언을 연달아 뱉어낸다면, 환자는 두 번 다시 그 병원에 가지 않을지도 모른다. 다른 의료기관에서 진료를 받으면 다행이지만, 의료에 대한 불신으로 병원에 가는 것을 포기하게 될 수도 있다. 보건과 도덕을 혼동해서는 안 된다.

7. 기밀유지 의무의 해제 조건

이 문제와 관련하여, 미국에서 발생한 아주 유명한 사건이 있다. 바로 타라소프 사건(1969)이다.[30] 미국 서해안의 한 대학 진료소에서 심리치료를 받고 있던 유학생 P가 어느 날 자신과의 교제를 거부한 상대에 대한 살의를 심리치료사에게 털어놓았다. 이름은 말하지 않았지만 심리치료사는 그 상대가 타라소프라는 사실을 알게 되었다. 심리치료사의 신고를 받은 학교 경찰은 P를 조사했지만, P가 이성적으로 보였고 타라소프에게 접근하지 않겠다고 약속을 했기 때문에 풀어주었다. P는 치료시설에 강제로 입원하지 않았고 타라소프와 가족은 이 사실에 대해서 전혀 모르고 있었다. 심리치료사는 학교 경찰의 책임자에게 P의 구속에 협력해달라는 문서를 발송했으나, 상사인 정신과 부장으로부터 P에 관한 기록을 폐기하고 더 이상 P에 대해 관여하지 말라는 지시를 받았다. 그로부터 2개월 후, P는 통원 치료를 중단하였다. 타라소프의 오빠에게 접근해서 친하게 지내는 등의 행동을 보이던 P는 여름 방학이 끝나 모국에서 돌아온 타라소프를 살해했다. 그러자 타라소프의 부모는 대학 당국과 직원을 상대로 과실이 있다며 법원에 고소했다. 주 고등법원의 판결(1974)에서는 고소가 기각되었으나 상소했다. 주 대법원은 환자가 타인에게 위해를 가할 위험성이 있다는 사실을 진료 중에 알게 되었을 때, 의료인은 그 상대방에게 위험성을 알릴 의무(duty to warn)를 지닌다는 판결(1974)을 내렸으며, 그 이후로 더 나아가 위험성을 알리거나 신고를 하는 것만으로는 불충분하며 의료적 측면에서의 재평가, 강제 입원, 약제 변경 등의 수단을 동원해서 위험에 처해있는 사람들을 보호할 의무(duty to protect)가 의료인에게 있다는 판결이 내려졌다.

타라소프 사건과 이에 대한 판결은, 이후 브래들리 사건(1982)을 시작으로 기밀유지 의무를 해제해도 되는가를 판단함에 있어서 고전적 기준으로 간주될 정도로 큰 영향력을 끼쳤다. 결과적으로 재판 판결의 다수의견이 기밀유지 의무보다도 위험통지의무에 비중을 두면서, 이 타라소프 판결은 기밀유지 의무가 절대적인 것이 아니라는 예로써 많이 인용되었으며, 자칫 이러한 측면만이 강조되는 경향도 있다.

타라소프 사건에서는 위험에 처해있는 타자가 특정되었으나, 항상 특정 가능하지는 않다. 또한 환자 자신이 자살 가능성을 내비치는 경우도 있다. 이럴 때에는 어떻게 대처하는 게 좋을까? 모호하게 듣고 흘려버릴 것이 아니라, 이야기를 진지하게 듣고 본인과 진솔하게 이야기를 나누는 자세가 필요하다. 그렇다면 이때 나눈 대화내용은 누구에게 알려야 할까?

미국의 한 의료윤리학 교과서는 타라소프 판결과 다양한 주의 법을 참고로 해서 기밀유지 의무 해제의 조건을 '표1-13'과 같이 정리하고 있다.[31] 하지만 표현이 상당히 모호하다. 위해가 중대한지 중대하지 않은지 누가 어떻게 판단 할 것인가? 살인이 중대하다는 것은 의심할 필요가 없다. 그러나 예를 들어 클라미디아나 헤르페스 같은 병원체를 옮을 지도 모르는 경우, 그 위해(클라미디아의 경우, 때로 불임증의 원인이 된다)는 중대한가, 그렇지 않으면 중대하지 않은가, 어느 쪽 일까? 그 교과서는 가르쳐 주지 않는다.

타라소프 판결을 떠나서 기밀유지 의무의 해제 요건에 대해서 생각해 보도록 하자. 우선 무엇보다 환자 본인의 승낙이 있다. 판단능력이 있는 본인이 사적인 정보의 개시(開示)/통지에 대해서 자발적으로 동의한다면 의료인의 기밀유지 의무는 문제없이 해제될 것이다. 제삼자에게 정보를 개시/통지할 필요가 있다고 판단되는 경우에는 그 이유를 환자 본인에게 정확히 알리고 동의를 얻도록 노력하는 자세가 의료인에게 요구된다.

통보나 보고가 법으로 정해져 있는 경우도 있다. 학대가 의심되는 아동 및 노인을 조기에 발견하도록 노력하고, 발견했을 때에는 신속하게 복지사무소나 아동 상담소에 신고해야 한다(아동복지법, 아동학대방지법 제6조, 고령자학대방지법 제5조).† 또한 배우자로부터의 폭력으로 인해 다치거나 또는 질병에 걸렸다고 인정되는 피해자를 발견하면, 배우자폭력상담지원센터에 그에 관한 정보를 제공하고, 당사자의 의사를 존중해 동의를 얻었을 경우에는 배우자폭력상담지원센터 또는 경찰관에게 신고하도록 되어 있다(배우자폭력(DV)방지법 제6조).†† 동향 조사에 관한 역학적 필요에 의해, 감염증법에서는 감염증에 걸린 환자를 진찰한 의사는 지사(실질적으로는 보건소장)에게, 식품위생법에서는 식중독에 대해서 보건소장에게 보고할 의무를 규정하고 있다. 서식은 감염증의 종별에 따라서 다르다. 마약중독자를 진찰한 때에는 즉시 지사에게 보고할 의무가 있다(마약 및 향정신약단속법 제58조). 국공립병원의 의사는 각성제 소지자나 중독자에 대해서 신고의무를 지닌다(형사소송법 제239조, 표1-14).

---

† 우리나라의 경우 아동 및 노인 학대 신고에 대해 아동학대범죄의 처벌 등에 관한 특별법 제10조와 노인복지법 제39조6에서 다루고 있다. [옮긴이]

†† 아동이나 노인이 학대를 받고 있을 때에는, 각각의 학대방지법에 의거해서 행정기관 등으로의 신고자의 기밀유지 의무는 해제된다. 그렇다면 일반 성인의 경우는 어떨까? 정신보건복지법에서는, 타인을 해칠 위험이 있는 정신이상자에 대해서는 누구나 보건소에 신고할 수 있다. 단 이 경우는 어디까지나 보건소로 신고를 하는 것에 대한 것이지, 위험에 처해질 수도 있는 제삼자에 대해서 상정되어 있지 않다. 불행하게도 사건이 일어 난 뒤에 치료를 받게 하지 않은 보호자의 책임을 물은 판례(福岡高裁 平18·10·19判決, 判夕1241号, p. 131)는 있었으나, 신고를 하지 않은 책임에 관한 재판은 없었다. 신고의 의무와 기밀유지 의무의 해제는 일본에서는 법의 공백지대다. [이토]

표 1-13 기밀유지 의무 해제의 조건(B. Lo)

1. 제3자에 대한 잠재적 위해가 중대한 경우 2. 위해를 가할 가능성이 높은 경우 3. 위해를 처한 사람에게 위험성을 알리고 보호하기 위한 다른 방법이 없는 경우	4. 기밀유지 의무를 해제함으로 위해를 피할 수 있는 경우 5. 기밀유지 의무를 해제하여 환자 본인이 입을 위해를 최소한으로 줄이며 허용범위 내인 경우

표1-14 진찰시, 신고·보고가 법적으로 의무여서, 기밀유지 의무의 위반이 아닌 경우

학대를 받은 것으로 의심되는 아동 및 노인
배우자·전배우자·사실혼관계 배우자의 폭력으로 인해 다친 사람(당사자의 의사를 존중하도록 노력할 것)
감염증·식중독 환자
마약중독자
각성제 소지·중독자

그럼 응용문제로 들어가겠다. 2004년 4월, AIMHC(Adult Industry Medical Health Care)재단이 매달 실시하는 정기검사에서 포르노 남자배우 대런 제임스가 HIV에 걸린 사실이 판명되었다. 그 즉시 과거 3주 이내에 그와 같이 출연한 여배우, 또한 그 여배우들과 같이 출연한 남자배우들의 리스트가 작성되었고, HIV항체검사를 한 결과 캐나다 출신의 여배우 라라 록스(21세)가 데뷰 작품을 촬영하면서 감염된 사실이 판명되었다. 검사대상자의 예명이 적힌 리스트가 홈페이지에 공개되었고, 캘리포니아 보건당국의 강력한 요구에 의해 본명이 제출되었다. 사생활에서의 파트너를 추적하고 찾아내어 HIV감염의 유무를 확인하고, 나아가 그 사람들과 성적관계가 있었던 파트너를 추적하고 찾아내는 식의 감염확대 방지조치를 실시하기 위해서는 본명을 포함한 개인정보를 아는 쪽이 편하다는 것이 당국의 견해다. 기밀유지 의무의 관점에서 이 일을 어떻게 생각해야 할

까? (한 가지 덧붙이면 라라는 그 일이 있은 후 HIV/AIDS 감염예방을 위한 사회활동을 하고 있다.)

8. 전자의무기록

전자의무기록을 사용함으로써 우리가 알 수 있는 정보가 극적으로 증가되었다. 전자의무기록은 정보를 확실히 보관하고 기밀을 지킬 수 있으며 의료인들 사이에 정보 공유를 용이하게 하여, 의료를 안전하고 효율적으로 해나가는 데 안성맞춤이다. 병원 내 언제 어디서나 컴퓨터 단말기를 조작하면 자신의 환자정보나 진료정보를 볼 수 있으며 기록을 적어 넣을 수도 있다. X선 필름을 현상실에서 병동으로 운반할 필요가 없다. 열람하기 위해서 일부러 진료기록부가 비치되어 있는 장소까지 가야 하는 수고도 필요 없다. 어느 단말기에서나 자료를 불러내면 바로 볼 수 있기 때문에 긴급하게 대응해야 할 때 효율성이 높다. 이것은 환자에게도 이익이 된다. 종이 진료기록부와는 달리 운반의 번거로움이 없으며, 흩어져 없어지거나 분실될 걱정이 없어졌다. 큰 목소리로 할 말은 아니지만 글씨가 악필이라서 주눅이 들어 있었던 의료인(얼마 전까지만 해도 의사의 악필을 해독할 수 있는 명인 간호사가 어느 병동에나 있었다)에게 큰 도움을 주며, 무엇보다 오독으로 인한 의료사고를 막는 데 매우 효과가 높다.

이렇게 보면 전자의무기록에 좋은 점만 있는 것처럼 보이지만, 이러한 편리함은 모두 효율성과 안정성의 입장에 따른 장치의 높은 성능에 지나지 않는다. 우리는 이것만으로 안심하고 받아들이려 했던 것 같다. 그러나 잊어서는 안 된다. 다른 사람이 아닌 우리가 그것을 조작한다는 사실을.

개인의 의료정보를 다루는 의료기관은 병원 밖으로 의료정보가 새어나가는 것에 대해서는 충분히 대응하고 있다. 실제로 원외에 대한 안전성은 확보되어 있다. 그러나 병원 내는 어떨까? 병원 직원이라면 언제나, 어디서나, 그리고 누구라도 볼 수 있다. 매우 편리하고 좋지만 이것은 뒤집어 생각해 보면 무방비 상태라는 것을 반증하기도 한다.

내가 일하고 있는 병원 외래에서 친구가 걱정스러운 표정으로 진찰을 기다리고 있다. 누군가의 진찰에 함께 온 것이 아니라, 본인이 진찰을 받을 모양이다. 왜 그렇게 걱정을 하는지 궁금했지만 친구의 심각한 듯한 표정을 보니, 말을 걸 수가 없었다. 대체 어떤 병일까. 나중에 메일을 보내 볼까. 아니, 먼저 병 상태를 알아보고 하자-.

얼마 전까지만 해도 위와 같은 상황에서 진료 정보를 알아내기 위해서는 자신의 업무와 관계없는 외래에 일부러 가서 종이로 된 외래 진료기록부를 손에 들고, 적혀진 문자를 꼼꼼히 읽어 보는 수밖에 없었다. 조금 이상한 이야기이지만 이렇게 하기에는 상당한 노력과 각오가 필요하다. 훔쳐보고 있는 순간 누군가에게 들켜서 꾸지람을 듣게 되는 건 아닌지 가슴이 두근거릴 것이다. 가슴이 두근거리는 것 자체가 스스로 훔쳐보고 있는 것에 꺼림칙함을 느낀다는 증거일지도 모른다.

그런데 전자의무기록이라면 그러한 노력이나 각오가 필요 없어진다. 외래와 떨어져 있는 자신이 소속된 부서에서 단말기를 열면 누구에게도 들키지 않고, 꼼꼼히 정보를 훔쳐볼 수 있다. 동료들은 평소처럼 일을 하고 있다고 생각할 것이다. 정보에 접근하기 쉬워지면, 훔쳐본다는 행위의 꺼림칙함도 느끼지 못하게 되어버릴 것 같다. 비록 누가 언제 어떤 정보에 접근했는지 자동적으로 이력이 남지만 말이다.

전자의무기록이 갖는 기밀 유출의 위험성을 언급했지만, 전자의무기록에도 프라이버시에 대한 배려가 분명히 존재한다. 특정한 직종에 있거나 담당자만이 전자의무기록에 입력하거나 읽을 수 있도록 제한을 가함으로써(권한 설정) 정보를 지키는 시스템도 갖추고 있다고 한다. 그러나 위험성에만 신경을 쓴 결과 거기에 보존 관리되어 있는 개인정보나 진료정보에 대한 접근을 심하게 제한하면 애써 만든 정보공유라는 이점을 잃어버리게 된다. 반대로 허들을 너무 낮추면 정보가 유출된다고 지적하는 목소리가 있다. 어떻게 하면 환자 정보에 대한 적절한 접근을 최대한으로 하면서, 부적절하고 문제시 되는 접근을 최소화 할 수 있는가는 해결해야 하는 과제로, 이것을 액세스 딜레마(access dilemma)라고 한다.†

효율이 높다는 장점은 동시에 예상치 못한 위험에 노출될 수 있음을 각오해야 한다는 것이다. 문제는 그런 적절함과 부적절함을 감별하기 위한 선을 어디에 그을 것인가 이다. 장치를 다루는 것은 인간이기 때문에, 결국 선을 긋는 것은 의료인 개인의 마음가짐에 맡기는 수 밖에 없을까? 만약 그렇다면 병원 직원은 자신이 근무하는 병원에서 진료를 받지 않을지도 모른다.††

B. 충분한 정보에 의한 동의

이 책을 읽고 있는 사람이라면 이미 충분한 정보에 의한 동의(informed consent)라는 말을 들어보았을 것이다. 보건의료계 학생들은 수험 준비 중에 배우기도 한다. 아는 것뿐만 아니라 의미에 대해 대답할 수 있는 사람도 있을 것이다.

충분한 정보에 의한 동의는 현대 의료윤리의 아이콘이다. 암행어사가 내보이는 마패처럼, 그것을 꺼내 보이면 누구도 거역할 수 없다. 지금의 의료에서 충분한 정보에 의한 동의는 상식이다. 충분한 정보에 의한 동의

---

† 전자의무기록은 데이터를 인쇄할 수 있기 때문에, 검사결과 등을 환자에게 설명하기 편리하다. 한편으로 인쇄된 데이터를 분실하면 개인정보의 유출로 이어진다. 학생의 임상실습에 있어서는 진료기록부의 인쇄를 제한하는 등의 대응을 검토할 필요가 있다. [나카자와]
†† 도대체 누가 환자의 의료정보에 부정한 접근이 있었는지, 또한 그것이 부정한 접근인지 아닌지를 어떻게 판단할 것인가? 그것은 컴퓨터가 할 수 없는 일이다. [카토]

없이 의료를 생각하기 어렵다는 인상마저 든다. 하지만 그것은 극히 표면적인 이야기에 불과하다.

충분한 정보에 의한 동의는 사람들이 생각하는 것처럼 그렇게 단순하고 명확하지 않다. 다양한 견해와 사고방식이 있으며 어느 것이 옳은지 아직 정해지지 않았다. 그럴 리가 없다고 여기는 사람은 끝까지 읽어보길 바란다.

1. 충분한 정보에 의한 동의의 성립 [†]

지금은 당연한 것으로 여겨지고 있지만, 충분한 정보에 의한 동의는 의료 역사의 시작과 함께 옛날부터 쭉 이어져 온 것이 아니다. 오히려 그것은 의료의 전통에 위배되기도 한다.

그 이유는 오랫동안 의료인이 프로로서의 경험과 기술, 긍지를 가지고 '맡기는 의료'를 행하는 것이 당연하다고 여겨져 왔기 때문이다. 충분한 정보에 의한 동의는 이러한 흐름을 거스르는 새로운 사고방식이다. 충분한 정보에 의한 동의는 약 100년 전부터 수십 년에 걸쳐 서서히 만들어지고 다듬어져 왔으며, 아직 만들어지고 있는 중으로 미완성 상태에 있다. 게다가 지금으로부터 100년 전에 없던 것이라면 지금으로부터 100년 후에 다시 사라져버릴 가능성마저 있다. 단지 현재 우연히 유행하고 있을 뿐이라는 견해도 가능하다. 그런 미래의 일은 접어두기로 하고, 먼저 충분한 정보에 의한 동의의 역사를 살펴보도록 하자. 여기에서 중요한 사항을 포착할 수 있다.

약 100년 전 독일에 이어서 미국에서 수많은 의료소송이 제기되기 시

[†] 진료 초기 단계에 '암이라면 알고 싶은가'라고 적힌 종이에 예스/노를 기입하게 하거나, 백지 병상설명 용지에 시작부터 'informed consent sheet' 식으로 인쇄되어 있는 경우도 있다. 동의는 숙고 끝에 하는 것인데, 컨베이어 시스템처럼 되어버려서, 환자의 확인을 얻는 듯한 변질된 느낌을 받는다(진료에 대한 동의서를 쓰게 해서 받았으나, 얼마간의 시간이 지나자 '역시 그만 두겠습니다'라는 말을 들은 적이 있다). [토쿠나가]

작했다. 의료소송의 공통점은 의료인이 환자를 위한다며 행해졌던 치료가 본인의 의향을 듣지 않고, 또는 의향을 거스른 채 이루어졌다는 것이었다. 이러한 재판 중에 가장 유명한 것이 슐렌돌프 사건(1914)이다.[32] 개복을 해서 검사를 하는 건 괜찮지만 아무것도 떼어 내지 말라고 말했던 여성의 위에서 종양이 발견되었고, 외과의사는 그것을 적출했다. 마취에서 깨어나 그 사실을 알게 된 여성은 외과의사를 고소했다. 당시의 유명 판사 카도조(B. Cardozo)는 판결문에서 다음과 같이 말하고 있다. "성인이며 건전한 정신을 가진 모든 사람은 자신의 신체에 무엇을 해도 되는지 결정할 권리를 가지고 있다. 환자의 동의 없이 수술을 하는 외과의사는 폭행으로 인한 손해의 책임을 져야 한다."

이 판결문은 두 부분으로 나눠져 있다. 먼저 건전한 정신을 가진 성인은 자신의 신체에 관해서 자기결정권을 가진다. 바꿔 말하면 지적장애나 정신장애가 있는 사람, 어린이에게는 자기결정권을 인정하지 않는다는 뜻이다. 그리고 환자의 동의가 없는 의료행위는 의료행위가 아니라 폭행이라는 것이다. 이것이 충분한 정보에 의한 동의 성립의 제1단계이다.

다음의 계기는 살고 사건(1957)의 판결에서 시작된다.[33] 이 사건은 복부대동맥 조영검사를 받고 나서 넘어져 하반신마비가 된 남성이 검사에는 분명히 동의 했지만 이렇게 될 줄은 상상도 못 했다며 제기한 재판이다. 판결문에는 다음과 같이 적혀 있다. "환자가 이성적으로 동의를 할 때 필요한 사실을 알리지 않는 것은 의사의 의무에 반하는 행위다."

여기서 '이성적'이라는 말이 포인트다. 예를 들어보겠다. 당신은 파티에 초대받았다. 별다른 일이 없어서 가겠다고 했다. 그런데 막상 가보니 20만 원짜리 티켓을 사야만 파티에 들어갈 수 있었다. 이런 일을 당하면 당신은 엄청 화가 날 것이다. 동의가 분명한 의미가 있는 유효한 동의가 되기 위해서는 사전에 필요한 정보가 주어져야 한다. 판단에 필요한 정보가 감춰져 있는 정황에서는 아무리 동의를 했다고 하더라도 그러한 동의는 무효다. 영문도 모른 채 OK라고 한다면, 그 OK는 '이성적'인 것이 아니다. 제대로 된 동의는 모든 의미를 이해하고 판단하여 (이성적으로) 이루어진 동의여야 한다. 이것이 충분한 정보에 의한 동의 성립의 제2단계이다. 여기까지 오는데 거의 60년의 세월이 필요하였다.

정리해보자. 우선 의료가 의료이기 위해서는 자기결정권에 근거한 환자의 동의가 필요하다는 생각이 정착되었다. 여기에 그 동의가 유효하기 위해서는 판단에 필요한 정보가 개시되지 않으면 안 된다는 부분이 더해졌다. 이것이 충분한 정보에 의한 동의의 기본적인 골격이다. 참고로 '충분한 정보에 의한 동의'라는 이름이 세상에 등장한 것은 살고 사건의 판결이 내려진 1957년이다. 일본에는 1980년대에 충분한 정보에 의한 동의라는 말이 들어왔다. 일본의사회가 한 보고서에서(1990년) 사용한 '설명과 동의'라는 표현이 충분한 정보에 의한 동의의 번역어로 잘못 받아들여지기도 했다. 착각에 관한 말이 나온 김에 적어보면, 'informed'를 'inform(알리다)'이라는 동사의 과거형으로 착각하고 있는 의료인이 있었다. 바른 뜻은 과거분사(~되었다라는 수동태로 사용한다)의 형용사적 용법으로 '정보에 의한~'이라는 뜻이다. 'consent'는 동의라는 뜻이다. 어린아이의 경우는 'consent'와 구별하기 위해서 찬성(assent)이라는 말을 쓰는데, 이것만은 기억해두자(⇒ p. 346).†

살고 사건에서 뼈대는 만들어졌지만, 이것으로 충분한 정보에 의한 동의가 확립된 건 아니다. 아직 살이 붙지 않았다. 오늘날까지 충분한 정보에 의한 동의는 만들어지는 과정에 있다. 그 진상(眞相)에 대해서는 잠시 뒤에 살펴보도록 하겠다.

---

† 충분한 정보에 의한 동의가 무엇이냐고 질문을 하면, 많은 학생들이 '설명과 동의'라고 답한다. 병렬인 "과"가 괜찮을까? 라 다시 질문하면 고개를 갸웃거린다. 충분한 정보에 의한 동의는 판단, 이해, 선택 등 많은 과정으로 이루어져 있어 단순하지 않다. 이런 사실을 모르면 설명에서 동의까지가 최단거리로 연결되어버린다. [쿠라바야시]

2. 충분한 정보에 의한 동의의 실질

환자로부터 의미 있는 동의를 받기 위해 의료인은 필요한 정보를 개시·설명을 해야 한다. 그런데 무엇을 어디까지 설명해야 하는지가 문제이다. 살고 사건의 판결에서는 그것을 의사의 재량의 범위 내, 즉 전문가로서 의사가 결정하면 되는 사항이라고 판단하였다. 그런데 그로부터 3년 후에 네이탄슨 사건의 판결(1960)에서 개시·설명해야 하는 내용을 다음과 같이 구체적으로 제시하였다.

"병의 성질, 의학적으로 권장되는 치료법과 그 성질, 치료의 성공 가능성, 그 외에 대체 가능한 치료법, 불행한 결과나 예측불허의 사태가 일어날 가능성을 알기 쉽게, 그리고 필요한 말을 사용해서" 개시하고 설명하지 않으면 안 된다.

여기서 주의해야 하는 것은 '정보개시(情報開示)'와 '설명'이 별개라는 점이다. 영어나 독일어의 전문용어가 잔뜩 쓰여 있는 진료기록(카르테)을 환자에게 쓰윽 내밀면서 "개시했습니다"라고 말해도 제대로 된 설명이 없으면 환자는 그것을 판단 자료로 사용할 수 없다. 이때, 설명을 대충 하거나 간단한 말로 적당히 얼버무린다면 얼핏 듣기에는 알기 쉬운 설명이 될지도 모른다. 그러나 단순히 쉽다고 해결되는 문제가 아니다. 알맹이가 있는 설명, 오해를 야기하지 않는 설명이 중요하다(사례21 ⇒ pp. 454-463). 그래서 판사는 "필요한 말을 사용해서"라고 말했을 것이다. 필요한 내용이 무엇인가에 대해서는 다음 장에서 다시 학습하겠다.

3. 충분한 정보에 의한 동의의 전개

살고 판결에서 처음 등장한 충분한 정보에 의한 동의라는 말이 세상에 널리 퍼져 사용되기 까지는 시간이 걸렸다. 이 말이 널리 인지되고 정착하게 된 배경에는 충분한 정보에 의한 동의를 지지하는 사회적 움직임이 있었다. 의료는 사회 속에서 이루어지는 행위이다. 의료는 단순히 의료기술이나 의과학의 발전과 같은 이공계의 성과에 편승하지 않는다. 의료는 시대나 사회의 영향을 받으면서, 동시에 사회에 영향을 준다. 그럼 충분한 정보에 의한 동의의 정착을 촉진시킨 사회적 배경에 대해 살펴보도록 하자.

제1차 세계대전이 끝나자 세계 각지에서 독립운동이 일어났다. 당시 '민족자결(national self-determination)'이라는 이념이 제창되었다. 1960년대 후반부터는 피임의 자유와 인공임신중절의 합법화, 즉 '재생산 자유(reproductive freedom)'를 요구하는 여성들에 의한 여성해방운동이 활발해졌다. 또한 재판의 피고인이나 재소자의 프라이버시권[34] 옹호를 주장하는 운동도 이 시기에 활발해졌다. 이러한 움직임의 공통점은 지금까지 정치적으로 억압을 받아온 위치에 있는 사람들이 자신들의 삶에 관계되는 것은 스스로 결정하는 게 당연하다며 자기결정권의 회복을 소리 높여 주장했다는 것이다(그러기 위해서는 얼마나 긴 준비기간이 필요했던가). 이러한 권리운동과 충분한 정보에 의한 동의의 확산(말하자면 환자를 지배해온 의료인으로부터의 환자의 자기결정권 탈환운동이라 하겠다)은 함께 공명하였다.

또 한 가지 소비자 운동(consumerism)의 흐름도 빼놓을 수 없다. 케네디 대통령이 미국의회에 제출한 '소비자의 이익보호에 관한 대통령특별교서'(1962)가 큰 영향을 주었다. 상품에 안전성을 요구할 권리, 상품에 대한 정보를 제공받을 권리, 상품을 선택할 권리, 상품을 제공하는 측에 자신들의 의견을 전할 권리 등이 소비자에게 있다는 내용이다. 소비자는 서비스나 상품의 단순한 수급자가 아니라 오히려 시장을 부양하는 역할을 하고 있다. 소비자와 이들의 요구를 중요시 하지 않는 기업은 소비자로부터 외면을 받게 되었다. 의료를 서비스업의 하나로 여기는 견지에서 본다면, 소비자 주권의 움직임과 환자의 자기결정권을 확보하려는 움직임에는 많은 공통점이 있다.[†]

이 즈음에서 현대의 수많은 인체실험에 대해서 이야기해보겠다.

의학의 발전을 위해서 (사람 이외의) 동물실험과 인체실험은 불가피하다.[35] 실험을 하기 위해서는 그 실험을 하지 않으면 의학의 진보가 있을 수 없다는 필연성이 있어야 한다. 그리고 과학적으로 타당하며, 즉흥적인 생각에 의한 무책임한 것이어서는 안 된다. 또한 피험자로써 인체실험에 참가하는 사람을 모집할 때에는 억압적이거나 강제적이어서는 안 된다. 연구자는 어떤 연구이며, 기대되는 성과가 무엇인지, 피험자에게 어떤 위험이 있는지 등에 대해 상세하게 설명하고, 실험에 대해 피험자가 되겠다는 사람의 납득을 얻고 나서, 그 사람의 자발적인 협력을 기다려야 한다. 피험자는 일단 참가를 표명한 뒤에도 마음이 변해 그만두고 싶어지면, 언제라도 협력을 그만둘 자유가 있다. 그만둔다고 하여 연구자에게 (차별 등의) 해를 당하는 불이익이 받아서는 안 된다. 이것은 국제적 약정으로 정해져 있는데, 그 대표적인 것이 나치 의사들이 행한 인체실험과 전쟁범죄를 심판한 뉘렌베르크 재판이 끝난 뒤에 결실을 맺은 '뉘렌베르크 강령'(1947)이며, 이 강령은 '세계의사회 헬싱키 선언'(1964. 이후 개정을 거듭하고 있다)으로 계승되었다.

사람을 대상으로 하는 연구의 참여 절차에 충분한 정보에 의한 동의와 실질적으로 같은 내용이 강조되고 있는 것이다(1975년 개정안에는 해당 선언 내용에 충분한 정보에 의한 동의라는 말이 사용되었다). 역학연구에서의 윤리 문제는 사례연구에서 다루도록 하겠다(⇒ pp. 454-471).

4. 충분한 정보에 의한 동의는 왜 필요한가

'충분한 정보에 의한 동의가 중요하다'는 말을 자주 듣는다. 왜 충분한 정보에 의한 동의가 그렇게 중요한 것일까? 충분한 정보에 의한 동의가

---

† 소비자의 권리는 그 상품에 돈을 지불하는 소비행위를 전제로 해서 승인된다. 상품을 사지 않거나 살 수 없는 사람은 그 상품에 대한 권리를 주장할 수 없다. 의료가 상품의 일종이라고 한다면, 이것은 중요한 의미를 지닌다. 의료란 사지 않아도 상품의 일종인 것일까? [카토]

없는 의료 행위는 윤리에 위반된다고 말하는 사람도 있다. 그럼 물어 보겠다. 왜 그런가?

'왜' 라고 근거를 묻는 것은 정말 중요한 자세이다. 근거도 모르는 채 다른 사람이 하는 말(아무리 그 말이 선생님이 한 것이라 하더라도)이 항상 옳다며 그대로 받아들인다면, 그저 톱니바퀴 같은 의료인이 되어버릴지 모른다. 의료인은 스스로 생각할 줄 아는 사람이어야 한다.

충분한 정보에 의한 동의가 왜 중요시되어야 하는가? 이 질문에 대한 하나의 절대적인 답은 없다. 여기에 대한 개연성 있는 생각을 적어 보도록 하겠다. 정말로 그런지 아닌지, 더 좋은 다른 답은 없는지 생각해보길 바란다.

1. 의료는 원래 침습적이며 불확실하다. 결과가 좋든 나쁘든 환자의 신체에 영향을 준다. 그렇기 때문에 본인이 결정할 수 있는 범위 안에서 자신의 신체에 인위적으로 무엇을 해도 되는지에 대해 결정하는 편이 좋다.
2. 환자는 기본적으로 수동적인 입장에 처해 있다. 그렇지만 가능한 한 주체성을 확보하도록 하는 것이 좋다.
3. 환자마다 바람이나 가치관, 인생관이 다르다. 하지만 의료인은 그 사람이 어떤 바람이나 가치관을 가지고 있는지 알 수 없다. 그렇기 때문에 본인에게 물어 보는 수밖에 없다.

간단히 말해 '침습적'이란 상처를 입히는 것, 신체에 고통을 가하는 행위를 뜻한다. 좁은 의미로 주사바늘을 찌르거나 메스로 절개하고 부작용이 있는 약을 주는 것은 침습적이다. 다른 사람에게 알리고 싶지 않은 일들을 꼬치꼬치 캐묻는 것도 넓은 의미에서 침습적이라고 할 수 있다. 당하는 측에서는 고통스럽지만, 하는 측(즉 의료인)은 어떤 통증도 없다. 구두를 밟은 사람은 아프지 않다. 아픔을 느끼는 건 밟힌 사람이다. 환자가 괴로워하는 것 같아서 밥이 목구멍에서 넘어 가지 않는다고 말하는 의료인을 본 적은 없다. 의료행위는 환자의 심신에 직접 작용한다. 부작용이나 합병증 때문에 괴로워하는 것, 병이 낫거나 생명이 단축되는 것 모두 환자에게 일어나는 일이지 의료인에게 일어나지는 않는다.†

게다가 어떤 의료행위의 성과를 사전에 확실히 알 수도 없다. 의료는 마법의 지팡이가 아니다. 종종 "병은 마음먹기에 달렸다"며 환자를 격려하는 사람이 있는데 수술이 잘 될 것인지, 약이 잘 들을 것인지는 환자의 정신력으로 결정되지 않는다. 어쩌면 운일지도 모른다. 그러므로 선택지 내에서 당사자인 환자가 자신의 신체에 가해질 것을 선택하는 것이 바람직하다.

치료되는지 여부, 심한 부작용 발생 여부는 모두 환자 자신이 조절할 수 있는 범위 밖에 있으며, 환자 본인의 낫고 싶다는 마음의 강도만으로 결정되지 않는다. 애초부터 병에 걸리거나 다치는 것을 바라지는 않았을 것이다. 환자는 이렇듯 수동적인 입장에 처해있다. 그렇다고 해서 의료인의 지시에 수동적으로 얌전히 따라야 한다고 하는 것은 이상하다.

비유를 들어보겠다. 자동차 핸들을 잡고 액셀러레이터를 밟는 사람은 운전면허증을 소지한 운전자. 그런데 조수석에 앉아 있는 사람은 운전자에게 이렇게 말할 수 있다. "멀미할 것 같으니까 추월하지 않아도 돼, 급하게 핸들을 꺾지 마, 화장실에 가고 싶으니까 다음 휴게소에 들려줘." 반대로 핸들을 쥔 의료인은 언제 어느 때라도 환자의 요청에 대응해야만 하는가라는 생각도 가능한데, 이에 대해서는 뒤에서 다루도록 하겠다(⇒

---

† 환자는 괴로워하지만 의료인은 어떤 감각도 느끼지 못한다. 이건 틀림없는 사실이다. 그러나 근무가 끝난 후 그 환자에 대해 계속 생각하느라 잠을 이루지 못한 날이 있었다. 환자를 깊게 알게 될수록 정신적으로는 아픔을 느끼는 경우가 있다. [키타즈메]
Re: "괴로워하는 환자를 차마 보고 있을 수가 없다" "어떻게든 하지 않으면 나까지 괴로워질 것 같다"고 느끼는 상황은 자주 있을 수 있다. 자연스러운 감정일지도 모른다. 그러나 집에서도 환자 생각이 머릿속을 떠나지 않는다"면 자기자신을 잃었다는 징조이므로, 이때는 담당자를 교체하라고 하는 어느 정신과 의사의 의견도 있다. [이토]

pp. 215-226).

5. 충분한 정보에 의한 동의의 바탕에 있는 것

나는 중학생 때부터 안경을 쓰고 있다. 아침에 일어나서 안경을 쓰지 않으면 시계 바늘이 안 보인다. 라면을 먹을 때에는 안경에 서리가 낀다. 수영장에서는 물체가 안 보인다. 근시교정 수술을 받고 안경 없이 잘 볼 수만 있다면 얼마나 좋을까? 그러나 수술은 100퍼센트 성공한다는 보장이 없는데다 돈도 든다. 만약에 실수로 눈을 문질러 각막이 잘려 나가버리면 큰일이다. 그럴 바에는 대충 보이는 안경을 낀 채로 생활을 해도 상관없다는 결론으로 현재 만족해하며 지내고 있다. 이 세상에는 나와 같은 생각으로 안경을 끼고 생활하는 사람도 있으며, 수술을 받은 사람도 있다. 잘 안 보이는데 안경을 쓰지 않는 사람도 있으며, 콘택트렌즈를 낀 사람도 있다. 시력, 안저, 각막을 검사하고, 근시 교정에 대한 경험과 기술, 데이터를 가지고 있는 건 안과의사지만, 결국 어떤 선택을 할 것인가를 정하는 사람은 안과의사가 아니다. 외관, 비용, 위험성, 희망 시력, 간편함, 이러한 여러 요소 중에서 어디에 가장 비중을 둘 것인가, 어떤 것에 불편함을 느끼는지는 사람마다 다르다. 안과의사는 그것을 확실히 알 수 없다. 물론, 안과의사 자신도 어떤 방법으로 자신의 근시를 교정했을 수 있다. 그러나 그 안과의사 개인의 생각이 항상 다른 사람의 삶의 관점과 일치하지는 않는다.

"다른 사람에게 받고 싶은 것을 다른 사람에게 하지 마라."—이 말은 아일랜드 출신의 영국 극작가 버나드 쇼(G. B. Shaw, 1856-1950)의 빈정거림이 섞인 교훈이다.[36] 어릴 때부터 우리는 이와 반대로 교육을 받아왔다. 자신이 다른 사람에게 받고 싶은 것을 다른 사람에게 해라. 다른 사람이 자기에게 친절하기를 바란다면 다른 사람에게 친절하게 대하라. 버나드 쇼는 이것을 뒤집어놓았다. '나라면 이랬으면 좋겠다고 바라는 것을 다른

분들에게는 하면 안 됩니다.'

왜 이런 말을 했을까? 타인은 완전히 다른 사람이기 때문이다. 우리는 "같은 인간이니까"라고 지레 짐작하여, 자기에게 해주었으면 좋겠다고 생각하는 것을 누군가에게 해주려는 경향이 있다. 물론 그 사람을 위한다는 생각으로 하는 것이지 자기를 위해서 하는 것이 아니다. 이것이 맞다면 의료는 '맡기는 의료'가 되어도 상관이 없다. 나라면 수술을 받고 싶을 테니, 이 환자도 수술을 받는 게 좋다는 식으로 의료인이 대신해서 판단하는 모양이 된다.

"다른 사람의 입장이 되어라, 환자의 입장이 되어라"라는 말을 자주 듣는다. 그러나 아무리 노력해도 다른 사람의 입장이 될 수는 없다. 기껏 해봐야 그 입장이 되었다고 여길 수밖에, 즉 '여김'뿐이다. 오히려 그러한 것을 깨닫지 못하고 마음 깊은 곳에서 상대의 상황을 잘 안다고 확신에 차 있는 둔감한 의료인이 있다면 무서운 일이다(⇒ p. 39). 여기에는 선의와 가치관의 강요가 존재한다. 버나드 쇼의 교훈은 이러한 문제를 정확하게 짚고 있다. 그런 쓸데없는 짓은 하지 마라. 아무리 잘 알고 있는 환자라도, 부모 형제라 하더라도 완전히 다른 사람이다. 사람은 각자 다르다. 이렇게 보면 버나드 쇼의 교훈은 현대적인 의료윤리학의 출발점이라고 할 수 있는 충분한 정보에 의한 동의의 바탕에 깔려 있는 사고방식을 보여주고 있다.

사족을 붙이면, 술자리에서 흔히 주위 사람에게 맥주를 따르는 사람을 본다. 맥주를 별로 좋아하지 않아서 컵에 술이 아직 많이 남아 있는 사람에게도 '자, 자'라고 말하면서 맥주를 따른다. 그렇게 맥주를 따르면서 돌아다니는 사람의 컵이 비어 있는 경우가 많다. 다른 사람이 자신의 컵에 맥주를 따라주기 바라고 있는 것이다. 게다가 그 사람은 맥주를 받아서 좋아하는 사람만 있는 건 아니라는 사실을 눈치채지 못하고 있다. 본인은 주위 사람들을 열심히 배려하고 있다고 생각한다. 이런 광경을 보고 있으면 나는 항상 버나드 쇼의 말이 머릿속에 떠오른다.

6. 충분한 정보에 의한 동의의 전제와 예외 조건

뮤직 플레이어로 좋아하는 음악을 듣고 있는 장면을 상상해보자. 이때 음원이 없으면 음악을 들을 수 없으며, 전원이 없는 건 상상조차 할 수 없다. 충분한 정보에 의한 동의는 가전제품은 아니지만 일종의 장치, 환자의 주체성을 확보하기 위한 장치다. 이 장치가 제 기능을 하려면 전제조건이 필요하다. 어렵게 생각할 필요는 없다. 뮤직 플레이어도 마찬가지다. 무언가 하나라도 갖추어지지 않으면 작동하지 않는다. 그건 무엇일까?[†]

충분한 정보에 의한 동의에서는 인간의 의사(意思)와 결정의 자유(⇒ p. 91)가 대전제가 된다. 구체적으로 당사자인 환자의 이해능력, 판단능력과 자발성이 있으며, 주위로부터 강제성이나 교묘한 유도적 조작이 없어야 한다는 것이 조건이다. 의식불명의 환자에게 충분한 정보에 의한 동의를 받는 것은 불가능하다. 또한 말을 듣지 않으면 두 번 다시 치료를 안 해 줄 겁니다라고 협박한다면 충분한 정보에 의한 동의의 본래 의미는 발휘되지 못한다(표1-15).

표1-15 의미 있는 충분한 정보에 의한 동의가 되기 위한 요건

- 환자에게 자기결정능력이 있다(명료한 의식, 이해력, 판단력, 자발성).
- 의사결정의 자유가 있다. 강제나 교묘한 유도적 조작이 없다.
- 판단에 필요한 의료정보(의학적 경험지식과 환자의 의학적 상태)의 개시와 설명이 있다.

[†] 판단능력이란 이성적·합리적이어서 상당히 고도의 능력이라고 생각하기 쉽지만, 의외로 감각적인 이해력이 차지하는 비중이 크다. 입원 준비가 될 때까지 찬물과 밥을 먹지 말고 기다리라는 설명을 들은 장폐색 환자가 따뜻한 녹차와 잘 삶은 우동을 먹고 기다리고 있었다는 일화를 소개하면서, 이해를 한다는 것은 무엇을 뜻하는가에 대한 심도 있게 연구한 논문(하라케이, 환자 스스로의 이해)이 있다. [미야기]

표1-16 충분한 정보에 의한 동의 없이 의료행위를 해도 되는 경우

- 법에 규정된 경우(정신보건복지법 및 감염증법)
- 긴급시, 또한 의식장애나 지적장애로 인해 자기결정능력이 결여된 것으로 보이는 경우
- 본인이 의료정보 개시를 원하지 않는 경우

아주 간단한 이야기처럼 보이지만 실제로는 그렇지 않다. 가족의 수용적 태도 여부, 경제 상태, 이용 가능한 사회 자원 등 환자를 둘러 싼 인적, 물적 환경에 따라 환자의 판단은 큰 영향을 받는다. 병적이라고 할 수 없는, 가족의 눈치를 살피거나 조심스럽고 의기소침한 상태 등의 일반적인 심리상태도 환자의 판단에 그림자를 드리울 수 있다. 애당초 환자의 본심이 주위로부터 독립해서 존재할 수 있을까? 아니, 그 이전에 본심이란 것이 존재하기는 하는 걸까? 자신의 본심을 환자 자신은 알고 있는 걸까?(⇒ p. 91). 당신은 어떻게 생각하는가? 자신의 진정한 마음, 정말로 하고 싶은 것, 무엇이 제일 중요한지를 알고 있는가? 사람들 대부분은 자기 마음속 깊은 곳까지 완전히 볼 수 없으며 또한 외부로부터 많은 영향을 받으면서도, 나만의 자유로운 의사에 따라 스스로 어떤 판단을 내린다는 착각에 빠져 있다. 충분한 정보에 의한 동의는 이러한 위태위태한 살얼음 판 위나 자신의 의사라고 하는 픽션 위에서만 성립할 수 있는 것일지도 모른다.

말이 나온 김에 충분한 정보에 의한 동의 없이 의료행위를 할 수 있는 예외적인 경우를 살펴보자(표1-16).

법적으로 정신보건복지법이나 감염증법 등에서 정신보건상, 공중위생상의 견지로 검사, 격리, 입원 등에 대해 본인의 동의를 필요로 하지 않는 조치를 정하고 있다. 또한 응급처치가 필요하지만 의식장애가 있어서 본인의 의사를 확인 할 수 없는 경우, 의식장애나 지적장애 등으로 인해 이해하고 판단하는 능력이 현저히 제한된 경우는 본인에게 충분한 정보에

의한 동의를 받는 것이 불가능하기 때문에 어쩔 수 없다. 또한 본인이 의료정보의 개시나 충분한 정보에 의한 동의를 원하지 않는다면 이러한 것들을 해서는 안 된다. 치료에 참여하는 것이 환자의 의무이며, 환자는 자신의 신체나 병의 상태를 정확하게 알 의무가 있다는 말이 있는데, 본인이 싫어하는데도 불구하고 억지로 정보개시를 하게 되면 정신적 고통을 이유로 손해배상 소송을 당할 가능성도 있다.

7. 충분한 정보에 의한 동의에 대한 다양한 시각

충분한 정보에 의한 동의의 성립에서 보았듯이 충분한 정보에 의한 동의는 의료인이나 윤리학자가 만들어 내지 않았다. 오랜 시간에 걸쳐 법정에서 의료 소송을 다루는 법률가에 의해 만들어지고 성장해 온 것이다.*

이러한 이유로 충분한 정보에 의한 동의를, 법적으로 고소당하지 않게 하기 위해서 의료인에게 부가된 법적 절차라고 믿는 사람이 있다. 이런 견해를 가진 사람은 확실하게 설명했다는 사실과 환자의 동의서명 등을 진료기록에 정확하게 남기는 것을 무엇보다도 중요하게 생각한다. 일단 적어도 한번 충분한 정보에 의한 동의를 받아두면 의료인의 신변이 안전하다고 생각할 수도 있다. 이것을 이벤트 모델(event model)이라고 한다.†

이러한 입장에 대해서 반대의견이 있다. 그 입장에 따르면, 충분한 정보에 의한 동의란 한 번만이라도 받기만 하면 그만이라거나 고소를 피하기 위해서가 아니라, 의료가 지속적으로 이루어지는 한 연속적으로 전개되어 나가야 할 치료 방침 결정 과정에 환자의 적극적인 참가를 촉진시키기

---

* 일본의 의료법에는 "제1조4항2 의사, 치과의사, 약제사, 간호사 그 외의 의료를 책임지고 있는 자는 의료를 제공하는 데 있어서 적절한 설명을 하고 의료를 받는 자의 이해를 얻도록 노력해야 한다"라는 내용이 들어가 있다(1997년).

† 충분한 정보에 의한 동의가 서류화 되어버렸다. 간단한 검사에서도 의료인은 환자에게 설명하고 동의서에 사인을 받을 의무를 부과받는다. 진료실의 커튼 너머로 순번을 기다리는 환자가 외래에서 "사인하지 않으면 검사일 예약을 할 수 없다"는 말을 듣는다면, 내용을 알든 모르든 사인을 하게 된다. 이런 경험을 한 적이 있다. [쿠라바야시]

위한 것이다. 또한 환자와 의료인이 좋은 관계를 맺어서 그 속에서 환자의 요구사항에 맞는 보다 더 나은 의료를 찾는 것에 그 의의가 있다. 이것을 '프로세스 모델(process model)'이라고 한다.

어느 모델이 충분한 정보에 의한 동의에 적합한 해석이라고 생각하는지 의료인들에게 묻는다면 압도적으로 많은 사람들이 프로세스 모델을 선택한다. 왠지 그쪽이 인간적인 느낌이 든다고 한다. 그런데 만약 프로세스 모델을 채택해서 (말로만이 아니라) 실천한다면, 필요한 경우 몇 번이라도 충분한 정보에 의한 동의를 받아야 하는 상황이 된다. 외래 초진 시, 입원할 때, 검사하기 전, 검사 후, 치료를 시작하고 나서 등에 따라 환자의 병세나 마음, 주위 상황은 계속 변화 한다. 이때가 치료의 전환기라면, 매번 확실하게 충분한 정보에 의한 동의를 새로 작성해야 한다. 프로세스 모델이 좋다고 대답한 의료인들에게 일상적으로 충분한 정보에 의한 동의를 항상 다시 받고 있는가를 물어보면 과연 어떤 대답을 할까? 게다가 그런 식으로 융통성 없이 하게 되면 서류의 양이 방대하게 늘어나 쌍방에게 상당한 부담이 될 것이다.

다른 축에서 대립되는 견해들이 있다

충분한 정보에 의한 동의는 무엇보다 환자의 자기결정을 중요시하고 주체성을 확보하기 위한 장치다. 그렇다고 한다면 의료인은 필요한 정보를 개시하고 설명하는 것 이상의 일을 하면 안 된다. 이런 입장을 자기결정 모델이라고 한다.

이와 반대로 의학을 잘 모르는 환자에게 판단과 결정을 맡기는 것을 마치 태평양 한가운데에 혼자 남겨두는 것과 같다고 하는 의견도 있다. 이러한 입장에서 충분한 정보에 의한 동의는 환자가 자기결정권을 내세우며 단독으로 행하는 행위가 아니다. 최종 결정은 환자와 의료인이 함께 상호적인 관계를 가지면서 자주 의논하고 양자의 협동 속에서 결실을 맺는 것이 좋다고 한다. 이것을 협동결정 모델이라고 한다.*

환자와 의료인이 장벽을 뛰어넘어서 서로 이해하고 의견을 교환하면서 쌍방이 납득할 수 있는 치료 방침을 결정해나가는 것은 참으로 보기 좋은 일이다. 그렇기 때문에 이 협동결정 모델은 상당히 인기가 있다. 여러분들도 이것이 마음에 드는가? 그러나 자기결정 모델 지지자들은 이 인기 있는 모델에 대해 날카로운 반문을 제기하고 있다. 협동결정은 듣기에는 좋지만 실제로는 의료인이 교묘하게 유도하거나 개입하여 환자의 자기결정 존중이라고 하는 원래의 근본정신을 무너뜨릴 수 있는 가능성을 가지고 있다는 것이다. 지식적 측면이나 경험의 측면에서 환자와 의료인은 대등할 수 없다. 협동이라고 말은 하지만, 전문가이며 경험이 풍부한 의료인이 환자와 대화하면서 환자의 의사를 유도적·조작적으로 움직여서 자신들이 권하는 치료법 쪽으로 환자의 마음을 기울게 하는 것은 죽 먹기 정도로 쉬운 일일 것이다. 그렇기 때문에 협동결정은 꿈같은 이야기며 실상은 과대광고라는 비판이다.

걸핏 '맡기는 의료'를 하려는 의료인으로부터 환자의 자주성을 지키는 것이 충분한 정보에 의한 동의의 본래 의미라는 사실을 깨달은 사람은, 협동결정 모델을 피해 철저하게 자기결정 모델을 지지한다. 반면 자기결정 모델은 병원이나 의료인에게 편한 태도일지 모르지만 결국에는 환자에 대해 '맘대로 해봐'라는 식의 무관심함과 냉담함이 바탕에 깔려 있다는 비판도 자주 듣는다.†

어떤가? 서두에서 충분한 정보에 의한 동의가 그렇게 단순하지 않다고 적은 것은 이 때문이다.

---

* 협동결정: shared decision making을 의미하며 흔히 공유의사결정, 공동의사결정으로 번역된다. 여기서는 글의 문맥을 위해 일본어 한자를 그대로 번역하였다. [옮긴이]
† 협동결정이라 하더라도 의료인의 말하는 태도에 따라서 결론이 바뀔 수 있다. 환자에게 결정을 맡기고는 만일 치료가 실패하면 환자가 자기결정을 했으니 괜찮다는 식으로 책임을 회피 하는 것에 대해 생각해 볼 필요가 있다. [니시카와]

충분한 정보에 의한 동의를 둘러싼 해석 모델 중 어느 것이 가장 바람직한가. 당신 주변의 사람들 사이에서도 의견 일치를 보기는 상당히 어려울 것이다. 충분한 정보에 의한 동의는 아직 발전 단계이지 완성된 상태가 아니다. 네 발이 나온 올챙이이지만 완전한 개구리가 되지 못한 상태이다.

최근 자기결정 모델과 협동결정 모델 간의 충돌을 발전적으로 해소하려는 견해가 나오기 시작했다. 그중 하나가 외부자료를 최대한으로 활용하자는 결정지원 모델이다. 이 모델은 담당 의료인의 직접적인 개입을 억제하고, 그 대신에 컴퓨터나 비디오, 소개책자 등의 매체를 활용해서, 객관적이면서도 자신의 요구에 맞는 정보를 환자 자신이 자유롭게 꺼내 볼 수 있도록 해서 환자의 자기결정을 지원하는 것이다.

예를 들면 선택지에 있는 몇 종류의 치료법에 대해서 실제로 그 치료를 받은 사람에게 그 치료법을 선택한 이유나 치료 후 생활하면서 느낀 점, 좋았던 점과 불편했던 점, 조언 등을 듣는다면 상당한 참고가 될 것이다. 이러한 환자의 목소리가 기록된 비디오가 병동에 비치되어 있다면 편리할 것이다. 물론 병의 상태나 가치관, 생활 배경이 완전히 일치하는 사람은 그리 많지 않다. 또한 의료에는 불확실성이 따라 다닌다. 이런 점은 확실하게 알려주어야 한다. 그것을 전제한다면 환자들의 다양한 의견이나 경험을 들을 수 있다는 것은 좋은 일이다. 이 방식이라면 환자는 고립되지 않으면서도 의료인의 과도한 간섭을 받지 않을 수 있다. 당연한 말이지만 이러한 자료를 이용할지 말지는 본인의 자유다. 현재 이러한 시도가 이루어지고 있다. 이것이 정말 어느 정도 유효한지, 문제점은 없는지에 관련된 보고가 나오고 있다.

충분한 정보에 의한 동의에서의 이상적인 모델은 어느 것일까?(표1-17) 모델을 결정하기 전에 환자—의료인 관계의 이상적인 모델이 어떤 것인지에 대해 생각해보도록 하자.

표1-17 Informed Consent에 대한 다양한 이해

1. 이벤트 모델 vs. 프로세스 모델
2. 자기결정 모델 vs. 협동결정 모델 vs. 결정지원 모델

8. 환자—의료인 관계 모델 양식

지금까지 여러 연구자가 환자와 의료인과의 관계성을 분석, 분류해서 발표해 왔다. 그중 유명한 것들을 간략하게 정리해 보았다(표 1-18). 모델의 이름을 일일이 기억할 필요는 없다. 단지 각각의 특징을 잘 파악해두길 바란다.

사즈와 홀랜더(T. S. Szasz & M. H. Hollender) 등은 환자의 의학적, 생리적 상태에 따라 바람직한 환자-의료인 관계가 달라진다고 했다. 그들은 환자-의료인 관계를 ㉮ 시혜-수혜 모델, ㉯ 지도-협력 모델, ㉰ 상호 참여 모델이라고 하는 3가지 양식으로 구분해서 사용할 수 있다고 주장했다(1956). ㉮의료인은 마취 중이거나 의식이 저하된 응급 환자를 온정적 간섭주의(⇒p. 165)에 의거하여 치료해야 한다(부모와 유아의 관계). ㉯아무리 환자의 의식이 분명하더라도 급성기 감염증(acute infection)나 심근경색 등의 경우 환자는 의료인의 치료·요양상의 지시에 따르는 것이 바람직하다(부모와 사춘기 아이). 왜냐하면 이런 질환에서는 치료방법이 분명히 정해져 있어 선택의 여지가 없기 때문이다. 이에 비해 ㉰만성질환의 경우 환자는 의료인과 대등하게 적극적으로 치료과정에 참가해야 하며, 의료인은 환자가 동참하도록 돕고 환자를 격려하는 역할을 맡는다(성인 사이의 관계).

표 1-18 환자-의료인 관계의 모델 양식

⟨Veatch(1975)⟩		⟨Emmanuel & Emmanuel(1992)⟩
성직자 모델	=	온정적 간섭주의 모델
기술자 모델	=	정보제공 모델
동료 모델 (동료·친구)	=	해석 모델(환자의 가치관을 명확히 함, 지시하지 않음)
◎ 계약 모델(신사협정)		◎ 협의 모델
(의문 제시·개입을 통해서 재고할 것을 촉구)		

비치(R. M. Veatch)는 의료인은 도덕적 주체로서 온정적 간섭주의에 준해서 환자를 인도해야 한다고 주장하는 '성직자(priestly) 모델', 의료인은 정보와 기술 제공에 힘써야 하며, 그 이상 관여하지 않도록 삼가고 조심해야 하는 '기술자(engineering) 모델', 환자와 의료인 서로가 질병 치료라고 하는 공통된 목적을 공유하는 동료·친구와 같이 대하는 것을 강조하는 '동료(collegial) 모델', 양자가 상호신뢰에 기반한 말하자면 신사협정적인 계약을 맺은 자들로서 서로 상대에 대한 의무를 지는 것으로 보는 '계약(contractua) 모델'로 구분하고, 이 중에서 계약 모델을 가장 바람직한 유형으로 생각했다.

에마뉘엘 부부(E. J. Emmanuel & L. L. Emmanuel)가 고안해낸 4분류 중에서 처음의 두 유형, 즉 '온정적 간섭주의 모델'과 '정보제공 모델'은 각각 비치의 성직자 모델과 기술자 모델에 대응한다. '해석 모델'의 입장은 의료인이 환자의 가치관이 명확해 지도록 적극적으로 관여해야 하지만, 그렇다고 해서 지시·명령적인 개입은 삼가해야 한다고 여긴다. 이와 반대로 필요하면 의료인은 환자의 판단에 의문을 제기하고 지시나 설득을 통해 개입하여 환자에게 재고를 촉구해야 한다고 생각하는 입장이 '협의(deliberative) 모델'이다. 에마뉘엘 부부는 이 모델이 가장 적합하다고 생각했다.

당신은 이 중에서 어느 모델이 가장 좋다고 생각하는가? 오늘날 '성직자 모델 = 온정적 간섭주의 모델'은 의료계 학생들 사이에서 그다지 인기가 없다. 의료인은 너무 나서지 않는 것이 좋다고 생각하는 학생들로 인해 '기술자 모델 = 정보제공 모델'은 어느 정도 지지를 얻고 있다. 의료인은 자기 자신의 가치관을 환자에게 강요해서는 안 되며, 가치중립적인(특정한 색을 띠지 않는) 정보를 제공하는 입장에 머물러 있어야 한다고 말한다. 그런데 가치중립적이란 간단한 것이 아니다. 혈압이 높으니 당장 이뇨제를 먹는 것이 좋다고 하는 설명은 언뜻 보기에 과학적이며 가치중립적으로 들린다. 하지만 거기에는 혈압을 내리지 않은 채 동맥경화증을 가속시켜서 수명을 단축시키는 것은 좋지 않다는 훌륭한 가치관이 깔려 있다. 그러므로 가치중립적으로 정보를 제공하는데 노력하겠다는 말을 경솔하게 해서는 안 된다. 이에 비해, 의료인이 전면에 나서는 것을 좋게 생각하는 학생들은 협의 모델을 선택한다. 앞의 협동결정 모델과 닮지 않았는가? 이러한 눈으로 다시 살펴보면 '기술자 = 정보제공 모델'은 자기결정 모델과 매우 유사하다. 판단을 환자에게 맡기고 있기 때문이다.

그렇다면 다시 당신에게 질문하겠다. 어느 쪽이 바람직한 관계인가?

이상적인 양호한 환자-의료인 관계가 어떤 것인지에 대해서 의견이 분분하고 사람들마다 다른 것은 충분한 정보에 의한 동의가 어때야 한다는 문제를 둘러싸고 의견이 여러 갈래로 갈라져 있는 것과 본질적으로 같다. 나는 하나의 정답만을 골라낼 수 없다고 생각한다. 왜냐하면 취향에 따라 받고 싶은 의료의 방향에 대한 개개 환자의 선호가 있듯이(아픈 건 싫다거나, 계속 약을 먹기 보다는 수술이 좋다거나), 의료인과 맺고자 하는 관계에 대한 선호에서도 마찬가지 말을 할 수 있을 것이다. 의료인에게 매달려서 의지하려는 사람이 있는가 하면, 의료인과 친구와 같은 관계를 가지고 싶어 하는 사람도 있다. 의료인의 간섭을 번거롭게 느끼며 싫어하는 사람도 있고 세세하게 이것저것 지시를 해주길 바라는 사람도 있다. 의료인의 바람직한 위치나 바람직한 환자-의료인 관계의 이상형에 '이거다!'라는 절대적인 것은 없다. 그렇다고 한다면 충분한 정보에 의한 동의가 어떠해야 한다는 절대적인 모델을 정하는 것도 불가능하다.†

9. 권고·유도·설득과 강요*

충분한 정보에 의한 동의에서 의료인은 설득해도 되는 걸까? 타라소프 사건(⇒ p. 118)을 다룬 대목에서 언급한 미국의 교과서를 다시 펴보자.

로(B. Lo)는 유익한 치료를 받을 수 있도록 환자를 설득해야 한다고 말한다. 그런데 여기에는 주의가 필요하다. 로가 말하는 "설득하다"는 사람들이 흔히 말하는 "설득" – 끈질기게 다그치거나 구슬리는 것, 그렇게 하지 않으면 큰일 난다며 겁을 주는 것 – 과는 다르다.

로에 의하면, ① 이런 행동은 모두 환자를 인간으로써 존중하지 않는 것이며, 게다가 ② 마음을 바꾸려고 끈질기게 환자를 대하면 오히려 역효과를 가져오기도 한다. 그러므로 강요가 아닌, 그렇다고 해서 내버려 두거나 마지못해 하는 태도가 아니라 적당한 거리를 두고 확고하게 '환자의 가치관이나 선호의 관점에서 환자에게 최선이라고 믿는 것을 권해야 된다'라고 말한다.

환자가 치료를 거부할 때, 치료하지 않아서 발생할 수 있는 예상되는

---

† 식사 조절을 잘하지 못해 더이상 식이요법으로 조절할 수 없는 당뇨병 환자에게 약 복용을 권했을 때 거절당하는 경우가 있다. 아무리 설명을 해도 결국에는 '약에 의존하고 싶지 않다'라고 말한다. 합병증의 염려도 있기 때문에, 이런 경우 현실적으로는 설득을 하지 않으면 안 된다. [니시카와 아키라]

환자에게 가장 적합하다고 생각되는 의료방침을 제시해도 환자가 그것을 선택하려 하지 않을 때, 의료인은 설명을 반복한다. 환자가 자신의 제안을 선택하지 않는 건 '생각이 다르기' 때문이 아니라 '이해를 하지 못하기' 때문이라고 생각하기 때문이다. 설명에 설득의 의도가 숨어 있다는 사실을 의료인 자신이 의식하지 못한 채, 이렇게 또 다시 설명이라고 하는 설득이 반복되게 된다. [하라]

환자-의료인 관계뿐 아니라, 환자의 가족-의료인 관계에 대해서도 생각할 가치가 있다. 또한, 환자-간호사 관계와 환자-의사 관계에서 환자가 요구하는 관계성에 차이가 있을까? PT(물리치료사), OT(작업치료사)는 어떨까? [나카자와]

* 권고(recommendation), 유도(manipulation), 설득(persuade), 강요(coercion).

결과와 환자가 치료를 거부해서 이루려고 하는 것들이 어긋나 있는 경우, 즉 환자의 선택이 환자 자신이 바라는 상태를 실현하기 위한 수단으로 부적절하다고 여겨지는 경우, 의료인은 그것을 확실히 설명해야 한다. 이것이 로의 주장이다. 이것은 의료인의 가치관에 환자를 따르게 하는 것과는 다르다. 엄청나게 매운 카레를 먹고 땀을 흘리고 싶어 하는 사람이 추천받은 카레가 아닌 어린이를 위한 달콤한 카레를 주문했을 때, 그건 맵지도 않고 땀도 안 납니다,라고 정중하게 설명하는 것과 손님의 취향도 듣지 않은 채 추천 메뉴라고 매운 카레를 권하는 것은 전혀 다르지 않은가.

자, 그런데도 여전히 의료인이 보기에 환자가 엉뚱하고 이치에 맞지 않는 선택을 하려고 하면 어떻게 하는 게 좋을까? 어쩔 수 없이 설득을 해야만 하는 것일까? 이 경우 어느 정도의 압력으로 설득해도 괜찮을까? '설득을 철처하게 해야 한다. 그 결과 환자가 동의한다면, 그것은 최종적으로는 환자 자신의 판단이므로 강제에 해당되지 않는다'라고 생각하는 학생이 있다. 과도하게 흥분한 검은 복면을 쓴 남자가 그 학생을 향해서 권총을 들이 대면서 "손들어! 그렇지 않으면 쏜다!"라며 외쳤다고 하자. 학생은 손을 들 것이다. 남자가 사라진 후에 학생은 "뭐 별로 강제로 한 게 아니야. 손을 들고 싶었을 뿐이야"라고 말을 할까? 충분한 정보에 의한 동의라는 말을 다시 한 번 봐주길 바란다. 'inform' 부분에서 설득이라는 뉘앙스가 느껴지는가? 설득과 강요는 거의 종이 한 장 차이다.†

---

† 병의 상태에 따라서 장점과 단점을 감안하고, 유효할 것이라고 여겨지는 치료를 제시해도, 때로는 강요나 설득으로 받아들여지는 경우가 있다. 강요할 마음은 없었다 해도 의료인의 말은 강한 것이다. [니시카와 아키]
이성에 호소하는 '설득'은 허용되지만 '강제'나 '조작'은 배제되어야 한다는 사고방식이 있다. 한편 설명은 쉽게 설득으로 변화해서, 그것이 강제가 되기까지는 그렇게 어려운 일이 아니라는 주장도 있다. 말의 선택, 시선, 정보를 전하는 순서, 목소리의 높낮이, 이러한 모든 것이 설명을 구성하고 있다. 그렇다면 이러한 것들을 변화시킴으로써 간단하게, 거의 무의식중에 조작이나 유도가 끼어들어 갈 가능성이 있다. 과연 의료인이 중립적인 정보제공이나 설명을 하는 게 가능한 걸까. [미야기]

C. 의료정보의 개시와 설명

의료가 의료이기 위해서는 환자의 동의가 필요하다는 것, 또한 그 동의가 유효한 동의이기 위해서는 판단에 필요한 정보의 개시와 설명이 요구된다는 것을 충분한 정보에 의한 동의의 성립을 통해 배웠다. 그런데 판단에 필요한 정보의 범위란 실제 어느 정도일까? 그 범위는 대체 누가 정하는 것일까?

1. 개시·설명의 범위와 깊이에 대한 기준

충분한 정보에 의한 동의라는 이름을 낳은 살고 판결에서는 의료정보의 개시, 설명 범위를 의사의 재량 범위로 결론지었다. 즉 환자에게 무엇을 어느 정도 설명하면 되는지 그 범위를 정하는 것은 어느 누구도 아닌 담당의사이다. 그러나 그 후의 몇몇 재판에서 담당의사의 재량범위라고 하는 임기응변의 기준이 아닌, 보편적인 개시 기준설이 제시되었다. 합리적 의사 기준설과 합리적 환자 기준설이 그것이다.

합리적 의사 기준설(reasonable physician standard)은 네이탄스 판결(1960)에서 주장되었다. 이것은 동시대의 이성적이며 유능한 의사라면 누구나 틀림없이 개시설명을 할 내용을 범위의 기준으로 삼는다는 생각이다. 그 후 켄터베리 판결(1972)에서 합리적 환자 기준설(reasonable patient standard)이 내세워졌다. 이것은 보통의 이성적인 환자라면 대부분 틀림없이 알고 싶어 하는 사항을 개시설명 하는 것이 의료인에게 요구된다는 생각이다. 이와 대조되는 개별적 환자 기준설(individual patient standard)이 있다. 이것은 환자 각자의 선호나 가치관에 맞추어 정보를 개시해야 한다는 것이다(표 1-19).

표 1-19 개시설명 범위의 기준

- 담당의사 재량설 (1957)
- 합리적 의사 기준설 (1960)
- 합리적 환자 기준설 (1972)
- 개별적 환자 기준설 (1979)

재판의 이름을 적기는 했지만 굳이 이런 명칭들을 외우지 않아도 된다. 이러한 4개의 기준에서 가장 알맞은 건 어느 것일까? 어느 기준이든 문제가 있다.

합리적 의사 기준설을 채택했을 때, 자칫 잘못하면 의사들끼리 뒤에서 미리 의논해서 개시설명의 기준을 낮춰버리고 귀찮은 개시설명을 숨겨서, 그 결과 환자가 진짜로 필요로 하는 정보를 전달 받지 못하게 되는 최악의 시나리오가 현실이 될 가능성이 있다. 그래서 최근에는 질병마다 내용이 아주 자세하게 적힌 서식(이러한 서식이 들어 있는 양식 모음집이 시중에서 판매되고 있다)을 미리 준비해놓고 복사해서 설명에 쓰기도 한다.* 나중에 의료인 측의 설명이 부족했다는 지적을 당하지 않기 위한 방책 중의 하나일지도 모른다. 그래도 괜찮다라는 의견이 있을 수 있다. 과연 그럴까? 완벽하게 설명을 하려고 하면 할수록 너무 포괄적이 되어, 정보는 특색 없이 추가되기만 한다. 이런 종류의 서식은 대부분 처음부터 끝까지 철저하게 의료인의 관점에서 작성되어 있다. 의료의 중심이 환자라고 하면서도 설명의 중심에는 의료인이 있다는 의식이 강하게 있어, 이러한 서식을 표준화한 시설에서는 의료인이 '충분한 정보에 의한 동의를 행한다'라고 표현하는 우스운 현상이 자주 관찰된다(이상한 이야기라고 느끼지 못했다면 다시

---

* 우리나라의 경우 대한의학회 홈페이지 자료실에서 190개의 설명 동의 서식집을 검색할 수 있다. (http://www.kams.or.kr/pds/agree/index.php?code=agree)

확인해 주길 바란다(⇒ p. 140).†

 그렇다면 합리적 환자 기준설은 어떨까? 이 이론은 합리적 의사기준설과는 달리 환자 측에 중심을 두고 있는 것처럼 보인다. 이런 점에서 합리적 의사기준설의 바탕에 깔려 있는 의료인 중심주의의 위험성은 없다. 그러나 환자를 시민이나 국민이라는 말로 바꾸어 생각해보자. 도대체 합리적 환자, 합리적 시민, 합리적 국민이란 어떤 사람들을 말하는 걸까? 정말 이해하기 힘들다. 물론 의료인 중에도 각양각색의 사람들이 있다. 그러나 일정한 교육을 받고 자격시험에 합격해서 전문 지식과 기술을 가진 의료인은 어느 정도 하나로 묶는 것이 가능하다. 환자나 시민은 어떨까, 하나로 묶을 수 있을까? 상당히 어려워 보인다. 왜냐하면, 약을 좋아하는 환자가 있는가 하면, 싫어하는 환자가 있다. 병명을 알고 싶어 하는 사람도 있지만, 알고 싶어 하지 않는 사람도 있다. 병원을 좋아하는 사람이 있는가 하면, 집에 있는 것을 좋아하는 사람도 있다. 연명의료를 바라는 사람도, 바라지 않는 사람도 있다. 이렇듯 정말로 다양한 사람들을 합리적 환자라고 하는 말로 묶어서, 합리적 환자가 알고 싶어 할 정보의 목차를 만들어 기준으로 삼는 것에는 엄청난 무리가 뒤따른다. 이런 것을 기준으로 한다면 개개의 환자는 상당한 곤경에 처하게 될 것이다.

 마지막의 개별적 환자 기준설을 채택하면 이번에는 의료인 측에 곤란한 일이 일어날 수 있다. 환자 각자의 개인적 배경이나 성격, 취향, 인생관, 가치관을 자세히 모르는 의료인이 그 사람에게 맞춰서, 그 사람이 알고 싶어 하는 분명한 정보의 범위와 깊이를 알아채서, 제공한다는 건 곡예에 가

---

† 뇌경색 등의 경우 초진시에 설명해야 하는 내용은 대부분 표준화되어 있다. 위루를 만드는 처치를 하기 전에도, 망라해서 쓰인 문서를 사용하는 경우가 많아서, 필요한 것은 전부 제대로 전달되고 있다. 그런데 최근에 원인을 알 수 없는 열이 나는 환자에게 설명을 할 때 힘든 적이 있었다. 감별진단을 어디까지 하고, 얼마만큼의 검사를 하면 될지, 당장에 타당하다고 여겨지는 치료는 무엇인지. 이러한 판단은 고민하면서 그때마다 수정해나가게 된다. 이런 경우, 부분적 개시 쪽이 타당하다고 느낀다. 병의 증례 검토회에서 처럼, 처음부터 끝까지 모든 것을 환자나 가족한테 전달하다가는 융통성이 없는 기계 같은 의사라고 생각할 것이다. [토쿠나가]

깝다. 보통 사람이 간단히 할 수 있는 일이 아니다. 게다가 환자 자신조차 자신에게 무엇이 필요한지 자각하지 못할 때가 있다. 그 경우, 의료인이 각 환자에게 필요한 정보를 제공하고 있는지, 그 정보가 실제로 제공되고 있는지 판단을 내리는 것은 어렵다. 또 다른 문제도 발생한다. 치료 결과에 불만을 가지게 된 나머지 '사전에 좀더 자세한 정보를 받았으면, 그런 치료는 받지 않았을 텐데'라며 환자가 의료인을 고소할 수도 있다. 이것은 의료인에게 가혹한 시나리오다.

그렇다면 개시설명의 범위와 깊이의 기준을 어떻게 정할 수 있을까? 정할 수 없는 것이라고 생각하는 사람도 분명 있을 것이다.

2. 실질적 기준과 형식적 기준

무엇이든 괜찮으니 화초를 머릿속에 떠올려보길 바란다. 민들레, 연꽃, 자주닭개비, 유채, 해바라기, 엉겅퀴, 종류에 따라 잎의 생김새나 붙은 모양, 꽃의 색깔이나 생김새가 완전히 다르지만 어떤 화초라도 공통점이 있다. 뿌리가 있고, 줄기가 있으며, 잎이 있다는 점이다. 뿌리나 잎이 없는 화초는 있을 수 없다.

이것을 약간 특수한 말로 표현해 보자. 눈에 보이는 실제의 구체적인 내용을 실질 또는 질료라고 하며, 눈에 보이지 않는 추상적인 양식을 형식이라고 한다. 노트에 삼각형을 그려보자. 다양한 크기의 삼각형을 무수히 그릴 수 있다. 특정한 크기, 변의 길이, 각도의 조합을 지닌 여러 개의 삼각형을 노트에 그릴 수 있다. 이것이 실질이다. 그 삼각형은 모두 세 변과 세 개의 각을 가지고 있으며, 내각의 합은 180도로 되어 있다. 이것이 삼각형의 형식이다. 이 형식을 만족시키는 도형은 모두 삼각형이다. 반대로 이 형식에서 벗어난 것은 절대로 삼각형이 될 수 없다.

규칙에도 실질적인 규칙과 형식적인 규칙이 있다. '염색 금지'는 실질적 규칙이다. '거짓말을 하면 안 된다'는 형식적 규칙이다. 거짓말에도 여러 거짓말이 있다. 매번 이러이러한 거짓말을 해서는 안 된다고 지시하는 것이 아니라 대충 거짓말로 보이는 발언 전체, 즉 진실에 반하는 발언 전체를 금지한다면, 그것은 형식적 규칙이다. 진실에 반한다는 것이 거짓말의 형식인 것이다. 이에 비해서 구체적인 거짓말의 내용, 예를 들어 '나 어제 화성에 다녀왔어' 등은 거짓말의 실질이다. '가지도 않았는데 화성에 다녀왔다고 거짓말을 해서는 안 돼'라는 규칙이 당신이 다니는 학교의 교칙에 있다면(아마도 없겠지만), 그것은 '염색 금지'와 같은 실질적인 규칙이다.

눈앞에 있는 환자에게 개시하고 설명해야 할 의료정보의 범위와 깊이의 기준을 어떻게 정하면 좋을까, 과연 개시와 설명의 기준을 정하는 게 가능한지에 대한 질문을 마주하고 있었다.

그럼, 실질적 기준과 형식적 기준이라는 사고방식을 사용해보자.

정보개시와 설명의 기준으로 실질적 기준을 적용하는 것은 불가능하다. 어떤 것을 어디까지 자세하게 설명해야 할지 세세하고 구체적으로 하나하나 정하는 것은 불가능하며 (설령 가능하더라도) 바람직하다고 여겨지지 않는다. 왜냐하면 환자 개개인이 다르기 때문이다. 의학적인 것에 대해 전혀 지식이 없는 사람이 있으며, 자신의 병에 대해 인터넷이나 책을 통해서 전문가인 의사 이상으로 자세하게 공부하고 있는 사람도 있다. 자신의 병세나 약의 부작용, 합병증에 대해 좀더 자세히 알고 싶어 하는 사람이 있으며, 그런 이야기는 듣고 싶지 않는다라고 말하는 사람도 있다. 그러므로 일률적으로 '요모조모 자세한 것을 이런저런 수준까지 설명해야 한다'라는 식의 방법, 즉 실질적으로 개시설명 범위를 규칙화하는 것은 다양한 환자가 있는 현실에 적합하지 않다.

그렇다고 해서 기준을 전혀 세울 수 없다고 잘라 말할 수는 없다. 실질적 기준은 어렵지만 형식적 기준이라면 세울 수 있을지 모르기 때문이다. 그렇다면 과연 어떤 형식적 기준을 생각할 수 있을까?

3. 알고 싶어 하는 것을 알아내는 방법

여기서 다시 개별적 환자 기준설을 기본으로 해서 알아보겠다. 단, 이 기준을 실질적인 것으로 보지 않고 형식적인 것으로 대하려 한다. 즉 '환자가 알고 싶어 하는 이런 저런 내용을 하나도 빠짐없이 미리 알아차려 제대로 설명 할 것', 이것을 못하는 의료인은 능력이 부족하니 질타를 받는 게 당연하다는 생각은 버려야 한다. 그게 아니라 대화를 통해서 눈앞에 있는 환자의 요구를 가능한 만큼 알아내고, 그 요구에 부응하려고 노력해야 한다는 의미에서 이 기준을 이해하고 싶다. 환자가 알고 싶어 하는 내용을 알아차려 실제로 개시하고 설명했는가를 문제 삼는 것이 아니라, 최선을 다해서 환자가 알고 싶어 하는 것을 알아내려고 궁리하고 노력을 했는지가 중요하다고 생각한다.

어떻게 하면 환자가 알고 싶어 하는 것을 알아낼 수 있을까? 현역 발레리나가 발을 크게 다쳤다고 가정해 보자. 나을 수 있을까, 다시 무대에 설 수 있을까, 흉터는 남지 않을까, 치료기간은 얼마나 될까, 언제부터 발레 연습을 시작해도 될까? 이러한 것들이 걱정 될 것이다. 이런 식으로 어느 정도의 짐작을 할 수도 있다. 그런데 이것이 그녀의 모든 근심이라고 할 수는 없다. 또한 모든 경우에 있어 처음부터 이런 식으로 짐작 할 수 없다. 필자인 내가 발레리나가 아니라는 건 모두들 알고 있겠지만, 그런 내가 다리를 심하게 다쳐서 병원에 실려 갔다고 가정해 보자. 내가 알고 싶어 하는 것이 무엇일지 상상할 수 있겠는가? 상대방으로부터 아무런 말도 못 들은 상태에서 상대가 무엇을 생각하고 무엇을 원하고 있는지, 어떤 정보를 어느만큼 알고 싶어 하는지를 알아내는 것은 쉬운 일이 아니다.

당연한 말이겠지만 환자의 바람을 직접 듣는 수밖에 다른 방법이 없다. 환자가 무엇을 알고 싶어 하는지 환자로부터 들으려는 자세를 항상 지녀야 한다. '항상'이라는 것이 중요하다. 초진을 할 때나 입원을 할 때와 같은 중요한 시점만 아니라, 언제라도 환자가 알고 싶어 하는 것을 의료인에게 쉽게 질문할 수 있도록 궁리해야 한다. 왜냐하면 사람의 마음이나 알고자 하는 것 등은 때에 따라 바뀌며 병세의 변화나 치료의 진행 상태에 따라 변하기 때문이다.†

초진을 할 때, '만약 암이라 하더라도 병명을 알고 싶습니까?'라는 설문을 실시하는 시설이 있다고 하는데, 이런 대답을 있는 그대로 믿든 것은 별로 좋지 않다. 사람들은 가벼운 마음으로 설문을 하며, 검사를 받기 전과 받은 후에 마음이 달라지기도 한다. 알고 싶냐 알고 싶지 않으냐라는 심문 같은 질문도 피했으면 좋겠다. 인간은 그렇게 단순하지 않다.

환자가 궁금해하는 것을 마음에 두지 않고 말로 표현할 수 있도록 하기 위해 어떤 방법이 있는지 생각해보자. 한 치의 빈틈없이 아주 세세하게 설명하는 것은 오히려 상대를 침묵하게 만들 수 있다. 또한 의료인이 항상 즉각적으로 일을 해내거나 바쁜 모습을 보인다면, 묻고 싶은 것도 좀처럼 묻지 못할 것이다. 즉 환자와 만나서 이야기를 나누는 상담 장면 이외의 평소의 분위기도 중요하다. 바빠도 바쁘지 않은 것처럼 보이도록 노력할 필요가 있다. 설명 내용뿐만 아니라 말을 하는 방법, 말하는 속도, 목소리의 높낮이, 장소 설정 등이 중요하다. 외래진찰실, 병실, 간호사실, 병원 옥상이나 정원 벤치에서는 분위기가 꽤 많이 다를 것이다. 대화 내용이나 상대에 따라서 대화를 나눌 장소를 구분해서 사용한다면 좋을 것이다.

게다가 '궁금한 점은 뭐든지 물어보세요'라고 환자에게 말하는 것만으로는 충분하지 않은 경우가 많다는 것을 유념해두자. 사람은 전혀 모르는 것에 대해서는 질문조차 할 수 없다. '비타민 K유도체의 단백 티로신 탈인산화효소 저해로 인한 간암세포 증식억제기제'에 대해서 어떤 말도 안 되는 질문이라도 좋으니 질문하라고 했을 때, 질문할 수 있는 사람은 한정

---

† 환자의 요망대로 병세 설명을 했음에도 불구하고, 설명 내용이 전달되지 않았거나 오해를 하는 경우가 흔하다. 반복해서 설명만 할 것이 아니라, 설명한 내용을 정확하게 진료기록부에 적어두는 것도 필요하다. [나카자와]

되어 있다. 노벨 물리학상을 받은 사람이 '뭐든지 질문해보세요'라고 환한 표정으로 말을 걸어온다고 하더라도 난처해진 나머지 억지웃음만 띠게 될 것이다.

예를 들어 당신이 고급 횟집에 들어갔다고 가정해보자. 메뉴가 없는 고급 횟집에서 무엇이든 좋아하시는 것을 만들어 드리겠습니다, 뭘 드시겠습니까?라는 질문을 들으면 주저할 것이다. 의료기관도 이와 마찬가지다. 어떤 것을 알 수 있는지, 어떤 정보가 판단하는 데 도움이 되는지, 의료정보 메뉴 같은 것이 있으면 편리할지도 모르겠다. 메뉴가 손에 닿을 정도로 가까운 곳에 있으면 언제라도 먹고 싶을 때 추가 주문을 할 수도 있다.

알고 싶은 것은 알고 싶은 때가 있다. 초진 시에 갑자기 진짜 병명을 알고 싶은지 여부를 묻는 건, 환자 입장에서 보면 음식점에서 자리에 앉자마자 곧바로 주문을 받고 그대로 메뉴를 들고 가버리는 것과 같은 경우로, 바쁜 의료인 입장에서는 간편하겠지만 의외로 무례한 행동일지 모른다.†

4. 진료기록 개시에서의 본연의 자세

의료윤리 붐과 세계적으로 정보공개의 흐름이 조화를 이루어 환자에 대한 진료기록 개시의 움직임이 활발해지고 있다. 개중에는 (진료기록 개시를 정착화하고 있는 의료기관 = 환자중심의 의료 = 윤리적 = 진보적임)이라는 도식을 만들어서, 의료기관의 광고(환자를 끌기 위한 이미지 전략)에 진료기록 개시를 사용하려는 곳도 있다.

이미지 작전의 일환으로 진료기록 개시에 열심인 의료기관은 진료기록 개시가 좋은 일이라는 선입견을 아무런 의심 없이 받아들이고 있다. (진료

---

† 금방 낫는 병이라면 당장 병명을 알고 싶겠지만, 중증인데다 치료가 어려운 병이라면 마음의 준비를 하고, 시간을 두고 다음날 가족과 같이 설명을 듣고 싶어 할지도 모른다. 이야기 내용에 따라서는 알고 싶은 시기가 다를지도 모른다. 낫지 않는 병이라면 듣고 싶어 하지 않는 사람도 있다. 그러므로 진짜 병명을 알고 싶은지를 초진 때 들었다 하더라도 참고 정도 밖에 되지 않는다. 반면, 의료인 측은 치료시기를 놓치지 않도록, 병명이나 치료방침에 대해서 빨리 이야기하고 싶어 한다. [니시카와]

기록 개시 = 환자 중심적 = 선)이라는 이미지가 스며든다면 과연 어떻게 될까. 열심히 치료를 받고 있는 환자는 진료기록을 봐야 하며 진료기록을 안 보는 환자는 지적으로 낮거나 열심히 치료를 받으려는 마음이 없는 사람이라는 이미지도 동시에 만연해지게 된다. 같은 병실에 입원 중인 모든 환자가 진료기록 개시를 희망하며, 의료인은 마치 선행이라도 베푸는 듯 기꺼이 요구에 응하는 모습을 보고 있으면, 보고 싶지 않다고 마음속으로 생각하는 사람도 진료기록 개시를 희망해야 하는 분위기 속으로 끌려들어갈 수 있다. 그런 일이 발생하지 않도록 진료기록 개시는 철저하게 개별적이어야 한다. 진료기록 개시를 위해 정기적인 시간대를 두거나 병실 안에 진료기록을 일제히 들고 들어 와서 각 환자에게 건네주는 방법은 엄연히 배려가 결여된 것이다.

진료기록은 사진집이나 주간지와 다르다. 전문용어나 약자 또는 외래어(무슨 이유에서인지, 문장이 아니라 단어뿐이다)가 사용되고 있다. 자기만 알아 볼 수는 있는 글자로 마구 갈겨 쓰였거나, 의료인이 봐도 읽기 어려운 것이 진료기록이다. 이것을 환자에게 건네면서 '자 여기 있습니다, 잘 읽어보세요, 숨길 만한 그런 이상한 치료는 안 했으니까요'라고 말하는 것은 모양, 이미지 전략에 지나지 않는다. 진료기록 개시의 이유가 환자가 자신의 상태나 자신이 받고 있는 의료를 잘 이해하여 이전보다 더 치료에 적극적으로 참가하도록 하는 것이라면, 적혀진 진료기록에 대해서 충분한 시간을 두고 환자의 질문을 받으며, 알기 쉽게 설명하는 작업이 절대적으로 필요하다. 지금 일본의 의료시설에서 일상 업무를 하면서 많은 노력이 필요한 그런 작업에 의료진을 배치시킬 수 있는 곳이 대체 몇 개나 될까?

D. 사실의 고지

진단결과 심각한 병이 나왔을 때, 본인에게 병명을 알려야 할까, 알려도 될까? 1990년대에 일본에서 이 문제에 대해 많은 논의가 있었다. 지금은 상당수의 병원에서 원칙적으로 병명을 알리도록 하고 있다. 병명을 포함하여 사실을 알리는 것을 일반적으로 진실말하기(truth telling)라고 한다.[†] 여기서는 환자에게 거리낌 없이 병명을 알리는 최근의 흐름을 단순하게 좋은 현상으로 그대로 받아들이지 않고, 진실말하기에 대해 윤리학적으로 접근해보기로 한다. 의료현장에서 거짓말을 하거나 속임수를 쓰면 절대로 안 되는 것일까, 안 된다면 그 근거는 무엇일까?

먼저 말해두겠다. 의료의 긴 역사 속에서 진실말하기는 상당히 새로운 것이며, 극히 최근에 일어난 흐름이다. 비록 암의 병명 고지율이 높아졌다 하더라도, 의료현장에 거짓말이나 속임수가 완전히 사라지지는 않았다. 이러한 것들을 확실하게 유념해두길 바라며, 의료현장에서의 진실말하기와 거짓말에 대해서 생각해보자.

1. 진실말하기의 흐름은 극히 최근의 일

진실말하기가 의료인에게 요구되기 시작한 것은 의료역사상 극히 최근의 일이다. 의학의 성인으로 추앙받고 있는 히포크라테스의 『예의에 관하여』에는 "진료를 하는 동안 환자 앞에서는 대부분의 사실을 감추고 조용하고 능숙하게 행하지 않으면 안 된다" "어떤 경우에는 지금부터 환자의 몸에 일어날 일은 단 한마디도 하지 않은 채, 배려와 세심한 주의를 기울이면서 위로의 말을 건네야 한다. 왜냐하면 대부분 알려주게 되면 환자의

[†] 진실말하기 - (眞實告知, truth telling): veracity라는 단어로 표기하기도 한다.

상태가 악화 일로를 걷게 되기 때문"이라고 적고 있다.[37]

"더 이상 의술로 고칠 수가 없는 환자가 앞에 있다면 즉시 그 자리를 떠나라"라는 히포크라테스의 가르침에 의구심을 품고, 어떤 경우라도 의사는 환자를 버려서는 안 된다고 주장한 사람이 18세기의 영국인 의사 퍼시벌(Percivall Pott)이다. 그러나 그마저도 진실말하기는 피하는 것이 낫다고 생각했다. 퍼시벌이 저서 『의료윤리』(1803)에 적은 진실말하기 회피에 관한 지침은 거의 그대로 「미국의사회 윤리강령」(1847)에 수록되었고 이 강령의 재개정판인 「미국의사회 의료윤리 제원리(AMA Principles of Medical Ethics)」(1980)가 나오기 전까지 오랜 기간 동안 옳은 생각으로 여겨져 왔다. 이런 이유로 인해 「세계의사회 제네바 선언」(1948) 이나 「의료윤리에 관한 국제규정」(1949)에서도 진실말하기가 의사의 의무로 명시되지 않았다. 진실말하기의 정당성과 필요성을 명문화한 최초의 성명은 미국병원협회가 발표한 「환자의 권리장전」(1972)이다.[38] †

미국은 훨씬 이전부터 환자에게 병명을 고지하고 있다고 생각하기 쉽다. 그러나 그것은 사실과 다르다. 1961년 시카고에서 실시한 의식 조사에 의하면 88퍼센트의 의사가 암을 고지하는데 원칙적으로 반대 입장을 보였다. 그러나 같은 설문지를 사용해 1977년에 시행한 조사에서는 반대로 98퍼센트의 의사가 고지에 찬성하였다. 채 20년이 지나지 않았는데 대체 무엇이 의료인의 태도를 이렇게 바꿔놓았을까? 의학의 발전만이 그 원인은 아닐 것이다. 소비자 운동, 자기결정권과 충분한 정보에 의한 동의의 영향 등, 시민의 권리의식이나 사회의 움직임이 큰 영향을 미쳤을 것이다 (⇒ pp. 128-129).

---

† 1980년대에 암 고지는 의료현장에서 전혀 문제가 되지 않았다. 환자의 자기결정을 신경 쓰지 않았기 때문이 아니다. 수많은 침습으로부터 환자를 어떻게 지켜나갈지를 가족과 함께 진지하게 생각한 끝에, 진실을 숨기고 거짓말이나 속임수로 일을 처리하려 했기 때문이다. 그런데 지금, 의료는 어떻게 해서 환자를 지키려고 하고 있는가? 진실말하기는 환자의 무엇을 지키는 걸까? [하라]

어쨌든 세계적으로 진실고지를 둘러싼 의료인의 태도가 크게 변한 것이 겨우 50년 전에 불과하며, 일본의 경우는 최근 30년 사이의 일이라는 사실을 잘 기억해 두기 바란다. 물론 지금의 흐름이 절대적으로 옳다거나 흐름이 역행하는 일이 없을 것이라고 누구도 단언할 수 없다.

2. 거짓말과 속임

우시지마는 정년퇴직한지 얼마 되지 않았다. 오랜 꿈이었던 2주일간의 부부 동반 해외여행을 계획하고 있다. 어느 날, 대변에 피처럼 보이는 것이 섞여 있어 혹시나 해서 가까운 소화기내과 병원에서 진찰을 받고 대장 정밀검사를 받았다. 여행을 떠나기 며칠 전에 우시지마 씨는 외래 담당의사를 찾아가서 검사결과를 들었다. 대장 종양 검사결과 악성이라는 병리학적 진단이 내려졌지만, 담당의사는 여행을 중지하고 치료를 서두른다고 해도 치료효과에 차이는 없을 것이라고 판단했다. 「어떻습니까?」라는 우시지마의 질문에 담당의사는 어떻게 대답하면 좋을까?[†]

진실말하기에 반하는 행위에 대한 버락(J. Burack)의 분류를 참고해 보자(표 1-20). 이 분류에 따르면 진실말하기에 반하는 행위는 '그럴듯하게 속이는 것 (기만)'과 '숨기는 것 (은폐)'로 크게 나뉜다. 기만은 다시 사실이

[†] 대장에 생긴 악성종양을 환자 본인에게 고지하는 일은 흔하다. 그러나 대장암이 전이된 경우에는 환자 몰래 가족을 부르기도 한다. 가족 중에는 "이런 노인네한테 말할 필요가 있나"라거나 "아버지는 마음이 약해서 견디지 못할 겁니다"라고 대답하는 가족도 많이 있다. 자신이라면 알고 싶다라고 대답하는 사람이 많은데, 왜 가족에 대해서는 알리지 않기를 바라는 걸까. 의외로 환자를 어떻게 대해야 할지 몰라서 가족이 불안해하고 있는지도 모른다. [오노]
충격을 최소화하는 고지방법이 있다고 한다. 이 기법을 커뮤니케이션 방법이라는 이름으로 전수하는 연수회도 열리고 있다. 충격을 주고 싶어 하지 않는 의료인의 고뇌와 관심이 엿보이지만, 문제의 본질이 전하는 방법에 있을까? 그런 것이 아니라 환자에게 있어서는 고지로 인해 받을 충격을 넘어서는 의미가 있는지의 여부를 묻는 것이라고 생각한다. [하라]

아닌 것을 분명히 말로 하는 거짓말과, 상대의 오해를 불러일으키는 행위로 나누고 있다. 은폐는 완전히 숨기는 경우와 일부분만 전하는 경우로 구분된다. 그럼, 이 분류를 우시지마의 사례에 적용해보자.

표1-20 진실말하기에 반하는 행위(Burack)[39]

분류	형식	예
기만	허위 오해를 일으킴	거짓말 플라세보, 완곡한 표현, 제스처
은폐	개시의 보류 선택적 개시	개시하지 않음, 적절한 시기의 선택 부분적 생략, 부분적 강조

지금 사실을 전하면 우시지마 부부는 기대하고 있던 여행을 포기하게 될지도 모른다. 여행을 간다 하더라도 암에 대한 불안을 마음에 담은 채 떠나는 해외여행이 재미있을 리 없다. 만약 이 때 담당의사가 우시지마에게 "미안합니다. 병리검사 결과가 아직 나오지 않았습니다"라고 대답한다면 이것은 거짓말이 된다. "실은 좀 좋지 않은 세포가 발견됐습니다만, 좀 더 자세한 검사를 해보지 않으면 알 수 없습니다"라고 말한다면, 이것은 완전한 거짓말이라고 할 수 없으며, 완곡한 기만에 가깝다. 여행 전에 사실을 말하지 않고 귀국 후에 모든 것을 분명하게 고지하면, 이것은 버락의 견해에 따르면 "은폐-개시의 보류-적절한 시기의 선택"이 된다. 여기서 정신적 충격을 피하고 싶다거나 간만의 여행이니까 즐기는 편이 낫다고 하는 것은 우시지마 자신의 판단이 아니며, 어디까지나 의료인의 마음에서 나온 반-진실 고지적인 행동이다.

버락의 표에는 '플라세보(placebo)'라는 것도 있다. 플라세보란 진짜 약 모양을 하고 있지만 약 성분을 전혀 포함하고 있지 않아서 복용하더라도 몸 안에서 약리작용을 발휘하지 못하는 것을 말한다. 위약(僞藥)이라고 부르기도 한다. 대부분의 환자는 "이걸 복용하면 좋아질 겁니다"라고 하면서 건네받은 약이 설마 플라세보일 것이라고 생각하지 않는다. (약리작용이 아닌) 심리적 효과에 의해서 병세가 호전되는 경우도 있으므로 결과만을 놓고는 의사의 설명을 꼭 거짓말이라고 할 수 없다. 예를 들어, 다리가 휘청거려서 넘어진 노인 환자가 있는데, 불안을 완화시키는 정신안정제의 투여량이 많아서 그 부작용으로 휘청거리지 않았을까 의심이 든다고 하자. 하지만 불안을 완화시키는 신경안정제를 줄이는 데에 적지 않은 환자들이 크게 불안해한다. 그래서 환자가 불안해하는 것을 방지하기 위해 "약이 너무 많아서 휘청거리는 것 같으니 약을 줄이겠습니다"라고 그대로 설명하지 않고, 그 약과 똑같이 생긴 플라세보를 몰래 섞어 환자에게 건네주면서 약을 줄이는 시도를 하는 경우가 가끔씩 있다. 이러한 행동을 나쁘다고 말할 수 있을까?[†]

비슷한 예로 흉복부의 청진, 타진(청진기를 대거나 손가락으로 두들겨서, 소리를 듣고 이상이 없는지 알아보는 신체진찰의 방법), 촉진이 있다. '진단을 내리는 데 있어서 의의는 줄어들고 있지만 이러한 기본적인 수기는 진찰에 온기를 주며 좋은 환자-의료인 관계를 쌓는데 도움이 된다'라며 경험 풍부한 의사가 학생들을 상대로 강의를 하기도 한다. 신체 소견을 알아보기 위해서라기보다 의식(儀式)적인 커뮤니케이션 수단으로써 신체진찰이나 혈압측정을 한다면, 이것도 일종의 플라세보적 기만에 해당한다. 이러

[†] 이런 생각은 옛날부터 '지혜'라고 했으며, 지혜를 상황에 맞게 끄집어낼 줄 아는 사람을 '현명한'이라고 형용해왔다. 현대에 지혜가 활약할 수 있는 여지가 적어지고 있다. 의도대로 일이 풀리지 않을 때, 선의의 변명이 되지 못하는데, 지혜를 끄집어낸 사람에게 책임이 돌아가기 때문이다. [카토]
환자나 가족의 동의 없이 플라세보를 사용하는 것은 옳지 못하다는 의견이 있다. 그러나 환자에게 "진짜 약 대신에 플라세보를 처방하겠습니다"라고 설명하고 이해를 시킨 뒤에, 동의를 얻고 나서 플라세보를 처방하는 방법을 택한다면, 처음부터 플라세보를 사용할 의미가 있을까. [핫토리]
Re: 애초에 '가짜' '약'이라고 번역된 것이 문제일지도 모른다. 플라세보는 '진짜'나 '가짜'도 아니며, 보통의 '약'으로서도 효과가 있다. 라틴어의 'placo'는 완화하다, 진정시키다, 'placeo'는 기쁘게 하다 등의 의미가 있다. 사용해서 고통이 완화되고 기쁘게 된다면 '희약(喜藥)' 쪽이 좋은 번역어일지도 모르겠다. [이토]

한 것들은 나쁜 것일까?†

또 하나 다른 예를 들어보자. 혈압의 미세한 오르내림에 과도하게 신경을 쓰는 환자를 일상 진료 중에 자주 만난다. 정상치를 약간 넘은 환자에게 불안을 키우지 않게 하려고 "오늘은 약간 높지만 괜찮습니다. 걱정 안 하셔도 됩니다"라고 말하는 것은 버락의 표에 따르면, 부분적 생략과 부분적 강조를 함께 사용한 선택적 개시이며, 노트를 손에 쥔 채 수치를 알고 싶어 하는 그 환자에게 최저혈압이 86인데 84라고 말해주는 것은 거짓말이다.

이렇게 보면 생각 이상으로 일상 진료에 진실말하기에 반하는 의료인의 조작적 행위가 숨어있는 것 같다. 덧붙여 말하면 일상 진료현장에서의 대부분의 설명이 실질적으로 부분적 개시에 머물러 있다. 역시 이러한 상황을 개선하는 게 좋은 걸까?

솔직하게 사실만을 개시하고 설명해야 할까? 천천히 시간을 가지면서 사려 깊게 여러 차례 설명을 하면 환자는 불안해하지 않고 사실과 마주할 수 있게 될까?

3. 진실말하기의 근거

"때로 진실은 잔혹하고 괴로운 것일지 모른다. 그러나 고지에 있어서 잔혹해서는 안 된다. 환자의 주체성과 감수성을 중시하고 세심히 잘 배려하면서 개시를 하자. 그렇게 하면 심사숙고하며 선택하는 환자의 능력이 강화된다. 고지는 이 능력을 압도해 버리지 않는다"라고 쓰여진 책이 있다.[40] 이 말 속에는 인간의 강인함에 대한 기대와 확신이 있다. 실제로 고지를 받고 난 뒤 환자의 의기소침이 일시적인 것에 불과하다는 연구 보고

---

† 의료는 서비스업이라고 생각하기 때문에, 가령 의식(儀式)적이라 할지라도 신뢰관계를 쌓는 일부분이 된다면 괜찮다고 생각하지만, 청진은 진료를 하는데 있어서 중요한 역할을 차지한다. [니시카와 아키]

가 있다. 과연 모든 환자가 그럴까?

　많은 환자가 고지 받길 잘했다고 답하는 결과를 보여주는 의식조사 보고가 있다. 그러나 이러한 보고에는 맹점이 있다. 이미 고지 받은 사람에게 "고지는 받지 않는 편이 좋았습니까"라고 묻는 것도, 고지를 받지 않은 사람에게 "받았으면 좋겠습니까"라고 묻는 것도 모두 다 난센스다. 이미 고지를 받은 사람은 고지를 안 받았을 경우의 인생을 다시 살아볼 수 없다. 마찬가지로 고지를 받지 않은 사람에게 "암이란 사실을 더 일찍이 말해줬으면 좋았을까요"라고는 물을 수 없다. 답을 듣게 된다 하더라도 그런 질문을 받은 사람이 인생을 다시 살 수는 없기 때문에, 그런 질문에 대한 답이 정말이라는 보장이 없다.[†]

　고지를 바라는 사람이나 바라지 않는 사람이 얼마나 된다(사실)라는 데이터를 아무리 모은다 하더라도, 진실말하기를 해야 하는지에 대한 여부(가치의 문제)의 일반론적인 답을 도출해내는 것은 불가능하다. 많은 사람들이 유원지에 가고 싶어 하는 것이 아무리 사실이라 할지라도, 그것만으로 모두가 유원지에 가야 한다고 말하는 것은 분명히 비약이다.

　고지 또는 고지하지 않기를 바라는 사람의 수나 비율에 의존하는 관점에서부터 사실을 알려야 한다는 입장, 사실을 알리지 않는 편이 좋을 수도 있다는 입장, 각각의 주장을 살펴보자.

　고지를 하지 않는 것도 하나의 방법이라고 주장하는 사람은 고지로 인해 환자는 침울한 감정에 빠져 때로 치료에 거부하는 반응을 보이거나 자살을 시도할 위험이 있다고 지적한다. 고지를 주장하는 사람은 '기만은 종교적으로나 도덕적으로 악이다, 고지를 하지 않으면 환자는 실제보다

[†] 80세의 남성. 빈혈이 진행 중이며, 다발성골수종이었다. 혈액암이라는 사실을 본인에게 알리고 싶어 하지 않는 가족의 요청이 있었기 때문에, 본인한테는 "빈혈에다가 뼈가 약해지는 병이라서, 내복약으로 치료를 합시다"라고 설명했다. 거짓말은 안 했지만 진실된 고지는 아니다. 본인한테 자세하게 말해도 충격만 받을 뿐 이점이 없다고 생각하는 건 의사의 온정적 간섭주의일까? [니시카와 아키라]

안 좋은 상태라고 믿어버린다, 고지에 의해서 오히려 침착해진다, 제대로 의사결정을 하기 위해서는 정확한 정보가 필요하다, 한 번 거짓말을 하면 또 다른 거짓말로 덮지 않으면 안 되게 된다, 언젠가 거짓말이 탄로 났을 때 환자는 화를 낼 것이다, 미리 알고 마음의 준비를 할 수 있다'라고 말한다.

기만이 종교적으로나 도덕적으로 악이라는 말은 얼핏 옳은 말처럼 보이지만, 꼭 그렇지만은 않은 것 같다. 악의가 없는 거짓말, 사람을 살리기 위한 거짓말을 대부분의 종교는 허용하고 있다. 또한 위에서 언급한 이유의 대부분은 '그런 사람도 있을 거야'라는 정도로, 모든 사람들에게 해당되지 않는다.

그중에서도 단 한 가지 제대로 된 의사결정을 위해서 정확한 정보가 필요하다는 것만은 확실하다. 사실에 반하는 정보를 받고 그것을 믿어버리게 되면, 만약 제대로 된 진실을 알았을 때 결코 내리지 않았을 결정을 해버릴 가능성이 높아진다. 그러므로 제대로 자기결정을 하고자 하는 환자에게는 거짓말이 섞여있지 않은 정확한 정보를 제공해야 한다. '제대로 된 의사결정을 하기 위해서'라는 조건부가 붙어 있다는 점에 주의하기 바란다. 환자 본인이 자기결정을 바라지 않을 때에는 정확한 정보를 알려야 할 이유도 사라진다.

4. 알지 않을 권리

환자는 자신과 관련 된 알고 싶은 의료정보을 알 권리를 가지고 있다. 세상에는 환자라면 자신의 신체에 관해서 잘 알아두어야 하며 치료에 대한 자신의 생각을 명확하게 가지고 있어야 한다고 생각하는 사람들이 있다. 알기를 원하는 사람을 위해 의료인은 자신이 알고 있는 모든 것을 개시하고 설명해야 한다.

그러나 아는 것, 알고 싶은 것을 의료인에게 묻고 답을 얻고자 하는 행위는 환자의 권리이지 의무가 아니다. 꼭 듣길 원하고, 듣고 나서 치료방침에 대해서 판단하고 싶어 하는 사람이 있는 반면, 피나 찢어진 상처를 보는 것만으로 현기증을 느끼는 사람도 있으며 자세한 병세나 약의 부작용, 치료가 성공하지 못할 확률, 만약의 경우에 대해 듣고 싶어 하지 않는 사람도 있다.†

사람은 다양하다. 의료인 측에도 나라면 이렇게 할 것이다, 이렇게 해주었으면 좋겠다고 생각하는 것이 있을 것이다. 그러나 그것이 눈앞에 있는 환자의 바람과 완전히 일치하는지의 여부는 매우 의심스럽다.

○○선언에 쓰여 있으니 절대 옳다라고 하는 것은 물론 아니다. ○○선언에 쓰여 있지 않은 것은 신경 쓰지 않아도 된다고 말 할 수 없는 것과 마찬가지이다. 그러나 세계의사회 리스본 선언에 적혀 있는 것은 머리 속 한 구석에 넣어두는 게 좋다(표1-21).

표1-21 세계의사회 리스본 선언(일부, 2005)

7. 정보에 대한 권리 a. 환자는 자신의 의무기록에 들어 있는 정보를 받아볼 권리를 가지고 있다. 그리고 환자는 자신의 상태에 대한 의학적 사실을 포함해서, 자신의 건강상태에 대해 충분한 정보를 제공받을 권리를 가지고 있다.	d. 환자는 …… 명시적 요구를 통해서, 정보를 제공받지 않을 권리를 가지고 있다. e. 환자는 자기를 대신하여 정보를 제공받을 사람을 선택할 권리를 가지고 있다.

---

† 몇 년 전에 친척이 암 고지를 받았는데, 의사로부터 병명·병세·병기·예후에 관한 청산유수 같은 고지를 받고 나서, 눈앞이 캄캄해지고 어찌할 바를 모르고 있는데, "여명도 알고 싶으면 알려 드리겠습니다"라며 최후의 일격을 당했다. 고지에 매뉴얼 같은 건 없다는 사실을 의료인은 알아두어야 한다. [쿠라바야시]
고지가 의료방침을 정하기 위한 '수단'이 되어버린 건 아닐까? [하라]
'자신의 병이나 치료에 대해서 제대로 아는 것은 환자의 의무다'라고 잘라 말하는 사람은 알고 치료를 받는거니까, 완치 여부에 관계없이 그 결과를 스스로 받아들여야 한다고 생각하고 있는 것 같다. 즉 아는 것은 환자의 의무라고 말하는 사람은 환자의 '자기책임'을 강조하는 경향이 있다. 그런데 자기책임이란 구체적으로 무엇을 어떻게 하는 것일까? [핫토리]

5. 진실말하기 문제의 범주

일본에서의 고지 문제는 암 병명고지의 여부에 대한 논란만으로 떠들썩하다. 게다가 병명고지(어떤 병인가)를 병세·병기(stage)고지(어느 정도까지 진행되었는가), 예후고지(앞으로 어떻게 될 것인가), 여명고지(얼마 정도 살 수 있을 것인가) 등과 동일시하는 경향이 있으며, 또한 첫 발병시의 고지와 더 악화된 재발시의 고지를 일괄적으로 논의하는 경우가 많다. 그렇지만 진실말하기는 그렇게 좁고 얕은 문제가 아니다. 게다가 애당초 고지 문제가 암에만 초점 맞춰져 있는 것도 아니다. 진행성 퇴행성 질환, 유전질환, 정신질환, 일부 감염증 등 스티그마(편견·차별적인 낙인)가 붙을 수 있는 병명이나 예후의 고지에도 똑같이 관심을 기울여 주었으면 한다. 나아가 의료인의 실수, 의료인이 앓고 있는 병, 의료인의 역량, 의료시설의 치료성과에 대해 어느 정도까지 환자와 가족에게 알릴 것인가 등 지금까지 거의 논의되지 않았던 문제에 주목하지 않으면 안 된다.

환자가 사망한 뒤의 부검(병리해부) 결과, 즉, 병리의사에 의한 진단이 주치의사에 의한 임상진단과 다른 경우가 7~20퍼센트나 된다고 한다. 그러나 현재 병리진단 결과는 병리의사가 주치의사에게만 보고할 뿐 직접 유족에게 보고되지 않는다고 한다. 이래도 괜찮은 걸까.

E. 온정적 간섭주의

충분한 정보에 의한 동의를 오래전부터 알고 있는 사람도 온정적 간섭주의(paternalism)라는 말에 그렇게 익숙하지 않을 수 있다. 그러나 조금만 더 이 책을 읽다 보면 온정적 간섭주의가 주변에 널려있으며 의료현장에서 일상적으로 볼 수 있다는 사실을 알게 될 것이다. 최근에는 충분한 정보에 의한 동의나 환자의 자기결정권의 전성기여서 온정적 간섭주의가 두드러지지 않으며 악역 취급을 당하고 있기도 하지만 여전히 온정적 간섭주의를 무시할 수 없다.

1. 온정적 간섭주의란

어렸을 때 무언가 배운 적이 있는가? 주판, 붓글씨, 피아노, 바이올린, 태권도, 수영, 발레, 영어회화 정도가 일반적일 것이다. 거문고? 펜싱? 멋진데! 보습학원을 다녔던 사람도 많이 있을 것이다. 어린 시절은 놀기 좋은 때다. 스스로 배우고 싶어서 시작했더라도 도중에 그만두고 싶어지기도 한다. 별로 배우고 싶은 마음은 없었지만 부모님이 배우라고 하니까 억지로 다녔던 사람도 있을 것이다. 아이의 노는 시간을 빼앗는 것이 즐거워서 부모가 그렇게 하지는 않는다. 아이 때부터 ○○를 잘 배워두면 어른이 되었을 때 반드시 도움이 될 거야. 어리니까 그걸 모르고 친구와 좀더 놀고 싶다고 떼를 쓰고 있지만 언젠가 배워두길 잘했다라고 생각하게 될 날이 올 거야. 부모님은 이렇게 믿고 당신한테 학습을 시킨다. —이것이 온정적 간섭주의이다.[41]

당신에게 유치원에 다니는 아이가 있다고 하자. 어느 날 아이가 "배가 아파요"라며 울기 시작했다. 배를 만져보니 배꼽 밑 부분에 압통이 있다. "의사 선생님한테 가서 진찰을 받아보자"라고 말하니 "싫어, 아프게 하니까 싫어"라며 큰 소리를 내면서 운다. 아무리 아이가 울어도 충수염이 의심되면 병원에 가기 싫어하는 아이를 끌어안고서라도 병원에 데리고 갈 것이다. 그렇지 않을까? 이것 역시 온정적 간섭주의이다.

온정적 간섭주의란 무엇이 자기를 위하는 것인지, 무엇이 자기를 위한 것이 아닌지를 제대로 판단할 수 없는 사람을 대신해서(즉, 그 사람에게 판단을 맡기지 않고) 당사자를 위한 것을 타인이 결정하고, 그 사람에게 좋을 거라고 믿으며, 그 결정에 당사자를 따르게 하는 것, 그런 방식이 좋다고 생각하는 입장을 말한다.

법학이나 정치학에서는, 때에 따라 자신에게 도움이 되지 않는 행동을 하는 국민을 보호(자기가해 방지)하고 복지를 제공하기 위해서, 국가가 국민의 자유를 규제하고 자기결정에 간섭하여 어떤 행동을 금지하거나 강제하는 것을 온정적 간섭주의라고 보고 있다.[42] 차에 타서는 안전벨트를 의무적으로 착용해야 하며, 각성제를 소지하거나 사용하는 것은 금지되어 있다. 이렇듯 정책과 법적 규제를 통해서 전 국민을 통제하는 것이 법·정치에서의 온정적 간섭주의이다. 어디까지나 국민 일반의 자유행동에 국가가 틀을 짜 맞추는 구조이기 때문에, 각 개인의 개별적인 선호나 가치관은 고려되지 않는다. 월수입, 가족 구성, 지병의 유무 같은 것에도 상관없이 누구라도 언제 어느 상황에서도 차에 탈 때에는 안전벨트를 착용해야 한다. 사고는 언제 일어날지 모르므로 귀찮다고 안전벨트를 하지 않게 되면 큰일이기 때문이다. 알고 있지 않은가? 그러나 실제 법으로 규정하지 않는다면 분명히 안전벨트를 착용하지 않는 사람이 있을 것이다. 그러한 국민의 불행을 미연에 방지하기 위한 일률적이고 강제적인 의무부여인 셈이다. 이런 종류의 온정적 간섭주의적인 법적 규제는 정신과의 의료보호입원(강제 입원), 예방접종, 학교나 직장에서의 건강검진 등 의료나 의학 연구 관련 영역에서도 볼 수 있다.

그러나 의료현장에서는 이와 다른 온정적 간섭주의를 볼 수 있다. 눈앞에 있는 환자를 대상으로 담당 의료인이나 환자의 가족들이 하는 (즉 개인이 다른 개인에 대해서 하는 개별적인) 온정적 간섭주의이다. (법학 성향이라기 보다) 윤리학 성향의 의료윤리학에서는 아무래도 이 개별 타입의 (특히 의료인에 의한) 온정적 간섭주의가 문제시 되어 왔다(표1-22).

'paternalism'의 'pater'라고 하는 것은 라틴어의 'pater(아버지)'에서 유래한다. 왜 어머니가 아닐까? 유럽에서는 가족의 중대한 일들을 결정하는 건 아버지의 몫이었기 때문일 것이다. 평소 찜 요리를 하는 건 어머니지만 바비큐 통구이 고기를 가족 구성원에게 잘라서 나눠주는 건 아버지의 역할이기도 했다. 'paternalism(온정적 간섭주의)'이라는 용어에는 이러한 가부장제(⇒ p. 362)적인 성별 차이에 의한 분업 내지는 성차별(sexism)의 냄새가 짙게 배여 있다. 게다가 pater는 길 잃은 신자를 인도하는 신부를 지칭하는 말이기도 하다. 신부가 될 수 있는 건 남자뿐이다. 스포츠 만화에서 아버지는 귀여운 자식을 위해서 미움을 받는 역을 떠맡아 아이의 자유를 빼앗고 힘든 특별훈련을 강요하는 역할을 한다.†

온정적 간섭주의가 권위주의적이라는 비판을 받는다. 아버지는 자신의 생각을 강요하기만 하고 아이의 마음을 전혀 알아주지 않는다며 비난을 받는다. 그렇지만 온정적 간섭주의에 악의나 자기중심적인 생각은 없다. 그 사람이 잘 되길 바라고 그 사람을 충실하게 보호하려 생각하기에, 상황을 제대로 알지 못해서 판단하지 못하는 그 사람한테 맡길 수는 없는 것이다. 만약에 악의나 이기적인 생각, 단순한 오만함이 마음속에 있어서 내가 말하는 것을 들어,라는 식으로 결정하고 지시한다면 그것은 결코 온정적 간섭주의가 아니다.

표1-22 의료현장에서의 온정적 간섭주의

- 국가의 법적 규제(국민에게는 준수의무가 있다): 국민의 자기 가해방지와 복지를 위해
- 의료인이나 가족들에 의한(환자에 의한 동의 없는) 결정: 환자의 이익을 위해

2. 온정적 간섭주의의 이유

지금은 악평이 높고 비판의 역풍에 내몰려 있지만, 온정적 간섭주의는 최근까지만 해도 매우 오랫동안 의료현장에서 근본적이고 절대적인 사고

---

† maternalism(모친주의, 모성애)라는 단어를 의식적으로 생각해 볼 수 있다. 강제적이지 않으면서 포용적이며 지지적·원조적, 즉 돌봄의 정신을 우선시하는 듯한 뉘앙스로 받아들여지고 있다. 그러나 그것은 의도적인 유도나 세뇌일 수도 있다는 것을 머릿속에 넣어둘 필요가 있다. [카토]

방식으로 가르쳐졌다. 의료는 전통적으로 온정적 간섭주의의 정신에 의해서 이어져 왔다고 해도 과언이 아니다. 환자에게 판단을 맡기거나 환자의 말을 들어서는 좋은 의료를 할 수 없다. 환자를 대신해서 전문가로서 의료인이 명확하게 치료방침을 결정할 필요가 있다. 환자에게는 의료인을 믿고 따라 오는 것이 첫 번째다. 이것이 매우 일반적인 생각이었다. 적어도 2천수백 년 이상의 긴 세월 동안 말이다.

왜 의료는 온정적 간섭주의에 기반을 두고 행해졌을까?

환자가 의학에 대해 비전문가이기 때문에(올바른 판단을 할 수 없다)? 의학적인 설명을 아무리 하더라도 환자는 거의 대부분 이해 할 수 없기 때문에(올바른 판단을 할 수 없다)? 자세한 의학적인 설명을 하게 되면 환자는 동요하고 불안감에 휩쓸리기 때문에(올바른 판단을 할 수 없거나, 괴로운 상황에 빠진다)? 의료인에게 의지할 수만 있다면, 그것이 환자에게는 제일 편하니까?

의료인이 너무나 바빠서 문외한인 사람도 알기 쉽도록 설명해 줄 만큼의 시간이 없기 때문이라는 말은 온정적 간섭주의를 정당화하는 주장의 이유가 되지 못한다. 왜냐하면 이것은 온정적 간섭주의의 사고방식이 아니다. 환자를 위해 대신한다는 중요한 조건이 빠져 있기 때문이다. 다른 예를 들어 보자. 의료인이 실수를 했을 때 맡기는 의료를 하게 되면 실수가 들키지 않아서, 몰래 비싼 약을 사용해 돈을 벌 수도 있으니까라는 대답도 틀렸다. 처음부터 이러한 것은 온정적 간섭주의라고 말할 수 없다. 무의식중에 오만한 태도를 취하는 (자신이 자신의 모습을 보지 못하는) 불쌍하고 어리석은 의료인의 행동이나 단순한 병동관리 운영상의 처치도 온정적 간섭주의의 이름을 가지고 말해져서는 안 된다. 왜냐면, 이러한 것들은 환자를 위해서라거나 환자를 대신해서라는 중요한 포인트에서 벗어나 있기 때문이다. 밀어붙이는 식의 의료인의 행동을 전부 통틀어서 온정적 간섭주의나 온정적 간섭주의적이라고 부르면서 비난한다면, 온정적 간섭

주의가 슬퍼할 것이다.†

3. 온정적 간섭주의의 문제점

온정적 간섭주의에 의거한 전통적인 의료는 환자를 아이와 마찬가지로 의학을 이해하지 못하고 올바른 판단을 하지 못하는 사람, 감정적으로 불안정하고 비이성적인 사람으로 여겨왔다. 그렇기 때문에 의료인은 환자를 대신해서 환자를 위한 최선의 결정을 내리고 최선의 의료를 제공해야 하며, 그래서 환자의 신뢰를 얻은 사람으로서 지식과 기술, 인간성 등을 갈고 닦아야 한다. 이것이 전문가(프로)다, 라고 하며 자랑스럽게 여겨왔다.

만약 온정적 간섭주의를 기반으로 하는 전통적인 의료의 제일 큰 문제점이 무엇인가라는 질문을 받는다면, 그것은 환자를 일률적으로 아이처럼 취급해 왔다는 점이다('일률적으로' 부분에 주의해 주길 바란다).

의료의 역사 속에서 수 없이 많은 환자가 판단능력이 없는 아이처럼 행동했을지도 모른다. 그러나 그것이 환자의 진짜 모습인지 아닌지는 알 수 없다. 아이 같은 환자의 행동은 의료라는 무대에서 의료인이 환자에게 부여한 역할이 아닐까? 환자는 관습에 따라서 그 역할에서 벗어나지 않으려고, 의료인이 쓴 시나리오에 끝까지 충실히 기특하게 부모에게 도움을 청하는 아이와 같은 역할을 연기해 올 수밖에 없었던 건 아닐까? 이것을 본 의료인이 역시 환자는 아이와 같구나라는 잘못된 생각을 굳히게 되었을 수도 있다. 왜 환자는 역할에 충실하려고 했을까? 혹시 시나리오를 쓴 사람의 기분을 상하지 않게 하려고 그랬던 건 아닐까? 물론 마음 속으로는

---

† 온정적 간섭주의와 전문 직업성(professionalism)은 깊은 연관 관계가 있다. 즉 직업윤리인 '의사의 윤리 강령'의 정신이다. 'professionalism'은 'profession'에서 유래하는데, 어원은 '앞에서 말하는'이라는 것이며, 세상에 부끄럽지 않는 말을 하는 것을 뜻함과 동시에 '신 앞에서'라는 종교적인 의미가 있었다. [카토]

Re: 최근 수 년 사이 전문직업성이라는 (한동안 들리지 않았던) 말을 자주 듣게 된다. 이는 '의사의 자율'의 부활을 상징한다. [핫토리]

어떻게 해야 할지 몰라서, 아이처럼 행동한 환자도 많이 있었을 것이다. 그러나 그렇지 않은 사람도 있었을 것이다. 환자는 어차피 모두 다 그런 거야 라는 생각은 여자는 모두 그런 것, 남자는 모두 저런 것, 아이란, 노인이란……, 간호사란, 의사란 모두 그런 것이라는 생각과 같이 단순화된 것이다.

현대 병원에서 입원환자는 파자마나 잠옷을 입게 되어 있다. 병원 안에서 그런 모습을 하고 있는 건 환자뿐이어서 누가 보더라도 그 역할을 알 수 있다. 의료인이 백의라고 하는 차갑고 가면 같은 유니폼으로 몸 채비를 단단히 하고 온몸을 가리고 있는 것과는 대조적으로, 파자마 차림이란 평소에 사람들이 다른 사람에게 보이고 싶지 않은 무방비하면서도 볼품없는 모습이다. 사회성이나 활동성이 낮은 미덥지 못한 모습으로 있는 것을 보거나 보이는 상태가 일상화되어 버리면, 심리적으로 역할 분담은 고정될 수밖에 없다. 밤낮으로 파자마 차림의 환자를 보고 있으면 의료인은 자연스럽게, 말을 잘 듣는 착한 아이가 잘 시간이 되어서 파자마로 갈아입은 아이를 지켜보는(자신들은 평상복 차림으로) 마치 부모와 같은 심정이 드는 게 아닐까.

학창시절 소화기외과 임상실습 중에 담당했던 수술 받은 환자를 몇 개월이 지날 때 즈음 병원 로비에서 우연히 만났다. 양복차림에 당당한 그 풍모는 병원 침대에 환자복 차림으로 자고 있던 때와는 전혀 다르게 변해 있었다. 옆에서 보면 내 표정과 태도도 완전히 달랐을 것이다.

4 온정적 간섭주의의 다양한 형태

온정적 간섭주의를 근간으로 모든 환자를 일률적으로 아이 취급해 온 전통적인 의료의 자세를 전적으로 옹호하고 부활시키려고 하는 사람은 상당히 소수파일 것이다. 그렇다면 언제라도 온정적 간섭주의는 배제되어야 하는 꺼림칙한 과거의 사고방식이라고 잘라 말해도 되는 걸까? 만약 온정적 간섭주의적 의료행위가 때로 허용된다면, 그것은 어떤 경우일까? 이것이 다음으로 생각할 문제이다.

이에 관한 힌트로써 지금까지 다양한 제안이 나오고 있다. 온정적 간섭주의의 분류를 살펴보자(표1-23).

표1-23 온정적 간섭주의의 분류[43]

a. 강한(hard) 온정적 간섭주의 - 약한(soft) 온정적 간섭주의
b. 적극적 온정적 간섭주의 - 소극적 온정적 간섭주의
c. 직접적 온정적 간섭주의 - 간접적 온정적 간섭주의
d. 능동적 온정적 간섭주의 - 수동적 온정적 간섭주의
e. 형식적 온정적 간섭주의 - 실체적 온정적 간섭주의
f. 강제적 온정적 간섭주의 - 비강제적 온정적 간섭주의
g. 신체적·물질적 온정적 간섭주의 - 정신적·도덕적 온정적 간섭주의

글자만 봐서는 무슨 말인지 이해하기 힘든 부분이 있어 간단히 설명하겠다. b. 적극적이란 이익을 증대시키기 위함이며, 소극적이란 이익의 감소를 막기 위한다는 의미다. c. 직접적이란 개입을 당하는 사람과 이익을 얻는 사람이 동일하다는 의미다. d. 능동적이란 어떤 것을 하도록 하는 개입이며, 수동적은 어떤 것을 그만 두게 한다는 의미다. e. 형식적이란 자기결정을 가능하게 하는 환경·조건을 정비하는 것이며, 실체적이란 자기결정의 내용 그 자체에 간섭한다는 의미라고 한다.

이렇게 보면 다양한 측면에서 분류가 이루어지고 있으며, 사실 그것은 온정적 간섭주의의 정의 자체가 정해지지 않았으며, 동일한 단어를 쓰지만 사용하는 사람에 따라서 범위나 뉘앙스가 달라지는 것의 이유가 된다. 그리고 공공사회에서 국민의 생활에 널리 영향을 미치는 법적 온정적 간섭주의와 특정한 관계성 속에서 국소적으로 일어나는 의료윤리적 온정적

간섭주의 사이에 온정적 간섭주의의 규모나 성격이 다른 이유도 여기에서 기인한다. 엄밀한 연구를 위해 자세한 분류가 필요하지만, 임상현장에서는 그렇게 신경을 쓰지 않아도 된다.

좀더 깊이 들어가면, 이것은 법과 윤리, 공과 사라는 식의 대비로 단순화 할 수 없다. 같은 법적 온정적 간섭주의 연구자들 사이에서도 어떤 형태의 것을 온정적 간섭주의로 볼 수 있는지를 둘러싼 논쟁이 있다. 예를 들면, 행동경제학(실험심리학을 응용한 행동사회과학의 일종)의 흐름을 이어 받은 자유주의적 온정적 간섭주의가 제창되고 있다. 이것은 간접적이면서도 비강제적으로(nudge, 즉 팔꿈치로 콕콕 찌르면서 주의를 환기 시키는 방법으로써 - 그러니까, 수업 중에 졸고 있는 옆 자리의 동급생을 찌르면서 '선생님이 보고 있어'라며 신호를 보내는 식이다) 국민이 건강에 좋지 않은 음식의 구매를 하는 것을 자제하도록 유도하는 형태다. 그런데 이런 것은 온정적 간섭주의라고 할 수 없다고 비판하는 연구자도 있다.[44]

표1-23의 분류 중 의료현장에 있는 사람에게 제일 중요한 것은 바로 a.인 '강한-약한'의 구분이다.

강한 온정적 간섭주의란 상대방이 누구든지 간에 일률적으로 그 사람의 이익이 되는 것을 생각하면서 그 사람을 대신해서 판단을 해주는 것으로 그렇게 개입하는 방식을 말한다. 앞에서 적은 바와 같이 이 입장을 취하는 사람은 많지 않다. 이에 비해 약한 온정적 간섭주의란 자기결정능력이 결여된 사람에 대해서만 그렇게 하는 것이 허용된다고 생각하는 입장이다. 자기결정능력(competence)를 기억하고 있는가? 자기결정능력이란 의료인의 개시·설명을 이해하고, 자기가 처한 심신의 상황을 파악하며, 자기 자신의 가치관이나 인생관에 비춰 보면서 생각을 하고, 최종적으로 의사결정을 내려서, 의료인이나 주위 사람에게 그 (최종적) 생각을 알리는 일련의 일을 하는 능력을 말한다(⇒ pp. 94-95). 중증 인식장애자, 지적장애자, 정신장애자는 충분한 자기결정능력이 결여된 상태로 보고 있다.* 이 외에 신생아나 영유아가 있다.†

대량출혈을 한 채 의식불명인 상태로 실려 온 환자, 대사성산증로 인해 의식을 잃은 당뇨병 환자, 천연성의식장애 환자, 심한 화상을 입은 중증 치매 환자. 이런 환자가 자연적으로 혹은 기적적으로 의식이 돌아오거나 판단능력이 돌아와서 치료에 대한 동의를 할 수 있을 때까지 의료행위를 자제해야 한다고 생각하는 사람은 없을 것이다.

현실적으로 얼핏 봐서는 자기결정능력의 결여 여부를 판단할 수 없는 환자, 경도·중등도 증상을 지닌 환자에 대해 약한 온정적 간섭주의에 의거해서 의료를 해도 되는지에 대한 여부가 문제다. 이에 관해서는 사례를 통해서 다시 생각해보도록 하겠다(⇒ p. 413).

세 단락 정도 앞에서 신생아나 영유아라고 적었다. 틀림없이 온정적 간섭주의로 의료행위를 해도 좋다라고 생각할 것이다. 하지만 이 경우에도 의료인이 마음대로 온정적 간섭주의로 판단을 내려야 하는 상황은 매우 예외적이다. 대부분은 부모나 가족이 대리결정자가 되기 때문이다. 이것이야 말로 온정적 간섭주의의 원형이다.

5. 의료인을 초조하게 하는 경우

자신이 받을 의료에 대해 판단하는데 충분한 만큼의 지적능력이나 의식수준이 결여되어 보이지 않는 환자에 대해서도, 의료인이 환자 본인을

---

* 중증이나 충분히라는 표현이 포인트다. 이러한 한정적 조건을 붙이면 어디에서도 이견이 나오지 않을 것이다. 경도나 중등도 장애의 경우를 포함시키거나 충분히라는 표현을 빼버리면 그 즉시 논쟁이 들끓게 된다.
† 분명 제안한 치료를 거부하는 환자에 대해서 동의 능력을 의심하는 경우가 많이 있다. 정신과에서는 동의 능력이 없다는 이유로 보호자의 동의를 받아 입원하는 경우가 있다. 한편, 잘 모른 채로 동의한 환자에 대해서는 그 자기결정능력의 유무와는 관계없이 자발적 입원으로 보는 경우가 있다. [이토]

대신하여 의료방침을 결정하려고 하는 경우가 있다. 그렇다고 해서 예전이라면 모를까, 환자의 의사를 존중하는 것이 중요하다고 강조되고 있는 지금, 그래도 될까 생각하면서 의료인은 안절부절 못하고 고민에 빠지게 된다.†

어떤 경우인지 잠시 적어보겠다.

1. 병세가 위독한데도 불구하고 병세에 대한 의학적 사실이나 치료를 하지 않으면 어떻게 되는지에 대한 거의 확실한 의학적 사실을 인정하려 하지 않을 때, 2. 조금만 더 늦으면 손을 쓸 수 없는 상태인데도 불구하고 자연치유력이나 종교적인 기적을 과도하게 믿을 때, 3. 어떻게 하고 싶은지 자신이 바라는 생각을 단편적으로도 표현하지 못할 때, 4. 의견이나 희망이 자주 변해서 일관되지 못하고 진의를 알 수 없을 때, 5. 양립이 불가능한 희망을 바라고 있을 때, 6. 자포자기한 것처럼 보일 때, 7. 이유를 전혀 말하지 않은 채 단지 완고하게 치료 거부를 표명할 때.

조금 더 정리해보면 ① 의료인의 경험에 바탕한 진단이나 제안을 환자가 따르려 하지 않을 때, ② 환자의 진짜 희망을 알아채기 힘들 때, ③ 환자의 의사결정이 합리적인 사고에서 나왔다고 보기 어려울 때, ④ 생명을 잃거나 심각한 후유증 등 환자 자신에게 불이익이 될 것으로 판단되는 선택지를 일부러 선택할 때. 이러한 상황에 처한 의료인은 온정적 간섭주의로 의료개입을 해도 될까? 오히려 그렇게 하는 것이 의료인의 당연한 책무라고 말할 수 있을까?

일반적으로 의료인은 자신들이 제안하는 치료방침을 받아들이는 환자

---

† 내가 인턴이었을 때, 치매도 없고 우울증도 아닌 고령의 폐렴 환자로부터 "나는 곧 죽을 거니까, 퇴원해서 내 집 방바닥에 누워서 마지막을 맞이하고 싶어"라는 이야기를 들은 적이 있었다. 상담 당시에 염증반응도 그렇게 높지 않았고, 폐렴은 치료될 가능성도 충분히 있었지만, 다른 병 치료 때문에 저항력이 약해지는 스테로이드를 사용하고 있는 중이기도 했다. "왜 그런 마음 약한 말씀을 하세요."라고 묻자, "돌아가신 어머니가 베갯머리에 서 계셔"라고 말했다. 나는 그때, 병원에서 치료를 계속 하자고 열심히 설득했다. 그 당시 내 설득이 정당한 온정적 간섭주의라고 생각했지만…… 의사로써 다소의 경험을 쌓은 지금은 과연 좀더 정확한 판단을 내릴 수 있을까? 아직 그런 확신을 못하고 있다. [토쿠나가]

를 '자기결정능력 있음', 반대로 받아들이지 않는 환자를 '자기결정능력 없음'으로 보는 경향이 있다. 게다가 의료인은 자기들이 항상 합리적 판단을 하고 있다고 믿어 의심치 않는다. 그 합리성의 기준은 의료인 자신의 사고 양식과 의료 관행에 놓여 있다. 한 술 더 떠서 의료인은 공공질서와 공서양속이라는 말을 끄집어낸다. 설령 다른 사람에게 직접적인 위해를 가하지 않더라도 자기파괴적인 의사결정은 사회적 질서를 어지럽히고, 공공질서와 공서양속에 반하는 불합리한 것이라고 보고 있다.

하지만 안락사나 동성 간 결혼을 합법으로 용인하는 지역사회가 생겨나는 등 사회 자체의 양상이 상당히 많이 변해 왔다. 이런 와중에 의료인은 자신들이 내려 왔던 판단에 대한 자신감을 잃어 가고 있다. 원래부터 인간이 그렇게 합리적인 존재였을까? 지금 이렇게 바람직한 의료윤리에 대해서 생각하는 것은, 인간이란 무엇인가, 바람직한 사회란 어떤 사회인가를 생각하는 것이기도 하다.

V 의료윤리학의 응용문제

　지금까지의 '기본 문제'가 해부학·생리학·생화학에 해당한다면 이제부터 시작하는 '응용문제'는 병리학이나 미생물학, 공중위생학에 해당한다.
　환자가 이런저런 의료정보에 대한 설명을 듣고 충분히 이해한 후에 의학적으로 적절한 치료법을 선택한다면 그것 이상 좋은 일은 없다. 그러나 언제나 그런 식으로 순조롭게 진행된다는 보장은 없다. 의료현장에는 파란의 드라마가 있다. 의료인이 보기에 안타까운 마음이 드는 상황도 종종 있다. 그중 제일이 '치료 거부'이다. 사례를 통해서 이 고민스러운 문제에 대해 생각해보자.
　'환자와 의료인 사이의 의견 대립'의 장면은 의료현장에서 자주 있다. 의료가 서비스업일까? 의료인은 항상 환자와 가족의 요청에 응해야만 하는가? 이러한 문제도 생각해보아야 한다.
　또한 여기서는 오늘날의 의료윤리학에 있어서 빼놓을 수 없는 '돌봄

(care)'과 애드보커시에 대해 약간의 고찰을 제시해보도록 하겠다. '환자의 연약함과 자율의 존중'은 약간 딱딱한 부분이기 때문에 맨 나중으로 미뤄도 상관없을 것 같다.

'가족과 "그 외"의 관계' '한정된 의료자원의 배분'부터는 눈앞에 있는 한 사람의 환자와 한 사람의 의료인이라는 일대일의 틀에서 벗어나, 좀더 멀찍이서 넓게 문제를 바라보기 위한 실마리를 얻을 수 있다고 생각한다.

A. 치료 거부

1. 닥스(Dax) 사례

의료인은 의료 제공을 직업으로 한다. 의료행위란 간단하게 할 수 있는 일이 아니다. 학생 시절도 힘들지만, 자격을 취득하고 나서도 의료인은 공부를 계속해나가야 한다. 왜 그렇게까지 노력하는 걸까. 자신의 생활을 위해서라는 사람도 있을 것이며, 자신이나 가족의 누군가가 병이나 부상을 당해서 병원 신세를 진 적이 있어서 그 은혜를 갚으려고 다짐한 사람도 있을 것이다. 반대로 충분한 의료를 받지 못했기 때문에 자신이 의료인이 되어 수준 높은 의료를 제공하고 싶다고 생각하는 사람도 있을 것이다. 두 경우 모두 의료직이 힘들기는 하지만 보람 있는 일이라고 여기고 있다. 그렇게 생각하지 않은 사람은 직업을 바꿨을 것이다.

우리가 하고 있는 일은 환자를 위한 일이다. 의료인은 그렇게 믿으며, 말 그대로 밤낮을 가리지 않고 몸을 상해가면서 힘든 업무를 감당하고 있다. 그렇기 때문에 환자가 의료를 거부하면, 의료인은 주춤하게 되고 당황하며 마음이 불편해진다. 짜증이 나서 때로 환자에게 화를 내는 경우마저 있을 것이다.

그럼 미국에서 실제 있었던 유명한 사례를 제시해보겠다.

닥스는 스포츠에 만능인 25세 청년이었다. 아버지와 함께 부동산 물건을 보러 외출했다가 집으로 돌아가려고 차의 시동을 걸었을 때 갑자기 폭발이 일어나서 엄청난 화염에 휩싸였다. 근처에 있던 천연가스 파이프라인에서 가스가 새어 나오고 있었던 것이다. 닥스는 전신의 3분의2에 해당하는 넓은 범위에 2도와 3도(가장 심한) 화상을 입었다. 다행히 구급차 안에서 수액 등의 적절한 처치를 받고 생명은 건졌지만 두 눈이 실명되었고 양손의 손가락이 불에 타서 떨어져 나갔다.

사고가 난지 1년이 지나도 화상 치료는 여전히 계속되었다. 수술로 한쪽 눈의 시력이 약간 회복되었지만, 감염 예방을 위해서 매일 허버드 탱크(Hubbard tank)에 들어가서 치료를 받아야 했다. 일련의 처치는 말로 표현할 수 없을 정도의 심한 고통이었다. 결국 닥스는 화상 치료를 거부하고 집으로 돌아가고 싶다고 말했다. 허버드 탱크에 들어가지 않으면 약해진 피부를 통해 병균이 침투하여 심각한 감염이 발생하여 생명을 잃을 것이 분명했다. 닥스는 이러한 의학적 사실을 이해하고 있었다. 그래도 퇴원을 하고 싶다고 계속 이야기하자 정신과 의사가 호출되었다. 닥스가 우울증 등의 정신과적 치료가 필요한 상태가 아닌지 전문가의 판단이 필요하다고 여겼기 때문이다. 정신과 의사의 진단에 의하면 닥스는 우울증이 아니며 합리적인 판단을 할 수 있는 상태였다. 닥스의 어머니는 신께서 주신 생명의 소중함을 닥스 자신도 언젠가 반드시 깨닫게 될 때가 올 것이라면서 의료팀에게 치료를 계속해달라고 부탁했다.[45]

닥스의 의사표시에 애매함은 없었다. 의식도 또렷하여 반복해서 몇 번이나 일관적으로 같은 주장을 하였다. 정신과 의사는 닥스가 우울증 상태가 아니라고 판단했다. 내 경험에 의하면 강의실에서는, 본인의 의사를 존중해야 한다는 입장과 그 주장은 이해하지만 간단히 죽게 내버려둘 수는

없다는 입장 두 가지로 의견이 나뉘는 경우가 많았다.†

가능한 한 환자 개인의 의사를 존중하자. 충분한 정보에 의한 동의는 이러한 사고방식의 하나다. 만약 개인의 의사를 존중할 필요가 없다면, '맡기는 의료'만으로 충분할 것이다. 힘들게 충분한 정보에 의한 동의를 취하지 않아도 된다. 의료인의 경험(원한다면 통계적 자료나 증례 보고를 여기에 추가해도 된다)과 직감, 믿음에 따라서 환자에게 도움이 될 것으로 예상되는 의료를 시행하면 그걸로 충분할 것이다(이것을 온정적 간섭주의라고 한다 ⇒ p. 164).

아니면 존중할 수 있는 의사와 존중할 수 없는 의사가 있어서 이것을 정확히 구분해야 할까? 만약 그런 구분이 있다면 그 둘 사이에의 선을 어떻게 그을 수 있을까, 내용의 좋고 나쁨으로 정해야 될까? 생명에 지장이 없는 결정이라면 어떤 의사라도 존중하지만 생명을 단축시키는 선택은 존중하지 않아도 된다거나 하는 판단은 얼핏 보기에 쓸 만한 기준처럼 보인다. 자신의 생명을 단축시키는 방향의 자기 파괴적(self-destructive)인 선택은 존중할 가치가 없다고 말이다.

그러나 실제 이러한 구분법은 통용되지 않는다(그렇다고 해서 틀렸다고는 할 수 없다). 왜냐하면 지금의 임상현장에서는 연명의료를 원하는지 여부, 수술을 원하는지, 화학요법을 원하는지, 인공호흡기 사용 여부 등과 같은 선택에 있어서 본인의 의향을 존중하려고 노력하기 때문이다. '당신

---

† 고통이 심하기 때문에 치료를 거부하고 집으로 돌아가고 싶어 한다. 이를 '의사 존중'이라는 추상적인 말로 이해할 것이 아니라, 그가 진심으로 바라는 것이 무엇인지 알 방법은 없을까? 지금 받고 있는 치료는 거부하고 있지만 모든 치료를 거부하는 것은 아닐 것이다. 고통을 완화시키는 방법이 있다면 치료를 계속 원했을지도 모른다. 치료 그 자체가 아니라 고통이 싫은 것이다. 집으로 돌아가면 어떻게 지낼 것인가, 약액조(허버드 탱크) 대신에 집에서는 어떤 치료를 할 수 있는가 등에 대해서 이야기를 나눌 시간을 가질 수 없을까? [요네다]
Re: 닥스의 의사는 추상적이 아니라 극히 구체적이다. 닥스의 결정은 집으로 돌아가면 의학적으로 필요한 치료를 못 받게 된다는 점, 대체치료가 없다는 사실 등을 몇 번이나 반복해서 서로 이야기하고 설명을 들었으며 이에 대한 불이익을 감수하면서도 내린 중대한 결단이다. [이토]

의 선택은 생명연장과는 관련이 없는 선택이기 때문에 우리들은 당신의 선택을 존중할 수 없습니다'라는 말은 할 수 없다.†

'아니요, 그건 어차피 살아날 가망성이 없는 경우의 이야기잖아요. 의료행위로 생명을 살릴 수 있다면 (닥스의 경우처럼) 이야기는 달라지잖아요.'라고 말하는 사람이 있다면 다음과 같은 예를 들어보겠다.

신앙상의 이유로 어떤 의료행위(예를 들면 혈액제제 사용 등)를 받아들일 수 없다고 입장을 표명하는 사람이 있다. 이에 대해 세계적으로 성인의 경우는 생명을 잃을 수 있다 하더라도 이들의 의사를 존중해주려는 방향으로 나아가고 있다(⇒ p. 224).††

그렇다면, 이제 그만 치료를 그만하고 집으로 돌아가고 싶다고 말하는 닥스에게 억지로라도 심한 통증을 유발하는 치료를 계속해도 되는 (또는 계속해야 할) 근거는 (만약 있다면) 대체 어떤 것이 있을까? 가족(닥스의 경우 신앙심이 깊은 어머니)의 의향인가?

환자의 의사를 존중하고 싶지만 환자를 죽게 내버려둘 수 없다고 말하는 학생 중 절반 정도가 자신이 닥스와 똑같은 상태라면 치료를 받고 싶지 않다고 생각하는 것 같았다. 자신이 환자라면 받고 싶지 않은 치료라 하더라도, 의료인인 이상 하지 않으면 안 된다고 생각하는 학생이 적지 않은 것이다. 그런데 이러한 생각은 대체 어디서 나오는 것일까? 평소의 자

---

† 뇌경색으로 오른쪽 반신마비가 된 A에게 조기 위암이 발견되었다. 의사는 "지금 수술을 하면 고칠 수 있습니다. 이대로 놔두면 식사도 못 하게 됩니다"라고 말했음에도 불구하고, A는 "괜찮아요. 반신마비가 낫는다면 모를까, 이대로라면 살고 싶지도 않아요. 수술은 절대 안 할 겁니다"라고 강한 어조로 답했다. 가족은 "강제로라도 수술을 해주세요"라고 말했으나 수술하지 못했다. 1년 뒤, 고통을 참지 못하게 된 A는 "수술을 하겠다"고 말했다. 검사 결과, 전이가 진행되었으며 의사는 "이젠 수술을 하는 것보다 진통제를 사용하며, 하고 싶은 일을 하는 편이 좋습니다"라고 말을 하였다. 마음은 계속 흔들린다. 의료인인 우리는 어떻게 대응 했어야 했을까? [오노]

†† 치료를 거부하는 환자에 대한 치료로 의료인의 사명이라고 한다면 그 사명은 누구에게 부여받은 것일까? 그 사명은 어느 정도의 강제력을 지니고 있을까? [나카자와]
할 수 있는 모든 방법을 동원해서 (최선을 다하는 것이) 의료인의 사명이라고 생각한다면 병을 완치하기 위한 노력을 하지 않는 환자를 피하고 싶어질 것이다. [하라]

신과 백의를 입었을 때 자신 사이에서 외풍이 불고 있다. 왜 이런 외풍이 불어야만 하는가? 누가, 어떻게 의료인의 역할을 정하는 것일까, 태고적부터 이미 정해져 있었던 것일까, 어찌됐든 병만 고칠 수 있다면 고쳐야 하는 것이 의료인의 의무라면, 앞으로도 이러한 생각은 절대로 바뀌지 않을까?

의료는 사회적인 일로써 사회적 상황이나 사람들이 의료에 대한 기대가 변하면 의료나 의료인의 위상도 변한다. 예를 들면 100년 전에는(일본의 경우 40년 전) 생각지도 못한, 충분한 정보에 의한 동의나 다른 의사의 견해(scond Opinion)라고 하는 개념이 일반화되고 있다. 의료에 있어서 간호사의 위치와 역할은 상당히 많이 변해 왔다. 물론, 의료 환경과 의료인의 사명이 변해 왔고(사실), 그리고 이후로도 점점 더 변해 갈 것이라는 것과(추측), 의료환경과 의료인의 사명은 변해도 되며 변해야 된다는 생각은(당위) 다르다고 생각한다. 그렇다고 한다면, 더욱 더 의료인의 사명을 당연한 것으로 단순히 받아들이지 말고 곰곰이 생각하지 않으면 안 된다. 그렇게 할 때 우리는 의료윤리학에서 의철학으로 발을 내딛을 수 있다.

한 가지 더, 이번에는 네덜란드에서 있었던 사례를 소개하겠다.

2. 샤봇 사례

붐스마(Boomsma)는 50세 여성이다. 스물두 살에 결혼한 이후 남편의 가정폭력으로 행복한 결혼생활을 하지 못했다. 5년 전 장남이 자살을 했으며 이것이 계기가 되어 가정 내 문제가 악화되었고 남편의 폭력이 한층 더 심해졌다. 붐스마는 죽고 싶다는 마음이 들었지만, 둘째 아들을 돌보지 않으면 안 된다는 생각이 그녀를 겨우 지탱하고 있었다. 2년 후 이혼을 하고 둘째 아들과 둘이 지내게 되었으며, 그로부터 2년 후에 아들이 교통사고를 당해서 입원하게 되었다. 입원 중 우연히 암이 발견되어 둘째 아들은 다음 해에 사망하였다. 그날 밤 붐스마는 자살을 기도했으나 죽지 않았다.

그 뒤에 네덜란드의 '자발적 안락사협회'를 찾아가서 의사인 샤봇를 소개받았다. 의사의 진단에 의하면 붐스마는 우울증을 동반한 적응 장애로 치료가 길어질 수는 있으나 불치의 병이 아니었다. 의사는 붐스마에게 정신과에서 진료를 받을 것을 적극적으로 권했다. 그러나 붐스마는 치료 권고를 완강하게 거절했다. 의사에게 보낸 편지에 또한 상담을 하는 진료실에서 붐스마는 안락사가 얼마나 숙고한 뒤에 내린 결론인지, 두 아이가 세상을 떠난 뒤 얼마나 자신의 인생이 허무한지에 대해서 절절히 하소연했다. 샤봇은 붐스마가 견딜 수 없는 정신적 고통을 오랫동안 겪어왔다고 확신하게 되었고, 자살이라는 훨씬 고통스러운 방법으로 죽는 것보다 나을 것이라는 생각에 치사량의 약물을 건네주었다. 다른 7명의 의사와 상담을 해보았지만 모두 어쩔 수 없다는 의견이었다.[†]

이 사례를 읽고 당신은 무엇을 느꼈는가? 일단은 붐스마의 정신과 치료 거부와 의사가 치사량의 약물을 붐스마에게 건네준 것 – 의사자살조력 (physician-assisted suicide) – 의 옳고 그름에 관해서 생각해보자.

붐스마는 반드시 정신과 치료를 받아야 할까? 향정신성의약품을 복용하여 더 이상 두 아들이 없는 고독한 이 세상을 번거롭게 여기지 않고 삶의 보람을 찾아서 즐겁게 살아가려고 노력하는 것이 붐스마에게 주어진 의무일까? 의료인은 그런 사람을 억지로라도 정신과에 데려가 치료를 받게 해야 할까?[††]

[†] 의사의 사명을 육체적·정신적 고통의 완화에 한정하는 한, 붐스마의 고통이 의학의 한계를 넘어서 있다는 인식의 공유가 있었다. 자살도 어쩔 수 없다는 판단은 의학적 판단일까, 의학을 넘어선 판단일까? 붐스마 자신이 누구를 마주 대하고 있는지가 열쇠가 아닐까? [카토]

[††] 건강이란, 좋은 상태를 뜻하는 것이 아니라, '우리가 지니고 있는 힘을 충분히 활용하고 있는 상태를 의미한다'라고 나이팅게일은 말한다. 건강과 병은 떼어낼 수 있는 것이 아니라, 연속된 건강상의 반응 중

그 전에 붐스마는 병일까? 붐스마가 괴롭고 고통스러워하는 원인이 정신병에 의한 의학적인 문제일까? 의학적으로 해결해야 할 문제일까, 아니면 단순한 인생의 문제일까? 그럴 수도 있고, 그렇지 않을 수도 있다. 병이란 무엇인가라는 물음은 의철학에서 가장 중요한 문제 중의 하나다.

여기서 시야를 넓혀보자. 조금 전의 닥스 사례와 이 사례와는 어떤 차이가 있을까? 사례연구를 할 때는 이와 같이 닮은 듯하면서도 서로 다른 사례를 머릿속에 떠올려보면 좋다. 그렇게 하면 그 사례 고유의 문제나 특수성이 뚜렷하게 보이기 때문이다.

제일 먼저 떠오르는 생각은 닥스의 경우에는 견디기 힘든 신체적 고통이 우선이 되는 반면, 붐스마의 경우에는 신체적 고통은 없으며 오로지 정신적, 심리적인 고통이 전면에 있다는 점이다. 물론, 닥스에게 정신적 고통이 없었다고는 말할 수 없다. 가장 큰 문제가 신체적 고통이라는 것이다. 견딜 수 없는 신체적 고통(당연히 정신적으로도 괴로울 것이다)과 견딜 수 없는 정신적 고통에 대해 우리들의 대응 방법을 바꿔야만 하는 걸까?†

이렇게 생각할지도 모른다. 견딜 수 없을 정도의 심한 신체적 고통이 있다면, 수명을 단축시키는 행위도 경우에 따라 인정할 수밖에 없을 것이다. 그러나 단순히 정신적 고통만 있다고 한다면 안락사는 용인될 수 없다. 확실하게 치료를 해서 정신적 고통을 제거해야 할 것이다. ―과연 그럴까?

네덜란드 왕립의사회가 의사에 의한 자살 조력이 용인되는 다섯 가지 조건을 제시한 안락사 법(1995)에서는 신체적 고통과 정신적 고통이 구별

일부이다. [키타즈메]
† 인간의 고통은 신체적, 정신적, 사회적, 경제적, 영적 등으로 분류된다. 각각의 고통에는 정신적 고통이 반드시 동반된다. 한편, 정신적 고통은 단독으로 존재할 수 있을까? [키타즈메]
Re: 고통을 이렇게 계층적으로 또는 다원적으로 분류하는 것이 타당한지 의문스럽다. 가령 그렇다고 한다면 어떠한 조합도 가능할 것이다. 정신적 고통만이 다른 차원이며 모든 고통의 필요조건이라고는 말할 수 없을 것이다. [이토]

되어 있지 않았다. 또한 네덜란드의 안락사에 관한 법 개정(2002년 발효)에도 견딜 수 없고 치료 가능성이 없는 고통에 대한 정신적, 육체적 구별은 없다. 한편 일본의 경우 어디까지나 방론(傍論)*이긴 하나, 이른바 토우카이대학 안락사 사건의 판결(요코하마 지방법원 판결, 1995.3.28)에서 적극적 안락사의 네 가지 요건을 제시하였는데, 여기에서는 '견디기 힘든 육체적 고통'이라고 명확하게 한정되어 있다. 이런 차이를 어떻게 생각하면 좋을까?

견디기 힘든 고통이란 어떤 고통을 말하는가, 이러한 것도 문제가 될 수 있다. 현재, 통증 조절(pain control) 기술이 눈부시게 발전되어 있다. 대부분의 통증은 숙련된 전문가의 처방으로 억제될 수 있다. 그러나 그것만으로 고통을 없앨 수 있을까?

네덜란드 정신의학회에서는 붐스마의 사례(결과적으로 치사량의 약물을 건네준 의사는 기소되어 고등법원에서 집행유예의 유죄판결을 받았기 때문에 샤봇 사건으로 불린다)를 계기로 정신장애인의 의사조력자살 의뢰에 어떻게 대응해야 할지에 대한 문제를 검토하는 위원회를 설치하였다. 이 위원회의 견해는 다음과 같다.

자살에 대한 생각은 무엇보다 정신병리적 신호 중의 하나이기 때문에 의사조력자살을 고려하기보다 자살 예방방법을 생각할 필요가 있다. 그러나 처음부터 모든 자살우려를 정신병리적인 것으로 단정 지어서는 안 된다. 대부분의 자살우려는 일시적인 것이지만 그렇지 않은 경우도 있다. 매우 예외적이지만 정신과 의사가 자살을 돕는 것이(조력이) 용인되고, 그렇게 하는 편이 오히려 의사의 의무에 부합하는 사례도 있을 수 있다. 그렇

---

* 참고로 방론(傍論)이란, 전례로 남지 않기 때문에 법률적으로는 이후의 재판에 대한 구속력을 지니지 않는다. 재판관의 독백 정도로 이해하면 된다. 더구나 지방법원의 판결이기 때문에 과민하게 그 요건들을 확정적인 판결로 인식하지 않는 것이 좋다.

다고 하여 의사조력자살을 시행하는 것이 정신과 의사의 법적, 도덕적 의무는 아니다.[46]

의료거부에서 안락사 그리고 의사조력자살로 이야기가 넘어왔다. 자살 우려가 있는 환자에 대한 의료적 개입에 관해서는 사례연구에서 다루기로 한다(⇒ pp. 422-431).

안락사(euthanasia)에 대해서는 더 이상 다룰 기회가 없을 것 같아 아주 간략히 정리해보겠다. 안락사를 하나로 보지 않고 다음과 같이 나누어 볼 수 있다. ① 적극적 안락사: 고통뿐인 삶으로부터의 해방을 목적으로 의도적(치사성 약물을 투여하는 적극적인 행위로), 직접적으로 죽음을 초래하는 행위, ② 간접적 안락사: 고통완화와 제거를 목적으로 한 처치(몰핀 투여 등)로써 결과적으로 죽음을 앞당기는 행위, ③ 소극적 안락사: 고통을 연장시키지 않기 위해서 연명의료를 중단시키고 죽음으로 향하는 자연 경과에 따르는 행위.

붐스마의 사례는 ①에, 닥스가 바란 것은 ③에 해당된다고 할 수 있다. 단 ②는 완화의료, ③은 치료의 중지·중단이라고 바꿔 말할 수 있기 때문에 이것이 안락사에 포함되는지에 대해서는 의견이 분분하다.

존엄사라는 표현도 있기 때문에 이야기가 복잡해진다. 일본존엄사협회는 일본안락사협회(1976년 설립)가 이름을 바꾼(1983년) 조직이다. 존엄사에 대해서 발언을 하거나 논의를 하려면 존엄이란 무엇인가, 인간의 존엄은 어디에서 유래하는가, 존엄의 유무에 대해서 대체 누가 어떻게 판단할 수 있는 것인가에 대한 문제를 염두에 두어야 한다. 이 책은 안락사나 존엄사의 옳고 그름에 대해서는 깊게 다루지 않는다.

여기서 빠뜨릴 뻔했다. 닥스는 그 뒤에 어떻게 되었을까? 닥스는 그의 의사에 반하는 치료를 계속받았다. 덕분에 퇴원을 하였고 열심히 공부를 해서 변호사가 되었으며 결혼도 했다. 등산용 스틱을 사용해서 낮은 산에 오를 수 있을 정도로 회복되었다. 역시 치료를 계속하길 잘했구나,라고 말해도 될까? 만약 변호사가 되었다거나 결혼한 것을 근거로 그런 말을 한다면, 결과론적 결과주의(⇒ p. 273)의 관점을 취하고 있는 것이다. 또한 변호사가 되거나 결혼을 하는 것은 멋진 일이라는 통속적인 가치관을 전제하고 있다.

이러한 결과론적인 견해에 대한 반대 의견이 있다. 여기서는 그중에서 두 가지를 언급하겠다. 첫 번째는 의료에 있어 결과는 항상 불확실하다. 좋은 결과가 나올지는 해보지 않으면 알 수 없다. 결과를 알 수 없는 단계에서 항상 선택과 결정이 이루어진다. 그러므로 결과론을 그대로 의료윤리에 적용하는 것에는 문제가 있다. 두 번째는 그로부터 25년 후 닥스 자신이 공적인 자리에서 한 다음과 같은 발언이다. 이에 대해 어떻게 받아들이는 게 좋을까?

「분명히 지금은 행복하고 살아 있다는 것을 감사하게 여기고 있습니다. 그러나 만약 내일 다시 그런 사고를 당한다고 가정해봅시다. 당시와 똑같은 치료를 받으면 지금과 같은 정도의 회복이 가능하다는 사실을 안다고 하더라도, 지금 이렇게 살아있기 위해서 예전에 어떻게 해서든 빠져나와야만 했던 그 때의 통증과 괴로움을 다시 한 번 더 참아낼 수 있을지에 대해서는 도무지 자신이 없습니다. 저는 어떻게 할 것인가의 결정을, 어떤 경우에라도 스스로 하고 싶으며 다른 사람에게 맡기고 싶지 않습니다」.

이렇게 심경을 고백하는 닥스에게 '진짜로 죽어도 좋다라고 생각한다면 살아있지 말고 바로 자살하면 되잖아. 죽지 못하겠다면 죽어도 좋다라는 말은 본심이 아니다'라는 식의 말을 내뱉는 짓은 부당하다. 왜냐하면 그는 그 발언을 한 시점에 그 정도로 고통스러운 치료를 받고 있지 않았기 때문이다.[†]

[†] 일본어로 '존엄'은 정서적, 정념적인 느낌이 든다. 이 말로써 대부분은 자신의 절실한 바람·마음을 표현하려는 건 아닐까. 이러한 개별성을 떠나서 일반적인 개념이 된 순간, 의미를 정의할 수 없는 말로써 홀로 떠돌아다니기 시작할 위험이 있다. 이것은 '존엄'을 지탱해야 할 '인격' 개념이나 종교적 배경이 희박한

3. 할 수 있는 일은 하고 싶어 진다

마스다 슈이치(54세)가 응급실에 실려 온 것은 해 질 무렵이었다. 자전거를 타고 가다가 언덕길에서 넘어졌다. 얼마 동안 일어나지 못하자 지나가던 사람이 구급차를 불렀다고 한다. 아래팔에 복합골절이 있어서 입원하였다.

마스다는 독신으로 혼자 살고 있다. 복통을 호소하며 빈혈이 서서히 진행되고 있는 것으로 보아 복강 내 출혈이 의심되는 상태이다. 정밀검사를 했지만 영상검사에서 출혈 부위를 정확하게 찾을 수 없었다. 개복검사로 출혈부위를 정확하게 찾아 지혈을 하는 것이 안전하다는 설명을 들은 마스다는 수술로 배를 가르기는 싫다고 대답했다. 그래서 정기적으로 채혈과 혈압측정을 하면서 경과관찰을 계속하기로 했다. 마시다는 채혈과 골절치료를 거부하지 않았다. 사고로부터 5일 후에도 비교적 안정적이었지만, 언제 갑자기 출혈량이 늘어나 생명에 영향을 미치는 사태가 벌어질지 예상할 수 없다. 병동 직원들이 돌아가면서 병실에 들려 마스다와 이야기를 나누며 마음을 안정시키려고 노력했다. 마스다는 세상 이야기에 대해서는 밝게 웃으면서 이야기하지만, 수술 이야기만 나오면 바로 표정이 굳어진다. 왜 그러냐는 질문에는 "그냥 싫으니까 싫어. 칼로 배를 가를 정도면 죽는 게 나아"라는 대답만 한다. 병동 직원은 야간과 같이 사람 손이 모자란 시간대에 마스다가 대량출혈을 해서, 만약에라도 긴급수술이 늦어지기라도 하면 어떻게 할 방법이 없다는 걱정 때문에 안절부절 못하고 있다.

(사이타마적십자병원·하라 타카시가 작성한 사례를 일부 각색)

기 때문은 아닐까. [카토]
닥스의 발언에는 '두 번 다시 그 고통은 사양하겠다'라는 신체의 호소와 '자기결정권을 침해당한 건 죽는 것보다 중대하다'라는 2가지의 메시지가 있다. 당사자에게는 어느 쪽이 중요했을까? [카토]

마스다는 치료 전체를 거부하지 않는다. 개복수술만을 절대로 하기 싫어한다. 이에 대해 마스다에게 합리적인 설명을 듣지 못하고 있어서 의료인은 더욱 불안하다. 가족이라도 있으면 대신 설득해 주길 바랄 수도 있겠지만 마스다는 독신이다. 만약 일분일초를 다투는 생명이 걸린 상황에서 마스다의 의식이 없다면, 응급처치 차원에서 충분한 정보에 의한 동의 없이 수술을 해도 정당화된다. 그러나 현재 마스다의 출혈은 심하지 않고 일상적인 대화가 가능할 정도로 의식은 멀쩡하다. 아마도 마스다는 개복검사를 하지 않을 경우의 위험성을 이해하고 있을 것이다. 그래서 충분한 정보에 의한 동의를 얻지 않고 치료를 해도 되는 예외적 상황에는 해당되지 않는다고 판단된다.

그럼에도 불구하고 이렇게 보존적으로 경과를 지켜보는 것에 대해 의료인이 불안이나 답답함을 느끼는 것은 자연스러운 일이다. 확실하게 낫게 할 수 있음에도 불구하고 동의를 못 받는 것 물론이고, 이유도 모른 채 그저 팔짱을 끼고 지켜볼 수밖에 없기 때문이다.[†]

그런데 의료인이 마스다에 대해 팔짱을 낀 채 지켜보고만 있고 아무 일도 하지 않고 있다는 말이 정말일까? 이 말대로라면 병동 직원이 마스다에게 의료를 제공하지 않고 있는 것일까, 의료인으로서의 의무를 다하지 않고 있는 것일까?

그렇지는 않다. 의료인은 어쨌든 자기가 할 수 있는 최대한의 일을 하는 것에만 마음을 두기 마련이다. 외과수술을 하기 때문에 외과의이며, 의료인이란 치료할 수 있는 기능을 발휘하여야만 의료인이라는 식이다. 그러나 경과 관찰 그 자체가 이미 의료 행위다. 이대로 병을 놔두면 어떤 위

---

† 경과관찰을 소극적인 것이라고 의료인들은 받아들이기 쉽다. 그러나 그 의미를 명확히 이해하면 의료인 측의 답답함이 해소될지도 모른다. 그렇게 되면, 의료인이 바라는 대로 (치료를) 받지 않으려 하는 '분별력 없는 환자'라는 생각이 바뀌게 되는 계기가 될지도 모른다. [요네다]

험이 있을 수 있는지 사전에 예측해서 그것을 알기 쉽게 환자에게 전하고, 할 수 있는 한 만일의 사태에 대처할 수 있도록 노력하면서 경과를 관찰하는 것은 의료인만이 할 수 있는 일이다. 이 병동의 의료인들이 의식하지 못하고 있을 뿐, 이미 의료인으로서의 최소한의 (어쩌면 최대한의) 역할을 다하고 있다.

의료인은 갑작스런 대량출혈로 의식이 저하되는 상황이 발생했을 때 어떻게 할지에 대해 지금 마스다와 이야기하여 정해 두어야 한다. 나머지 문제는 마스다만을 위해 특별 근무 스케줄을 짜야 되는가 정도 일 것이다. 만일의 사태에 대비해서 병원에서 멀리 떨어진 곳에 집이 있는 외과의사가 며칠씩 병원에서 생활하는 식의 특별한 배려가 있는지이다. 그렇게는 하지 않으니 정말 위험한 상황이라는 사실을 마스다에게 정확하게 주지시키고 이해를 구하면 특별 근무 스케줄을 짜는 수고를 덜게 될 것이다.[†]

B. 환자의 연약함과 자율의 존중

1. 자율적 개인으로서의 환자

현대적인 의료윤리학은 환자 한 사람 한 사람 개인의 자율을 당연한 것으로 전제하고 있다. 충분한 정보에 의한 동의를 의료윤리의 기본으로 삼으려 하는 것 자체가 그 좋은 예라고 할 수 있다. 그러나 여기서 잠시 생각해야 할 필요가 있다. 자율이란 무엇인가? 개인의 자율이란 신뢰할 만한

---

† 제시한 의학적으로 최선인 치료법을 거절당하면, 제시한 자신을 부정하고 있는 건 아닐까라고 생각하게 된다. [하라]
마스다가 위험을 감수하고 경과관찰을 선택했다면 특별한 배려를 할 필요가 없다. 그러나 자신도 모르게 "대응이 늦어지면"이라는 생각이 들기 때문에, 개복검사를 받을 수 있도록 무엇 때문에 개복하는 것이 싫은지에 대해서 마스다와 끈질기게 자세한 대화를 나누고 싶다. [니시카와 아키노리]
Re: 설득을 한다는 말? [핫토리]
우선 제일 먼저「나는 죽고 싶지 않다」를 확인해두어야 한다는 것이다. [카토]

것인가?

먼저, 개인에서 시작해보자

개인은 영어로 'individual'이다. 이 말은 더 이상 분할(divide)할 수가 없다(in: 부정을 나타내는 접두사)는 의미로, 즉 개인이 인간의 최소 단위라는 것이다. 당연한 것일까? 그러나 인간이 인간을 개인이라는 최소 단위로 보기 시작한 것은 15세기 이후의 일이다. 그 이전까지 사람은 항상 인간이라는 무리, 인종, 민족, 지역공동체, 당파, 조합, 가족 등의 집합체 형태로 인식되었다. 개인이라는 관념은 인류의 탄생과 동시에 자연스럽게 존재했던 것이 아니라 르네상스 시기의 이탈리아에서 생겨났다.

그럼 이 개인의 자율, 자립이 아닌 자율이란 무엇인가.

자립이라고 하면 부모로부터의 자립이나 생활의 자립이라는 표현에서 보듯이, 다른 누군가에게 의존하지 않는 것을 말한다. 한편, 자율이란 좀 더 내면적인 것과 관련이 있다. 자율은 영어로 'autonomy'이다. '自(auto: 自動, 스스로 움직이는 것을 auto라고 일컫는다)'와 '律(nomy는 그리스어의 nomos – 인간이 정한 규칙, 법 – 에서 유래한다)'의 합성어다. 즉 자율이란 스스로 자기 자신에 대한 규칙(룰이나 방침이라고 해도 좋다)을 세우고 그것을 자신에게 부과하며 스스로 따르는 것이다. 그럼, 자율의 반대는 무엇일까?

자율의 반대는 타율(heteronomy)이다. 자신이 아닌 다른 어떤 것이 자신을 제재한다. 그 제재에 자신이 속박 당해 움직이게 되는 상태를 타율이라고 한다. 자신이 아닌 다른 것이란 무엇인가? 자신의 의지 외부에서 자신에게 영향을 끼쳐 움직이도록 하는 힘을 말한다. 여기서 외부란 공간적인 외부를 의미하는 것이 아니다. 구체적으로 말하자면 타인의 의지, 기존의 법령이나 매뉴얼, 전통이나 어떤 종류의 권위가 이에 해당한다. 살아있는 한 끊을 수 없는 우리의 본능이나 생리적 욕구, 감정도 우리들의 의지 바깥에 있다. 자신을 사랑해서, 사랑하는 누군가를 위해서, 또는 견딜 수 없는 굶주림이나 고통 때문에, 인간은 무의식중에 나는 이렇게 할 거야

라고 스스로 마음속으로 다짐한 것을 어기거나 옳다고 생각하는 것을 져
버리기도 한다. 이러한 것을 타율이라고 한다. 이에 반해서 자율이란 적어
도 의지의 외부에 있는 속박이나 얽매임, 참견, 타인의 지시로부터 자유로
운 상태에 있는(이러한 '~으로부터의' 자유를 소극적 자유라고 한다) 것을 뜻
한다.

의지의 외부에 있는 것으로부터 자유롭게 될 때 의지는 어떻게 될까?
의지는 과연 자기마음대로 할 수 있을까?

아니다. 그렇지 않다. 자기 멋대로 한다는 것은 오히려 본능이나 생리적
욕구(소변이 마렵거나 배고프거나 등)대로 하는 것을 말한다. 물론, 살아있는
한, 우리들의 본능이나 생리적 욕구를 없앨 수 없다. 그러나 의지의 힘으
로 이것을 억누르고 길들일 수는 있다. 그때 의지는 어떻게 될까?

의지는 분별력을 가지고 본연의 자세를 유지해나갈 것이다. 근대 철학
자는 그렇게 생각했다. 자기 자신의 본연의 자세를 유지해 나가는 자유,
이것을 적극적 자유('~(으)로의'자유)라고 부른다. 자기 자신의 본연의 자
세란 인간으로서 지녀야 할 본연의 자세를 가리킨다. 이렇게 보면 본연의
자세란 도덕적인 의미를 띠고 있다는 사실을 발견하게 된다. 도덕적으로
본연의 자세를 지니려는 의지, 그것은 이성(게다가 영리하게 살려고 하는 실
리적인 실천이성이 아닌, 순수 실천이성)의 또 다른 이름이다. 이렇듯 근대 철
학자는, 이성을 (어떤 자로부터) 부여 받은 인간이 이성적인 의지 이외의
것에 의해서 움직이지 않고 본연의 자세를 실현한 모습, 그것을 자율이라
고 생각했다.[47]

이렇게 보면 의료현장이나 의료윤리에서의 자율이라고 불리는 것과는
상당히 다르다는 느낌이 든다. 그렇다. 최근의 의료윤리에서 말하는 자율
이란, 근대 철학자가 생각한 도덕철학적인 의미로서의 자율과는 전혀 다
른, 훨씬 더 표면적인 의미로 사용되고 있다. 타인의 가치관이나 지시에
억지로 따르지 않으며 자기자신의 심신에 관련된 의료방침상의 결정을

환자 자신이 정할 수 있다는 것, 단지 이것만을 자율이라고 부르고 있다. 즉 의료방침에 관해서 자기결정이 가능하다는 것이다.

이것은 근대철학자가 생각했던 수준에 비하면 매우 표면적인 이야기다. 여기서는 이성을 부여 받은 인간 일반의 이야기가 아닌, 타인과는 다른 개인이라는 시각이 전면에 나오게 된다. 도덕적인 삶의 방식이 어떻다는 등의 이야기가 아닌, 바로 환자 본인의 개인적인 삶의 방식에 초점이 맞춰져 있다. 의료윤리에서 말하고 있는 환자의 자율에서는 소극적 자유와 적극적 자유의 구별 따위는 전혀 문제가 되지 않는다. 도덕적 자세에 대한 요구는 의료인에게 집중되어 있으며 환자 측에 대해서는 그에 대해 별다른 요구를 하지 않는다. 이래도 되는 걸까. 의문스럽다.

이것은 의료윤리학이 무엇인가라는 문제와 관련이 있다. '의료인이 어떻게 행동해야 하는가에 관한 규범(모범, 행위 기반으로써의 규준)을 숙고하고 결정하는 것'이라는 좁은 의미로 받아들일 것인가, 아니면 '의료현장이라는 비일상적인 상황(때로는 한계 상황)에서 인간 - 의료인뿐만 아니라 환자나 가족도 포함해서 - 은 어떤 본연의 모습을 지녀야 하며, 어떤 행동이 허용되는지에 대해 숙고하는 것'이라는 넓은 의미로 받아들여야 할까? 후자라고 생각한다면, 예를 들면 환자나 가족은 의료인에게 무엇을 어디까지 요구해도 되는지에 대한 것마저 의료윤리학의 문제 중의 하나가 된다.†

그렇듯이 자율이라는 말에는 두 가지의 의미가 있으며, 현대의 의료윤리학에서는 타인으로부터의 간섭을 받지 않는 개인의 자기결정이라는 매우 단순한 의미로 자율이라는 말을 사용하고 있음을 기억해두길 바란다.

---

† 환자에게 무엇을 바랄 수 있는지는 의료윤리와 의철학(병이란 무엇인가)에서 일관되게 곤란한 문제다. 환자는 자기 병의 주인공임과 동시에 고통과 장애의 피해를 입는 수동자, 약자이기 때문이다. 적어도 의료인은 환자 자신이 될 수 없다는 것, 전능하지 않다는 것을 명심해야 한다. 그래야만 비로소 의료인과 환자 간의 관계가 성립되기 때문이다. [카토]

도덕철학에서는 도덕적인 본연의 상태 또는 도덕적인 자유에 관련된 것을 특별히 의지(意志, 독일어로는 Wille)라고 표현한다. 그에 반해 유원지에 가다, 커피를 마시다, 약을 먹다, 검사를 받다 등의 매우 일상적인 (그 자체가 좋다, 나쁘다의 문제가 되지 않는) 행위의 동인(動因)을 가리킬 때, 의사(意思, 독일어로 Willkür)라고 표현하는 경우가 많다. 법률에서도 의사라는 글자가 사용된다. 이 책에서는 다른 의료윤리학 책과 같이 대부분의 상황에서 의사라는 글자를 사용한다.

2. 자율적 환자라는 상정의 위태로움

판단에 필요한 정보와 설명을 듣고 나면 그 뒤부터 불필요한 타인의 간섭을 받지 않고 환자 개인이 의료방침에 대해서 자기 스스로 결정한다. 그러한 환자 개인의 자율을 최대한 존중하자는 것이 현대 의료윤리학의 흐름이다. 아무리 봐도 흠 잡을 데 없는 생각처럼 보인다.

왜 환자 개인의 자율을 존중하는 걸까?―이 질문은 왜 충분한 정보에 의한 동의가 필요한가라는 질문과 많은 부분 겹친다. 충분한 정보에 의한 동의가 왜 필요한지를 설명하지 못하겠다면 지금 여기서 확인 해두자(⇒ pp. 131-132).

그런데 환자 개인의 자율이 상당히 위태롭고 아슬아슬해 보이지 않는가?

과연 개인이란 존재는 주위로부터 격리되어 이른바 무풍 또는 진공상태에 놓여 있는 존재일까? 아니면 화학적인 표현으로, 사람은 한 개의 원자가 아니라 다른 원자와 더불어 분자를 형성하고 그 구성요소로써 존재하는 것이 아닐까? 항상 특정한 사람과 관계 속에 그리고 사회의 문화와 관행 등의 환경 속에 이미 장치되어 있어서, 독립된 개체로서 그 상황에 쉽사리 벗어 날 수 없게 된 건 아닐까? 이러한 의견이 있다. 당신 자신의 경우를 돌아보기 바란다. 당신은 어떤 분자, 어떤 공동체의 일원인가. 그리고 당신 개인의 자율이라는 것이 말처럼 간단한 것인지 생각해 보도록 하자. 개인 자율이 쉽지 않다면 개인 자율의 존중이라는 슬로건을 내걸어서 대체 무엇을 지향하려는 것일까?

모든 환자가 항상 이성적·합리적이라고는 할 수 없다. 오히려 때로 환자는 어리석다. 그런데도 불구하고 환자 개인의 자율을 존중해야 하는 이유는 무엇일까?

지금은 혈압을 내리는 약, 요산을 배설시키는 약, 콜레스테롤이나 중성지방을 낮추는 약이 있다. 20년 전에는 상상도 못했던 좋은 약이 계속해서 개발되고 있다. 만약 병에 걸린다 하더라도 이런 약을 잘 복용하기만 하면 동맥경화증의 진행을 늦춰서 오래 살 가능성을 높일 수 있다. 이건 좋은 일이다. 옛날에는 그렇게 하고 싶어도 약 자체가 없었다. 적어도 지금 일본에서는 이러한 약을 구하지 못하는 경우는 없을 것이다. 힘들여 절에 가서 병을 낫게 해달라고 기도를 올리거나 100일 기도를 하지 않아도, 작은 알약을 매일 거르지 않고 복용하기만 하면 합병증의 발생이나 진행을 상당히 높은 확률로 지연시킬 수 있다. 합병증이 진행되어 빨리 죽는 것 보다, 그리고 기도를 해서 기적적으로 병이 낫기만을 기다리는 것 보다, 약을 먹고 병을 조절해서 오래 사는 편이 낫다고 말하면서, 많은 환자들은 지속적으로 약물치료를 받기로 선택한다. 그러고는 많은 환자가 도중에 약을 먹지 않는다. 약을 먹는 것이 자기를 위해서 그리고 자기에게 좋다고 스스로 판단하여 약물치료를 결정함에도, 많은 환자가 약의 복용과 통원치료를 그만두어 합병증의 발생과 진행을 허용한다.*†

---

* 이럴 때 의료인은 순응(compliance)이 나쁘다거나, 비순응(noncompliance)한다는 표현을 사용해 왔다. 그러나 최근에는 이러한 말을 점차 사용하지 않고 있다. 그 대신 환자의 처방 준수(adherence)가 낮다거나 처방 준수를 올리려면 어떻게 하면 좋은가라는 말을 쓰고 있다. 왜 이렇게 되었을까? 영한사전에서 위에 제시한 영어단어의 어원인 동사 'comply'와 'adhere'를 찾아서 그 이유를 생각해보자.

† 최근에는 '협조'를 의미하는 concordance라는 말이 등장했다. 환자와 의료인과의 파트너십에 기반한 치료관계를 지향하는 개념이다. [미야기]
　우리나라에서는 아직까지 'compliance'와 'adherence'를 모두 순응으로 사용하고 있다. 의미에 대한 숙

어떻게 하면 자신에게 이득이 되는지 알고 있다 하더라도, 어떻게 하는 것이 합리적인지 (이 경우, 합병증 때문에 괴로운 경험을 하게 되는 것과 빨리 죽게 되는 것을 피하기 위한 목적을 달성하기 위해 어떻게 하는 것이 이치에 맞는가) 알고 있다 하더라도, 아무 소용이 없다. 스스로에게 부과한 자기가 정한 규정, 규칙을 끝까지 지키지 못한다면 이것은 자율이 아니다. 아마도 인간은 이성을 받았음에도 불구하고 늘 합리적으로 행동할 수 있는 생명체는 아닌 것 같다. 이렇게 하면 좋다는 것을 알고 있으면서도 실천을 하기가 힘들다. 인간은 항상 이지적이거나 강하지 않으며, 때로는 매우 약한 존재다.†

이렇듯 현실적으로 자율적이지 않다고 여겨지는 환자가 상당 수 있음에도, 여전히 의료인은 환자의 자율을 말한다. '그림의 떡' 같은 것을 존중해야 할까? 항상 자율적이라고는 할 수 없는 환자의 자기결정을 의료인은 언제나 진정으로 존중해야만 할까?

3. 두 종류의 애드보커시

환자가 늘 이지적으로 인생에 대한 풍부한 통찰을 통해 스스로 합리적인 판단을 내리며 자신이 정한 일에 대해 일관된 태도를 유지할 수 있을까? 즉 현실적으로 자율적인가라고 묻는다면, 반드시 그렇지만은 않다. 그래서 하늘 높이 떠 있는 하나의 슬로건이 애드보커시(advocacy)다. 애드보커시는 돌봄과 같이 간호윤리에서 중심적인 화두의 하나로 인식되고 있다.

원래 애드보커시는 간호 현장 고유의 말이 아니다. 보통 변호 또는 옹호라는 의미로 쓰인다. 변호하다, 옹호하다라는 의미의 동사형과 변호

고가 요청된다. [옮긴이]

† 죽음을 앞에 두고 자율적이어야 한다는 건 쉬운 일이 아닐 것이다. 생사가 걸린 방침에 대해서 자기결정을 하고, 그 책임은 누구도 대신해주지 않는다. 자율과 고독은 종이 한 장 차이이다. [나카자와]

하고 옹호하는 역할을 맡은 사람이라는 뜻의 명사가 똑같이 애드보킷(advocate)이다. 둘 다 악센트는 첫 a에 있다.

애드보킷하는 사람은 다른 누군가를 위해서 그 사람의 입장에 서서 그 사람이 자신의 이익이라고 보고 있는 것을 그대로 대변한다. 거기에 애드보킷하는 사람의 개인적인 판단이나 객관적인 판단이 개입하면, 그것은 더 이상 애드보커시가 아니다. 변호사의 경우가 이와 비슷하다. 변호사는 의뢰인이 주장하고 있는 내용(나는 무죄다)을 제쳐두고, 자기 마음대로 자신의 의견이나 판단(제삼자가 보기에는 역시 조금 이상하겠지만 이번 건은 좀 봐주세요)을 법정에서 주장하거나 양형거래(plea bargain)를 하지 않는다. 애드보커시란 의뢰인이 생각하고 바라는 것을 철저히 존중하고 받아들이며 나아가 의뢰인을 대신해서 주장하는 것을 말한다.†

그런데 애드보커시라는 말은 간호 영역에서 다른 의미로 사용되기도 한다. 실제 간호학연구자에 따라 의미가 제각각이지만, 대략적으로 다음

---

† 간호사는 치료에 관해서 환자를 대변하기도 하지만, 치료 거부를 하고 있는 환자를 설득하는 측으로 바뀌는 경우도 자주 있다. [오노]
간호사는 선의로, 확인도 하지 않은 채, 환자분은 아마 이렇게 생각하고 있을 거라고 판단하고, 의사에게 대신 말을 한다. 여기에는, 환자는 약한 입장에 놓여 있어서 간호사가 도움의 손길을 내밀지 않으면 혼란 속에서 빠져 나오지 못하는 사람, 의사는 강력하게 환자에게 권위를 휘두르는 사람이라는 착각이 존재하는 것은 아닐까? 그렇기 때문에 의사에게 환자가 말하지 못하는 말을 대변해서 환자를 도와주려 하는 의식이 작용한다. [요네다]
환자의 가족이 환자에 대해서 이해하지 못하는 경우도 있다. 환자의 이익을 지키기 위해서, 의료진은 가족에 대해서도 적극적으로 발언을 해야 한다. [나카자와]
윤리강령에는 간호사가 환자의 권리 옹호자라는 내용이 나와있다. 강령은 소위 말하는 "행동지침"이다. 방향성을 지시하는 지침이「~당위론」으로 해석되어, 여기에 "옹호"의 잘못된 의미가 더해지면, 전혀 다른 방향을 가리킬 위험성이 있다. 간호연구자가 윤리강령을 곡해하고 있는 건 아니라는 사실을 대변하고 싶다. [쿠라바야시]
의료인 측이 환자의 연약함을 허용하지 않고, 일방적으로 계획된 자율 또는 치료를 받도록 내몰려고 하는 경우를 가끔씩 보게 된다. 의사인 나는 애초부터 환자를 설득하는 역할을 맡는 경우가 많기 때문에 당혹스런 경우가 많다. 현장에서는 환자의 연약함을 투정이나 떼를 쓰는 것으로 이해하는 경우가 많다. "요구만 하고 노력하지 않는 환자 때문에 힘들어요"라고 많은 의료진들로부터 불만이 나왔을 때, "이 환자는 어쩔 수 없으니, 가능한 한 요구사항을 들어줍시다"라는 식의 답답한 변호를 해본들, 얼마나 성의를 가지고 일을 할 수 있을까? 이 문제에는 의료인 개인의 판단력이나 감성뿐만 아니라, 목표달성을 중시하는 의료, 간호, 재활치료 등의 제도가 영향을 미치고 있다. [토쿠나가]

과 같이 말한다.

간호사는 환자를 애드보킷하는 입장에 있다. 바꿔 말하면, 환자를 애드보킷하는 입장에 있는 것이 간호사다. 이렇게 놓고 보면 수학이나 논리학에서 말하는 필요충분조건과 같다. 환자를 애드보킷하는 것은 간호에 있어 특별히 중요한 임무라는 말이 된다. 그렇다면 환자를 애드보킷한다는 것이 무엇을 어떻게 하는 것인지 궁금해진다. 그에 대한 답도 연구자에 따라서 제 각각이다. 그들의 생각을 엮어 보면 대체적으로 다음과 같다.

애드보킷역을 맡은 간호사는 환자가 살아갈 의미를 찾아내서 무엇을 어떻게 하고 싶은지, 그리고 원하는 것이 어떤 것인지를 명확하게 정할 수 있도록 돕고, 환자 자신이 할 수 없는 일이 있으면 그것을 대신하며, 나아가, 예를 들면 환자에 대해 잘 알지 못하는 의사에게, 환자의 이익을 지키기 위해 적극적으로 발언을 해야 한다. 간호사는 환자의 애드보킷이여야만 한다.

만약 간호현장에서의 애드보커시의 큰 틀이 위와 같다면, 당신은 어떻게 생각하는가? 그래, 나도 환자에게 좋은 애드보킷이 되어야지, 그렇게 되기 위해서 열심히 하자라며 분발하게 되는가?

4 애드보커시의 난관

간호사는 모든 환자에게 있어서 애드보킷해야만 하는가? 모든 환자가 간호사에게 애드보킷 받기를 바라고 있을까? 바라지 않는 환자에게도 간호사이기 때문에 애드보킷해야만 하는가? 만약 그렇다면 그 이유는 애드보커시가 간호에 있어 고유의 임무이기 때문일까?

일반적인 의미의 애드보커시에 비해, 간호학 연구자들이 말하는 애드보커시는 상당히 깊숙이 관여하는 특성을 가진다. 여기에는 애드보킷의 역할이 보다 더 전면에 드러나 있다. 왜냐하면 단순히 의뢰인이 바라는 것에 그냥 목소리를 맞춰서 외치는 것이 아니라, 간호사는 애드보킷의 역할을 맡아서, 의뢰인(환자)이 무엇을 자신의 이익으로 보는지, 살아가는 의미가 무엇인지, 무엇을 어떻게 하는 것이 진정으로 바라는 것인지, 무엇을 요구하는지 등을 탐색하는 과정을 함께 떠맡거나 원조하기 때문이다.

그런데 이것은 환자 개인의 자율을 의심하거나 부인할 때 나올 수 있는 발상이다. 왜냐하면 여기서 간호사는 애드보킷하는 대상인 환자를 간호사의 애드보커시가 없으면 자기 인생의 의미나 자신이 정말로 하고 싶은 것이 무엇인지 알 수 없는 상태인 사람들, 전혀 모르는 남의 도움이 없으면 자기 혼자서 그것을 찾지 못하는 사람들로 여기고 있기 때문이다. 간략히 말하면 애드보커시와 자율의 존중은 양립하지 않는다.

이러한 견해에 대해 간호학 연구자들은 다음과 같은 반대 의견을 제시할 수 있다.(?) 간호사의 애드보커시는 환자의 자율을 경시하는 것이 아니라 오히려 그 반대로 환자의 자율을 중시하는 것이다. 애드보커시는 환자가 자율적이기 위한 지원이다. 환자가 자기 본래의 삶의 방식대로 지낼 수 있도록, 진정한 의미에서 자율적일 수 있도록 하기 위한 것이다. 왜냐하면 환자는 병으로 인해 자율적이기 힘들어 원래부터 의료현장에 취약한 입장에 놓여 있기 때문이다.

어느 정도는 대강 이해가 될 것 같기도 하다. 환자의 자율을 실현하기 위한 방법으로써 애드보커시라는 뜻이다. 그러나 진짜 그럴까? 여기에 애드보킷하는 간호사의 마음이나 가치관이 스며들 위험은 없을까? 환자 측에서 애드보커시를 필요로 하는 비중이 커지면 커질수록 그 가능성이 커지지 않을까? 그럴 경우 자율이라는 옷을 입힌 타율이 되지 않을까? 보다 분명히 말하자면 애드보커시라고 하는 새로운 이름으로 재등장한 온정적 간섭주의가 그것의 본 정체가 아닐까? 그렇다면 일부러 애드보커시라는 낯선 말을 사용하지 않아도 되지 않을까? 온정적 간섭주의 만으로 충분하니 말이다.

온정적 간섭주의라서 안 된다는 이야기가 아니다. 자율(자기결정)을 위한 온정적 간섭주의는 평화를 위한 군사개입과 비슷한 구조를 가진다. 이것을 정당화하는 작업은 (만일 그것이 정당화된다 해도) 그렇게 간단하지 않다. 자율인지 아닌지는 어떤 행위에 의해 도달한 경지가 아니라, 삶 또는 의사결정의 과정(프로세스) 그 자체의 양상에 따라서 정해진다.

정리해보자. 희망이나 의사가 명확한 의뢰인의 변호나 옹호를 의미하는 매우 일반적인 애드보커시와 최근 일부 연구자가 주장하고 있는 간호 영역에서의 애드보커시 사이에는 질적으로 큰 차이가 있다. 간호 영역에서 주장하고 있는 진일보한 애드보커시는 환자가 충분히 자율적이지 못하다는 전제하에 성립하는 것으로 일종의 온정적 간섭주의라고 할 수 있다. 그렇다고 한다면 일부러 애드보커시라는 말을 내세워서 무엇을 꾀하고 있는지 냉철하게 묻고 통찰할 필요가 있다(무슨 의도를 가지고 있다고 생각하는가?). 만약 어디까지나 환자의 자율을 존중하는 것이라면, 일반적인 의미의 애드보커시 본연의 모습으로 - 환자가 의사나 가족에게 말하기 힘든 것이 있을 때에 한하여 그에 대한 변호를 하는 - 까지 그 역할 내용을 후퇴시키지 않으면 안 된다.

덧붙이자면, 연구자에 따라서 애드보커시를 훨씬 더 한정적인 의미로 생각하는 사람이 있다. 환자의 인권이 침해당할 가능성이 있는 경우에 이를 막고 보호하는 정도로 말이다. 이것은 환자의 바람이나 의견 등의 내면과는 직접적인 관계가 없을 수 있다. 애드보커시가 이런 것이라고 한다면 두 말할 필요도 없이 환자를 대하는 의료인 모두가 맡아야 할 일로써, 간호사 고유의 임무가 아니다.

다른 각도에서 질문을 해보자. 어째서 간호사는 애드보커시라는 것을 할 수 있을까? 다른 직종(예를 들면 의사나 물리치료사)은 흉내도 낼 수 없는 일을 간호사만 할 수 있다는 것일까? 아니면 의료인이라면 누구나 할 수 있는 일이며, 그렇기 때문에 당연히 간호사라도 할 수 있다는 뜻일까? 어쨌든 애드보커시가 간호사에게 있어서 중요한 일이라고 생각하는 연구자가 있다면, 왜 어떤 권리와 능력으로 그런 엄청난 일을 할 수 있는지에 대한 근거를 제시하고 설명할 수 있어야 한다. 분명 그건 매우 힘든 일일 것이다.

엄청난 일이라고 했다. 왜, 무엇이 엄청난가? 예를 들어 의사의 진단 행위와 비교해 보자. 의사는 흉부X선 사진을 보고, 뇌파를 판독하며, 혈액검사 결과를 해석하고, 생검 조직을 현미경으로 들여다본다. 물론, 이런 일은 길에 다니는 일반 시민이 바로 할 수 있는 일이 아닌 건 당연하지만, 훈련과 경험을 쌓은 방사선기사, 임상병리사, 간호사라면 할 수 있을 것이다. 이 일들을 하기 위해서 전문서적으로 배우고 전문가 밑에서 임상수련 경험을 쌓아야 한다. 하지만 환자의 마음이나 그 사람의 이익, 요구와는 전혀 관계없이 할 수 있는 일이다. 어떤 이상 음영이 어디에 나타나는지, 발작파가 어느 영역에서 나오고 있는지, 이상 수치들을 어떻게 종합하여 해석해야 하는지, 병적세포가 어디에서 전이되었는지와 같은 것들은 환자의 인생의 의미나 환자가 무엇을 어떻게 하고 싶어 하는지 같은, 매우 주관적이며 사적인 내용을 알지 못해도 할 수 있는 일이다. 이에 반해 일견 자율적이지 못한 환자에 대해, 그 사람이 진심으로 무엇을 어떻게 원하고 있는지, 그 사람한테 있어서 무엇이 진정한 이익인지, 진정으로 필요한 것은 무엇인지를 함께(라기 보다는 실질적으로는 거의 주도권을 쥐고) 찾아내는 것은 매우 대담하고 아슬아슬한 일이라고 할 수 있다.

의사가 하는 진단행위에 비하면, 깊이 관여하는 애드보커시는 터무니없이 도가 지나친 행위라는 것이다. 이것만은 확실하게 인식해 두지 않으면 안된다. 애드보커시라는 명목 하에 간호사의 인생관이나 가치관의 개입 또는 강요, 감정이입 같은 것들이 있으면 안 된다.[*][†]

---

[*] 물론 이런 것들이 있어도 괜찮다는 견해가 있겠다. 환자와 의료인과의 상호작용, 교류야 말로 체온을 전하는 따뜻한 의료를 가능하게 한다면서 말이다. 단, 환자가 그것을 원하지 않는데도 불구하고 간호사나 의료인 쪽에서 그런 착각에 빠져있어서는 안 된다.

우리는 환자 본인이 될 수는 없으며, 단지 환자의 입장이 된 것처럼 밖에 되지 못한다(⇒ p. 38). 본심이라는 것이 과연 있는지 본인도 모를 수 있다는 점(⇒ p. 97), 무엇이 '환자를 위한 것'인지에 대해서 누가 어떻게 판단 할 수 있을지에 대해 다시 검토해보기 바란다.

5. 더 나은 건강과 자기실현

환자는 항상 이성적이고 합리적이라고 할 수 없으며, 때로 옆에서 보기에 자신에게 도움이 되지 않으며, 오히려 손해가 되거나 어리석어 보이는 선택을 하는 경우가 있다. 이런 극단적인 모습은 회복할 가능성이 높은 상황에서의 치료 거부를 말한다. 그러나 상태가 위독하지 않은 경우, 치료 거부와는 다르게 좀 더 온건하고 소극적인 치료중단이 이루어지는 것을 일상적으로 종종 볼 수 있다. 그것이 깊이 생각한 뒤에 내린 결정인지 아닌지 일반화해서 말할 수는 없다. 하지만 굳이 말하자면, 심사숙고를 했다고 말할 수 없는 경우가 많은 것 같다.

계속 약을 먹는 게 좋으며 밥을 잘 먹어야 한다는 걸 알고 있지만 실행에 옮기기는 쉽지 않다. 오래 살기 위해 그렇게 하겠다는 목표와 희망을 가지고 있다면, 그것을 이루기 위한 방법을 선택해야 한다. 인간은 기계가 아니며 야생동물도 아니다. 프로그램이나 본능이 시키는 대로 살고 있지 않다. 만약 의사(意思)나 희망대로 자신을 움직이지 못한다면, 그것은 연약함일까 불완전함일까? 그 때 환자는 의료인의 지시와 지도를 받아서 게으른 성격을 고치고, 병의 회복과 보다 더 건강해지려는 목표를 가지고 보다 더 풍요로운 자기실현을 꾀하도록 노력해야 하는 걸까?

이것은 병에 걸려서 치료를 받고 있는 사람에 한정된 이야기가 아니다.

---

† 감정이입은 의도적으로 일으킬 수 없다. 어쩌다 보니까 그렇게 되어 있었다 정도일 것이다. 좋은지 나쁜지는 별도로 하고, 그것이 개별적인 에너지인 것은 확실하다. 이것의 또다른 이름이 콤플렉스(우월감과 열등감)라는 것은 의식해 두면 좋다. [카토]

영어나 프랑스어를 말할 수 있으면 좋겠다고 생각한다면, 그렇게 되기 위해서는 매일 빠짐없이 라디오 강좌나 교제 테이프를 들으면 된다. 알고는 있지만 그렇게 잘 되지 않는다. 프랑스어를 잘 하고 싶은데 공부를 지속하지 못하는 사람이나, 좋은 학교에 들어가고 싶은데 수학 문제집을 펼쳐 볼 마음이 안 생기는 고등학생은, 혈압약을 계속해서 먹지 않는 환자와 닮아 있다. 공부도 약을 먹는 것도 특별한 재능을 요구하지 않는다. 영양지도, 운동지도, 이를 닦는 것 모두 어렵지 않다. 하면 된다고 알고는 있지만 잘 안 될 뿐이다.[48] †

사람은 지금보다 더 나은 건강, 보다 더 오래 살고 보다 더 윤택한 자기실현, 보다 더 좋은 학교에 진학하려고 열심히 분투해야 하는 것일까? 사람은 그러한 책무를 짊어지고 있는 것일까? 무언가를 바라고 꿈꾸면서도, 그것이 현실이 되도록 매일매일의 생활을 변화시키지 못하는 사람이 많다. 이런 사람들은 반드시 전문가의 철저한 지시나 관리를 받아야 하는 걸까? 자리에 누워서 지내는 것보다는 휠체어를 타고 생활하는 편이 좋아, 휠체어가 아니라 지팡이를 짚고 걸을 수 있으면 좋겠어, 아니, 지팡이 없이 달릴 수 있으면 좋겠어. 그러기 위해서, 재활치료를 해야지, 이렇게 꿈을 실현시키기 위해 노력하지 않으면 안 돼, 포기 따위는 말도 안 되지, 당연히 사람에 따라서 능력에 차이가 있지만 사람이라면 자신이 가지고 있는 능력을 전부 최대한으로 발휘해야 해. 그러니 스스로의 능력을 발휘할 수 없는 사람은 간호사나 물리치료사, 또는 의사나 약사, 가정교사라도 누구라도 상관없이 이러한 전문가들의 신세를 지지 않으면 안되지. ㅡ정말 그럴까? 그렇게 치료를 받아서 보다 나은 건강을 지향해나가는 것은 국민의 권리가 아니라, 도덕적 의무일까? 스스로 무엇을 어떻게 하는 게 좋을

---

† 건강해지는 것 자체를 목적으로 삼을 것인지, 건강을 무언가를 위한 수단으로 할 것인지에 따라 삶의 방식이 크게 바뀐다. 환자는 오로지 건강을 위해서 치료를 받고 있는 걸까. [나카자와]

지 모를 때에 애드보커시를 받아야만 하는 것일까?

C. 돌봄과 윤리

1. 돌봄이란 무엇인가*

우선 가지고 있는 영한사전을 펼쳐보자. 그리고 'care'라는 단어를 찾아보자. 여러 가지 의미가 있다는 사실을 알게 될 것이다(표1-24).

'care'의 어원은 고대 영어 'caru'로 그 뜻은 '슬픔, 고뇌'였다고 한다. 현대 영어의 'suffering'에 가깝다고 할 수 있다. 이것이 걱정, 배려, 보호 등으로 의미가 확장되어 지금 우리들은 의료나 복지 현장에서 흔히 '보살핌'이라는 의미로 사용한다. 어원을 더듬어가다 보면 단순히 보살핀다는 행위뿐 아니라, 그 토대에는 상대의 슬픔이나 괴로움을 걱정하고 염려하며 소중히 하는 마음의 움직임이 있어, 케어라는 말이 그러한 것까지 가리킨다고 생각할 수 있다.

표1-24 케어의 의미

- 명사: 걱정, 근심, 주의, 배려. 보살핌, 보호.
- 동사: 걱정하다, 염려하다, 좋아하다, 소중히 하다. (아이·환자 등을) 보살피다.

매우 다양한 분야에서 케어라는 말이 사용되고 있다. 예를 들어 의료에서 일차 케어(primary care)나 완화케어, 복지에서는 재택 케어나 데이케어, 일상생활 속에서는 구두를 닦거나 손질하는 것을 슈 케어라고 한다. 헤어

---

* 'care'에 대한 번역은 다양하며 최근에는 주로 '돌봄'으로 번역되고 있으나, 이 책에서는 'Care'의 개념에 대한 이해를 높이기 위해 내용 흐름에 맞게 돌봄과 케어를 병용하여 번역하였다. [옮긴이]

케어, 터치 케어, 케어 레지던스라는 말도 있다.

카토 나오카즈는 누가 누구를 돌보는가의 관점에서 돌봄(care)을 3개의 인칭으로 분류하고 있다(표1-25).⁴⁹ 여기서 3인칭의 돌봄은 매우 넓은 영역이다. 예를 들면, 지금까지 가족이 맡아서 해 온 돌봄을 사회가 지원해 주기 위해 개호보험제도가 생겨났다. 이러한 사회나 국가의 본분이나 제도에 대해 묻는 것도 돌봄에 포함된다. 우리들이 지금부터 생각해 보려고 하는 돌봄은 카토의 분류에 따르면, 2인칭의 돌봄으로써 전문가에 의한 전문적인 돌봄에 해당된다.

표1-25 인칭에 의한 돌봄의 분류(카토)

- 1인칭 돌봄: 자기(소위 셀프 케어 등)
- 2인칭 돌봄: 타자(관계가 있는 타자나 가족, 환자 등에 대한 지원)
- 3인칭 돌봄: 세계(정치나 법률 등 사회나 국가의 정의(正義))

이 돌봄의 정의는 돌보는 사람 수만큼 있다고 할 수 있다. 혹은 돌봄을 받는 사람 수만큼 있다고 할 수 있을까. 모든 사람이 납득할 만한 절대적이고 유일한 돌봄의 정의는 없다. 추상적 이미지인 '돌봄''과 구체적 행위인 '돌보기(caring)'를 엄밀하게 구별하는 사람도 있지만, 이 책에서는 구별 없이 넓게 생각해 보았다.

메이어로프(M. Mayeroff)는『돌봄의 본질』에서 "한 사람의 인격을 돌본다는 것은, 가장 심오한 의미로써 그 사람이 성장하는 것, 자기 실현하는 것을 돕는 것이다"라고 말한다.⁵⁰ 그리고 돌봄 받는 사람의 성장과 동시에, 돌보는 사람도 성장하는 것이 돌봄의 본질이라고 말한다. 간호윤리학 영역에서 돌봄이나 돌보기는 중요한 주제로써, 돌봄의 개념이 무엇인가라는 것과 동시에 돌봄이 그 자체로 윤리적 행위인가에 대한 논의가 있어

왔다. 예를 들면, 노딩즈(N. Noddings)는 '자연스러운 돌보기'이라는 견해를 제시했는데, 이는 돌보는 사람이, 사랑 혹은 자연스럽게 마음이 향하는 데 따라 상대방에게 응답하는 것이며, 그러한 관계성이야 말로 윤리적 행위의 원천이라고 했다.[51] 돌봄에 정의나 공평이라고 하는 남성적인 딱딱한 기준을 가지고 들어오는 건 어울리지 않는다고 한다. 그러나 자연스러움이 무엇을 말하는지는 아주 애매하다(자연스러운 죽음이란 어떤 죽음일까? ⇒ p. 386). 노딩스의 주장에 반대하며 커스(H. Kuhse)는 '윤리에는 돌봄과 정의가 모두 필요하다'라고 말한다. 돌봄이 선한 행위인지, 돌봄과 윤리의 관계가 어떻게 되어 있는지에 대해 생각해보도록 하자.[52] †

돌봄에는 두 가지 형태가 있다고 한다. 첫 번째는 환자라고 하는 타자가 지금 어떤 곤란·고뇌를 겪고 있는지에 대해서 관심을 가지는 것이다. 또 한 가지는 그 환자에 답하여 건강을 유지하고 증진시키기 위해 도움을 주는 것이다.

한편 다섯 가지 단계로 분류하는 사람도 있다(표1-26). 정치철학자인 토론토(J. Tronto)에 의하면, 돌봄이란 우리들 자신이나 환경 등을 포함한 우리들이 살고 있는 이 세계를 보다 더 살기 좋은 세계로 만들어 가려는 인간의 활동 그 자체이다. 돌봄의 제일 첫 번째 단계는 상대방의 요구에 주의를 기울이는 것, 알아차리는 것이다. 두 번째 단계는 상대방에 대해 자기가 돌볼 책임을 떠맡는 것이다. 세 번째는 실제로 돌보기를 하는 것이다. 네 번째는 실행에 옮겨진 돌봄이 효과적이었는지를 돌봄을 받은 사람이 판정하고 피드백하는 일련의 절차이다. 그리고 다섯 번째가 돌봄을 사회적으로 공유하고 연대함으로써 돌봄이 지속 가능하도록 만드는 것이다.

---

† 노딩즈는 '선함'이라는 것을 상대방에 대해 전심을 다하는 것(걱정하고, 돌보고, 책임을 지는 것)에서 찾으려 하고 있다(자연적 케어링). 그런 의미에서는 노딩즈의 돌봄 개념은 도덕적 이상주의에 기반하고 있으며, 칸트의 정언명법과 비슷한 점이 있다. [카토]
Re: 타자에 대한 불완전 의무를 말하고자 하는 것 같다. 그런데 칸트는 자연적 경향성에서 나온 돌봄을 도덕적이라고는 보지 않고 있다. [핫토리]

여기에도 책임이라는 말이 사용된다.

표1-26 돌봄의 5가지 단계 (J. Tronto)

돌봄의 상태	도덕적 차원
1 care about (needs)	attentiveness (알아차림)
2 care for (accept responsibility)	responsibility (책임)
3 caring (the actual work of caring)	competence (수행능력)
4 care receiving (reception of care and judging its effectiveness)	responsiveness (응답)
5 caring with	solidarity and trust (연대와 신탁)

분명, 의료인은 환자에 대해 돌봄을 제공할 책임이 있다. 그렇다고 해서 돌봄이라는 행위 그 자체를 항상 무조건적으로 도덕적인 행위라고 말할 수 있을까? 나는 돌봄이 도덕적 행위일 수도 있음을 무조건 부정하지는 않는다. 분명 상대방을 염려하는 것, 걱정하는 것, 보살피는 것, 보호하는 것, 책임을 지는 것은 나쁜 일이 아니다. 오히려 선한 일이라고 말할 수 있을 것이다. 그러나 무조건적으로 선한 행위라고 하는 것에는 동의할 수 없다.

2. 돌봄이라는 행위는 침습적인 것

만약 돌봄이 선한 행위가 되지 않는다면 돌보는 사람이 도덕적이지 않아서 일까? 아니면 돌보는 사람의 기술이 미숙해서 일까? 분명 그런 경우도 많이 있을 것이다. 언론에서 떠드는 학대 같은 사건이 그 대표적인 예라고 할 수 있다. 2007년에 한 간호사가 풋 케어(foot care)를 하면서 입원환자 발톱의 바닥에서 올라 온 비후된 발톱을 깊게 깎은 것으로 학대를 의심받아 상해죄로 체포되었다.† 다행히 사건은 정당한 간호행위로 인정을 받아 무죄가 확정되었다. 그러나 실제로 스트레스 해소를 위해서 학대를 하는 사건 보도가 끊이질 않는다. 이러한 학대 또는 그와 유사한 (결과적으로 침습이 되어 버린) 행위를 모두 인격이나 기술 등 개인적 문제로 치부해버려도 될까? 아니면 돌봄이라는 행위 자체에 침습 가능한 요인이 있는 것일까? 만약 있다고 한다면, 그것은 무엇일까? 돌봄이라는 행위가 침습적인 것일 수도 있다고 한다면 의아해 할지도 모르겠다. 왜냐하면 일반적인 돌봄의 이미지는 보호적, 보존적이지 침습을 동반한 것이 아니기 때문이다. 의료행위와는 달리 침습성이 없다고 여겨지는 것이 돌봄의 세일즈 포인트다. 그럼 여기서 한 사례를 살펴보도록 하자.[††]

아마노 타케시는 50대 회사원이다. 관리직으로 열심히 일을 하고 있으며, 동료와의 술자리나 골프에도 열정적이다. 체력에는 자신이 있었다. 그런데 최근 들어 가끔씩 숨이 찼고, 바로 며칠 전에는 가슴이 조이는 듯한 통증과 함께 쓰러지게 되었다. 몇 년 전부터 건강검사에서 고혈압과 비만을 진단 받았다. 외래진료를 받은 병원에서 심장 정밀검사가 필요하다는 말을 들었고 내키진 않았지만 입원에 동의했다.
입원은 이번이 처음이었다. 저녁 무렵, 부인과 딸이 집에 돌아 간 뒤, 병실 침대에 누워서 이런저런 생각을 하게 되었다. 생각이 정리되지 않았다. 불을 끄고 나서도 곧장 잠이 오지 않았다. 같은 병실의 노인은 기분 좋은 숨소리를 내며 잠을 자고 있다. 이를 보고 있으니 왠지 기분이 나빠지고, 몹시 불안해졌다. 이런 곳에 있는 나 자신이 한심스러워졌다. 당장 내일부터 내 몸에 일어날 일을 상상해 봐도, 묘하게 현실감이 들지 않

[†] 후쿠오카 고등법원, 2010년 9월 16일 판결.
[††] 2007년 간호사가 입원환자의 발톱을 떼어 내서 상해죄로 체포되었다. 이 사건은 결국, 정당한 간호 돌봄의 일환인 풋 케어로 인정되어, 간호사의 무죄가 확정되었다(후쿠오카 고등법원, 2010년 9월 16일 판결). 그러나 진짜로 암담한 기분이 들게 하는 학대사건도 일어나고 있다. [이토]

았다.

심야 순회로 병실에 들린 젊은 간호사 사사키 유우카를 보고 아마노는 무심결에 혼잣말로 중얼거렸다. "저는 어떻게 될까요······"

사사키는 "입원이 처음이라서 불안하신 건 당연하신 거예요"라며 웃으면서 대답했다. 몇 분 동안의 특별할 것 없는 대화로 아마노의 마음속 응어리가 조용히 쓸려 내려갔다. 사사키의 말은 금새 마음에 와 닿았다. 방금 전까지의 불안이 줄어들었다. 사사키와의 대화를 통해서 병을 외면하려 했던 자신의 연약함을 깨닫고, 적어도 입원하는 동안은 다른 생각 하지 말고 환자 역할에 충실하자고 다짐했다.

이 사례에 대해 어떻게 생각하는가? 일단 간호사는 적절히 대응했다고 생각한다. 바쁜 심야 순회의 짧은 시간 동안 새로 입원한 환자의 불안에 찬 호소에 대해 적절한 대응을 하고 있다. 아마노도 마음속 응어리를 풀 수 있어서 안심하고 치료에 전념하려는 마음을 가지게 되었다.

아마노는 입원 첫날, 병원이라는 비일상적인 낯선 곳에서 젊은 사사키의 돌봄 덕분에 불안을 경감시킬 수 있었다. 아마노의 병 치료가 어떻게 될지는 아무도 모른다. 어쩌면 생각처럼 쉽게 병이 낫지 않을 수도 있다. 그러나 아마노는 이 날 환자로서 병과 맞서 싸울 결심을 가졌다. 간호의 힘 덕분이라고 해도 과언은 아니다. 정신과 의사인 나카이 히사오[53]는 '치료할 수 없는 환자는 있어도, 간호할 수 없는 환자는 없다'라고 강조하였다. 아마노는 사사키에게 받은 돌봄을 통해서 자신의 연약함을 회피하지 않고 그것에 맞서서 긴장된 마음을 안정시키고 편안한 마음으로 치료에 전념할 마음가짐을 가지게 되었다. 인생의 어느 한 시기에 돌봄을 필요로 하는 환자의 처지가 되었지만, 언젠가 병을 극복하고 예전의 회사원이라는 일상으로 돌아가게 될 것이기에 결론적으로 잘 된 일이다. 아마노는 불행 중 다행으로 늦은 밤, 모든 환자가 조용히 잠들어 있는 특별한 상황에서 등장한 타자인 사사키에게 뜻하지 않게 심정을 토로할 수 있었다.

만약 아마노가 아무 말도 하지 않았거나 또는 '괜찮아요'라고 말했다면, 사사키는 불안을 감지할 수 있었을까? 느꼈다면 어떻게 대처했을까? 불안에 가득 찬 아마노가 '당신처럼 젊고 건강한 사람은 내 괴로움을 모를 거야'라고 말했다면? 그런 말을 하지 않은 건 아마노가 신참인 사사키를 배려한 것인지도 모른다.

나는 이렇게 상상해 본다. 순회 온 사람이 사사키와 비슷한 나이의 베테랑 주임이었다면 어땠을까? 그가 고뇌를 표출하지 않았음에도 만약 베테랑 간호사가 그것을 알아채고 먼저 물어봤다면, 아마노는 약한 모습을 보이지 않기 위해 방어적인 자세를 취하지는 않았을까? 자신이 언어화 하지 못하고 있던 마음을 상대방이 '불안'이라고 이름 붙여서 눈앞에 내놓는다면, 오히려 궁지에 몰린 기분이 들지는 않을까? 자신의 마음을 잘 대변해 주었다는 마음과 동시에 더 이상은 신경 쓰지 말아 줬으면 하는 양가적(⇒ p. 420)인 감정이 들었을지도 모른다.

아마노는 늦은 밤 병실에서 얇은 환자복을 걸치고, 자신의 딸 정도의 나이로 보이는 간호사에게 푸념을 늘어놓았다. 이런 모습은 아내나 딸에게는 물론이거니와 회사 부하들에게도 보이지 않았을 것이다. 환자, 약자로서의 자기 자신과의 대면은 괴롭고 힘든 일이다. 돌봄을 받는다는 것은 치유 받는 것과 동시에 상처를 받을 수 있다는 두 가지 의미를 담고 있다. 이는 온존 작용과 침습 작용을 동시에 지닌다. 아마노는 병원이라고 하는 다른 세계에서의 비일상적으로 일어난 일을 통해서 약자로서의 자기 자신을 수용하기 시작한 것은 아닐까?[†]

[†] 아버지가 수술을 받고 병원을 옮기거나 재택요양을 권유받았던 어느 날, 간호사가 "따님도 간병할 수 있도록 대소변 케어를 같이 해봅시다"라는 제안을 했다. 커튼 너머에 움직이지 못하는 몸이 되어버린 아버지가 온 힘을 다해 거부하고 있는 걸 알게 되었다. 친딸의 돌봄을 받는 것이 아버지의 위엄을 박탈하는 것이 될 수도 있다. [쿠라바야시]

3. 돌봄은 상대방이 약자인 것을 전제로 하고 있다

돌봄의 근본적인 의미는 고통을 가진 사람의 외침에 공감적으로 응답하는 것이라고 카토는 말한다. 도움을 요청하는 측이 원래 가지고 있는 고뇌를 '원초적 고통(suffering)'*이라고 한다. '원(原)'이란 일차적이면서 그 이상의 원인을 찾을 수 없는 것을 가리킨다. 「원초적 고통」은 이름을 붙일 수도 없으며 파악할 수도 없는 것이어서, 어떤 방법으로든 대처 가능한 병이나 증상 등으로 잘라 내어, 분류·정리되어 있는 것으로 변질시켜버리게 된다. 카토는 이것을 「고통 대처」라고 이름 붙였다.

도움을 요청하는 것은 연약함을 내보이는 것이며, 자신을 상대방의 폭력에 노출시키는 위험한 행위이기도 하다. 원초적 고통을 대응 가능한 것으로 왜소화하고 거푸집에 끼워서 다루는 한, 원초적 고통은 해소될 수 없다. 카토는 돌봄이 진정한 돌봄이 되는 것은 매우 얻기 어려운 '이상'에 불과하다고 말한다. 거푸집에 맞춰지거나, 부적절한 응답, 마치 강요하는 듯한 폭력적인 응답이 이루어지면서 원래의 원초적 고통과는 다른 고뇌가 생겨난다. 이런 고통을 카토는 2차 고통이라고 한다. 돌봄을 받을 때마다 2차 고통이 계속 생기는 건 아닐까?

장애인으로서 돌봄을 받는 측이 갖는 2차 고통, 온갖 원망스럽고 고통스러움, ressentiment에 대해 큐쿄쿠 Q타로의 솔직한 의견을 들어보자. 참고로 이것은 주로 약자가 강자에 대해서 분노하고 원망하며, 증오하고 슬퍼하는 등의 좋지 않은 감정을 품는 것이다. 돌봄을 받는 측이 '약자'로 간주됨으로써 강조되는, 돌봄을 제공하는 측과 돌봄을 받는 측의 불균형적 관계에 대해서 말하고 있다. 원문에는 '개호(介護)' '개호자(介護者)'라는 말이 사용되고 있으나, 여기서는 이것을 임의로 '돌봄' '돌봄 제공자'라는

---

* '原'은 영어로 'primal'이며 정신분석학적 용어로 주로 우리나라에서는 '원초적'이라고 번역된다. [옮긴이]

말로 바꿔서 인용하도록 하겠다.

'통념적인 돌봄에서, 돌봄을 받는 사람은 돌봄 제공자에 대해서 빚을 지지 않으면 안 된다. 양자의 관계는 이처럼 불균형하다. 한쪽에 "주는" 돌봄 제공자가 있고, 다른 한쪽에 "받는" 사람이 있다. "받는" 쪽은, 요컨데 "약자"이며 기독교에서 말하는 "은혜를 받지 못한 자(불우한 자)"이다. "약자"는 "돌봄"이라고 하는『은혜』를 입지 못하면 살아 갈 수 없는 것이다.' (究極Q太郎, 「介護者とは何か?」, 『現代思想』26(2): 178, 1998.)

돌봄 제공자가 상대방의 보이지 않는 요구에 어디까지 개입하여서 돌봄을 할 수 있는지에 대한 질문에 큐쿄쿠 Q 타로는 다음과 같이 말한다.

'개조자는 장애인의 자립성을 단지 도와 주는 것에 불과하며, 장애인의 의사를 무시하고 마음대로 개조활동을 진행해서는 안 된다. 최대한 장애인의 의사에 따르지 않으면 안 된다. 시설에서 근무하는 간호사, 개호사(간병인), 또는 가족 친척들에 의한 "해주지"식의 개호 태도, 관리자적 발상에 근간을 둔 개호에 대한 비판에서, 이러한 개호론이 자립장애인들에 의해서 형성되어 왔다. 이는 말하자면, 개조자는 장애인의 손발이 되어주어야 한다는 것이다. …… 장애인이 주체이기 때문에 개조자는 자기 마음대로 판단을 해서는 안 된다.' (앞의 책, p. 179.) [†]

개조자[*]가 이렇게 하면 좋을 것이라고 생각해서 한 행동이 결국에는 과

[†] 전동 휠체어를 사용하는 아키야마는 개조와 개호는 다르다면서 '인적 돌봄을 중시하게 되면 개호체제를 강화시킬 뿐 자립성을 뺏는다'라며, 개호보다 '개조라는 말이 적절하다'라고 말한다. 秋山和明「介護と自立」,『リハビリテーション研究』41: 23-27, 1982. [이토(伊東)]

[*] 개호(介護)란 사전적으로 곁에서 돌보아준다는 뜻으로, 의료에서 간병과 비슷한 의미로 사용된다. 일본은 40세 이상의 개호가 필요한 사람들을 대상으로 개호보험을 실시하고 있다. 개호에 비해 개조(介助)는

도한 간섭일 뿐이기에, 돌봄을 하는 측은 멋대로 판단하지 말며, 머리 보다는 손발을 써달라는 메시지다.

이 글도 개조를 간호나 돌봄으로 바꿔 읽어주길 바란다. 돌봄 전문가로서 전문성을 정면에서 부정하는 발언이다. 과도하게 간섭하지 말고, 가치관을 강요하지도 말며, 그저 손발처럼 움직이라는 것이다. 그렇다면 돌봄을 하는 것은 전문가가 아닌 로봇도 할 수 있다는 말이 된다. 매우 혹독한 지적이지만, 만약 돌봄을 받는 측에서 하는 말이라면 진지하게 받아 들여야 한다. 물론 개조자가 손발과 같은 도구가 된다 하더라도 개조자와 피개조자 관계의 불균형이 없어지는 건 아니다. 개조자가 단순한 도구로 업신여김 당하고 폄하 당하게 될 것이라는 부정적인 의견도 있다. 그럼에도 왜 이런 주장이 나오는 걸까.

필요로 하는 돌봄을 하는 것은 좋은 일이라고 여겨지고 있다. 나아가 좋은 행위를 할 때의 수단은 쉽게 정당화된다. 그 정당화의 과정에서 그것이 성급하거나, 강한 신념이나 정의감이 뒷받침 되면, 때로 선의는 독선이 되고, 상대방의 아픔을 배려하지 않는 '부드러운 폭력'으로 바뀐다. 돌봄을 받는 측은 선의라고 하는 명주실로 목을 졸리는 듯한 폐색감에 시달리면서 상처받게 될 것이다. 그러므로 상대방을 지켜주려는 돌보는 측의 가치관이나 선의에 오염된 개호를 받는 것보다, 손발이 되어서 물리적으로 움직여 주는 도움만으로 충분하다는 '개조수족론'이 나오게 된 것이다.

4. 돌봄은 약자의 존재를 지속화 시킨다

우리들은 매일 누군가로부터 돌봄을 받고, 누군가를 돌보면서 생활하

낯선 단어로, 개호와 비교된 새롭게 만들어진 단어로 생각할 수 있다. 여기서는 개호가 아닌 개조를 강조하면서, 일부러 개조자(assistant giver)라는 말을 사용하였다. 개호의 '호'가 보호(protection)의 의미라면 개조의 '조'는 보조(assistant)의 의미를 가지고 있다. 필자는 케어 제공자에게 단지 도와주는 역할로 충분하며, 그 이상의 돌봄을 받는 사람의 의사를 넘어선 과도한 돌봄을 경계할 것을 당부한다.

고 있다. 사람과 관계 맺으며 살아가는 것 자체가 돌봄을 주고 돌봄을 받는 것이라고 말할 수 있다. 본래 돌봄이란 주는 측과 받는 측이 상호 영향을 주고받는 쌍방향적이면서 역동적인 관계이다. 이것이 일방통행 관계로 고착화되어 버리면 돌보는 측이 깨닫기 전에 상대방에게 상처를 주게 된다. 이것이 큐쿄쿠 Q타로가 말하는 '약자'와 '강자' 간의 관계 고착일지 모른다. 보통 돌봄은 '강자'가 '약자'에게 행하는 것으로 여겨지고 있다. 돌봄이 전문가에 의해서 행해질 때, 쌍방향의 관계가 무너지고 돌봄은 강자와 약자의 관계가 되어 버린다고 여겨진다. 돌봄이 전문가의 손에 맡겨지면 결과적으로 환자는 대상화되며 수동적인 입장이 되어 무력화되고 만다.

만약 돌봄을 전문화해서 생산자와 소비자처럼 일방적인 관계로 만들어 버리면, 돌보면서 돌봄을 받거나, 돌봄을 받으면서 돌봄을 주기도 하는 쌍방향의 역동적인 대인관계가 빈약하게 될 것이다. 환자는 약자이며 스스로 돌볼 수 없으니까 오로지 돌봄을 받는 수밖에 없다고 생각하는 것은 환자의 약자 역할의 지속화이며 무력화이다.

역할 고정화의 또 하나의 요인에 대해서 말해두고 싶다. 전문가의 경우뿐 아니라, 가족이나 친구 관계에서도 일어날 수 있는 일이다. 자기평가가 낮은 사람이 돌봄 제공자가 되면, 자기보다 훨씬 약한 사람을 지속적으로 돌봄으로써 자기의 연약함을 외면하는 경우가 있다. 말하자면 상대방을 발판 삼아서 자기평가를 상대적으로 높이는 것이다. 그런 사람에게 있어서 약자는 약자로 남아 있지 않으면 곤란하다. 그들은 약자이어야 마땅한 대상이 때로 강자인 것처럼 당당하게 나타날 수 있다는 역동적인 관계를 받아들이지 못한다. 장애인이 항상 약자이기를 강요당하는 그런 관계는 이러한 자기평가가 낮은 돌봄 제공자에 의해서 발생한다. 의료나 복지 전문직 종사자 중에 이러한 사람이 없으면 좋겠지만.[54]

5. 돌보는 측에 주어지는 것

　돌봄이 본래의 쌍방향성의 관계에 있을 때, 돌봄 제공자는 돌봄을 주는 동시에 돌봄을 받는 측으로부터 여러 가지 영향을 받는다. 돌봄을 받아서 좋았다는 플러스 작용뿐만 아니라, 돌봄 제공자는 노여움 등의 마이너스 감정이나 과거의 대인관계로부터 받은 깊은 상처를 투영하는 '전이'에 노출될 가능성이 있다. 이것이 반드시 나쁜 것만은 아니다. 돌봄을 받는 것의 아픔이나 불완전한 느낌, 무력감 등을 공유하기 위한 회로, 반작용을 받아들이는 창이 열려있어서 생기는 일이라고 할 수 있다. 만약 일방적인 제공 관계라면 강자는 약자로부터의 반작용을 겪지 않을 것이다. 받더라도 미미하여 그것을 잡음으로 취급하고 잘라 버릴 수 있으며, 돌봄을 제공하는 자신이 약자인 동시에 상처받을 수도 있다는 의식이 옅어질 것이다.[†]

　생텍쥐페리의『어린왕자』를 알고 있는가? 왕자는 어디에선가 자신의 별에 찾아 온 장미꽃을 좋아하게 되어서 헌신적으로 보살폈다. 물을 주고 바람막이를 세우고, 벌레를 잡기도 했다. 이런 왕자에게 장미는 감사는 못할망정 이기심이 점점 더 심해져 갔다. 장미의 까칠한 태도에 왕자는 상처를 받아 장미를 남겨 두고 여행을 떠나버렸다. 그러나 나중에 왕자는 "그 꽃 덕분에 좋은 향기에 둘러쌓여 있었지, 밝은 빛 속에 있었지"라며, 자신이 돌봄을 받았다는 사실을 깨닫는다. 그리고 '돌봐준 상대에게는 항상 책임이 따른다'라고 비행기 조종사에게 말하면서 장미가 있는 곳으로 돌아가서 화해하려고 결심한다. 장미는 돌봄을 받으면서도 고뇌를 완전히 치유하지 못하고 약자인 자신에게 짜증이 나서 그 화를 왕자에게 터뜨렸

[†] 환자는 "여러모로 수고가 많네요." "친절히 대해줘서 고마워요." "배려를 해줘서 고마워요" 등 나를 신경 써준다. 매일 반복되는 간호현장에서 환자에게 돌봄을 받고 있는 것 같은 느낌이다. 치매나, 뇌경색 때문에 마비가 있는 셀프케어가 힘든 환자라 해도 마찬가지다. 그러나 엉뚱한 요구나 의료인 측이 위협을 느낄 정도의 언동에 직면해서, 돌봄을 계속한다는 것의 어려움을 실감할 때도 있다. [요네다]

던 건지도 모른다. 왕자는 지구에서 여우와 만나서 돌봄을 주는 것과 받는 것의 쌍방향성, 돌봄에 있어서의 치유와 그 속에 숨어 있는 침습성을 배우고 돌아갔을 것이다. 아마 왕자와 장미는 앞으로 돌봄을 서로 함께할 것이다.

돌봄이란 무엇일까? 돌봄의 사적인 정의를 하나 제시해 보겠다. '돌봄이란 장미꽃을 키우는 것과 같다'라고 할 수 있다. 소중히 다루지 않으면 시들어버린다. 물을 너무 많이 주어도 뿌리가 썩어 버린다. 장미꽃을 마구 다루면 가시에 찔려 다치게 된다. 그러나 그 색깔이나 향기의 아름다움에 우리들은 치유를 받는다. 돌봄도 마찬가지라고 생각한다.

D. 환자와 의료인의 의견 대립

1. 서비스로서의 의료

언제부터인가 환자를 '환자분'이라고 부르게 되었다. 나는 환자를 그렇게 부를 때 왠지 어색한 느낌이 든다. 하지만 어느새 그렇게 부르는 것이 당연하게 된 것 같다. 그 위화감이 무엇일까 지금도 생각하게 된다. 환자에게 '분'이라는 말을 붙이는 것에 반감이 생기는 이유는 환자가 대단해서 혹은 그렇지 않아서나 '씨'보다는 '분' 쪽이 정중하다라는 등의 저급한 논의가 아니라, 환자를 '손님'과 동등하게 보아야 하는가에 대한 문제 때문이라고 생각한다. 나뿐만 아니라 많은 동료들이 '손님은 왕입니다'라는 말을 생각하면서 환자가 손님이라는 말에 쓴 웃음을 짓는다.[†]

[†] 어떤 환자로부터 환자분이라는 호칭에 대해서 '지나치다'라는 진심 어린 말을 들은 적이 있다. 실제로는 조잡한 대응에 대해 지적을 받으면 "겉치레 말"이 생각난다. 겉으로는 정중하고 예의가 바른 말을 사용하더라도 그것에 합당한 대응이 따르지 않으면, 실제로는 거만하고 무례한 인상을 받게 된다. 나라면 의료인의 심장을 칼로 찌르는 듯한 대응을 받으면서까지 '환자분'이라고 불리고 싶지 않다. [키타즈메]

환자라는 말은 아무리 호의적인 눈으로 보려고 해도 부정적인 이미지를 지니고 있다. 환자라는 말은 듣는 이에게 자신감과 행복감을 주는 그런 멋진 말이 아니다. 할 수만 있다면 환자는 되고 싶지 않다. 되고 싶지 않아도 어쩔 수 없이 되어버리는 게 환자다. 그것은 병자, 부상자, 노인, 장애인과 같은 말들과 공통된 점이 있는 것 같다. 만약 여기에 노인님, 병자님이라고 말하면 정중한 의미가 될까(적어도 요양원에서 '노인님'이라는 말은 들어본 적이 없다). 임산부나 건강검진에서 검사를 받는 사람, 미용성형을 받는 사람은 엄밀히 말하면 환자가 아니다. 병에 걸린 게 아니기 때문이다. 이러한 사람들을 어쩌면 '손님'이라고 불러도 괜찮을 것 같다.

아무튼 환자분이라는 말이 나타나기 시작하면서부터 의료가 서비스업인지 아닌지에 대해서 생각하게 된 사람들이 많아진 건 사실이다. 분명 대부분의 환자는 돈을 지불하고 의료라는 전문적인 서비스를 받는다. 서비스를 구입한다는 기분으로 병원에 온다. 보험제도 덕분에 가격이 통제되어 있어, 환자들은 병원의 질적 차이를 따진다. 솜씨가 좋은 의사가 있는 병원, 간호사가 친절한 병원, 깨끗한 병원건물, 인기가 있는 병원, 교통이 편리한 병원 등등. 그 슈퍼는 채소가 신선하고, 빵은 어디어디 가게가 맛있어, 어차피 갈 바엔 좋은 곳으로 가야지. 의료도 백화점과 마찬가지일까?†

5, 60년대 고도경제성장으로 일본인의 생활은 풍요로워졌다. 물건이 넘쳐흐르는 속에, 조금이라도 좋은 물건을 사고 싶어하는 욕망이 충족될 수 있었다. 이렇게 우리는 '소비자님'이 된 것이다(⇒ p. 129). 환자가 소비자라는 사회적 인지가 권리의식을 끌어 올려서 정보공개나 안전성의 추구, 선택의 자유 등의 소비자 운동의 일환으로 의료 구조에 변화를 가져 왔

---

† 새벽 시간 응급실에 멀쩡한 상태의 아이를 데리고 오는 부모가 있다. 안심하게 해준다는 점에 있어서는 서비스업이지만, 그래도 되는지에 대해서는 의문이 생긴다. [나카자와]

다는 견해도 있다. 즉 환자 중심의 의료, 설명과 동의, 결함 상품(의료 사고 등)에 대한 규탄, 이러한 것들은 소비자로서의 권리행사라고 볼 수 있다.

병원에 가면 아무런 설명도 없이 "주사 맞으셔야겠어요. 처방전 드리고, 네, 다음 사람"식이여서, 아무도 납득할 수 없었던 것이다. 닭꼬치가 먹고 싶어서 선술집에 들어갔는데, 주문도 하지 않은 생선이 계속 나오면서 "오늘은 꽁치하고 임연수어가 맛있어요"라는 말을 들으면 기분이 어떨까. 손님은 먹고 싶었던 닭꼬치를 주문해도 된다. 주문을 받으면 가게 주인은 닭꼬치를 굽지 않으면 안 된다. 병원이라면 어떨까? 의료가 엄밀한 의미에서 서비스 산업일까? 의견이 분분할 것이다. 서비스 향상을 위해서 의료에 주식회사가 참가해야 하는가에 대한 논쟁도 있다. 현실적으로 인기가 없는 병원은 도태되어 간다. 의료는 완전히 시장원리 속에 들어가 있다.

2. 부적절한 의료행위

의료인은 고객, 아니 환자가 요구하는 서비스에 어디까지 응해야 하는 걸까? 원칙으로는 양자가 제대로 대화하여 서로가 납득된 진료를 하는 것이다. 이건 당연하다. 그런데 이것은 일반적인 방법으로 해결하기 어려운 문제이다. 의료인 측에서 볼 때의 최적인 의료, 최선의 의료가 환자 측에 볼 때 그렇지 않은 지점이 어떻게 하더라도 존재한다. 의료가 레스토랑 같은 서비스업이라면 원칙적으로 환자의 주문이 우선시된다. 다소 맛이 없거나 영양가가 없어도 각자의 기호 문제다. 그렇다면 치료가 환자에게 최선의 이익이 되지 않더라도 요구에 응하지 않으면 안 된다.

그런데 병원은 레스토랑과 다르다. 환자의 모든 요구에 응하는 건 불가능하며, 비록 가능하더라도 응해서는 안 되는 때가 있다. 그렇다면 환자의 요구라도 응해야 하는 의무가 없어지는 것은 언제일까? 가장 먼저 떠오르는 것은 안락사 등 그 요구가 합법적이지 않은 경우다. 아무리 본인이나 가족이 원해도 '네, 알겠습니다'라고 대답할 수 없다. 마약이나 각성제 주사, 허위 진단서·증명서를 발행하는 경우도 마찬가지다.

그럼, 법률을 위반하지 않는 요구는 응해야 하는 할까? 의료행위는 침습적인 것이 많아서 예상치 못했던 사태가 일어날 수 있는 매우 위험한 행위다. 위법이 아니라도 명백하게 환자에게 해를 끼칠 수 있는 행위라면 해야 할 의무가 있을까? 또한 해를 끼치지 않지만 이익도 되지 않는 행위가 있다.

자주 인용되는 예가 있다. 환자가 감기에 걸려서 항생제 처방을 요구할 때 어떻게 대처하면 좋을까라는 문제다. 대부분의 감기는 바이러스가 코나 목을 감염시켜서 생기는 염증이라는 사실은 알고 있을 것이다. 세균성이 아니기 때문에 항생제는 듣지 않는다. 또한 탈수 증상도 없고 수분 보충의 이유가 없는데도 수액 주사를 놓아 달라고 하는 경우가 있다. 이러한 요구에 대해서 정확하게 의학적으로 설명을 하고 요구를 들어 줄 수 없다고 거절을 하는 게 좋을까? 상대방이 납득하지 않으면 어떻게 할까? 아마도 환자는 요구를 들어 줄 다른 병원으로 갈 것이다. 손님을 한 명 잃게 되는 셈이다. 반대로 요구하는 대로 처방해 주면 어떻게 될까? 손님을 잃지 않아도 되고, 환자도 만족해서 모든 게 좋은 결과를 가져 온다. 그런데 진짜로 그렇게 말할 수 있을까? 항생제로 인한 부작용이 생기면 어떻게 될까? 항생제로 인해서 상재균의 균형이 깨어지고 균교대현상으로 인해 생각지도 못했던 합병증을 일으킬 수도 있다. 항생제 과다 사용은 환자 개인의 차원을 넘어서 소위 말하는 내성균 출현의 원인이 되고 있다. MRSA가 그 대표적인 예이다.†

---

† 치료효과가 확실하지 않을 때의 항생제 투여는 효과가 없는 정도가 아니라 유해하다. 그러나 환자(또는 그 가족)가 원할 때에는 투여를 하는 경우가 있다고 한다. '환자의 희망'이라는 요구에 응하는 것이 의료서비스라는 의료의 현실이 그 배경에 깔려있다. 소아두부외상에서 CT스캔을 사용해서 정밀검사를 하고 싶어 하는 부모는 많이 있지만, 검사를 실시한 사례 중 실제로 CT스캔이 필요했던 경우는 0.1퍼센트에 불과했다는 미국의 연구 자료가 있다(『生命倫理事典 第2版』, 太陽出版, 「CT」の頁). [하라]

항생제는 의외로 간단하게 구할 수 있는 약이다. 만약 이것이 희소가치가 있는 약이나 약재라면 어떤 문제가 있을까? 정말로 필요로 하는 사람에게만 사용해야 하는 약이라면 (아무나에게) 쉽사리 처방하지 못할 것이다. 이에 대해서는 '한정된 의료자원의 배분'(⇒ pp. 237-255)이나 사례6(⇒ pp. 336-343)에서 고찰하자.

3. 치료의 대상은 무엇인가

치료는 병에 대해서 이루어지는 처치이다. 만약 병인지 아닌지 확실치 않은데 환자가 치료를 요구하면 어떻게 해야 할까? "병이 아니라서 진료할 수 없습니다"라고 말할 수 있을까?

앞에서도 적었듯이 임산부는 병자가 아니다. 임신은 병이 아니기 때문이다. 출산을 돕는 행위는 치료라고 할 수 없다. 임신하여 출산하는 것과 임신하지 않고 출산하지 않는 것, 둘 다 원래 정상도 비정상도 아닌 일상적인 것이다. 그럼 임신 중절이나 인공 임신의 경우는 어떤가? 임신, 출산이라는 과정에 의료가 개입하는 생식의료라고 하는 분야가 기술적으로 엄청난 진보를 이루었다. 그래서 지금까지의 법률로 판단을 할 수 없는 일이 빈번하게 일어나게 되었다.

인공수정을 이용한 출산에서 배우자 의외의 난자나 정자를 사용하는 경우 아이의 유전 상 부모와 호적상 부모는 어떻게 되는가, 남편이 사망한 후에 냉동한 정자를 이용해서 임신을 하게 되면 인지문제는 어떻게 되는가 등의 새로운 문제가 계속해서 발생하고 있다. 언론에서 대리출산에 대

MRSA(내성균)에 사용하는 강력한 항생제이다. 항생제를 남용하면 이 약마저도 효과가 없어져 매우 위험하다. 따라서 대다수의 병원에서는 사용을 제한하고 있다. 눈앞에 MRSA의 감염이 의심되는 환자가 있는데 내성균이 생길 것을 우려하여 균이 동정될 때까지 기다릴 수 있겠냐고 묻는다면, 아마도 나는 기다리지 못할 것이다. "당신에게 이 약이 효과가 있을지 모르지만 무턱대고 사용하면 다른 사람들이나 의료계 전체에 안 좋은 영향을 줄 수 있어 지금 단계에서는 사용할 수 없습니다"라는 설명을 납득할 환자가 과연 몇 명이나 있을까. [니시카와]

해 자주 보도하고 있다. 기술적으로는 상당수의 것들이 가능해졌지만 이러한 문제들의 옳고 그름에 대한 법률이나 사회적인 합의는 이루어지지 않은 상태이다. 그럼에도 불구하고 치료행위로써 이를 계속해도 될까? 환자가 바라고 그것이 환자의 이익이 된다면 해야만 하는 걸까?

아이를 원하는 부부가 임신하지 못하는 것은 괴로운 일일 것이다. 그러나 모든 것을 불임이라는 치료할 가치가 있는 병으로 생각하는 것이 타당한지는 깊이 생각해볼 필요가 있다. 또한 분명하게 병의 치료와는 거리가 먼 임신 중 성별 확인이나 다태임신에서의 감수수술과 같은 요구에 응해야만 할까? 이 영역에는 어려운 문제들이 산더미처럼 쌓여 있다.[†]

처치의 대상이 병이 아니면 치료라고 하지 않는다. 하지만 환자(손님)의 수요가 있고, 수요를 충족시킬 수 있는 기술이 있기 때문에, 그것의 옳고 그름이 문제가 된다. 이른바 미용외과(미용성형외과, 미용정형외과와 같은 여러 명칭이 있다)에 대해서 생각해 보겠다.

다치거나 화상으로 인한 반흔 제거, 양성 지방종이나 아테롬(atherom) 제거 등 병이나 상처 치료를 위해서 환자가 미용외과를 방문한다. 그러나 압도적으로 많은 것은 쌍꺼풀 등의 미용상의 성형이다. 외꺼풀은 병일까, 코가 낮거나 크다는 것은 이상한 것일까? 병이나 이상해서가 아니라 자기 코나 눈꺼풀 모양이 마음에 들지 않아 모양을 바꾸려는 목적으로 수술을

[†] 예를 들면 2003년, 일본의 어느 유명인 부부가 미국에서 대리 출산한 자신들의 아이를 친자식인 것처럼 출생신고를 하려고 했으나 수리되지 못했다. 재판에서 논쟁을 벌였으나 2007년 3월 23일 일본의 최고재판소 판결에서 친자식으로 인정받지 못하고, 특별양자입양이 이루어졌다. 민법상으로는 어디까지나 출산한 사람이 어머니이다. [이토]
보조생식의료는 종교나 영성(spirituality)의 문제와 연관된다. 여기서는 개인의 가치관을 수용하면서도, 사회적 합의에 입각해서 판단하는 수밖에 없다. 이 판단에 동의를 할 수 없는 사람은 타협을 하거나 해외로 나가서 시술을 받는 등의 선택을 해야만 한다. 사회적 합의형성을 위해서 우생학적인 사고가 반영된다거나, 약자를 배제하는 방향으로 나가려 한다면, 충분한 논의를 거쳐서 규제해야 한다고 생각한다. [토쿠나가]
일본에서는 불임을 병으로 인정하여 불임치료에 보험적용이 가능하게 되었다. 낭보로 받아들인 사람이 많이 있을 것이다. 반면에 불임치료를 하지 않는 부부는 병을 치료하지 않고 방치하고 있다며 가족이나 친척들이 생각할지도 모른다. [카토]

하려고 병원에 온다. 이 경우 병이 아니기 때문에 건강보험이 아닌 자비로 비용을 부담한다.

자기 몸을 성형하고 싶다는 욕구를 지닌 소비자와 그것을 가능하게 하는 기술을 가진 서비스 제공자가 있고, 양자의 합의에 의한 거래가 이루어지고 있다. 그것에 불과한 걸까? 자신의 소유물인 코를 가지고 어떻게 하든 본인의 자유니 다른 사람이 왈가왈부 할 문제가 아닌 걸까? 의료행위와 제모와 같은 에스테틱의 경계는 어디일까? 가수 아무개랑 똑같은 코 모양으로 만들어 달라는 요구에 따라 시행한 치료 결과가 성공적인지 아닌지 어떻게 평가할 수 있을까? 이런 문제들로 인해서 많은 분쟁이 발생하고 있다고 한다. 수술이 원하지 않는 대로 되었을 때 그것을 의료과실이라고 할 수 있을까?

수술을 받는 사람 중에 추형공포증(dysmorphophobia)이라는 병을 가진 사람이 있다. 자기 얼굴이 지독하게 못생겼다고 굳게 믿는, 사춘기에 많은 망상성 장애나 신체표현형 장애다. 객관적으로 볼 때 반드시 못생겼기지 않았으며, 어디까지나 본인의 주관적인 문제이다. 이런 사람들 중에는 몇 번이나 성형수술을 반복하고 그 때마다 병원 측과 문제를 일으키는 사람이 있다. 수술을 하면 못생긴 얼굴이 좋아질 걸로 믿고 수술을 받지만 결코 만족하는 경우가 없다.

4. 성정체성장애에 대해

성정체성장애(gender identity disorder, GID)라는 상태에 대해서 생각해 보자. 상태라고 적었다. 병이라고 적어야 할 지 모르겠지만 일부러 그렇게 표현했다. 이것은 자신의 성별에 대한 위화감으로 정신적 고통을 받거나 사회적 부적응을 보이는 상태를 말한다. 예를 들어 남성으로 태어났는데 자신의 성 정체성은 여성인 상태다. transsexual이라고 불리는 사람들 중에는 몰래 성별적합수술을 받은 사람이 적지 않다고 한다. 미용외과에서 유방이 작은 여성이 가슴 확대 수술을 받는 것과 위의 남성이 수술을 받는 것에 차이가 있을까? 차이가 있다면 무엇일까? 본인이 원하는 것이니 똑같을까? 이렇게 해서라도 성별을 극복하는 것은 특별한 것일까?

성정체성장애는 WHO의 분류에 의해 정신장애의 하나로 포함되어 있다. 그러나 정말로 병이나 장애에 해당되는지 아닌지에 대한 논쟁이 계속되고 있다. 그 결과 2013년 미국 정신의학회는 병명을 gender dysphoria(성별 위화감)으로 변경했다. 여전히 정신질환에는 속하지만 장애라는 느낌을 줄이기 위한 대안이다. 이런 흐름에 따라서 WHO에서도 GID를 정신장애의 범주에서 제외할 것을 검토하고 있다.

일본정신신경학회에서는 1990년대부터 『성정체성장애에 관한 진단과 치료의 가이드라인』(제4판, 2012)을 작성하고 있다. 여기에서 본인이 바라지 않는 성역할을 강요하는 행위, 즉 태어났을 때의 성을 강요하는 것은 비윤리적이고 비현실적이기 때문에 본인의 희망에 따라 치료하는 것이 바람직하다고 적혀 있다. 즉 다른 성이 되고 싶어 고민하고 있는 사람은 병이기 때문에 성별을 변경하는 방향으로 치료해나가야 한다는 것이다. 이 경우 상담, 실생활경험, 호르몬 요법, 외과수술 등 단계적으로 진행하도록 되어 있는데, 이 순서는 강제적인 것이 아니며 본인의 의향에 따라서 변경할 수 있다고 되어 있다. 이 부분에서도 마찬가지로 환자의 요구가 우선시되고 있다.

GID를 질병이라는 틀에 넣음으로써 치료대상이 된다는 대의를 얻을 수 있게 되었다.[†] 특정한 상태를 병으로 간주하여 의료의 대상으로 삼는 것을 '의료화' 또는 '병리화'라고 부른다. 일본에서는 '성정체성장애특례법'이 2003년에 제정되어 일정한 요건을 충족시키면 호적의 성별을 변경할 수 있다. 그 요건 중 하나가 성기의 외형이다. 그러므로 성별적합수술

[†] 요건이란 성인, 미혼, 20세 미만의 자녀가 없을 것, 생식기능소실, 성기외견 유사이다.

을 받지 않은 사람은 변경할 수 없다.

　미하시 준코는 성정체성장애가 병리화되어 치료대상이 되는 것의 문제를 상당히 심도 있게 지적하고 있다.[55] 성별적합수술을 받는 사람 중에 실제로는 GID가 아닌데도 호적의 성별을 변경해서 동성 파트너와 결혼하기 위해 수술을 받는 동성애자가 있다. 의사로서는 실제로 GID인지 그런 척하고 있는 건지 알아챌 수 없다고 한다. 또한 자신이 어느 성인지 잘 모르거나 헷갈려 하는 것은 사춘기 때에 드물지 않게 일어난다. 이들 대부분은 어느 정도 고민의 시간을 보내고 나면 어떻게든 안정되어 간다. 그러나 학교 현장과 같은 곳에서 2차성징이 나타나기 이전 조기에 대응하자는 목소리가 있어서, 15세부터 호르몬 요법을 실시하는 것이 가능해졌다. 나중에 본인의 성별 위화감이 감소될지도 모르는 단계에서 성별변경을 재촉할 가능성이 커질 수 있다. 이런 것은 과잉진료일지도 모른다.

　게다가 성별변경을 원하는 사람 중에는 사회생활에 적응을 못하는 이유를 성별불일치 때문으로 생각해서 충분한 실생활 경험 등의 준비가 안 된 채 수술을 하여 수술 후 적응에 더 큰 어려움을 겪는 사람이 있다. 이런 경우는 미용외과에도 공통적으로 있을 수 있다.

　미하시는 원래 성별은 타인으로부터 어느 한 쪽으로 강제적으로 결정되는 것이 아니며 치료를 통해서 반드시 성별변경을 해야 하는 것도 아니라고 말한다. 어떤 젠더로 살 것인가? 그 결정에 따라서 신체를 바꿀 것인가? 생활을 바꿀 것인가? 어디까지나 본인의 마음먹기에 달렸다. 병리화되고 의료의 대상이 되었다고 해서 불필요하게 괴로워하거나 이상한 사람이라고 배척당하는 일이 있어서는 안 된다. 앞에서 '성정체성장애특례법'에 대해 언급했다. 만약 WHO의 질병분류에서 성정체성장애자의 병명이 지워진다면 어떻게 될까? 존재하지도 않는 병에 관한 법률만 유령처럼 존재하는 기묘한 사태가 발생한다. 실제 세계 각국의 GID인 사람들은 자신들은 트랜스젠더라고 하며, 장애자라고 하지 않는다. 세계 각국에서 병명이 사라진 뒤 일본만 남는다면 GID는 일본의 풍토병이라고 불릴 것이라고 미하시는 말한다.

5. 환자가 원하지 않는 치료에 관해

지금까지 치료가 적응증에 맞는지, 환자가 치료를 요구하면 그에 응해야 하는지에 대한 시점에서 문제를 살펴보았다. 서비스로서의 의료는 수요에 응하지 않으면 안 된다. 반면에 의료인 측에서는 치료를 하고 싶고 환자가 치료를 받았으면 좋겠다고 생각하는데도, 환자가 원하지 않는 상황도 있다. 치료 거부까지는 아니지만 환자가 치료 내용에 대해 상당히 까다로운 제약을 요구하여, 그 범위 내에서 어려운 치료를 해야 한다면 어떨까? 수술 중에 출혈이 있더라도 수혈만은 하지 말아달라거나.

종교상의 이유로 수혈을 받지 않으려는 사람들이 있다. 유명한 사례여서 알고 있는 사람이 많을 것이다.[56] 종교상의 이유로 환자는 수술을 받을 때 만약 수혈을 하지 않아 불이익이 발생한다 하더라도 병원에 책임을 묻지 않겠다는 내용의 문서를 남겨 놓았다. 그러나 병원은 수혈을 하지 않으면 생명의 위험이 있는 경우 수혈을 한다는 방침을 주장하면서 실제 수술 중에 수혈을 시행하였다. 환자 측은 병원 측이 수혈을 할 수도 있다는 것을 미리 설명하지 않음으로 인해 자기결정권을 침해했다고 고소했다. 일본의 최고재판소는 수혈거부가 "인격권의 한 부분으로 존중되지 않으면 안 된다"라고 하며 수혈거부에 대한 의사를 인정한 판결(2000. 2. 29)을 내렸다. 자기결정권이 있는 성인의 수혈 거부 의사는 존중해 주어야 하는 것으로 여겨지게 되었다. 단 환자의 아이에 관해서는 이 판결이 영향을 미치지 않을 가능성이 있다. 미국과 유럽에서는 부모에게 아이의 치료를 거부할 권리를 인정하지 않는다. 치료 거부는 학대에 해당하기 때문이다.

1985년 교통사고를 당한 10세 소년이 부모의 의향에 따라 수혈을 하지 않고 사망한 사건이 있었다.[57] 이때 수혈을 허락하지 않은 부모에게 보호

자유기치사죄 등의 법적책임이 있는지 여부에 관한 논쟁이 있었다. 수혈을 했더라도 목숨을 구할 수 없었다는 감정결과를 근거로 부모와 의사는 불기소되어 형사책임을 지지 않았다. 수혈을 하면 살 수 있는 경우에는 어떻게 해야 할까? 일본에는 이에 관한 가이드라인이 작성되어 있다.

일본수혈·세포치료학회를 포함한 의료계의 5개 학회에서 작성한 가이드라인에 미성년자의 경우 아이의 연령이나 친권자의 동의 유무 등 몇 가지 상황을 고려하는 것에 대한 방침이 적혀있다. 한 쪽 부모가 수혈에 동의한 경우 수혈을 한다. 양친이 모두 15세 미만 아이의 수혈을 거부하면 친권자를 학대혐의로 신고하고 친권소실을 신청해서 수혈을 실시한다고 되어 있다. 그러나 자기결정능력이 결여된 성인의 경우 가족이 수혈을 거부할 때 어떻게 해야 하는지에 대해서는 언급하고 있지 않아서 과제로 남아 있다.

6. 주증상을 어떻게 받아들일 것인가

주증상(chief complaint)라는 말이 있다. 환자가 병원에서 진찰을 받는 이유가 되는 주된 증상을 말한다. 환자가 무엇을 고통으로 느끼고, 무엇을 치료하고 싶어 하는지, 그러한 직접적인 문제가 주증상이다. 호소(complain)이면서 증상(symptom)이기 때문에, 보통은 그 배경에 여러 가지 병이 숨어 있을 가능성이 있다. 환자는 열이 있다거나 허리가 아프다고 하며, 증상을 호소하고, 그런 증상을 어떻게 좀 해달라고 말한다. 당연히 열이 내려가고, 통증이 완화되면 편해질 것이다. 그러나 그것만으로 괜찮을까? 의료인은 그 증상의 배후에 어떤 병이 있는지, 치료가 필요한지 여부를 생각한다.

정신과나 심신의학 외래에서 진찰을 받는 사람들에게는 "밤에 잠이 안 와요"라는 주증상이 많다. 수면장애는 실제 꽤 많은 증상이어서 그것만으로 완전한 진단이 되기도 한다. 그래서 불면증으로 약물요법이 이루어지는 경우가 있다. 그러나 대부분의 불면증은 어떤 다른 정신적인 문제로 인해 일어난다. 배후에 우울증이나 신경증 등의 정신질환이 있어서, 그 증상의 하나로 잠이 오지 않을 수도 있다. 그렇다면 수면제를 처방해서 해결될 일이 아니다.

잠이 안 오게 된 계기나 원인으로 여겨지는 일, 지금 고민하고 있는 것이나 스트레스로 느껴지는 일 등을 묻지 않아도 일반적으로 환자들은 먼저 말을 시작한다. 그러나 배후에 있는 문제에 깊이 파고들어 가길 원하지 않는 환자도 있다. 그럴 때 의료인은 어떻게 해야 할까? 대낮부터 술 냄새를 풍기면서 오거나 손목에 많은 자해 흔적을 가지고 있는 사람들이 스스로 말을 하지 않는다면, 그 이유를 묻지 않는 것이 좋을까? 나라면 직구 승부를 피하고, 볼을 던져서 반응을 보고 싶다. 잠을 못 이루는 것에 관하여, 어떤 방에서 자고 있으며 곁에 누가 있는지, 조용한지 번잡한지, 자기 전에 뭔가를 먹거나 운동을 하지는 않는지, 하루의 마지막을 어떤 기분으로 맞이하면서 잠자리에 드는지 등.

주증상의 배후에 있는 문제와 마주하기를 피하던 사람이 대화를 통해서 진지하게 생각하기로 태도를 바꾸는 경우가 있다. 그 시점을 끈기 있게 기다리는 것이다. 환자와 의료인 사이에 병에 대한 시각이 다르다거나 치료방침으로 대립하는 것은 오히려 매우 일반적인 일일지 모른다.

E. 가족과 '그 외의 관계'

1. 가족의 실상은 만화와 다르다

우리는 '좋은 죽음' 이야기 못지않게 TV 만화를 보며 각인된 '좋은 가족'의 신화를 믿으며 그 환상에 묶여 있다. 만화 속의 가족은 화목하고 즐겁다. 다툼이나 추잡함과는 거리가 멀며 웃음이 끊이지 않는다. 푸른 하늘이 펼쳐진 마을, 마당이 있는 단독주택에 사는 만화 속 가족들은 모두 다 활기가 넘친다. 몸이 아픈 사람이나 장애가 있는 사람, 병석에 누워 지내는 사람은 없다. 공부를 못하는 아이는 있어도 부모에게 폭력을 행사하는 아이나 술에 쩔어 있는 부모, 항상 신경을 쓰면서 조심스럽게 대하지 않으면 안 되는 사람, 정리해고 때문에 직장을 잃는 사람, 방탕한 생활 때문에 빚쟁이들에게 쫓겨 다니는 사람은 나오지 않는다. 부부도 너무나 사이가 좋다. 불륜은 있을 수 없다. 자녀교육 방침을 둘러싼 의견 대립도 없다.

얽히고설킨 정념, 사람 마음의 어두운 부분이 삭제된 이러한 만화나 드라마를 보고 있으면, 우리는 자신도 모르게 그것이 가족의 평범하고 당연한 모습이라고 생각하게 된다. 그와 달리 우리 집은 정말 엉망이다, 우리 집은 정상이 아니다, 이상하다. 이런 집안에서 태어나 자라나다니 불행이 따로 없다. 이런 건 친구에게 조차 말할 수 없어. ―실제로 이런 생각을 하는 사람이 꽤 많을 것이다.

한편으로 마치 만화에 나오는 화목한 가족을 쏙 빼 닮은 가정에서 자란 사람도 있을 것이다. 그런데 어쩌면 그런 사람들은 부부간의 안 좋은 장면을 자식에게 보여주지 않기 위한 부모의 세심한 배려 아래서 자란 것일 수도 있다. 물론, 실제로 정말 행복하고 사랑이 가득한, 아무런 문제없는 최고의 가정에서 태어나 자란 사람도 있을 것이다. 그런 사람이 실제로 있다면 정말로 부러울 따름이다. 그런 집에서 태어난 사람은 어느 집이나 다 자기 집과 똑같다고 생각하지 않는 게 좋다.

의료인은 표층적, 단편적 허상의 이미지를 벗어 던지고 다양한 각도에서 가족의 실상을 예의 주시해야 한다. 의료윤리학이 앞으로 어떤 방향으로 나아갈 것인가? 그것은 가족이라는 것을 어떻게 바라보고 어떻게 다루느냐에 달려 있다고 해도 과언이 아니다.

2. 가족주의

개인주의적인 기풍이 강한 나라에서는 인격에 있어 비의존성과 자립성을 중요한 덕목으로 여긴다. 가족을 포함한 타인에게 의존하지 않고 자기 일을 스스로 분명히 결정하며 자기관리를 하는 것이 불가능한 사람은 사회로부터 낮은 평가를 받는다. 그래서 비즈니스맨은 가능한 한 동물성 지방 섭취를 줄이고 유기농 채소나 두부를 먹으며, 퇴근 후에는 피트니스 센터에 다니면서 비만이 되지 않도록 노력하고 있다고 한다.

자 그럼, 일본의 경우는 어떨까. 비의존적인 자기관리나 자립성, 자기결단 능력이 그 정도로 높게 평가되고 있지는 않은 것 같다. 오히려 일본에서는 상호협력이나 협조성, 조화와 같은 미덕이 중시되고 있지 않은가. 상호협력이나 협조성은 사회의 다양한 방면에서 요구되고 있으나, 그 기본은 가족에 있다고 말할 수 있다. 그래서 「서구의 개인주의」와 전혀 정반대인 가족주의를 기반으로 하는 일본의 정신적 풍토를 자랑스러워하는 사람들이 상당수 있다. 사실을 말하자면 가족주의는 결코 일본 특유의 것이 아니다. 동아시아나 동남아시아에도 있으며, 뿐만 아니라 (특히 라틴계인) 남유럽도 가족주의 사회라고 한다.* 그렇지만 여기서는 그런 여러 나라의 가족주의까지 이야기의 폭을 넓히지는 않겠다.

우리가 생각하고 있는 가족의 이미지가 이런 느낌일까? 대부분의 경우, 가족 구성원끼리는 서로 함께하며 서로 돕고 어리광을 부리거나 받아 주는 관계로, 그것은 아이가 어렸을 때 부모와 같은 방에서 자고, 목욕탕에도 같이 가는 식의 생활 스타일에서 나타난다. 반면 개인주의적 기풍이 강한 나라에서 아이는 아주 어릴 때부터 아이 방에서 자야 한다. 아무리 아

---

* 우리는 그냥 유럽과 미국을 한데 묶어서 '구미'라는 표현을 쓴다. 그러나 그렇게 간단히 한데 묶어서 이해하는 것은 너무나 경솔해 보인다.

이가 어리다 하더라도 딸과 아버지가 같이 탕에 들어간다는 건 상상할 수 없는 일이라고 한다.

아이를 키우고 보살피는 것은 대부분 아이의 부모나 가족의 몫이다. 일본에서는 그 기간이 상당히 길다. 잘못해서 불미스러운 일이나 창피한 일을 저지른 사람이 있으면, 그 사람이 아이든 어른이든 사람들은 '부모가 어떻길래'라면서 그 부모를 힐책한다. 부모와 자식을 일심동체로 보고 있다. 그래서인지 인생에서의 중요한 결정을 당사자 개인이 아닌 가족 전체가 정하거나, 결정을 하는 데 부모의 허가가 필요한 경우가 드물지 않다. 본인이 무언가를 바라더라도, 일에 따라서는 그 의향이 반드시 그대로 받아들여진다는 보장이 없다. 가족의 가치관이나 구성원 전체의 의사에 맞지 않을 때에는 본인의 바람이 거절되기도 한다. 약혼이나 결혼식은 대부분 양쪽 집안의 행사이다. 결혼식 전에 양가가 예식장 대기실에 모여 친족 소개를 한다. 양가 친족 없이 신랑신부 둘이서만 결혼식을 하는 경우는 오늘날에도 아직 소수에 불과하다. 꽃다발 증정이 끝나고, 신랑의 아버지가 신랑 신부와 양가를 대표해 참석자들에게 인사를 하는 장면이야말로 가족주의(이 경우에는 좀더 한정적으로 가부장제라고도 할 수 있다)에서나 볼 수 있는 것이다.[†]

의료현장으로 눈을 돌려 보자. 병명과 병의 상태에 대한 설명, 앞으로 얼마간 더 살 수 있는지에 대한 설명을 환자 본인을 제외하고 가족에게 하기도 한다. 또한 연명의료 중단을 결정할 때에도 가족이 주도적으로 결정을 하는 광경을 볼 수 있다. 환자를 걱정해서 그 가족이 의료인에게 면

[†] 자율적인 개인이 가족의 결정에 배려하는 것과는 달리, 무작정 가족의 바람을 우선시하는 환자를 만나는 경우가 있다. 지금까지의 인생 전부를 남편과 가족의 바람대로 살아온 고령의 신경변성질환을 앓고 있는 여성이 기관절개, 인공호흡기 장착이라는 생사와 직결된 경우에도 의사표시를 할 수 없어서, 모든 것을 가족에게 맡겼다. '본인의 생각을 모르겠다'라는 말이 병동의 의료인들로부터 들려왔다. 자율을 제일로 여기는 전후 민주주의의 가치관 속에서 자라난 나지만, '나이가 들어서 자율적인 개인으로서 행동한다는 것도 어려운 일이다'라고 생각할 수밖에 없었다. 가족이 개인을 억압해 왔을 가능성이 있는 이런 사례의 경우에는 어떻게 대처해야 할까? [토쿠나가]

담을 청하는 경우가 있다. 그러나 그 이상으로 의료인 측에서도 환자 가족에게 마음을 쓰며, 또 부탁하기 위해 병원으로 오게 하기도 한다. 환자가 죽고 난 뒤에 그 가족으로부터 이런저런 말을 듣기 싫어서 가족에게 신경을 쓰는 경우도 있을 것이다. 그러나 그 뿐 아니라 어떻게 하면 좋을지를 결정해야 할 때 환자의 가족에게 기대는 경우가 분명히 있다.

3. 가족의 변화

아무리 일본이 가족주의적인 나라라고 하더라도 일본의 가족이 변하지 않은 건 아니다. 특히 현대 일본 가족은 매우 크게 변모하였다.[58]

예전의 가족은 생산, 오락, 교육, 생활 보장 등 폭 넓은 면에서 자급자족적인 기능을 지니고 있었다. 일가가 논밭으로 나가서 작물을 가꾸는 동안, 큰 아이나 할머니가 아기를 돌보고 어린 아이에게 읽고 쓰기를 가르치는 식이었다. 그런데 대기업이나 전문 서비스 기관이 산업의 주도적 역할을 맡게 되자, 자영업이 줄고 회사원이 늘어났으며 또한 도시화와 타 지역으로의 전근으로 인구가 유동적으로 변화함에 따라 소가족과 (부모자식만의) 핵가족이 늘어났다. 이와 동시에 친척간의 유대관계가 서서히 사라져 가고 지역사회의 공동체 기능도 저하되고 있다. 이런 과정 속에서 가족은 지금까지 지니고 있었던 다양한 자급자족적인 기능을 내던지고 이를 외부 사회에 맡기게 되었다. 보육원이나 오락실, 학원 등은 새롭게 생긴 전형적인 서비스이다.

가족은 점점 축소되어 예전에 맡고 있던 많은 역할을 이제는 다할 수 없게 되었다. 여러분 주변에 핵가족이 아닌 사람이 어느 정도 있는가? 여러분은 친척들과 한 달에 몇 번 정도 만나고 있는가?

지금 급속도로 고령화가 진행되고 있는 일본에서는 많은 사람들이 가까운 미래의 사회보장 연금에 대해서 불안감을 느끼고 있다. 만약 만혼화·비혼화, 저출산 경향이 이대로 지속되고 국민의 장수가 유지된다면 과연 어떻게 될까? 바로 머릿속에 떠오르는 생각은, 대부분 여성에게 의존해 온 기존의 가정 내 세대 간 노인 간병을 앞으로는 더 이상 기대하기 힘들다는 것이다. 형제가 많으면 며느리가 시부모를 돌볼 수 있을 것이다. 그러나 형제 수가 적은 오늘날 며느리가 시부모를 모신다면 대체 누가 며느리의 친정 부모를 보살피겠는가?[59] †

4. 가족애의 신화와 안타까움

현실은 그렇다. 그런데도 집에 있으면서 가족에게 돌봄을 받는 것이 가장 행복하다는 이야기가 마치 사실인 것처럼 퍼져 나가고 있다. 그리고 간호서비스나 재택의료, 가족 내 의료가 제도로써 추진되고 있다. 사실상 간병이 필요한 환자를 돌보는 가족 기반이 이미 붕괴되어 가고 있음에도 불구하고, 여전히 가족애라는 명목 하에 가족의 일원을 위해서 다른 사람들이 헌신하며 자기희생적으로 최선을 다하는 것을 미덕으로 여기고 있다. 이러한 가족의 신화와 현실과의 괴리 속에서, 간병이 필요한 사람에 대한 학대, 돌봄 제공자의 과로, 가족 붕괴라고 하는 현상이 계속해서 일어나고 있다. 가족애만이 강조되는 이야기의 그늘에서 점점 더 괴로움에 봉착하게 되는 가족 또한 있다. 지금의 가족이 할 수 있는 일의 한계를 직시하지 않은 채, 영원히 변하지 않는 것처럼 가족애의 미덕만을 계속해서 칭찬하게 되면 큰 부담을 주게 된다.*

---

† 사랑이 깃든 행위를 말하는 것은 동시에 사랑의 결여나 부족을 말하는 것이 된다. 생명윤리학자 존 하드윅(J. Hardwick)은 '"가족을 사랑하기 때문에" 환자에게는 죽을 의무가 있다'라고 말했다. 고령의 완치될 가능성이 없는 병을 앓으면서 남은 생이 얼마 남지 않았으며 돌보는 가족에게 정신적·신체적·경제적인 부담을 주는 환자는 '죽을 의무'를 스스로에게 부과하고 이를 받아들이지 않으면 안 된다. 더 이상 혼자서는 아무것도 못 하게 된 환자라도 사랑하는 가족을 생각해서 어려운 선택을 함으로써 진정으로 존엄한 죽음을 실현할 수 있다고 그는 주장한다. '마음이 따스해진다' '기교를 부린 말에 불과하다' 등의 많은 비판과 동감의 말을 듣겠지만, 각종 비판에 대해서 그는 무서울 정도로 용의주도하게 지론을 전개하고 있다. [미야기]

* '집(에서 계속 사는 편)이 좋아'라고 생각하는 사람은 많지만, '가족(에게 간병을 받는 편)이 좋아'라고 생각하는 사람은 적다고, 카스가 키스요는 지적하고 있다.

보살핌을 제공하는 가족만이 괴로운 것은 아니다. 간병을 받는 쪽도 괴로워 질 때가 있다. 가족을 소중히 여기는 마음이 강하면 강할수록, 가족에게 폐를 끼치고 싶지 않다는 마음도 커진다. 가족에게 폐를 끼치지 않고 돌연히 죽기를 바라는 사람이 적지 않은 것은 그 때문이다.

투병기간이 길어지면 가족의 부담도 커진다. 피로가 누적된다. 그래도 당연히 가족이니까 묵묵히 환자를 위한 이상적인 의료에 부응하기 위해 모든 수단을 다해야 한다. 그러한 가족의 모습이 모델로 그려지고 있다. 그런 모델과 현실의 자신들과의 괴리를 없애려고 발버둥 치고 괴로워하면서, 아직 더 해 줄 수 있는 일이 있지(있었지) 않을까라는 자책에 시달리며 과도할 정도로 한결같이 간병을 한다. 그런 가족이 적지 않다. 주위 사람들이 보기에는 충분할 정도로 열심히 하고 있는 것처럼 보여도, 그래도 아직 후회나 자책의 감정을 떨쳐 버릴 수 없는, 그런 방향으로 가족을 몰아가는 경향 있다.

이러한 현실 앞에서 가족이 지니는 따스함, 사랑, 아름다움만을 찬미하고 있을 수는 없다. 가족에게 너무 많은 책임을 전가하지 않는 것이 지금의 의료인과 행정에 요구되고 있다.[†]

[†] 가족애가 있어도 개호를 할 수 없는 사람이 있으며, 사랑이 없어도 개호를 하고 있는 사람도 있다. 장남 며느리니까 돌보는 건 당연하다. 장남부부한테 맡겼으니카 딴말 못 할거야, 라는 말도 자주 듣는다. 환자와 가족의 관계나 경제상태가 영향을 끼치는 경우도 있다. [오노]

개호보험제도의 목적은 개호가 필요한 노인과 개호자를 사회전체가 지원하는 것이다. 제도에 의한 서비스는 다양하고 잘 갖추어서 있다. 그러나 그 반면에 직장을 그만 두지 않으면 안 되는 며느리, 해본 적이 없는 기저귀를 갈아야 하는 아들, 요통 때문에 힘들어 하는 노년의 아내(남편)가 있는 것도 사실이다. [쿠라바야시]

Re: 일본의 후생노동성의 조사(2013)에 의하면, 같은 해에 노인이 가족으로부터 학대를 받은 사례는 1만 5,731건. 피해자의 78퍼센트가 여성. 학대자는 아들이 41퍼센트, 남편이 19퍼센트, 딸 16퍼센트라고 한다. 아들은 집안일 개호에 서투른데다, 개호는 여성의 역할이라고 생각하고 있기 때문에, 자신이 개호를 하는 것 자체를 부조리하다고 느끼는 경향이 있다고 한다. 袖井孝子, 「家族介護は軽減されたか」, 『家族のケア 家族へのケア』, 岩波書店, 2008. pp. 135-153. [핫토리]

여태까지 아무도 경험하지 못한 고령화 속에서 고령자 개호의 롤 모델을 찾지 못하고 있다. 가족의 가치, 역할, 기능, 라이프 스타일도 개개의 가족마다 크게 다르며, 개호가 지니는 의미나 이미지에도 세대간에 상당한 차이가 있다. 이 차이는 메꿔질 수 있을까? [아다치 토모]

5. 가족의 이면성—사랑과 폭력성

때로 가족은 차가운 바깥 사회의 거센 파도로부터 지켜주는 방파제 역할을 한다. 이런 면에서 가정은 따뜻하고 친밀한, 편안함을 주는 공간이라고 할 수 있다. 그러나 동시에 가족 그 자체 역시 작은 사회라는 사실은 변함이 없다. 게다가 가족은 너무 가까이 있다. 그래서 때로는 가족은 외부 사회 이상으로 가족 한 사람 한 사람을 속박하며 더욱 폭력적이 되는 경우가 있다. 전혀 모르는 사람이라면 조금은 주저하게 되는 것도 상대가 가족이면 오히려 거침없이 대하기도 한다. 형제간의 다툼, 유산상속을 둘러싼 혈육 간의 언쟁 등이 그 좋은 예라고 할 수 있다.

가족의 이면성은 태어난 아기의 이름을 지을 때에도 상징적으로 나타난다. 부모나 조부모, 또는 친척 중 누군가가 태어난 아기를 위해 이름을 생각한다. 작명책을 읽거나, 획수를 세어 보거나, 누군가의 이름에서 한 글자를 가져 오거나, 듣기에 좋은 이름을 중요시하거나 하는 식으로 열심히 좋은 이름을 생각한다. 이름을 신고하면 웬만한 이유 없이는 이름을 바꿀 수 없기 때문에 적당히 지을 수 없다. 한자에는 각각의 의미가 있어서 한자 이름을 지을 때, 이름 속에 작명자의 바람이나 인생관이 선명하게 반영된다. 이 부분이 중요하다. 태어난 시점에 그 아이의 인생관이나 성격, 성향은 전혀 알 수 없다. 그런데 이름은 붙여야 한다. 그렇기 때문에 어쩔 수 없이 그 아이에게 일생 동안 붙어 다닐 그 이름에, 이렇게 살았으면 좋겠다는 가족이나 친척 중 누군가의 마음과 인생관이 희망을 가지고 담기게 된다. 이것은 사랑이며, 다른 의미로는 폭력이다. 돌봄 이론 부분에서도 언급되었지만 돌봄과 부드러운 폭력은 동전 양면의 관계와 같다(⇒ p. 212). 가족에게는 사랑과 부드러운 폭력이 필연적으로 내재되어 있다. 친근함과 사랑은 언제라도 간섭과 폭력으로 변할 수 있다. 이를 피하려 하면 가족은 성립되지 않는다.

정리하자면 가족을 위하기 때문에 이러한 폭력이 존재한다는 것이다.

가족이 '그 사람을 위해서'라고 생각한 것이 반드시 당사자가 '나에게 도움이 된다'라고 생각하는 것과 일치하지 않을 수 있다. 사회에서도 이런 경우는 얼마든지 있을 수 있지만, 가족의 경우 관계의 밀접함 때문에 한 사람 한 사람에게 가해지는 힘이 아무래도 세질 수밖에 없다.

게다가 더 어려운 것은 사랑과 등을 맞댄 폭력도 있지만 그렇지 않은 폭력과 증오도 가족 내에 숨어 있다는 점이다. 이것도 사회 속에 당연히 존재한다. 그러나 가족으로부터 벗어나기는 어렵다. 혈연이나 정은 떨쳐 버리기 어려우며 끝까지 따라 다닌다. 학교가 싫으면 자퇴를 할 수 있고 졸업을 하면 그 이후의 관계를 끊어버릴 수가 있다. 회사라면 그만두면 된다. 다른 지역으로 이사를 갈 수도 있다. 그러나 가족으로부터는 빠져 나갈 수가 없다. 가족이란 끈질기게 언제 어디까지나 따라 다닌다.

6. 가족과 '그 외의 관계'

잠시 생각해 보자. 당신에 대해 당신이 생각하고 있는 것이나 취미, 가치관을 가장 잘 알고 있는 사람은 누구일까? 초등학생이라면 어머니라고 대답할지도 모른다. 당신도 그렇게 대답할지 모른다. 그러나 나이가 들고 친구 관계나 자기의 세계가 넓어지면서 부모와 거리가 생기게 된다. 그렇게나 든든하게 여겨지고 의지할 수 있었던 부모님이 언제부턴가 늙었다는 것을 느끼게 된다. 어린아이처럼 유치하게 생각되기도 한다. 그렇게 아이는 부모를 넘어서고 다른 사람들과 다른 세계를 만들어 간다. 그 때 다시 방금 전의 질문을 되물어 보자. 당신에 대해서 당신이 생각하고 있는 것이나 취미, 가치관을 가장 잘 알고 있는 사람은 누구일까? ―배우자라고 할 것인가, 친구라고 할 것인가, 직장 동료라고 할 것인가? 자주 가는 다방(수선화)의 주인이거나 선술집(할매집)의 이모일 수도 있다. 그럼, 좀 더 나이가 들어서 당신에게 아이가 생기고 그 아이가 커서 성인이 되었다고 하자. 당신은 당신 삶의 방식, 당신의 내면을 가장 잘 아는 사람을 누구라고 생각하는가? 라는 질문을 받으면 제 아이입니다, 또는 배우자입니다 라고 대답할 것인가. 아니면 저의 모친입니다 라고 답할 것인가. 그건 아무도 알 수 없다.

단지 확실한 것은 아이는 어느 정도 크면 자기 고민을 부모에게 털어놓지 않으며, 보통 부모는 귀가 따갑도록 설교만 늘어놓을 뿐 자기자신의 내면에 관해서 많은 것을 아이에게 털어 놓지 않는다. 아이가 생기면 대부분 부부들의 관심사는 아이에 대한 것과 세상 돌아가는 이야기 중심이 된다. 같은 가족이니까, 같은 지붕 아래에서 살고 있으니까, 일일이 말을 하지 않아도 상대에 대해서는 알 수 있다고 느끼기 때문에 더욱 자신의 내면을 말하지 않게 된다.

일본의 의료현장에서는 종종 가족의 의견이나 의향을 물으며 때로는 그것을 근거로 해서 의료의 흐름을 정한다. 묻는 것은 배우자나 자식, 부모 등 가족의 의향이지 친한 친구나 은사, 회사동료, 다방 주인, 선술집 이모의 의견이 아니다. 생명에 지장이 있을 정도로 병이 위중한 경우, 치료가 어려운 경우, 환자 본인의 판단능력이 충분하지 않다고 여겨지는 경우 의료인의 안중에 있는 사람은 어디까지나 같은 핏줄인 친족이나 법적인 절차를 밟아서 혼인관계를 맺은 배우자뿐이다. 즉 법적 의미의 친족뿐이다.

그런데 다시 한 번 더 생각해보자. 법적 의미의 친족이 당신의 내면 깊은 곳을 이해하고 있다고 말할 수 있는가? 오히려 둘도 없는 친구나 직장동료, 곧잘 고민을 들어 주는 단골 가게의 주인, 혼인관계가 아닌 파트너, 선배나 후배가 혈연관계의 가족보다 더 당신을 깊이 잘 이해하고 있을지 모른다. 그러나 법률에서는 이러한 친족이 아닌 사람들을 '그 외의 관계' 라고 부른다고 한다.[60] 그리고 의료인은 '그 외의 관계'에 있는 사람을 대수롭지 않게 여기며 (때로는 뒷담화를 한다) 진심으로 대하려 하지 않는다. 법적으로 혼인이 인정되지 않는 게이나 레즈비언 커플, 이런저런 이유 때문에 혼인신고를 하지 않은 커플을 상상해보기 바란다. 그리고 여기서 다시 한 번 더 환자 본인에게 있어 무엇이 최선의 이익인지 알고 있는 사람은 누구인가(⇒ pp. 97-100)라는 질문을 떠올려보자. 그것은 아무리 생각해도 가족이며 '그 외의 관계'인 사람일 수는 없을까?†

환자의 가족을 소외시키려는 것은 절대 아니다. 진짜로 그랬다간 가족이 가만있지 않을 것이며, 법적으로도 문제가 될 것이다. 그런데 법적인 지위나 사회적 관행과는 별개로 '그 외의 관계'인 사람들의 역할에도 주목하고 싶다. 의료인이 가족과 '그 외의 관계' 사람들을 적극적으로 중개하고 조정하는 역할을 맡아야 하는가는 현 시점에서 쉽지 않다. 의료인은 그런 부담스러운 분쟁에 끼어들고 싶어 하지 않을 것이다. 그러나 오늘도 어느 병동에서는 '그 외의 관계'인 사람들이 환자 옆에서 간병하는 모습을 볼 수 있다.††

법적인 가족제도가 사라지지는 않을 것이다. 하지만 가족 형태는 변화한다. 의료인은 가족을 탈신화화하고 가족의 나아가는 방향을 지켜보고 있지 않으면 안 된다. 본인이 의사표시를 할 수 없을 때 가족을 부르는 식의 틀에 박힌 패턴이 언제까지 통용될지 알 수 없다. '그 외의 관계'인 사람들을 의료의 내부에서 어떤 식으로 대우하면 좋을까? 진지하게 생각해 보아야 한다.

---

† 당사자를 잘 알고 있는 것 같은 '그 외의 관계'인 사람한테서 당사자의 의향을 들었다 하더라도 그 의향을 그대로 의료방침에 반영하는 건 현실적으로 어렵다. 그러나 '법적 가족'과의 대화 중에 '당사자의 의향'을 감안해서 권하는 건 괜찮을 것이다. 온정적 간섭주의 '편법'이라고도 할 수 있는 꼼수일지 모르지만. [하라]
Re: 꼼수라기보다는 오히려 정석이었으면 좋겠다. 아무리 간접적이라 하더라도 환자의 의사를 염두에 두고, 가족에게 치료방침을 제안하는 것은 온정적 간섭주의로서 비난 받을 일이 아니며 추앙받을 만한 일이다. [이토]

†† 의료인이 가족에게 여러 문제를 상담하는 것은 법률적 문제가 걸려 있기 때문은 아닐까? 환자의 사망을 유족이 받아들이지 않으면 안 되며, 법이 그것을 요청한다. 소송을 하는 것도 가족 측이다. 환자가 가족의 개입을 바라지 않는다면, 변호사에게 의뢰할 필요가 있다. [카토]

F. 한정된 의료자원의 배분

1. 의료자원은 유한하다

의료윤리의 문제라고 하면 고지나 안락사, 혹은 진찰실이라는 밀실에 가까운 공간 안에서 환자와 의료인 1 대 1의 직접적인 상호 작용에서 발생하는 것이라는 이미지를 가지기 쉽다. 당연히 그런 문제도 적지 않다. 그러나 이것이 전부는 아니다.

의료자원이라는 말은 어쩌면 기묘하게 들릴 수 있다. 자원이라고 하면 일반적으로 해양 자원이나 에너지 자원이 떠오르기 때문이다. 그러나 약이나 백신, 주사바늘, 거즈, 소독액, 생리식염수, 봉합세트, 장갑, 혈압계, 흡인기, X선 촬영기, 혈액 생화학검사 측정장치, 침대, 간호사, 물리치료사, 의사, 모두 의료자원이다. 이러한 의료자원이 전혀 없는 상황에서 달랑 의료인 한 명이 있다 한들 무슨 일을 할 수 있을까?

원유나 수산자원도 한정되어 있듯이 의료자원도 현실적으로 한정되어 있다. 당신이 실습하거나 일하는 병원에는 어떤 부족함도 없어 보일 수 있다. 적어도 일본에는 멸균가제나 주사기가 없어서 곤경에 처한 병원은 없다고 확신할 수 있다. 그런데 심야 시간대가 되면 병동마다 간호사가 2명 체제로 바뀌게 되는 상황은 간호사 자원이 한정되어 있는 결과이다.

병원에서 환송회나 직원 모임이 있다면 대부분의 참석자가 술을 마실 것이다. 하필 그런 날, 상태가 악화되거나 재수술이 필요한 환자가 속출하고 응급환자가 여러 명 실려 온다면 어떻게 하겠는가?

그런 특수한 상황을 상정하지 않더라도 일상 근무시간 병동에서의 의료활동에도 눈치채지 못한 곳에 유한한 의료자원의 배분 문제가 숨어있다. 그도 그럴 것이 당신이 어떤 환자에게 시간과 노력을 쓰면 다른 환자에게 할애할 수 있는 시간과 노력이 줄어들게 된다.

문제를 이해하기 쉽도록, 특수한 사례에 대해 생각해보자.

S와 B는 산간지역에 있는 그 지역의 의료를 책임지는 작은 병원에 입원하였다. S는 친인척이 없는 33세 여성이다. 중증의 지적장애가 있으나 스스로 식사할 수 있었으며 자신의 몸도 청결하게 유지할 수 있었다. 그런데 25세 때 심장발작을 일으킨 뒤부터 약간의 마비증상이 남아서 가끔씩 배변조절을 잘 하지 못하였다. 최근 두 번째 발작이 일어나서 반신마비와 함께 완전이 대소변을 가누지 못하는 상태가 되었으며 재활치료를 하더라도 회복을 기대하기가 어려웠다. 한편 B는 48세 회사원이며 네 아이의 아버지이다. 며칠 전에 심근경색으로 입원을 했는데 합병증은 없었고 며칠 뒤에 경피적관동맥형성술을 받을 예정이다.

S가 세 번째 발작을 일으킨 건 태풍이 지나간 날 오전 3시 즈음이었다. 다행히 S의 병실 가까운 곳에 제세동기와 앰부백(Ambu bag) 등을 넣어둔 구급 카트 한 대가 준비되어 있어서 당직 스태프는 서둘러 병실로 갔다. S의 응급처치를 시작한 마침 그 때, 옆 병실의 B가 두 번째 발작을 일으켰다. 이 병원에 구급 카트가 한 대 더 있지만 그것은 병원 북쪽 끝에 위치한 병동에 있다. 이쪽 병동으로 가져 오는데 아마도 4~5분은 걸릴 것이다. 어떻게 하면 좋을까? 병동 당직 의료진은 순간 고민에 빠졌다.*

도심지의 큰 병원이라면 구급 카트 정도는 여러 대 준비해 놓고 있을 것이다. 그러나 전국의 모든 병원이나 시설이 그렇지는 않다. 게다가 구급 카트만 있다고 되는 것이 아니다. 당직의가 한 명밖에 없거나 숙련된 간호사가 한 명 밖에 없는 상황은 얼마든지 있을 수 있다.

이 사례는 '유한한 의료자원을 어떻게 사용하면 좋을까'라는 문제의 전

---

* B·J.Crigger, Cases in Bioethics, 1997 중에서 일부 각색.

형적인 예다. 이 때 의료진은 어떻게 했을까? 때 마침 당직이었던 사람이 당신이었다면 어떻게 했을까? 먼저 발작을 일으키고 먼저 처치를 시작한 S의 치료를 그대로 계속할 것인가, 아니면 이런 경우 시간적인 순서는 관계없을까? 만약 차례를 따지지 않아도 된다면 어떻게 응급처치의 우선순위를 정할 수 있을까?

2. 치료의 우선순위를 어떻게 정할 것인가

B에 대한 처치를 우선하는 것이 좋다는 의견이 있다. 이 의견에는 어떤 이유가 있는지 생각해보자.†

우선 의학적인 수준에 문제가 있다. S는 지금까지 두 번이나 발작을 일으켰다. 이번에 목숨을 건지더라도 가까운 시일 내에 또 발작을 일으킬 가능성이 높으며, 이미 후유증이나 합병증을 가지고 있다. 예후도 좋을 것 같지 않다. 이에 비해 B는 전신상태가 좋으며 예후도 나쁘리라고 생각되지 않는다. 치료 대비 효과는 B가 높을 것이다.

대규모 재해시의 재난의료에서는 트리아지(triage)를 사용하는데 이것 역시 치료 효율을 중시하는 방법이다. 지휘감독자는 부상의 정도와 전신상태에 따라 현장의 부상자에게 색깔별로 꼬리표를 단다 (시간경과에 따라서 재평가를 한다). 생명이 위험하지만 즉시 처치를 하면 살릴 수 있는 부

---

† 일단 처치를 시작하면, 도중에 그만두고 다른 환자의 처치를 시작하기란 쉽지 않다. 트리아지(triage)가 요청되는 상황은 사례 발생에 전후가 있는 경우가 아니라, 동시에 처치를 시작하지 않으면 안 되는 경우다. S에 대한 처치를 그만두고 B에 대한 처치를 우선하는 건 불가능하다. 우선하지 않는 것이 아니라 우선할 수 없는 것이다. 그렇다면, B와 S의 발작이 동시에 일어나고, 구급 카트의 조건도 똑같을 때에는 어느 쪽을 우선시할 것인가가 새로운 문제로 떠오를 것이다. 직감에 따라 순간적, 반사적으로 B를 선택하게 될지도 모른다. 어느 쪽이 사회적으로 필요한 사람인가가 중요한 게 아니다. 마주하면서 의사소통을 해 온 관계성, 눈을 보면서 소통을 해 온 일상이 있기 때문이다. [하라]
사회적으로 필요한 정도가 판단의 근거가 되는 경우도 물론 있을 수 있다. 그러나 잠옷이나 환자복과 같은 차림새는 놀라울 정도로 사회성을 지워버린다. 오히려 눈과 눈을 맞추는 관계성이 효과를 발휘한다. 이러한 점에서는, 사회적 지위는 의외로 판단의 결정적 이유가 되지 못한다고 생각한다. [하라]

상자의 이송과 치료를 최우선으로 하며, 다음으로 치료가 조금은 늦어도 생명에 지장이 없는 사람들, 가벼운 처치만 해도 되는 사람들의 순서로 의료자원을 투입하며, 치명적인 부상으로 인해 살아날 가망성이 없는 사람들에 대한 처치는 마지막으로 미룬다. 최대한의 행복을 추구하는 공리주의(⇒ pp. 273-275)적 입장에서 트리아지는 유용한 방법이다. 그러나 도움을 받지 못한 사람들의 가족은 포기할 수 없는 이루 말할 수 없는 감정을 오랫동안 마음속에 가지게 된다.

비의학적인 수준에서 생각하면 우선 B는 사회에 공헌을 하고 있다. 노벨상을 받지도 거대한 암반을 파서 터널을 뚫은 것도 아니지만, 회사원으로서 경제발전에 기여하고 각종 세금도 납부하고 있다. 한편 S는 이렇다 할 만한 사회적 공헌을 하지 않았으며 오히려 사회복지 혜택을 받으면서 살고 있다. 사회에 도움이 되는 사람은 당연히 그 기여도에 따라서 혜택을 받을 자격이 있다. 이런 견해를 가진 사람도 있다.

공적이나 공헌이라는 말을 언급하지 않더라도 B에게 사회적 지위가 있다고 보는 사람이 꽤 많이 있을 것이다. B는 네 아이의 아버지로서의 책임, 근무하고 있는 회사 사원으로서의 역할을 가지고 있다. 물론 S라고 해서 혼자는 아니다. 복지시설이나 병동의 사람들의 관계를 맺고 있으며, S에게 만약의 일이 생기면 슬퍼해줄 사람도 분명 있을 것이다. 그러나 사회적, 경제적, 심리적 영향을 고려하면 B의 죽음이 훨씬 많은 사람들의 생활에 깊은 부정적 영향을 끼칠 것이 분명하다.

물론 간단하게 비교할 수 없는 경우도 있다. 예를 들어 독신이지만 작은 공장의 사장이면서 세 명의 독신 사원을 고용하고 있는 P와 처자식 세 명을 부양하는 술집 주인 Q 사이에서 사회적 영향의 대소를 정하는 것은 매우 어렵다.

정리하는 의미에서 질문을 해보겠다. 제일 먼저 예를 든 의학적인 예후의 좋고 나쁨과, 방금 설명한 비의학적인 사회공헌도나 사회적 영향의 크고 작음 중에서 치료상의 우선순위를 정할 때 보다 더 중요한 것은 어느 쪽일까? 의료인이라면 모든 것을 제쳐두고서라도 의학적 적응이나 예후의 좋고 나쁨을 우선시해야만 할까? 아니면, 생물학적인 사항에 국한하지 말고, '전인적'으로 또는 사회적인 면도 고려해서 판단해야 하는 것일까?

발작을 일으킨 시간적 순서가 먼저였다는 것 외의 이유를 들어 S를 우선적으로 치료해야 한다는 의견이 나올 수 있을까?

사회적으로 약하고 불리한 처지에 있는 사람들에 대한 지원을 사회가 우선해야 한다는 사고방식이 있다. 이런 사고방식에 의거하여 행해지는 사회적 조치를 적극적 우대조치(affirmative action)라고 부른다. 차별을 받아 온 사람들이나 역경에 처한 사람들(여성, 노인, 장애인, 소수민족, 유색인종, 저소득가정 등)을 우대하고, 반대로 유리한 대우를 받아 온 부류(남성 등)에 속하는 사람들의 우선순위를 낮춤으로써 공평성을 제공하려는 생각이다. 이러한 사고방식은 사회적으로 우월한 부류에 속한다는 이유만으로 순서가 뒤로 밀리거나 배제되어 버린 개개인의 불만을 야기하며, 부당한 역차별이라는 비판을 받기도 한다. 그렇지만 사회의 왜곡된 거대한 틀을 고치는 과정에서 하나의 제도로써 어느 정도 제 역할을 하고 있는 것이 사실이다.

그렇다면 이 사례의 경우에 이런 사고방식을 적용해도 될까? 장애를 가지고 있지 않으며 회사원으로 비교적 안정적인 수입을 얻고 있는 남성이라는 이유로 B의 치료 우선순위가 내려가야 할까? 물론 S가 장애인이며 여성이라는 이유로 차별을 받아 순서가 뒤로 밀리는 일이 있어서는 안 된다. 그렇다고 해서 우대되어서도 안 된다고 생각한다. 원래 적극적 우대조치는 과거의 차별에 대한 보상이라는 측면 이외에, 그러한 조치를 취함으로 해서 우대를 받게 된 사람들이 불리한 처지에 놓인 사람들을 위해서 공헌하여 사회전체의 이익이 증가할 것이라는 전망과, 다양한 속성을 지닌 사람들이 더불어 살 수 있는 사회가 만들어지기를 바라는 생각이 담겨 있다. 간단하게 설명하자면 적극적 우대조치는 사회제도라는 보다 범주가 큰 수준에서 강구되는 것이지, 불리한 처지에 있는 개개인의 구제나 우대 그 자체를 목표로 추구하지 않는다.

그렇다면 이 사례의 경우, 의학적 예후의 양호함과 사회에 대한 공헌도 또는 사회적 영향의 정도를 중시해서(어느 쪽을 택하더라도 결과주의이면서 공리주의) B의 처치를 우선할 것인가? 아니면 개인의 속성을 전혀 고려하지 않은 채 그리고 결과주의를 무시하고, 단지 발작을 인식한 순서에 따라서 S의 처치를 우선할 것인가? 양자택일을 해야만 하는 것일까?

한 가지 방법으로 S를 먼저 하든 B를 먼저 하든, 어느 경우라도 처치를 시작하고 나서 1분 이내의 치료에 대한 반응을 보고 만약 반응성이 나쁘면 다른 환자쪽으로 치료 노력의 중심을 옮기는 것도 괜찮을 것 같다. 또는 당직 의료진이 세 명이라면 우선순위를 뒤로 미룬 환자에게도 그중에 한 명을 배치할 수 있을 것이다. 그러나 현실의 문제는 단순히 의료진이나 의료기구의 배분만 고려한다고 해결되지 않는다. 제일 유능한 의료진을 어느 환자에게 배치할 것인가의 문제마저도 환자의 예후에 직접적으로 큰 영향을 끼칠 가능성이 있다. 아무리 노력하더라도 완전한 평등은 실현할 수 없는 것이다.

3. 어떻게 하면 평등인가

하는 김에 이 사례는 접어 두고 공정(fairness)·평등(equality)이 무엇인지 잠시 다뤄보겠다.

평등이라고 하면 우리는 이런 생각을 한다. 특정한 누군가만 득을 보고, 다른 사람이 손해를 보는 것은 불평등하다. 미츠오만 큰 주먹밥을 세 개 받고 토시오가 작은 것을 하나밖에 못 받는 것은 불공평하다. 운동회의 달리기 시합에서 달리는 거리가 한 코스만 5미터 길다거나 어떤 사람은 먼저 달려도 된다고 하면 공정하지 못하다. 경기 참가자에 따라서 조건을 바꾸거나 하지 않는다. 입학시험도 마찬가지다. 수험생(또는 그 특성)에 따라서 과목 수나 출제되는 문제 내용, 합격선이 달라져서는 안 된다. 이미 고등학교를 졸업했거나 졸업예정자와 같이 정해진 지원자격을 갖춘 사람이 대학에 들어가고 싶어 한다면, 그런 사람은 누구나 원서를 제출하고 시험을 치를 수 있는 자유를 부여받아야 한다. 차별 때문에 시험을 치르지 못해서는 있어서는 안 된다. 이렇게 동일한 출발선에서, 신호에 맞춰 일제히 출발하여, 목적지를 향하는 기회가 동등한 것을 '기회의 평등'이라고 한다.

같은 출발선에 서서 경기에 참가할 수 있는 기회의 평등이 보장되는 것은 매우 중요하다. 그런데 참가의 자유와 출발 위치가 목적지로부터 등거리라는 것만 보장된다고 평등이라고 말할 수 있을까? 결국은 발이 빠른 사람이 이길 것이다. 도착한 순서에 따라서 상도 정해질 것이다. 그건 당연하지만 보통은 좀더 세밀한 조정을 한다. 예를 들어 남녀별이나, 학년별, 키에 따라서 조정을 한다. 종목에 따라서는 체중별로도 조정을 한다. 이는 그저 하나의 직선을 가지고 지면에 출발선을 그린다고 하여 실질적인 평등이 이루어질 수 없음을 인정하는 것이다. 그렇다면 어떤 식으로 등급 편성을 하고, 어떤 조건을 어느 정도의 범위에서 맞추면 충분할까? 이것은 매우 어려운 문제다. 덧붙여 말하자면 입학시험에서는 재학생도 재수생도 같은 조건에서 시험에 응시한다. 괜한 사전 조정이 오히려 기회의 평등을 망가뜨리기 때문일까?

입학시험의 예를 가지고 조금 더 생각해보자. 얼마나 재미없는 공부를 참으면서 해왔는가. 놀고 싶은 마음을 억누르고 다른 사람보다 더 많이 노력한 사람이 합격한다. 그러나 운도 영향을 미친다. 그날의 컨디션이나 문제 난이도 때문에 지금까지 열심히 쌓아온 노력이 성과를 거두지 못하는 경우가 있다. 그러나 그런 우연 이전에 본인의 노력 여하와는 전혀 관계

없는 것에 의해 차이가 생길 수도 있다. 명성이 자자한 입시학원이 집에서 다닐 수 있는 거리에 있고 가정이 부유하다면 그 학원에서 성적을 끌어 올릴 수 있다. 학원에 다니거나 참고서를 구입할 수 있을 정도의 경제적 여유가 없거나, 생계를 유지하기 위해 낮에는 일을 하고 야간제 고등학교에 다녀야 하는 경우, 경제적 여유는 있지만 학원이 근처에 없는 상황에 있는 사람들은 몇 년씩 입시학원에 다니는 사람들에 비해 불리한 여건에 처해 있다. 불리한 여건은 본인의 노력 부족에 의한 것이 아니다. 가정환경이나 사회환경뿐만도 아니다. 뛰어난 암기력이나 재주와 같은 능력은 이미 태어날 때부터 정해져 있는 운이라고 해도 과언이 아니다. 시험 당일의 행운·불운보다 훨씬 이전에 더 큰 행운·불운이 작용하고 있다. 개인의 정진이나 마음가짐과는 전혀 관계없는 곳에서 발생한 이런 불리한 여건을 무시하고, 일단 기회의 평등만 보장된다면 그것으로 된 걸까? 이것을 평등이라고 말해도 될까?

주먹밥 이야기를 계속하는 것을 잊고 넘어 갈 뻔했다. 미츠오와 토시오의 이야기다. 만약 미츠오가 고등학교 럭비부 선수이고 토시오가 그냥 평범한 유치원생이라 하더라도 여전히 불평등할까? 만약 두 사람이 모두 배를 채운다면 「결과의 평등」은 실현된다.

문제가 미궁 속으로 빠지는 것 같다. 공정·평등이란 무엇인가? 오늘날의 경쟁사회에서 개개인의 격차는 어디까지, 어떻게 조정·시정되지 않으면 안 되는가? 복지에 대해 국가는 어디까지 개입해도 되는가(하지 않으면 안 되는가)? 이러한 근본적인 주제에 대해서 관심을 가지고 의료윤리학이라는 좁은 영토를 벗어나서 법철학이나 정치철학 분야의 책에 손을 뻗어 보자.[61]

유감스럽게도 이 책에서는 그러한 근본적인 문제에 대한 심도 있는 고찰은 할 수 없다. 다음 사례로 넘어 가지 않으면 안 되기 때문이다.

4. 눈앞의 환자와 아직 오지 않은 환자

중증 폐기종을 앓고 있는 T(70세)는 호흡부전으로 인해 해변에 있는 시립종합병원에 지금까지 다섯 번 반복해서 입원하고 있다. 바로 전에 심한 감기에 걸려서 입원하여 간호사실 옆에 있는 병실에서 4주간 인공호흡기를 사용했었다. 퇴원 후에도 몸 상태가 좋지 않아, 집에서 텔레비전을 볼 때조차 숨이 계속 찼다.

5개월 뒤, 또 감기에 걸려서 숨 쉬기가 힘들어져 T가 입원을 하게 됐다. 호흡곤란이 악화되어 병간호를 하는 두 명의 아들은 당연히 인공호흡기를 사용하여 적극적인 치료를 받을 것이라고 생각하고 있었다. 이전에 입원했을 때 그렇게 하여 힘들게나마 감기가 나았다. 지금까지 그래 왔지만, 아들들은 걱정이 많은 성격이어서 작은 일에도 과민하게 의료진에게 이런 저런 주문을 하는 타입이었다. 그런데 새 담당의가 이번에는 인공호흡기를 사용하지 않고 치료할 것을 제안했다. 아들들은 생각지도 못한 일이었다. 담당의는 인공호흡기 수가 적고, 지금 사용하지 않는 것이 한 대 있지만 응급환자용으로 남겨 두고 싶다고 말한다. 이 시립병원은 그 지역에서 유일한 응급지정병원이었다. 아들들은 어떻게 할 바를 몰라 하며 차로 2시간 정도 걸리는 다른 병원으로 옮길까도 생각했지만, 가능하면 익숙한 고향 병원에서 치료를 받게 하고 싶어 한다.*

이 사례는 방금 전의 사례와는 다르다. 무엇이 어떻게 다를까?†

제세동기가 있는 구급 카트가 아닌 인공호흡기가 이 사례에서의 유한

---

* B-J. Crigger, Cases in Bioethics, 1997 중에서 일부 수정.
† 수혈용 혈액은 항상 부족한 상태다. 그렇지만 중증이어서 살아날 가망성이 없는 응급환자에 대한 대량 수혈은 당연시되며 용인되고 있다. 반면, 말기 암 환자에게서는 소량의 수혈마저도 신중히 생각하고 검토하는 경우가 적지 않다. 수혈의 유용성이라는 관점에서 판단하는 경우가 많은데, 그것은 어떤 유용성인 것일까? [하라]

한 의료자원이다. 제세동기의 사용 시간은 길지 않지만, 예전에 T가 입원했을 때에도 그랬던 것처럼 인공호흡기는 한 번 사용하기 시작하면 간단히 멈출 수 있는 기계가 아니다. 만약 T에게 인공호흡기를 사용하면 당분간 인공호흡기를 필요로 하는 사람이 병원에 와도 그 사람에게 사용할 수 없다.

이전 사례에서는 S와 B 중 어느 쪽의 치료를 우선할 것인가라는 선택이 중요한 문제였다. 그러나 두 번째 사례에서는 T나 의료인의 눈앞에, 현재 급한 치료를 받아야 하는 누군가가 있는 것은 아니다. 그렇다고 해도 이 병원은 응급지정병원이며 언제 어떤 응급환자가 후송될지 모르는 상황이다. (올지 안 올지 모른다. 게다가 인공호흡기가 필요할지 어떨지도 모른다) 아직 오지 않은 응급환자와 눈앞에 있는 T 중에 누구를 우선해야 하는지를 생각했을 때, 새 담당의는 아직 오지 않은 응급환자의 만일의 필요에 대비하기로 판단을 내린 것이다. 당신은 담당의의 판단을 어떻게 생각하는가?

잘못된 판단이라고 말하는 사람은 이렇게 생각할 것이다. 올지 안 올지 모르는 사람을 위해서 눈앞에서 괴로워하고 있는 환자에게 필요한 처치를 하지 않는 것은 정말 이상하다. 응급환자가 중요하다고는 하지만 지금 T 자신이 응급환자이지 않는가. 지금 이 시점에서는 T를 응급환자로 다뤄야 한다.†

이와는 반대로 어쩔 수 없다고 말하는 사람은 이렇게 생각할 것이다. T의 병이 회복될 가능성이 높다면 이야기가 달라지겠지만, 다섯 번째 입원이며 완전히 나을 가능성도 매우 낮아 보인다. 그런 T에게 인공호흡기를 사용하면, 나중에 일시적으로 인공호흡기를 이용해 호흡관리를 하면 완전

---

† 우리는 눈앞에서 일어나고 있는 리얼한 일상 속에서 살아가고 있다. 언제 나타날지 모르는 응급환자를 상정해서 의료자원을 확보하기 위해, 눈앞에서 괴로워하고 있는 환자를 못 본 척해서는 안 된다고 생각한다. [하라]

히 회복할 수 있는 상태의 응급환자가 후송되어 왔을 때 어떻게 할 것인가? 인공호흡기를 사용할 수 없게 된 탓에 그 사람을 살릴 수 없다면 문제가 될 것이 뻔하다. 원래 이 병원은 응급지정병원이므로, 당연히 응급환자가 실려 왔을 때 확실하게 대응할 수 있는 체제를 갖추고 있어야 할 책무가 있다.

이러한 의견에 다음과 같은 반대의견이 있다. 완전히 나을 가능성이 적다고 해서 환자를 모르는 척해도 되는가? 이런 생각을 하는 사람은 이전 사례에 대해서는 틀림없이 S의 처치를 우선해야 한다고 생각했을 것이다. 치료효과나 사회적 영향 같은 것을 고려하지 말고, 여하튼 먼저 온 사람 순서대로 치료를 해야 한다. 당장은 그렇게 하는 것이 공평성을 확보하는 방법이다. 게다가 나중에 실려 온 응급환자가 T보다 살아 날 가능성이 적다면 어떻게 할 것인가? 언제가 될지는 모르지만 살아날 가능성이 높은 응급환자가 실려 올 그 날까지 인공호흡기를 사용하지 않은 채 소중히 모셔 놓아야만 하는가? 예후가 좋을 것 같은 환자가 나타날 때까지 도대체 얼마나 많은 환자를 죽게 내버려 둘 것인가?

이런 말을 들으면 응급환자를 위해서 남겨 두어야 한다고 말하는 사람들은 답변하기 곤란해질 것이다.[†]

5. 환경윤리학으로 이어지는 통로

이 사례를 보고 있으면 환경윤리학의 문제와 닮아 있다는 느낌이 든다. 의외라고 생각할지 모르겠지만 틀린 말이 아니다.

[†] 병원에는 급성기 응급병원, 아급성기 병원 등 각각의 역할이 있다. 응급지정병원 입장에서는 인공호흡기는 언제라도 사용할 수 있는 상태가 아니면 곤란하다. 대학병원에 침상이 남아 있어도, 일반병원에서 치료가 가능한 응급외래환자를 일반 병원으로 이송시키기도 한다. 내가 주치의라면 처음부터 호흡기는 쓰지 않고, 나중에 병세가 악화되면 T에게 사용할 것을 검토해 볼 것이다. 지금까지 인공호흡기를 사용해서 치료를 해 왔음에도 불구하고, 이번에는 사용하지 않겠다는 것은 납득하기 어렵다. 사용하지 않는 이유를 가족이 납득할 수 있도록 설명할 자신이 없다. [니시카와 아키]

얼마 전까지만 해도, 인류가 석유나 석탄 등을 이대로 계속 사용하면 앞으로 수십 년 정도 밖에 못 쓴다는 위기감에 가득 찬 예측이 있었다. 그 예측은 기우에 불과했다. 인류가 전부 사용할 수 없을 정도로 석유와 석탄이 있다. 물론 무진장 있다는 말은 아니며 한정된 석유나 석탄이 고갈되기 훨씬 이전에 오존층의 파괴와 온난화 등으로 지구환경은 파멸적인 상황에 이를 것이라고 예측이 수정된 것이다.

여기서 문제가 되는 것은, 지금 현재 살고 있는 우리 세대가 자신들의 현 경제나 생활수준을 낮춰서까지 아직 태어나지도 않은 미래의 인류에 대해서 지구환경을 지키고 보존하는 책임을 져야 하는가이다. 낙관적인 논자는 머지않아 놀라운 신기술이 개발되어 언젠가는 경제성장과 환경보호가 양립할 것이라고 말하지만, 과연 그럴까? 지금 세대가 아직 존재하고 있지 않는 세대에 대해서 어떤 책임을 어떻게 져야 하는지는 종래의 고전적인 윤리학에서는 그렇게 문제가 되지 않았다. 이것을 세대간 윤리(intergeneration ethics)라고 하는데, 환경윤리학이 이러한 질문을 구체화하였다. 눈앞에 없는 미래의 환자에 대해서 의료인은 어떤 책임을 져야 하는가 라는 이 사례는 어찌 보면 환경윤리학의 시점과 매우 닮았다.[62]

6. 의료자원 배분에 있어서의 정의란 무엇인가

환경윤리학은 '세대'와 같은 거시적인 시점에서 고찰한다. 이와 같이 '의료자원은 한정되어 있다'라는 문제를 거시적으로 다루기 위해 기초를 조금 더 다져 나가보자.

사회전체로 보면 의료에는 방대한 비용이 들고 의료비는 매년 늘어나고 있다. 국가나 지역에 따라서 이유에 차이는 있겠지만, 무엇보다 의학, 의료기술의 발전과 고도화가 진행되면서 비용이 많이 드는 검사, 약제, 치료가 늘어나고 있기 때문이다. 공적 문서 등에 고령화의 영향도 있다고 적혀 있지만, 실제 고령화가 의료비 증대에 거의 기여하지 않는다는 데이터

·논문을 발표하는 계량경제학자도 있다. 의료전체에 얼마만큼의 자원을 투입할 것인가? 어떤 질병에 어떤 의료를 적용할 것인가? 누가 부담할 것인가? 이러한 것의 일부분은 임상현장에서도 자주 문제가 된다.

스나가와 야요이는 54세 여성이다. 근처에 있는 종합병원 내과 외래에서 정기적으로 진찰을 받고 있다. 항상 두통과 어지러움, 손발 저림, 불면과 불안 등 호소하는 증상이 많았다. 외래는 근처 대학에서 파견된 의사가 담당하고 있어서 매년 담당이 바뀌는 동안 스나가와가 상시적으로 먹는 약이 늘어났다.
이번 달부터 새로 담당이 된 의사는 막연히 투여해 온 몇 가지 약을 중지하고, 차후 더 정리할 것이라고 전했다. 스나가와는 진찰을 받고 나서 친한 간호사의 손을 잡으면서, '이번 선생님은 심술궂어. 걱정이 돼서 어떻게 해야 할지 모르겠어'라며 눈물을 흘리면서 호소했다.

먼저 신임 의사는 환자의 동의를 얻기 위해 충분히 설명을 해야 할 것이다. 만약 과도한 투약이라고 판단했다면, 그것을 시정하려고 하는 행위 그 자체에 대해서는 크게 반대할 이유는 없어 보인다. 그렇다면 과도한 의료가 왜 윤리적인 문제가 되는 걸까? 예를 들어 스나가와가 비싼 명품 양복을 계속해서 샀다고 하자. 그래도 스나가와에 대해서 명품 매장의 점원이 판매를 하지 못하도록 막을 수 없으며 윤리적인 문제도 되지 않는다. 사적으로 공급되는 양복을 스나가와가 사적으로 구입하는 것으로, 어떠한 소비행태를 취하든지 개인의 자유다.
이에 비해, 일본의 의료는 공적으로 공급되는 측면을 가지고 있다. 원칙적으로 모든 국민이 공적 의료보험에 가입하는 국민건강보험 시스템에 의해서 누구나 의료 서비스를 받을 수 있도록 하고 있으며 이를 위해 일정액의 세금이 투입되고 있다.[†] 스나가와의 치료비 중 일부에도 세금이

투입되고 있어 효과 없는 곳에 사용할 수 없다. 필요 이상의 투약은 불공평한 자원배분이 되는 것이다. 의료인은 말단에서 그러한 배분 결정에 직접 관여하고 있다. 단지 눈앞에 있는 환자에게만 이익이 되도록 행동하는 것이 아니라, 사회전체의 자원배분에 있어서도 윤리적인 책임을 지고 있다는 뜻이다.

사회전체의 의료자원 배분을 생각하여 행동하는 경우, 의료인은 환자뿐 아니라 의료비의 일부를 부담하는 다른 주체의 이해관계도 고려하게 된다. 의료윤리학에서는 이것을 이중충성(dual loyalty)이라고 한다. 의료인은 이중충성으로 인해 딜레마에 빠졌을 때, 전통적으로 환자의 이익을 우선해서 행동해야 한다고 여긴다. 하지만 약제의 낭비가 분명한 경우, 그것을 줄이려고 하는 것은 하나의 전형적인 예외로 받아들여진다. 의료인은 사회적인 역할을 맡아, 사회 속에서 어떠한 자원분배가 바람직한지에 대해 어느 정도 배려해야 한다는 것이다.[63]

그렇다면 반대로 의료기관, 보험회사 모두가 민간기업에서 운영된다면 어떻게 될까? 의사에게 낭비를 줄일 책임이 없어지지 않지만 양상은 상당히 달라진다. 무엇보다도 환자가 가입하고 있는 보험회사가 낭비를 줄일 명확한 동기를 가지게 된다. 보험에 따라서 인정되는 의료는 환자의 건강상태나 지불하는 보험료에 의해서도 많은 차이를 보이겠지만, 아마도 보험회사는 이 사례에서와 같은 많은 투약을 인정하지는 않을 것이다. 공적인 자금에 의존하지 않고 시장원리로 운영되는 의료제도 하에서는 보험회사가 추구하는 이익으로 인해 의료비가 억제된다. 미국의 의료제도가 대체적으로 여기에 해당한다. 단지 현실은 가혹해서 실제로 줄이는 것은 '낭비'에 머무르지 않는다. 보험료나 의료비가 고액이어서 중산층이라도

---

† 일본에서 의료비 재원의 거의 절반을 부담하는 건강보험조합은 비영리단체이며, 원칙적으로는 상호부조의 이념에 의해서 운영되고 있다. 조합의 공동성을 위해서라도 낭비는 허용되지 않는다.

민간 의료보험에 가입할 수 없게 되거나, 보험에 가입이 되어 있어도 질환에 따라서는 충분한 의료를 받지 못하게 되는 등, 여기서는 자세히 적을 수 없지만 '환자에게 친절한' 제도와는 거리가 멀어지게 된다.[†]

중요한 점은 의료자원 배분을 둘러싼 윤리 문제를 생각할 경우, 그 나라가 채용하고 있는 의료제도에 따라서 판단 근거가 크게 바뀐다는 것이다. 그러므로 당면한 사례 하나를 생각할 경우라도, 제도의 양상 그 자체를 근본 토대부터 살펴보고 제도 쪽에 문제가 있으면 그것을 바꾸려는 노력이 필요하다. 이렇게 사회제도의 근간에서부터 바람직한 자원배분이란 무엇인가를 물을 때 '정의'라고 하는 말이 자주 사용된다.

7. 의료제도의 양상에 따른 자유와 평등

의료제도의 양상에 대해서 생각할 경우, 개인의 자유를 최우선으로 하는 시장원리를 중시할 것인가, 평등한 자원배분을 실현하기 위해 어떠한 형식의 공권력을 개입시켜 공적으로 공급할 것인가가 최대의 대립점이 된다.[*] 결론은 나와 있지 않지만 논점을 간단하게 정리해보았다.

경제활동에서 얻어지는 만족을 효용이라고 한다. 오늘날 주류인 이론 경제학은 완전히 자유로운 경쟁시장 하에서 어느 누구의 효용도 저하되지 않고 가장 효율이 좋은 최적의 배분을 실현할 수 있다(파레토 최적, Pareto optimality)고 주장한다. 자유에는 그 자체적으로 윤리학적인 의의가

[†] 개별의료나 정밀의료를 지향하고 있는 현대의료에서는 고액의 의료비를 지불할 수가 없어서 치료를 단념할 수밖에 없는 환자가 늘어 날 것이다. 앞으로 혼합진료의 자유화가 이루어지고 시장주의가 침투하게 되면, 의료보험에 미가입된 환자에게는 최소한의 치료 정도밖에 할 수 없는 시대가 올 것 같다. 의료경제학인 과제를 의료윤리학에서는 어떻게 다뤄야 할 것인가? [니시카와 유우]
무엇보다도 미국의 의료비는 국내총생산(GDP) 대비로 비교해보면 선진국 중에서도 두드러지게 높고, 시장원리를 중시한 구조가 충분한 효율성을 발휘하고 있다고는 볼 수 없다.

[*] 롤즈(J.B. Rawls)는 자원배분의 공정함으로서의 정의를 들었으며, 오늘날의 윤리학, 경제학에 커다란 영향을 주었다. 4원칙론(⇒ pp. 257-268) 참조.
여기서 논하고 있는 평등은 의료를 받는 환자에 있어서의 평등이며, 앞에서 다뤘던 「결과의 평등」(⇒ p. 245)을 염두에 두길 바란다.

존재하는데, 경제이론은 자유방임이 효율면에 있어서 뛰어나다고 생각한다. 시장이 본래의 기능을 발휘하게 된다면 보험회사는 의료보험에 가입하는 개인 사이에 가장 적절하게 자원을 재분배하는 역할을 달성한다. 개인에게는 병에 걸렸을 때를 대비해서 지불할 최적의 보험료가 결정된다.

그러나 의료라고 하는 특수한 분야는 시장에 제약이 있어서 최적의 배분을 실현할 수 없다는 사고방식이 있다(시장 실패: market failure). 환자는 병에 관한 지식이 모자라며 지식은 의료인에게 편중되어 있다. 또한 환자는 자신이 어떤 병에 걸리기 쉬운지 정보를 가지고 있으면서도 그것을 숨기고 보험에 가입하려 할지 모른다. 이렇듯 진료나 보험 가입 상황에서 당사자간의 정보에 격차가 생기는 것을 '정보의 비대칭'이라고 한다. '정보의 비대칭'이 원인이 되면, 예를 들어 병에 걸릴 위험성이 높은 사람만 보험에 가입하게 되는 문제가 생기는 등, 최적의 효율을 실현할 수 없게 된다.

공공재에 대한 의론(議論)도 중요하다. 많은 사람이 공동으로 소비하는 재원에 대가를 치르지 않아도 되거나(비배제성), 누군가가 그 재원을 소비해도 다른 사람의 소비에 지장을 주지 않는(비경합성) 것을 공공재라고 한다. 공중위생이나 국방, 도로 등이 대표적인 공공재이다. 공공재에는 대가를 지불하지 않아도 편익을 얻을 수 있는 무임승차가 발생한다. 민간 차원에서만 공급에 드는 비용을 회수할 수 없으나, 세금으로 징수할 수 있는 국가나 자치단체라면 공급하기 쉬워진다. 그렇기 때문에 공공재는 공적으로 하는 것이 바람직하며, 민간에서 공급하는 것보다 효율면에서 뛰어나다. 의료는 순수한 공공재라고 할 수 없지만(준공공재라고 하는 경우가 있다), 역시 무임승차 문제가 존재한다. 예를 들면 바로 의료가 필요한 위독한 환자가 앞에 있으면, 의료인은 최선을 다해서 살려 내려고 할 것이다. 그러나 환자가 치료비를 지불하지 않을 수도 있다. 실제로 미국에서는 의료보험 비가입자의 미납입 문제가 존재한다.

이러한 입장에서 의료는 공적으로 공급하는 편이 오히려 경제효율도 개선된다는 주장이 나오고 있다. 평등을 실현하는 것은 그 자체로 윤리적인 의의가 있으며 효율의 면에서도 뛰어나다는 것이다. 현재 영국처럼 의료를 전부 공적으로 제공하고 있는 나라도 있다. 그러나 이 방법의 경우 공적기관의 재량이 불공평을 낳을 수도 있다. 누구나 납득할 수 있는 민주적인 제도 운용이 거세게 요구되고 있다.†

8. 난병과 경제

마지막으로 난병(難病) 치료와 관련된 의료에 대해 고찰해보겠다.* 의료를 공적으로 공급하여 단순히 평등을 실현할 것인가, 효율을 개선할 것인가라는 문제를 생각하는데 있어서 난병을 다루는 것은 유익하다. 난병을 위한 의료비 조성이라고 하면 약자 구제를 위한 제도라는 인상이 들지도 모른다. 그런 측면이 있는 건 확실하지만, 한편 이론적으로는 경제효율을 개선하는 성격도 같이 지니고 있다는 것을 확인해둘 필요가 있다.[64]

일본에서는 2015년에 '난병법(난병에 걸린 환자에 대한 의료 등에 관한 법률)'이 시행되었다.** 난병은 법에서 원인불명의 (발병 원인이 명확하지 않다) 치료방법이 확립되지 않은 희소한 질병으로, 그 병에 의해서 오랜 기간 요양을 필요로 하게 되는 질병으로 정의된다. 현재 대상은 306가지 질환, 150만 명에 이른다. 국민전체로 보면 100명 중에 1명 이상이 난병 환

---

† 의료가 공적으로 공급된다고 한다면, 건강유지·증진 노력의무가 국민에게 요구되어 상대적으로 자유나 프라이버시의 정도는 저하될 것이다. 중요한 것은 국민이 관계되어 있는 국가와 제도를 원하고 있는지에 대한 민주적인 선택과 철저한 정보공개다. [카토]
* 우리나라에서는 난병 보다는 난치병(難治病)이라는 말이 더 자주 사용된다. 하지만 일본 법에서의 난병 정의가 난치병과는 달라 – 난병은 원인을 알 수 없는 질환, 난치병은 치료가 어려운 질병 – 난병이라는 말을 그대로 사용하였다. [옮긴이]
** 일본의 공적인 난병지원은 1972년에 시작되어, 지원대상도 늘어났지만 지원을 받지 못하는 질환의 존재가 항상 문제가 되어왔었다. 법제화와 더불어 대상 질환이 대폭적으로 증대된 반면, 1인당 지원액은 삭감되는 경향이 있어서 바람직한 지원 수준이 문제시되고 있다.

자인 셈이다.

난병에 걸릴 경우를 대비해서 개인이 돈을 모으는 것은 현실적으로 상상하기 어려우며 비효율적이다. 예를 들면 100명 중에 1명이 장래 어느 시점에서 난병에 걸린다고 하고, 누구에게 발병할지 모른다고 하자. 100명이 조금씩 납입금을 지불하고 1명분의 요양비로 충분한 금액을 모아서, 발병한 사람에게 전액을 지급하는 보험을 만들면 가장 효율적으로 재분배할 수 있다. 이에 비해 100명이 각자 스스로 1명분의 요양비를 저축하는 경우, 보험이 있을 때 지불하는 납입금의 100배나 되는 저축을 꾸준히 해야 하며, 다른 용도로 돈을 돌려 쓸 수가 없어 비효율적인 것은 분명하다.

이론상 이러한 보험이 존재하면 가장 효율적이겠지만, 탁상공론에 불과하다. 현실에서 이러한 보험을 만들어 판매하는 보험회사는 없다. 너무나 먼 장래의 위험성을 대비한 보험을 시장에 공급하는 것이 적합하지 않다는 이유도 있지만, 어쨌든 시장을 통해서 민간기업이 효율적인 보험을 공급할 수 없다면 정부가 그것을 대신해서 맡아주기를 기대하고 있다.

이렇게 보면 난병법 등의 정책에 의한 공적 자원의 재분배는 정부가 시장의 대역을 맡아서 효율을 개선하는 성격을 띠고 있다는 사실을 알도록 해준다. 약자구제라고 하는 호혜적 이념에 머물지 않고 누구나가 대비해야 할 위험성에 대한 대응이라는 역할을 고려할 때, 환자에 대한 한 층 더 적극적인 지원 동기가 생겨난다.†

의료자원의 배분을 어떻게 할 것인가, 누가 어떻게 부담할 것인가를 논의하는데 있어서의 기초적인 논점을 보았다. 한정된 의료자원 배분의 문

---

† 여기서는 주류인 경제학의 틀 안에서 고찰했으나, 다른 접근방법도 있다. 인도의 경제학자인 야마타 센 (A. Sen)은 자원배분에 대해서, 사람들이 자유로운 선택을 했을 때에 무엇을 실현하고 무엇을 얻는가에 착안한 capability(잠재능력이라고 번역되는 경우가 많다)라는 척도를 제안하였다. 난병의 경제적 분석에서도 이 수법의 응용이 기대되고 있다.

제를 통해 제도의 설계가 얼마나 중요한지 알 수 있었을 것이다. 의료현장에서 직면하는 하나하나의 문제에 대해 의료제도의 본연의 자세에서 되묻는 관점을 키워야 한다.

VI 의료윤리학의 이론과 방법

 제1부에서는 주로 의료윤리학 및 생명윤리학을 다뤘다. 이어질 제2부는 드디어 임상윤리학이다. 전환점에 해당하는 이 즈음에서, 제1부의 마무리로 기초적인 이론과 학설을 소개하고, 제2부로의 도움닫기로서 방법론을 이야기하겠다.

 다른 교과서나 교육기관의 강의 요강에는 '원칙론' 또는 '의료윤리의 4원칙'이 다루어지고 있다. 그러나 이 책의 초판(2004년)에서는 일부러 다루지 않았다. 의료윤리학 학자에게는 어느 정도 의미가 있지만, 임상현장의 의료인에게는 그다지 얻을 것이 없다는 실질적인 판단 때문이다. 그러나 전혀 다루지 않으면 이상하게 여기는 독자들도 있어, 제2판 개정(2012년)을 계기로 '의료윤리의 4원칙과 그 문제점'이라는 제목 하에 원칙론의 변천과 다른 입장에서의 비판 등을 다루었다.

 4원칙론은 쇠고기와 오징어와 새우와 양고기로 만든 모둠냄비이다.* 맛을 상상해 보길 바란다. 그것을 사람이 먹을 수 있을 정도의 요리로 만들기 위해 학자들은 이런저런 궁리를 계속하고 있다. 이번 제3판에서는 이 냄비요리 국물의 주성분이자 토대가 되는 '고전적 윤리학설'의 요점을 간략하고 알기 쉽게 정리해보았다.

'임상윤리학의 방법론'에서는 일본에서 널리 유포되어 있는 4분할표 등의 미국에서 직수입된 것이 실제로는 흔한 노트와 별반 차이가 없으며 방법이라고 할 수 없음을 제시함과 동시에, 지금까지 거의 주목 받지 못했던 유럽으로 시선을 돌려보겠다. 그리고 '사례연구를 하는 방법'에서는 단두대로 내려치듯이 원칙을 적용하거나, 차트의 빈칸을 채우는 식의 거푸집에 끼워 맞추는 방식을 피하고 사례의 유형에 맞게 사고하는 방법을 위한 힌트를 공개하겠다.

A. 의료윤리의 4원칙과 문제점

1. 원칙론의 시작

1979년 미국의 철학자 탐 비첨(Tom L. Beauchamp)과 신학자 제임스 칠드리스(James F. Childress) 두 사람이 『생명의료윤리의 원칙들 Principles of Biomedical Ethics』을 세상에 내놓으면서** 원칙에 의거한 접근(principle-based approach)이라는 입장을 내세웠다. 이것은 훗날 원칙론[또는 비판적 입장에 있는 사람들에 의해 비꼬는 뜻이 담긴 '원칙주의(principlism)']이라고 불리게 된다.

---

* 고기류·생선류·채소·조개류 등을 한 냄비에 넣고 익히면서 먹는 요리(최신일어사전, 대동문화사). [옮긴이]

** 여기서는 원칙론이라고 했으나, 원칙이 의존하는 가장 넓은 통일적 기초를 가리키는 '원리'라는 용어와 같이 쓰여서 '원리원칙주의'라고 불리기도 한다. 어쨌든 문제를 검토하기에 앞서 이론적인 큰 틀을 사용해서 그것에 비추어 행위나 판단을 이끌어내려는 방법을 가리키고 있다. 이와 관련하여 철학에서는 'principle'을 통상적으로 '원리'라고 해석한다.

이 책은 '벨몬트 보고서(The Belmont Report)'를 바탕으로 하고 있다.[65] 당시 미국에서는 터스키기 사건(⇒ p. 457)이 계기가 되어 생명의학 연구에 대한 윤리적 규제가 필요하다는 의식이 높아지고 있었다. 그래서 국가연구규제법(1974)에 의거하여 '생명의학 및 행동과학연구에 있어서의 인간 피험자 보호를 위한 국가위원회'가 설치되었다. 이 위원회에서 비첨 등 위원들은 피험자가 부당한 대우를 받지 않도록 자율성 존중(respect for autonomy), 선행(beneficence), 정의(justice)의 세 가지 원칙을 가지고 보고서를 정리했다. 비첨과 칠드리스는 여기에 해악금지(nonmaleficence)를 더해서 4원칙을 만들었다.

각종 윤리이론(⇒ pp. 275-286)이 복잡하고 추상적인 것에 반해, 보다 심플하고 구체적으로 보이는 4원칙이 서서히 의료윤리학의 문제를 풀기 위한 방법으로 침투되기 시작했다.

2. 왜 원칙인가?

원칙론이란 윤리 문제를 붙잡고 해결하려 할 때 원칙을 근거로 삼는 입장을 말한다. 원칙(principle)이라는 말은 서양의 윤리학이나 철학 영역에서 오래전부터 다양한 의미로 사용되어 왔는데, 비첨과 칠드리스는 '행위나 판단을 이끌어내는 규범'이라는 의미로 사용하고 있다. 원칙은 일반적으로 추상적이며 동시에 포괄적인 형태로 표현되기 때문에, '응용'을 하지 않으면 현실에서 사용할 수 없다. 원칙보다도 좀더 구체적인 형태를 띠고 있는 규범을 일반적으로 규칙(rule)이라고 불린다. 예를 들면 "타인에게 해를 끼치지 마라"라는 원칙을 따르기 위해서는 해(害)란 무엇인가, 이것은 해지만 저것은 해라고 할 수 없다라고 하는 식의 하나하나 구체적으로 생각하는 과정이 필요하다. 이에 반해서 "도서관에서는 떠들지 마"는 이미 지시의 내용이 구체적이기 때문에 규칙이다. 이것은 "타인한테 해를 끼치지 마라"라고 하는 원칙의 지지를 받고 있다.

규칙을 지탱하는 것이 원칙이라면 그 원칙을 받치고 있는 것은 무엇일까? 이론(theory)이 그것이다. 예를 들어 뒤에 소개하는 의무론이나 공리주의가 이론이다. 의무론과 공리주의는 어떤 의미에서는 정반대인 윤리이론이지만 그럼에도 불구하고 비첨과 칠드리스에 의하면, "타인에게 해를 끼치지 마라"와 같은 원칙은 의무론과 공리주의에서 공통적으로 찾아 볼 수 있으며 더 나아가 다양한 종교, 문화, 사회 속에서도 똑같이 찾아볼 수 있다.† 이처럼 옳다고 생각하는 이론이나 입장이 달라도 같은 원칙을 공유하는 경우가 있다. 그렇다면 특정한 윤리이론, 더구나 추상적이고 형식적인 이론에 의거해서 논의를 하는 것보다 명확하고 누구나 의심할 여지가 없는 원칙에 기반한 방법이, 다양한 가치관을 지닌 사람들 속에서 현실적으로 유효한 논의를 할 수 있도록 한다는 것이다. 그렇게 하면 논의의 쟁점을 줄일 수 있으며 현실적인 해결책을 이끌어 낼 수 있다고 생각하였다.

3. 4원칙의 개요

비첨과 칠드리스가 내건 네 가지 원칙이 어떤 것인지 하나씩 살펴보기로 하자.

■ 자율성 존중 원칙

'환자가 자기의 가치관이나 신념에 의거한 생각을 가지고 선택을 하며, 행위하는 권리를 인정할 것'이라는 원칙. 의료현장에서의 자율이란 타인의 가치관이나 지시에 따르지 않고 의료방침에 대한 결정을 환자 자신이 정하는 것이다.††

---

† 공리주의는 행위결과의 좋고 나쁨으로 행위의 선악을 판단하지만, 의무론은 결과를 따지기 전에 해야 하는 일/해서는 안 되는 일이 있다고 주장한다.
†† 자율성 존중의 개념은 칸트의 인격 존중 개념이나 밀의 자유 개념 등을 기반으로 해서 의료윤리 영역 논의의 흐름 속에서 이미 기본으로 여겨져온 것으로 비첨 등이 원조는 아니다. 도덕철학적인 자율의 의미나, 자율 존중과 관련 된 문제점에 대한 상세한 내용은 본문에서 복습해두자.

자율성 존중 원칙은 2가지 측면을 가진다. 하나는 '환자가 의사결정을 하는 데 있어서 타인에 의한 지배적 통제를 받지 않는 것'(소극적 의무)이며 또 하나는 '의료인은 의료방침 결정에 필요한 정보를 개시하고 환자의 자율적인 의사결정을 촉진하기 위해 지원할 것'(적극적 의무)이다. 여기서 중요한 것은 자율적인 선택은 어디까지나 환자의 권리이지 의무가 아니라는 점이다. 즉 자율적인 선택을 위해서 필요한 정보를 얻거나 선택하는 것 그 자체를 부정하는 권리도 환자에게 부여해야 한다.

이 원칙의 지지를 받는 도덕규칙에는 1) 진실을 말할 것, 2) 프라이버시를 존중할 것, 3) 비밀유지의무를 지킬 것, 4) 개입할 필요가 있을 때는 동의를 얻을 것, 5) 중요한 결단을 내리는 상황에서 타인의 요구가 있다면 지원을 할 것 등이 있다.

■ 해악금지 원칙

'타자(환자나 가족)에게 위해(危害)가 되는 행동 및 위해의 위험을 지게 하는 일을 의도적으로 삼갈 것'이라는 원칙이다. 이 원칙의 원초적인 형태인 '해를 끼치지 않는다'는 말은 히포크라테스 전집『유행병』제1권에 나오며, 이후에 라틴어로 'Primum non nocere(영어로는 First, do no harm)'로 번역된다. 무엇이 해가 되는지의 판단은, 각각의 사례에서 구체적으로 생각하려고 하면 종종 곤란한 경우를 겪게 된다.

이 원칙이 지지하는 도덕규칙은 1) 죽이지 않을 것, 2) 고통이나 괴로움을 주지 않을 것, 3) 능력을 빼앗지 않을 것, 4) 침습하지 않을 것 등이다.

■ 선행 원칙

'타자의 이익을 위해서 행위할 것'이라는 원칙. 이익을 주는 것 이외에 위해가 미치지 않게 예방하거나 해당 행위로 인해 야기될 가능성이 있는 좋은 면과 나쁜 면을 비교해서 감안하는 것이 포함한다. 연민의 마음을 가지고 타인을 도와야 한다는 유대교, 그리스도교, 이슬람교의 가르침에서 유래한다고 한다. 해가 무엇인지가 문제인 것처럼 이익이란 무엇인가라는 물음에 대해서도 많은 설이 존재한다(⇒ pp. 97-100). 의료현장에는 병의 치료를 목적으로 신체적·심리적 고통을 가능한 한 최소화 하는 것, 경제적 이익을 추구하는 것 등 다양한 이익을 생각할 수 있다. 여기서 어떠한 이익을 우선시 할 것인지 문제가 된다.

비첨과 칠드리스의 주장에 따르면, 이 원칙이 지지하는 규칙은 1) 타인의 권리를 보호·옹호할 것, 2) 타인에게 위해가 미치는 것을 방지 할 것, 3) 타인에게 위해를 줄 것으로 예상되는 조건을 제거할 것 등이 있다.

■ 정의·공정 원칙

'사회적 부담이나 이익을 정의에 따라서 적정하게 분배할 것'이라는 원칙. 이 원칙은 형식적 요소와 실질적 요소로 구성되어 있다. 형식적 요소는 '동등한 것은 동등하게 다룬다'라는 의미이며, 실질적 요소는 '동등한 취급이라는 평가를 받기 위해서는 무엇이 동등해야 하는지를 특정한다'라는 것이다. 이 원칙은 누군가 두 명 이상의 사람에게 한정된 의료자원을 배분할 때 문제가 된다. 한 사람 한 사람에게 같은 양만 분배하는 것이 평등인가, 각자의 필요도에 따라서 차이를 둔 배분이 평등인가, 아니면 사회에 대한 공헌도나 노력·공적에 따른 배분인가. 평등이 무엇인지에 대해서는 복습해두자(⇒ pp. 243-245).[†]

[†] 간호윤리의 영역에서는 비첨과 칠드리스의 4원칙과는 별도로, 간호 특유의 행동규범이 제창되고 있다. 예를 들면, 허스트(Husted)가 주장하는 6규범(자율, 자유, 성실, 프라이버시, 선행, 충실) (Husted & Husted, 1991)이나, 프라이(Fry)가 주장하는 5규범(선행과 무해, 정의, 자율, 성실, 충실) (Veatch & Fry, 1987)등이 있다.

4. 원칙론의 문제점과 각종 비판

원칙론이 절대적인 환영을 받은 건 아니다. 발표된 시점부터 다수의 비판이 쏟아져 나왔다. 때로 '조지타운의 주문(mantra)'(조지타운 대학이 원칙론의 중심지였다)이라는 야유를 받기도 했다. 원칙을 적용하면 바로 답을 찾을 수 있다는 환상을 품고, '자율…… 해악금지……'라며 마치 주문처럼 외치기만 하면 문제가 해결 된다고 하는 것이 원칙론이 비판받는 이유이다. 비첨과 칠드리스는 다양한 비판에 대한 답변을 하면서 동시에 자신들의 주장을 보강하고 개정해 왔다(초판 간행 이후 30여 년간 여섯 번이나 개정을 거듭해왔다). 지금부터는 하나씩 주요한 비판을 살펴보기로 하겠다.

■ 원칙끼리 서로 대립한다

4가지 원칙에 비추어서 각각의 사례를 검토하다 보면 2가지 이상의 원칙이 상충되어 어느 원칙에 따라야 할지 원칙과 원칙 사이에서 망설이게 되는 경우가 있다. 저 쪽을 따르면 이 쪽을 거스르게 되는 것이다. 제2부 실천편의 사례에도 그런 경우가 포함되어 있다. 이때 원칙 자체는 더 이상의 지침을 제시해주지 않는다. 이런 반론에 대해서 비첨과 칠드리스는 몇몇 제안을 받아들여, 두 가지 방법을 제시하고 있다. 그것은 원칙의 구체화(specification)와 비중주기·균형잡기(weighing and balancing)이다.[66] †

원칙의 구체화란 각각의 사례에서 구체적인 행동을 도출해낼 수 있도록, 원칙의 추상성을 줄이고 목표를 명확히 해서 비결정적 성격을 줄이고, 구체적·한정적인 내용을 부여해서 극히 추상적인 원칙에 매이지 않도록 하는 것을 말한다. 목표를 명확히 한다는 것은 언제, 어디서, 누가, 누구

---

† 예를 들면 사례 5에서 HIV감염을 아내에게 알리고 싶지 않다는 요시모토의 의사는 자율존중 원칙에 비춰 보면 아내에게 알려서는 안 된다는 답이 나온다. 그러나 아내가 감염되었을 가능성이 있는 이상, 에이즈가 발현하여 처음으로 감염 사실을 알게 되는 것 보다 빨리 이 사실을 알리는 쪽이 보다 적절한 타이밍에 치료를 개시할 수 있기 때문에, 선행원칙과 해악금지 원칙에 비추어 아내에게 알리는 쪽이 좋다는 결론이 나온다.

에게, 왜, 어떤 수단으로 행위를 해야 하는가/하면 안 되는가를 명확히 하는 것을 말한다. 예를 들면, 자율성 존중 원칙 구체화로써 '판단능력이 없는 환자의 경우 본인의 사전지시에 따름으로써 환자의 자율성을 존중한다'가 있다. 타라소프 사건(⇒ p. 118)의 판결도 구체화의 결과라고 할 수 있다. 타라소프 사건을 4원칙에 비추어 본다면, 기밀유지 의무(자율성 존중 원칙이 이것의 기본이 되어 있다)와 선행원칙(타인에 대한 위해를 막음)이 서로 대립하고 있다. 여기서 기밀유지 의무를 비유적으로 다음과 같이 구체화해 보겠다.「타자에게 위해를 끼칠 의도를 표명하지 않는다면 의료인은 진료상 알게 된 정보를 타자에게 알려서는 안 된다」. 이대로라면 이 사건에 있어서 기밀유지 의무와 선행원칙은 대립하지 않는다. 이런 식으로 원칙이 의미하는 부분을 사례에 따라서 명확히 해나가면, 대립이 해소될 수 있다고 비첨과 칠드리스는 말한다.

한 가지 더, 비중 주기·균형 잡기란 어떤 방법일까? 이것은 대립하는 원칙을 저울질해서 무게와 강도를 비교하고 문제가 되는 사례에서 어느 원칙이 보다 중요한가를 심사숙고해서 판단하는 방법을 말한다. 이때 직관에만 의존해서는 안 되며, 타당한 이유가 필요하다. 이것만으로는 막연하다는 의견에 대해서 비첨과 칠드리스는 판단을 정당화하는데 필요한 몇 가지 조건을 제시한다. 그러나 실제 이 조건도 매우 막연해 보인다.†

■ 구체화, 비중 주기·균형 잡기는 직관적이며 자의적이다

비첨과 칠드리스는 구체화, 비중 주기·균형 잡기의 두 가지 방법을 조합하여 원칙의 대립을 해소할 수 있다고 주장한다. 그러나 조건이나 상황

---

† 한 가지 원칙이나 규칙을 다른 원칙이나 규칙보다 우선시하는 것이 정당화되기 위해서는 다음 조건이 만족되어야 한다고 한다. 1) 우선하는 원칙·규칙에 따라서 행위 하는 쪽이 더 나은 근거를 제시할 수 있다. 2) 우선시 되는 원칙·규칙에 따른 행위의 목표가 현실적인 실현 가능성을 지니고 있다. 3) 다른 원칙·규칙에 대한 침해를 최소한으로 한다. 등, 자세한 내용은 다음을 참조. Principles of Biomedical Ethics, 7th ed., pp. 19-24.

을 구체화하는 단계에서, 도대체 누가 비결정성을 줄이고 한정하는 특권적 위치에 설 것인가? 그 방법과 근거는 무엇인가? 자의적(그때의 떠오르는 생각이나 마음에 따라)으로 정해지기 때문에, 결국 편의주의와 다를 게 없다는 비판을 받는다. 비중 주기·균형 잡기에 대해서도 그 판단이 조건의 내용을 충족시키고 있는가에 대한 해석이나 판단이 필요하다. 그렇다면 결국은 직관에 의지하는 수밖에 없지 않은가? 이런 큰 문제점이 남겨진 채로 있다. 비첨과 칠드리스 자신들도 구체화하더라도 해결되지 않는 충돌이 있으며, 구체화를 한 뒤에 또 다른 구체화가 필요한 경우도 있다며, 자신들의 방법에 한계를 인정하고 있다. 다른 연구자들도 원칙의 대립을 해결하기 위해 방법을 제안하고 있다. 단일 원칙을 채용하기로 사전에 정해놓는 방법, 원칙의 우선순위를 설정해 두는 방법, 원칙의 우선순위와 비중 주기·균형 잡기를 조합하는 방법 등이 있는데, 현시점에서는 아직 결판이 나지 않았다.

■ 4원칙의 이론적 기반의 위험성

다음으로 왜 이 네 가지를 원칙으로 삼고 있는지에 대한 비판을 살펴보겠다. 왜 다른 것도 아닌 자율성 존중, 해악금지, 선행, 정의·공정인가? 무엇이 이 4가지를 연결하는지도 불명확하며 의료윤리학의 체계라고 하기에는 너무나도 조잡하여 '앤솔러지 증후군'이라고 부를 수 있다는 비판에 대해서, 비첨과 칠드리스는 4원칙은 어디까지나 잠정적인 것에 불과하다고 강조하면서 이론으로써 정당화되기 위해 비판하는 측의 연구자가 제안한 공통도덕 이론을 자신의 학설에 도입하는 전술을 취한다.[†]

[†] 앤솔러지 증후군은 클라우저와 거트가 사용한 용어다. 원칙론은 정리되지 않은 잡다한 도덕적 고찰의 뒤범벅이며, 정당화 되지 못한 채로 병치(竝置)되어 있는 원칙이나 규칙 중에서 '각각의 사례에 대해서 당신의 형편에 맞는 것을 선택하시오'라고 말하는 것에 불과하다고 그들은 주장한다. K. D. Clouser and B. Gert, "A critique of principlism." *The Journal of Medicine and Philosophy* 15, pp. 219-236, 1990.

공통도덕(common moralitty)이란 '도덕을 진지하게 받아 들이고 있는 사람들이 공유하고 있는 규범 집합 중에서 가장 기본적인 것'으로써, 여기서 4원칙을 추출할 수 있다고 하는 것이다. 공통도덕은 그 근거를 더 이상 거슬러 올라가서 제시할 수 없다는 약점이 있지만 많은 사회적 합의를 포함하고 있기 때문에 반론이 적으며 실용적이라고 한다.

단, 공통도덕의 정의가 애매하다는 지적에 더해서 공통도덕이 정합적이며 정당화가 가능한지에 대한 문제가 남는다는 사실을 비첨과 칠드리스도 인정하고 있다.

■ 이론 본연의 자세의 냉담함과 단순화

한 가지 더, 4원칙에 한정된 것은 아니나 의무론이나 공리주의 등을 포함한 윤리 이론에 대해 여성의 입장에서 나온 비판이 있다. 지금까지의 윤리 이론은 가부장제 아래에서 남성적 시점으로 형성된 틀로써 논리적이기는 하나 감정적 측면을 무시한 냉정한 것이며, 복잡한 이론에 비해 뒤얽힌 도덕적인 문제를 너무나 단순화시킨, 단지 현학적인 눈속임에 불과하다는 주장이다. 이러한 비판을 배경으로 돌봄 윤리가 간호직을 중심으로 제창되고 있다.

지금까지의 비판은 의료윤리학에 가장 적합한 이론이나 원칙을 수립한다는 전제하에서의 논쟁의 응수다. 그러나 이론이나 원칙이라는 체계 그 자체에 대해 비판적인 시점을 가지고 원칙론에 대항하는 입장이 있다. 중세에서 근세의 신학에서 사용된 방법을 존슨(A. R. Jonsen)과 톨민(S. Toulmin)이 부흥시킨 결의론(casuistry, 사건·사례를 의미하는 라틴어 'casus'에서 유래)이 그 입장에 있다.

■ 이론이나 원칙 중심에 대한 회의(懷疑)에서 결의론까지

결의론은 원칙이나 윤리이론에서 출발하는 것이 아니라, 사례에 직접적으로 고찰을 더해서, 그 개별성이나 구체성에 맞춰서 문제의 잠정적이면서도 개연적인 해결을 도모하려 한다. 구체적인 방법을 잠시 설명해보겠다. 결의론은 크게 세 가지 수순으로 구성되어 있다.†

우선, 문제가 되는 사례를 주의 깊고 신중하게 분석한다, 사례는 여러 사정(때, 사람, 장소, 행위, 일어난 일 등)과 핵심이 되는 도덕적 문제와의 복합물로 존재한다. 이들을 신중하게 푸는 것부터 시작된다(이때 사용되는 차트는 「임상윤리학의 방법론」. ⇒ p. 275 참조). 다음으로 사례 검토의 핵심으로 여겨지는 해당 도덕적 문제와 동일한 종류의 문제가 포함되어 있다고 여겨지는 여러 사례 중에서, '전적으로 옳다'라는 판단이 내려지는 전형적인 사례와 '전적으로 옳지 못하다'라는 판단의 전형적인 사례를 양극에 놓고, 그 사이의 선분 위에 흑백의 중간인 회색빛 사례를 농담(濃淡) 순으로 나열한다. 마지막으로 해당 문제가 된 사례를, 비슷한 사례와의 닮은 점이나 상이점을 기준으로 하여 적절한 위치에 놓으면 된다. 그곳이 착지점이 된다. 양극으로부터의 거리로 그 사례에 드러난 행위의 선악 정도를 표시하게 된다.

이런 작업을 통해서 다양한 계열의 그러데이션을 종횡선으로 엮은 직물이 완성된다. 전형적인 사례와 비교하면서 적절한 실천적 판단을 이끌어 내기 위해서는, 사례를 정식화된 원칙 적용의 장소로서만 이해해서는 볼 수 없는 인간 삶의 세세한 부분이나 미묘한 이치를 보려고 하는 자세와 경험을 토대로 한 숙고가 요구된다. 이것은 결의론만의 특별한 기술이다. 물론, 결의론의 방법에 대한 비판도 있다.

---

† '잠정적이면서도 개연적'이란, 지금 현재로서는 옳다고 여겨지지만, 절대적·확정적이라고는 단언할 수 없기 때문에, 더 나은 이론이 나올 때까지 당분간 지금 이대로 해도 괜찮다는 것을 말한다.

의료윤리의 4원칙과 그 문제점에 대해서 살펴보았다. 당초 기존의 이론에 개의치 않고 현장 중심의 해결을 시도하려했던 당시의 의료윤리의 현실을 비판하고, 4가지 원칙만을 연결고리로 삼아 윤리이론과 현장의 판단을 잇는 시도로 등장한 것이 원칙론이었다. 그러나 그로부터 30여 년 동안 원칙론은 많이 변화하고 있다. 밀려드는 많은 비판에 답변을 하고 비판자의 입장을 수용하여 개량해나가면서, 큰 틀인 4원칙은 바뀌지 않았으나 처음의 깔끔한 구조를 잃어버리고 상당히 복잡해졌다. 예를 들면 바다에서 나는 것, 산에서 나는 것, 강에서 나는 것, 여기저기서의 식재료를 모아서 한 냄비에 넣은 찌게요리 같이 된 것이다. 모둠냄비라고 하면 듣기에는 좋지만, 잡탕이 된 냄비 안에서 조개를 우린 국물, 고기 맛, 버섯이나 민물 생선의 독특한 향이 몽땅 하나로 섞이고 삶아져서 각각은 고유한 맛을 내지 못하게 된다. 원칙론만으로는 모든 문제를 해결할 수 없다고 말하면서도 비첨과 칠드리스는 최대공약수적인 방법인 원칙론의 생명의료윤리학에 있어서의 지위와 영향력을 어떻게든 지키려고 애를 쓰는 것 같다. 결과적으로 거듭 된 수정은 문제해결을 위한 보다 더 적절한 방법의 모색이기보다 자신의 학설을 연명시키기 위한 짜깁기가 되어버렸다.

4원칙을 널리 보급 시키려는 그들의 의도는 성공했다고 할 수 있다. 일본의 교육·임상현장에서도 원칙론의 영향은 크다. 수많은 사례연구를 위한 방법론의 몇 가지가 원칙론을 전제로 해서 만들어지고 있다. 그렇지 않은 것도 그 방법이 원칙론에 모순되지 않음을 일부러 덧붙여 말한다. 그러나 잘 생각해보면 비첨과 칠드리스가 내세운 4원칙은 모두 당연한 것들뿐이다. 일부러 윤리학자에게서 배우거나, 원칙이라는 이름을 붙여서 확인해야만 알 수 있는 것이 아니다. 당연하기 때문에 오히려 공유 가능한 것으로 널리 사용되고 있다고 말하는 그들의 주장이 이해가 되긴 하지만, 그렇다면 그들이 여러 차례 개정판을 거듭하면서까지 하려고 했던 것은 대체 무엇일까?

우리 앞에는 개별적 사정이 가득 담긴 사례가 먼저 있었을 것이다. 이론과 현장 문제의 징검다리라고 자칭하는 그들의 논리가 나타나 현장에 널리 퍼지기는 했으나, 오히려 원칙론이라고 하는 정해진 틀로만 사례를 보게 되었고, 틀에 맞추기 위해 잘라낸 것이 마치 전체인 것처럼 착각하게 되었다. 그러나 현실의 사례는 공산품과는 다르며, 군더더기 없이 형태가 갖추어진 틀 짜기에 앞서 미리 가지런히 만들어 둔 반죽 같은 것이 아니다.

비첨과 칠드리스는 일본에서 출판된 『생명의학윤리 제5판』(및 원서 제6판, 2009)의 마지막 장에서 이렇게 말하고 있다. "종종 우리는 이론, 원리, 또는 규칙보다 특정한 사례에 대한 반응이나, 도덕적인 사람들의 특징적인 반응을 더 신뢰하는 경향이 있다." 제7판에서 이 부분은 삭제되었지만 4원칙에 집착하는 그들의 이 말이야말로 그들의 논의가 복잡기괴한 것이 되었다는 이유의 하나이며, 또한 증거이기도 하다. 논쟁의 응수 끝에 수정을 거듭한 결과로 원칙론이 우리에게 시사하는 점은 그것이 의료윤리학의 유일하고 절대적인 방법이 아니라, 어떠한 이론이나 원칙을 추구하더라도 사람의 삶에 관여하는 의료 문제는 인간성, 개별성을 벗어 날 수 없다는 점, 바로 그 것이다.

B. 고전적 윤리학설의 요점

1. 덕윤리학

■ 기본 골격

덕윤리학(Virtue ethics)은 윤리학설 중에서 가장 오래되었다. 덕(德)이란 원래 그리스어로 '아레테(arête)'인데, 예를 들어 말의 아레테는 빨리 달리는 것으로 유능성, 탁월성을 의미한다. 그리스 시대, 인간의 아레테는 신체 기능이 아니라 영혼의 상태에 관계한다고 여겼다. 아리스토텔레스는 덕을 사유(思惟)적인 덕과 윤리적인 덕으로 나눠서 논하고 있는데, 윤리적인 덕이란 공동체 안에서 옳다고 여기는 행위를 어릴 때부터 반복하여 행하면서 몸에 익힌 영혼의 습성(hexis)으로, 구체적으로 말하면 과잉과 부족의 사이, 즉 중용(mesotes)을 얻는 것이라고 한다. 예를 들면 무모함과 비겁함과의 사이에 있는 용기, 내향적인 것과 안하무인의 사이에 있는 신중함, 야비한 오만함과 비굴함 사이의 고결함이 덕인 것이다. 또한 사유적인 덕 중에 사려분별 능력인 실천적 지혜 (phronesis)가 각각의 상황에 맞춰서 무엇이 중용인지를 판단하고, 무엇을 하고 무엇을 하지 않아야 하는지 결정하는 기능을 가진다고 생각했다. 아리스토텔레스의 덕의 강조는 퀴니코스 학파, 스토아 학파로 계승되었다. 실천적 지혜는 현명한 생각(prudentia)으로서 기독교의 덕목 중 하나로 받아들여지게 되었다.

덕윤리학의 입장에서 인간에게 소중한 것은 교육을 통해 덕을 몸에 익히고 발휘하는 것이다. 선행이란 덕을 지닌 인물이 행하는 행위를 말한다. 간호를 전문직이라고 하기보다는 천직이라고 받아 들이고 간호사에게 품위와 높은 덕을 요구한 나이팅게일은 바로 덕윤리학의 입장에 서 있었다.

■ 덕윤리학의 문제점

존경받을 만한, 덕이 있는 위대한 간호사나 의사를 보고 배우라고 하는 것이 의료현장에서의 덕윤리학의 구체적 지시가 된다. 그런데 본이 되는 사람들 각자는 현실적인 삶들에서 일어나는 윤리 문제를 어렵지 않게 해결하고 있을까? 예를 들어 SOL이냐 QOL이냐라는 문제를 어떤 식으로 해결하고 있을까? 덕이 있다고 인정받고 있는 사람들 사이에서 해결에 불일치가 있을 경우에는 대체 어떻게 할 것인가?

특정 교주의 가르침, 경전이나 문화가 시민의 생활을 전면적으로 지배하고 있어 공동체의 가치관에 흔들림이 없을 경우, 덕윤리학은 구심적, 규범적인 기능을 충분히 발휘한다. 그런 나라의 윤리학 교육은 다각적인 관점에서 비판적으로 생각하고 토의하는 능력이나 감성을 갈고 닦는 것을 필요로 하지 않는다. 교사가 '이것이 모델이다'라며 이상적인 의료인상을 손가락으로 가리키는 것이 교육의 밑바탕이 된다. 그렇다면 해당 사회에 있어서 주류를 차지하고 있는 가치관이나 관행에 의문을 느끼고 일상 속에서 그저 보고 지나친 윤리 문제를 발견하여 주제로 만들어 나가는 것은 매우 어려운 작업이 될 것이다. 예로 일본에서의 여성이나 간호직의 위치, 여성이나 간호하는 사람에게 요구되는 덕목의 변화를 다시 생각해 보면 명확히 알게 될 것이다. 간호하는 사람을 당연히 의사를 수발하는 사람으로 여겼던 시대에 덕윤리학은 무엇을 하였을까? 시대 변화의 흐름 속에 가치관의 동요가 일어나고 있는 사회에서 인덕(人德) 같은 것을 내세우는 데에는 설득력에 한계가 있다.

2. 의무론

■ 도덕적 명령으로서의 의무

칸트에 의하면, 진정한 도덕은 기분이나 상황에 따라서 변하는 것이 아니다. 그것은 이성적인 존재자 사이에서 언제 어디서나 예외 없이(이것을 '보편타당'이라고 말했다) 성립하는 것이어야 한다. 칸트는 구체적인 상황에서 실제로 어떻게 하는 것이 옳은지를 지시하기 보다, 보편타당한 도덕이 어떤 성격을 지녔으며 무엇에 기반을 두어야 하는지의 문제(도덕형이상학의 기초)에 더 큰 관심을 가졌다.

무엇을 해야 좋은지 아무리 알고 있다하더라도 신이 아닌 연약한 인간이 반드시, 항상 그것을 할 수 있다고 장담할 수 없다. 그러므로 인간에게 있어서 도덕은 명령(Gebot) 형식을 띨수 밖에 없다. 우리가 보통 의무

(Pflicht)로 이해하고 있는 것이 그것이다. 칸트는 후회나 가책이라는 감정을 예로 든다. 이러한 감정은 해야 할 의무가 있었는데 그것을 스스로 따르지 않았을 때에 느끼는 것이다. 만약 의무가 없다면 처음부터 '역시 그때 그렇게 했어야 했다'와 같은 후회를 느끼지 않을 것이므로, 후회나 가책은 의무가 있다는 분명한 증거이다.

그럼 어떤 것이 의무로써 명령되는 걸까? 그 내용을 어떻게 알 수 있을까? 칸트는 자신의 주관적인 모토(Maxime 격률)이 법칙이 되어 다른 사람들도 그것에 따라서 똑같은 행위를 하게 될 때 곤란한 상황이 발생하지 않는지, 다른 인격 속의 인간성을 단순히 수단화하고 있지는 않은지를 잘 생각해 보아야 한다고 말한다. 그 결과 그것이 의무로서 보편화 되어도 좋다(절대적인 명령 즉 도덕법칙으로서 통용되는)면 자신에게 어떠한 해가 덮친다 해도 의무인 이상, 그것을 수행해야 한다고 말한다. 이것이 의무론(deomtology)이다. 예를 들면 '곤란에 처했을 때에는 거짓말을 하거나 약속을 지키지 않을 수도 있다'를 모토로 하고 있는 사람이 있다고 하자. 이것은 보편화 가능할까? 여기저기서 모두 다 자신의 사정이 안 좋을 때에 거짓말을 하거나 약속을 어기는 일이 아무렇지도 않게 일어나게 되었다고 상상해보자. 언제 어길지 모른다면 약속을 믿는 사람, 약속을 하는 사람이 없어질 것이다. 그러므로 그러한 모토는 보편화 불가능하며 도덕법칙으로서는 통용되지 못한다고 칸트는 생각했다.

의무론은 덕윤리학과는 달리 인간의 품성이나 자연적 본성에 절대적인 신뢰를 두지 않는다. 또한 어떤 결과 또는 성과를 가져 오는지에 따라서 그 행위의 도덕적인 가치를 판단해서는 안 된다고 생각한다. 좋은 수(효용)와 좋은 것(선)은 서로 다른 것이다. 얼핏 보면 좋게 보이는 행위도 그 뒤에 타산(Anschlag)이 숨어 있다면 거기에 도덕적 가치는 없다. 진정한 도덕적 가치는 그것이 의무이기 때문에 한결같이 의무에 따라서 행하려고 하는 데에 있다.

■ 자율과 존엄

칸트는 인간의 존엄은 자율(Autonomie)속에 있다고 말했다. 의료현장에서는 자율이 단순히 자기결정(self-determinations)으로 여겨지는 경향이 있다(⇒p. 90). 그러나 자율이란 자신을 규율하는 것이며 다른 것에 의존하지 않고 자신이 도덕법칙을 수립해서 그것을 스스로에게 부과하는 상태를 말한다. 사람은 자기애로 인해 자신에게 예외 항목을 적용하여 '이런 경우에는……라는 이유로 자신만 특별 취급 받아도 괜찮을 거야'라며 응석을 부리는 경향이 있다. 의무론은 냉엄하게 이런 것을 허용하지 않으며, 자기애(Selbstliebe)를 억누르고 해야 할 일을 하려고 노력하는 데에서 인간의 존엄을 찾는다. 의무론이 말하는 도덕적인 의미로서의 인간의 존엄은 인간 생명의 존엄과 같이 태어나면서부터 부여 받은 것이 아니라, 자신의 도덕적인 노력에 의해 비로소 생겨나는 것이다. 예를 들어 아이가 그렇듯이 타인이 정한 규율에 그저 따르는 것을 타율(Heteronomie)이라고 한다. 여기에서 존엄은 찾아 볼 수 없다. 성인인 인간은 자기 자신이 수립한 도덕법칙에 스스로 복종한다. 이것이야 말로 인간 도덕의 본 모습이다. 이렇게 칸트는 인간의 연약한 면과 강한 면 서로를 동시에 보고 있다. 여기에는 비관도 낙관도 없으며, 통속적인 것에 영합하거나 타협하지도 않는다.

"너는 해야만 하기 때문에 할 수 있다"라는 칸트의 말 속에 의무론의 준엄함이 나타나 있다. 보통은 "할 수 있으면 해야 한다"라는 말을 한다. 칸트는 이것을 뒤집는다. "해야 하는 일이니까 할 수 있다." 실현 가능성보다 의무가 위에 선다. 칸트를 읽고 있으면 나 자신을 가다듬게 된다.

3. 공리주의

■ 기본적인 골격

자연계에서 동물들은 쾌락을 추구하고 괴로움을 피한다. 마찬가지로 인간은 행복을 추구하며 불행을 피한다. 변경 불가능한 이 사실을 도덕 원리로 두겠다는 것이 공리주의(utilitarianism)의 입장이다. 그래서 공리주의는 선악·정의/부정의을 다음과 같이 정하고 있다. 어떤 행위를 하여 그 결과, 관계 당사자에게 있어서의 효용(utility)·쾌락·행복의 총계를 증가시키면 시킬수록 그 정도에 비례해서 그 행위는 옳고 선하다. 반대로 불쾌함·괴로움·불행을 가져오면 올수록 그 행위는 부정하며 악하다. 그래서 관계 당사자의 행복을 최대화할 수 있도록 선택하고 행위해야 한다('최대 다수의 최대 행복')고 명한다. 즉 공리주의는 결과주의, 복리주의다.

① 신(들)·관습·마음의 내면과 같은 전통적인 도덕에 있기 마련인 권위·신화성에 의존하지 않고, 더 알기 쉬운 쾌락을 기준으로 한 윤리, ② 관계 당사자를 대함에 있어 (납세액이 많거나 적어도, 정치적으로 높고 낮음과는 상관없이) '한 사람은 한 사람으로서 셈한다'라는 (약 200년 전인 당시로서는 혁신적인 생각이었다) 평등성, 그리고 ③ 판단하기 곤란한 구체적 사례에 대해 어떤 명확한 해답 또는 지침을 제시할 수 있는 편의성과 같은 여러 점들이 공리주의의 뛰어난 부분으로 강조되고 있다.

■ 공리주의 내부의 대립점

공리주의는 보이는 것과는 달리 하나의 덩어리가 아니다. 그 내부에 다양한 입장이 있으며 그들 사이에 끊임없는 논쟁이 이어지고 있다.

먼저 a) 하나하나 각각의 행위 결과에 미세하게 주목하여 선악을 판단하려는 것이 행위 공리주의(act utilitarianism)이다. 이와는 반대로 거시적으로 그것을 지키면 지키지 않을 때보다 사회에 큰 복리를 가져다주는 규칙을 올바른 도덕규칙으로 내세워서 각 행위의 평가를 이 규칙에 비춰 판단하려는 것이 규칙 공리주의(rule utilitarianism)다.

b) 관계 당사자란 누구를 말하는가? 어느 정도의 관련을 가지면 관계 당사자라는 구분 범위에 넣을 수 있는가도 논쟁거리이다.

c) 쾌락이나 행복이 도대체 무엇인가? 무엇을 기준으로 계산할지도 문제(⇒pp. 98-100)이다.

d) 행복의 증감을 어떻게 계산할 것인가? 그 방법론에 관해서 공리주의의 내부에서 입장 차이가 있다. 효용을 단순히 가산해서 그 총합을 가지고 계산하는 총량주의. 그 총합을 관계 당사자의 사람 수로 나눌 것을 주장하는 평균주의. 계산에 의해서 명확한 지침을 제시할 수 있다는 점을 특징으로서 자부하는 공리주의이지만, 계산식을 바꾸면 당연히 정답이 달라지기 때문에 이 점에서 모호한 느낌이 든다.

■ 공리주의에 대한 비판

총합을 계산하거나 평균을 취할 때 관계 당사자 전체의 복리의 동향(動向)과는 정반대로 희생을 감수해야 하는 사람들이 아무리 소수라 하더라도 나오게 된다. 이 사람들을 어떻게 생각할 것인가라는 비판이 오래 전부터 공리주의에 대해서 가해져 왔다. 쓰레기 처리시설, 댐이나 공항, 우회도로를 만들 때 흔쾌히 거주지를 이전하겠다거나 근처에 생기면 좋겠다고 생각하는 사람은 없을 것이다. 공공사업에는, 발생할 수밖에 없는 불편이나 위험과 같은 마이너스 요소의 배분에 따른 희생에서, 거꾸로 대규모 재해의 트리아지나 백신접종의 우선순위 매김, 몇 개 밖에 없는 ICU 침대의 할당 등, 유한한 의료자원이라고 하는 부의 분배에 있어 혜택을 받지 못하는 사람들이 나오게 된다. 공리주의적인 합리적 계산에 따른 희생을 윤리학이 어떻게 생각하는지는 중요한 문제이다(⇒p. 237-255).

의무론은 선악 판정에 있어 행위의 동기를 일절 묻지 않는 공리주의에 대해 효용가치와 도덕적 가치를 혼동하고 있다고 비판한다. 어떤 흑심을 가지고 복지시설을 건설한 사람이 있다고 하자. 그 사람이 한 일이 효용가치가 있다(좋은 결과를 낸다)고 하더라도 일반적으로 도덕적 가치가 있다고는 말하지 않을 것이다.

C. 임상윤리학의 방법론
—일본 및 다른 나라에서는 어떤 방법이 사용되고 있는가

사례 검토를 할 때에 널리 사용되는 방법에 어떠한 것들이 있을까? 전국 조사를 하지 않았기 때문에 정확히 알 수는 없다. 그래서 일본에서 간행되고 있는 생명윤리·의료윤리·간호윤리 계통의 교과서·참고서를 살펴보았다. 의료현장에서 실제로 사용되고 있는 빈도, 교실에서 배우고 있는 빈도와는 일치하지 않겠지만 적어도 일본의 연구교육자 사이에서의 인기도를 엿볼 수 있다. 전부는 아니지만 32종류의 서적을 살펴보고, 대충 그 경향을 정리해보았다(표1-27).

놀랍게도 임상윤리의 방법론에 대해서 전혀 기술하지 않은 교과서가 꽤 많았다. 이것은 일본에서 이 분야의 교육이 지식이나 이론 중심으로 행해지고 있음을 보이고 있다. 이래서는 의료계 학생이나 의료직에 종사하는 독자에게 전혀 도움이 되지 않는다. 의료와 전혀 관계없이 지내는 시민은 없기 때문에 의료계에 있지 않은 독자에게도 도움이 안 된다고 생각한다. 그리고 또 하나의 문제는 겨우 한 가지 방법만 설명한 교과서가 있다는 것이다. 이것은 독자를 초등학생에서 고등학생 정도로 취급하는 꼴이다. 부분적으로 은폐된 이러한 책을 가지고 공부한 사람은 이 세상에 그것 이외에도 다른 방법이 있다는 사실을 알게 되기까지 먼 길을 돌아가야 한다.

지면 관계상 인용률 제일 높았던 존슨(A. R. Jonsen), 시글러(M. Siegler), 윈슬레이스(W. J. Winslade)의 4분할표에 대해서만 간단하게 소개하겠다. 외국에서는 'Four-box method, Four quadrants approach, Four topics approach' 등으로 불린다. 그 이름대로 사례의 세부 상항을 네 가지 틀로 구분하여 기입하는 것에서 시작하는 방법이다. 이 틀을 고안한 존슨은 '원리·원칙이 우선하는' 추상적·연역적으로 방법이 아니라, 좀더 잘 사례를 보고 개별 상황을 끌어내야한다는 사고방식을 주장하며, 처음부터 비첨과 칠드리스의 원칙주의에 대해 반대의 깃발을 올렸던 사람이다.

그런데 언제부터인가 원칙주의에 근접하여 각 테두리 안에 대응하는 원칙을 써넣기 시작했다. 4분할표를 보도록 하자(표1-28). 차트에 준비되어 있는 질문에 답변하면서 틀을 채우고 문제에 대한 대처방안을 생각한다. 각 박스 안의 방향이 서로 충돌하는 경우에는 '그 증례에 대해서 무엇을 우선해서 행해야 하는지를 생각하고 가장 적절하다고 생각되는 판단을 해야' 한다고 일본인 감수자는 말하고 있다(마치 윤리강령 같은 표현이다. ⇒p.61).

표1-27 교과서·참고서(일본)에 소개되어 있는 임상윤리 방법

- 임상윤리의 방법론에 대한 기술이 전혀 없음 20/32권
  (임상윤리의 방법론에 대한 기술이 있는 12권에 대해)
- 윤리학설과 임상윤리의 방법을 혼동해서 병기 2/12권
- 4분할표(Jonsen 등)를 소개 8/12권
- 임상윤리 검토표(시미즈 테츠로)를 소개 4/12권
- 4 step model(코니시 에미코)을 소개 3/12권
- 단 한 가지 방법만 소개하고 있는 서적 4/12권   ※번역서는 제외

표1-28 Four topics chart (A. R. Jonsen, M. Siegler, W. J. Winslade)[67/68]

■의학적 적응 환자의 의학적 문제 급성/만성, 위독한 정도, 가역성, 긴급성, 종말기 여부 치료의 목적 치료가 적응되지 않는 경우의 사정 치료의 선택지와 그 치료가 성공할 가능성 치료 및 간호 돌봄을 통해서 얻을 수 있는 이익, 위해의 회피책	■환자의 선호 치료의 이익과 위험성에 대해서 알고 있는가 정보에 관한 이해와 동의의 유무 정신적 법적 대응능력의 유무, 대응능력 없음의 증거 (대응능력이 있는 경우)치료에 대한 선호 (대응능력이 없는 경우)예전에 선호를 표명한 적이 있는가 (대응능력이 없는 경우)대리인으로서 적임자는 누구인가 환자는 치료에 비협조적인가, 그 이유는 무엇인가
■QOL 치료를 했을 때/안 했을 때의 병세 예측 치료로 인해 잃을 수 있는 정신적, 신체적, 사회적 요소 QOL저하가 예측될 때의 근거 의료인에 의한 QOL평가를 왜곡시킬 수 있는 요인이 있는가 QOL향상을 도모함으로 해서 어떤 윤리 문제가 있는가 QOL평가가 치료계획의 변경에 있어서 문제를 일으키는가 연명의료 중단 계획과 그 이유 자살을 둘러 싼 법적·윤리적 상황	■외적요인 환자의 이익과 상반되는 비/전문가 측의 이익이 있는가 가족 등, 이해가 얽혀 있는 관계 당사자가 있는가 제삼자의 정당한 이익을 지키는데 있어서 비밀보호상의 제약이 환자에게 있는가 이익대립을 불러오는 경제적 문제가 있는가 신앙상의 문제가 있는가 법적 문제가 있는가 임상연구 및 교육에 관계 된 사항이 있는가 공중위생 및 의료 안전상의 문제가 있는가 조직·기관 내에 환자와 관련한 이해 상충의 문제가 있는가

의료현장의 목소리를 들어보면, 사례에 있는 정보를 어느 칸에 적어야 할지 고민이라거나 모든 칸을 채우기 힘들다는 의견이 많았다. 그러나 실제로는 어느 칸에 적어도 괜찮지 않을까? 어느 테두리에 있는가에 따라 내용의 중요도가 달라진다면 신중해야 하지만 그렇지 않기 때문이다. 지금부터가 중요한데, 4분할표는 딱 잘라 말하면 방법이 아니다.

옷을 자주 사는가? 옷을 사면 옷장 안에 넣어 둘 것이다. 세탁을 한 뒤

개어서 옷장 서랍에 넣어둔다. 그리고 아침에 일어나서 어느 옷을 입을지 고민하며 서랍을 연다. 오늘은 이걸 입어야지라며 옷을 고르고 꺼낸다. 매우 일상적으로 모두가 하고 있는 일이다. 이 때 옷장은 어느 옷을 입는 게 좋을지 가르쳐주지 않는다. 옷을 고르는 건 입는 사람 자신이다. 사람이 어떤 이유를 들면서 (예를 들면 날씨나 기온 등) 옷을 고른다. 옷장은 어느 옷을 입으면 좋을지에 대한 답도, 이유도 가르쳐주지 않는다(그림1-5).

그림1-5. Four topics chart는 방법이 아니라 정리 노트이다.

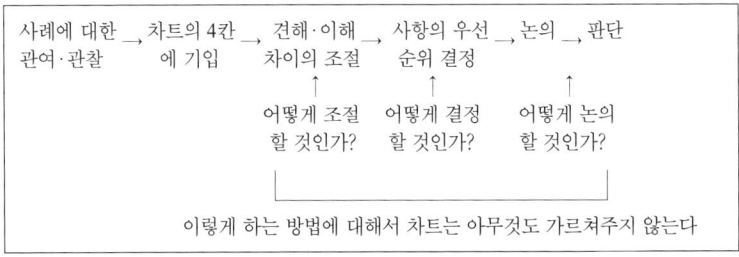

4분할표는 옷장이다. 빈 서랍이 4개 있다. 사용하는 사람은 사례의 정보를 4개의 서랍에 나누어 써넣는다. 그 다음은 어떻게 될까? 4분할표는 아무 말도 해주지 않는다. 그렇다면 어떻게 해야 할까? 어떻게 하면 좋을지 4분할표는 가르쳐주지 않는다. 이런 저런 내용을 쓴 것 중에서 대체 어느 항목이 더 중요한지, 어떤 것과 어떤 것이 상충될 때에 어느 쪽을 우선할 것인지, 어떻게 결론을 내리면 좋을지에 대해 어느 것도 4분할표는 정해주지 않는다. 표를 사용하는 사람들이 어떻게 해서 결론을 내릴 것인지 그 방법 자체를 스스로 결정한다. 방법은 사용하는 사람에 따라 다를 것이다. 그렇게 하는 것이 바로 방법이다. 4분할표가 방법이 아니라는 말은 이것을 두고 한 말이다. 어떻게 사용하는지에 따라 완전히 똑같은 표에서 전혀 다른 답이 나올 수 있다. 그렇다면 4분할표란 무엇인가? 무슨 도움이 되는 거지? 답을 내 주지 않는다면 4분할표 그 자체를 방법이라고 할 수 없다. 4분할표는 옷장이다. 공책이라고도 할 수 있다. 모두들 초등학교를 다닐 때 표지가 곤충이나 화초인 컬러 사진 공책을 사용한 적이 있지 않은가? 칸이 그어진 공책와 똑같은 것이다. 어떤 회사 제품이라도 공책은 공책이다. 그 뿐인 것이다. 공책은 글을 적는 장소일 뿐 연습문제의 답을 가르쳐 주지는 않는다. 사례의 세세한 부분을 정리하기 위한 공책일 뿐이다. 제일 중요한 판단 방법 그 자체는 알려 주지 않는다. 그런데도 왜 모두들 4분할표에 그렇게 고마워하는 걸까?

존슨은 결의론이라는 입장에 있다. 결의론은 제대로 된 방법이다. 그런데 4분할표는 단지 공책, 백지도이지 방법이 아니다. 왜 이렇게 된 걸까? 좋은 질문이다. 실은 잘 알려지지는 않았지만 앞에서 언급한 대로 결의론은 3단계 단계로 만들어져 있는데, 4분할표는 그것의 첫 단계(존슨은 형태학이라고 이름 지었다)에 불과하다(표1-29).

표1-29. 3단계로 구성된 결의론(Jonsen, 1991)[69]

1. 형태학: 사례의 여러 사정을 부각시켜서 정리한다 = 4분할표
2. 분류학: 해당 사례와 같은 계열의 사례를 많이 찾아서, 그 중에서 옳고 그름·선악의 결론이 확실한 전형적인 사례를 선택해서 양단에 배치하고 선을 그어서 잇는다.
3. 동역학: 그 선을 그은 어딘가에 해당 사례를 놓고 양단으로부터의 거리로 판단을 내린다.

그렇다면 두 번째와 세 번째 단계는 어떻게 하는 걸까?[70] 존슨은 많은 논문과 책을 썼지만 그 방법을 공개하지는 않았다. '이 방법을 사용할 수 있는 건 자기들 전문가(상담가, 윤리학자)(⇒ p. 284)만이다, 의료인에게는 무리한 일이다, 의료인이 할 수 있는 일은 제1단계 정도일 것이다'라고 생

각하고 있는 게 아닐까. 그러므로 4분할표만으로 답이 나오지 않는 것은 당연한 일이다. 그럼에도 일본에서는 무슨 이유에서인지 너무나 4분할표를 좋아하는 사람들이 많이 있어서 열심히 이 제1단계를 보급시켰던 것이다. 이것은 채소를 자르는 방법만 가르쳐 준 것으로 그 다음 단계인 요리(찌고, 볶고, 튀기고, 버무리고, 맛을 내는)하는 방법을 가르치지 않는 것과 거의 같다고 할 수 있다. 이래서는 요리가 되지 않는다. 빈칸 채우기 식 차트는 공책이기 때문에 모두 다 비슷하다. 백지 공책, 노트가 아니라 이제 갓 학교에 입학한 초등학생이 사용하는 학습 공책이다.

유럽 각국에서 출판되고 있는 교과서를 몇 권 골라서 그 목차를 보자(표1-30). 4분할표가 어떤 식으로 다루어지고 있을까? 안 됐지만 실려 있지 않다. 즉 단지 학습 공책에 불과한 4분할표를 유럽에서는 방법으로 보지 않는다는 것이다.

표1-30 유럽의 임상윤리학 교과서의 목차

```
위더쇼벤, 『임상현장의 윤리』(2000)
   원칙론적 접근                해석학적 접근
   현상적 접근                  토의윤리학적 접근
   이야기론적 접근              케어윤리학적 접근

아슈크로프트·루캇센 외, 『임상윤리에 있어서의 사례 분석』(2005)
   이야기 분석                  대화법으로 접근
   덕윤리학 접근                4원칙의 관점에서
   해석학적 윤리학에서의 해석과 대화   현상학적 접근
   공리주의적 접근              경험주의적 접근
   페미니즘적 케어윤리학적 접근

슈타인캄프·고르다인, 『병원과 요양시설에 있어서의 윤리』(2010)
   나이메헨 방식
   해석학적 방법
   소크라테스적 대화법
```

> 반 달텔·모레바이크,『좋은 케어에 대해서 대화를 거듭한다: 실천하기에 있어서의 윤리를 위한 협의 방법』(2014)
>
> 딜레마 법 나이메헨 방식[De Nijmeegse method]
> 소크라테스적 대화법 해석학적 접근
> 유트레히트 방식 두 종류의 케어윤리학적 대화법
> 사례 비교법

그런데 일본의 교과서에는 실려 있지 않은 방법이 꽤 많이 보인다. 국제임상윤리컨설테이션(ICCEC) 학회에서 알게 된 독일인은 "독일에서는 나이메헨 방식이 자주 사용되고 있어. 왜냐고? 쓰고 있기 때문이지"라고 말했다.

4분할표가 공책이라고 해서 사용하면 안 되는 이유는 없다. 쓰고 싶으면 쓰면 된다. 왜냐면, 공책이기 때문이다. 이 책을 집필하고 있는 우리는 사용하지 않는다. 그 이유는 영화나 드라마를 보거나 소설을 읽을 때에 일부러 4분할표에 적어 넣거나 하지 않는 것과 마찬가지이며, 귀찮고 특별히 도움이 된다고 생각하지 않기 때문이다. 그리고 실제로 수업이나 연수회에서 사례 검토를 할 때, 사용하지 않아서 곤란했던 적이 한 번도 없기 때문이다. 그리고 또 한 가지, 각 칸에 준비된 질문이 엉성하고 무미건조하다. 섬세함이 느껴지지 않는다. 이래서는 사례의 깊은 곳까지 들어 갈 수 없다. 우리는 그렇게 느낀다.

당신이 사용하는 걸 막을 생각은 없지만 내용을 적어 넣을 때, 세심하게 주의하고 자각하지 않으면 안 되는 것이 있다. 그것은 사실이라고 생각해서 적어 넣은 내용이 항상 이미 사례를 관찰 기술하고 검토하는 사람에 의한 해석의 산물이라는 점이다. 환자나 가족에게 직접 마음속에 있는 생각을 듣는 경우가 있다. 그때 우리는 늘 자기 나름대로 해석하면서 듣고 있다. 세상을 보는데 자신의 안구를 통하지 않으면 안 되는 것과 마찬가지로, 문자나 활자로 하면 같은 말도 어조나 말투 하나 때문에 의미 내용이 변하는 경우를 자주 경험한다. '정말 싫어!'가 너무 좋다는 것의 또 다른 표현인 경우도 있다. 종종 작은 얼굴 표정이나 몸짓이, 내뱉어진 말 이상으로 효력을 발휘하기도 한다. (학습 공책에 적힌 내용을 사용하여) 윤리적인 판단을 내리기 훨씬 이전에, 우리는 (적기 전, 그리고 적어 나가면서) 자기도 모르는 사이에 사례를 이해하는 단계에서 무수히 많은 판단을 하고 있다. 만약 이미 이 단계에서 몇 가지만이라도 해석을 잘못하면 잘못 채운 단추처럼 되어버려서, 적절한 윤리적 판단에 도달할 가능성이 크게 낮아진다. 사례 내의 여러 사정이나 관계 당사자의(때로는 복잡하게 얽혀 있거나, 반전되거나, 무의식일 경우가 있다) 마음을 어떻게 이해하고 해석하면 좋을지에 대해서는 어느 학습 공책도 가르쳐 주지 않는다.

계속 적어 나가다 보면, 그 행동 자체로 인해 우리는 윤리를 잘, 충분히 하고 있으며 객관적이고 완벽하게 일을 하는 것처럼 느낀다. 그러나 실제로 거기에는 늘 이미 판단하는 측의 주관적인 해석과 판단, 가치관이 잔뜩 들어가 있다. 그 사실을 알아차리기는 매우 힘들다.

혹시, 롤링페이퍼(릴레이편지)에 모두 한 마디씩 쓰듯, 표의 빈칸을 이것 저것 채워 넣은 것만으로 만족한 적은 없는가? 의료 팀 모두가 다 같이 검토하는 경우, 롤링페이퍼에서 쓰여진 글처럼 모든 글자를 소중히 하려 해서는 안 된다. 하나로 모인 견해나 의견을 신중하게 재검토 하다보면, 수정하거나 삭제해야 할 것들이 뚜렷이 드러난다. 만약 검토가 끝난 뒤에도 변화 없이 표가 깨끗한 채로 있다면 표면적이고 형식적인 검토를 했다는 의미다. 의견을 낸 사람에게 상처를 주지 않으려고 어른 행동을 하며 모양만 논의한 것처럼 폼만 잡았다는 증거다. 그래서는 공책이 슬퍼한다. 윤리는 폼을 잡거나 알리바이를 만드는 소도구가 아니다.[†]

[†] '문제 발견'이 제일 중요하다. 여러 문제가 있을 때에는 어느 문제를 우선할 것인지, 여러 문제의 배치지도를 만들어 본다. 그리고 나서 의견이나 가치관의 대립 또는 상이점, 대처 가능성, 선택 가능성을 분석한다. 이렇게 하면 '지금 여기서 무엇을 할 것인가'가 보이기 시작할 것이다. [카토]

마음의 안정과 의료팀으로서의 연대감 같은 것들을 얻기 위해 공책을 사용하는 것에 우리는 이의를 제기할 생각이 전혀 없다. 단지 지금 지적한 것에 대해서는 자각하지 않으면 안 된다. 하물며 차트의 빈칸을 채워 나갈 때, 팀 내의 인간관계가 영향을 미치거나 다른 의견을 내기 어려운 분위기가 있다면 어떤 종류의 공책를 채택하더라도 무용지물이다.

　전 세계적으로 임상윤리학의 방법이 다양하며 그중 아주 일부만이 일본에 소개되어 있다는 사실, 일본에서는 방법이라고 할 수 없는 단순한 정리 공책 류의 것이 방법으로 인정받고 선전되고 있다는 사실을 확인했다. 매우 유용하며 왕도, 세계 표준이라고 주장하면서 특정한 방법을 보급시키는 일(이것으로 강의료·원고료를 벌거나 이름을 파는 짓)은 이제 그만 두길 바란다. 임상윤리학 연구자(나도 그중 한 사람이다)는 미국 이외 여러 나라의 다양한 방법론을 배워, 그것을 일본의 의료현장에 (단순히 받아서 전달하는 것이 아닌 잘 검토하면서) 소개하는 역할에 좀 더 열심을 다해야 한다.

　방법은 또 손기술(maneuver)이라고 할 수 있다. 다양한 방식으로 라면 위에 올리는 차슈를 만들 수 있다. 매달아 굽기, 돼지수육(장조림), 직화구이, 진공온가열 등으로 차슈가 만들어진다. 한 그릇의 라면을 만들기 위해서 일하는 사람을 배치하는 데에도 방식이 있다. 전 과정을 한 사람이 만들 것인가, 여러 명이 만들 것인가? 담당하는 장소를 완전히 나눌 것인가, 아니면 같이 한 장소에서 만들 것인가? 이와 마찬가지로 임상현장의 윤리문제를 어떻게 다룰지에 있어서도, 조리기법이라고 할 수 있는 방법의 차이 이외에 일하는 사람을 쓰는 방법에 차이가 있다. 마지막으로 이 일하는 사람의 배치 방식의 차이를 대략적으로 살펴보겠다. 왜냐하면 4분할표나 4원칙처럼 일하는 사람의 배치나 진형도 미국으로부터만 일본에 수입되고 있기 때문이다.

　미국에서는 대학원에서 생명윤리(bioethics)나 임상윤리의 석사학위를 수여받은 바이오에티시스트(bioethicist)나 에티시스트(ethicist)[*71]가 전문가로서 존재한다. 즉 수익을 얻으며 생활하고 있다. 개인 사무실을 가진 임상윤리 상담가(consultant)나 병원 임상윤리 위원회의 위원, 소규모 팀의 일원이 되는 등 그 형태는 다양하다. 비율로는 개인 경영이 10퍼센트, 팀의 일원으로 일을 하고 있는 경우가 70퍼센트라고 한다. 높은 직책에 있는 사람들이 모인 위원회와 달리, 팀은 매우 기동성이 있어야 한다. 이야기를 나눠야 할 사례가 있으면 바로 모여 심의를 한다. 시설에 따라서는 24시간 체제가 있다고 한다. 어쨌든 이 사람들은 전문가다. 그러나 국가 자격이 아니기 때문에 전문가라고는 해도 역량은 사람들마다 차이가 있다. 그래서 미국 생명윤리인문학회(ASBH)가 이런 전문가들의 자질과 임상윤리 상담가의 질을 향상시키기 위해서 전문가에게 요구되는 능력과 그 평가측정법을 표준화하고, 자격인정제도를 만들려고 한다. ICCEC는 미국의 국내학회는 아니지만 ASBH의 회원이 많이 참가하고 있어서 그 영향을 받기 시작하고 있다. 그러나 유럽의 일부 사람들은 이런 동향에 찬성하지 않는다.

상업적인 프로 윤리업자가 권위 있는 전문가로서 임상윤리의 문제에 적극적으로 발언하는 스타일을 유럽 북서부의 국가들 – 네덜란드, 벨기에, 스위스, 덴마크 – 은 그리 달갑게 여기지 않고 있다. 이들 국가에서는 MCD(Moral Case Deliberation. 네덜란드어로는 Moreel Beraad)가 바람직하다고 생각하고 있다. 이 말을 어떻게 번역하면 좋을까? 윤리사례 숙고토의 정도가 적당할 것이다. 즉 당장 답을 내서 훈련하도록 하는 것이 아니라 모두가 대화를 통해서 생각을 가다듬어 가는 이미지다. 정식 번역은 아직 없다. 지금으로서는 Moral case deliberation으로 부르거나 또는 MCD라고 부르는 게 좋다. 외국에서는 MCD로 통한다.

---

* 여기서의 전문가는 생명윤리나 임상윤리를 전공하고 직업적으로 이를 사용하는 사람들로 생명윤리나 임상윤리를 전공하고 계속 이를 학문적으로 탐구하는 학자와 구분된다. 그래서 bioethicist, ethicist를 생명윤리학자, 윤리학자로 번역하지 않고 바이오에티스트, 에티스트로 번역하였다. [옮긴이]

간단히 말하자면 MCD는 전문 에티스트나 윤리 상담가에 의존하지 않는 방법이다.[72] 사례를 담당하는 병동 의료진을 중심으로 (관리동에 있는 회의실이 아닌) 병동 내의 한 공간에서 시간을 들여 차분히 생각하고, 서로 많은 의견을 주고받는(이것이 deliberation의 본래 의미다) 것이 기본형이다. 이야기를 서로 나누는 자리에 철학자, 윤리학자, 종교인, 법률가가 들어오는 것은 상관없다. 미국과 이 방식에 있어서는 크게 다르지 않다. 크게 다른 점은 담당 의료팀 이외 사람의 역할·권한이다. MCD에서는 전문 에티스트가 있을 특별한 자리가 없다. 철학자, 윤리학자가 동석할 수는 있지만 그들에게 권위나 특별한 권한을 인정하지 않는다. MCD에서는 참가자 모두가 대등한 발언권을 가진다. 참가자에게 우열이나 상하 관계는 존재하지 않는다. 토의를 진행하기 위해서 진행자(facilitator)를 한 명 두는데 간호사나 윤리학자가 이 역할을 맡는 경우가 많다. 윤리학자가 이 역할을 맡는다 하더라도 진행자가 자기자신의 의견을 말하는 것은 허용되지 않는다. 참가자들은 서로 낸 의견이나 결론에 대해서 그건 좋다·그건 좋지 않다의 평가를 내려서도 안 된다. 이런 식으로 규칙을 정하고 있다. 진행자는 어디까지나 논점이 옆으로 새지 않고 철저하게 논의가 진행될 수 있도록 교통정리 역할을 하며, 다양한 각도에서 질문을 던져 모든 참가자의 사고방식을 유연하게 하는 임무를 맡고 있다. 이런 점에서 MCD의 진행자는 미국식의 전문 상담가, 에티스트와 전혀 입장이 다르다.

미국식은 전문가의 조언과 합의에 의해서 어떻게든 결론 내리는 것을 목표로 하는 것에 반해, 유럽식인 MCD는 결론내리는 데에 연연하지 않는다.[73] MCD는 사례를 다양한 각도에서 재검토해서 더 깊게 이해하기 위해 문제에 시간을 투자한다. 결론을 내지 않으려는 게 아니다. 지레짐작 하지 않으며 일방적으로 단정 짓지 않는 것을 중요하게 여기는 것이다. 이 책 서두의 톰의 사례 부분을 다시 읽어 보길 바란다(⇒ p. 31-34). 이것이 미국식이다. 의료팀의 일원이 아닌 전문가가 모여서 학문적으로 의논을 하면 그렇게 되기 쉽다. MCD는 외부 전문가에 맡기지 않고 의료팀에서 의논한다. 이것이 환자·가족 곁에 가까이 서서 사례를 잘 이해하는 방법이라고 생각하고 있다. 결론보다도 이해를 우선한다는 점에서 이 책은 MCD에 가까운 (똑같지는 않다) 입장에서 엮어져 있다.

표1-31. 임상윤리 실천의 2가지 방식(Porz)

EU 서/북유럽식	미국식
병동 내	회의실
담당의료인 사이 MCD	전문가 위원회
사례의 이해가 중요	합의 형성이 중요
경험·문맥을 중시	환자의 인권을 중시
합리성·상상력·감정	합리성과 일반화
진행자(facilitator)는	상담가/에티스트는
진행에 책임	결과에 책임 소송대책
보조역	조언자
자신의 의견을 말하지 않음	자신의 의견을 말하고 조언을 함

미국식과 서/북유럽식을 대략적으로 비교하여 표로 나타내 보았다(표 1-31). 유럽(EU)은 한 덩어리가 아니다. 가톨릭 국가(온정적 간섭주의에 친화적이다)인 스페인과 이탈리아는 미국식, 독일도 유럽식보다 미국식에 가깝고, 영국과 노르웨이는 두 방식의 중간에 위치한다고 들었다. 단 한 가지 확실한 건, 임상윤리를 제대로 하기 위해 병원에 임상윤리위원회를 만들지 않으면 안 된다거나 임상윤리 상담가의 자격인정제도를 빨리 만들어서 전문 에티스트나 상담가를 고용해서 전문적 지도를 받지 않으면 안 된다고 초조해 하며, 미국을 서둘러 베낄 필요는 없다는 것이다. 임상윤리학의 방법이 다양한 것처럼 현장에서 누가 누구와 어떻게 임상윤리의 논의를 할지에 대해 세계 표준은 아직 없다. 더 넓게 전 세계로 눈을 돌려 보자.

D. 사례 연구 방법

　사례를 검토할 때 가장 중요한 첫걸음은 가능한 한 사례를 이해하려고 노력하는 것이다. 바꿔 말하면 눈앞에 놓여 있는 사례에서 이해가 안 되는 부분, 이어지지 않는 부분을 찾는 것이다. 이해가 안 되는 부분이 없다고 느낀다면 위험한 신호라고 생각해야 한다. 이해를 했다고 착각을 하고 있을 수도 있다.

　사례를 잘 이해하기 위해 어떻게 하면 좋을까? 이에 대한 대답은 좋은 질문을 얼마만큼 많이 생각해 낼 수 있느냐에 달려 있다. 단, 질문을 생각해 내는 방법에 관한 공식만 정리해놓은 책이나 유형집 같은 것은 없으며, 있다 하더라도 크게 도움이 되지 않는다. 중학교나 고등학교 때, 수학의 기하학이나 각도를 구하는 도형 문제를 풀 때, 점 A에서 수선을 변으로 내려 긋거나, 보조선을 긋는 것이 문제 해결의 결정적 요인이 되었던 경험이 있을 것이다. 그런데 보조선을 어디에 어떻게 그으면 좋은지에 대해 가르쳐주는 공식은 없다. 이는 문제의 도형을 면밀히 응시하면서, 그때그때 찾아 나가는 것이다(그래서 예전에 나는 도형 문제를 어려워했다). 사례 검토를 할 때에는 질문이 보조선 역할을 한다.

　임상윤리학이나 도형에서 조금 벗어나서 자기 자신에 대해서 생각해보자. 예를 들어 데이트를 하거나 소개팅을 할 때, 입학식에서 우연히 옆자리에 앉은 사람과 이야기를 나눌 때, 어떤 사람인지 아직 잘 모르는 상대방을 더 자세히 알기 위해 자신에 대한 이야기를 하거나 상대에게 질문을 한다. 이때에 질문하는 방법에 규칙이 있을까? '취미는……' '어떤 가정을 꾸리고 싶으세요'라는 식으로 말을 꺼내는 고전적인 방법이 있을 수 있다. 그런데 이런 질문은 고리타분해서 당연한 답변 이외에는 기대하기 어렵다. 그런 질문으로 사람의 진정한 '인품', 무엇을 소중히 여기며 사는 사람인지에 대해서는 알 수 없다('환자 본인이나 가족의 의향은'과 같은 질문 방법이 이 경우와 매우 가깝다).

'취미는……'식의 정형화된 질문 방법이 절대로 나쁘다는 것이 아니다. 중요한 것은, 예를 들어 '독서입니다'라는 대답을 듣고 어떻게 대화나 질문을 이어 갈 지이다. 좋아하는 작가는 누구입니까, 어떤 장르의 작품을 좋아합니까, 영화는 안 보세요, 감상에 대해 누구와 이야기하나요, 독서를 좋아하게 된 계기가 된 작품은 무엇입니까, 본인이 글을 쓰기도 합니까, 도서관에는 자주 갑니까, 어떻게 책을 고릅니까, 최근에 읽은 책 중에서 베스트 세 개…… 상대방이 대답을 해주면 계속해서 다음 질문을 이끌어낼 수 있다. 마치 종유동굴 안쪽 깊은 곳으로 점점 들어가는 것처럼 말이다. 미리 업무적으로 준비된 틀에 박힌 질문을 막연하게 사무적으로 반복하는 것과는 비교도 안 된다. 맞은편에 펼쳐져 있는 상대방의 세계에 관심을 가지면서 삶의 방식을 이해하려고 노력하고 정중하게 대하면서 질문을 하는 것이다. 자연스럽게 생동감 있는 질문을 나열하는 방식을 공식화하기는 그렇게 간단히 가능하지 않으며 유효하지도 않다.

환자나 가족이 그렇게 말하고, 생각하는 이유는 무엇일까? 무엇이 환자를 그렇게 만든 것일까? 왜 지금 와서? 진짜 속마음은? 등등 질문은 너무나도 많다. 다양한 각도에서 순진한 의문을 서로 내어 놓으면서, 질문을 만드는 것부터 시작해야 한다. 바로 대답이 나올 것 같은 뻔하고 간단한 질문을 하지 않으려 하거나, 그런 질문을 하는 건 쑥스럽다고 생각해서는 안 된다. 소박하고 단도직입적인 질문일수록 사례의 깊은 곳을 비집고 들어가는데 도움이 되는 경우가 많다.

너무 당연한 것이라고 치부하며 누구도 물어보지 않고 지나쳐 온 것이 사례의 윤리 문제를 풀어내는 데 열쇠가 되는 경우가 많다. 그렇게 해서 만들어 낸 산더미 같은 질문에 하나하나 대답해 나아가는 과정에서, 예전에는 알아채지 못했지만 실제 사례의 이해·해석에 차이가 있었다는 것이 밝혀지게 된다.

그렇다면, 상반되는 이해가 옳은 것일까? 이에 대한 답은 그 질문 하나에만 집중해서 논의하면 알 수 없다. 직소퍼즐을 할 때, 맞는 조각을 끼워 넣었다고 생각했는데 약간 비뚤어져서 옆에 들어갈 조각이 들어가지 않는 경우가 있다. 이와 마찬가지로 어떤 이해·해석이 타당한지에 대해, 다른 질문에 대한 대답이나 사례 전체의 이해와 모순되지 않고 일치하는가, 다른 의문이나 질문을 푸는데 도움이 되는가로 판단할 수 있는 경우가 많다. 일이 잘 풀렸을 때는 마치 얽힌 털실의 뭉친 매듭이 풀리는 듯한 만족스러운 기분을 느끼게 된다. 단, 첨언하자면 아무리 만족스러운 해석이라도 해석은 해석에 지나지 않는다. 확정 지을 수 있는 성격이 아니다. 언제라도 새로운 다른 해석이 나올 여지가 있다. 사례의 이해가 이렇게 잠정적인 것에 지나지 않는 한, 윤리적 판단도 잠정적인 것 이상으로는 되지 못한다는 사실을 인정할 필요가 있다.†

사례에 있는 윤리 문제를 깔끔하게 풀려고 초조해하면서, 사례를 살펴지 않는다면 말이 되지 않는다.[74] 당연한 말이지만 안개가 낀 도로에서는 시야 확보가 무엇보다도 중요하다. 환자나 가족의 말이나 이야기, 보면 금방 알 수 있는 눈앞에서 일어나는 일에 시선을 빼앗기거나 그것을 그대로 받아들이면 안개 저편을 볼 수 없다. 이 책은 기본적으로 모든 사례는 안개 속에 있어서 보이는 것만 보고 아는 척 해서는 안 된다는 사고방식으로 일관하고 있다. 벨기에의 연구자가 이러한 입장에 대해 해석학적 접근이라고 한 말을 들은 적 있다. 그런 식으로 이름을 붙여 주면 멋지게 들릴지 모르지만 어느 유파에 속해서 깃발을 흔들 마음은 없다. 단, 「제2판을 위한 머리말」의 끝부분에 인용한 미셸 푸코의 말[75]처럼 항상 좀더 다른 방

---

† 의료에서는 감별진단을 하는 것이 원칙으로 되어 있다. 처음부터 좁게 생각해서 진단을 서둘러 고정시켜버리는 것은 위험한 행위다. 사례 이해의 경우도 마찬가지다. 생각해낼 수 있는 모든 것을 상상하고, 깊이 파고들어 간 뒤에, 가능성이 적은 해석의 선택지를 하나씩 지워 나가는 방법이 정석이다.

법으로 볼 수는 없을까 라는 자세를 가지는 것이 중요하다고 생각한다.

그럼 무엇에 의지해서 안개 속을 들여다 볼 수 있을까? 여기서는 어떠한 인간적인 감각, 낌새를 알아채는 인간의 육감, 안목이라고 대답하고 싶다. 좀더 멋지게 표현하자면 문학적 센스라고나 할까. 의료윤리학은 얼핏 보기에 마치 윤리학이라고 하는 기초적인 학문을 토대로 성립된 것처럼 느껴진다. 윤리학을 배우면 올바른 판단을 할 수 있게 될 것이라고 생각할 지도 모른다. 그러나 윤리적 판단을 하기 전, 혹은 그 밑바탕에는 반드시 객관적이거나 합리적이라고는 말할 수 없는 문학적인 감각이 작용하고 있다. 이 섬세한 감각을 갈고 닦아서 안테나의 감도를 높이는 것이 의료현장에서 윤리 문제를 생각하는 데 있어서 주요한 과제이다.

문학적 센스라고 하면 초중고 교육에서의 국어나 현대문학(일본은 고전문, 현대문 구분해서 배움)에서의 독해력, 혹은 도스토옙스키의 장편소설을 읽어 낼 수 있는 능력이나 시를 쓰는 능력이라고 이해하기 쉽다. 그러나 여기에서 말하는 것은 좀 더 보편적인 상상력을 가리킨다. 뻔한 의도가 보이는 텔레비전 드라마를 보고 있으면, 앞으로의 전개 내용이 읽혀지는 경우가 있다. 그러한 '읽기'의 힘을 말한다. 인물의 성격이나 인간관계, 언행의 숨은 뜻이나 동기를 읽어 내는, 누구나 지니고 있는 힘을 말한다. 우리는 당사자 자신이 느끼지 못하는 의식화 되지 않은 감정이나 욕동을 직관할 수 있다. 당사자에게 직접 물어서 확인을 하는 것이 둔감하게 여겨지는 경우도 적지 않다. 이 직관적인 상상력을 갈고 닦는 것이 윤리적 판단을 위한 기초 훈련이다.

직관, 문학적 센스, '읽기'의 힘은, 과학적인 것을 특징으로 하며 객관적인 증거를 중시하는 의료의 세계에 이질적이며 어울리지 않는 것처럼 비칠지 모른다.[76] 그러나 윤리 문제는 인체의 생물학적인 문제가 아니라 인간의 삶의 방식에 대한 문제여서, 고려해야 하는 데이터의 많은 부분은 주관적이고 애매하며 양면성이 있고 진의 여부를 짐작하기 어려우며 계측화되지 않고 통계처리에 적합하지 않은 성질로 이루어져 있다는 사실을 확실히 해 두길 바란다.

이런 방법으로 객관적인 판단을 내릴 수 있는지 의문스러울 것이다. 윤리 문제는 인생의 문제임과 동시에 사회의 문제이기도 하다. 항생제의 선택이나 수액을 떨어뜨리는 속도 설정과는 전혀 다른 차원의 것이다. 담당하는 의료인 모두가 눈앞에 놓인 사례의 윤리 문제에 대해서, 작은 강에서 노는 송사리 떼처럼 전부 같은 견해, 같은 해석을 할 필요는 없으며, 오히려 적극적으로 다른 견해를 서로 내놓아야 한다.[77] 환자도 가족도 여러 사람이 있듯이, 의료인도 각자 다양한 생활사와 경험을 가지고 있으며 인생관이나 사람을 보는 눈이 모두 다르다 그렇기 때문에 같은 영화를 보거나 같은 환자를 접해도 견해가 다른 것이 당연하다. 아니, 다른 각도에서 다른 견해를 보이는 의료인이 함께 솔직하게 의견을 서로 나눔으로써, 문제의 의미 혹은 환자가 하는 언행의 진정한 의미와 가족과의 관계성을, 평면이 아니라 입체적으로 음영을 띠면서 표면화하는 것이다. 지향하는 것은, 객관적이지 않으며 주관적이지도 않은 상호주관적인 지금 당장 잠정적으로 받아들일 만한 (그럴 듯한) 해결점이 아닐까(납득이 된다는 표현이 적당할까)라고 생각한다. 단순히 (충분한 가능성을 내포하고 있는) 의견이 개인적이고 주관적이라는 이유만으로, 그리고 각자의 '읽기'가 각자의 인생 경험이나 감성에서 나오기 때문에 머뭇거리며 제시하지 않는다면 너무나도 안타까운 일이다.

그렇게 해서 제대로 된 답을 낼 수 있느냐는 말을 들을지도 모른다. 그런데 이렇게 말할 수는 없을까? 간이 맞다거나 손짐작이라는 표현을 사용하면서, 우리는 미묘한 감각을 소중히 하며 절묘한 균형을 중시해 왔다. 틀로 찍어낸 듯한 융통성 없는 방법을 업신여겨 온 부분도 있다. 그렇기 때문에 탐관오리를 척결하는데, 때로는 규칙을 어기면서까지 진실을 찾으려는 TV드라마가 인기를 끄는 게 아닐까. 의료현장의 윤리 문제에 대해서 어떤 절대적인 한 가지의 정답에 도달해야 한다는 강박관념에서 이제는 자유로워져도 되지 않을까. 산에 오를 때에 산정상이 최고의 종착점이라고는 할 수 없다. 좋은 경치를 볼 수 있는 산등성이나 산정상을 멀리서 볼 수 있는 계곡이 최고의 지점이 될 수도 있다. 이렇게 '반드시' 해야 한다라는 절대적이며 움직이지 않는 한 점으로 좁혀진 판단을 짜내려고 제한하는 것이 아니다. 특정 범위 안에 들어 있는 복수의 선택지가 거의 비슷한 허용 가능성을 가지고 있다고 생각할 수도 있다. 그럴 때에는 bad(worse, worst)한 선택지(골프에 비유하면 연못이나 모래밭 또는 수풀)를 피할 수만 있다면 그런대로 괜찮다고 생각한다(should의 윤리와 may의 윤리에 대해서는 ⇒ pp. 45-46). 보편적이며 객관적으로 올바른 답은 어딘지 모르게 차갑고 거리감이 느껴지며 동시에 고압적이며 강요당하는 듯한 느낌이 든다. (여러분들도 여러 번 인생의 기로에 서 본 적이 있을 것이다. 그럴 때 객관적이고 정확한 기준으로 생각을 했는가?)

답을 내는 것만이라면 간단한 문제다. 어떻게 하느냐에 따라서 어떤 답이라도 찾아 낼 수 있다. 그러나 그런 것 보다 때로는 아무리 생각을 해봐도 답이 나오지 않는 경우가 있다는 사실을 겸허하게 인정하는 편이 인간의 삶과 죽음에 임하는 의료현장에 있어서는 바람직하다고 생각한다. 물론 의료현장에서는 단시간 안에 판단하고 행동해야 하는 상황이 있다는 것을 잘 알고 있다. 그런 경우의 판단을 답이라고 하기보다 당면한 현실의 궁여지책인 응급처치라고 부르는 것이 의료인에게 요구되는 덕, 겸손함이라고 할 수 있다.

제2부

실천편—사례 연구

이론적인 내용은 이 정도에서 끝내고 이제부터 임상현장이나 보건·연구·교육의 장에서 있을 수 있는 사례를 들어서, 각각의 사례에 숨어 있는 윤리 문제를 생각해보기로 하겠다.

사례 연구를 하는 데에 붕대 감는 법이나 체위 변환 같이 정해진 방법은 없다. 냄비요리를 먹거나 그림을 감상할 때와 같다. 이렇게 먹어야만 한다거나, 이렇게 감상하지 않으면 안 된다는 규칙 따위는 없다. 중요한 것은 가능한 한 그 맛을 음미하려는 자세이다.

길을 잃지 않기 위해서 초보자에게는 지도와 나침반(요즘은 네비게이션?)이 필요하다는 의견이 있다. 또는 정확한 모범답안을 제시해주기를 바라는 사람도 있을 것이다. 그렇지 않으면 안심이 되지 않는다고 말하는 사람의 마음도 이해한다. 그러나 여기서는 큰맘 먹고 길을 헤매보자. 여러 길이 있다는 것을 알고 자유롭게 상상을 하면서 여러 사람들과 의견을 나누고 서로가 자신의 의견을 상대화하는 것이 중요하다. 그래서 굳이 해법

도구 같은 것은 싣지 않았다. 저자진 나름대로 참고가 될 만한 해설을 적었으나 이것이 반드시 정답은 아니다. 무수히 많은 생각들 중의 한 가지 예에 불과하다

그럼, 사례연구에 대한 라이브 수업을 시작해보자.

A. 성인간호 - 일반 진료과 현장에서

사례 1. 재발 암 고지와 치료

아이자와 쿄코는 53세 여성으로 초등학교 교사이다. 그녀는 회사원인 남편과 고등학교 교사인 25세 딸과 함께 살고 있다. 2년 전 대장암 수술을 받으면서 암이 진행되어 재발할 가능성이 있다는 설명을 들은 적이 있다. 한동안 의기소침했었지만, 최근에는 체력이 회복되고 기분이 밝아지면서, 조금씩 긍정적으로 살아갈 수 있게 되었다. 일도 열심히 했고, 진찰도 매달 정기적으로 받았다.

6개월 전쯤, 담당의로부터 암이 간으로 전이되었다는 고지를 받았다. 여러 부위로 암이 전이되어 수술을 하더라도 완전히 절제할 수 없다는 것을 알게 되었다. 며칠 뒤, 아이자와는 진찰을 받고 나서 담당의와 앞으로의 치료 방침에 대해 남편, 딸과 함께 상담을 받았다. 의사는 항암제 치료를 추천했다. 의사는 재발한 전이암이기 때문에 항암제 치료의 효과가 낮으며 부작용이 심할 수 있다는 설명을 했다. 아이자와는 주저 없이 항암제 치료를 결심하였고 남편과 딸도 아이자와의 의견을 존중했다.

아이자와의 항암제 치료는 1주일에 한 번씩 여섯 차례 항암제를 투여하고 효과를 관찰하는 식으로 진행되었다. 6주간의 치료에도 불구하고 효과가 없다는 것이 확인되자 다른 항암제로 변경하였다. 그러나 이 약도 효과가 없었으며, 결국 어느 항암제도 아이자와에게 듣지 않는다는 걸 알게 되었다. 아이자와의 병세는 날로 악화되어 갔다. 그러나 아이자와는 마지막까지 포기하지 않고 의욕적으로 치료를 계속 받았다.

담당의는 항암제가 모두 듣지 않는다는 사실을 우선 남편과 딸에게 전했다. 효과가 없을 뿐만 아니라 부작용 때문에 오히려 수명이 단축될 가능성이 있다는 사실을 알리고, 아이자와를 설득해서 항암제 사용을 중단할 것을 제안했다. 남편은 어차피 살 수 없다면, 고통을 완화해주는 호스피스 치료를 받는 것에 대해 생각하기 시작했다. 하지만 딸은 아이자와의 심경을 생각하면 마지막까지 포기하고 싶지 않았다. 의학적으로는 의미가 없다하더라도 기적적으로 효과가 나타날지 모른다고 생각했기 때문에 항암제 치료를 지속하길 희망했다.

1. 이 사례에는 어떤 문제가 있을까?

아이자와는 대장암 수술 후에 재발했다.[†] 항암제 효과가 없다는 사실을 본인에게도 알렸다. 그러나, 더 이상 손 쓸 방법이 없다는 것을 전하지

[†] 암을 고지하는 장면에서 의사가 먼저 가족에게만 설명하고 환자에게 어느 정도 설명할지를 미리 확인하는 경우가 있다. 가족이 절대로 알리지 말아달라고 하면 어떻게 할지 불안해 진다. 결국은 가족을 설득하고 본인에게 병명을 알리는데 그렇다면 처음부터 가족에게만 고지하는 것이 의미가 있을까? [타케미]

는 않았다. 주치의는 이 사실을 먼저 본인에게 설명해야 하는 걸까? 아이자와 본인에게 알려야 할지에 대해서 먼저 가족의 의향을 확인하고 나서 결정하는 것에 문제는 없을까? 이 경우, 만약 가족이 원하지 않으면 설명하지 않아도 괜찮은 걸까? 아무리 의학적 효과가 없고 더 나아가 해롭다 하더라도, 환자가 바란다면 항암제를 계속 사용해도 괜찮을까? 끝까지 아이자와는 암과 싸워 나가야만 할까? 아니면 암과의 싸움을 그만두고, 죽음을 받아 들여야 하는 걸까?

2. 생각해보자

■ 진실을 알린다는 것

먼저, 알게 된 시점에서 사실을 본인에게 알려야 한다는 의견을 검토해보자. 알리지 않는 건 숨기는 것이기 때문에 거짓말을 하는 셈이다. 거짓말은 어떤 이유가 있다 하더라도 바람직하지 않으며, 긴 투병기간을 통해 쌓아온 신뢰관계도 무너져버릴 수 있다. 그러므로 아무리 가혹한 진실이라 할지라도 숨겨서는 안 된다. 게다가 진실을 알려주지 않으면 아이자와는 앞으로 자신이 어떻게 살 것인지를 결정할 수 없게 된다. 암 발병과 재발 사실을 의연하게 받아들여온 아이자와라면 이 사실도 냉정하게 마주할 것이다. 알리지 않고 지금 이 상황을 피한다 하더라도 언젠가 가까운 시일 내에 모든 것을 알게 된다. 그때 생기는 불신이 더욱 큰 괴로움을 낳을지도 모른다.

다음으로 새삼스럽게 진실을 알리지 않아도 된다는 의견을 검토해보자. 지금까지 아이자와는 분명 가혹한 사실에 대해 의연하게 마주해왔다. 그렇다고 해서 손 쓸 방법이 없다는 더 가혹한 현실에 대해서도 냉정하게 마주할 수 있을지는 알 수 없다. 그리고 이제 와서 알리지 않더라도 지금까지의 치료경과를 볼 때, 이미 약의 효과가 떨어졌으며 병이 악화된 사실을 아이자와도 눈치채고 있을지 모른다. 아이자와가 마주해온 건, 항암제의 부작용이나 암 증상뿐만이 아니다. 병의 진행 다음에는 죽음이 기다리고 있다는 절박한 현실도 필사적으로 마주해왔을 터이다. 그런 하루하루를 사는 것의 괴로움은 우리의 상상을 초월할 것이다. 그런 아이자와에게 이제 와서 더 이상 손쓸 방법이 없다고 말하는 것이 어찌됐든 좋은 결과를 줄 수 있으리라 생각되지 않는다. 오히려 살 기력을 산산이 부숴버릴지 모른다.

 얼마 남지 않은 시간을 의미 있게 보낸다는 말을 자주 접하지만, 인생의 남은 시간을 안다고 해서 냉정하게 생각하고 정리하여 남겨진 시간을 알차게 사용한다는 게 과연 가능한 일일까? 삶의 마지막을 힘차게 보내는 사람의 체험기가 많은 사람들에게 감동을 주는 건, 그것이 어디에서나 흔하게 있는 일이 아니라 오히려 매우 드문 일이어서가 아닐까?[†]

■ 무익한 치료를 한다는 것

 효과를 기대할 수 없는 항암제 치료는 의학적으로 의미가 없다. 아이자와에게 항암제 치료는 의학적으로 무익하다. 의학적으로 무익한 치료를 요구받는다 하더라도 의료인은 그것에 응할 의무가 없다. 힘든 부작용을 견디면서까지 치료를 계속 받는 것은 아이자와에게도 헛된 일이다. 적어도 의학적으로는 그렇다. 그런 식으로 생각하는 사람이 있을 것이다(⇒ p. 100).

[†] 얼마 남지 않은 시간을 의미 있게 지내세요, 라는 식으로 말을 거는 건 신체가 건강한 의료인의 오만이다. [니시]
  의미 있게 지내지 못하더라도 남은 시간 동안 가족에게 편지를 쓰거나 다른 사람에게 보여 주고 싶지 않은 것을 처분하거나, 최저한의 신변정리를 하고 싶어 하는 사람은 있을 것이다. 모래시계가 떨어지기 시작한 것을 모른 채, 증상이 심해져서 일어나지 못하는 상태가 되면 아무것도 할 수 없다. 알리려면 무언가를 할 수 있을 때여야 한다. 그 "무언가"는 무엇이든 상관없다. [쿠라바야시]

그러나 의학에는 항상 불확실성이 따르기 때문에 의학적으로 무익하다고 단언할 수 없다. 또한 판단에는 환자의 주관적인 의미와 가치가 포함된다. 효과가 있을 확률이 0퍼센트라는 것은 불가능하므로 절대로 무효라고는 말할 수 없다. 혹시 기적이 일어날지 모른다고 믿는다면, 그 기적을 기대하는 게 헛된 짓이라고 누가 단언할 수 있겠는가? 만약 항암제 치료의 지속이 생명의 지속을 기대하는 것이다라고 한다면, 그것은 적어도 아이자와에게는 큰 의미를 지닌다고 말할 수 있지 않을까? 아이자와가 그 부작용을 알고도 항암제를 계속 사용하기를 원하는 경우, 그것을 누가 거부할 수 있을까? 만약 거부할 수 있다면 그건 누구의 어떤 권한, 역량에 의해서인가?†

주치의는 의학적으로 무익한 치료를 받아들일 의무가 없다. 그러나 의학적인 적응(과학적 근거)에 준하기만 하면, 그것으로 모든 책임[78]을 다하는 것일까?†† 한편, 아이자와 자신이 그 결점을 잘 알면서도 원했기 때문에, 주치의에게는 아이자와의 몸에서 일어나는 고통에 대해 책임이 없다고 단언할 수 있을까? "어떤 행위라 할지라도 다른 것에 영향을 주는 점에서, 모든 행위에는 책임이 따른다"라고 말하는 사람이 있다. 만약 그렇다면 어찌되었든 간에 의사로서 행한 행위에 책임이 따르는 건 아닐까? 그 책임은 어떻게 지면 될까(⇒ pp. 36-38).

■ 미리 대화를 나누는 것†††

혹시 자신이 의식장애에 빠지거나 판단능력이 저하될 경우, 이후의 치

---

† 의학적으로 무익한 치료라면 해야 할 의무는 없을 것이다. 그러나 치료를 계속해서 가족이 한 마음으로 아이자와를 돌보게 된다면, 그 때문이라도 치료를 하는 것은 유익한 개입이다. 무익이라고 단정지을 수 없을 것이다. [이토(伊東)]
†† 항암제 치료는 효과를 기대할 수 있는 한 의학적 적응을 가진다. 그러나 무효함을 알리는 것이 의료에 대한 신뢰를 단절시킨다면, 의학적 적응을 포함하여 「의료」적 적응이라는 시점이 필요할 것이다. [카토]

료에 대해 자신의 의사를 존중받을 수 있도록 사전에 서로 대화를 나누는 방법이 있다. 미리 정해두는 게 아니다. 서로 대화를 나누자는 말이다. 이 방법이라면 결정을 해야 하는 환자 본인의 중압감이 감소할 뿐 아니라, 그때까지 논의된 대화 내용에서 추정할 수 있는 자신의 의사를 존중받을 수 있다는 안정감도 있다. 그리고 그런 상황이 닥쳤을 때 주위 사람들이 갈피를 잡지 못한다는 우려도 해소할 수 있을 것이다.

효과가 없으니 항암제 치료를 그만두는 게 어떠냐고 말을 꺼내기 위해서는 의료인에게 용기가 필요하다. 환자에게는 더 힘든 말이다. 애당초 항암제가 효과 없다는 것을 알고 나서 다음 일을 상담하는 것 자체에 문제가 있지는 않을까? 이런 사태를 상정하여 이전부터 대화를 나누어 두면 대응을 잘 할 수 있지 않을까라는 생각에서 치료가 어려운 질병의 경우, 앞으로의 치료가 힘들어질 때 어떻게 할지 방침을 미리 논의하여 결정해 놓는 방식을 권장하고 있다.[79] 환자뿐만 아니라 가족도 함께, 이럴 경우에는 어떻게 할까라는 가상문답 식의 대화를 나누게 된다. 환자나 가족은 자신들이 소중하게 여기고 있는 것을 대화를 통해서 공유하고, 그것을 통해 더 나은 선택을 이끌어 낼 수 있을 것이다. 확실히 그럴 것 같기도 하다.

아이자와의 경우는 어떨까? 재발을 했을 때 아이자와는 주저 없이 항암제 치료를 받기 원했다. 주치의가 항암제 치료 효과가 적다고 숨김없이 설명했음에도 불구하고 말이다. 그리고 몸 상태가 나빠진 지금도 치료에 대

---

††† 미래를 대비한 준비는 매우 중요하다. 그러나 그 때가 되어 나 자신이 직접 경험해 보지 않으면 알 수 없는 것이 많다. 사람의 마음은 시시각각 변한다. 사전에 대화를 나누는 과정에서 환자나 가족의 심경 변화를 어떻게 짐작해 내는가가 과제다. [아다치 토모]

사전에 대화를 나눈다 하더라도 지금 한창 치료를 하면서 초조하게 효과를 기대를 하고 있는 이 때, 막연하게 현실적이지 않은 주제를 화제로 삼을 수는 없다. 레이스 커튼 너머로 하늘거리는, 너무나도 생생해서 직시하고 싶지 않은 가까운 미래의 모습, 죽음을 맞이하는 방식에 관해, 어떻게 하면 순탄하고 마음 평온하게 대치해서 말할 수 있을까. 상당한 고난이도다. [이토]

사람들은 무언가를 얻기 위해서 싸우지만, 병과 싸우는 것이 수단이 아니라 그 자체가 목적화되어 버렸는데, 여전히 그것을 「싸움」이라고 용감하고 씩씩한 비유로 표현하는 건, 이야기를 아름다운 비극으로 꾸미려는 악의 없는 허식이다. 의료인이 솔선해서 사용해도 되는 이야기일까? [핫토리]

한 의욕을 계속 유지하고 있는 듯하다. 아이자와가 중요하게 여긴 것은 철저하게 병과 싸워 나가는 것이 아닐까.

병이 발견되었을 때, 혹은 수술을 받을 즈음부터 재발이나 치료, 한계에 대해서 이야기를 나눠두었다면 뭔가 달라졌을까? 그건 누구도 알 수 없다. 그렇지만, 최근에서야 긍정적으로 살 수 있게 되었다고 말하는 아이자와에게, 재발을 알리고 항암제 치료를 시작한 즈음에 "만약, 치료의 효과를 기대할 수 없게 된다면, 그때는 어떻게 할지 생각해본 적이 있으세요?"라는 말을 꺼낼 수 있을까? 이건 단순히 표현을 어떻게 하는 게 좋을지의 문제가 아닌 것 같다. 게다가, 대화에 함께 참여하는 의료인이 의식적이 아니라 하더라도 자신들의 가치관을 따르도록 유도하게 될 우려는 없을까?

■ 신뢰관계를 쌓는다는 것

사람은 자신의 일을 걱정해주는 상대를 신뢰한다고 한다. 아침부터 기분이 좋지 않을 때 그런 자신의 모습을 괜찮아?라며 걱정해주는 사람이 있다면, 그 사람을 다정한 사람, 신뢰할 수 있는 사람이라고 생각할 것이다. 의료에서는 어떨까? 이 사람이라면 반드시 나에게 도움이 되는 일을 해줄 거라는 생각이 들 때, 그 의료인을 신뢰하게 된다. 이것이 의료에서의 바람직한 신뢰관계다. 의료에서는 자신의 몸을 의료인에게 맡길 수밖에 없기 때문에 의료에서의 신뢰는 맡기는 식의 형태로 표현된다고 한다.[80] 신뢰관계의 리트머스 시험지는 환자가 쥐고 있는 셈이다. 아이자와는 지금까지 주치의를 신뢰하고 있으며, 자신의 생명을 맡겨왔다. 주치의가 그 신뢰에 어떤 식으로 응답해야 아이자와가 주치의를 자신에게 도움이 되는 일을 해주는 상대로 여기며 주치의를 계속 신뢰할 수 있을까? 어떤 가혹한 진실이라 할지라도 솔직하게 알리는 것이 좋을까? 아니면 새삼스레 이제 와서 알리지 않는 것이 좋을까?

■ 죽음을 받아들인다는 것

 딸은 지금까지 지켜봐온 어머니의 투병 모습에서 어머니답게 계속 싸워주기를 바라고 있으나, 남편은 이미 효과가 약해진 항암제 치료를 그만두고 평온하게 남은 인생을 살았으면 좋겠다고 원하고 있다.† 그러나 암 치료를 단념하는 것은 앞으로도 인생이 지속될 것이라는 기대를 저버리는 것이다. 병과의 싸움을 그만두는 것은 병에 대해 저항하지 않고 죽음을 기다리며 살아가는 것이다. 만약, 이것을 죽음의 수용이라고 한다면 매우 힘든 시간을 사는 것일지 모르며, 반대로 모든 싸움으로부터 자유로워지는 것일지도 모른다. 중요한 건 아이자와 자신이 어떻게 생각하는가이다.

3. 어떻게 하면 좋을까

 다시 이야기하지 않더라도 아이자와는 자신이 처해 있는 상황을 알고

---

† 왜 딸은 싸우는 모습이 어머니답다고 생각할까? 초등학교에서 아이자와는 어떤 선생님이었을까? 어머니와 동일한 직업을 가진 딸과 회사원인 남편. 정삼각형 관계는 아닌 것 같다. 가족간의 의견조정에 의료인은 (어디까지, 어떻게) 관여하는 게 바람직할까. [핫토리]
 임상의로서는 환자와 충분한 대화를 나누고 난 뒤에 항암제 사용을 중단하고 싶다. 이건 치료를 포기한다는 부정적인 것이 아니라, 자기다운 삶의 방식을 다하기 위한 선택일 것이다. 의료인은 환자 곁에서 보조역활로서 최대한의 완화적 지원을 해나가자. [니시카와 아키]
 Re: 아이자와에게 있어서 치료를 그만 둔다는 것은 아무리 생각해 봐도 긍정적으로는 보이지 않을 것이다. 치료효과가 없다는 건 잘 알고, 그래도 철저하게 병을 이겨내려고 하는(어떤 의미로는 긍정적인) 「자기다운 삶의 방식」도 있을 수 있지만, 그 선택을 하도록 하는 의료인에게는 역시 받아 들이기 어려운 일이다. [하라]
 Re: Re: 아이자와와 가족을 지원하기 위해 의료인으로서 할 수 있는 일은 극히 한정되어 있다. 거의 없을지도 모른다. 만약 그녀가 모든 것을 받아들이고 싸우는 모습을 보여주려고 하는 것이라면, 회피하지 말고 그 모습을 지켜 봐 주는 것이 의료인의 마지막 책무일 것이다. [이토]
 투병을 지원하는 가족의 의향을 고려하는 건 가까운 미래에 소중한 가족을 잃게 될 가족에 대한 grief care의 시작이라는 사고방식도 있다. 그러나 우선은 본인의 의사를 알기 위해 진실을 알리는 것이 중요하다. 그리고 나서 가족에 대한 케어나 지원을 생각해야 한다. [아다치 토모]

있을 것이다. 자기 인생의 종언이 다가오고 있다 것을 눈치채고 있을지도 모른다. 이대로 항암제 치료를 계속한다 해도 딸이 바라는 것처럼 기적을 기대할 수 있는 가능성은 매우 낮다. 암치료를 그만둔다 하더라도 남편이 바라는 것처럼 풍요롭고 평온하게 살 수 있을지 의문이다. 그렇다면 결과가 아무리 가혹하다 할지라도 진실을 본인에게 알리지 않고 일을 진행해서는 안 될 것이다. 아이자와가 항암제를 계속 사용하려 할지 여부는 알 수 없지만, 만약 손쓸 방법이 없어서 실망한 어머니를 마주할 용기가 딸에게 없다면, 힘든 치료를 견뎌내고 있는 아내의 모습을 남편이 차마 볼 수 없다면, 그들을 지지해주는 것이 의료의 역할일지도 모른다. 만약 고뇌하는 남편과 딸을 지지하는 것이 가능하다면, 앞으로 남편과 딸은 아이자와와 마주할 용기를 가질 수 있을지 모른다. 그리고 아이자와는 가족과의 끈끈한 정을 느끼면서 생을 마감할 수 있지 않을까?

   지지한다는 말이 의료계에서는 자주 사용되고 있다. 이럴 때 어떻게 하면 남편이나 딸을 지지해줄 수 있을까? 지지해줄 수 있는 구체적이고 실천적인 사고방식과 방법이 다음 문제가 될 것이다. 괴로워하는 상대를 지지한다라는 것은, 본인이 선택한 길이 앞으로 보내고자 하는 삶의 방식과 일치하는지 여부를 본인의 말을 통해서 본인 스스로 확인하도록 우리가 도와준다는 것이 아닐까? 아이자와의 경우 본인뿐만 아니라 지켜보는 남편이나 딸도 "괴롭지만 이걸로 된거야"라고 생각한다면, 지지해준 것일지도 모른다고 나는 생각한다.

사례 2. 어떻게든 연명의료를 받고 싶다면

전립선암 치료를 받아오던 이와모토 코우지(67세)는 암이 전신으로 전이되었고 몸 상태가 나빠져 치료를 받을 수 없게 되었다. 움직일 수 있을 때까지는 집에서 생활하기를 바랐고, 아내인 타에코와 함께 노력했으나, 그마저도 한계에 부딪혀 입원을 하였다. 타에코는 아침 일찍부터 병실에 와서 침대 옆에 있는 의자에 앉아 꾸벅꾸벅 조는 이와모토를 걱정하면서 뜨개질을 하고 있을 때가 많았다. 환자의 상태가 좋은 날에 타에코는 뜨개질 하던 손을 멈추고 조용히 담소를 나누기도 했다. 밤에 이와모토가 수면제를 복용하는 것을 지켜보고 나서야 타에코는 조용히 집으로 돌아갔다. 매일 회진 때에 옛이야기를 즐겁게 나누던 이와모토 부부는 주치의 안자이와 간호사들과 함께 이야기의 꽃을 피웠다. 이렇게 편안하고 자연스럽게 모든 것을 마치고 갈 수 있으면 좋겠다고 웃으면서 조용히 말하는 이와모토에게 타에코와 의료진들은 웃는 얼굴로 답을 했다. 이런 일상이 한 달 정도 계속 되었다.

눈에 띄게 상태가 악화 된 어느 날 회진 중에, 이와모토가 작은 목소리로 말을 꺼냈다. "선생님, 이젠 저한테도 물어볼 때가 되지 않았나요? 연명의료는 어떻게 할 건지에 대해서요. 그 정도는 환자라면 모두 알고 있어요. ……저, 할 수 있는 건 전부 해볼 생각인데……"

지금까지 4년간 질병과 치료에 대해 냉정하게 대처해왔던, 최근까지만 해도 시간을 음미하듯 평온하게 지내는 것처럼 보이던 이와모토의 말에 카와시마 간호사는 수액 펌프를 조절하던 손을 멈추고, 이와모토와 아내를 가만히 바라보았다.

"사모님은 어떻게 생각하세요?"라고 묻는 안자이에게 "본인이 그렇게 바란다면 저는……"이라며 타에코는 시선을 낮추면서 대답했다.

"견디기 힘든 증상이 어느 정도 안정돼서 다행이라고 생각하고 안심하고 있는 참이었습니다만, ……어떤 마음의 변화라도 생기셨나요?"
"선생님들께서 잘 해주시고는 있지만…… 그래도 위독한 상태가 되면 친척들을 부르지 않으면 안 됩니다. 그때 아무런 치료도 받고 있지 않다면 분명 타에코가 안 좋은 소리를 듣게 될 겁니다. 아버지가 돌아갔을 때도 왜 입원시키지 않았냐면서 어머니가 친척들에게 안 좋은 소리를 들었습니다. 집에 있고 싶다고 쭉 말했던 건 아버지였는데 말이죠. 그러니까 기계를 달고 수액을 맞고 있는 모습을 친척들에게 보여주지 않으면 안 돼서요."
안자이와 카와시마 간호사 팀은 회의를 열었다. '왜 갑자기 마음이 바뀌었는지, 이와모토와 아내의 본심이 다른 곳에 있는 것은 아닌지, 이대로는 아내가 후회를 남기지 않을지, 어떻게 해서든 진심을 알아낼 수 있는 방법은 없는지, 안자이가 이와모토에게 다시 한 번 더 자세히 설명을 하면 생각이 바뀔지도 모른다. 친척 중에 영향력 있는 사람의 생각을 우리가 들어보는 건 어떨까? 기계에 연결되어 연명의료를 받지 않고 평온한 마지막을 맞이할 수 있도록 도와주고 싶다는 간호사로서의 마음이 있는 반면, 이와모토의 진심을 알게 된 이상 그 마음에 따라야 하지 않을까? 연명의료 자체가 전혀 무익한 것도 아니며 위해를 가하는 처치라고도 생각하지 않는다……'라는 등의 의견이 나왔지만 결국에는 이와모토 본인의 의사에 따르는 수밖에 없다는 결론이 나왔고, 이후로도 여러 차례 이와모토의 마음을 확인했으나 마음을 바꿀 기미는 보이지 않았으며 달리 이렇다 할 해결책을 찾지 못한 채, 시간만 지나갔다.
1주일 후, 몸은 훨씬 더 쇠약해졌고 대화를 하는 것도 힘들어졌다. 그리고 상태가 급변했다. 안자이가 인공호흡기를 부착하려고 준비하자,
"있잖아요, 역시 이대로 조용히 보내주세요. 유산이나 지금까지 친척

> 관계 때문에 힘들어 하면서 살아온 사람인데 더 이상 힘들게 하고 싶지 않아요"라며 타에코가 완강한 어조로 안자이에게 간청했다. 안자이가 잠시 일하던 손을 멈춘 그때 이와모토의 고향 친척들이 병실에 도착했다. 문득 타에코를 보자 "저는 일체 연명의료를 원하지 않습니다. 이와모토 코우지"라고 인쇄된 종이를 손에 쥐고 있었다.

1. 이 사례에는 어떤 문제가 있을까?[†]

평온한 상태로 자연스럽게 죽고 싶다고 평소부터 말하던 이와모토가 임종을 맞이하기 직전에 최대한의 연명의료를 희망했다. 언제, 왜 마음이 변했을까? 아니면, 처음부터 연명의료를 원했던 걸까? 그렇다면 왜 지금까지 숨겼을까? 주치의와 간호사들은 연명의료를 바라는 이와모토 부부의 마음을 알고 놀랐으며, 어떻게 대응을 해야 할지 고민하고 있다. 의료진은 연명의료에 대해 찬성하지 않고 있는 듯한데 그 이유는 무엇일까? 연명의료를 받으면 평온한 죽음을 맞이할 수 없게 되는 걸까? 평온한 죽음이란 어떤 죽음을 말하는 것일까? 부부에 대한 의료진의 대응방식은 이대로 괜찮은 걸까? 타에코가 가진 메모지를 본 주치의 안자이는 어떻게 대처해야 할까?

[†] 「자연스럽게 죽고 싶다」고 생각하면서, 왜 입원을 했을까? [아다치 다이]

2. 생각해보자

■ **연명의료는 무익한 걸까**

의사에게는 구명의 의무가 있다. 간호사에게 있어서도 생명을 구하는 것은 중요한 역할이다. 건강 상태가 급변하여 사망 가능성이 있을 때, 소생술을 시행하여 구명을 시도하는 것은 의료인에게 요구되는 자세이다. 그러나 예외도 있다. 이미 회복 가능성이 없는 상태의 임종이 가까운 사람의 경우 본인이나 대리인의 동의가 있으면 소생술을 하지 않고 임종을 지켜보는 것이 용인된다는 견해가 있다. 회복 가능성도 없이, 단지 숨만 붙어 있는 상태에서는 가치를 찾을 수 없다고 환자 본인이 생각할 때이다. 이때의 소생술은 생명의 시간을 연장하려는 의도로 하는 것으로, 연명의료라고 부른다.[81] 의학적으로 무익한 치료라면 아무리 원한다 해도 의료인이 받아들일 의무는 없다. 하지만 만약 의학적 효과가 있을 경우에는 그것이 환자나 가족에게 어떤 의미를 지니는지가 문제로 남는다. 예를 들면 인공호흡기 장착과 인공적인 수분·영양 보급 등의 연명의료에 의해서 생명을 유지하는 것이 환자나 가족에게 이익이 되는지, 환자나 가족에게 있어서의 객관적인 의미와 가치가 문제로 남게 된다.†

그런데 이와모토가 연명의료에서 기대한 것은 생명의 시간을 연장하는 것이 아니었다. 기계나 수액을 환자의 몸에 연결하는 것, 즉 연명의료의 효과가 아니라 수단 그 자체를 원하였다. 장치가 연결된 자신의 모습을 친척들에게 보여줌으로써, 친척의 질책으로부터 아내를 지키려고 생각했다. 연명의료 그 자체에는 의학적 효과가 있다. 그러나 그 효과를 기대하

---

† 아들이 도착하기까지 몇 시간, 당장이라도 숨을 거둘 것 같은 의식 없는 환자의 생명을 승압제를 사용해서 연장시켜 달라는 요구가 있을 때, 순수한 연명목적이 아니라 가족에 대한 배려의 수단으로의 연명의료를 딱 잘라 부정할 수는 없을 것이다. [니시카와 아키]

고 요청한 것이 아닌 경우, 그러한 의료 처치를 하지 않는 것이 용인될 수 있을까?

"환자가 충분히 정보를 이해하고 나서 희망을 표명하고, 그것에 기반하여 결단을 내리며, 자기가 내린 결단의 결과에 책임을 진다면, 그 요청이 의학적으로 적응이 되며 타인에게 위해가 되지 않는 이상 환자의 요청은 내용 여하에 관계없이 존중되어야 한다"[82]라는 의견이 있다. 이와모토의 경우 연명의료를 희망한다고만 했다면, 아무도 그 이유를 알 수 없다. 이와모토가 연명의료를 통해 얻고자 하는 것을 알게 되었기 때문에, 의료진의 고민이 한층 더 깊어졌는지 모른다.[†]

■ 평온한 죽음이란 어떤 죽음인가

입원한지 한 달째 되던 때. 이와모토 부부는 조용한 시간을 보내고 있었던 것 같다. 암 증상도 진정제 덕분에 완화되어, 흥분을 하거나 비탄에 잠긴 모습도 보이지 않았다. 곁에서 보기에는 조용하게 시간이 흐르고 있는 듯했다. 그 모습이 분명 평온하게 보일지도 모른다. 주치의의 말에서도 알 수 있듯이, 이런 모습을 접하면 의료인은 안심하게 된다. 가족이라면 더욱 더 그럴 것이다. 그래서 우리는 평온한 것이 바람직한 것이라고 생각했는지 모른다.

종말기라는 힘든 때를 가능하면 평온하게 지내고 싶어 한다. 기계와 많은 관에 연결되어 있는 광경을 보고 평온하다고 느끼는 사람이 얼마나 있을까? '기계에 연결되어 연명의료를 받지 않고, 평온한 그대로의 마지막을 돕고 싶은 간호사의 마음'도 거기서부터 나왔을 수 있다. 평온한 죽음은 바람직한 죽음으로써, 의료현장의 목표까지 되어 있지는 않은가?

[†] 혈연·지연이 긴밀한 가족에게는 「어디서 어떤 죽음을 맞이해야 하는가」의 이미지가 있는 듯하다. 최대한의 의료를 구사하며 「할 수 있는 최선의 노력을 다 했다」라는 식으로 연출이라도 하지 않으면 환자에게 아무 것도 하지 않았다는 의심을 하는 가족이 많이 있다. [아다치 토모]

바람직함은, 자신답다고 여겨지는 상황과 얼마나 동떨어져 있는가 또는 가까운가에 따라서 정해진다고 한다.[83] 그렇다면, 연명의료를 받지 않고 마지막을 맞이하는 선택이 아무리 주위에서 보기에 평온해 보일지라도, '이와모토다움'과는 거리가 멀며, 바람직한 죽음과도 멀어져버리게 될 것이다. 평온한지 어떤지는, 결국 본인만 알 수 있다. 자신다움이란 남이 볼 수 있는 것이 아니기 때문이다. 누구라도 죽음은 평온하길 바란다. 그러나 기계와 수액 라인이 연결된 모습을 평온하다라고 볼지 여부는, 결국 환자 본인이 생각하는 바람직함에 의해 저울질 되어야 한다.[†]

한편 의료팀의 관계에는 문제가 없었을까? 환자의 모습에 평온함을 느끼고 안심하고 있는 의료진이, 자신들이 생각하는 평온함을 이와모토 부부에게 요구했던 것은 아닐까? 자신들의 모습에 의료진이 안심하고 있다는 사실 이와모토 부부는 분명 느낄 수 있었을 것이다. 그런 의료진에게 답이라도 하듯이 이와모토 부부가 평온함을 연기해온 것은 아니었을까? 그 모습에 의료의 이상(理想)과 자신들의 안심을 결부시켜서, 아무리 의식적이 아니었다 하더라도, 만약 그것을 태도로 전하였다면 의료팀의 관계가 그래서 좋았다고 말할 수 있는 것일까?

■ **이와모토는 왜 지금에서야 연명의료를 희망한다고 했을까**

이와모토가 연명의료를 받고 싶다고 의료진에게 밝힌 것은 병이 더 진행되고 나서부터이다. 그때 타에코가 당황한 모습을 보이지 않은 것을 보면 두 사람 사이에 이전부터 의논이 있었던 것 같다. 그런데 타에코의 태

[†] 애정을 가지고 서로를 생각하는 가족일수록, 가족을 남기고 떠나야 할 환자와 남겨질 가족 사이에 의향이 달라 절충점을 찾기 어려울지도 모른다. [아다치 토모]
재산과 관련된 친족간 분쟁은 흔한 일이다. 분쟁의 존재가 의사결정에 영향을 끼칠 가능성에 대해서도 생각해 둘 필요가 있다. [아다치 다이]
Re: 사람은 관계 속에서 살고 있으며, 그러한 관계 속의 굴레는 의사결정에 적지 않은 영향을 미친다. 의료인은 그것을 어떻게 염두에 두어야 할까? [하라]

도는 자신은 여전히 연명의료를 받아들이는 것은 아니라고 말하고 있는 듯하다. 지금까지 의논을 하긴 했지만, 아내를 위해서 연명의료를 받으려는 남편과 아내 자신을 위한 연명의료 따위는 받지 말고 평온하게 지내길 바라는 아내가 서로 간의 절충점을 찾지 못한 것은 아닐까?

 이와모토의 걱정은 자신이 죽은 뒤의 아내에 대해서였다. 아내는 쉽게 납득할 것 같지 않다. 하지만 주치의에게 연명의료를 말할 기한이 얼마 남지 않았기 때문에 설득할 시간은 이제 얼마 남아 있지 않다. 초조한 마음과는 달리, 역시 이와모토 자신도 연명의료를 받는 것에 마음이 내키지 않는 것은 아니었을까? 그렇기 때문에 연명의료의 의사 표명을 조금이라도 뒤로 미루고 싶었을지도 모른다. 지금까지와 같은 시간이 조금이라도 더 길게 이어졌으면 좋겠다고 내심 바라고 있었는지 모른다. 하기 싫은 일, 불길한 일은 이와모토가 아니여도 가능한 미루고 싶어 하지 않은가. 사태의 중대함은 현저히 다르겠지만, 여름방학 숙제를 시작하는 것은 항상 개학하기 직전이었다. 해야겠다는 생각은 하지만, 일찍부터 결정하여 시작하는 사람만 있다고는 생각하지 않는다. 더구나, 이것은 단순한 보고나 연락과 같은 사무작업이 아니다. 자신의 죽는 방법에 관한 일이다.

 고백이 너무 갑작스러워서 의논을 할 시간도 없이 대응을 재촉받는 상황에 처한 의료진은 정말로 놀라고 당황스러웠을 것이다. 왜 좀더 일찍 말을 해주지 않았을까라는 생각이 남는다. 어쩌면, 이와모토는 자신의 평온함에 안심하며 관계하고 있는 의료진에게 연명의료에 대한 말을 꺼내기 껄끄러웠을지도 모른다. 또는 그것을 자신의 마음속에서 변명 삼아, 마지막까지 미루고 있었을지도 모른다. 그리고 부부의 대화도 마땅한 때에 하지 못해, 연명의료를 표명하게 된 것은 아닐까?

3. 어떻게 하면 좋을까

나는 타에코가 손에 쥐고 있던 "저는 일체 연명의료를 원하지 않습니다. 이와모토 코우지"라고 인쇄된 종잇조각이 미심쩍다. 도대체 언제 어떤 상황에서 만들어진 걸까. 자필로 쓰여진 것이라면 일단 사전지시로서의 의미가 있을 수도 있으나 워드프로세서로 인쇄된 것이라면 이야기가 달라진다. 원래 본인의 것인지 알 수 없기 때문이다. 건강했을 때 이와모토 자신이 입력해서 아내에게 맡겼을 수도 있지만, 그에 대한 확증이 없다. 한편, 이와모토가 연명의료를 희망한 사실은 주치의 한 명만이 아니라 의료진 모두가 알고 있다. 그러므로 주치의는 연명의료를 실행하지 않으면 안 될 것이다.*

이와모토 자신이 주치의에게 밝힌 연명의료의 의미는 타에코를 지키기 위해서이며, 타에코 자신도 그 사실을 알고 있었을 것이다. 그러나 받고 싶지 않은 연명의료를 자신을 위해서 희망한 남편이 실제 그 치료를 받는 것을 타에코는 가만히 보고만 있을 수 없었던 것은 아닐까? 연명의료를 하지 않으면 아내에게 어떤 일이 일어날지 모른다는 걱정 때문에 마음에도 없는 연명의료를 받으려고 결정한 남편의 마음과 타에코 자신의 생각, 이 두 가지의 양립을 꾀한 결과가 '종잇조각'이었던 것이 아닐까. 그렇다고 한다면 주치의가 워드프로세서로 인쇄된 내용에 따라서 연명의료를 중지하고 그 종잇조각을 친척의 눈에 잘 띄는 곳에 살짝 놓아두는 것이

---

* 우리나라 「호스피스·완화의료 및 임종과정에 있는 환자의 연명의료 결정에 관한 법률」에 따르면 연명의료 중단 결정에 대한 환자의 의사를 다음의 방법으로 확인한다(제17조).
  1. 의료기관에서 작성된 연명의료계획서가 있는 경우
  2. 담당의사가 사전 연명의료 의향서의 내용을 환자에게 확인하는 경우
  이 법에 따르면 이와모토의 연명의료는 중단될 수 없다. 법으로 인해 판단은 용이해졌지만, 만족스러운 결론인지는 고민해볼 문제이다. [옮긴이]

좋은 방법이 되지는 않을까?

사례 3. 인공호흡기 장착 거부

70세 여성 호리야마 후네는 폐기종에 의한 호흡기능 저하로 인해 약 5년 전부터 재택산소요법(HOT)을 받고 있으며 집에서 거의 누워서 생활하고 있었다. 가래가 많이 나오는데다가 폐기능 저하로 인해 산소 없이 움직이면 숨이 찼다. 화장실을 간다거나 목욕을 하는 등의 일상생활 활동도 혼자서는 어려웠다. 주로 남편이 간병을 했고 시내에 사는 두 딸이 자주 찾아와 도와주었다. 또한 주 2회의 방문간호를 통해 목욕할 때 도움을 받았다. 그런데 최근 몇 년 숨이 차는 증세가 더 심해지고 겨울이 되면 감기에 걸려 입원하는 일이 잦아졌다.

작년 겨울, 갑자기 호흡이 가빠지고 고열이 나서 구급차를 불러 응급으로 입원을 했다. 폐렴으로 인한 호흡부전을 진단을 받고, 주치의의 권유로 기관 삽관을 하고 인공호흡기 치료를 받았다. 그 때문에 몸을 자유롭게 움직이지 못하고 말을 할 수가 없어 가족이나 의료인과의 의사소통이 제대로 되지 않자 호리야마는 짜증이 쌓여갔다. 기계 소리와 심한 기침 때문에 잠 못 이루는 밤이 계속되었다. 1주일 후에 기관절개수술을 제안 받았다. 설명을 듣고 나서 환자가 조금이라도 편안해질 수만 있다면 수술을 받기로 했다. 걱정했던 수술은 무사히 끝났다. 수술 결과 입으로 들어가 던 튜브가 제거되었기 때문에 조금은 편해졌다. 그러나 여전히 목소리는 낼 수 없는 상태여서, 의사소통을 하지 못하는 것과 호흡의 불편함, 인공호흡기 소리로 인한 불면 등은 수술 전과 같았다. 호리야마는 살기 위해 이런 괴로운 치료를 계속 받아야 한다면 차라리 죽어버리는 편이 낫겠다고 진심으로 생각을 했다고 한다.

한 달 후 병세가 호전되어 인공호흡기를 제거했고 얼마 지나지 않아 말도 할 수 있게 되었다. 두 번 다시 그런 힘든 치료를 받으면서까지 살고 싶지 않다는 호리야마의 마음은 변하지 않았다. 그리고 주치의와 가족에게 다음에 이런 일이 생기면 죽어도 좋으니 인공호흡기를 사용하는 치료는 하지 말도록 강한 어조로 말했다.

다시 겨울이 찾아왔다. 봄에는 손자의 초등학교 입학과 장남의 결혼식이 있기 때문에 호리야마는 기대에 부풀어 있었다고 한다. 설날 연휴를 손자들과 즐겁게 지내고 난 뒤 어느 늦은 밤, 감기에 걸려 고열이 나고 호흡이 힘들어 지자 작년처럼 구급차를 불러서 평소에 다니던 병원으로 갔다. 병원에는 마침 주치의가 당직으로 대기하고 있었다. 호리야마의 의식이 서서히 희미해져가고 괴로운 듯이 신음을 하면서 줄곧 무언가를 호소했지만, 주치의나 남편, 딸들은 알아들을 수 없었다.

주치의는 작년처럼 인공호흡기가 필요하다는 것을 가족에게 설명하고 치료 방침을 확인시켰다. 빨리 치료를 부탁한다는 딸의 얼굴을 보면서 남편은 아내의 바람을 떠올렸다.

(사이타마적십자병원·하라 타카시가 작성한 사례를 일부 각색)

1. 이 사례에는 어떤 문제가 있을까?†

만약에 이런 상태의 환자가 구급차에 실려 오면 망설임 없이 최선의 이익(⇒ pp. 97-100)을 생각하여 치료를 할 것이다. 그러나 호리야마는 사전에 인공호흡기를 이용한 치료를 원하지 않는다고 가족과 주치의에게 말해두었다. 그러므로 주치의가 여기서 확인을 하고 있는 것이다. 이 호리야마가 한 사전 의사표시, 즉 치료 거부는 유효한 것일까? 호리야마의 사전 의사표시를 무시하면서까지, 생명을 구하기 위해 최대한의 처치를 해야만 하는 것일까? 누가 그것을 정하면 좋을까?

2. 생각해보자

■ 치료 거부는 존중되어야 하는가?

보통 병원에 실려 오는 환자는 치료를 목적으로 온다. 그러므로 특별한 사정이 없는 한 치료를 한다. 호리야마도 호흡곤란으로 인해 의식이 혼미한 상태이므로 당장 치료를 시작하지 않으면 생명이 위험해진다. 당신도 "뭘 꾸물거리고 있는 거야"라고 생각할지 모른다. 문제는 호리야마가 작년에 치료를 받고 나서, "죽어도 좋으니 인공호흡기는 싫다"라고 의사표시를 했다는 것이다. 그 이유는 치료가 너무나도 고통스러워서 두 번 다시

---

† 치료법을 재해석해서 윤리 문제를 해결하려는 의료인이 상당수 있다. 학생들조차 윤리 문제라고 쓰여진 기문을 스키의 회전경기처럼 빠져나가려고 한다. 이 사례의 경우라면, 기관삽관 방식에 의존하지 않는 NPPV(non-invasive positive pressure ventilation)라는 호흡보조 기술이 있을 수 있다. 그러나 윤리 문제를 치료법 선택의 꼼수로 빠져 나가는 데에는 한계가 있다. NPPV라고 해서 결코 쾌적하지 않다. 애초부터 치료라고 하는 부자유스러운 것을 받고 싶어 하지 않는 사람은 치료법의 재해석 따위로 상대할 수 없다. [하라]

같은 고통을 받고 싶지 않다고 생각하고 있기 때문이다.

치료는 환자의 동의를 받고 나서 하는 것이 원칙이다. 아무리 의료인이 환자를 위해서라고 하더라도 환자가 동의하지 않으면 치료해서는 안 된다. 하지만 자기결정능력에 문제가 있어서, 본인의 현재 의사를 확인할 수 없는 경우에는 개별적으로 검토하지 않으면 안 된다.

■ 치료 거부가 존중되어야 한다는 생각

환자의 자기결정은 무엇보다도 중요하며 존중되어야 하기 때문에, 치료를 거부하는 경우라 할지라도 존중해야만 한다는 사고방식이다. 지금까지의 의료는 어찌 보면 '맡기는 의료'로써, 전문가인 의사의 판단에 맡기는 것이 좋다고 여겨졌다. 그러나 치료를 받고, 죽거나 사는 것은 결국 환자 자신이므로 다른 사람에게 맡기는 것은 이상하다고 여겨지게 되었다.[†]

사람의 가치관은 다양하므로 치료를 받을지는 사람에 따라 다르다. 어떻게든 오래 살고 싶은 사람이 있는가 하면 오래 사는 것보다도 고통이 없는 안락한 마지막을 맞이하는 편이 좋다고 생각하는 사람이 있다. 환자가 내린 결정이 전문가가 보기에 불합리하다거나, 환자에게 이익이 없어 보이는 경우도 있다. 그럼에도 불구하고 충분히 설명을 들은 뒤에 지금까지의 자신의 인생 경험과 가치관에 의거해서 내린 환자의 결정에는 중요한 의미가 있다고 생각한다. 타인에게 피해를 주지 않는 한, 설사 본인에게 불리한 결정이라 하더라도 누구도 반대할 수 없다. 영국의사회의[84] 경우처럼 자기결정능력이 있는 성인이 내린 결정이면 결정 내용에 상관없이 유효하며, 환자는 결정의 합리성을 설명할 필요가 없다는 사고방식이다. 결정내용이나 과정이 합리적인지의 여부는 문제시되지 않는 것이다.

---

† 개인 의사의 존중이라는 말은 받아 들이기 쉽지만 개인주의의 문화·전통이 없는 일본에서는 가족간의 갈등이나 효율성 중시 등이 눈에 보이지 않는 형태로 얽혀있을 가능성을 생각할 필요가 있다. [카토]

한편에서는 생명과 직결되는 치료를 거부하는 데에는 그 결정의 과정이 상당 정도 합리적인 것이어야 한다고 주장하는 사람이 있다. 그렇게 하지 않으면 안이한 치료 거부가 횡행하게 된다는 것이다.

호리야마가 지난해 '거부 선언'을 했을 때 어떠했던가? 적어도 의식이 혼미했다거나 인지장애가 있지는 않았던 것 같다. 자기결정능력이 있는 상태에서 치료의 고통을 냉정히 받아들이고, 생과 사의 무게를 저울질해서 내린 결정이라면 이 결정은 존중받을 가치가 있다고 생각한다.

■ 치료 거부는 인정할 수 없다는 생각

호리야마는 이 치료의 고통을 견디고 나면 예전처럼 편안하고 즐거운 생활로 돌아갈 가능성이 있다. 살아날 가능성이 높으며 치료 후에는 안락하게 생활할 수 있다면 어떨까? 호리야마는 작년에 고통을 참아냈고 회복했다. 이를 지켜본 주위 사람들의 마음은 어떠했을까? 그런 치료를 거부한다는 건 판단이 불합리하다는 견해도 있다. 결정 내용이나 과정이 합리적인 것이 아니면 받들일 수 없다는 생각이다.

살아날 가능성이 낮은 말기 상태에서 연명을 위한 의료를 거부하는 것과는 사정이 달라서, 치료 거부를 마치 자살행위처럼 해석할 수 있다. 치료 거부를 받아들이는 것에 소극적인 입장에서는 이러한 자살설을 예로 든다. 자살이라고 하면 '의식적으로 스스로의 목숨을 끊는 것'이라고 생각할 수 있다. 죽기 위해 적극적인 행위를 하는 것이며, 이것을 좁은 의미 또는 엄밀한 의미로 자살이라고 생각한다. 그러나 적극적인 행위를 하지 않더라도 아무것도 하지 않은 결과로 죽음에 이를 때, 본인이 그것을 자각하고 있으면 넓은 의미에서 자살이라고 생각할 수도 있다. 이것을 소극적 자살이라고 한다. 예를 들어 겨울에 집밖에서 잠을 잔다거나 병이나 상처 치료를 받지 않는 것 등이 이 경우에 해당된다. 호리야마는 고통에서 벗어나기 위해서지만, 죽을 수 있다는 사실을 알고도 치료를 거부했다면 소극

적 자살로 볼 수도 있다.†

자살인가 아닌가라는 논쟁과는 별도로 생명의 존엄을 무엇보다 우선시해야만 하는지에 대해서도 논쟁이 가능하다. 비록 아무리 고통스러운 상황이라 할지라도 생명은 그 자체로 가치가 있는 것(SOL)이어서 누구도 그것을 부정할 수 없다고 생각하는 사람이 있다. 나아가, 자신의 생명은 나 혼자만의 소유물이 아니라고 생각하는 사람이 있다. 이런 입장에서 생각하면 치료를 받는 것은 의무가 된다. 한편 가치가 높은 생명과 낮은 생명이라는 관점(QOL)에서 보면, 호리야마는 고통을 받고 있는 자신의 생명을 가치가 낮다고 여기지만, 가족에게는 결코 낮지 않으며 언제까지나 소중하고 가치가 높은 것일 가능성이 있다.

■ 호리야마의 사전지시

이 사례를 어렵게 만드는 요인은 호리야마의 현재 의사와 작년의 의사가 동일한가 하는 것이다. 인공호흡기는 사양한다고 말한 건 작년의 일로써, 그 생각이 변하지 않았는지의 여부가 문제이다.††

여기서 사전지시에 대해 알아보자(표2-1).[85] 사전지시란, 자기결정 능력을 소실하기 전에 미리 어떠한 상태가 되었을 때 어떤 치료를 할지 말지(내용 지시), 또는 만일의 경우 자신 이외의 누구에게 판단을 맡길지(대리인 지시)를 정해서 표명해두는 것을 말한다.††† 이것은 구두로 이루어지는 경

---

† 가족이 같이 있는 자리에서 환자 본인의 의사를 확인하기는 어렵다. 환자의 자살우려, 환자가 죽은 뒤 가족의 생활, 장례방식에 이르는 내용을 다루어야 할지도 모른다. 과연 의료인은 이런 문제에 관여할 수 있을까. [카토]

†† 상태 악화는 예상하고 있었다. 겨울이 되기 전에 관련된 사람들이 치료방침을 협의 할 기회를 가져야 했다. 손자의 입학식, 장남의 결혼을 앞두고 의사 변화가 있었을지도 모른다. [아다치 다이]

††† 주치의가 진료기록에 써놓았을 가능성이 크다. 간호사가 곁에서 호리야마의 말을 들었을 수도 있다. 이러한 사실들이 호리야마의 의사표시의 증거로써 의심스럽고 불충분하다고 한다면, 진료기록에 어떤 내용을 적어놓는 것의 의미는 무엇인가? 참고로 영국과 미국에서는 구두로 표명한 사전지시가 구속력을 지니고 있다는 사실을 재확인 해두고 싶다. [핫토리]

우가 있으며, 서면 형식(종종 'living will'이라고도 한다 - 이 경우의 will은 의사가 아니라 유언이라는 의미)을 취하는 경우도 있다. 사전지시가 어디까지 유효하며 존중되어야 하는가에 대해서는 많은 논쟁이 있으나, 서서히 사회적 합의가 이루어지고 있는 듯하다.

표2-1 사전지시

지시 형식	지시 내용
구두로 이루어진 것 서면으로 이루어진 것(living will)	내용 지시(instructional directive) 대리인 지시(proxy directive)

호리야마가 작년에 의사표명을 한 것을, 가족과 주치의는 얼마나 진지하게 받아들이고 있었던 걸까? 그냥 흘러들었을 뿐일까. 어쨌든 문서로 남아있지 않으며, 마지막 진찰에서 호리야마의 치료 거부의 의사 표시는 설득력이 약하다. 희미해져 가는 의식 속에서 호리야마가 "인공호흡기는 안 할거야"라고 말했는지, "한 번 더 노력해볼게"라고 말했는지 아무도 제대로 듣지 못했다.

인간의 의사나 신념 등은 얼마나 견고한 것일까? 치료 거부를 생각했던 사람 중 30퍼센트 가까운 사람은 마음이 변해서 "치료를 받고 싶다"고 말한다고 한다. 이러한 자료(1994)를 제시하는 사람이 있다. 또한 이것이 연명의료인 경우에는 생각을 바꾸는 사람이 훨씬 더 많아진다고 한다.[86]†

---

† 사전지시 작성에 찬성한 국민의 60퍼센트 이상이 "서면 내용에 그대로 따르기보다는 희망을 존중하면서 가족이나 의료인의 판단도 받아들였으면 좋겠다"라고 말하고 있다[후생노동성, 「인생의 최종단계에 있어서 의료에 관한 의식조사 보고서」(2014)]. 중요한 결정을 내려야 할 때에는 가족과 의료인은 없어서는 안 되는 존재일까. 그렇다고 한다면 사전지시의 의미는 거의 없어져버린다. [쿠라바야시]

■ 사전지시의 법적 문제

가령 호리야마가 명확하게 사전지시를 문서로 남겨놓았다 하더라도 지금의 일본에서는 법적 구속력이 없다. 그러나 1976년에 발족한 일본존엄사협회는 수만 명의 회원을 거느리고 '존엄사 선언서(living wills)'를 발행하면서, 사전지시의 법제화와 홍보에 힘쓰고 있다. 한편, 미국의 경우 유명한 카렌 사건(1976)을 계기로 1976년 "켈리포니아주 자연사법"이 제정되면서 연명의료 거부의 사전지시가 인정되었다. 또한 1991년에는 연방법으로 "환자의 자기결정권법"이 제정되어 사전지시에 대해 환자에게 설명을 하는 것이 의료기관의 의무가 되었다.

일본에서도 2007년 후생노동성이 발행한 "인생의 최종단계에 있어서 의료의 결정 프로세스에 관한 가이드 라인"(2015년 개정)에서는 환자의 의사를 최대한 존중하는 것이 적혀 있다(부록 참조). 환자나 가족이 의료·케어 팀과 충분히 대화를 나눈 뒤에 환자가 의사 결정을 하며, 이것을 문서로써 정리해둘 것을 권하고 있다. 그렇지만 환자가 단독으로 행한 사전지시를 어떻게 다루어야 하는지에 대한 구체적인 내용은 명기되어 있지 않다. 사전에 제대로 대화를 나눌 것을 권장하고 있을 뿐이다.†*

---

† 이와같은 생각으로는 몇 번이나 대화를 나누고, 몇 번이나 입퇴원을 반복하더라도 결정은 뒤로 미루어지게 된다. 어떤 시점에서 본심을 확인하더라도 나중에 변심의 가능성이 없을 거라는 보장이 없기 때문이다. [핫토리]
다시 똑 같은 일이 일어날 경우는 생각하기도 싫다. 그렇게 말하면서 눈앞의 평온한 생활에 안심을 되찾은 가족은 결국 이번에도 대화를 다음으로 미룰 것이다. [하라]
호리야마는 남편한테만 속내를 털어놓았을지도 모른다. 어디서 누가 어떻게 남편한테 그 이야기를 듣는 게 좋을까. 하지만 남편이 나쁜 마음이나 다른 의도를 가지고 있다면, 의료인으로서는 알아채지 못할 가능성이 클 것이다. 이것이 문제다. [핫토리]
좀 더 일찍, 또는 예전에 인공호흡기를 장착한 뒤에라도, 환자의 가치관·사생관을 계속해서 파악하려고 한 의료인은 없었을까? 관여했던 의료인은 있었을 텐데 왜 지속적으로 그의 마음에 관심을 가지지 못했을까? 너무 안타깝다. [니시]

* 「호스피스·완화의료 및 임종 과정에 있는 환자의 연명의료 결정에 관한 법률」에서 연명의료 중단 결정의 대상은 임종 과정에 있는 환자이다. 법에서는 임종 과정을 '회생의 가능성이 없고, 치료에도 불구하고 회복되지 아니하며, 급속도로 증상이 악화되어 사망에 임박한 상태'로 정의하며, 이 상황에 처한 환자를 임종 과정에 있는 환자로 정의한다. 호리야마를 임종 과정에 있다고 할 수 있을까? 의학적으로 임종과정

3. 어떻게 하면 좋을까

기본적으로는 본인의 사전지시를 우선시하는 것이 바람직하다고 생각한다. 호리야마가 일시적인 감정에 휩쓸려서 치료 거부를 한 것이 아니라, 냉정하게 생각을 한 뒤에 내린 결정이라면, 어떻게든 그것을 존중하는 것이 바람직하다. 그러나 호리야마의 의사가 그 뒤로 바뀌었을지 모르며, 그것을 확인할 방법이 없다. 분명 인공호흡기 치료는 괴로운 것이지만 회복 가능성이 있어서 가족의 대부분은 치료를 바라고 있다. 그렇다면 이 경우에 치료를 하지 않는 선택지를 고른다는 것은 매우 어려운 일이다. 만약 완치되어 퇴원하게 되면, 다음에야말로 어떻게 할 것인지 다시 가족과 대화를 나눌 필요가 있다. 또 같은 일이 반복해서 일어날 가능성이 높기 때문이다.

그런데 정말 주위 사람들의 간섭을 받지 않고 자신이 원하는 치료를 받을 것인지 받지 않을 것인지를 스스로가 결정하기 위해서는, 죽기 직전까지 의식을 계속해서 유지하고 발언을 하지 않으면 안 될까? 상당히 힘든 일일 것 같다.

사례 4. 반복된 흡인

> 카토 토시코는 59세 독신이다. 고등학교를 졸업하고 나서 그 지방의 시청에서 근무하던 중 5년 전 진행성 신경난치병의 하나인 다계통위

까지는 아니라고 여겨지는데, 만약 호리야마가 인공호흡기 치료를 명시적으로 거부한다면 어떻게 해야 할까? 연명의료에 대한 법을 갖춘 우리가 풀어나가야 할 문제이다. [옮긴이]

축증이 발병하여 요양을 위해 조기퇴직을 하였다. 발병한 지 2년 정도부터 거의 누워서 지냈다. 결혼을 하고 가정을 가진 여동생이 유일한 가족으로 혼자 지내는 카토는 집에서 생활하기가 어렵게 되었다. 병원에서 입원 생활을 시작할 즈음에는 입으로 음식을 먹을 수 없어 위루를 통한 경관영양에 의지하게 되었다. 또한 종종 폐렴이 발생하여 위중해진 적이 있었기 때문에 여러 번 기관절개를 권고 받았지만 거부하고 있는 상태다. 발음이 좋지 않아도 그런대로 말을 할 수 있으며, 인공호흡기를 달고 살아간다는 건 견딜 수 없다는 이유에서였다.

카토는 최근 수 개월간 간호사에게 기관 흡인을 자주 요청하게 되었으며, 요구하는 횟수가 점차 늘어나고 있다.

카토의 말은 알아듣기 힘들지만 오랫동안 같이 지낸 간호사 호시노는 카토가 끈질기게 "흡인" "괴로워" "죽겠어"라는 말을 되풀이하고 있다는 것을 알고 있다. 그런데 호흡상태가 악화된 것도 아니며 가래가 늘어난 것도 아니다. 간호사가 요구에 응하는 횟수는 하루에 20~30번 정도다. 필요한 흡인은 하고 있기 때문에 동료 간호사도 대부분의 경우, 카토의 말에 고개를 끄덕이면서도 흘려듣게 되었다. 자동적이면서 지속적으로 흡인하는 기계도 시도해 보았지만 위화감 때문에 사용을 중단했다.

카토의 가족마저도 간호사 호출 버튼을 눌러서 흡인을 요구하였다. 예전부터 자주 병문안을 오던 카토의 여동생은 괴로워하는 카토의 모습이 걱정이 되어서 어찌할 바를 모른다. 겨우 10분 전에 흡인을 했는데도 불구하고 다시 호출 버튼을 울리기도 한다. 호시노는 주치의가 설명한 대로 필요 이상의 흡인은 하지 않는 게 좋다는 것을 간호사의 입장에서 몇 번이나 알렸으나 여동생은 '동생으로서 보고만 있을 수 없어요, 어떻게든 해주세요'라며 오히려 항변하였다.

주치의에 의하면 카토의 초조함을 약으로 완화시키는 방법이 없는 것은 아니라고 한다. 단지 이미 최대한의 양까지 사용하고 있기 때문에 더 이상 양을 늘리면 호흡 상태를 악화시킬 위험성이 있어서 이 병의 경우에는 생명에 지장을 줄 수도 있다고 한다. 호시노는 "좀 더 적극적으로 고통 완화를 시도해보면 어떨까요"라며 주치의에게 요청을 해보았지만 "심리적인 측면에서 도움을 주는, 약물치료 이외에 간호대응도 포함해 다른 좋은 방법이 없을까"라는 반문만 되돌아왔다. 동료 간호사는 "지금까지 카토에게 열심히 간호를 해왔지만 이런 식으로 계속 휘둘리면 우리도 못 참아요"라며 못마땅해하고 있다.

1. 이 사례에는 어떤 문제가 있을까?

기관흡입이란 음압이 걸려 있는 비닐관을 코나 목, 기관에 넣어서 침이나 가래를 빨아내는 의료행위다. 환자의 상태에 따라 다르지만 숙련된 간호사의 경우 한 번 흡입하는 데 걸리는 시간은 수십 초에서 수분 정도다. 보통 가래는 자연적으로 기도에서 배출되지만, 카토와 같은 상태의 환자의 경우 제대로 흡인하지 않으면 기도가 막혀(공기를 마실 수 없게 되어서) 생명에 지장을 초래하기도 한다. 한편 흔한 경우는 아니지만 흡인으로 인해 기도에 상처가 난다거나 부정맥이 유발되기도 하는 등의 합병증이 발생할 수도 있다. 가래나 점액에 의해 기도가 막혀 있지 않은데도 흡인을 자주 요구하는 경우에는 대처 방안을 고려해야 한다.

이 사례처럼 고통에 시달리는 환자가 (필요 이상으로 보이는) 의료행위를 요구 할 때, 의료인은 어떻게 대처해야 할까? 정말로 의사는 고통을 없애기 위해서 더 적극적인 치료를 할 수는 없을까? 간호사는 환자의 호소

를 들고 흘려버리는 태도를 계속 취해도 괜찮은 걸까.†

2. 생각해보자

■ 왜 흡인에 의존하게 되었는가

객관적으로 볼 때 호흡상태가 악화된 것도 아닌데, 환자가 호흡이 힘들다고 호소하는 경우가 자주 있다. 실제 호흡기나 순환기 장애가 숨어 있는 경우도 많이 있지만, 한편 호흡이 힘들다는 증상은 심리적 영향을 받기 쉬운 것이 사실이다. 일단 심리적인 이유가 원인이라고 판명되면 의료인의 대응이 갑자기 차갑게 변하는 것을 자주 목격한다. 이 사례에서 카토에 대한 간호사의 반응도 그렇다. 또한 다계통위축증은 '뇌의 변성에 의해서 전두엽 기능이 저하하는 형태의 인지증으로, 충동이나 감정을 억제하는 것이 어려워지는 탈억제'라는 증상을 동반하기도 하는데, 카토에게도 그 증상이 나타난 것 같다. 의료인이 일단 그렇게 받아들이면 카토의 호소는 아무래도 과장된 것처럼 들리기 쉽다.

여기서 잠시 다계통위축증의 의학적인 배경을 보충 설명하겠다. 환자의 호흡상태는 해마다 조금씩 악화되며, 혀, 연구개, 후두개 주위에서 폐색이나 협착이 생길 수 있다는 사실이 보고되고 있다. 카토의 호흡에 관련된 고통의 배경에는 객관적인 평가에서는 확연히 드러나지 않는 병기의 진행이 있는 것 같다. 예전에 카토는 가래가 심하게 끓을 때만 흡인을 받았겠지만, 지금 고통의 원인이 기도 자체의 협착이라면, 더 이상 흡인이 좋은 해결책이라고 할 수 없는 상황이다. 목에 구멍을 내는 기관절개를 하면

---

† 환자·가족과 간호사들과의 관계가 나빠진 것이 카토의 증상을 더욱 더 악화시키고 있다는 가능성을 생각해 볼 수 있다. 간호사쪽에서 관계성을 개선하도록 적극적으로 나서면 자신들도 편하게 될 것이다. [아다치 다이]

공기가 통하는 길을 확보할 수 있어서 조금 더 나은 해결책이 될지 모르지만 카토는 그것을 거부하고 있다. 또한 다계통위축증은 기관절개를 해도 인공호흡기를 장착하지 않으면 중추성 호흡장애로 인해 돌연사의 위험성이 오히려 높아진다는 보고가 있다. 인공호흡기의 장착을 거부하고 있는 이상 기관절개를 강하게 권고하는 것은 불가능하다.

■ 신경계 난치병의 완화케어

의사나 간호사도 이런 상황에 익숙해져서 '해야 할 대부분의 일은 하고 있지만, 해결은 어렵다. 카토의 호소는 못 들은 척하는 수밖에 없어'라고 생각하고 있는 것 같다. 이때 여동생이 등장한다. 여동생은 비상식적이고 귀찮은 환자 가족일까? 이런 생각은 의료인의 편견이다. 간호사인 호시노는 그러한 고통을 더 이상 방치할 수 없다는 '당연한 감성'을 내세우면서 치료방침을 재고해야 한다고 움직이기 시작한다. 고통이 완화된다면 그만큼 카토의 'QOL'은 개선될 것이다. 간호사에게 하는 호소가 무시된다면 카토의 존엄은 지켜지지 않는다.†

카토의 고통을 완화하기 전에 고려해야 할 것은 완화케어의 접근 방식이다. 신경계 난치병에 대한 완화케어는 아직 학술적인 연구가 적으며, 더욱이 다계통위축증이라는 질환에 있어서는 이제 막 연구가 시작된 단계이지만 그래도 고통을 완화하는 방법은 있다. 카토에게 이미 사용되고 있는 일부 항불안제, 항우울제, 향정신제의 양을 늘리면 고통은 완화될 가능성이 있다.

---

† 어떠한 상황에서도 환자의 호소를 흘려듣는 건 의료인에게 많은 스트레스를 준다. 해야 하는 일을 하고 있고 다른 방안이 없다고 생각하지 않으면 마음의 균형이 깨지는 느낌이 든다. [니시카와 아키]
'설명과 동의'가 아니라, 우선은 카토 본인이 어떤 생과 사를 원하고 있는지에 귀를 기울이고 싶다. 치료방침은 그것에 따라서 생각해야 한다. [아다치 다이]
카토와 친여동생에게 어떤 식으로 설명하는 게 좋을까. 만약 "호흡이 멈춰도 좋으니까 완화케어를 원한다"라며 카토가 부탁을 하면, 오히려 주치의가 곤란해질 것 같다. 애당초 카토의 존엄이란 무엇일까? [나카자와]

문제는 이런 것들이 호흡에 영향을 주어서 죽음을 앞당길 가능성이 있다는 점이다. 암치료의 완화케어에서는 결과적으로 죽음을 앞당길 수 있는 고통을 제거하기 위한 치료와 적극적인 안락사를 명확하게 구별하고 있다. 후자는 허용되지 않지만, 제대로 된 설명과 동의가 있으면 전자는 허용된다. 카토의 경우도 제대로 설명을 해서 동의를 받으면 된다는 의견이 있을 수 있으나, 암의 경우와는 약간 사정이 다르다. 케어가 죽음을 앞당길지도 모른다고는 하나 그 정도가 확실치 않다는 점이다.

이 병에서는 암처럼 앞으로 몇 개월이라는 식의 확실한 여명을 알 수 없다. 어쩌면 앞으로 카토는 몇 년 더 살 수 있을지 모른다. QOL이나 존엄을 유지하는 것에 대한 대가로 연 단위의 여명을 희생하면서까지 내일 죽을 가능성이 있다는 말을 듣는다면 카토는 동의할 수 있을까? 죽음이 임박해 있는지 어떤지 알 수 없는데, 죽음을 앞당길 위험이 있는 치료의 동의를 받으려고 하는 것에 주치의는 어려움을 느끼고 있다.

■ 의료자원 분배

조금 과장되게 들리겠지만 필요 이상의 의료행위 때문에 간호업무가 환자 한 사람에게 집중될 때에 당연히 자원 분배 문제가 발생한다. 환자의 상태는 변하기 때문에 상태가 나빠지면 간호업무는 당연히 늘어난다. 그러나 카토의 경우는 최근 수개월 동안 흡인이라는 간호업무의 횟수가 필요 이상으로 증가한 상태가 일상적이 되었다. 때문에 병동 간호사들은 지치고 다른 환자에 대한 대처에도 차질이 생기고 있는지 모른다. 간호 인력의 수는 병원이 벌어들이는 진료보수에 따라 정해져 있으며, 환자가 한정된 간호 서비스를 많은 다른 환자와 서로 나누어야 한다는 것은 자원 분배의 공정성의 문제다. 그렇다고 하여 카토의 요구를 못 들은 척 하면서, QOL이나 존엄이 결여된 상태로 방치하는 것을 공정한 자원 분배라고 주장한다면 어딘가 이상하다. 다른 환자와의 균형을 맞춘다고 하는 그 척도를 간호업무에 할애하는 단순한 시간이 되어서는 안 된다. 간호의 힘으로 해낼 수 있는 일이 있어서, 그 자원을 아직 되어 있지 않은 환자에게 더 많이 분배하는 방법도 배분적 정의(⇒ pp. 249-252)의 한 입장이다.

의료현장에서는 간호사 호출버튼이 울려도 간호사가 대처할 수 없는 어쩔 수 없는 일이 있다. 일시적, 우발적으로 공정함을 잃게 되더라도 어쩔 수 없다. 그러나 카토의 존엄이 항구적으로 상실된다면 그것은 바로잡아야 한다.

3. 어떻게 하면 좋을까

해결책을 도출하는 것은 간단하지 않지만 간호사인 호시노는 우선 모든 간호사가 카토를 대하는 자세를 예전처럼 되돌릴 방법을 모색해서 카토가 안심할 수 있는 환경을 만들었으면 한다. 그것만으로도 간호사 호출 버튼을 누르는 횟수, 흡인을 요구하는 횟수가 줄어들지 모른다. 병동 회의를 열어 간호사 사이에 문제의식을 공유하는 것이 중요하며, 그 회의에 주치의를 불러서 치료방침의 재고를 촉구할 수도 있다. 주치의는 다시 한 번 더 기관절개의 선택지는 없는지, 완화케어의 방도는 없는지, 환자 본인 및 여동생과 함께 시간이 걸리더라도 대화를 나눠야 한다.

또 한 가지, 다계통위축증에 있어서는 가능한 한 빠른 단계에서 진행기의 치료방침에 대한 의사결정을 지원해나가야 한다는 논쟁이 있다. 이 질환 특유의 사전지시와 같은 것이다. 의사소통이 원활하고 인지기능이 저하되기 전에, 예를 들어 완화케어에 대한 합의를 형성하면 카토가 직면한 심각한 상황은 피할 수 있었을지도 모른다. 본인이 건강한 동안에, 어떻게 진행할지 상태를 알려주는 것은 현실적으로 여러 가지 어려운 점이 따르며 탁상공론이라는 비판도 받겠지만, 자칫하면 대응이 늦어 질 수도 있는 현상황을 어떻게든 바꾸려고 하는 노력이 필요하다.

사례 5. 파트너에게 전하기

요시모토 미키오(48세)는 어느 날 밤 술에 취해서 계단에서 굴러 오른팔에 큰 부상을 입고 병원에 실려 왔다. 진찰 결과는 우전완개방골절로, 수술을 받기로 했다. 다음 날 만약을 위해서 각종 검사를 받고 싶다는 요시모토의 요청에 의해서 혈액검사를 한 결과 HIV항체양성(에이즈의 병원체인 HIV에 감염되었다는 증거)이 나왔다.

요시모토는 기혼이며 두 명의 자녀가 있다. 그는 양성애자(bisexual)로 젊었을 때에 여러 명의 남녀와 교제했으나, 현재는 한 명의 남성 파트너와 안정된 관계를 가지고 있다. 언제, 누구로부터 감염되었는지는 전혀 알 수 없지만, 아주 오래전에 교제하였던 누군가로부터 옮았을 것이라고 추측하고 있다. 현재 사귀고 있는 남성에게는 HIV 감염 사실을 알리려 한다. 그러나 예전에 교제를 했던 파트너의 대부분은 연락이 되지 않으며, 연락이 된다 하더라도 HIV 감염에 대해서는 알리고 싶지 않다. 개인정보가 유출되어 소문이 퍼질 것이 두렵기 때문이다. 그리고 아내에게도 알리고 싶지 않다. 만약 HIV에 감염되었다고 말하면, 누구에게 옮았냐고 물을 것이고, 그러면 자신이 양성애자라는 사실을 밝혀야 한다. 이 사실을 알게 되면 충격을 받을 것이고 이혼 이야기가 나올 가능성이 높아지며, 그렇게 되면 수험생인 아이들에게도 큰 영향을 미칠 것이다. 그러므로 당분간 이 일을 비밀로 해두고 싶어 했다. 담당의가 그렇게 해주기를 요시모토는 간절하게 바랐다.

외과의는 수술을 마치고 나서 어떻게 할지를 생각해보자고 대답하고는 면담을 마쳤다. 그런데 외과병동에서 근무하고 있는 간호사 엔도는, 우연히도 막내 아이가 요시모토의 막내 아이와 유치원·초등학교·중학교까지 계속 같은 학교를 다녔고, 요시모토의 아내와 PTA(학부모 교사 연합회)에서 같이 임원을 했던 적이 있어서, 마음이 복잡해졌다.

(히로시마대학 대학원 교수·코다마 켄이치가 작성한 사례를 일부 각색)

1. 이 사례에는 어떤 문제가 있을까?

요시모토는 자신이 HIV(인간면역결핍 바이러스)에 감염되었다는 사실을 지금 사귀고 있는 파트너에게 전하겠다고 한다. 그가 검사를 받아 감염 여부를 알 수 있도록 하기 위해서일 것이다. 그리고 성행위를 할 때 콘돔을 사용해서 감염을 예방하려는 결심을 한 것 같다. 하지만 아내와 예전의 파트너에게는 알리고 싶지 않다. 이러한 요시모토의 이야기를 들은, 담당 외과의사와 간호사 엔도는 어떻게 대처해야 할까? 특히 엔도는 요시모토의 아내에게 감염 위험이 있다고 생각하며 어떻게 해야 할지 모르는 상황이다. 요시모토에게 비밀로 한 채 몰래 전화로 이 사실을 알려도 괜찮을까? 또한, 이렇게 중요한 사실을 아내에게 숨기려는 요시모토는 비난받아야 할까?[87] †

---

† 일본 남성의 경우 동성애자의 비율은 4퍼센트 조금 못 미친다는 조사결과가 있다. 보건의료나 교육에 종사하려는 사람은 다양한 성의 양상에 대해 제대로 배워 두길 바란다.

2. 생각해보자

■ 의료인이 해야 하는 일

의료인이 해야 하는 일은, 우선 통상적인 치료를 해나가는 것이라고 생각한다. 당연한 것이지만, 에이즈로 진행된 상태가 아닌 현 단계에서 서둘러 다른 큰 병원(에이즈 진료 거점병원)으로 옮길 필요는 없다. 치료 거부를 하는 것과는 다른 문제이다. 일반적인 감염 관리가 이루어지고 있다면, HIV가 병원 내에서 감염될 위험률은 매우 낮다. HIV는 B형간염 바이러스보다 감염력이 훨씬 더 약하다.

의료인으로서는 다음과 같은 내용을 설명해 두고 싶다. 요시모토가 배우자와 콘돔을 사용하지 않은 채 성관계를 가지고 있다면 감염의 위험이 있다는 점. 한 번의 성행위로 HIV감염이 성립할 확률은 0.1~1퍼센트라고 보고되어 있지만, 실제로는 한 번만 했음에도 불구하고 감염된 사례가 드물지 않다는 점(HIV에 감염된 사람은 불특정 다수와 성관계를 가졌던 사람이라는 편견은 잘못된 생각이다. 오직 한 사람하고만 했더라도 - 그 사람이 애인이거나 배우자이거나 관계없이 - 감염될 가능성은 있다). 반복해서 성관계를 가지면 그만큼 위험이 더 높아진다는 점. 또한, 감염률은 감염 경로나 성별에 따라서 다르다는 점(여자에서 남자로 0.05퍼센트, 남자에서 여자로 0.1퍼센트, 남자로부터 삽입을 당한 남자는 0.5퍼센트, 남자에게 삽입을 하는 남자는 0.07퍼센트). 콘돔을 적절히 사용함으로써 위험성을 크게 줄일 수 있다는 점(safer sex). 지금까지의 성관계를 돌이켜볼 때 위험성이 크다고 여겨지면 만일을 위해서 배우자도 검사를 받는 것이 좋다는 점. 왜냐하면 오늘날에는 치료법이 발전되었기 때문에 예전의 부정적인 인식과는 완전히 상황이 변한 데다가 치료 가이드라인 상의 치료 개시 추천 시기가 해마다 앞당겨지고 있기 때문이다.

여기서 요시모토에게 개인적인 사정을 묻지 않고, 일반적인 설명을 하는 것으로 그치는 이유는, 함부로 개인의 비밀에 발을 들여놓지 않기 위해서이다. 만약 요시모토가 배우자와 거의 성관계를 하고 있지 않는다면 배우자에게 감염될 가능성은 적으며, 요시모토는 이러한 부부의 은밀한 부분까지 의사에게 알릴 의무는 없다. 위에서 언급한 바와 같은 설명에 대해 요시모토의 반응을 기다린 뒤에 질문을 해도 전혀 늦지 않다(비밀을 지키는 방법에 대해서는 ⇒ p. 107).

■ 파트너에게 연락하는 것은 의료인의 의무인가[†]

만약에 요시모토가 콘돔 없이 아내와 성관계를 자주 가지면서도 알리려고 하지 않고, 앞으로도 감염 예방을 위해서 콘돔을 사용할 마음이 없다고 말한다면 의료인은 어떻게 대처해야만 할까? 의사는 아내에게 연락을 해서 주의를 환기시켜야 할까?

서양의 몇몇 연구서가 비슷한 사례를 다루고 있다. 매우 신중한 자세를 취하는 내용부터 이런 경우는 반드시 연락을 해야 하며 의료인의 기밀유지는 적용되지 않는다라고 단언하는 내용까지 의견이 엇갈려 있다. 또한 미국 의사회와 미국 내과학회, 미국 정신의학회에서는 의사는 파트너에 대한 주의 연락의 의무를 가진다고 견해를 표명하고 있다. UN에이즈합동계획(UNAIDS)과 UN인권고등판무관사무소(OHCHR)에서 작성한 「HIV/AIDS와 인권에 관한 국제 가이드라인」(1998)에는 감염자의 파트너에 대한 주의 연락을 의사의 의무로 적지는 않았다. 다만, 의사에게 그렇게 할 권한이 있다고 하였다. 즉 의사는 감염자의 파트너에게 주의 연락을 하는

[†] 이 사례와는 관련이 없지만 외국의 어떤 지역은 결혼하기 전의 HIV검사를 의무화하며, 의무적으로 양성판정 후 1개월 이내에 환자가 파트너에게 통지하도록 하는 곳이 있다. HIV감염자를 줄이려는 목적으로 이러한 법적의무가 정당화될 수 있을까?
결혼 전에 산부인과에서 성감염증을 포함한 임신 가능성(임신 출산이 가능한 몸 상태인지 아닌지) 검사를 받는 사람이 일본에서도 증가하고 있다. 그중에는 상대방 부모님이 바라기 때문에 검진을 받는 사람이 있다. 만약 여기서 HIV감염증이라는 사실이 밝혀지게 된다면, 의료인은 어떻게 그 사실을 환자에게 전해야 할까? [미야기]

것이 가능하나 반드시 주의 연락을 해야 하는 것은 아니라는 뜻이다.

앞에서 타라소프 사건에 대한 공부를 했다(잊어버린 사람은 ⇒ p. 118). 그 사건 이후 의료인의 기밀유지 예외 조건을 살펴볼 때 타라소프 사건이 하나의 모델이 되어왔다는 내용이었다. 그런데 타라소프를 죽이고 싶다는 말과 자신의 HIV감염 사실을 아내에게 밝히고 싶지 않다고 하는 것을 놓고, 어떤 사람들은 유사한 것이라고 말하고 다른 사람들은 다르다고 말한다. 살인과 성감염증을 옮기는 것, 확실한 수단으로 직접 죽이는 것과 죽을 가능성은 있지만 치료법이 밝혀진 감염증을 옮기는 것과의 차이는 매우 크다고 본다. 그러므로 타라소프 사건 판결을 요시모토의 사례에 그대로 적용하기에는 무리가 있어 보인다. 즉 의료인이 요시모토의 의향과 관계없이 어떻게 해서라도 요시모토의 아내에게 사정을 이야기하고 반드시 검진을 받도록 권유를 해야 한다고까지는 말을 할 수 없을 것 같다.

■ 만약 간호사 엔도가 전화를 한다면

간호사 엔도의 마음이 불편한 것도 이해가 간다. 그렇다고 해서 만약에 엔도가 요시모토 몰래 아내에게 전화를 한다면 어떻게 될까? 요시모토의 아내는 엔도에게 "그랬어요? 전 전혀 모르고 있었어요. 알려줘서 고마워요"라며 고마워할까? 마음의 준비가 되지 않은 요시모토의 아내가 받는 충격은 매우 클 것이다. 게다가 지인이 남에게 말하기 껄끄러운 자신의 남편과 가족의 비밀을 알고 있다는 사실에 절망감은 더욱 커질 것이다. 한편, 병원 의료진에 대한 요시모토의 불신이 순식간에 증폭될 것이다. 이러한 요시모토 가족의 혼란을 과연 엔도는 진정시킬 수 있을까?

파트너에게 알리는 방법에는 세 종류가 있다.[88] ① 감염자 자신이 고지하기까지 기다리는 경우(patient referral). 그리고 ② 감염자가 일정 기간 내에 파트너한테 고지하지 못했을 때에 한해서 의료인이 연락하게 되는 경우(conditional referral). 또한 ③ 감염자의 태도와는 전혀 관계없이 처음부터 의료인이 연락하는 경우(provider referral)이다.

요시모토는 증상이 나타나지 않았으며 HIV 감염에 대한 치료를 서둘러야 할 상태는 아닌 것 같다. 초조해하는 것은 금물이다. 느닷없이 ③의 방법을 써서 혼란을 불러일으키기보다는 ①의 입장을 우선으로 하는 게 좋을 것 같다. 어쩌면 때가 되어 요시모토 스스로가 ②의 방법을 쓰고 싶어 할지도 모른다. 서두르지 말고 천천히 판단했으면 한다. 지금 당장은 요시모토 본인에게 여유가 없을 것이며, 아내도 이 사실을 받아들이기까지 상당한 부담이 될 것이다. 시간이 지나도 요시모토가 아내의 감염 예방을 위해 구체적인 행동을 취하지 않을 경우에 한해서(그걸 어떻게 알 수 있는가?), 의료인이 주의 연락의 필요성에 대한 검토를 시작해도 괜찮을 것이다. 단, 이러한 시도는 요시모토 모르게 해서는 안 되며 본인에게 설명과 제안 그리고 예고하고 나서 하는 것이 최소한의 예의다.

■ 예전에 사귀었던 파트너에게는

그런데 요시모토의 사례에는 또 다른 논점이 존재한다. 어떤 연구자는 예전에 사귀었던 혼외 파트너에게는 주의 연락의 의무는 없으나 법적 배우자인 경우에는 이야기가 다르다고 말한다. 정말 그럴까?

■ HIV가 아니라면

이 사례는 HIV 감염에 관한 이야기다. 그런데 병원체가 HIV가 아닌 임균이나 클라미디아였다면 과연 어떠했을까? 약을 먹어서 낫는 병이라면 통지하지 않아도 괜찮을까? 자궁내막증을 일으켜 불임의 원인이 되더라도, 요시모토의 아내는 더 이상 아이를 출산하지 않을 테니 상관이 없는 것일까? 그렇다면 자궁경부암과의 관련이 주목받고 있는 HPV(인간 유두종 바이러스)였다면 어땠을까?

■ 요시모토가 여성이었다면

자신의 아내에게 진실을 이야기하지 않다니, 요시모토는 나쁜 사람이라는 감정을 느끼는 사람이 있어도 전혀 이상하지 않다. 그 마음은 이해한다. 그러나 다음과 같이 상황 설정을 바꿔보면 어떨까?

감염 사실이 판명된 주부 와타나베는 의료진이 남편에게 이 사실을 알려야 한다고 권하자, 울면서 간신히 자신의 마음을 말하기 시작했다. "그런 말은 절대 할 수 없어요. 만약 화를 잘 내는 남편이 이 사실을 알게 되면 큰일 나요. 지금 당장 이혼하자고 하면 저는 어떻게 살아야 되나요." 이 경우에도 진실을 남편에게 말할 수 없는 와타나베가 나쁜 사람이 되는 것일까? 요시모토와 와타나베의 사례에는 어떤 차이가 있을까?

상대에게 알릴 수 다면 그것은 물론 좋은 일이다. 그러나 그것이 누구에게나 쉬운 것은 아니다. 의무에는, 그것을 다하지 못한 경우에 비난 받아 마땅한 의무('완전 의무'라고 부른다)와 맡은 의무를 다했을 경우에 칭찬을 받는 의무('불완전 의무'라고 부른다), 이렇게 두 종류가 있다고 한다.[89] 이 사례에서 감염자는 성행위를 회피하거나 또는 콘돔을 사용함으로써 완전 의무를 다한 것으로 볼 수 있다. 감염을 고지하고 파트너에게 조기 검사와 진료의 기회를 주는 것은 불완전 의무에 속하게 된다. 우선 당장은 요시모토가 아내에게 고지를 하지 않는다 하더라도 감염되지 않도록 방법을 취하고 있다면, 완전 의무를 다하고 있다고 평가해도 괜찮지 않을까.

3. 어떻게 하면 좋을까

조금 더 시간이 걸리더라도 추이를 지켜보고 싶다. 의료윤리의 문제를 생각할 때, 자칫 이야기를 할까 말까라는 양자택일적인(즉, 딜레마로서) 고민에 빠지기 쉽지만 그렇게 단순하게 생각하지 않고 시간축을 고려하면 좋을 것 같다. 요시모토의 의향†을 처음부터 무시하고 의료인마음대로 마구 밀어붙이는 것만은 피하고 싶다. 즉 요시모토한테 설교를 하거나, 허락을 받지 않고 아내에게 연락을 해서는 안 된다. 오히려 조급하게 파트너한테 고지할 필요는 없다고 말할 수 있을 정도의 여유를 가져야 한다.

주위에 있는 누군가로부터가 아니라 감염자 본인이 감염 사실을 고백할 경우, 파트너는 "말하기 어려운 사실을 잘 말해줬어"라며, 오히려 고지하기 전보다 더 관계가 좋아지는 경우가 꽤 있다고 들은 적이 있다. 물론 헤어지는 경우도 있다. 그러나 의료인이 환자 가정의 존속을 항상 선(善)으로 생각하고 그것을 위해서 행동할 필요까지는 없을 것 같다.

사례 6. -D-

> 전업주부인 사이토 요시코(62세)는 진성적혈구증가증 진단을 받고 10년 동안 정기적으로 외래 통원치료를 받아왔다. 올해 봄부터 피로감과 미열증상이 나타나기 시작해서, 남편 테츠시(68세)는 외래진찰을 권유했으나, 사이토는 괜찮다면서 뒤로 미루고 있었다. 그런데 6월에 받은 외래검사에서 급성백혈병으로 진행되었다는 사실을 알게 되었다. 완치를 위해서는 우선 항암제로 백혈병 세포를 죽인 후에 조혈모세포이식을 할 필요가 있다는 주치의인 야마시타의 설명을 듣고 당일 입원하였다.
>
> 입원 후 즉시 항암제 투여와 이식 준비가 시작되었다. 사이토에게는

---

† 본인의 의향을 무시해서는 안 된다. 그러나 본인에게는 시간적·정신적 여유가 있다하더라도, 그것은 아내에게 무엇을 가져다줄 것인가? 감염의 위험성도 있으며, 만약 감염되어 있는 상태라면 치료를 조기에 실시하는 것을 권장되고 있다. 남편에게 있어서의 여유는 아내에게는 의학적인 불이익이 아닐까? [아다치 토모]

형제가 없기 때문에 골수은행에 등록했으나 사이토와 맞는 기증자를 찾지 못했다. 멀리 떨어져 사는 외동아들인 요시키도 지병 때문에 기증 후보자가 되지 못했다. 게다가 사이토의 혈액형은 -D-(바디바)라는 매우 희귀한 것으로, 같은 혈액끼리만 수혈이 가능하다는 사실도 알게 되었다.

4주간의 힘든 항암제 치료를 사이토는 이를 악물고 견뎌냈다. 그러나 골수검사 결과, 항암제의 효과는 충분하지 못했다. 이렇게 백혈병 세포가 남아 있는 상태로 조혈모세포이식을 한다면 완치는 거의 기대할 수 없다. 그럼에도 이식치료를 하기로 한다면 제대혈을 사용하게 된다. 더구나 대량의 수혈이 필요하기 때문에 같은 형의 혈액을 일본 전국에서 끌어 모으지 않으면 안 된다.

병동 내 회의에서 의사인 야마시타는 일말의 희망을 걸고 즉시 제대혈 은행에 등록하고 싶다는 발언을 했다. 사이토는 항암제로 인해 폐렴이 생겨 상당히 위험한 상태에 처했다. 다음 치료에서 또 폐렴이 발생하면 그때에는 수명이 단축될 것이라는 담당 간호사 아오키의 말에 대해, 야마시타 의사는 확률이 10퍼센트 미만이라도, 다음번 항암제 치료가 성공을 거두고, 제대혈 이식으로 종양세포가 제거되기만 한다면 완치를 기대할 수 있다고 주장했다. 회의를 마치고 레지던트인 타나카는 -D-형의 혈액은 일본 전국적으로도 연간 50단위 정도밖에 모을 수 없는데 이식을 하려면 전체의 절반 이상을 사용해야 해서, 같은 혈액형인 사람이 사고를 당해서 긴급수술을 하게 된다면 곤란하지 않겠냐고 질문을 했다. 야마시타 의사는 아무런 대답도 하지 못한 채, 환자와 가족이 같이 모여 상담을 하기로 한 장소로 향했다.

"합병증이나 성공할 확률을 고려하면, 이런 말씀 드리긴 죄송합니다만…… 도박에 가까운 치료가 될 겁니다. 만약 치료 효과가 없을 경

> 우에는 힘든 치료를 계속했음에도 불구하고 퇴원을 못하게 될 수도 있습니다. 적극적인 치료를 미루고 권태감이나 미열 등의 증상을 완화시키면서 집에서 지내는 선택도 가능합니다"라고 야마시타는 전했다.
> "조금이라도 살아날 가능성이 있다면, 여보, 부탁이니까 이식을 합시다"라고 남편인 테츠시는 간청을 하듯이 말했다. "어머니가 건강해져서, 가을에 태어날 손자를 안겨주고 싶어요. 그렇지만……" 아들이 이렇게 말하자 사이토는 손수건으로 얼굴을 가리며 말을 하지 못했다.

1. 이 사례에는 어떤 문제가 있을까?

위암이나 대장암 등의 암은 수술로 절제할 수 없어서 암세포가 전신으로 퍼지면 항암제가 아무리 효과가 좋아도 완치는 불가능하다. 그뿐만 아니라 경우에 따라서는 항암제의 부작용 때문에 환자를 힘들게만 하는 경우도 있다. 그러나 혈액암은 다르다. 작은 희망이라 할지라도 완치 가능성이 있다. 사이토도 첫 번째 항암제는 효과가 없었지만, 다른 항암제와 제대혈 이식이 좋은 효과를 보이면 완치될 가능성이 있다. 하지만 완치될 가능성이 있으니 위험성이 아무리 높다 하더라도 하는 김에 이식 치료까지 해버리자고 말하는 건 거친 표현이다. 완치될 가능성이 있는 반면 오히려 환자가 힘든 경험을 하고도 퇴원을 못 한 채, 여명을 단축시킬 가능성도 매우 높다. 게다가 아주 높은 확률로 치료 효과를 얻을 수 있는 환자에게 사용할 수도 있었던 귀중한 혈액을 사이토에게 대량으로 써도 괜찮은지에 대한 문제도 발생한다. 사이토의 치료 방침을 누가 어떤 이유로 결정할 수 있을까.

2. 생각해보자

■ 하이 리스크 & 하이 리턴 의료(고위험 & 고이익 의료)

의료의 대원칙은 'Do not harm'이다. 즉 환자에게 해를 끼쳐서는 안 된다는 뜻이다. 이식의료는 높은 위험이 따르는(하이 리스크) 치료이기 때문에 환자를 힘들게 하거나 오히려 수명을 단축시키는 경우가 많이 있다. 이런 경우를 해(害)라고 할 수 있다. 그럼에도 불구하고 이식의료가 의료로써 성립하는 이유는 잘 하면 완치될 가능성이 있기 때문이다. 상당히 진행된 위암이나 대장암의 항암제 치료로는 그 부작용을 아무리 잘 견뎌내더라도 지금의 의학으로써는 완치를 기대할 수 없다. 그러나 혈액암의 치료에서는 완치를 기대할 수 있다. 완치될 가능성이 어느 정도이면 수명을 단축시킬 수도 있는 치료를 선택해도 괜찮을까? 그 판단을 누가 결정할 수 있을까, 해도 될까라는 문제가 있다.

환자 중심의 의료라는 말을 듣게 된지 오래됐지만 정말로 환자 혼자서 리스크가 높은 치료를 받을 것인가 말 것인가를 결정할 수 있을까. 의료인으로부터 권장이나 개입이 전혀 없으면 환자 혼자서 결정하기는 힘들 것이다. 점심을 소바 정식이나 우동 정식 중 어느 걸 먹을까 고민한 끝에 선택한 소바 정식 맛이 없을 때는 "자신이 정한 거잖아요"라는 말을 듣는 정도로 끝날 일이지만, 의료에 있어서는 그런 식으로 환자에게 자기책임을 강요하면서 끝낼 수만은 없다.

그러나 충분한 지식과 경험이 있는 전문가가 전문서적이나 가이드라인을 구멍이 날 정도로 뚫어져라 바라본다고 해서 사이토에게 어떤 권장을 하면 좋을지 답을 바로 낼 수 있는 것도 아니다. 이식의 적응에 대해서, 일본조혈세포이식학회(日本造血細胞移植学会)가 제시하는 조혈세포 이식 가이드라인[90]에는 "연령이나 치료 후 환자의 QOL까지 고려한 뒤에 각 환자마다의 검토가 중요하다는 것은 말할 필요도 없으며……"라고만 적혀 있다.

■ 희소한 혈액

이 사례에서 또 하나의 어려운 문제점은 사이토의 혈액형이 특수하다는 점에 있다. 혈액제제는 일반적인 약품과 달라서 사람이 혈액을 제공해야만 만들 수 있는 중요한 의료자원이다. 그렇기 때문에 그것의 배분방법에 있어 공정성, 평등이라는 시점에서 생각해볼 필요가 있다. 무엇을 가지고 공정, 평등이라고 할 것인가, 한정된 자원을 먼저 차지하는 사람이 임자인 것처럼 사용해도 될까, 아니면 투자에 걸맞은 양호한 결과가 예상되는 환자에게 사용하는 것이 공평한 것일까(⇒ pp. 243-245).† 혈액제제를 필요로 하는 환자가 지금 실제로 눈앞에 있는 경우에도 판단하기 어려운데 장래를 위해서 언제 나타날지 모르는 환자를 위해서 지금 있는 자원을 저장해두는 것이 좋은지에 대한 판단은 더욱 어렵다. 왜냐하면 그 판단은 눈앞에 있는 환자를 죽게 내버려두는 것이 될 수도 있기 때문이다.

-D-혈액은 희귀하기 때문에 아무렇게나 사용해서는 안 된다고 판단되면 사이토에게 제대혈 이식을 할 수 없다. 레지던트인 타나카의 질문에 주치의인 야마시타가 아무 대답도 못한 이유는 눈앞에 있는 사이토를 어떻게 해서든 살리는 것이 주치의로서 당연한 해야 할 일이라고 생각했기 때문일 것이다. 그런데 담당 환자를 우선시한다는 사고방식은 공평의 관점에서 볼 때 허용될 수 있는 것일까?

---

† 만약 의료보험제도가 없어진다면 이 혈액은 서민으로서는 도저히 사용할 수 없는 비싼 상품이 되어 치료를 포기해야만 할 것이다. 지금의 사이토에게 사용하겠다는 것은 결코 간단한 일도, 낭비도 아니다. 희소가치가 있는 혈액이니 사용할 수 없다는 말을 들으면 어느 누가 납득할 수 있을까? [이토]

■ **사이토의 생각**

사이토는 첫 번째 항암제 치료로 인해 폐렴이 발생했다. 의학적으로 보면 다음 치료에서도 마찬가지로 중증 폐렴을 일으킬 가능성이 충분히 있으며, 이식 단계에 도달하기 전에 목숨을 잃을 수도 있다. 제대혈 이식을 할 때에도 강력한 항암제로 인한 폐렴의 위험성이 더욱 더 높아진다. 이식 후에도 GVHD(이식편대숙주질환)이나 생착부전, 바이러스 감염 등의 여러 가지 합병증이 생길 수 있다. 치료 방침을 결정할 때에는 이러한 의학적인 조건은 물론이거니와, 환자 자신의 생각이나 가족과 같은 배경이 큰 영향을 미친다. 사이토에게 완치될 가능성이 낮은 힘든 치료를 견뎌낼 만한 기력이나 동기가 있을까? 장남은 손자를 안겨주고 싶다고 말하고 있지만, 사이토 자신은 어떤 생각을 하고 있을까. 가령 사이토가 40대이고 장남이 아직 고등학생이라면 어떨까. 아직까지는 가족을 보살피지 않으면 안 된다는 사명감에서 가능성이 매우 낮고 힘든 치료라도 운을 하늘에 맡기고 모험에 나설지도 모른다. 그러나 현재 62세인 사이토는 이젠 아이도 다 키웠기 때문에 남편에게는 미안하지만, 괴롭고 힘든 경험을 할 바에는 치료를 그만두고 집으로 돌아가고 싶다는 생각을 하고 있을지도 모른다.

사이토는 어떤 사람일까. 백혈병 진단을 받기까지는 괜찮다면서 검사를 미뤘을 정도니까, 가족에게 걱정을 끼치고 싶어 하지 않는 배려를 할 줄 아는 사람일지도 모른다. 그런 사이토라면 다른 사람에게 폐를 끼치는 치료는 포기할지도 모른다. 그런데 사실은 검사를 미루고 있었던 건, 병이라는 사실을 알게 되는 것이 무서웠기 때문일지도 모른다. 엄청 겁이 많은 성격일 수도 있다. 또한 합병증이 무서워서 결심을 하지 못하고 있는 건지도 모른다. 가족들이 간절하게 치료를 받도록 설득을 해도 아무런 대답을 하지 않았던 사이토는 어떤 마음이었을까. 어떻게 하면 사이토의 마음을 알 수 있을까? 평소에 하던 평범한 대회나 몸짓에 마음을 헤아릴 수 있는 힌트가 숨어 있을지도 모르지만, 진정한 마음을 이해한다는 건 가족이라 해도 어려울 것이다.

3. 어떻게 하면 좋을까

"희소한 혈액이니까 나에게 사용하기에는 아까워서 치료를 포기하겠어요." 사이토가 이렇게 말한다면 가족은 어떤 기분이 들까. 합병증이 무서워서 포기하겠다고 하면 잘 설명을 해서 "어떻게든 이식을 받도록 설득해 주세요"라며 의료인에게 간곡히 부탁을 할지도 모른다.

만약에 그런 간곡한 부탁을 받는다면 담당의는 어떻게 대응해야 좋을까. 나라면 설득은 안 한다. 시간을 두고 사이토의 속내를 들어보고 간호사와 다른 의료진에게 사이토의 상태에 대해서 물어볼 것이다. 그렇게 한다 해도 진짜 마음은 알 수 없을지도 모른다. 지금까지 충분히 설명을 하고 함께 치료를 열심히 받아온 사이토가 최종적으로 "희소한 혈액이니까"라고 말한다면 그것이 진짜 이유인지 아닌지를 추궁하기보다는 신뢰관계 속에서 도출한 결론으로써 존중해주고 싶다.

반대로, 사이토가 아무리 치료를 바란다 해도 성공률이 낮은 치료라면, 주치의는 자원 낭비가 될 수 있는 치료는 단념하도록 권유를 하지 않으면 안 되는 걸까, 개인이 희생되지 않으면 안 되는 의무라는 것이 있을까. 내가 환자이고 힘든 경험을 하더라도 일말의 희망에 모든 것을 걸고 싶다고 결심했다면, 틀림없이 아무리 희귀한 혈액이라도 마음껏 사용하고 싶다고 생각할 것이다. 누구라도 목숨을 건 치료를 받으려 할 때, 있을지 없을지도 모르는 미래의 환자를 위해서 자원을 반환한다는 건 정말로 하기 힘든 일이다.

사이토가 많은 생각 끝에 이식을 받고 싶다고 말한다면 주치의인 야마시타는 분명 이식치료를 시작할 것이다. 그런데 정말로 그렇게 해도 괜찮은 걸까. 만약에 1퍼센트라도 살아날 가능성이 없는 치료라고 한다면 어떨까. 내가 주치의라면 사이토가 이식을 바란다면 이식을 할 것이다. 왜냐면 사이토의 결심을 존중하고 싶고, 성공률은 낮다(1퍼센트 미만)하더라도 기회는 있으니까. 이기적이라는 말을 듣더라도 희귀한 혈액도 아끼지 않고 사용할 것이다. 왜냐면 대충하게 되면 사이토에게도 미래의 환자에게도 불이익이 되기 때문이다. 그런데 1퍼센트라도 살릴 수 없는 치료라면 처음부터 이식치료를 제안하지 않을 것이다. 0퍼센트가 아니라는 반론도 있을 수 있지만 중증 폐렴 등 합병증 때문에 힘든 경험을 하면서 남은 수명을 단축시키는 경우가 대부분일 것이다. 이것은 'Do not harm'의 대원칙에서 벗어나게 된다. 그런 경우에 나는 남겨진 시간을 사이토답게 지낼 수 있도록 함께 생각을 해나가고 싶다.[†]

[†] 종말기 상태에 따른 차이는 있지만 57~78퍼센트의 사람이 중심정맥영양·튜브영양·위루·인공호흡기·심폐소생을 바라지 않는다(2014년 후생노동성 종말기 의료에 관한 의식조사 등 검토회 보고서). 이 보고에 실리지 않은 「바라는 사람」들의 의견이 정말로 궁금하다. [쿠라바야시]

B. 모성간호, 소아간호, 산부인과, 소아의료의 현장에서

사례 7. 어린이의 의사결정

쇼우타(翔太)는 중학교 2학년 14세 남자아이이다. 10살 때 자주 피곤하고 빈혈 등의 증세로 지역 시립병원에 갔으며, 급성 림프구성 백혈병이라는 진단을 받았다. 부모는 의사로부터, 백혈구 수가 10만 개 이상으로 예후에 대해 낙관할 수 없다는 설명을 들었다. 입원 기간 6개월 동안 화학요법(관해유도 및 강화요법)이 이루어졌으며, 그로부터 2년에 걸쳐 외래에서 유지화학요법을 지속적으로 시행받았고 무사히 치료가 끝났다. 이 당시 쇼우타에게는 병명 및 치료에 관한 설명은 했으나 재발의 위험성이 높으며 예후를 낙관할 수 없다는 것까지는 설명하지 않았다. 2년 반에 걸친 치료를 끝내고 본인은 완전히 치료되었다고 믿고 있었던 것 같다.

병원에서 유지화학요법을 받는 동안 잦은 구토와 피로감이 있어서 학교생활에 제약이 있었으나, 치료가 끝난 뒤에는 서서히 쇼우타의 체력이 회복되어 중학교 축구부에서 맹활약을 할 정도로 좋아졌다.

그런데 최근 들어 예전처럼 쉽게 피로해지고 빈혈이 심해져서 검사를 받았고, 백혈병이 재발된 것이 확인되었다. 통상적인 소아의 급성 림프구성 백혈병은 비교적 예후가 좋으며, 화학요법만으로 대부분이 치유된다고 알려져 있다. 그러나 쇼우타의 경우는 발병 연령이 높고 백혈구 수가 많았기 때문에 통상적인 화학 요법만으로는 충분하지 못하며, 재발을 반복할 가능성이 있다. 이때 백혈병이 재발됐다는 사실과 지금까지 받아왔던 화학요법만으로는 치유가 힘든 병이라는 사실을 쇼우타에게 알렸다.

곧 이어 담당의와 부모가 이후의 치료방침에 대해 논의하였다. 담당의는 암세포를 완전히 소멸시키기 위해 화학요법에 더해 뇌와 척수에 방사선 요법, 그리고 골수이식이 필요하다는 등의 내용을 부모에게 설명했다. 부모는 골수이식을 해서 완전하게 낫게 해주고 싶다고 생각했고, 이식 기증자를 찾기 위해 두 살 많은 누나의 백혈구형 검사가 실시되었다. 검사결과 백혈구형이 일치하기 때문에 골수이식을 할 수 있다는 사실이 부모에게 전해졌다. 단, 방사선 요법과 골수이식을 하기 위해서는 먼 곳에 있는 대학병원에 장기간 입원하지 않으면 안 된다. 거부반응 등의 심각한 부작용이나 방사선 장애로 인해 뇌에 후유증이 생길 위험도 있다.

담당의와 부모는 이식의 필요성을 쇼우타에게 설명하고 권했다. 이에 대해 쇼우타 자신은 "화학요법을 받던 때도 너무 힘들었어요. 두 번 다시는 하고 싶지 않지만 치료를 위해서라면 어쩔 수 없지요. 그래도 그 이상의 힘든 치료는 싫어요"라고 대답했다. 또한 누나에게 부담을 주는 것에 대해서도 망설여진다고 했다. 누나는 동생을 위해서라면 어쩔 수 없다고 생각하는 것 같다.

[초판의 사례를 와카야마현립 의과대학 혈액내과 니시카와 아키노리가 일부 각색]

1. 이 사례에는 어떤 문제가 있을까?

　화학요법만으로 병을 일시적으로 억제할 수는 있어도 완치 가능성은 낮다. 방사선 요법과 골수이식을 조합하면 완치 가능성이 있다. 생명 예후만을 두고 보면 후자가 바람직하지만 위험한 부작용이나 합병증의 가능성이 있다. 본인도 힘든 치료는 싫다고 말한다. 치료방침은 부모가 정하면 되지만, 아이의 의향은 어디까지 반영되어야 할까? 자기결정 능력이 있는 성인에게 동의를 받는 절차를 충분한 정보에 의한 동의라고 하는데, 어린이의 경우 자기결정 능력이 결여되어 있어서, 단어상 구분해서 충분한 정보에 의한 찬성(informed assent)이라고 말한다. 어린이 본인의 찬성을 얻는 것이 바람직한데, 적절히 쇼우타에게 충분한 정보에 의한 찬성을 얻었다고 말할 수 있을까?

2. 생각해보자

■ 사람은 언제부터 어른이 되는가

　부모와 주치의는 쇼우타를 아이로 보고 치료 방침을 결정하는 논의에서 제외시켰다. 과연 쇼우타는 어린아이일까? 여기에 대해서 생각해보자.
　어른과 아이를 어떻게 구분할까? 언제부터 어른이라고 할 수 있을까? 당신은 중학생 때 "넌 이제 어린아이가 아니니까 어리광은 그만 부리고 정신 차려라" "너는 아직 어린아이니까 그런 건방진 말은 하면 안 돼"라는 들었을 것이다. "난 도대체 어느 쪽이야?"라고 투덜거리면서 화가 난 적이 있을지도 모른다.
　일본의 경우 법률상으로는 20세부터가 성인이다. 그렇다면 20세부터 어른이라고 하면 될까? 18세부터 자동차 운전을 할 수 있으며, 여성은 16세부터 결혼할 수 있다. 민법상의 유언능력은 15세부터 있다고 한다. 2009년에 개정되기 전의 '장기이식법'에는 이식을 위해 장기 제공자가 될 수 있는 나이는 15세부터였다. 또한, 부모가 이혼할 경우에 어느 쪽이 친권자가 될 것인가를 정하는 재판에서 15세 이상이 된 아이에게 의견을 묻는 것이 가능하다. 이에 반해, 형법상의 형사책임 능력은 14세부터 있다. 최근에 사회적으로 문제시되고 있는 소년범죄의 경우 14세 미만은 책임 능력이 없음으로 처벌을 받지 않는다. 이렇게 놓고 보면 성인과 어린이의 경계영역은 상당히 폭이 넓으며 애매하다는 사실을 알 수 있다.

그렇다면, 충분한 정보에 의한 동의의 성립요건이라는 측면에서는 어떻게 생각할 수 있을까? 대충 15세 전후가 경계선이 될 것 같다. 그러나 이해력은 개인차가 있기 때문에 10살이라도 충분히 이해할 수 있는 어린이가 있을 수 있으며, 어른이라도 그렇지 못한 사람이 있을 수 있다. 연령을 가지고 일률적으로 선을 그어서는 곤란하지만, 그렇게 할 수 밖에 없는지도 모른다. 개인별로 능력을 판단할 수 있으면 좋으련만. 그렇다고 하더라도 10살 때의 쇼우타가 재발의 위험성이나 예후를 낙관할 수 없다는 것까지 고지받지 못한 건 어쩔 수 없었던 일이었을지도 모른다. 그러나 14살이 된 쇼우타를 어린이라는 이유만으로 무시할 수는 없다. 최종적인 결정권은 친권자인 부모에게 있으나, 일방적인 부모의 의향만으로 결정할 수 있는 문제가 아니다.

■ 어른들끼리만 결정할 일인가

쇼우타는 10살 때 백혈병이 발병해서 화학요법을 받았다. 그때는 백혈병이라는 사실, 장기간 입원해서 주사를 맞는 등의 치료가 필요하다는 사실, 퇴원을 하더라도 오랫동안 정기적으로 통원치료를 하지 않으면 안 되는 병이라는 사실에 관한 대략적인 설명을 들었다. 그리고 2년 반에 걸친 치료를 마치고 자신은 이제 다 나았다고 생각했을 것이다.

14살 때 재발되었다는 말을 들었다. 또 다시 화학요법이 필요하다는 사실과 예후를 낙관할 수 없다는 사실 등을 알게 된 것 같다. 그러나 어느 정도로 자세한 설명이 이루어졌는지에 대해서는 알 수 없다. 그리고 앞으로의 치료 방침을 정하는 중요한 대화의 자리에 쇼우타 본인은 참석하지 못했다. 의사와 부모 사이에서 이야기가 오갔다. 그 결과 부모로부터 골수이식을 하자는 제안을 받는다. 갑자기 그런 설명을 들은 쇼우타는 잘 이해가 되지 않았을 것이다. 잘 이해되지 않는 일에 대해 결론만 딱 잘라서 전해 들으면 어리둥절해질 것이다. 고통스러운 치료와 귀찮은 치료는 싫다고 반응은 자연스러운 것일지도 모른다.

처음부터 같은 자리에서 여러 가능성에 대해서 제대로 대화를 나누었으면 조금이나마 공통 인식에 도달할 수 있지 않았을까? 쇼우타가 어린아이라서 깊이 생각하지 못하고 감정적으로 거부하고 있는 것이 아니라 정확한 정보를 받지 못해서라면 자기결정능력을 지닌 어른이라 하더라도 비슷한 반응을 보일 수밖에 없을 것이다. 고지 후의 중요한 대화의 장에 본인을 참석 시키지 않은 것 자체가 잘못되었다고 생각한다.

■ 쇼우타의 누나는 스스로 결정했을까

여기까지 읽어본 당신은 쇼우타의 누나가 걱정될 것이다. 고등학생인 누나는 언제 혈액검사를 받았을까? 그때 골수이식 제공자가 될지도 모른다는 사실에 대한 설명을 듣고 검사를 받았을까? 설명을 들을 때 어떤 심정이었을까? 병에 걸린 동생을 살리기 위해서 제발 백혈구형이 일치했으면 좋겠다고 진심으로 생각했을까? 아니면 자신에게 부담이 될 것을 알고 마음속으로는 일치하지 않기를 바랐을까? 그런 생각을 하는 건 이기주의적이라면서 자책을 하지는 않았을까?

행운인지 불행인지 모르지만 남매간의 백혈구형이 일치했다. 이제 아들이 살 수 있는 길이 열렸다면서 부모는 안도의 한숨을 내쉬었을 것이다. 누나는 어땠을까? 그보다도 지금 어떻게 생각하고 있을까? 사느냐 죽느냐의 기로에 서있는 동생 때문에 부모는 지푸라기라도 잡고 싶은 심정이다. 자신의 혈액에 기대를 하고 있다. 동생의 장래는 자신의 골수액 제공 여하에 달려 있다. 만약, 여기서 하기 싫다고 하면 어떻게 될까. 그 결과 동생이 죽어버리면 그 책임을 일생 동안 안고 살아야만 하는 것일까.

쇼우타가 처음 치료를 받았을 때는 10살이었고 누나는 12살이었다. 부모는 동생의 병 치료에 온 힘을 다 쏟으면서 아마 누나를 제대로 돌보지 못했을 것이다. 힘든 일이 있어서 푸념을 하려고 해도 동생의 병 때문에 힘들어하는 부모에게 말을 꺼내지 못했을 수도 있다. 가정은 동생의 병을 중심으로 돌아가고 있다. 이런 환경 속에서 자기의 의사를 밖으로 표출하지 않는 것고 자기주장을 하지 않는 것이 누나의 삶의 방식이 되어버렸을지도 모른다. 동생인 쇼우타도 누나를 염려하고 있다. 그렇기 때문에 자신의 일에 더 이상 누나를 끌어 들이고 싶어 하지 않는다. 10살이었던 자신도 힘들었지만 누나에게 외로움을 느끼게 했을지도 모른다. 서로가 서로를 염려하고 있다.†

가족의 구성원 중에서 누군가가 병에 걸리면 가족의 응집력은 강해진다. 한층 더 일치단결하게 된다. 위기에 처했을 때의 방어반응과 같은 것이다. 그리고 그럴 때에는 개인은 집단 속에 매몰된다. 사자로부터 공격을 받은 초식 동물이 무리를 지어서 도망칠 때 무리 자체가 하나의 개체인 것처럼 행동하는 것과 같다.

---

† 가족은 서로를 사랑하는 것이 규범처럼 되어버려서, 그 구성원으로서는 도망쳐 나올 수 없는 집단이다. 이것은 특히 가족 내에서 약한 입장에 있는 구성원에게 폭력적으로 작용하는 경우가 있다. [아다치 다이]
골수이식의 제공자가 쇼우타보다 어린 남동생이나 여동생이었다면? 제공자의 의미를 이해할 수 있을까? 의사표시를 할 수 있을까? 대화를 할 수 있는가? 형제의 생명을 살리기 위해서 태어나는「구세주 형제」는 태어나면서부터 유력한 제공자 후보다. 선택지 따위는 존재하지도 않는다. [아다치 토모]

이러한 모든 점들을 고려해볼 때, 누나가 검사를 받지 않거나 제공자가 되는 것을 거부하는 선택지를 선택할 수 있을까? 선택지가 없는 선택이란 바로 강제를 뜻한다. 사람들은 주인공인 쇼우타에게만 시선을 집중하겠지만 조금만이라도 조연인 가족 중의 다른 구성원에게도 주의를 기울여보자. 이러한 시각이 의료인에게 필요하다.

3. 어떻게 하면 좋을까

쇼우타는 중학교 2학년의 14세로, 평균적으로 14세면 어느 정도 어른에 가까운 자기결정능력을 갖추고 있다고 보아도 괜찮을 것이다. 그러므로 쇼우타의 희망은 상당 정도 존중하지 않으면 안 될 것이다. 부모의 의향에 따라 억지로 치료를 받게 하더라도 쇼우타가 순순히 따를 거라고 장담할 수는 없다. 실제로 병원에서 도망친 어린아이의 이야기를 들은 적이 있다.

화학요법을 재개하고 나서라도, 다른 치료를 할 것인지 숙고할 시간이 남아 있다. 본인과 누나가 한 자리에 모여서 대화를 차분히 다시 했으면 좋겠다.

사례 8. 유전 상담

타카하시 카즈미(56세)는 주부이며 2남 2녀의 어머니다. 장남과 차남은 이미 결혼하여 가까운 지역에서 살고 있고 총 세 명의 손녀가 있다. 차녀는 이제 막 고등학교에 들어갔으며 간호사인 장녀는 내년 봄에 결혼할 예정이다. 이제 얼마 안 있으면 아이를 키우는 일도 끝나

가고 조금은 마음에 여유가 생길 때이지만, 타카하시의 마음이 밝지만은 않다. 세 살 많은 바로 위 언니가 한 달 전에 난소암 수술을 받았다. 친정어머니와 큰언니는 유방암이며, 이모 두 명은 유방암과 난소암으로 여성암이 많이 생기는 집안이다. 어쩌면 자신도 언젠가 암이 생길지 모른다는 걱정을 하고 있다.

바로 위의 언니가 입원했다는 연락을 받고 얼마 지나지 않은 어느 날 밤, 늦게 집에 들어 온 장녀가 암 유전자 이야기를 꺼냈다. 원래 유방암은 다인자성 질환이라서 유전적인 원인은 10퍼센트 정도라고 알려져 있지만, 여성암이 많이 생기는 집안에서는 'BRCA1'이라고 하는 유전자에 변이가 발견되는 경우가 많다. BRCA1 검사에서 양성이 나온 사람은 65세가 될 때까지 약 65퍼센트의 확률로 유방암, 30퍼센트의 확률로 난소암이 생긴다는 연구자료가 있다는 이야기를 했다. 장녀는 곧 결혼을 하니까 검사를 받아볼까라고 혼잣말을 남기고는 자기 방에 들어갔다.

이 이야기를 들은 뒤, 타카하시는 때때로 견디기 힘들 정도로 불안해졌다. 지금까지 막연하게 집안에 암 발병률이 높다고만 생각하고 있었는데, 그런 자세한 연구자료가 있고 암에 걸릴 가능성을 미리 알 수도 있다는 사실을 알게 되자 딸의 이야기가 머릿속에서 떠나지 않게 되었다. "나도 검사를 받아 보는 게 좋을까? 만약 결과가 음성이 나오면 쓸데없는 걱정은 안 해도 되잖아"라는 마음도 없지 않다. 그런데 역시 양성이 나오면 어떡하나 하는 두려운 마음이 더 강하다. 그리고 만약에 내가 양성이라면, 어쩌면 손녀들에게도 그 유전자가 있을 수 있다는 생각을 하게 되자, 어찌할 바를 몰라 잠 못 이루는 밤이 이어졌다. 혼자서 생각하다가 지친 타카하시는 고등학교 동창생 중에 친하게 지내는 간호사 이노우에게 용기를 내서 상담을 받아볼까 생각했다.

(M. Parker, D. Dickenson, The Cambridge medical ethics workbook, 2001 에서 일부 각색)

1. 이 사례에는 어떤 문제가 있을까?

사람은 언젠가 죽기 마련이다. 자식도 부모도 연인도 죽는다. 간호사도 의사도 죽는다. 그러나 대다수의 사람들은 태연하게 생활하고 있다. 의식을 하고 있지 않기 때문에 태연할 뿐이다. 나에게 죽음이 다가 오는 것을 잊은 채 살 수 있기에 삼시세끼가 맛있다고 말하는 사람이 있는 반면, 언젠가 죽는다는 걸 알고 있기 때문에 이렇게 살아 있음에 고마움을 느끼고 밥이 점점 더 맛있고 말하는 사람도 있다.

불안에 싸여 괴로워하고 있는 타카하시의 사례를 통해 우리 인간이 뭔가를 안다는 것의 의미, 유전자 검사의 특수성, 의료현장에서 숫자를 제시하며 설명하는 것의 의미에 대해서 생각해 보도록 하자.

2. 생각해보자

■ 타카하시를 불안하게 만드는 것

먼저, 타카하시를 불안하게 만드는 것은 무엇인가? 우선 ① 타카하시 집안에는 여성암에 걸린 사람이 많다는 점. ② 한 달 전에 친언니도 여성암 수술을 받은 점. 그래서 다음은 자신의 차례가 되지 않을까라고 걱정한다. 그런데 또 다른 이유도 영향을 미치고 있다. ③ 간호사인 딸이 유전자 이야기를 한 것이다. 이 이야기를 듣지 않았다면, 더 막연한 걱정을 하면서 지냈을지도 모른다. 예를 들자면, 구름의 종류나 모양, 바람의 상태를 보고 며칠 후의 날씨를 예상하는 식이었을 것이다. 그런데 돌연 여기에 과학적인 이야기가 끼어 들어왔다. 게다가 이야기를 꺼낸 큰딸은 의료 전문가인 간호사다. 타카하시 입장에서 보면, 암에 걸릴지 안 걸릴지 모르는 자신의 운명은, 앞으로 어쩌다가 우연이 겹쳐서 정해지는 것이 아니라, 이미 정해져 있는데도 불구하고 단지 자기 자신이 그것을 모르고 있을 뿐이다. 아직 결정되지 않은 일에 대해서는 모르는 게 당연한 것이라서 마음먹기에 달렸으며, 너무 비관적으로 끙끙 앓고 있을 필요는 없다. 뭐랄까, 암에 걸리면 걸리고 나서 생각하면 돼, 라는 식으로 마음을 안정시킬 수도 있다.

그런데 과학적으로 예측이 가능하다고 하면, 그렇게 안일하게 있을 수만은 없다. ①, ②에 덧붙여서 ③이 타카하시의 불안을 크게 만들어서 떨쳐버릴 수 없을 정도로 증폭시킨 건 거의 틀림없는 사실이다. 그리고 ③의 배후에는 ④ 암이 많이 생기는 가족에 대한 연구가 활발하게 진행되어 일정 수준 이상의 연구 성과가 축적되었다는 사실이 존재한다. ④가 없었으면 ③은 있을 수가 없다. 게다가, 타카하시의 걱정은 자신의 건강에만 한정되지 않는 것 같다. 타카하시에게는 두 명의 딸과 세 명의 손녀가 있다. 이 여성들은 언젠가 여자 아이를 낳을지도 모른다. 아직 태어나지 않은 아이들을 포함해서, ⑤ 그녀들이 자기와 똑같은 괴로운 걱정을 떠안게 될 것이라는 생각에 타카하시의 마음은 괴롭다. 물론 ⑥ 가까운 미래에 자신이 암에 걸려서 죽기라도 한다면, 막내딸은 어떻게 될 지에 대한 불안도 들 것이다. 이렇듯 몇 가지 요인이 타카하시의 마음을 조이게 한다. 과연 그 중에서 무엇이 제일 큰 걱정거리인지 우리는 알 수 없다.

■ 무언가를 알고 싶어 한다는 것

동경대학 의학부 출신인 작가 아베 코우보가 쓴 『箱男(하코 오토코: 상자 남)』의 내용 중에, 소설의 흐름과는 관계가 없지만 재미있는 이야기가 나온다. 사람들은 신문을 읽고, 뉴스를 듣는데, 이것은 무엇을 위해서인가. 어디선가 폭탄 테러가 있었다. 다른 어떤 곳에서는 비행기가 추락했다. 화재가 발생해서 몇 명이 죽었다. 왜 이런 가슴 아픈 뉴스를 듣는가? 그건 자신의 무사함을 확인하기 위해서다 라고 하코 오토코(골판지 상자를 뒤집어 쓴 채로 살아가는 사람)는 생각한다. ― 어디선가 불행한 일이 일어 있었습니다. 그런데도 이 뉴스를 듣고 있는 나는 살아 있습니다,라는 내용이다. 의료현장에도 비슷한 경우가 있다. 병명을 정확하게 고지받고 싶으냐는 질문에 상당수의 외래초진 환자가 그렇다고 대답하는데, 괜찮다는 말을 들을 것으로 상정하고 답하는 경우가 대다수라고 한다.

사람은 자신의 안전과 무사함만을 알기 원하는가라고 하면, 반드시 그렇지만은 않은 것 같다. 당신은 그리스 비극을 읽어본적이 있는가. 만약 아직 읽어보지 않았다면 꼭 소포클레스가 쓴 『오이디푸스 왕』을 읽어보길 바란다. 읽으면 마음이 요동친다. 제대로 된 도서관에는 〈그리스 비극 전집〉 정도는 구비되어 있으며 단행본도 있다. 내용이 짧기 때문에 금방 읽을 수 있다.

처음 오이디푸스는 원인을 알 수 없는 재난으로부터 테베의 사람들을 구하기 위해서 아폴론의 신탁에 따라, 과거에 있었던 어떤 살인사건의 범인을 찾아 나선다. 그런데 뜻밖의 상황에서 엉뚱하게도 오이디푸스 자신이 범인으로 몰리게 된다. 이건 자신을 왕의 자리에서 끌어내리려는 음모라고 의심을 하면서도, 얽히고섥힌 과거에 있었던 일이 하나씩 밝혀지자, 오이디푸스는 진정한 자신의 정체를 밝혀내고 싶다는 생각에 강하게 사로잡힌다. 도중에 무서운 진실을 알게 된 왕비 이오카스테는 더 이상 "자신 찾기를 하지 말아 주세요(왜 이런 말을 한다고 생각하는가?)"라고 애원하지만, 이미 오이디푸스는 자신의 마음을 억누를 수 없게 되어버렸다. 설령 이 몸이 파멸한다 해도, 나 자신이 어떤 사람인지 모른 채 있을 수는 없다. 이렇게 이 이야기는 비명을 지르고 싶어질 정도의 결말을 향해서 치닫게 된다.

이야기를 할 때, 친구가 꺼냈던 말을 쏙 집어넣었다고 가정해보자. 그러면 당신은 궁금해질 것이다. "뭔데? 얘기해봐. 방금 뭘 말하려고 했던 거야?" "별거 아니야. 아무것도 아냐. 상관없는 일이야." 이런 대답을 들어도 역시 궁금해질 것이다. "아무 일도 아니라면 말해봐. 무슨 말을 하려고 했던 거야?" – 궁금한 것, 알고 싶은 것을 다른 사람이 숨기면 기분이 나빠지고 진정이 안 된다. 특히 나 자신에 대한 것이라면 누구나 더욱 그럴 것이다.[91]

타카하시의 알고 싶어 하는 마음과 모른 채 있고 싶어 하는 마음의 흔들림에 대해 다시 한 번 곰곰이 생각해보자.

■ 장녀가 검사를 받는다면

장녀는 무슨 생각으로 유전자 변이 이야기를 타카하시에게 했을까. 타카하시에게 검사를 받아보도록 권하려던 걸까. 꼭 그렇지는 않은 것 같다. 이 사례를 읽어봐도 그런 의도는 찾아볼 수 없다. 장녀는 잠시 이야기를 하고 자기 방에 들어가버렸다. 이건 내 상상이지만, 어쩌면 장녀 자신이 조금 불안한 게 아닐까? 말로 표현할 수 없는 애처로움과 어찌할 수 없는 분노가 섞인 듯한 기분마저 들어 그것을 엄마한테 내뱉을 수밖에 없었던 것은 아닐까? 이 이야기를 한 그날 밤, 장녀는 자신의 이야기가 타카하시에게 어떤 영향을 미치게 될지에 대해 곰곰이 생각할 여유는 없었을지 모른다. 일에 대해서, 결혼에 대해서, 자기에 대한 생각만으로도 벅차기 때문이다. 어쩌면, 어머니 집안 때문에 일이 성가시게 되었다는 식의, 말하자면 무의식중의 공격적인 마음이 자기도 모르게 표출된 것일 수도 있다.

의료인도 사람이다. 병원에서의 얼굴과 집에서의 얼굴이 다를 때가 자주 있다. 이건 어쩔 수 없다. 자기 집에서 프로 의식은 엷어진다. 병원에서는 의료인이지만 집에서는 가족의 일원이다. 병원에서 좋은 의료인으로서 지내면 지낼수록 오히려 집에서 쉽게 그 피로와 스트레스를 분출할지도 모른다. 그렇지만 이 사례에서 장녀의 이야기는 타카하시에게 목에 걸린 생선뼈와 같다. 장녀는 자기가 한 이야기가 타카하시에게 그 정도로 큰 영향을 미칠지 차마 생각하지 못했을 수 있다. 그러나 의료에 관계된 이야기를 나누는 데에서, 의료인이 아닌 사람에게 의료인은 언제 어디서나 의료인이다.

그런데 왜 타카하시는 의료인인 장녀와 다른 날 좀더 자세한 이야기를 나누지 않는 걸까? 장녀가 바쁘거나 지쳐 보이기 때문일까? 그 외에는 어떤 이유가 있을 수 있을까? - 물어보기가 겁난다. 그럴지도 모른다. 자신을 통해 장녀에게도 유전적 이상이 전달되었을 가능성에서 오는 (객관적으로 보았을 땐 쓸데없는) 죄책감 같은 것? 다른 이유로는 또 어떤 것이 있을 수 있을까?

과연 장녀는 검사를 받을까? 검사를 받을 가능성은 커 보이지 않는다. 당신은 어떻게 생각하는가?

그런데 장녀는 모계 친척들 중에 여성암에 걸린 사람이 많다는 사실과 유전자 검사가 가능하다는 사실(그리고 만약 검사를 받는다면 그 결과)을 사귀고 있는 사람에게 알려야 할까? 자신은 검사를 받고 싶지 않더라도 검사 받는 것에 대해서 남자 친구에게 이야기를 하는 게 좋을까? 남자친구를 통해서 또는 직접 그쪽 부모에게 이러한 사실을 미리 전해야 할까?

만약에 검사를 받는다고 하자. 운 좋게도 이상이 발견되지 않는다면 장녀는 일단 안심할 것이다(그러나 유전적인 것과는 관계없이 여성암이 생길 가능성은 존재한다). 만약 이상이 발견된다면 그것은 장녀에게만 있는 것이 아니라, 아마도 타카하시에게도 이상이 있을 것이다. 이렇듯 유전자 검사에는 특유의 문제가 존재한다. 즉 검사를 받고 나서 결과를 통지받은 당사자는 자기 자신의 개인정보라는 범위를 크게 벗어남과 동시에 혈연자의 유전적 정보도 같이 알게 된다. 또한 가까운 친척 중에 누군가가 검사를 받는 것, 어쩌면 자신도 공유하고 있는 유전정보를 그 사람이 알게 된다는 것에 대해서, 관련이 있는 혈연자 모두가 미리 알고 동의했다고는 볼 수 없다. 이럴 때 관계된 사람들의 프라이버시를 어떻게 생각하고 어떻게 보호하면 좋을까?

이 사례의 경우, (검사를 받았다는 전제하에) 장녀가 그 결과를 누구에게도 알리지 않는다면 그걸로 끝일까? 만약에 장녀가 유전자 검사를 받기 전에 타카하시를 포함한 모계 친척이나 형제에게 동의를 받으려고 친척들을 찾아다니면서 검사에 관한 이야기를 설명을 한다고 가정해보자. 아무리 친척이라도 그 결과를 타인이 알게 되는 것에 대해 거부감을 느낄 수 있으며, 그보다 검사 결과가 나오는 것과 누군가가 그 결과를 알고 있는 사람이 있다는 사실 그 자체가 마음에 들지 않을 수도 있다. 그래도 장녀가 자신의 유전자 정보를 알고 싶다고 부탁을 한다면 어떻게 해야 할까? 아무에게도 알리지 않고 몰래 검사를 받으며, 어떤 일이 있더라도 절대로 타인에게 알리지 않는 것이 최소한 검사 희망자에게 요구된다. 그런데 문제는 그걸로 충분한지 알 수 없다.

■ 확률의 해석

BRCA1에 이상이 있는 경우에는 65세가 되기까지 약 65퍼센트의 확률로 유방암에 걸린다고 한다. 이 검사를 두고 대단하다고 감탄하는 사람이 있을 것이다. 아마 BRCA1에 이상이 없는 사람이 65세가 되기까지 유방암에 걸릴 확률은 훨씬 더 낮을 것이다. 그렇다면 BRCA1에 이상이 있는 사람은 없는 사람에 비해서 유방암에 걸릴 위험성이 몇 배나 높다고 말할 수 있다. 그런데 BRCA1에 이상이 있는 사람이라도 65세가 되기까지 유방암에 걸리지 않는 사람이 35퍼센트 있다는 사실은 어떻게 받아 들여야 할까? 65퍼센트와 35퍼센트, 이 차이에서 검사를 받은 사람은 어떤 결론을 도출해낼 수 있을까? 난소암의 경우는 30퍼센트와 70퍼센트다. BRCA1 이상에 관한 임상 역학적인 연구는 한 사람 한 사람 개인의 발병을 예언하려는 목적이 아니다. 검사에서 이상이 발견된 사람은 꾸준히 정기적인 검진과 정밀 검사를 받아야 한다는 말 이상으로 무슨 말을 해줄 수 있을까. 반대로 만약 어떤 사람이 정기적으로 검진과 정밀 검사를 받고 있다면, 그 사람이 자신의 BRCA1 유전자에 이상이 있는지 없는지를 아는 것은 대체 무슨 의미가 있는 걸까?

이 사례에는 마침 BRCA1유전자에 이상이 있는 사람의 여성암 발병률이 구체적인 수치로 제시되어 있다. 의료현장에서는 이 이외에도 실로 다양한 방면에서 확률과 통계 자료를 이용한 설명이 이루어지고 있다. 의료인은 구체적이고 객관적인 숫자를 환자나 검사를 받는 사람에게 제시하면 틀림없이 합리적 판단을 내리는 데 도움이 될 것이라고 생각할지도 모른다. 그러나 실제로는 그렇게 단순한 문제가 아니다. 객관적이긴 하지만 다수의 예를 기계적으로 처리한 것에 불과한 숫자의 크기를 자기 인생의 선택에 즈음해서 어떻게 평가해야 좋을지 망설이는 사람이 있다 해도 전혀 이상하지 않다.

감염률, 부작용 발생률, 복권 당첨률, 입시학원 모의시험의 지망대학 합격률, 비행기 추락 사고를 당할 확률마저, 자기와는 상관이 없는 일을 밖에서 바라본 수치와 관계 당사자의 입장에서 보는 수치 사이에 무게는 전혀 다를 것이다. 그리고 운 좋게 또는 불행하게도, 자신의 몸에 일어난 경우에는 이미 집단 수준의 객관적이고 기초 통계적인 확률은 무의미하다.

당신이 타카하시의 동급생이었던 간호사라면 타카하시를 어떻게 대하고 어떤 이야기를 해줄 것인가? 설사 불행한 일이라 할지라도 미리 알 수 있다면 그것에 대한 마음의 준비를 할 수 있다. 그러므로 어떠한 경우에도 안다는 것은 좋은 일이라는 의견이 있다. 당신도 같은 의견인가? 아니면 이 말에 의구심이 드는가?

사례 9. 장애를 가진 신생아에 대한 치료 보류

치바 사나에와 남편은 30대 후반의 결혼 5년차 부부이며 3살짜리 딸과 함께 세 명이 살고 있다. 아이를 한 명 더 가지려 하는데 가능하면 남자였으면 좋겠다고 생각한다. 본인들보다 양가 부모들이 남자아이를 바라고 있는 듯하다.

순조롭게 임신을 한 치바가 임신 33주에 접어 들 무렵, 갑자기 자궁의 수축이 시작되고 자궁구의 개대가 확인되어 절박조산 진단을 받고 입원했다. 초음파 검사에서 배 속의 아기가 중증의 수두증인 사실이 확인되었다.

임신을 유지하려 했으나 아기의 상태가 좋지 않고 유산할 가능성이 있어서 제왕절개로 분만을 했다. 1,800그램으로 태어난 여아는 가사상태여서 즉시 신생아 집중치료실(NICU)로 옮겨졌다. 수두증으로 인한 뇌압항진으로 호흡부전이 일어났다. 긴급하게 뇌압을 내리는 수술이 필요했다. 치바와 남편은 소아과 의사에게 설명을 듣고 뇌실에서 복강으로 관을 연결하는 션트 수술에 동의했다.

션트 수술을 받고 아기는 일단 목숨은 구했지만 대뇌 위축이 심하여 성장하더라도 뇌장애로 인해 거동이 어려울 것이며, 중증 지능장애가 남을 가능성이 높다는 설명을 들었다.

또한 아기에게 대동맥 협착이라는 심장기형이 합병된 사실을 알게 되었다. 하행대동맥이 협착되어 하반신의 혈류가 적어지며 심부전이나 폐고혈압을 일으켜 수술을 받지 않으면 사망하게 되는, 예후가 좋지 않은 질환이라는 설명을 들었다.

사나에는 제왕절개 수술을 한 뒤로 경과가 좋아 퇴원하게 되었다. 하지만 아기는 이대로 장기간 NICU에서 계속 입원을 하면서 심장 수술을 할 타이밍을 기다려야 한다. 퇴원을 앞두고 사나에는 새로 태어난 가족을 맞아 들여 잘 키울 수 있을지 불안해졌다. 다시 산부인과 주치의와 상담을 한 결과, 아기는 목숨을 구하더라도 QOL이 낮은 상태여서 수술을 하더라도 큰 의미가 없을 것 같다는 조언을 들었다.

남편과 양가 부모는 장애 정도가 심한 여자 아이를 양육하기에 치바의 부담이 크다며 일단 심장 수술은 보류하도록 소아과 의사에게 의사를 표시했다.

1. 이 사례에는 어떤 문제가 있을까?

치바 부부의 아기는 심한 장애를 가지고 태어났다. 뇌 장애와 심장 장애가 그것이다. 뇌 장애에 대해서는 션트 수술을 받아서 생명은 구했지만 의식이 돌아오지 않고 있으며 심한 후유증이 남는다고 한다. 심장 장애에 대해서는 어려운 수술을 하지 않으면 살 수 없다고 한다.[†] 앞으로 이 아기가 살아나더라도 치바 부부의 부담은 크다.

살릴 가능성이 있다면 수술을 해야만 하는 걸까? 중증 장애를 가지고 있으며 부모에게 큰 부담이 되는 것이 치료 보류의 이유가 될 수 있을까?

---

† 의사는 그 치료법의 의학적 효과에 주목해서 치료를 권하는 경우가 많다. 그것은 효과가 그대로 환자와 가족에게 있어서의 이익이 된다고 믿고 있기 때문일 것이다. [하라]

2. 생각해보자

■ 장애아를 키우는 어려움

치바는 이 아기를 키우는 것에 대해서 불안해하고 있다. 어쩌면 당연하다고 할 수 있다. 보통의 건강한 아기라 할지도 키우기는 힘들다. 하물며 심한 장애를 가진 아기를 키워야 한다는 불안과 어려움은 엄청나다. 단순한 양육에서의 어려움만이 아니다.[†]

치바의 집에서 전문의가 있는 NICU(신생아 중환자실)가 있는 병원까지의 거리는 어느 정도 일까? 치료와 보육, 교육을 겸하는 요육센터와 같은 시설에 들어갈 필요가 있다면, 근처에 그것이 있을까? 하루가 걸리더라도 통원을 할 것인가, 하룻밤을 병원에서 지낼 것인가. 퇴원후의 보건이나 복지 지원 체제는 어떻게 되어 있을까? 부모가 치료와 양육에 시간을 뺏기면 일을 하는데 지장이 있을 것이며, 경제적으로 곤란해질 수도 있다. 이 아이를 보살피는 데에만 전념한다면 큰 아이는 누가 돌볼 것인가? 다른 가족이나 주위 사람들이 받아들이고 도와줄지도 의문이다. 편견에 부딪히거나 지역사회에서 소외되지는 않을까? 계속해서 불안한 마음이 들 것이다.

치바의 가족이 어떤 사람들인가에 따라서 달라지겠지만 어머니이며 며느리인 치바에게 과도한 부담이 되는 건 분명하다. 장애가 있는 딸을 낳은 며느리라는 부담감은 없을까? 양가 부모는 건강한 아들을 원했기 때문이다.

남편과 양가 부모는 사나에가 아기를 키우기에는 부담이 될 것 같다는

[†] 마리코는 '장애아는 키우는 데 돈이 많이 든다 부모가 죽으면 살아갈 수 없다. 형제가 따돌림을 당한다'를 '세 가지 신화'라고 말한다. 유아 의료제도, 특별 아동부양 수당, 제세공제, 장애기초연금, 그룹홈을 이용할 수 있다. [핫토리]

이유로 아기의 치료를 보류해 달라고 병원 측에 요청한 상태다. 이건 가족 중 누구의 의향일까? 사나에 자신은 사실 이 아이를 키우고 싶은데, 주위 사람들이 그것을 원하지 않기 때문에 이런 압력에 따를 수밖에 없게 된 건지도 모른다. 사나에는 어떻게 하고 싶은 걸까? 만약 치바가 무거운 부담을 느껴서 아이를 키울 수 없다고 생각하고 있다면, 과연 그것이 신생아 치료 보류의 이유가 될 수 있을까?†

■ SOL과 QOL

중증 장애를 가진 신생아를 적극적으로 치료해야 하는가, 아니면 어떠한 사정으로 인해 하지 않아도 되는 경우가 인정될 수 있는지에 대해서는 다양한 의견이 있다. 세계적으로 어떤 논쟁이 전개되고 있는지 대충 살펴보기로 하겠다. 1982년 4월 9일, 미국 인디애나 주에서 기관식도루를 동반한 식도폐색증을 가진 다운증후군 아기가 태어났다. 식도가 위가 아닌 기관에 연결된 기형이어서 위와 식도를 연결하는 수술을 하지 않으면 살 수 없는 상태였다. 소아과 의사는 수술을 권유했지만 산부인과 의사는 반대했다. 반대 이유는 다운증후군으로 인한 지능장애가 합병되어 있을 가능성이 있으며, 살아난다 해도 부모의 부담과 아이의 고통이 크다는 것이었다. 부모는 수술에 대한 동의를 거부했다. 이에 대해 병원 측은 동의를 하도록 소송을 제기했다. 이것이 베이비 도우(Baby Doe)사건이다.

치료의 보류는 도우의 생존권을 빼앗는 행위이며, 그 이유가 장애로 인한 차별이라고 주장했다. 도우는 4월 15일에 짧은 인생을 마쳤지만, 주대법원에서까지 재판에서의 다툼이 계속되었다. 결국 소송은 기각되었고,

---

† 가부장제도(patriatchy, 아버지가 가장으로서 가족구성원에 대한 결정권·지배권을 가지며, 장남이 대를 잇는다. 일본에서는 메이지 시대에 제도화되었다)에서 익숙한 사고방식이다. 여자는 시집을 가서 집안일을 하는 사람이라는 성차별적인 구도를 떠받치고 있는 장치라며 비판하는 페미니스트들이 많이 있다. [핫토리]

아기의 치료에 대해서는 부모가 선택할 권리를 가지게 되었다.

이 재판은 미국에서 상당한 관심을 불러 일으켰다. 그 뒤에 당시 공화당의 레이건 대통령의 연방정부에 의해서, 공적자금을 받고 있는 모든 병원은 장애를 이유로 치료를 보류할 수 없다는 통지가 내려졌다. 이것이 "베이비 도우규칙(Baby Doe Rules)"이다. 불가역적인 혼수상태거나 치료를 하더라도 살릴 수 없는 경우, 치료가 무익하고 비인도적일 경우 등으로, 치료를 보류할 수 있는 조건을 상당히 엄격하게 한정하였다.

이에 전혀 정반대라고 할 수 있는 사고방식이 2004년에 네덜란드 소아과 의사들에 의해서 제시되었다. 그로닝겐 프로토콜(Groningen Protocol)이라고 불리는 것이다(표2-2). 잘 알려져 있듯이 네덜란드에서 자기결정능력이 있는 성인은 안락사를 할 수 있다. 그 안락사를 12세 이하인 어린이도 인정을 해주자는 것이다. 이를 위한 조건에는 완치될 희망이 없으며 견디기 힘든 고통이 존재할 것 등이다. 다시 말해 QOL이 낮고 개선을 기대할 수 없는 경우 무리하게 치료를 하지 않는 것이 본인의 이익에 부합한다는 생각이다. 미국의 베이비 도우 법이 SOL를 존중한다면, 네덜란드에서는 QOL을 고려하여 안락사나 치료의 보류를 인정하고 있다.

표2-2 보류를 위한 절차(Groningen Protocol)

1. 회복은 절망적이며, 견디기 힘든 고통이 존재한다.
2. 부모가 아이의 죽음에 대해서 동의하고 있다.
3. 의학적인 협의(consultation)가 이루어진다.
4. 신중하게 임종을 맞이한다.

그럼, 일본으로 돌아와보자. 일본에는 보류에 관한 법적 기준이 아직 없다. 후생노동과학연구(주임연구자: 타무라 마사노리)에서「위독한 질환을 가진 신생아의 가족과 의료진의 대화 가이드라인」(2004)이 작성되었다. 또한 2012년에는 일본소아과학회에서 「위독한 질환을 가진 어린이의 의료를 둘러싼 대화 가이드라인」을 발표하였다. 그 이름대로 '상담'을 위한 것이지 '치료'나 '보류'를 어떤 기준으로 할 것인지 말 것인지를 정하기 위한 가이드라인은 아니다. 부모를 포함한 관계자가 어린이의 최선의 이익에 대해 대화를 나누고, 그 결과 아이의 최선의 이익에 부합된다고 생각되는 경우에는 생명유지치료의 보류나 중지를 제안할 수 있다고 되어 있다.

■ 내 아이에 대한 감정·이기심·죄책감

치바는 자기가 출산을 했음에도 불구하고 아직 자기 손으로 안아보지 못한 아기에 대해서 어떤 감정을 가지고 있을까? 이 문제에 대해서 생각해보도록 하자.

부모에게 부담이 된다는 이유로 살아날 가능성이 있는 아이의 치료를 보류한다면, 즉 죽게 내버려 둔다면 부모의 마음에 어떤 감정이 생겨날까? 보류하는 것은 이기적인 행위여서 규탄 받아야 하는 것일까? 장애가 이유라면 장애인 차별이라는 비난을 받아야 하는 것일까? 이것은 인공임신중절에도 공통되는 문제가 있다고 생각한다. 이것이 만약 이기적인 행위라고 한다면 인간은 이기적인 행위를 해서는 안 되는 것일까? 현실적으로 우리는 매일 이기적인 행위를 하고 있다. 자기만족이나 이익을 위해서 어느 선까지 타인의 것을 고려해야 할까?

장애인의 입장에서 요코즈카가 이런 주장을 하고 있다. 뇌성마비인 자신의 아이의 장래를 비관해 2살짜리 아들을 살해한 엄마에 대한 동정과 감형운동이 일어난 사건에 대해서, 이러한 여론은 "우리 장애인에 대한 편견과 차별의식의 표출"이며, 죽인 엄마가 죄를 면하고 장애아는 죽어도 상관이 없다면 "우리 장애인들은 마음놓고 살아갈 수 없다"라고.[92]

아기를 치료하지 않고 죽게 내버려두는 것에 죄책감을 느낄 수밖에 없다면, 만약 제왕절개를 하지 않고 자연 경과에 맡겨서 이 아기를 유산하거나 사산하면 어떻게 될까? 그래도 사나에는 죄책감에 시달릴까? 아니면 그다지 죄책감을 느끼지 않게 될까? 비난을 받지 않고 오히려 위로를 받을까? 또는 좀더 이른 단계에서 장애를 이유로 중절을 해버렸다면 그걸로 끝이었을까?†

인공임신중절, 사산, 보류, 영아를 죽이는 것은 어디가 같고 어디가 다른 걸까? 아기가 죽는다는 결과는 같아도 동기나 관련자가 받는 고뇌는 상당히 다르다.

■ 인격론(person 론)과 내 아이론

인공임신중절이나 치료 보류를 긍정할 경우, 그 이유로 '인격(person)'론이 거론되기도 한다.†† 태아나 신생아는 아직 인격체가 아니기에 인간으로서의 권리를 가지고 있지 않다. 그러므로 생존권도 없다. 이러한 주장은 1970년대 미국을 중심으로 한 생명윤리학에서 볼 수 있다. 이것을 '인격론'이라고 한다. 이것은 고전적인 인격론으로 간단히 말하면, 이성적인 사람[이것을 인격을 가진 사람(person)이라고 한다]만이 살 권리를 가졌으며 태아나 신생아, 중증 지적장애인이나 인지증 환자는 엄격히 말해 인격을 가진 사람이 아니기 때문에 무조건적인 살 권리를 가지지 못한다. 물론 권리가 없다고 해서 함부로 다뤄도 된다는 의미가 아니다. 권리의 주체

---

† 자신의 판단이 결과에 영향을 미치는 정도에는 농담(濃淡)이 있다. 결정을 할 때에는 자유의 정도에 비례해서 고뇌가 커진다. 의료인의 판단이 환자측에 불가항력으로 작용하여 자유를 빼앗아서 당사자의 고뇌를 줄여주기도 하는 것 같다. [니시카와 아키]

†† 만약 이 사례가 아기 우편함에서 발견된 아기였다면 어떻게 되었을까 생각해 보았다. 가족이 없는 장애아에 대한 치료의 선택권은 누구에게 있는 걸까? 불안도 죄악감도 애정도 받지 못한 아기는 인간으로서의 권리를 가지고 있지 않은 걸까? [쿠라바야시]

부모가 아이에 대한 책임 의식을 느끼지 않는다면 아이는 생존권을 가지지 못하게 되는 것일까? 아기에게 생명을 주었다는 사실에 대해 부모의 책임은 없는 걸까? [나카자와]

가 아니라 단지 보호를 받는 대상일 뿐이라는 것이다.

그럼 아기는 언제부터 인격을 가진 사람이 되는 걸까? 일반적으로는 인지능력을 가지면서라고 여기고 있다. 그러나 주위 사람들과의 관계라는 요소를 일단 괄호 안에 넣어 두고, 자율적이고 강한 존재에게만 권리를 부여하는 것은 매우 미국다운 생각이어서 우리의 감각으로는 왠지 이해가 잘 되지 않는다.

반면 아기가 머지않아 자율적으로 '인격을 가진 사람'이 되는 것이 아니라, 관계 속에서 '내 아이'라는 존재가 되어, 생존이 인정된다고 생각하는 사람이 있다. 어머니와의 관계성에 초점을 맞춘 것이다. 그렇다면 어머니는 아이를 언제 내 아이라는 특별한 관계로 수용하게 될까?

수정란 단계는 아닐 것이다. 태아의 태동을 느끼기 시작하는 때부터일까? 출산을 하고, 아이의 모습을 바라보고, 그리고 안아서 수유를 한다. 이러한 나날이 반복된다. 이러한 연속적인 과정 속에서 아이는 내 아이가 된다고 한다. 태어난 순간이나 이름이 생긴 때, 인지능력을 획득한 때가 아니라, 서서히 아이는 내 아이가 되어 간다. 내 아이라는 것이 관계 속에서 생성하여, 그렇게 처음으로 부모는 함께 살아간다는 책무를 자각한다. 그런 책무를 한 번 떠안으며 다시 물리기 힘들게 된다. 아마도 사나에는 이 단계에서 망설이고 불안을 느꼈을 것이다.

사나에의 아기는 인공임신중절되지 않았고 유산되지도, 사산되지도 않았으며, 인공적이기는 하지만 태어났다. 그러나 사나에의 가슴에 안겨본 적이 없으며 감정적으로 아직 완전한 내 아이가 되지는 못했을 것이다. 아이를 돌본다는 것은 특별한 관계를 만들어 가는 것이다. 여기서 생텍쥐페리의 『어린 왕자』에 나오는 왕자와 장미꽃과의 관계를 떠올린 사람은 없는가?

돌연 사나에에게 찾아온 아기. 이 아기를 받아들여서 내 아이라는 소중한 관계를 만들어가는 것이 과연 가능할까? 누구도 예상할 수 없다. 예상할 수 없는 장래를 앞에 두고, 사나에는 망설이며 불안을 떠안고 있다. 사나에가 이 아기를 앞에 두고 큰 불안과 곤란만을 느낀다면, 누가 억지로 그런 큰 부담을 지도록 강요할 수 있을까? 여기에 차별감을 느끼는 장애인들에게도 같은 질문을 던질 수 있지 않을까?

3. 어떻게 하면 좋을까

치료를 계속할 것인가 보류할 것인가, 일본에는 부모의 마음을 명확하게 방향 잡아 주는 법률도 가이드라인도 없다. 부모의 이기주의라고 말할지도 모르나, 나라면 이 아기를 포기할지도 모른다. 이 부담을 기꺼이 받아들일 자신이 없으며, 그런 심정을 정당화하려고 이런 저런 이유를 찾을지도 모른다. 아니면 의외로 용기를 내어 장애아의 부모라는 어려운 역할을 맡아서 열심히 살아보려 할지도 모른다. 어느 쪽도 어려운 결단이다.

치바가 어떤 선택을 할지 알 수 없다. 심사숙고 끝에 내린 결단은 어떤 것이든 부정하기 힘들다. 어쨌든 선불리 그 결정을 비판하는 경솔한 행동은 삼가야 한다.

C. 노년간호, 노인의료의 현장에서

사례 10. 고령자의 인공심장박동기

에노모토 스에는 85세 여성이다. 어렸을 때 류마티스열에 걸렸으며 그 후유증으로 심장판막증이 생겼다. 다행히 증상이 가벼워 일상생활에 큰 지장은 없었고 결혼 후 남편과 같이 작은 양품점을 경영해왔다. 아이 셋을 낳았으나 장남은 어린 나이에 죽었고 차남과 장녀는 성인이 되었다. 남편이 암으로 죽은 뒤로는 딸과 둘이서 가게를 꾸려 나갔다. 심부전 증세는 60대 중반이 지나고부터 나타나기 시작했다. 조금 오래 걷거나 계단이나 오르막길을 오르면 두근거리고 숨이 심하게 찬다. 검사결과, 심장판막증이 악화되었다는 것을 알게 되었다. 또한 동부전증후군으로 맥박이 극단적으로 감소하여 여러 번 실신하기도도 했다. 당시 심장판막수술을 검토했으나 위험성이 커서 미루었다. 그 뒤 인공심장박동기 삽입 수술을 받았다.

70대 후반이 된 에노모토에게 조금씩 건망증이 보이기 시작했다. 지갑을 챙기지 않고 '도둑맞았다'고 착각하기도 했다. 이때 범인 취급을 받은 건 무슨 이유에서인지 딸이었다. 이 때문에 딸과 사이가 나빠졌고, 요양원에 들어가게 되었다. 요양원에서는 착각으로 인해 가끔 말썽을 피웠지만, 치매는 가벼운 수준이어서 일상생활에 거의 문제가 없었고 대인관계도 대체로 양호했다.

에노모토의 심부전은 다시 악화되었다. 부종이 보이고 조금만 걸어도 숨이 심하게 차서 거의 하루 종일 자기 방에서 앉은 채로 지내게 되었다. 여기에 엎친 데 덮친 격으로 인공심장박동기의 상태가 나빠져서 부정맥과 고도의 서맥이 나타나 몇 번이나 의식을 잃고 발작을 보였다. 이 시점에 내과의사는 인공심장박동기의 교환이 필요하다고 지적하였다. 인공심장박동기는 거의 기능을 하지 않았으며 이대로 두면 서맥과 심부전이 진행되어 언제 심정지가 올지 모른다는 진단을 받았다. 수술 자체는 그렇게 크게 위험하지 않다. 그러나 고령인데다 심부전이 상당히 진행된 상태라서 일상생활능력(ADL)의 개선은 그렇게 크게 기대할 수 없으며 겨우 걸을 수 있을 정도라고 한다.

이에 대해 에노모토는 정확하게 의사표시를 하지 않는다. 사태의 심각성은 이해하고 있지만 어떻게 해야 좋을지 판단하지 못하는 것 같다. 딸은 "제가 어떤 의견을 말하면 어머니는 반발을 하기 때문에 어머니가 원하는 대로 해드리고 싶어요. 이젠 연세도 많으시기 때문에 잘못되더라도 운명이라고 각오하고 있습니다"라고 말한다. 아들은 "가능하면 수술을 받게 해드리고 싶어요. 그렇지만 전 멀리 떨어져 살고 있기 때문에 곁에 있거나 간병을 할 수는 없네요"라고 말한다.

1. 이 사례에는 어떤 문제가 있을까?[†]

에노모토는 이대로 두면 얼마 안 있어 심정지가 올 것 같으나 수술을 하면 앞으로 몇 년은 연명이 가능하다고 한다. 의학적인 수술 적응은 있다. 그러나 본인의 의향이 모호하다. 가족의 의견도 일치하지 않는다. 이대로 자연경과에 맡겨도 괜찮을까? 아니면 수술을 해야 할까? 만약 한참 일할 나이의 성인이라면 누구나 주저 없이 수술을 선택할 것이다.

의학적인 적응이 있으면 연령에 관계없이 수술을 하는 것이 좋은 걸까? 일정 나이 이상의 노인에게 위험을 동반하는 적극적인 치료가 불필요하다는 의견이 있다. 여기서는 고령자에 대한 의료를 생각해보기로 하겠다.

2. 생각해보자

■ **노인이란 누구인가**

이 책을 읽고 있는 당신은 몇 살 정도인가? 만약 학생이라면 적어도 자신을 고령자라고는 생각하지 않을 것이다. 그 노인이란 어떤 사람을 가리킬까? 몇 살 이상일까? 일본의 통계 등에서는 65세 이상을 노인이라고 하고 있다. 요즘 같은 세상에 65세 이상인 사람을 노인 취급하면 혼날지도 모른다. 60세라도 노화가 심한 사람이 있는 반면 100세인데도 아주 건강한 사람이 있다.

질병을 치료할 때, 완치가 되면 앞으로 수십 년은 더 건강하게 살 수 있

[†] 실제로 가족이 대신 결정하는 하는 경우가 많다. 그 결정이 본인의 의향에 가깝다는 증거는 어디에도 없다. 가족관계의 불화마저 끼어든다. 의료인은 그것을 알면서도 어쩔 수 없이 따라야 하는 것일까? [하라]

는 젊은이와는 달리, 노인은 완치된다 하더라도 머지않아 죽음이 기다리고 있다. 이것이 노인 의료의 특징이라고 할 수 있다. 물론 사람의 수명은 알 수 없다. 젊은 사람도 병에 걸려 죽을 수도 있다.

■ **노인 의료는 신중하게-소극적 치료론**

에노모토의 경우를 지켜 보면서, "뭘 그렇게 꾸물거리는 거야. 빨리 수술을 해버려"라고 말하는 사람과 "어차피 앞으로 얼마 안 있어 죽을 텐데 버둥거리지 마"라고 말하는 사람 이렇게 두 부류로 나눌 수 있을 것이다. 이 둘의 차이는 방금 말한 바와 같이 수술 후의 여명을 계산에 넣을 것인가 아닌가에 있다.

노인을 대상으로 하는 치료는 젊은 사람의 경우처럼 적극적으로 해서는 안 되며 어떠한 제한이 필요하다고 주장하는 사람이 있다. 그 이유의 하나로 자원의 적절한 배분이라는 개념이 근거가 되고 있다. 노인은 살날이 얼마 남아 있지 않기 때문에 애써 치료를 하더라도 곧 죽는다, 죽으면 지금까지의 치료는 헛고생이다. 그렇기 때문에 같은 자원을 보다 더 유효하게 사용해야 한다고 주장한다. 만약 똑같은 치료를 필요로 하는 두 명의 환자가 있는데, 그 둘이 젊은이와 노인이라면 젊은 사람에게 치료를 제공하는 것이 효율적이라는 사고방식이다.

그 밖에 의학적으로 볼 때 노인은 여러 합병증이 있거나, 체력이 약해져 있기 때문에 젊은이와 같은 치료 효과를 기대할 수 없다, 그러므로 무리하게 치료를 해도 소용이 없으며 큰 노력과 위험에 비해 이익이 적기 때문에 치료를 하지 않는 것이 좋다는 견해도 있다.

에노모토는 85세인데다 심부전이 진행되어 수술을 한다 하더라도 그렇게 좋은 결과를 기대하기는 힘들다. ADL의 개선도 그렇게 기대할 수 없는 것 같다. 산다 하더라도 앞으로 몇 년 정도 밖에 남지 않았을 것이다. 그렇다고 해서 수술을 하는 보람이 없다고 잘라 말할 수 있을까? 어차피 죽을 노인에게 한정된 의료자원을 투입한다는 것은 자원 낭비일까?

■ **치료에 연령이 관계할까?-적극적 치료론**

위의 의견에 대해, 고령이라는 이유만으로 치료에 차별을 두지 말라는 의견이 있다.† 어떤 일이든 공평·평등하지 않으면 안 된다. 고령이라는 이유로 치료를 받을 수 없다면 이는 노인차별(ageism)이 된다. 약자를 배척하는 것이 되어 용인할 수 없다. 사람은 연령이나 성 또는 인종, 장애의 유무로 인해 차별을 받아서는 안 된다. 옳은 말이다. 이런 평등주의가 적극적 치료론의 하나의 근거가 된다.

또 흔히 말하는 것은, 노인이라 하더라도 인간은 죽을 때까지 진보, 성장해나가는 존재이며, 그 누구도 인격의 완성, 원숙이라는 노년기 생애 주기의 과제를 달성할 권리를 빼앗을 수 없다는 것이다. 노인을 곧 죽는다는 마이너스적인 관점이 아닌, 아직 가능성을 지니고 있다는 플러스의 관점에서 바라보는 것이다.

이 두 가지 사고방식은 각각 근원을 달리 한다. 이 책의 처음 부분에 SOL과 QOL 설명을 했다. (⇒ p. 81) 비차별적인 적극적 치료론은 SOL의 사고방식과 닮았다. 아무리 나이가 많고 몸이 쇠약하더라도 생명임에는 변함이 없다. 성장 가능성에 기반한 적극적 치료론은 SOL에 가깝다.

그런데, 사람은 죽기 직전까지 계속 성장하는 걸까? 그런 사람도 드물게 있을 것이다. 그것은 그것으로 좋다. 그러나 모든 사람이 마지막까지 진보, 성장, 원숙을 지향해야 하는 것은 아니다. 그리고 성장하고 있는 도중이며 아직 가능성 있는 인생이라는 것을 치료의 근거로 해도 될까? 만약 그렇다면 병이나 장애 등으로 인해 성장할 수 없는 사람, 성장을 기대

---

† 초고령사회인 일본에서 고령자의 치료는 보류하는 게 낫다라는 분위기가 퍼지고 있는 것이 걱정된다. 일률적으로 병이나 연령에 의해서 정할 수 없다. 무리한 치료는 하지 않는 게 좋다고 생각할 때, 그것은 누구의 가치관인지 자문하는 힘을 기르고 싶다. [타케미]

할 수 없게 된 사람은 그런 이유로 치료의 무대에서 퇴장하지 않으면 안 되는 것일까? 소극적 치료론과 같은 사고방식에 이르게 된다.

■ 노화를 받아들이는 것

나이가 들어서 연약해지는 건 좋지 않은 것, 슬픈 것, 괴로운 것일까? 다시 말해 마이너스인 것일까? 주위의 건강한 노인을 보면 알겠지만, 나이가 드는 것 자체는 그렇게 마이너스가 아닌 것 같다. 모두들 나이 자랑을 한다. "80세이신데도 젊어 보이세요"라는 말을 들으면 매우 기뻐한다. 문제는 나이 드는 것이 아니라 쇠약해지는 것이다. 요컨대 노망이 들거나 누워 지내야 하는 경우일 것이다. 거국적인 건강수명 연장 캠페인을 펼치고 있는 것이 그 방증이다.†

건강수명이란 맑은 정신을 가지고 병석에 누워서 지내지 않으면서 건강하게 생활하는 시간을 말하는데, 건강하지 않게 되면 다 된 수명(인생의 마지막)이라는 뉘앙스가 들어가게 되는 것은 아닐까? 건강수명이라는 말은 얼핏 보기에 멋진 말처럼 보일지 모르지만 실은 무서운 말이기도 하다. 노인들에게 건강을 유지할 수 없게 되는 것에 대한 공포를 조장하기 때문이다.††

---

† '구구팔팔이삼사'를 바라는 사람은 많지만 실제로 그렇게 되는 사람은 거의 없는 것이 현실이다. 누구에게 병간호를 받을 것이며, 어디서 살 건지를 생각하는 편이 훨씬 더 현실적이고 중요한 일이다. [아다치 다이]
Re: 미리 의사를 정해서 표시해두는 것은 죽음을 응시하는 괴로운 작업이다. 그러나 결정해 두면 적어도 의료인이나 주위 사람들은 편해질지도 모른다. [하라]

†† 건강수명은 노인 전용의 QOL을 가리키는 듯한 느낌이 든다. 노인뿐만 아니라 QOL은 주관으로 평가되어야 하는 것이다. 건강하게 오래 사는 것만을 삶의 질의 평가기준으로 삼고 있는 것에 건강수명의 문제점이 있는 것 같다. [쿠라바야시]
여기서는 개인의 수명이라는 미시적 시점을 이미지해서 고찰하고 있지만, 거시적 시점을 소개하겠다. WHO의 '건강생활기간예측'(Healthy Life Expectancy. 약칭 HLE)라는 개념이 있다. 이것은 어떤 그룹(국민 등)의 이상적인 여명에서 죽음으로 인해 잃게 되는 생명연수(YLL: Years of life lost)와 건강하지 않게 사는 연수(YLD: Years of life lost due to disability)를 뺀 연수를 가리킨다. 이상적인 여명이란 탁상공론에 불과하므로 현실의 평균수명에서 YLD를 빼면 HLE가 되며 이것이 건강수명이라고 하는 것이

오래전부터 인류의 꿈 중에 하나가 '불로장생'이었다. 오늘날 의학이 발전해서 이 꿈에 한 발 다가섰다고 생각할지도 모른다. 그러나 아무리 장수한다 하더라도 불로는 있을 수 없다. 불사도 있을 수 없다. 그럼에도 불구하고 그저 모두 꿈꾸는 건 아닐까. 최근 안티에이징이라는 말이 유행하고 있다. 오래 살기 위한 건강법부터 미용상품에까지 폭넓게 사용되고 있는 말이다. 이런 사고방식이 유행하는 이유의 하나로 불로장생에 대한 기대가 있는 건 분명하다.

『걸리버 여행기』를 읽어 본 적이 있을 것이다. 난쟁이 나라에 가기도 하고, 말의 나라에 가기도 하는 모험 이야기다. 이 중에 불사인간이 등장하는 이야기가 있다. 죽지 않는 인간이 있다는 말을 들은 걸리버는 놀라면서, 자기도 그렇게 된다면 열심히 일을 해서 돈을 벌거나, 공부하거나, 하고 싶은 일은 뭐든지 할 수 있을 것이라며 부러워한다. 그러나 실제 불사인간을 본 걸리버는 실망하게 된다. 그 곳에는 비실비실할 정도로 몸이 쇠약해져도 영원히 죽을 수 없는 운명을 저주하는 불쌍한 노인이 있었다. 『걸리버 여행기』를 쓴 작가는 불로불사는 결국 이룰 수 없는 꿈, 그것도 악몽이라는 사실을 비꼬아서 말하고 싶었던 것 같다.

■ 노인에 대한 의료, 어떻게 할 것인가

사람은 싫어하는 일은 뒤로 미루고 싶어 한다. 죽음에 대해 생각하고 받아들이는 것도 마찬가지다. 죽음을 전제로 한 의료를 받아들이기 힘들다. 심정은 이해한다. 아무리 죽음으로부터 눈을 돌린다고 하더라도 노인은 죽음과 가장 가까운 곳에서 살고 있다. 머지않아 다가올 죽음을 염두에 두고 의료를 생각할 수 있다면 노인이 받는 의료의 내용은 자연히 바뀌게 될 것이다. 젊은이처럼 죽음이 멀리 있다는 전제로 하는 의료와 다를 것은

다. 물론 YLD는 질환별로 세세하게 계산되어 있다. [이토]

당연하다고 생각한다.

구체적으로 무엇이 어떻게 달라야 좋은가는 어려운 문제이다. 어떤 사람은 의료를 '일반의료'와 '특수의료'로 구분해서, 일반 의료는 모든 노인에게 해야 하지만, 특수 의료는 노인 모두에게 필요하지는 않다고 말한다. 특수의료란 예를 들면, 장기이식, 인공투석, 인공호흡기 그리고 인공심장박동기 등이다.[†]

3. 어떻게 하면 좋을까

일반론적으로, 지금 인공심장박동기 수술은 심각한 위험성이 없는 한 누구에게나 실시되고 있는 듯하다. 특수의료에서 일반의료로 점차 변하고 있다. 그래서 아무리 고령이라 하더라도 수술 대상에서 제외되지는 않는다. 그렇다면 에노모토도 수술 대상자다. 에노모토가 원하면 수술은 이루어질 것이다. 아들이 먼 곳에서 살고 있다고 하지만, 의료인은 실제 수술 일정이 언제인지, 며칠 정도 입원하면 되는지 등의 정보를 아들에게 제대로 전달하고, 정말로 협력이 어려운지 재검토할 필요가 있다. 또한 딸도 수술을 반대하고 있지는 않아서, 아들과 협력해서 병간호를 하는 것은 가능해 보인다. 그러나 거동을 할 수 없거나 치매라면, 치료를 받지 않겠다고 하는 그와 같은 기준이 있다면, 그에 걸리는지의 여부가 미묘한 것이다.

[†] 2016년 호스피스 완화의료 법에서는 연명의료 중단 이행시 통증 완화를 위한 의료행위, 영양분 공급, 물 공급, 산소의 단순 공급은 중단할 수 없는 없는 의료행위라고 하였다. 연명의료에서 일반의료라고 할 수 있다. 연명의료 중단 가능한 의료는 치료 효과 없이 임종 과정의 기간만을 연장하는 시점의 심폐소생술, 혈액 투석, 항암제 투여, 인공호흡기 착용으로 이것은 연명의료에서의 특수치료라 할 수 있겠다.

사례 11. 신체 구속

후지와라 긴자부로는 80세 남성이다. 10년쯤 전에 뇌경색을 앓고 나서 가벼운 좌측 마비가 있지만 걷는 데는 지장이 없다. 하지만 서서히 진행되는 치매로 일부 일상생활에 도움이 필요한 상태가 되어서 몇 년 전부터 요양원에서 지내고 있다. 낮에 시설 안을 배회하는 경우가 많지만, 별 문제없이 온순하게 생활하고 있다.

작년 겨울 몇 년 만에 독감이 유행하여 후지와라가 있는 요양원에도 몇몇 입소자가 독감에 걸려서 병원에 입원했다. 후지와라도 속발성 세균성기관지폐렴에 걸려 고열이 지속되고 체력이 떨어져 가까운 노인병원에 입원해서 치료를 받았다. 약 1개월 정도 입원하면서 침상 안정을 취하며 항생제 점적주사를 맞고서 간신히 폐렴에서 회복될 수 있었다. 그러나 장기간의 침상 생활로 탓에 근력이 떨어지고 관절이 구축되어 혼자 걷는 것이 어렵게 되었다. 게다가 폐용증후군(disuse syndrome) 때문인지 치매 증상도 급속히 악화되었다.

밤낮의 리듬이 흐트러지면서 하루 종일 배회하면서 자주 넘어지게 되었다. 배설 감각도 둔해져 소변, 대변을 실금하며, 방뇨 등이 있어 기저귀를 사용하게 되었다. 때로는 스스로 기저귀를 벗고 거의 알몸 상태로 병실에서 나오기도 하였다. 이 때문에 주간에는 위아래 옷이 붙어 있는 형태의 환자복을 입게 되었다. 너무 심할 정도로 배회할 때는 안정을 위해 휠체어에 앉아 지내게 했다. 간호사가 바쁠 때는 넘어지지 않도록 안전벨트로 몸을 고정시켰다. 또한 야간에 배회하거나 넘어지는 것을 방지하기 위해서 어떻게 해야 할지 검토가 이루어졌다.

의사는 정신안정제를 처방하기로 했다. 또한 야간에만 침대 난간을 사용하면 어떻겠냐는 의견이 나왔다. 하지만 이것은 신체 구속에 해

> 당하기 때문에 좋지 않다는 의견이 많아 거부되었다. 의료진들 사이
> 에서 어디까지가 안전을 위해서 필요한 조치인지 모르겠다는 목소리
> 가 나왔다.

1. 이 사례에는 어떤 문제가 있을까?

넘어지는 것을 방지하는 등의 안전 확보를 위해 어느 정도의 자유로운 행동 제한은 불가피한 것일까? 아니면 모든 구속은 존엄을 해치는 행위로 바람직하지 못한 것일까? 무엇이 신체구속에 해당하는 걸까? 여기서는 노인에 대한 신체 구속에 관해 생각해보도록 하겠다.

2. 생각해보자

■ 무엇이 신체 구속에 해당하는가?

용의자의 신병(身柄)을 구속한다와 같은 말을 뉴스에서 자주 듣는다.† 구속이란 자유로운 행동을 제한하는 것이다. 그리고 항상 감시 하에 두는 것이다. 그러므로 신체구속이란 신체를 자유롭게 움직이지 못하게 감시하는 것이다. 신체억제라고도 한다. 여기서는 병원이나 보건·복지시설 등에서 어떤 방법으로 환자나 입소자의 자유로운 행동을 제한하고 있는지 알

---

† 구속, 억제는 '행동을 제한하는 행위'에 있어서 같은 행위다. 일본의 정신과 병동이나 개호시설에서는 구속에 대해서 법률로 규정이 되어 있다. 그러나 일반병동에서는 구속에 관한 법적인 규제가 없다. 즉, 합법도 위법도 아니다. 처음부터 구속하는 것을 상정하지 않고 있는 셈이다. 따라서 긴급, 불가피한 경우의 행동제한을 구태여 '구속'이라 하지 않고 '억제'라고 표현하는 것 같다.

아보려고 한다. 구체적으로 무엇이 구속에 해당하는가에 대해서는 다양한 생각이 있어서 의견이 일치하지 않는다.

일본에서는 2000년에 '개호보호법'이 제정되었고, 개호시설 지정기준에 의해 신체 구속이 금지되었다. 여기에는 "서비스 제공에 있어 이용자의 생명 또는 신체를 보호하기 위해 긴급하거나 불가피한 경우를 제외하고, 신체 구속 기타 행동을 제한하는 행위를 해서는 안 된다"라고 적혀있다. 예외적으로 인정하고 있는 것은 "절박성" "비대체성" "일시성"이 3가지 요건을 충족시키는 경우뿐이다. 그리고 무엇이 구체적으로 신체구속에 해당하는지는 후생노동성이 작성한 신체구속의 기준에서 살펴볼 수 있다. (표2-3)

표2-3 개호보험 지정기준에 있어서 금지대상이 되는 구체적인 행위

개호보험지정기준에 있어서 금지대상이 되는 행위는 "신체적 구속 기타 입소자(이용자)의 행동을 제한하는 행위"이다. 구체적으로 다음과 같은 행위가 이에 해당한다. 1. 배회하지 못하도록, 휠체어나 의자, 침대에 몸이나 사지를 끈 등으로 묶는다. 2. 떨어지지 않도록, 침대에 몸이나 사지를 끈 등으로 묶는다. 3. 스스로 내려 오지 못하도록, 침대를 난간(사이드 레일)으로 둘러 놓는다. 4. 점적주사, 경관영양 등의 튜브를 빼지 못하도록, 사지를 끈 등으로 묶는다. 5. 점적주사, 경관영양 등의 튜브를 빼지 못하도록, 또는 피부를 마구 긁지 못하도록, 손가락 기능을 제한하는 벙어리장갑 등을 끼운다.	6. 휠체어나 의자에서 미끄러져 떨어지거나, 일어나지 못하도록, Y자형 억제대나 허리 벨트, 휠체어 테이블을 단다. 7. 일어서는 능력이 있는 사람이 일어나지 못하도록 방해하는 의자를 사용한다. 8. 옷이나 기저귀를 벗지 못하도록 제한하기 위해서 개호복(상하의가 하나로 연결된 환자복)을 입힌다. 9. 다른 사람한테 폐를 끼치지 않도록, 침대 등에 몸이나 사지를 끈 등으로 묶는다. 10. 행동을 진정시키기 위해서, 향정신약을 과도하게 복용하게 한다. 11. 자기 마음대로 열 수 없는 거실 등에 격리 시킨다.

(후생노동성 신체 구속 제로작전 추진회의『신체 구속 제로를 향한 입문서』, 2001에서)

■ 묶는 것만이 구속은 아니다

법률 등에서는 주로 물리적으로 행동을 제한하는 것을 신체 구속이라고 한다. 노인의 문제에서 약간 벗어나지만, 여기에서 구속이란 무엇인지 정리해 보겠다.†

대표적인 신체 구속은 손발을 묶는 등의 "물리적" 구속이다. 많은 사람들은 이것을 구속으로 인식한다. 그러나 구속은 이것뿐만이 아니다. 예를 들면 신경안정제를 많이 먹여서 졸려서 움직이고 싶지 않은 상태로 만드는 것, 극단적인 경우에는 계속 잠이 든 상태로 두는 것도 신체구속이라고 생각하는 사람이 많다. 이것을 "화학적(또는 약리적)" 구속이라고 한다.

그리고 또 하나 대부분의 사람들이 잘 의식하지 못하는 구속이 있다. 이것을 나는 "심리적" 구속이라고 부른다. 손발을 묶는 것도 아니며 잠들게 하지도 않는다. 그냥 계속 눈을 떼지 않고 있을 뿐이다. 항상 누군가가 보고 있다면 사람은 자유롭게 행동할 수 없게 된다. 바로 감시라는 것이다. 시선이 지니는 침습적인 힘을 얕잡아 보아서는 안 된다. 누군가가 보고 있다는 것만으로도 점점 의욕을 상실하게 된다. 정신과 의사인 나카이 히사오는 "시선에는 방사선처럼 피폭의 최대 허용량이 있는 것 같다"라고 말하고 있다.

병원이라는 곳에서는 감시하는 것이 당연하다고 생각하여 이것을 구속의 하나라고 보지 않는다면 감수성이 부족한 것처럼 여겨지는데 과연 그럴까? 미국의 정신과 의사 설리반은 자기가 담당하는 환자를 간호사의 시선에 노출되지 않도록 했다. 이유는 그것이 너무나도 침습적이기 때문이었다. 대신에 어떻게 했을까? 환자의 눈에 띄지 않는 곳에서 간호사가 속

---

† 환자가 "이젠 좋아졌으니까 괜찮아. 걸을 수 있어"라고 말을 해도, 만약 넘어지기라도 하면 자기 책임이 되기 때문에 "호출버튼을 눌러주세요"라고 부탁을 하고 (그래도 버튼을 누르지 않으면) "왜 호출버튼을 누르지 않았어요?"라고 환자를 비난하는 듯이 말하는 병동이 있다고 한다. 이것 또한 심리적인 구속이라는 의식이 필요하다. [요네다]

삭이는 목소리로 "저희들이 여기에 있으니 언제라도 불러주세요"라는 메시지를 보내어 환자를 안심시켰다. 시선보다도 속삭임쪽이 치료상 효과가 있는 듯하다. 적어도 시선처럼 구속적인 작용은 없어 보인다. 이렇듯, 감시의 형태로 효율적으로 이용되는 시선이 지니는 구속적인 힘과 군대나 학교, 병원이 관리되는 과정은, 미셸 푸코의 『감시와 처벌―감옥의 탄생』에 자세히 나와 있으니 한 번 읽어보길 바란다.

■ **구속으로 무엇을 지킬 수 있는가**

그렇다면 왜 구속이 필요할까? 구속이 필요하다고 생각하는 사람들은 구속을 하여 어떤 이익을 얻을 수 있다고 생각할까? 후지와라의 경우에서 생각해보자.

후지와라는 뇌경색으로 가벼운 마비가 있었다. 하지만 보행 등의 일상적인 동작에는 문제가 없었다. 그러나 한 달간의 입원하면서 침상 생활로 폐용성 근육위축이 보여 보행하기가 힘들어 졌다. 그런데도 불구하고 배회하는 것이다. 아마도 자기가 지금 어디에 있는지 몰라서 자기 자리를 찾아서 이곳저곳을 돌아다니고 있는 건지도 모른다. 대부분의 배회는 '자기 자리 찾기'이다. 후지와라는 자주 넘어진다. 지금까지는 큰 사고가 없었지만 앞으로 어떻게 될지 알 수 없다. 넘어져서 골절이라도 생기면 완전히 누워서 지내게 될 수도 있다.

상하의가 붙은 환자복은 어떤가? 이것은 환자가 기저귀를 벗지 못하도록 하기 위해 입힌 것이다. 기저귀를 빼는 것은 더러워져서 기분이 나빠졌기 때문일 것이다. 자주 갈아주면 해결될 문제일 수도 있다. 노인들 중에는 용변 때문에 도움을 받는 것을 미안하게 생각해서 자기 스스로 해결하려다가 결국 잘 처리하지 못해 옷을 버리는 경우가 있다. 기저귀를 벗은 채 변을 잔뜩 묻힌 모습을 다른 사람에게 보이는 것은 비참하다. 그리고 그 이상으로 불결하다. 분비물을 먹는 경우마저 있다. 한 마디로 말해 구속에는, '안전'이나 '안락' 등 환자의 이익을 지킨다는 대의명분이 있다.

■ **신체 구속으로 잃는 것은 무엇인가?**

그러나 비판을 하는 사람들은 구속을 하더라도 반드시 사고를 방지할 수 없으며, 오히려 더 심각한 사고, 예를 들면 침대 난간에 끼이는 것과 같은 사고로 이어질 위험성이 있음을 지적한다. 또한 구속으로 인해 인간의 존엄이 상실된다고 한다.

나는 구속을 함으로써 일단 비상 상황에서 사고방지 등의 '안전'을 지킬 수 있다고 생각한다. 그리고 그 대신 구속에 의해 '자유'의 범위가 좁아진다는 것도 분명한 사실이라고 생각한다. 자기 자리를 찾을 자유를 빼앗기게 된다. 기저귀를 처리할 자유를 빼앗기게 된다. 자유는 가능한 한 빼앗고 싶지 않으며 빼앗기고 싶지 않은 것이다. 자유롭다는 것은 어떤 의미에서 힘들 수 있다. 그래도 자유가 싫다고 하는 사람은 많지 않을 것이다. 아무리 '안전'을 위해서라도 타인의 자유를 제한하고 있다는 사실을 겸허하게 마주하지 않으면 안 된다고 생각한다.

조금 마음에 걸리는 건, 구속에는 '존엄'을 빼앗는다는 어투가 들어있다. 여기서 혼동하지 말아야 하는 것은 '생명의 존엄'이라고 할 때의 존엄과는 약간 다른 뉘앙스를 지닌다는 점이다. 생명의 존엄이란 가령 아무리 비참한 상태가 되더라도 신으로부터 받은 생명 그 자체가 소중하다는 뜻을 지닌다. 또한 '인간의 존엄'에서는 이성적 주체로서의 인간의 도덕적 가치를 말한다. 그러나 신체 구속에서의 존엄은 이러한 의미에서의 존엄이 아니라, 자유를 제한당함으로써 위엄을 잃어버리거나, 자존심이 손상되는 것 같은 인간으로서의 체면에 대한 것이다.[†]

[†] '자유를 제한당함으로 인해 지켜지는 체면'이란 누구에 대한 체면인가? 정말 이해하기 힘들다. [아다치 다이]

　Re: 내가 지금도 생각나는 건, 섬망상태에서 온 몸에 배설물을 묻힌 채 춤을 추면서 돌아 다니는 아주머

381

분명, 구속을 받게 되어 위엄이 손상될 수 있으며, 그렇게 생각하는 사람이 많은 것 같다. 그러나 자유롭게 있다는 것만으로 긍지를 가질 수 없는 경우도 있다.

무슨 뜻인가 하면, 요컨대 자유로움으로 인해 반대로 인간으로서의 자존심이 손상되는 경우도 있다. 병 때문에 자기 행동을 제대로 제어할 수 없을 때, 자유롭게 한 일탈 행동이 결과적으로 그 사람의 체면을 상처 입히는 경우가 있다. 이것은 결코 드물지 않다. 자유가 제한되어 지켜지는 체면도 있다.

■ 돌봄에 있어 신체 구속이 왜 필요한가

가능하다면 과도한 신체구속은 하지 않는 게 좋다. 일부 악덕 의료기관을 제외하면 학대를 하기 위해서 구속을 하는 경우는 거의 없을 것이다. 그런데 언론 등에서는 모든 구속을 학대처럼 보도하고 있다. 요양기관에서의 구속은 긴급한 경우를 제외하고는 법에서 금지하고 있다. 그러나 의료현장에서는 긴급성의 유무와는 관계없이 당사자의 안전을 위해서, 그리

니다. 그 때마다 격려를 했기 때문에 그녀와 남편의 체면이 지켜졌다고 생각하고 있다. [이토]
구속을 하더라도, 그것이 누구를 위한 것인지는 항상 잊지 않으려고 하고 있다. 우선 본인·가족의 희망을 들어보고, 그것에 따른 대체수단을 검토 할 것.「이해」가 아닌「납득」이 중요하다. [아다치 다이]
돌봄이란 그때 그 장소에서 상대방에게 가장 적절하다고 생각되는 일을 하는 것이다. 이것은 "최선을 다하다"라고 할 수 있으며, 최대한의 response(대응, 응대, 대처)의 표출로써의 responsibility(책임)이라고도 할 수 있다. [카토]
만약 의료현장에서 환자가 튜브를 빼버리거나 침대에서 떨어져서 회복이 늦어지고 결국에는 생명에 지장이 생기게 되면, 의료인은 보고서를 쓰게 되고, 의료안전 집담회를 개최하는 등, 해당 부서 선에서 끝나지 않고 큰 일이 되어버린다. 그런 큰 일은 만들고 싶지 않다. 이러한 자신을 지키기 위한 이유 때문에 구속 행위가 이루어지고 있다는 사실도 부정할 수는 없다. 그러므로 나는「당당하게」라고는 말하지 않는다. 사람이 사람을 묶는 신체 구속은 죄책감을 느끼면서, 조심스럽게, 그리고 책임을 동반한다는 사실을 자각하면서 해야 하는 일이 아닐까. [요네다]
Re: 분명 실제로는 당당하게 할 수 없는 일일지도 모른다. 그러나 굳이 강조하고 싶다. 의료인을 지키기 위한 구속이 아닌, 환자에게 필요하고 합법적인 행위라면 주저할 필요가 없다. 신체 구속의 잘잘못을 따진 재판에서도 긴급하고 어쩔 수 없는 상황에서의 구속은 위법성을 인정하지 않았다 (일본 최고재판소 2010년 1월 26일 판결). 울면서 뒹구는 아이를 억누르면서 상처 치료를 하는 것에 죄책감을 느끼며 조심스러워야 할 필요가 있을까? [이토]

고 체면을 지키기 위해서 구속을 해야 하는 상황이 있다. 구속이 없는 의료는 불가능에 가깝다고 생각한다. 물론 물리적인 것만을 말하는 게 아니다. 약물요법이나 상태관찰 등의 심리적 구속 없이 의료를 하기란 어렵다.

지금까지 많은 간호 인력들은 환자의 이익을 위해서 선의로 구속을 이용해 왔다. 돌봄의 일환으로 구속을 했던 것이다. 돌봄이라는 행위도 본질적으로는 개입이며 침습을 동반한다. 돌봄은 개입이며 부드러운 폭력이다. 돌봄이 허용되는 이상, 구속도 허용된다. 물론 이것이 학대와는 전혀 다른 차원의 개입이라는 사실에 대해서 가족이나 관계자의 이해를 구할 필요가 있다.

3. 어떻게 하면 좋을까

후지와라의 사례로 돌아가보자. 후지와라의 근력이나 치매증상이 어느 정도 개선될지 알 수 없지만, 현재의 아슬아슬한 상태는 당분간 지속될 것 같다. 신경안정제가 필요하게 될지는 알 수 없지만, 상하의가 하나로 연결된 환자복이나 점적 주사를 맞을 때 사용하는 벙어리장갑은 어쩔 수 없다고 생각한다. 어디까지 구속에 해당하는지 알 수 없지만, 이러한 돌봄, 처치를 비록 구속이라고 부른다 하더라도, 그것이 학대가 아닌, 후지와라를 지키기 위한 돌봄이며 필수적인 것으로 판단된다면, 죄책감에 시달리면서 하지 말고 당당하게 자신감과 책임감을 가지고 실시해주었으면 한다.

사례 12. 경관영양

고토 헤이키치는 87세의 남성으로 작은 회사를 장남에게 맡긴 뒤 아내와 둘이서 유유자적한 노년 생활을 보내고 있었다. 이렇다 할 만한 지병은 없으며 매일 산책이나 정원수 손질을 하며, 가끔 부두에 나가서 낚시를 하면서 작은 물고기를 잡는 등 생활을 즐기고 있었다. 빠지지 않고 저녁 반주를 마셨으며 집에서 담근 야채 절임과 감자 샐러드를 즐겨 먹었다. 그런데 최근 몇 년 사이 다리와 허리가 약해져서 집에서 하릴없이 보내는 날이 많아졌다.

건망증을 느끼기도 해서 "한심스럽다"라고 투덜거리면서도 "나이를 먹었으니 어쩔 수 없지"라고 말하며 "이제 곧 저승사자가 데리러 올 테니까, 여보, 먼저 가 있을게"라는 농담을 하기도 하였다. 얼마 지나지 않아 서서히 식사량이 줄었고, 술 반 컵과 감자 샐러드 정도만 먹게 되었다.

올해 들어서 젓가락을 쓰지 못하고 손으로 집어 먹거나 음식을 흘리자, 아내가 음식을 먹여 주었다. 좋아하는 감자 샐러드는 어떻게든 먹었기 때문에 아내는 매일 열심히 감자 샐러드를 만들었다. 그럼에도 불구하고 고토는 점점 더 살이 빠졌다. 가끔씩 찾아오는 장남 부부는 걱정이 되어 가까운 병원에 진찰을 받게 하였다. 알츠하이머병에 인해 쇠약해졌다는 진단을 받았으나 특별한 치료나 처치는 없었다. 연하장애를 초래할 만한 기질적 이상은 없었다.

아내는 매일 감자 샐러드를 만들어서 고토에게 먹였다. 가끔씩 슈퍼에서 산 감자 샐러드를 먹이려고 해도 무엇 때문인지 먹으려 하지 않아서 아내는 매일 감자 샐러드를 만들었다. 유난히 더웠던 여름, 아내도 지쳐서 몇 일간 병석에 드러눕게 되었다. 고토가 거의 아무것도 먹지 못한 채 의식이 흐려지자, 아내는 이제 곧 남편이 죽을 것 같다는 생각을 하게 되었다. 이를 차마 볼 수 없었던 아들 부부는 일단 아내가 건강을 회복할 때까지 만이라는 약속을 하고 고토를 곧장 병원으로 데려갔다. 병원에서 고토는 탈수증 치료를 받았다.

열흘 정도 지나 무더위로 기운이 없던 어머니가 건강을 회복하자 아들은 어머니를 데리고 아버지 병문안을 갔다. 그곳에서 아내가 본 건 멍한 고토의 눈빛과 콧구멍에 끼운 튜브로 들어가는 하얀 액체였다. 망연해하는 아내에게 젊은 간호사가 상냥하게 "이번 주 안으로 위에 직접 튜브를 넣는 수술(위루술)[†]을 하게 되면 금방 좋아지실 거예요"라면서 아내를 위로했다.

1. 이 사례에는 어떤 문제가 있을까?

먹지 못해서 쇠약해진 노인에게 영양공급을 하는 것이니 아무런 문제가 없다고 말하는 사람이 있을 것이다. 고토는 위루술이라는 치료를 바라고 있을까? 그렇지 않은 것 같다. 적어도 의사표시는 하지 않고 있다. 아내는 어떨까? 아내도 확실치 않다. 아들 부부가 결정한 것 같다. 만약 고토가 입원하지 않았다면 어떻게 되었을까? 아내가 마지막까지 감자 샐러드를 고집했다면, 그래서 고토가 사망했다면 죽게 내버려둔 셈이 되는 것일까?

애당초 알츠하이머병으로 쇠약해진 노인에게 위장관루를 통해서 계속 영양을 공급하는 것이 적절한 의료행위일까? 분명, 그렇게 하면 당분간 살 수 있을 것이다. 그렇게 하지 않으면 살 수 없다. 관을 통해서 주입되는 영양은 대체 무엇을 의미할까?

[†] 경피내시경하 위루술(Percutaneous Endoscopic Gastrostomy)의 알파벳 이니셜을 따서 PEG라고 한다.

2. 생각해보자

■ 먹지 못해서 죽는 것은 비참한 것일까

한창 먹을 나이의 당신에게 배고픔이란 괴로운 일일 것이다. 과식으로 인한 괴로움과는 차원이 다를 것이다. 먹는 것은 생명을 이어가는 것이다. 먹지 않으면 생명이 끊겨버린다. 그것은 공포다. 나는 아직 더 살고 싶으며, 당신도 그럴 것이다. 그렇다면 살아가는 것(생명 유지)에 연연하지 않는 사람에게 먹는다는 것은 무엇일까?

공복의 혈당치가 낮은 상태 그것 자체가 반드시 고통을 초래하지는 않는다고 한다. 졸린다거나 피곤하다거나, 춥다거나, 소변이 마렵다거나, 등이 가렵다거나, 그런 신체감각 중의 하나다. 불쾌하기는 하나 그렇다고 고통은 아니다. 오히려 다행감 같은 뭐라 말할 수 없는 행복한 기분이 들기도 한다고 한다.

특히 고령이며 노쇠한 상태인 노인에게 억지로 위에 음식을 집어넣는 것이 괴로움을 준다는 의견도 있다. 당사자가 되어 보지 않으면 알 수 없겠지만 마음에 담아두고 싶은 이야기다. 젊고 건강한 사람과 고령자에게 기아 상태가 초래하는 것이 다르다는 뜻이다.

나이가 들어서 쇠약해지고, 식욕이 없어지고, 거의 못 먹게 된다. 그렇지만 그것에 대해서 고통도 느낄 수 없어, 그 결과 생명이 끊어진다면 이것은 자연스러운 죽음일까? 아니면 경관영양을 실시한다면 연장시킬 수 있는 생명을 끊어버리는 부자연스러운 것일까? 치료를 하지 않으면 안 될까?

도대체 자연스러운 죽음이란 어떤 죽음일까?[93] 일체 인위적인 개입 없이, 즉 어떤 의료행위도 받지 않은 채 죽는 것이 오히려 부자연스러운 죽음이라는 목소리도 있다.

■ 경관영양은 필요한 의료행위인가

그럼 여기서 경관영양의 보류 또는 중지에 대해 생각해보겠다. 이 문제에 대해서는 미국에서 일어난 유명한 '낸시 크루잔(Nancy Cruzan) 사건'(1990)에 관한 재판이 있으므로 간단하게 설명하겠다.

1983년 25살 낸시는 교통사고로 이른바 식물인간 상태에 빠져, 스스로 식사를 할 수 없어서 경관영양을 하였다.[94] 이에 대해 부모가 환자 본인은 이런 치료를 바라지 않았을 것이라며 튜브를 빼달라고 소송을 제기했다(1986). 미주리주의 대법원은 낸시의 치료 거부 의사가 불명확하며 애초부터 치료 거부의 권리보다 국가가 인명을 보호할 권리가 더 우선한다고 하면서 부모의 소송을 기각하였다.

이 소송은 연방대법원까지 갔다. 1990년 연방대법원은 미주리주의 판단을 지지하는 판결을 내렸다. 단, 자기결정능력이 있는 개인이 사전에 확실한 의사표시를 해두었다면, 그 의사는 존중되어야 한다고 덧붙였다. 그럴 경우에는 인공호흡기를 제거하는 것처럼 경관영양을 중지할 수 있다는 것이다. 이 판결의 결과, 사전지시의 활성화를 도모하기 위해 1991년 연방법으로 환자 자기결정법(Patient Self-Determination Act)이 시행 되었다. 다시 낸시의 사례로 돌아가면, 그 후 그녀의 예전 의사를 알고 있는 친구의 증언이 증거로 채택되어 낸시의 튜브는 제거되었다.

그런데 경관영양이 의료행위인지, 보다 기본적인 삶에 필요한 돌봄인지에 대해서는, 연방대법원 내에서도 의견이 나뉘어져 판단이 내려지지 않았다. 만약 경관영양이 고도의 의료행위라고 한다면 모든 환자에게 시행되지 않아도 되며 중지할 수도 있다. 다른 재판에서는 방론이기는 하지만, 모든 환자에게 실시해야 하는 것이 아닌 고도의 의료행위라는 판단이 제시되었다. 만약 튜브에서 주입되는 영양물을 약과 같은 것으로 본다면 경관영양은 의료행위이며, 그것을 중지하는 것도 허용된다. 돌봄이라는 행위를 통해 숟가락을 사용해서 한 입씩 입 속으로 들어가는 음식과 같은 영양이지만 질이 다르다는 뜻이다.

■ 요리는 애정인가―음식의 의미

나는 요리가 애정이라고는 생각하지 않지만 요리 안에 애정이라는 양념이 들어가도 나쁘지는 않다고 생각한다. 물론 없다고 안 되는 건 아니지만, 확실히 맛없는 것 보다 맛있는 요리가 좋다. 하지만 아무리 맛있고 몸에 좋다하더라도 매일 같은 식당의 정식만 먹으면 질리게 된다. 가끔씩은 술집 가게 주인과 야구 이야기나 하면서 맛없는 고로케와 맥주를 마시는 것도 포기할 수 없다고 생각한다. 무엇을 먹는가 보다 어디서 어떻게 먹는가가 중요한 경우도 있다.

고토는 아내가 손수 만든 감자 샐러드만 먹었다. 아내는 하기 싫지만 어쩔 수 없이 만들었을지도 모른다. 슈퍼에서 파는 것으로 때우고 싶었던 날도 있었을 것이다. 애정이 듬뿍 담긴 요리였다고 말할 수 없을지 모른다. 그러나 고토에게는 특별한 의미가 있는 음식이었던 것 같다. 알츠하이머병이 상당히 진행되어 기억력과 판단력이 약해졌을지도 모르지만, 아내의 감자 샐러드 맛은 잊지 않았던 것이다. 사실은 더 이상 아무것도 먹고 싶지 않았지만 남기면 아내에게 혼이 나기 때문에 억지로 먹었을 지도 모른다.

이런 상태의 고토에게 다른 음식은 더 이상 음식으로 인식되지 않고 있다. 아내의 감자 샐러드가 아니면 입을 벌리지 않는다. 그리고 삼키지 않는다. 음식은 단순한 영양소 덩어리가 아니며, 그 이상의 의미를 가지는 것이다.

유럽에서는 튜브로 영양물을 넣어서 연명시키는 것은 단지 살려 둔 것에 불과하며, 자력으로 음식을 섭취하지 못하면 죽을 수밖에 없다는 사고방식이 주류라고 한다. 또한 튜브를 넣어서 환자의 QOL이 개선된다면 실시를 하고, 나아지지 않으면 실시하지 않는다는 생각도 있다고 한다. 그러나 치매로 인해 자기결정능력이 없는 환자의 QOL을 어떻게 알 수 있을까? 이런 단순 의문이 생긴다(⇒ pp. 86-90).

3. 어떻게 하면 좋을까

경관영양에 대해서 고토 본인은 의사 표시를 하지 않는다.† 아내의 의사도 알 수 없다. 장남은 경관영양의 필요성을 이해한 듯하다. 장남이 원해서인지, 아니면 의사쪽에서 먼저 아무렇지도 않게 혹은 강하게 권했는지 알 수 없다. 어쨌든 위루술을 해서 고토의 죽음은 당분간 미룰 수 있게 될 것 같다. 이대로 튜브를 넣은 채, 계속 병원이나 시설에서 지내는 것이 낚시가 취미였던 고토에게 좋은 일일까? 지금까지 평생을 곁에 있어 준 아내는 남편이 요양시설에 들어가게 되는 걸 만족해할까?

무슨 수를 써서라도 고토를 연명시키는 것이 목적이라면 이대로 경관영양을 계속해야 될 것이다. 위루술도 어쩔 수 없이 해야 될 것이다. 이치에 맡기는 것도 나쁘지 않다고 생각한다면 튜브를 빼고 집으로 돌아가는 방법도 있다. 나는 적어도 단순한 연명의료를 위한 위루술에는 찬성하지 않는다. 그것은 치료가 아니라 죽음의 순간을 미루는 것뿐이다. 만약 아내에게 마음이 있다면 집으로 데려가서 마지막 감자샐러드 공격이라도 해 주었으면 좋겠다. 다만 문제는 누가 어떻게 해서 아들과 의사를 설득하느냐 이다.

---

† 치매가 있으며 식사도 제대로 하지 못해 쇠약해져가는 환자를 위해 위루를 몇 번 만든 적이 있다. 그렇게 하지 않으면 경비 튜브를 계속 사용하는 수밖에 없으며, 관리하기가 힘들다는 이유 때문에 말하자면 환자를 위해서가 아니라 의료인, 간병인의 사정에 따라서 만드는 경우도 있다. 무엇을 위한 연명인지 의문이 든다. [니시카와 아키]

아들을 설득하는 것(또는 그 전에 담당의를 설득하는 것?). 그것은 누구의 직무일까? 아내? 아니면 애드보커시를 자신의 직무로 생각하고 있는 간호직? 아니면? [핫토리]

사례 13. 퇴원 조정

오오타 카즈코는 78세 여성으로 지방도시의 교외에서 3대가 같이 살고 있다. 지병으로 당뇨병과 고혈압, 그리고 심방세동(뇌경색과 심근경색의 원인)이라는 부정맥이 있어서 근처의 종합병원에서 통원치료를 받으면서, 자택 뒤에 있는 작은 밭에서 채소 재배를 하거나, 초등학교에 갓 입학한 손자와 놀면서 하루하루를 보내고 있었다.

어느 여름날 아침, 밭일을 시작하려는데 뇌경색 증세가 나타났다. 간병 일을 하고 있는 큰 며느리가 바로 이상 증세를 알아채고 구급차를 불러, 늘 다니던 병원에 입원했다. 도착 당시 오른팔이 올라가지 않았으며 일어 설 수는 있어도 보행이 불가능하고, 말이 생각대로 떠오르지 않는 실어증 때문에 하고 싶은 말도 제대로 할 수 없는 상태였다. 갑자기 몸이 마음대로 움직이지 못하게 된 충격으로 인해 눈물을 보이는 경우도 잦았다. 간호사인 사쿠라이는 재활치료를 열심히 하면 조금씩 좋아질 거라며 격려했다.

사쿠라이와 재활치료 직원의 격려에 답하듯 오오타의 증세는 점차 개선되었으며 표정도 밝아졌다. 한 달여 만에 실내에서 조금씩 벽을 짚으면서 걸을 수 있게 되었다. 실어증도 나아져 간단한 내용은 전할 수 있게 되었다.

"가지… 토마… 토… 또… 재배…하고… 싶어." 이 상태로 한 달만 더 재활치료를 계속하면 완전히 예전처럼은 안 되겠지만, 정든 집에서의 생활로 돌아갈 수 있을 거라는 기대에 부풀어 있을 때, 장남 부부가 퇴원에 반대를 하고 나섰다.

주치의는 뇌혈관의 동맥경화가 심한데다 심방세동도 있어서, 약물치료를 계속하더라도 뇌경색이 재발할 위험성이 높다고 설명했다. 이에 대해 장남 부부는 다시 쓰러질 수도 있다고 한다면 항상 누군가

돌봐 줄 수 있는 사람이 있어야 하는데, 경제적 문제 때문에 맞벌이를 그만둘 수가 없다고 한다. 또한 평소 고령인 아버지가 집에 계시지만 초기 치매 진단을 받아서, 돌발 상황을 알아차리지 못할지도 모르며, 구급차를 부를 수 있을는지도 모르겠다고 말한다.

사쿠라이는 퇴원 후 자택에서 생활할 수 있도록 간병인을 집으로 부르거나, 데이 서비스(재택 노인을 양로원 등에 보내어 목욕이나 간호, 식사 등을 제공하는 서비스) 를 이용 하는 등의 서비스 도입을 제안했다. 그러나 큰 며느리는 "일을 하면서 이런 사례는 많이 봐왔기 때문에 제가 알아서 하겠습니다"라며 잘라서 말했다. 직장의 관계자와 상담을 하면 입소할 수 있는 요양시설도 찾을 수 있을 거라고 말한다. 환자 본인을 낙담시키지 않으려는 배려 때문인지, 면회를 하러 찾아 온 가족은 퇴원 후에 대한 이야기를 피하고 있었다. 뿐만 아니라 불안해진 오오타가 퇴원 후의 일을 주위 사람들에게 물어보려 하면 요양시설 입소를 검토하고 있다는 사실을 본인에게 절대로 전하지 말아 달라고 사쿠라이를 포함한 병원 직원에게 일방적으로 요구하였다.

1. 이 사례에는 어떤 문제가 있을까?

오오타의 가족은 오오타에게 알리지 않은 채 퇴원 후 요양시설에 입소시키려고 하고 있다. 가족의 요청에 의해 의료인은 입막음을 당하고 있다. 통상적으로 퇴원 후에 시설입소를 하는 경우에는 본인에게 자기결정능력이 있는 이상, 그에 대한 동의가 필요하다. 이 사례에서는 가족이 간병인 일을 하고 있기 때문에 본인에게 알리지 않은 채, 직장 연줄을 통해 입소시키는 것이 가능하다. 의료인은 오오타에게 진실을 전할 책임을 가지고 있을까? 가족들 사이에 이해관계가 대립 되는 경우 의료인은 어떻게 대처해야 할까?

2. 생각해보자

■ **고령, 실어증이라는 약자의 입장**

의료현장에 있어서 노인은 약자의 입장에 처하게 된다. 병의 상태에 대한 설명을 듣고, 의사결정을 하는 주체는 원래 환자 자신임에도 불구하고, 실어증이 있거나 치매가 있기라도 하면 의사는 가족의 대리결정에 의지하기 쉽다. 본문에 적혀 있지는 않지만, 아마도 급성기의 진료는 그런 식으로 진행되었을 것이 분명하다. 대리결정이었던 것이, 어느 사이에 가족의 결정 내용에 환자 본인의 의사가 묻혀버리는 식의, 역전 현상이 일어난다. 환자 본인과 가족이 바라는 것이 다른 사례는 얼마든지 많은데도, 가족 중에 주도하는 역할인 '중심인물'이 있으면 의료인은 그만 의지해버린다. 반성하는 의미에서 쓰자면, 문제 해결 자체를 뒤로 미루고 기피하는 가족이 많은 반면, 본인을 낙담시키지 않으려고 배려를 하면서 자신들 스스로 해결하려는 의사를 명확히 나타내는 가족의 경우, 그 뒤에 잔혹함이 숨어 있다는 사실을 의료인은 간파하기 힘들다.

가족은 양면적이라서 사랑도 폭력도 같이 지닌다(⇒ p. 234).[†] 오늘날 가족과 노인 환자의 대립이 때로 가장 섬뜩한 모습으로 표면화 되는 것은 퇴원 조정 때이다. 이 사례에서는 큰며느리가 개호 현장에서 일하고 있는 전문가라는 강자의 입장을 이용해서 주도권을 모두 차지하고 억지로 일

[†] 입소형 시설에서는 저녁이 되면 집으로 돌아가고 싶어 하는 마음이 강해지는 인지증 고령자를 볼 수 있다. "곧 데리러 올거예요" "오늘은 사정이 있어서 여기서 주무세요"라고 말하며 대처를 하는데, 금방 잊어버리고 창밖을 보다가, 또 돌아가고 싶다라는 말을 꺼낸다. [쿠라바야시]

을 진행시키려 한다. 대가족 안에서 며느리와 시어머니라고 하면 옛날부터 견원지간처럼 그려지고 있는데, 여기서 일어나려고 하는 일은 오오타에게 악몽임에 틀림없다.

오오타처럼 뇌경색의 재발 위험성이 있는 환자도 현실에서는 상당수 독거생활을 만끽하고 있다. 고독사는 분명 안타까운 일이며 사회가 대처해야 할 문제임에는 틀림없으나, 병을 가진 노인에게도 자신이 원하는 생활을 즐길 권리는 있다. 오오타가 바라는 것은 쾌적한 자택에서의 생활이며, 밭일의 즐거움이다. 재발시의 안전에 대한 대가로 이러한 것들을 희생해도 좋다고는 생각하지 않을 것이다.

이 사례에서 약자의 입장에 다가서 있는 등장인물은 간호사인 사쿠라이 외에 아무도 없다. 사쿠라이가 애드보커시의 위험성($\Rightarrow$ pp. 195-201)을 자각하면서도 이해관계가 없는 제삼자로써 오오타 가족의 힘의 관계를 수정하고 균형을 잡아가는 역할을 할 수 있기를 기대한다.

■ 개호의 사회화를 둘러 싼 문제

큰 며느리가 이기적인 것처럼 보이지만, 그녀는 한편으로 노인에게는 재택요양이 가장 바람직하다는 전통적인 가치관에 맞서 당당히 싸우고 있다. 개호현장에서 근무하면서 가족이 과도한 부담을 짊어지고 피폐해지는 현실을 더 잘 알고 있다.

일본에서 개호보험의 도입이 검토되기 시작한 1990년대에 제기된 최초의 이념은 핵가족화가 진행되는 과정에서, 전통적으로 가정 내 간호를 강요받아온 주부를 해방하고 사회 진출을 하도록 하는 것이었다. 한편 자식이 있는 사람이든, '솔로족'이든 노인은 개호보험의 보험료에 대한 대가로써 누구나 동일한 개호 서비스를 받을 수 있게 된다. 하지만 이러한 개인주의적인 이상은 결과적으로 꽃을 피우지 못했다.

결국, 일본의 사회복지 제도에서 부모의 부양은 자식이 해야 한다고 되어 있다. 제2차 세계대전 이전의 민법에서부터 이어져 내려온 사상이 남아 있는 것이다. 이것과 자기책임을 강조하는 자유주의 사상이 결합되어, 재택개호가 바람직하다는 반보수적인 가치관이 형성되었다. 일본에서는 2000년에 개호보험제도가 도입되었으나 보험이라고 하여 지불한 보험료에 대해 누구나 똑같은 수준의 서비스를 이용 할 수 있지는 않다. 가족의 무상노동으로 개호가 가능한 경우, 그 만큼의 분담 분을 뺀 서비스만 받을 수 있도록 제도설계되어 있다. 그러므로 개호보험이 실현한 '개호의 사회화'는 이도저도 아니게 되었다.

큰 며느리는 다른 가족의 노인을 개호하면서 돈을 벌고 있다. 그럴 바에는 일을 그만두고 시어머니의 병간호를 해라는 주장도 있을 것이다. 그러나 그녀에게는 그녀가 원하는 인생이 있다. 집 밖에서 일을 하는 길을 선택할 권리가 당연히 있다. 가정주부가 사회 진출을 하기 위해서는 '개호보험제도'에 얽매이지 않도록 처신해야 한다.

■ 진실말하기 문제인가

오오타의 마음도 큰 며느리의 입장도 알아보았다. 여기서 중요한 점은 어느 쪽 편을 드는 것이 아니다. 큰 며느리는 퇴원조정을 원활히 진행하기 위해서 이 문제에서 환자 본인을 제외시키는 게 좋다고 생각하고 있다. 그렇지만 오오타는 늘 자기 집으로 돌아 갈 수 없게 되는 건 아닌지 걱정을 하고 있어서, 환자 본인을 안심시키기 위해 시설에 입소시키려는 것을 감추려는 변명은 통하지 않는다. 퇴원 후에 자기집으로 돌아가는 것은 오오타의 재활치료에 있어 강력한 동기로써, 환자 자신에게 퇴원 후 머물 곳이 어디인지는 틀림없이 중요한 정보다.

의료윤리학에서는 병명이나 예후의 고지에 대해서 현재까지 많은 검토가 이루어졌으며, 진실을 가능한 한 알려야 한다는 추세다. 단지 이 사례에서 환자에게 알리지 않고 덮으려 하는 정보는 병명이나 예후 등 먼저 의료인만이 알 수 있는 것이 아니다. 가족이 결정할 문제에 관한 정보인 것이다. 그것을 알게 된 의료인은 가족의 의향에 반대하면서까지 본인에게 알려야 할 책임을 가지고 있을까?

3. 어떻게 하면 좋을까

만약 가족이 생각하고 있는 퇴원 후에 머물 곳을 오오타가 알게 되면 자기 집으로 돌아가고 싶다고 항의할 것이 뻔하다. 앞에서 살펴 본, 환자에게 알려야 하는 이유를 떠올려보자. 환자는 자신의 퇴원 후 계획에 대해 (확실하게 동의하지는 않았으나) 가족들을 신뢰하고 있다. 하지만 가족들의 생각을 알게 된다면 그녀의 태도는 바뀔 것이다. 병명이나 예후를 포함해, 현재의 태도를 바꿀 수 있는 정보는 고지해야 하는 중요한 정보라고 할 수 있다.

이 사례의 경우, 제일 먼저 가족이 그 정보를 알려야 한다. 당사자 누구나가 만족할 수 있는 선택지가 없을 때 우선은 충분히 대화를 나눠서 납득이 되는 절충점을 찾는 방법을 생각해보지 않으면 안 된다. 사쿠라이는 케어 매니저 등 관계자를 모으고, 오오타 본인도 참석한 회의를 열 것을 큰 며느리한테 제안하고 설득을 해야 할 것이다. 오오타에게 있어서는 충분한 대화를 나누고 어쩔 수 없는 상황을 납득한 뒤에 요양시설에 입소하는 것과, 마치 속은 것처럼 시설에 끌려가는 것에는 차이가 있다. 그리고 대화의 자리에 시어머니를 부르는 것에 대해 완고한 태도를 보이고 있는 며느리에게, 사회배경에 비추어 사쿠라이 및 의료인 측이 어떻게 이해를 표명할 수 있느냐에 달렸다. 약한 입장에 있는 환자에게 공감하는 것만으로는 어려운 문제를 해결할 수 없을 것이다.

사례 14. 간호사와 의사의 연계

키무라 유키노는 70대 여성으로 복통 때문에 수차례 입원을 했다. X선 촬영과 복부초음파 검사, 위내시경 등 다양한 검사에서 기질적인 이상은 발견되지 않았으며, 심리적인 것이 원인이라고 판단되었다. 주치의인 내과부장(의사) 시라마츠는 키무라가 복통을 하소연할 때마다 플라세보 유당을 처방하도록 지시했다. 키무라의 하소연은 하루에도 몇 번이나 있었는데 그때마다 주사와 진통제를 투여하는 것은 몸에 부담을 주기 때문이었다. 담당 간호사 미야시타는 키무라에게 플라세보를 줄 때마다 속이는 것 같은 찝찝한 기분이 들었지만, 약을 먹으면 바로 증상이 개선되는 키무라의 증세를 보면서 수긍을 하게 되었다.

키무라가 퇴원을 하게 되었다. 진단이 확정되지 않았으며, 증상도 완전히 낫지 않은 키무라에게는 불안이 남는 결정이었지만, 늘 있던 일이었기 때문에 마지못해 퇴원을 하기로 했다.

퇴원을 하루 앞둔 날의 저녁, 또 키무라의 복통 발작이 일어났다. 배를 양손으로 움켜쥐면서 몸을 앞으로 숙이고 괴로운 듯이 비명을 지르고 있다. 조금은 과장되게 연기를 하는 것처럼 느껴질 정도였다. 의사와 간호사 중에 꾀병으로 의심해서 제대로 된 대응을 하지 않으려는 사람이 있을 정도다. 주임으로부터 미야시타에게 투약 지시가 내려지자 유당을 가지고 병실로 갔다. 키무라는 침대 위에서 웅크린 채 괴로워하고 있었다.

미야시타는 키무라가 평소와는 달리 통증뿐만 아니라 구토도 호소한다는 점, 얼굴이 창백하고 너무나도 괴로워하고 있는 듯한 점 등을 감안해서, 이대로 플라세보 투약만으로도 괜찮은지 판단하기 힘들어 주임에게 상담을 했다. 주임은 주치의의 지시이기 때문에 일단은 처방대로 처치하고 상태를 지켜볼 것을 권했다. 그러나 미야시타는 주치의인 시라마츠에게 키무라의 증세를 보고하면서 진찰 해줄 것을 요구했다. 회의 중이던 시라마츠는 매우 기분이 나빠져서 미야시타를 질책했다. 그리고 지시에 따르라고 명령했다. 미야시타는 괴로워하는 키무라를 생각해서 대기실로 돌아와서 레지던트인 카토에게 진찰을 요구했으나 상사의 환자를 마음대로 진찰할 수 없다며 거절당했다.

할 수 없이 미야시타는 예전에 처방을 받았던 진통제가 남아 있어서 그것을 키무라에게 건네 줄까라며 망설이고 있다.

1. 이 사례에는 어떤 문제가 있을까?

간호사인 미야시타는 키무라에게 플라세보를 투약하는 것에 찬성하지 않는 것 같다. 환자를 속이는 것 같은 죄책감을 느끼고 있다. 신뢰를 잃게 되는 행위라고 생각한 것 같다. 그러나 의사의 지시이기 스스로 납득하려 했다. 간호사는 치료방침이 자신이 수긍할 수 없는 것이라 할지라도 그것을 따라야만 할까? 평소의 키무라처럼 그 방침이 유효한 경우에는 괜찮겠지만, 지금과 같이 평소와 다른 경우는 어떻게 해야 할까? 만일의 경우, 그 결과에 대해 누가 어떻게 책임을 지게 되는 것일까?

2. 생각해보자

■ 간호의 역할

미야시타는 키무라에게 플라세보를 사용하는 것은 반대하지만 의사의 치료 방침이기 때문에 이를 따라야만 하는 걸까?

지금까지 귀에 못이 박히도록 들었겠지만 간호사의 업무는 '요양상의 보살핌'과 '진료의 보조'이다(일본 보건사조산사간호사법 제5조).† 이 두 가지를 열거하며, 그것은 양립된다고 여겨진다. 그런데 가끔 서로 어긋나는 경우가 있다. 그럴 때 어느 쪽을 우선할 것인가가 문제된다.

대부분의 간호사는 환자의 돌봄이 간호 업무의 기본이다, 즉 '요양상의 보살핌'을 간호업무의 본질이라고 생각하고 있다. 그러나 대부분의 의사는 간호를 담당하는 사람에게 '진료의 보조'자로서의 역할을 기대하고 있다. 특히 나이가 많은 의사일수록 간호 인력을 자신의 지시에 따라 손발을 움직이는 조수 정도로 보는 경향이 강한 것 같다.

또한 최근 간호의 역할로써 환자의 애드보커시라는 것이 주목 받고 있다(⇒ p. 195).†† 애드보커시 또는 애드보킷은 말하자면 권리옹호라는 의

---

† 우리나라 의료법에서 간호사의 업무는 다음과 같다(의료법 제2조 5항). [옮긴이]
  가. 환자의 간호요구에 대한 관찰, 자료수집, 간호판단 및 요양을 위한 간호
  나. 의사, 치과의사, 한의사의 지도하에 시행하는 진료의 보조
  다. 간호 요구자에 대한 교육 상담 및 건강증진을 위한 활동의 기획과 수행, 그 밖의 대통령령으로 정하는 보건활동
  라. 간호조무사가 수행하는 업무보조에 대한 지도
†† 의료계열의 여러 학과가 있는 일본의 대학에서는 '팀 연계연습'이라고 하는 시도가 시작되고 있다. 의사, 간호사, 약제사, 영양사, 임상병리사(PT), 작업요법사(OT) 등이 될 학생들이 팀을 짜서, 한 가지 사례를 가지고 역할과 협동을 배우는 실습이다. 각 직종이 교육과정 중에 무엇을 배웠으며, 어떤 지식을 지니고, 어떤 전문직 의식을 키웠는지를 사회에 나가기 전에 깨닫는 것도 중요하다. [쿠라바야시]
Re: 자기의 위치를 상대화하는 의미에서 획기적인 시도일지도 모른다. 그러나 학생 때부터 전문직 의식(타직종과의 차이의 이식화라는 의미에서)을 키우는 것에는 단점도 있을 것이다. 팀 의료라고 하는 대의명분하에서 배타성을 증폭시킬 수도 있기 때문이다. 애당초 의료인에게 전문직 의식이 필요한가라

미로 생각해도 좋다. 원래는 재판에서의 변호사처럼, 의뢰인의 주장을 대변하는 것이다. 만약 환자가 "직접 의사한테 말하기 어려우니까, 대신해서 전해주세요"라는 말을 한다면, 그 말을 대신 전해주는 것이 애드보킷이다. 그러나 의료현장에서는 환자의 자기주장을 응원하기보다는, 어떻게 해야 할지 모르는 환자의 숨어있는 요구를 밖으로 끄집어내는, 약간은 다른 의미로 사용되고 있는 듯하다. 상당히 적극적으로 환자의 결정에 관여하는 경우도 있기 때문에, 온정적 간섭주의(⇒ pp. 162-172)와 어디가 다른지 모를 정도다. 어쨌든 굳이 말하자면 약자의 입장에 있는 환자를 지켜주는 역할이 간호에는 있다는 것이다. 대체 누구로부터 환자를 지키는지 의문이 생긴다. 때로 가족으로부터 환자를 지키는 경우가 있으나 보통은 의사로부터 인 것 같다.

■ **간호의 책임**

예전에는 의사의 지시가 절대적이라고 여겼다. 의사의 지시에 반하는 것 자체가 비윤리적이라고 생각할 정도였다. 그래서 의사의 지시가 잘못되어 환자에게 불이익일 발생해도 간호사에게는 책임이 없다고 여겨졌다. 자유로운 판단이나 행위가 허용되지 않는 상황에서는 당연히 책임도 따르지 않는다.

그러나 현재는 그렇지 않다. 일본간호협회의 「간호 종사자의 윤리강령」(2003)에 나와 있듯이(표2-4), 간호사는 전문가로써 책임 있는 행동을 다하지 않으면 안 된다. 그러므로 그 행위가 의사의 지시에 의한 것이었다 하더라도 또는 간호사 자신의 판단에 의한 것이라 할지라도, 그 행위의 결

고 묻는다면, 나는 긍정할 만한 근거를 가지고 있지 않다. [이토]
Re:Re: 임상현장에서 분명히 같은 목표지점으로 향하고 있음에도 불구하고 직종간의 대립을 보는 경우가 있다. 방법론을 바꾸거나 다른 시점에서 보거나, 더하거나 빼거나 해서 답이 나오는 경우도 있다. 차이의 의식화가 아닌, 공통을 서로 확인하는 것이다. 학생들에게는 배타적이 되지 않고 친화, 유화의 형태로 다른 것을 받아들일 줄 아는 유연성이 있는 것 같다. [쿠라바야시]

과에는 책임이 따른다. "의사의 지시라서 어쩔 수 없었습니다"라는 식의 변명은 통하지 않는다.

표2-4

제6조 간호종사자는 대상이 되는 사람들에 대한 간호가 저해되고 있거나 위험에 처해 있을 때에는, 사람들을 보호하고 안전을 확보한다	제7조 간호종사자는 …… 실시한 간호에 대해서 개인적으로 책임을 가진다.

■ 간호사와 의사의 관계

의사가 간호사와의 인간관계에서 괴로워하는 경우는 별로 없지만, 의사와의 마찰 때문에 괴로워하는 간호사는 많이 있다. 이유는 다양하지만, 가장 큰 문제는 둘 관계의 비대칭성일 것이다. 양자가 대등한 관계가 아니라는 것이다. 대다수의 의사들은 간호 인력에게 조수로서의 역할을 기대한다. 말하자면 상사와 부하의 관계이다. 병원에 따라서 여기에 경영자와 직원이라는 관계도 더해진다. 또한 잠재적인 문제로써 젠더(gender)* 즉 정해진 성역할과도 관계가 있다. 최근에는 조금 바뀌었지만, 대부분의 의사는 남성이었다. 반면 간호사의 대부분은 여성이다. 남성 우위의 사회에는 여자는 남자를 따라야 한다는 암묵적인 규칙이 있다. 의료도 사회의 축약판이라고 할 수 있다.

이러한 배경 속에서 간호사가 의사에게 기탄없이 의견을 말하기는 상당한 어려움이 있으며, 때로 직장에서 근무하기가 힘들어질 수도 있을 것이다.

---

* 성에 대해서는 생물학적 성별(sex) 외에 사회나 문화 등에 의해서 구축된 성역할이 있는데, 이것을 젠더(gender)라고 한다. 예를 들면 사회는 여자 아이에게 머리카락을 기르고, 치마를 입으며, 빨간색 가방을 메고 초등학교를 다니기를 기대하며, 남자 아이에게는 강해야 하며 훌쩍거리며 울지 않기를 기대한다. 여기에는 '성차별(sexism)'이라고 하는 문제가 항상 따라 다닌다.

■ 의사의 지시에 따르지 않는 것

간호사로서의 책임을 자각하고 있는 미야시타는 의사인 시라마츠의 지시에 따라야 할지의 여부를 두고 망설이고 있다. 간호사는 어떤 경우 의사의 지시에 따르지 않아도 될까? (표2-5)

표2-5 간호사가 의사의 지시에 따르지 않아도 되는 경우[오오니시][95]

용납할 수 없는 지시 또는 잘못	단위를 틀리게 쓰는 등 단순한 실수 법적 또는 윤리적으로 허용되지 않는 지시
진단·치료를 둘러 싼 판단	지식이나 기술부족으로 인한 간과나 실수 환자정보 부족으로 인한 판단 실수
윤리적 문제를 둘러 싼 판단	의사의 판단이 환자 본인의 의향에 반하는 경우 2가지 이상의 가치가 상충해서 판단이 망설여지는 경우 의사의 판단이 간호사의 가치관에 반하는 경우

우선, 그 지시가 간호사의 업무범위를 벗어난 경우를 생각해볼 수 있다.† 예를 들어 의사 밖에 인정되지 않는 진단이나 치료행위는 비록 의사의 지시라 하더라도 따라서는 안 된다. 또한 간호사가 할 수 있는 업무라 할지라도, 간호사 개인이 기술적으로 하기 어렵다고 판단되는 일은 거부해야 한다. 그리고 그 의사의 지시가 명백하게 불법적이거나, 의료상 부적절하다고 하면 거부해야 한다. 사고가 생기면 책임을 지게 될 가능성이 있기 때문이다.

또한 지시가 분명 부적절하다고 단언할 수 없다 하더라도 간호사 개인

---

† 의료·개호는 혼자서 하는 일이 아니라 타자와의 협동이다. 의뢰인에 대해서 필요한 정보를 취득해서, 알기 쉽게 타자에게 전하는 기술은 의료·개호직한테는 매우 중요하다. 그 일을 할 수 없게 되면 가장 많은 불이익을 보는 건 의뢰인이다. [아다치 다이]
Re : 의료·개호자간의 연계를 위해서는 정보전달 기술을 단련하면 되지만, 이용자·환자·가족과의 커뮤니케이션에는 어떤 기술이 필요할까? [하라]

의 신념이나 가치관에 비추어 도저히 받아들일 수 없다면 용기를 가지고 거절해도 될 것이다. 플라세보 사용을 신념에 반하는 기만행위라고 생각한다면, 그렇게 주장해도 괜찮을 것이다. 단 그렇게 함으로 해서 키무라가 간호팀에서 제외되는 상황도 각오하지 않으면 안 될 것이다. 유감스럽지만 갖은 역풍에 시달리게 될지 모른다.

플라세보를 사용하는 것은 어쩔 수 없다고 하더라도, 지금 키무라의 상태가 악화되었다고 확신한다면, 그 상황에서 플라세보를 투약하지 않는 것도 전문적 판단으로써 인정 되어야 한다. 키무라가 정말 평소 다르게 고통을 호소하는지, 어떤 위독한 질환이 있는 게 아닌지 다른 간호사나 주임에게도 확인을 요청해야 한다. 다시 한 번 의사의 진찰을 필요로 하는 상태로 확인된다면, 상사를 통해서 지시를 받는 것이 최선이라고 생각한다.

미야시타는 자신의 판단으로 진통제 복용을 권하는 것도 생각하고 있는 것 같으나, 입원 중이라면 이 행위는 요양상의 보살핌 범위를 벗어날 가능성이 있다. 독단적으로 결정하지 않는 편이 좋다.

3. 어떻게 하면 좋을까

일반적으로 의사와의 관계가 꼬일 때는 혼자서 고민하지 말고 동료나 상사에게 상담을 해야 한다. 이번 미야시타의 경우, 상사나 레지던트도 애매한 태도를 취하고 있지만, 여기서 소외감을 느끼고 포기해서는 안 된다. 그것이 결국 환자의 이익과 관련된다는 것을 명심해 두길 바란다.

시라마츠 부장은 "왜 이런 일 때문에 나를 불렀나"라며 고함을 지를지 모르나, 만약 부르지 않았는데 상태가 악화된다면 "왜 빨리 부르지 않았나"라고 고함을 지를 것이다.

D. 정신간호, 정신의료의 현장에서

사례 15. 알코올 의존증의 치료

호시노 켄지는 현재 52세의 남성이다. 10년 전에 재혼을 하면서 건축 현장에서 작업원으로 일하였다. 처음에는 열심히 일에 몰두하였으나 점차 술에 빠져 살게 되었다. 결국 일도 하지 않고 매일 아침부터 술만 마셨다. 49세 무렵에는 2~3개월간 하루도 빠짐없이 술을 마셨고, 체력이 소모되어 더 이상 술을 한 방울도 마실 수 없는 상태가 되면 얼마 동안 술을 먹지 않는 식의 패턴을 반복하게 되었다.

51세가 되던 해 이른 가을, 나뭇잎이 물들기 시작하던 즈음 아내가 파칭코 가게 청소 일을 하러 출근을 한 뒤, 호시노는 평소와 다름없이 소주를 마시기 시작했다. 아주 기분 좋게 술에 취하자, 그는 주위에 갑자기 수백 마리나 되는 개들이 나타나서 자신을 덮치는 환각을 보았다. 예상치 못한 뜻밖의 사태에 혼란상태가 되어서도 부엌에서 식칼을 꺼내 필사적으로 환각 속의 개들과 싸웠다. 덤벼드는 사나운 개들을 차례차례 식칼로 베고, 물리쳤다. 지칠 대로 지쳤을 때, 호시노의 주위에는 여러 명의 경찰들이 에워싸고 있었다. "이제 살았다"라고 안도의 한숨을 내쉬는 것도 잠시, 호시노는 영문도 모른 채 수갑을 차고 직장에서 소식을 듣고 달려온 아내와 함께 경찰차에 태워졌다. 경찰차가 향한 곳은 정신병원이었다.

입원 후 극심한 금단증상†으로 고통스러웠으나 1주일 뒤 안정을 되찾았다. 완전히 제정신으로 돌아온 호시노는 기뻐하는 아내 앞에서 금주를 맹세하고, 서둘러 퇴원을 했다. 그러나 언제 다짐했냐는 듯이 얼마 지나지 않아 술에 빠져들기 시작했다. 가을이 깊어지고, 낙엽이 길거리에 흩날리기 시작한 무렵, 호시노는 다시 경찰차에 태워져서 두 번째 입원을 하게 되었다. 금단증상이 없어지자, 계속 입원하라는 의사의 권유를 정중히 거절하고, 약간은 불안해하는 아내와 함께 집으로 돌아갔다.

얼마 지나지 않아 눈이 내리기 시작할 무렵, 호시노는 또 다시 경찰차를 타고 세 번째 입원을 하였다. 이번 금단증상은 한 달이나 지속되었다. 얼마 안 있어 새해를 맞이하게 될 무렵, 드디어 호시노는 정신을 차린 것처럼 보였다. 반복되는 경찰 신세에 아내는 곤혹스러웠으며, 지쳐버렸다. 이대로 퇴원시켜도 괜찮을까라는 불안이 머릿속을 스쳤다. 회복하려면 본인이 자각해서 금주를 계속해나가는 수밖에 없다는 말을 의사로부터 들었다.

당사자인 호시노는 "두 번 다시는 술을 마시지 않겠다. 약속한다. 그러니까 나를 믿어줘"라면서 눈물을 흘리며 애원하였다. 아내는 어쩔 수 없이 남편과 함께 집으로 돌아갔다.

그로부터 며칠 뒤 새해 이른 아침, 그 해의 첫 환자가 호시노였다. 또

---

† 의존하고 있는 약물 등이 체내에서 빠져 나갈 때에 생기는 증상. 알코올의 경우, 전신의 떨림 또는 발한 증상이 생긴다. 의식 수준이 저하되거나 벌레나 작은 동물의 환시(실제로는 존재하지 않는 것이 보이는 증상) 등이 보인다.

> 환시상태에서 맹견들을 상대로 격렬한 난투극을 벌이다가 전신에 찰
> 과상을 입은 채로 병원에 왔다. 이웃에서 불만에 찬 목소리가 커지고,
> 경찰로부터 싫은 소리를 듣게 되자, 이로 인해 아내는 더 지친 것 같
> 았다. 입원을 하고 얼마 지나지 않아, 조금은 멍한 표정을 지으며 가
> 끔씩 정신을 차린 것처럼, "어, 내가 여기서 뭘 하고 있는 거지?"라며
> 의아해하기도 했다. 가벼운 지남력 장애와 건망증도 있는 듯했다. 면
> 회를 온 아내에게 "일자리를 찾아 봐야겠어"라고 말하며 퇴원을 요
> 구하고 있다.

1. 이 사례에는 어떤 문제가 있을까?

아마도 호시노는 상당히 심한 알코올 의존증인 것 같다. 말로는 더 이상 술을 마시지 않겠다고 하지만 전혀 단주 할 마음은 없어 보인다. 이대로 계속 술을 마시다가는 언젠가 간경화, 심부전 등의 심각한 질환이나 사고 등으로 인해 수명이 단축될 것이다. 지금 단계에서 어떤 치료가 가능할까. 치료 전제로 본인이 자각하고 금주를 결심해야만 한다. 이런 전제가 없는 상황에서 의료는 어느 선까지 개입할 수 있을까? 그리고 아내는 어떻게 해야 할까? 정신과에서는 종종 강제입원이 이루어진다. 본인이 원하지 않는 강제입원은 어떤 때 허용될까? 호시노를 만약 강제 입원시킨다면 회복이 가능할까?

2. 생각해보자

■ **정신과의 특수성?**

지금부터 세 가지 사례를 통해 정신과 영역에 관련 된 문제를 생각해보 겠다.[96] 의료윤리학 관련 서적은 많이 있지만, 정신과 문제를 심도 깊게 연구한 서적은 적은 것 같다. 그 이유에 대해 정신과는 특수하기 때문에, 또는 어렵기 때문이라고 많은 사람들이 말한다. 이유는 여러 가지 있겠지만, 제일 큰 이유는 환자의 진의를 알기 어렵기 때문일 것이다. 그리고 때로는 본인을 위해서라기보다 주위 사람들의 이익을 위해서 치료가 이루어지고 있기 때문일 것이다. 예를 들면 합리적으로 옳고 그름을 판단하지 못해 타인에게 해를 끼칠 수 있는 환자를 강제로 입원시켜야 하는 경우가 있다.

하지만 과연 그럴까? 이것을 정신과만의 특수한 문제라고 잘라 말할 수 있을까? 나는 그렇게 생각하지 않는다. 정도의 차이는 있지만, 다른 분야에도 비슷한 문제를 안고 있다. 정신과에서 그 문제가 두드러지게 표출되고 있을 뿐이라고 여겨진다. 그러므로 정신과 윤리에 대한 고민이 모든 윤리 문제의 기본이 된다고 생각한다. 풀포드는 정신과 윤리학을 '미운오리 새끼'라고 평했다. 합리적인 자기결정능력이 있는 환자를 상정하여 만들어진 일반적인 의료윤리학(보통의 오리)의 입장에서 보면 잘 맞지 않다. 그러나 우리는 항상 합리적이지는 않다. 그렇다면 정신과 윤리학은 땅에 발을 붙인 보다 근본적이고 새로운 의료윤리학을 밑에서 감싸듯 받쳐주는 학문이 될 수 있지 않을까? 요컨대 정신과 윤리학이 '백조'라는 것이다.

■ **호시노에게 지금 필요한 것**

호시노는 알코올에 의존하고 있다. 한번 마시기 시작하면 멈추질 못한다. 술을 마시는 도중에는 못 마시게 해도 말을 듣지 않는다. 병이기 때문에 어떻게 할 수 없다. 천식발작이 일어난 사람에게 기침을 하지 말라고 하는 것과 같다. 마시기 시작하면 멈추지 않지만, 처음 한 모금을 마시지 않는 건 가능하다. 그러므로 호시노가 주량은 줄이는 것은 힘들지만, 금주는 가능하다. 물론 간단한 일이 아니므로 본인의 자각과 주위 사람들의 도움이 반드시 필요하다.

금주가 치료의 목표는 아니다. 회복을 하기 위한 출발점이다. 어쨌든 술을 끊는 것이 선결 과제이며, 술을 끊지 않으면 해결할 수 없다. 그렇다면 어떻게 해야 할까? 술을 마시고 싶어도 마실 수 없는 환경을 만드는 것도 한 가지 방법이다. 술이 없는 나라에 데려간다? 그렇게 병원 안에서 물리적으로 술에서 멀어지는 것이 손쉬운 방법이다. 그렇다면 평생을 병원에 있어야 할까? 그것도 강제적으로 말이다. 이것에 관해서는 나중에 생각하기로 하고 다음으로 넘어가자.

■ 무고지(無告知) 투여

물리적으로 술에서 멀어지도록 하는 것 외에도, 술을 마시면 기분이 나빠져서 마시고 싶은 마음이 들지 않도록 하는 약이 있다. 시아나마이드® 등의 혐주약이다. 원래 금주 결심이 꺾이려 할 때, 본인이 자발적으로 복용하는 약이다. 그러나 어떻게 해서든 술의 양을 줄이게 하려고 가족이 음료수에 몰래 타서 마시게 하는 방법이 있다. 이 약을 먹은 줄 모르고 환자가 술을 마시면 구토와 두통이 생겨서 술을 많이 마시지 못하게 된다. 그렇게 해서 결과적으로 절주나 금주로 이어지는 것을 기대한다. 그러나 매우 위험하다. 복용량이 틀리거나, 과음을 하면 혈압이 급격하게 떨어지거나, 쇼크를 일으킬 수도 있다. 그러므로 어지간한 긴급사태 외에는 권하지 않는다.

이 방법은 물리적이 아니라 약리학적으로 알코올을 멀리하게 한다. 본인에게 설명하지 않고 약을 먹게 하는 것을 무고지 투여라고 한다. 만약

틀통이 나면 어떻게 될까? 큰 일이 날 것이다. 환자가 너무나 화가 나서, 폭력사태가 일어날지도 모른다. 호시노의 경우, 마음이 약한 아내 혼자서 결행하기는 어려울 것이다. 가령 이런 방법으로 일시적으로 주량이 줄더라도, 근본적인 해결로 연결되지는 않을 것이다. 역시 어떻게 해서든 금주의 필요성을 자각하게 하는 수밖에 없다.

윤리적으로 투약을 인정할 수 있을까? 본인에게 들키지만 않는다면 해도 되는 것일까? 예전에는 알코올의존증 이외에, 예를 들면 조현병으로 병에 대한 자각이 없는 환자에게 시행하기도 했다. 정신질환의 경우, 편견 등 여러 사정으로 인해 본인에게 병명 고지를 하지 않은 채로 약을 먹게 하는 경우도 있었다. 그러나 지금은 병명이나 치료 방법에 대해서 설명을 하고 치료를 하는 것이 정신과에서도 당연한 일로 되었다.

■ 강제적 입원에 대해서

호시노는 지금까지 세 번 입원을 했으며, 지금 네 번째 입원 중이다. 지금까지의 모든 입원은 만취로 인한 환각증상에 의한 것으로, 자발적인 입원은 아닌 것 같다. 정신과가 다른 과와 다른 점은, 일본의 경우 정신보건 및 정신장애자복지에 관한 법률(정신보건복지법)이라고 하는 법에 의해서 관리되고 있다는 것이다.[†] 앞에서도 말했듯이 정신과에서는 본인의 의사와는 관계없이 입원시켜야 하는 경우가 있다. 자칫 잘못하면 뜻하지 않게 인권침해가 될 수 있어서 명확하게 법률로 기준을 정하고 있는 것이다. (표2-6)

입원은 가급적 본인의 동의에 의한 임의입원이 바람직하다. 그러나 호시노의 입원처럼 정신증상이 있어서 입원 시키지 않으면 치료를 할 수 없

[†] 우리나라에는 현재 정신보건법이있으며 2017년부터 정신건강증진 및 정신질환자 복지서비스 지원에 관한 법률이 시행될 예정이다. [옮긴이]

거나, 본인에게 동의능력이 없는 경우, 있다 하더라도 거부를 하는 등의 경우, 대신 가족 등의 동의로 입원시킬 수 있다. 이것을 의료보호 입원이라고 한다. 이는 강제적인 입원으로 요건이 엄격하다. 호시노는 입원하고 금주만 하면 금방 의식이 명료해지고 환각상태도 사라져서 이성적이며 동의능력이 있다고 간주되며, 그 시점에서는 정신증상이 소실되었기 때문에 강제적으로 계속 입원을 시키기 위한 요건을 충족하지 못한다. 그러므로 호시노가 계속 입원에 동의를 하지 않고 퇴원하고 싶다고 주장하면, 즉시 퇴원시키지 않으면 안 된다.

호시노가 강제입원 대상이 되지 않는다는 점에 대해 의문을 가지는 사람도 많을 것이다. 몸이 상할 정도로 술에 취해서 아내를 힘들게 하고 있기 때문에 문제가 있는 사람임에는 분명하다. 억지로라도 입원시켜 달라는 의견도 이해할 수 있다. 그러나 그것은 인권침해이며 치료효과를 기대할 수도 없다. 본인의 원망하는 마음만 키울 뿐이다. 게다가 법적으로 말할 만한 분명한 경위가 있다.

표2-6 정신과 입원 형태[†]

- 임의입원: 환자 본인의 동의에 의한 자발적인 입원
- 의료보호입원: 환자 본인의 동의를 얻지 못해 가족등의 동의에 의한 입원
- 조치입원: 자상이나 타해의 우려가 있어 지정의 2명 이상의 진찰에 의한 입원
- 긴급조치입원: 자상타해의 우려가 있어 지정의 1명의 진찰에 의한 입원
- 응급입원: 본인·가족등의 동의를 얻지 못해 지정의 1명의 진찰에 의한 입원

[†] 우리나라 정신과 입원 형태(정신보건법, 제23조~26조)
　: 자의입원, 보호의무자에 의한 입원, 시장·군수·구청장에 의한 입원, 응급입원.

■ 우츠노미야(宇都宮) 병원 사건

30년 전쯤, 일본 사회를 떠들썩하게 한 상해치사 사건이 있었다.[97][†] 이 사건이 있기 전까지 일본에 환자의 자발적 의사에 의한 입원제도는 없었으며, 입원이라고 하면 대부분이 보호자의 동의에 의한 입원이었다. 본래 입원할 필요가 없는 환자까지 입원시킬 수 있었으며, 본인에 의한 퇴원청구는 물론 강제입원의 타당성을 객관적으로 조사하는 외부감사 제도도 없었다. 호시노 같이 '문제가 되는 사람'이 입원했으나 퇴원할 방법이 없어 장기입원이 되어버렸을 때 울적하고 답답하여 쌓인 불만이 집단 따돌림이나 폭력으로 변해 표출된다. 이런 불만을 억누르기 위해서 또 다른 폭력이 가해진다. 일부 정신병원은 폭력의 온상이 되어버렸다 이런 배경 속에서 우츠노미야 병원 사건이 일어났다. 1984년 3월, 병원 직원으로부터 '생활지도'라는 명목으로 맞아서 입원환자가 사망한 사건이 보도 되었다.

이 사건이 계기가 되어, 환자의 인권을 배려한 입원치료가 이루어질 수 있도록, 그 동안의 정신위생법이라는 법률이 개정되어, 정신보건법이 시행(1987)되었다. 그리고 의료보호 입원의 요건도 제시되었다.

■ 공동의존이 되지 않도록 지원

법적으로는 호시노가 퇴원하고 싶다고 하면 퇴원시켜야 한다. 아마 얼마 지나지 않아 다시 만취상태로 병원으로 돌아올 것이다. 그렇다고 해서 퇴원을 시키지 않을 수 없다. 호시노의 아내는 이런 어쩔 수 없는 남편에게 정이 떨어지지 않은 게 신기하다고 생각하지는 않을까? 단지, 호시노의 아내도 그럴지 모르지만, 의존증이 있는 아내들 중에는 "내가 어떻게

---

† 본래의 '생활지도'는 복장이나 금전관리 등, 사회에 적응하기 위한 기술을 조언하는 케어를 말한다. 그런데, 이 병원에서는 환자에게 강제노동을 시킨다거나 검사 등의 의료행위를 시켜, 이 명령에 복종하게 하는 것이 지도였다. 적은 수의 직원으로 많은 환자를 관리하기 위해 폭력이 늘상 이루어지고 있었다. 그중에서 병원 밥이 맛이 없다고 불만을 토로한 환자가 다수의 간호직원으로부터 쇠파이프로 맞아 죽었다. 유감스럽게도 그 이후로도 정신병원에서의 불상사는 끊이질 않고 있다.

든 하지 않으면 안 돼. 이 사람을 구할 수 있는 사람은 나밖에 없어"라며 참고 버티는 유형이 많은 것 같다. 혼자서 문제를 떠맡아버린다. 그것이 자신의 의무라고 착각하는 것이다. 이것을 공동의존(codependence)이라고 부른다.

공동의존이란 아내도 알코올 의존증이라는 의미가 아니다. 남편은 알코올에 의존하면서, 동시에 헌신적으로 돌봄을 제공해주는 아내에게 의존하고 있다. 그리고 그런 남편에게 의존되어 뒷바라지 하는 것을 자신의 존재의의나 사명감으로 느끼면서, 아내가 그 역할을 그만 두지 못하게 되는 경우가 있다. 서로가 상대방을 필요로 하고 의존하고 있는 상태를 '공동으로' 의존하고 있다고 생각하는 것이다.

3. 어떻게 하면 좋을까

호시노가 언제, 진심으로 술을 끊으려고 할지 모르겠지만, 그 때까지는 아무리 윽박지르고 달랜다 하더라도, 술을 끊지 못할 것이다. 발등에 불이 붙지 않는 한 알 수 없다. 이대로 자각하지 못한 채 망가져버리는 사람이 많이 있다. 그러나 그것도 어쩔 수 없는 일이다. 의료가 모든 환자를 다 구할 수는 없다. 지금 무엇보다 중요한 것은 아내를 돕는 일이다. 정말로 앞으로도 호시노를 믿고 같이 살 것인가, 이혼 등 다른 인생을 생각할 것인가, 이에 따라 주위의 대응이 달라진다. 만약 아내가 좀더 노력하려 한다면 보건소나 단주 가족모임 등에 참가해 볼 것을 권하거나, 보건소, 단주 모임 등의 제삼자에게 협력을 구하는 것이 반드시 필요하다. 아내가 혼자서 문제를 떠맡은 채 궁지에 몰리지 않도록 하는 것이 중요하다.

사례 16. 동반된 신체질환의 강제 치료

이시카와 토모코는 60대 여성이다. 20대 중반 즈음에 신의 목소리가 들린다고 하였다. 이것은 환청이라는 증상으로 이시카와는 조현병이라는 진단을 받았다. 그리고 몇 군데의 정신병원에서 입원치료를 받았다. 치료로 인해 환청 등의 증상이 개선되어 평범하게 사회생활을 할 수 있었으나, 치료를 중단하였고, 얼마 지나지 않아 증상이 악화되었다. 수차례의 입퇴원을 반복하고 나서, 한 지역에 있는 종합병원의 정신과 병동에 장기 입원하게 되었다. 입원 형태는 임의입원이다. 본인이 퇴원을 하고 싶으면, 언제라도 퇴원이 가능한 상태였다. 독신인 이시카와는 혼자 살 자신이 없었으며, 퇴원을 하면 병원 근처에 사는 남동생 부부의 집에서 살 수밖에 없었다. 이시카와는 병원생활도 그렇게 나쁘지 않다고 느꼈기 때문에 그냥 계속 입원을 했다.

최근 수년 동안의 이시카와의 정신증상은 망상이 중심이었다. "이 몸은 아마테라스 오오미카미(天照大神)[†]다" "태양의 분신이다" "황녀로서 황실의 혈통을 이어 받았다" "면회하러 오는 남동생은 실제로는 신분이 낮은 하인이다"라는 등의 말을 하고 있다. 가끔 근처 슈퍼에 장을 보러 가거나, 산책을 하러 나가는 경우 외에는 병동 안에서 자폐적으로 자기가 하고 싶은 대로 생활을 하고 있었다. 병동 의료진과의 관계는 대체로 좋았다.

2년 전 9월, 이시카와는 "왼쪽 가슴에 멍울이 생겼어요"라며 간호사에게 상담을 했다. 주치의의 권유로, 곧바로 같은 병원 안에 있는 외과에서 검진을 받았다. 암일 가능성이 높아서 수차례 검진과 X선 촬

[†] 아마테라스 오오미카미(天照大神)는 일본신화에 등장하는 신이다. 일본 황실의 조상신이며, 일본 민족의 총씨신(総氏神)으로 여겨지고 있다. [옮긴이]

영, 초음파 등의 검사를 받았다. 그런데 멍울에 바늘을 찔러서 세포를 살펴보는 검사를 하려고 하자, 갑자기 재진을 거부했다. 몇 번이나 설득을 해도 "죽어도 괜찮아요"라거나, "제가 햇빛을 비춰서 병을 고칠게요"라는 대답을 하면서, 계속해서 검사를 거부했다. 이시카와는 검사와 수술에 대한 불안과 두려움 때문에 검진을 거부하고 있다. 의료인의 입장에서 보았을 때 정상적인 반응으로 여겨졌기 때문에, 끈기 있게 설득하기로 방침이 정해졌다. 이시카와는 암을 스스로 고칠 수 있다는 망상에 빠져는 있지만, 자신에게 암이 있다는 사실은 정확하게 받아들이고 있는 것 같다.

그 이후 때때로 외과검진에 대한 이야기를 꺼내면 이시카와는 대꾸를 하지 않았다. 가슴을 햇빛에 비추거나 기름을 바르는 등 자기 나름대로의 치료를 하긴 했지만, 당연히 효과는 없었고 1년 전 12월에는 멍울의 크기가 6센티미터 정도로 커져서 눈에 띌 정도로 유방이 변형되었다. 일시적으로 항암제 주사를 맞기로 했으나 효과는 보이지 않았으며, 게다가 구토 등의 부작용이 심했기 때문에 약물치료는 4개월여 만에 중단되었다.

올해 초, 이제 수술로써 치료가 가능한 시기의 한계가 다가왔다. 그런데도 여전히 이시카와는 외과검진을 거부했다. "유방을 절제하지 않아도 햇빛의 에너지를 비추면 반드시 치유돼요"라는 식으로 말한다. 그때 즈음, 이시카와의 건강을 걱정하는 유일한 가족인 남동생 부부로부터 어떻게 해서든 강제적으로라도 수술을 해줄 수 없느냐는 요청이 있었다. 앞으로도 이시카와가 수술에 응할 가능성은 거의 없다. 그리고 시간은 한정되어 있다.[98]

1. 이 사례에는 어떤 문제가 있을까

이시카와의 치료 거부와 자기 나름대로의 치료를 이대로 방치해도 괜찮은 걸까? 아니면, 남동생의 대리판단으로 외과치료를 강행해도 괜찮은 걸까?

이시카와는 자기가 암이라는 현실을 정말로 올바르게 이해하고 있었을까? 수술을 하지 않으면 어떻게 되는지 제대로 이해하고 있었을까? 정말로 독자적인 치료법으로 완치될 수 있다고 믿었을까 만약 그런 방법으로 완치된다고 믿고 있었다면, 이시카와의 이해력이나 판단능력은 건전하다고 말할 수 있을까? 본인의 동의를 얻을 수 없는 치료가 인정되는 경우는 어떤 때일까?

2. 생각해보자

■ 환자는 병을 어떻게 이해하고 있었을까

이시카와의 병은 유방암이며, 이 이점에서의 치료는 수술 또는 방사선조사를 하는 수밖에 없는 것 같다. 항암제 치료를 시도했지만, 별다른 효과가 없어서 중지한 상태다. 방사선치료의 가능성도 있지만 이시카와가 있는 병원에서 할 수 있는지, 다른 병원으로 옮기지 않으면 안 되는지 알 수 없다. 이 외에도 유효한 치료가 있을 수도 있지만, 적어도 이시카와가 현재하고 있는 태양요법 같은 것으로 치유될 가능성은 제로에 가깝다. 수술을 하지 않고 생명을 살리기란 아마도 불가능할 것이다.

그러므로 이시카와를 납득시켜서 수술을 받게 하면, 그것으로써 한 건 해결한 셈이다. 이시카와는 왜 수술이 싫은 걸까? 정신적인 병이 있기 때문일까? 그럴 것이라고 생각하는 사람도 있을지 모른다. 정신장애 때문에 올바르게 현실을 인식할 수 없기에 미처 수술을 받아야만 한다는 합리적인 판단에까지 이르지 못한다고 말이다. 그런데 정말로 그럴까? 정신장애인이 아니라도, 수술이 싫어서 받지 않으려는 사람은 많이 있다. 수술거부를 정신장애 때문이라고 결론짓게 되면 수술을 싫어하는 사람은 납득할 수 없을 것이다. 이시카와는 처음에는 검사를 받았다. 그런데 조직검사 단계에서 마음을 닫아버렸다. 무슨 일이 있었던 걸까? 매우 불쾌한 일, 불안하게 만든 어떤 일. 이에 대해서는 상상하는 수밖에 없다. 아무런 일도 없는데 돌연 거부하는 경우는 드물다. 이것을 정신장애 때문이라는 식으로 설명하는 것은 너무나 단편적이다.

이시카와는 자신에게 암이 있다는 사실은 이해하고 있을 것이다. 그렇기 때문에 처음에 검사도 받았으며, 태양요법도 하고 있는 것이다. 자신이 암에 걸렸다는 현실을 부정하지 않는다. 반드시는 아니지만, 수술을 받으면 살 수 있을지도 모른다. 수술을 하지 않으면 위험해 질 수도 있다. 그런데 수술은 받고 싶지 않다. 이런 심정일 때 당신이라면 어떻게 할 것인가? 아마도 수술 이외의 유효한 치료를 필사적으로 찾으려 할 것이다. 이시카와도 그렇게 했을 것이다.

원래부터 이시카와는 태양신을 믿고 있었던 것 같다. 자신이 태양신의 분신이라고 말하거나, 이 말을 다른 사람이 믿든 안 믿든 이시카와는 개의치 않았다. 유방암이라는 사실을 알게 된 이시카와는 지푸라기라도 붙잡는 심정으로 그 마음이 향한 곳이 햇빛이었던 것이다. 태양에 매달리는 일종의 망상이었던 것이다. 망상이란 불합리한 확신을 가리키는데, 태양으로 치유될지 안 될지는 이시카와 자신도 확신하지는 못하고 있는 듯하다. 자신이 믿고 있는 길로 매진하는 수밖에 없는 것이다.

암 치료에는 여러 대체요법과 민간요법이 있다. 어떤 버섯으로 만든 차를 마시거나, 타마카와온천에 암반욕을 하러 간다거나, 신이나 부처님한테 기도를 하기도 한다. 개중에는 상당히 미심쩍은 것들도 있다. 이런 것들과 이시카와의 행위가 본질적으로 다른 차원의 것이라고 말할 수 있을까? 이시카와의 행위를 망상에 가득 찬 불합리하고 비현실적이기도 한 어리석은 짓, 이상한 행위로 치부하고 웃어 넘겨야 하는 것일까?

■ 충분한 정보에 의한 동의의 전제로써의 자기결정능력

치료의 원칙은 충분한 정보에 의한 동의를 받는 것이다(⇒ pp. 132-134).

충분한 정보에 의한 동의 의 전제로써 필요한 조건에는 환자 본인의 이해력·판단력 여부, 자발성 여부, 강제성 여부 등이 있다. 그렇다면 이시카와의 경우에 수술을 권하기에 앞서, 충분한 정보에 의한 동의를 받는 게 가능한지 생각해보자. 만약 이시카와에게 충분한 정보에 의한 동의가 필요 없다면, 대리 동의자인 남동생의 희망대로 강제수술도 가능하다.

충분한 정보에 의한 동의라고 하는 절차의 성립 여부는 환자에게 이해력과 판단능력 등(이것을 모두 다 자기결정능력[†]이라고 한다(⇒ p. 169)이 있는지 없는지에 달려 있다고 할 수 있다.

자기결정능력이 없는 경우란 첫 번째로 의식장애가 있다. 또 하나는 치매 등의 지능장애이다. 물론 정도의 차이는 있으나, 적어도 중증 지능장애의 경우에는 자기결정능력이 떨어진다고 알려져 있다. 그리고 문제가 되는 것이 정신질환자이다. 물론 최근에는 정신질환자를 일률적으로 미친 사람이며 이성을 잃은 사람이다라고 오해하는 사람의 수는 줄어든 것 같다. 정신질환자란 무엇인가는 정의에 따라서 달라지겠지만, 다수의 정신질환자는 이성적이며 통상적인 사회생활을 하고 있다. 그러나, 이후 설명할 망상이나 자아의식장애 등의 정신증상에 의해 합리적인 판단을 할 수 없어 일상생활에 큰 지장이 생기는 경우도 있다.

[†] 자기결정능력(competence).

이시카와의 경우는 어떨까? 이시카와는 어쩌다가 장기간 정신과에 입원하고 있다. 그렇지만 상태가 안 좋아서 퇴원하지 못한 것이 아니다.

여담이지만 충분히 퇴원이 가능한 상태인데 돌아갈 곳이 없어서 계속 입원을 하는 사람들이 있다. 이런 상태를 사회적 입원이라고 한다. 일본에는 수만 명에서 수십만 명의 사회적 입원 환자가 있다고 알려져 있다.

그러므로 이시카와가 정신과에 입원하고 있다는 사실이 자기결정능력 없다는 것의 이유가 되지는 못한다. 이시카와는 자폐적이기는 하지만, 때로 산책을 하며 물건을 사러 외출도 하고 병원 직원과 어느 정도 교류도 하고 있다. 대화능력이나 통상적인 이해력, 판단력에 문제는 없어 보인다.

태양에 대한 망상은 있다. 누구에게나 강한 신념, 신조, 신앙 등이 있을 수 있으며, 개중에는 타인이 이해하기 힘든 것도 있다. 이시카와는 망상을 가지고 있으나, 그것이 일상생활에 지장을 줄 정도는 아니었을 것으로 추측된다. 망상세계와 현실세계를 제대로 구분할 수 있었던 것 같다. 이것을 이중지남력(double orientation)이라고 한다. 이중지남력이란, 망상에 의해서, 생겨난 비현실적인 판단을 그대로 받아들여 불합리한 대처를 하게 되어 혼란에 빠지는 부적응 상태를 가리킨다. 그러나 시각을 바꿔 생각해 보면 두 개의 다른 기준을 임기응변으로 구분하여 사용하는 것은 상당히 고도의 사회적응을 하기 위한 방편이라고 할 수 있다. 예를 들면, 이시카와는 남동생을 어떤 때는 '동생'이라고 부르고, 어떤 때는 '하인'이라고 부르면서 모순된 표현을 사용한다. 그렇지만 이 두 가지 호칭 다 본인에게는 사실인 것이다. 하인 취급을 당한 남동생 부부는 조금은 진저리가 났을지도 모르지만, 만성 조현병 환자의 대부분은 이런 식으로 사회에 잘 적응하고 있다.

이시카와는, 우연일까, 운이 없는 것일까, 암이라고 하는 생명과 직결되는 병의 치료방침을 결정해야 하는 상황에서, 망상이라고 하는 색안경을 통해서 현실을 보게 되었다. 색안경에 의한 왜곡은 있지만 병에 걸려 있다는 사실은 보고 있다. 엄격한 관점을 가진 사람이라면, 이시카와는 망상에 지배당하고 있기 때문에 자기결정능력이 없다고 판단할 것이다. 이런 경우 만약 이시카와가 망상에 사로잡혀 어떤 범죄를 저지르게 되면, 심신쇠약상태라서 책임능력이 결여되었다라고 판단할 것이다.

흑백을 가린다는 말이 있다. 있든지, 없든지, 어느 쪽이든 하나로 확실히 정하라고 한다 한들, 이시카와의 자기결정능력은 회색이어서 흑백을 가리기 힘들다.

망상 외에도 충분한 정보에 의한 동의의 성립을 어렵게 하는 요인이 몇 가지 있다. 그중 하나가 양가감정(ambivalence)이라는 증상이다. 이것은 의지 혹은 감정이 동시에 상반되는 방향으로 향하는 상태를 말한다. 예를 들어 어떤 사람에 대해 사랑하는 마음과 미워하는 마음을 동시에 느낀다거나, 무언가를 하고 싶은 마음과 하고 싶지 않은 마음이 갈등을 일으키는 것을 말한다. 어떤 치료를 받고 싶은 의사(意思)와 받고 싶지 않은 의사를 동시에 느끼게 되어, 환자는 꼼짝 못하게 된다. 그러나 이러한 심경은 누구에게나 있는 보편적인 것이라고 생각한다. 반드시 병적이라고는 할 수 없다.

정신장애의 경우 또 하나 문제가 되는 것은 자아의식장애라고 하는 증상이다. 당신은, 나는 이 세상에 한 명뿐이며, 그런 나는 어제도 오늘도 내일도 계속 같은 나이며, 게다가 생각을 하거나 행동을 하는 것은 내 의지에 의한 것이라는 사실을 당연한 것으로 받아들이고 있을 것이다. 그러나 정신질환이 있으면 이런 나라고 하는 명백한 틀이 뒤틀려 버리는 경우가 있다. 그런 상태가 되면 어떻게 될까? 방금 자기가 결정한 일이, 지금의 자기에게 다른 사람의 일처럼 느껴진다. 무언가를 결정해도, 누군가로부터 조종을 당해서 결정된 것처럼 느껴질지도 모른다. 의사표시가 매번 변해 버린다.

이러한 증상은 건강한 사람에게는 거의 일어나지 않는다. 그렇기 때문에 우리들과는 다른 세계의 이야기다, 역시 정신장애인이라고 하는 사람은 특수한 세계의 사람이라고 느끼는 것일까. 나로서는 확고히 자기결정을 하고, 그것을 유지해나갈 수 있다는 것 자체가 상당히 특수하고 기적적인 일로 느껴지는데 말이다.

새삼스럽게 망상이나 양가감정, 자아의식장애 등을 예로 들 필요도 없이, 최종적인 의사결정과 그 의사표시를 앞두면 누구라도 마음이 흔들린다. 얼마나 흔들리는가는 정도 차이의 문제이지 흔들리는 것, 망설이는 것, 미루어 두는 것들은 정상적이며 이시카와가 이상한 것은 아니라고 생각한다.

- **본인의 동의에 따르지 않는 수술에 대해**

본인에게 동의능력이 없고 가족이 동의한다면 수술은 해도 되는 것일까? 모두 다 그렇다라고 할 수는 없지만, 만약 외과의사가 의욕적인 사람이라면, 또는 생명을 살리는 일에 열정을 가지고 있는 사람이라면 수술을 결심할지도 모른다. 그러나 그런 외과의사만 있지는 않다. 가령 당사자 본인이 동의하더라도 정신질환을 이유로 수술에 소극적인 외과의사도 있다.

이시카와의 수술을 해야 한다는 의견을 정리해 보자. 일반적인 것으로는 이시카와에게는 자기결정능력이 없으므로 수술 거부를 인정할 수 없다. 그리고 대리인인 가족이 동의하고 있으며, 수술을 해서 생명을 살리는 것이 이시카와의 이익과 일치하므로 수술을 해야 한다는 주장이 있을 수 있을 것이다. 이러한 입장을 온정적 간섭주의라고 말해도 괜찮다. 그러나 법률 어디에도 가족에게 치료방침에 대한 동의나 대리판단을 하는 역할이 있다고 적혀 있지 않다. 아무리 가족이라 할지라도 면허나 자격을 양도할 수 없듯이, 생사가 걸린 치료는 어디까지나 그 사람 일신상의 문제여서, 민법상의 일신전속(一身專屬)적인 것이라는 사고방식이 있다.

다음으로는 치료 거부에 대해서 다시 생각해 보겠다. 생명이 걸린 중대한 상황에서 치료 거부가 인정되기 위해서는 그에 상응하는 이성이 필요하다고 생각하는 사람이 있다. 예를 들면, 감기에 걸렸을 때 감기약 복용을 거부하는 것과 같이 그렇게 생명에 지장이 없을 때에는 크게 이성적이지 않아도 되지만, 생명이 걸린 결정은 최고 수준의 이성적인 사람이 아니면 인정할 수 없다라고 하는 견해. 이것을 '슬라이딩 스케일 모델'(⇒ p. 174-175)이라고 한다. 이 견해에 따르면 망상이 있는 이시카와는 거부권이 없다고 판정 받게 된다.

한편 만약 이시카와가 망상적인이유를 대면서 치료에 동의한다고 해도, 그 동의는 받아들여질 가능성이 있을 것이다. "신께서 수술을 하라고 하셨기 때문에 하겠습니다"라고 말하면 수술을 하려고 생각한 치료자는 동의는 동의라며 아마 받아들일 것이다. 일반적으로 치료자는 치료 거부에는 높은 장애물을, 치료동의에는 낮은 장애물을 설정하는 경향이 있다. 자신과 같은 생각을 하는 사람의 의견은 저항 없이 받아들이게 된다(⇒ p. 94).

마지막으로 대리인에 대해서 잠시 다뤄 보겠다. 이시카와의 경우, 어쩌다 보니 가족이 남동생뿐이며, 그 남동생이 수술을 희망하고 있다. 만약 여러 명의 가족이 있어서 의견이 갈리면 어떻게 할까? 또는 치료가 가능한데도 가족이 치료 거부를 한다면 어떻게 할까? 정신과의 경우, 체면이나 편견 등으로 가족이 있으면서도 도움을 받지 못하는 경우가 종종 있다.

3. 어떻게 하면 좋을까

이시카와는 죽고 싶지 않을 것이다. 그렇기 때문에 필사적으로 자기 나름대로의 치료를 하고 있다. 어떻게 해서든 도움을 주고 싶다. 수술을 거부하고 있지만, 진심이라고 할 수 있을까? 본심은 치료를 원하고 있으므로 그 마음을 받아들여서 억지로 수술을 해야만 하는 걸까? 숨어있는 본심에 따른 개입이니, 결코 온정적 간섭주의에 해당하지 않는다는 의견이 옳다고 할 수 있을까? 여기서 수술을 하지 않는다는 것은 살고 싶어 하는 사람을 죽게 내버려두는 잔혹한 짓이라고 하는 의견도 이해할 만하다. 그러나 수술이 아무리 본인의 이익에 부합한다 하더라도 이사카와가 어느 정도 자기결정능력을 가지고 있다면 수술을 받지 않겠다는 본인의 의사표시를 무시하는 것에 대해서는 신중해질 필요가 있다.

만약 완벽하게 안전하고 확실한 수술이 가능하다면, 강행하는 것도 허용될 수 있다고 생각한다. 수술이 성공하면 사후승인을 해줄 가능성이 높기 때문이다. 그러나 어떤 일이 일어날지 모르는 것이 수술이다. 혹시라도 좋지 못한 결과가 있을 수 있다.

사례 17. 자살 방지를 위한 행동 제한

> 20대 남성인 이케다 타쿠야는 전문학교를 다니던 중, 어떤 종교를 통해서 알게 된 여성과 사귀고 있었다. 그런데 여자 친구에게 다른 애인이 생겨 이케다는 여자 친구와 헤어지게 되었다. 실연을 계기로 이케다는 자기 방에 틀어 박혀 지냈다. 헤어진 여자 친구와 그 애인, 그리고 그들이 관계된 종교단체가 이케다에게 해코지를 하려고 도청기를 설치하고, 수돗물에 독약을 탄다는 식의 피해망상이 생기기 시작했다. 한편 "너는 신이 되어, 그 종교단체와 싸워라"라는 환청이 들리기 시작했다. 진지한 성격인 이케다는 싸울지 피할지 망설이다가, 혼미상태(의식은 있으나, 의지의 발동이 보이지 않아, 무언·무동이 되는 상태) 가 되어 정신과에 처음으로 입원하게 되었다. 조현병으로 진단 받았으나, 병에 대한 인식이 없어서 퇴원 후 얼마 안 되어 약을 끊었

고, 수개월 후에는 재발하는 식의 패턴을 수년간 반복하고 있었다.

약을 먹고 증세가 좋아지면 이케다는 점잖고 멋진 청년이었다. 그러나 증상이 악화되면 같이 사는 어머니에게 사소한 일로 폭력을 휘두르기도 하였다. 또한 흥분을 하면 착란상태가 되어 발작적으로 자해를 하는 경우도 있었다. 첫 입원은 강제적인 입원이었으나, 나중에는 자발적으로 입원을 원해서 온 적도 있었다. 정신적인 질환을 앓고 있다는 인식은 없으나 괴롭다고 하는 자각은 있어서, 어머니와 같이 사는 게 더 스트레스를 쌓이게 하는 경우가 있다며, 병원에 도움을 요청해왔다. 입원을 해서 진정이 되면 곧장 퇴원을 희망하며 집에서 평온하긴 하지만 자폐적인 생활을 하고 있었다.

이번 입원 때에도 상당 기간의 복약중단으로 환각과 망상이 심해져 있었다. 지금까지 몇 번이나 자해를 했는데 이번에는 자기 집 욕실에서 손목을 그었다. 적의 공격이 너무나도 거세서 견딜 수 없었기 때문이라고 한다. 다행히 큰일은 일어나지 않았고 외과에서 간단한 처치를 마치고 정신과에 입원하게 되었다. 입원에 대해 강하게 거부하지는 않았지만, 동의한다는 의사도 표시하지 않았기 때문에 보호의무자에 의한 입원이 되었다.

입원을 한 뒤에도 불안한 심리상태를 보이며 독이 들어 있다는 이유로 아무것도 먹지 않았다. 신경안정제 주사를 맞는 것에 대해서는 마지못해 응했지만 점적주사는 거부했다. 이틀 후, 병동 구석에서 목을 매려고 했으나 시도에 그쳤다. 행동을 제한시키고 안정을 시키기 위해 보호실에 수용되었다. 그런데 여기서도 안정을 찾지 못하고 벽에 머리를 부딪거나, 옷을 이용해서 스스로 목을 조이는 식의 행위가 계속되었다. 이 시점에서 치료에 대해서 설명하기란 어려우며, 또한 절박한 생명의 위기상황이라고 판단해서, 신체를 억제하고, 점적주사와 경관영양를 실시하는 것이 검토되기 시작했다.

1. 이 사례에는 어떤 문제가 있을까?

이케다는 자살시도로 인해 강제적으로 입원하게 되었다. 지금까지는 자발적으로 입원한 적도 있지만, 이번에는 입원 동의를 하지 않아서 보호자의 동의를 받고 입원하였다. 정신과에서는 본인이 동의하지 않아도 치료상 어쩔 수 없을 때에는 강제적으로 입원시킬 수 있다. 문제는 그 다음이다. 강제적으로 입원시켰다 하더라도 강제적인 치료가 모두 인정되는 건 아니다. 복약이나 주사 또는 행동 제한 등이 이에 해당한다. 자살시도에 그친 이케다에 대해 신체를 억제시키거나, 경관영양을 실시하는 것이 인정될까? 그리고 나아가 자살이라고 하는 것은 절대로 허용해서는 안 되는 것일까?

2. 생각해보자

■ 이케다는 왜 자살하려고 했을까

이케다는 중증 정신질환을 지니고 있다. 조현병에는 망상 증상이 자주 나타난다. 이것은 사실이 아닌 것을 본인은 사실이라고 믿게 되는 증상이다. 이케다도 어떤 조직이 자신의 목숨을 노리고 있다고 굳게 믿고 있다. 이렇게 되면 매우 괴로울 것이다. 누군가가 목숨을 노리고 있는데 마음 편하게 지낼 수 있는 사람은 그렇게 많지 않을 것이다. 당신이라면 어떻게 하겠는가? 죽임을 당하기 전에 차라리 자살을 하는 편이 낫다고 생각하지 않을까?

대부분의 자살은 절망 끝에 이루어진다고 여겨진다. 절망이란 여러 가능성이 가로막히게 되는 것을 뜻한다. 물론 그것은 본인이 그렇게 생각하는 것이지, 제삼자가 보았을 때 반드시 그런 것은 아니다. 객관적으로는 다른 가능성도 있을 수 있으나, 본인으로서는 자살이 최선의 선택지로 여겨지는 것이 문제다. 그렇기 때문에 자살을 하려고 하는 사람의 대부분은 할 수만 있다면 죽고 싶지 않다고 생각한다. 그런데 자살밖에 괴로움에서 벗어날 방법이 없다고 굳게 믿고 있다. 삶과 죽음 이 두 방향으로 흔들리는 진자를 떠올려보자. 진자는 각각의 방향으로 움직이는 의지다. 그것이 죽음 쪽으로 흔들린 채 멈춰 버린 것이다. 일본에서는 1998년부터 매년 3만 명 이상의 사람들이 자살로 죽는다 2013년에는15년 만에 3만 명을 밑돌았지만, 다른 나라와 비교해 보면 높은 수준이 지속되고 있다. 시도자는 이보다 10배 또는 20배에 이른다고 한다. 그 중 대부분이 우울증 등의 정신질환과 관련되어 있어 살아 갈 에너지가 결핍된 결과라고 여겨지고 있다. 자살을 전부 병 때문으로 치부해버리는 건 옳지 않다. 인생의 문제나 주의주장을 관철하기 위한 자살도 있다. 그렇지만 일단은 병이라고 생각하면 편리한 면도 없지 않다.

그중 하나가 죄로부터 해방될 수 있다는 것이다. 종교에 따라서 자살은 죄라고 생각해서 그 종교로부터 파문당하거나, 장례를 치러 주지 않는 경우가 있었다. 또한 나라에 따라서는 살인과 마찬가지로 범죄자 취급을 당하는 경우도 있었다. 이러한 부당한 처사로부터 자살자나 시도자가 벗어날 수 있었던 것은 어쩌면 다행일 수도 있다. 다른 하나는 병이라고 생각하여 예방이나 치료 대책을 세우는 이유가 될 수 있다는 점이다.

■ 자살을 예방하려면 어떻게 해야 할까

그렇다면 자살을 예방하거나 방지하기 위해서는 어떻게 해야 하는지 생각해보도록 하자. 질병 예방에는 3단계가 있다. 1차 예방은 병에 걸리지 않도록 하는 근본대책을 세우는 것이다. 2차 예방은 조기에 발견해서 조기에 치료 등의 개입을 하는 것이다. 3차 예방은 재활치료나 재발방지 대책이다. 자살에 대해서도 같은 사고방식이 적용될 수 있을 것이다.

무엇보다도 자살이 하고 싶어지는 원인과 절망을 없애버리는 것이 중요하다. 결국 이것이 1차 예방이지만, 과연 그럴까? 나는 비관론자는 아니지만, 적어도 의료인으로서 할 수 있는 일의 범위 내에서는 거의 불가능에 가깝다고 생각한다. 2차 예방인 조기발견에 대해서는 많은 연구자와 실무자가 밤낮으로 노력하고 있다. 한마디로 말하자면 우울증 등의 정신질환을 조기에 발견해서 치료하려 하고 있다. 최근 일본에서는 직장건강검진에서 혈압과 콜레스테롤 검사뿐만 아니라 정신상태선별검사에서 우울증이나 알코올 문제를 발견하는 방법이 검토되고 있다.

그렇다면 3차 예방으로써 자살시도를 한 사람에 대해 어떻게 대응하는 게 좋을까. 이케다처럼 바로 지금 절망의 구렁에 빠져서 절박하게 자살충동을 느끼고 있는 사람을 위해, 의료는 무엇을 할 수 있을까? 이것은 매우 어려운 문제다.

■ 자살 시도자에 대한 구체적인 대응

오해를 무릅쓰고 말하자면, 어떻게 해서든 죽지 않도록 최선을 다할 것. 어떻게 해서든 자살시도를 할 수 없도록 하는 것이다. 죽게 되면 끝이다. 그렇다면 어떻게 하면 좋을까?

이상적인 방법은 죽고 싶어 하는 마음을 이해하고 서로 대화를 통해서 자살 이외의 선택지가 있다는 사실을 인식시켜주는 것이다. 정신요법 또는 상담 등의 지원이 이에 해당한다. 이런 방법으로 대부분의 자살 시도자들을 구할 수 있다. 일본의 경우 "생명의 전화"를 통해서 차분하게 이야기를 들어 주는 것만으로도 자살을 포기하는 사람들이 많이 있다고 한다. 그런데 이케다의 경우처럼, 심각하고 다급한 상황에서는 이렇게 느긋하게 있을 수 없다. 어떻게 해서든 물리적으로 막는 수밖에 없는 경우가 있다. 정신과에서는 이케다의 경우처럼 열쇠가 채워진 보호실에 격리시키거나,

신체구속을 하지 않으면 안 되는 경우마저 있다(물리적 구속). 경우에 따라서는 주사를 놓아서 계속 잠을 재우기도 한다(약리적 구속). 24시간 계속해서 행동을 감시하는 경우도 있다(심리적 구속).

이런 방법들은 어떤 의미에서 시간 끌기 정도로 이해할 수 있다. 이케다와 같은 병이라면 증상이 회복되면 죽고 싶은 마음이 없어질 가능성이 높다. 그 때까지 어떻게 해서든 자살을 막는 수밖에 없다. 이건 그냥 하는 말이 아니다. 많은 비판을 받을지도 모르나, 죽어 버리면 다시는 살릴 수 없다.

대부분의 자살 시도자는 격리나 구속을 받는 과정에 자살을 단념한다.[†] 정말로 죽기를 단념하고 살겠다고 생각하는 경우도 있을 수 있으며, 일단은 죽음을 미루는 경우도 있다. "죽고 싶어. 죽게 내버려 줘"라며 소리치는 동안은 구속이 계속될 것이다. 행동의 자유를 잃게 될 것이다. 자유를 제한 당하는 건 고통이다. 그러므로 당장은 자유로워지기 위해 거짓말이라도 상관하지 않고 "이젠 안 죽고싶어요"라고 말한다. 그렇게 하면 자유의 몸이 된다.

■ 그래도 안 되는 경우가 있다

방금 말한 바와 같이, 부당한 개입으로부터 자유로워지기 위해서 일시적으로나마 자살을 미루는 사람이 있다. 그러나 절망이 없어진 게 아니기 때문에 또 다른 기회에 조용히 자살을 하게 된다. 이번에야 말로 실패하지 않기 위해서 철저한 계획을 세운다. 안타깝게도 의료는 거기까지 손을 쓸 수 없다. "이젠 괜찮아요"라고 말하는 환자를 끈질기게 쫓아다니는 건 불

[†] 모든 자살 시도자에게 공통된 절규는 "나는 죽을 정도로 괴롭다"라며 슈나이더만은 말한다. 이 절규를 노골적으로 밖으로 드러내기는 두렵고, 드러내지 않는 것도 괴로워 갈등 속으로 점점 자신을 몰아넣게 된다고 한다. 절규의 에너지 또는 희망이 다할 때, 절대로 실패하지 않는 방법으로 자살을 결행한다고 한다. [카토]

가능하다. 어떤 정신질환을 앓고 있던 착한 성격의 환자는 자살은 하지 않겠다는 의료인들과의 약속을 지키기 위해, 전속력으로 차를 벽으로 돌진시켜 교통사고로 죽었다. 치료자를 배려한 마음씨 착한 청년의 죽음에 가슴이 아팠다.

의료가 할 수 있는 일에는 한계가 있다. 당연한 말이다. 의료는 만능이 아니다. 억제하고, 시간 끌기 식의 치료와 상담을 한다 해도 이케다의 죽음을 막을 수 있을지 장담하지 못한다. 그러나 아무것도 하지 않을 수도 없다. 그런데 만약 이케다의 자살 우려가 이대로 계속된다면 언제까지 억제를 지속해야 하는 걸까? 1주일 정도라면 허용할 수 있을 것이다. 1개월이라면 어떨까? 이케다의 절망이 지속되는 한 끝까지 개입하지 않으면 안 되는 것일까? 이것은 의료인의 의무일까?

■ 삶도 죽음도 박탈되는 것

앞에서 의료의 목적은 어떻게 해서든 환자를 죽지 않게 하는 것이라고 말했다. 죽게 되면 어떻게 손을 쓸 수가 없게 되기 때문이다. 그러나 이것만으로는 문제해결이 되지 않는다. 진정한 목표는 '죽지 않게 하는 것'이 아니라 '살아'갈 수 있게 하는 것이다. 죽지 않게 하는 것과 살아 갈 수 있게 하는 것은 똑같은 것 같으면서도 전혀 다른 것이다. 가령 이케다에게 행동제한을 계속했다고 가정해보자. 그렇게 해서 이케다가 그대로 죽지 않은 채 있다고 하자. 이걸로 이케다는 살아 있다고 말할 수 있을까? 오히려 단지 살게 된 것에 불과하지 않을까?

삶과 죽음에 대해서는 다양한 사고방식과 가치관이 있다. 정신과에서 자주 볼 수 있는 일이지만, 자기는 이미 죽은 상태라고 말하는 환자들이 있다. 한 번 죽었기 때문에 또 죽는 건 불가능하다거나, 죽어 있는데 몸만 살아 움직이고 있다거나. 기묘한 말들을 하고 있다.

이러한 환자의 대부분은 예전에 자살시도 경험이 있는 사람들이다. 어쩌면 이케다처럼 강제로 죽음을 방해 받았을지도 모른다. 이것이 사실이라면 자살이 성공해서 죽어 있어야 하는데, 우연히 시도에 그쳐서 살아남게 돼버렸다. 삶과 죽음의 딱 중간지점에서 어중간하게 살게 되었을 뿐이다. 이런 사람들은 이렇게 생각하고 있을지 모른다. 살아 있다는 것은 그냥 살게 되는 것과는 다르다고. 죽기 직전에 강제로 "죽음을 빼앗겼기" 때문에 빈껍데기처럼 "살게 되었을" 뿐이며, 실제로는 "살고 있지는 않다"라고.

의료란 일단 환자를 죽지 않게만 하는 것만으로 오케이라고 생각하기 쉽다. 그러나 죽음보다 괴로운 절망이라는 문제를 해결해 주지 못한 채, 단지 죽음을 뒤로 미루기만 하는 개입은 정말로 잔혹한 짓일 수도 있다.[†] 사람을 살리기 위한 의료가 사람을 더 깊은 절망으로 빠뜨리고, 그 절망 속에 방치시켜버릴 위험이 있다. 의료인은 이런 점을 자각하지 않으면 안 된다. 잘 생각해 보면, 이것은 정신과뿐만 아니라 일반 의료에서의 연명의 옳고 그름과 같은 문제일지도 모른다.

자살 시도자를 살리는 일의 목적은 당연히 환자의 이익을 위해서이다.[††] 그러나, 그 이외에도 숨은 동기가 있을 지도 모른다. 의료계에서는 사람이 죽는다는 것에 대해 관용적이지 못하다. 필사적으로 생명을 구하기 위한 노력을 하는 반면 쉽게 자신의 목숨을 끊는 사람들을 대다수의 의료인들은 용인하지 못한다. 자신들의 가치관, 존재를 부정 당하는 듯한 불안감과 불쾌감을 느끼는 의료인마저 있다. 이러한 싫은 생각으로부터 시선을 돌리려고 필사적으로 구명활동에 매진하려 한다. 이러한 숨은 동기도 있을 수 있다. 죽음을 앞두고 의료인으로서의 무력함에 직면하기 싫

[†] 죽음보다도 괴로운 절망이라는 문제는 인생을 살아가면서 겪는 다양한 어려운 일로 인해 생겨나고 있을 것이다. 의료의 범위를 넘는 문제에 대해서 의료인은 어떤 식으로 대처해야 할까? [나카자와]

[††] 자기결정이라는 입장에 서서 자살을 생각하면 안 될까? 정상적인 판단 능력이 있는 개인이 고민 끝에 자신의 이익을 위해서 죽음을 선택하는 것과, 의료인이 생각하는 환자의 이익 중 어느쪽이 우선순위가 높을까? [쿠라바야시]

다는 이유만으로 과도한 의료행위를 하게 된다. 다시 한 번 말하지만, 의료에는 한계가 있다. 모든 생명을 구할 수는 없으며, 우리들의 손이 닿지 않는 죽음이 있다는 현실에 좀더 겸허히 마주할 필요가 있다. 그렇게 하면 환자를 괴롭힐 뿐인 지나친 개입에 제동을 걸 수 있을 것이다.

호스피스에서 말기암 환자가 사망하더라도 의료인이나 병원이 비난 받는 일은 없을 것이다. "지금까지 수고하셨습니다"라며 감사의 말을 들을 것이다. 그러나 병원에서 환자가 자살을 하게 되면 어떻게 될까? 아무리 열심히 치료했다 하더라도 감사하다는 말을 들을 리가 없다. 사고에 대한 보고서를 제출하고, 예방계획서 제출을 요구 받는다. 어쩌면 자살 방지에 대한 주의의무 위반 가능성이 있다며 손해배상 소송을 당할지도 모른다. 그런 책임 회피가 과도한 치료로 연결되어, 삶과 죽음의 박탈로 이어진다는 것에 눈을 돌려야 한다. 자살 시도에 대해 과도하게 치료하려 한다면, 무력감을 맛보고 싶지 않다는 생각 이외에, 환자가 입원 중에 자살을 하는 것에 대한 책임 회피라는 의미도 포함되어 있을지 모른다.

3. 어떻게 하면 좋을까

이케다에 대해서는 신체 구속을 하고 정신안정제 주사나 점적주사를 놓는 등의 처치가 불가피할 것 같다.[99] 그 이유는 그렇게 함으로써 망상 등의 증상이 가벼워져서, 죽음 이외의 선택지를 찾을 수 있는 가능성이 남아 있기 때문이다. 개입하지 않으면 이케다가 자살할 확률이 높아질 것이다. 어쩌면 개입이 이케다의 절망을 연장시키는 결과를 가져올 수도 있으나, 지금처럼 절박한 상황에서 이 문제의 해결은 일단 뒤로 미루는 수밖에 없다. 물론, 영원히 뒤로 미룰 수는 없다. 그러므로 되도록 빠른 시일 내에 이케다가 지니고 있는 의사(意思)의 진자가 삶 쪽으로 흔들릴 것을 믿고,

제한을 해제하지 않으면 안 된다. 그렇게 하지 않으면 "살아 있으면서도 죽어 있는" 환자를 한 명 더 새로 만들어 내게 될 것이다.

E. 보건활동과 연구, 교육의 현장에서

사례 18. 재류 외국인에 대한 의료

아니타는 일본에서 가수로 활동해보지 않겠냐는 제안을 받고, 2년 전에 일본에 왔다. 그런데 막상 일본에 와 보니, 초청한 업자는 아니타에게 가수가 아니라 술집 호스티스로 일하도록 했다.

아니타는 약속이 틀리지 않냐며 항의를 했지만 여권을 뺏기고 폭행까지 당해 무서워져서 도망칠 수가 없었다. 체류허가 기간 6개월이 지났지만 여권을 돌려받지 못해 비자가 만료된 채 불법체류자가 되고 말았다. 술집이 있는 건물에서는 여러 명의 호스티스가 살았고, 혼자서 외출을 하지 못하게 하였다. 식사도 입에 안 맞고, 스트레스가 쌓이는 장시간의 일 때문에 아니타의 체력은 완전히 소진되었고, 건강이 나빠졌다.

2~3주 전부터 아니타는 기침과 미열이 계속되었고 피로가 풀리지 않는 증상이 지속되었다. 아니타가 더 이상 쓸모없어진 술집 주인은 다시는 돌아오지 말라고 하며 아니타를 가게 밖으로 쫓아버렸다. 주

위를 얼마간 배회하다가 길 위에 웅크리고 앉아 있는 아니타를 대부분의 마을 사람들은 이상한 눈초리로 쳐다보면서 지나갈 뿐이었으나, 괜찮냐며 말을 걸면서 병원이 있는 곳을 가르쳐주는 친절한 사람이 있었다. 아니타는 입국관리국에 신고가 들어가지 않을까라는 걱정을 하면서도 작은 병원으로 안으로 들어갔다.

의사는 결핵 가능성이 상당히 높다고 판단했지만, 아니타가 의료보험증을 가지고 있지 않은 사실을 간호사에게 듣고는 하루라도 빨리 자기 나라로 돌아 가는 게 좋겠다고 권유를 했다.

1. 이 사례에는 어떤 문제가 있을까?

자기 의사와는 관계없이 의도하지 않은 생활을 하던 중에 비자도 만료되고, 엎친 데 덮친 격으로 결핵까지 의심되는 아니타는 분명 난처한 상황에 처해 있다. 아니타에게 의료인으로서 할 수 있는 일, 해야 하는 일은 무엇일까.

2. 생각해보자

- **불법체류자**

당신이 이 병원의 간호사라면 어떻게 하겠는가? 이 사례에 나오는 의사와 같이 빨리 자기 나라로 돌아가라고 설득을 하겠는가?

아니면 경찰에 신고하는 게 좋을까? 누가 뭐라고 해도 아니타는 '불법체류자'다. 불법이란 일본의 법률을 위반하고 있는 것이며, 따라서 '불법체류자'란 말하자면 일종의 범죄자다. 범죄자를 못 본 척하는 것은 국민의 의무에 반한다. 그러므로 불쌍하긴 하지만 몰래 서둘러서 경찰에 전화를 해야만 한다. 아니타와 같은 사람은 일본에 있으면 안 되는 사람이다. 나쁜 업자한테 잡혀 지낸 건 안됐지만, 그 원인은 한밑천 벌 목적으로 일본에 온 것이 잘못이다. 이런 식으로 생각하는 사람도 분명 있을 것이다.

일본에는 약 6만 명의 '불법체류자'가 있다고 한다.[†] 이들 약 6만 명의 보건이나 의료는 어떻게 되고 있을까? 참고로 지금 내가 살고 있는 마에바시시는 군마현의 현청 소재지이며, 인구는 약 34만 명 정도이다. 일본의 관동평야의 북쪽 끝에 위치한 이카호 온천으로 유명한 시부카와시의 인구가 8만 명이다. 일본 전국의 불법체류자를 모으면 중간 크기 현의 소규모 도시 정도가 하나 생기는 셈이 된다. 그러므로 중대한 문제다. 이렇게나 많은 사람들의 건강은 어떻게 되어있을까라는 의문도 생긴다. 설마 병에 걸리지 않는 것은 아닐 것이다. 그렇다면, 이런 사람들이 병에 걸리거나 다쳤을 때, 일본에서는 어디서 어떤 의료를 제공하고 있을까.[††]

범죄자니까 그런 사람들의 보건이나 의료 같은 건 생각할 필요도 없고, 그런데 돈을 쓸 필요도 없다고 생각하는 걸까. 그렇다고 한다면, 형무소의 수감자들은 의료 서비스를 받을 권리가 없는 걸까? 그러지는 않을 것이다. 일본에는 의료형무소라는 곳이 있다. 아니, 그곳은 일본 국민을 위한 곳이라고 생각할지도 모른다. 외국인 범죄자는 아무리 의료 서비스를 필

[†] 일본의 출입국 관리 및 이민인정법에는 아니타처럼 "체류기간의 갱신 또는 변경을 하지 않은 채로 체류기간을 경과해서 일본에 잔류하는 자"는 "3년 이하의 징역 또는 금고, 또는 3백만 엔 이하의 벌금"(제70조)에 처해진다(2004년의 일부개정에서 벌금이 30만 엔 이하에서 상향조정되었다). 단, 위반조사를 담당하는 건 경찰관이 아니며, 입국경비관이나 입국심사관이다. 관할은 법무성 입국관리국이며 경찰청이 아니다. 연간 약 6만 명의 외국인이 "불법체류"를 하고 있는 것으로 추정된다고 한다(1993년에는 29만 8,600명, 본서 초판이 나온 2004년에는 25만 명이었다).

[††] 이 사례에서 불법은 물론이거나와 합법이라 하더라도 말과 문화가 다른 이국땅에서 생활하는 어려움에 대해 생각하게 되었다. 또한 국적이 없는 채로 일본에서 태어나고 자란 사람들에 대해서, 이민과 난민 등, 일본에서는 지금까지 관심을 두지 않았던 문제나 세계화 속에서 국가라고 하는 것이 어떤 의미를 지니는지에 대해서, 의료윤리학의 범위를 벗어나지만 생각해보도록 하자. [이토]

요로 하는 상태에 처해 있다 하더라도 의료 서비스를 받을 자격도 권리도 없으며, 빨리 일본에서 나가지 않으면 안 된다. 귀국하던 도중에 죽더라도 신경 쓸 필요 없다고 생각해도 될까? 처음부터 아니타는 피해자 중의 한 명이다.

■ 결핵예방의 관점에서

WHO 포괄적 결핵 프로그램(제네바)에서 정리한「결핵과 항공기 이용: 예방과 컨트롤을 위한 가이드라인」에 실린 10가지 권고를 읽어보자.[100] 제일 처음 부분에 "감염성 결핵을 앓고 있는 사람은 비감염성이 될 때까지 여행을 연기해야 한다"라고 적혀있다. 아니타가 배균량이 많은 감염성 결핵인 경우라고 가정해 보자. 이때 아니타는 어떻게 자기 나라로 돌아갈 수 있을까? 이 사례에는 아니타의 모국이 어디인지 적혀있지 않다. 그러나 비행시간이 8시간 이상인 경우, 환자의 앞뒤 두 줄에 앉아 있는 승객과 객실 승무원에 대한 감염 가능성이 높아진다는 연구 결과가 있다고 한다. 아니타 한 명을 태우기 위해서 정부 전세기를 준비해야 할까.

만약 아니타를 지금 바로 자기 나라로 송환하는 것이 불가능하더라도 일본이 치료를 해줄 필요는 없다고 생각하는 사람이 있을까?[101] 게다가 치료비는 어떻게 할 것인가. 결핵 치료에 있어서 가장 주의해야 하는 것이 도중에 치료를 중단하는 것이다. 약제내성이 생기기 때문이다. 제대로 치료를 하려면 반 년 동안은 복약을 지속해야만 한다. 여기에 드는 비용은 어떻게 할 것인가? 아니타가 의료보험증을 가지고 있을 리가 없다. 그렇다면 모든 비용을 본인이 부담해야 할 것이다. 그만한 돈을 과연 아니타가 가지고 있을까? 아니타가 얼마나 가지고 있는지 나는 알 수 없다.

단지 지금 알 수 있는 것은 일본에는 결핵 치료에 있어 공비부담제도(公費負担制度)가 있다는 사실이다. 일본의 감염증법에 그 규정이 나와 있다. 배균량이 많고 전염 가능성이 높을 때에는 지정 의료기관에 입원을 해서 치료를 받도록 명령을 받는다. 이 때 드는 의료비 등은 모두 의료보험과 공비에서 지급된다(제37조). 그리고 의료보험에 가입되어 있지 않은 외국인의 경우 전액이 공비부담이다. 또한 전염성이 낮고 일반적인 통원치료를 할 경우에는 비용의 95퍼센트가 공비에서 지급된다(제37조의2). 외국인도 예외는 아니다. 양쪽 어느 경우라도 보건소가 창구역할을 하고 있다고 한다. 그렇다면 아니타가 의료보험증을 가지고 있지 않다는 것이나 가진 돈이 얼마나 있는지는 결핵 치료에 있어서 큰 문제가 되지 않는다.

의사는 진단에 필요한 검사를 해야 하며, 아니타를 돌려보내서는 안 된다. 그런데 왜 외국인의 결핵치료비를 공공자금으로 부담하는지 궁금할 것이다. 만약 의료보험 미가입으로 인해 치료비를 지불할 수 없다는 이유로 감염성 결핵을 방치하게 되면, 일본 국민에게 감염이 확대될 가능성이 높아지기 때문이다. 병원체는 그 사람의 국적을 따지지 않는다.

이 병원의 간호사와 의사는 아마도 결핵치료의 공비 보조에 대해 모르고 있는 듯하다. 이대로 쫓아내면 아니타는 그 뒤로 어떻게 될까?

■ 재류 외국인에게 적용 가능한 의료제도

아마도 '이 사례의 어느 부분이 의료윤리학인 거야. 마치 공중위생학, 의료관리학에 관한 이야기 같은데'라고 느끼는 사람이 있을 것이다.[102] 분명 지식적인 면에서 보면 맞는 말이다. 의료인은 일상진료를 함에 있어서 각종 의료제도에 대해서 숙지하고 있지 않으면 안 된다. 만약 관련 지식이 충분하지 않다면 상담창구에 문의를 하는 등의 조치를 취해야 하며, 성급한 판단을 해서는 안 된다. 이런 경우의 한 예로써 이 사례를 바라보는 것도 가능하다. 아마도 이 병원에서 치료를 거부하게 되면 아니타는 다시는 의료기관에 가지 않으려 할 것이다. 의료인의 지식부족이 오진이나 의료사고와는 다른 불행을 낳는다. 비슷한 사례로 의료보험에 가입하지 않은 불법체류 외국인 노동자를 위한 산재보험 적용이 있다. 재일 외국인이 이용할 수 있는 사회제도에는 어떤 것이 있는지 알아보자.

특이한 법을 하나 소개하겠다. 이 법의 명칭은 행려병인 및 행려사망인 취급법이라고 한다. 1899년에 시행되어 1986년에 개정되었다. 이 법에 의하면 행려병인이란 "보행이 힘든 행려 중인 병인으로 요양할 곳이 없으며 동시에 돌봐 주는 사람이 없는 자"를 가리키며, 지자체는 이런 사람을 구호해야 한다.† 또한 원칙적으로는 본인이 비용을 부담해야 하지만, 그것이 불가능해서 의료비를 지불할 수 없는 상황이라면, 지자체가 의료기관에 비용의 일부를 보전해 주는 미지불 보전사업이 있으며, 군마현을 시작으로 여러 지자체에서 운용하고 있다.

■ 재류 외국인 의료의 현실

그런데 이 사례는 단순한 의료제도에 관한 이야기로 그치는 것이 아니라, 결국 윤리학적인 문제를 우리에게 던지고 있다. 유독 불법체류 외국인은 신고에 대한 두려움과 의료비 걱정 때문에 쉽게 의료기관에서 진료를 받지 못하는 경향이 있다고 한다.†† 통증을 억지로 참아서 결과적으로는 손을 쓸 수 없을 정도로 악화되거나, 병이 상당히 진행되어서 대대적인 치료가 필요하게 되어서야 참지 못하고 간신히 병원에 오는 등의 안타까운

---

† 행려병인이나 사망인이라고 하면 시대극에 나오는 길 위에 쓰러져 있는 행인을 연상하기 쉽다. 그러나 아파트 등에서 신원을 알 수 없는 채로 고독사한 사람들도 많은데, 이를 '무연사(無緣死)'라고 해서, 일본의 경우 연간 3만 명 이상 있다고 한다. 국적에 관계없이 사회의 소외계층으로 살아 갈 수밖에 없는 사람들의 불안이 겹쳐 보인다(NHK無社プロジェクト取材班,『無社』,文芸春秋 2010.). [이토]

†† '재류 외국인 의료의 현실'을 생각하는 것은 단순히 그걸로 그치는 것이 아니다. 외국인이 이용하기 편한 의료는 우리 자신한테도 이용하기 편리한 의료이기도 하다. [미야기]

영어는 세계공통 언어라고 하지만 모든 외국인이 영어를 이해하는 건 아니라는 범에 주의해야 한다. [핫토리]

말이 통하지 않으면 대화가 제대로 되지 않아 진찰이 지체될 것이다. 외국인뿐만 아니라 눈이나 귀가 불편한 사람도 병원을 다니기 힘들어질 것이다. 그들을 위한 장소가 과연 병원 안에 있을까? [나카자와]

사례가 끊이질 않는다고 한다. 일반 의료기관에 있으면 이런 사례가 있다는 사실 조차 모르는 경우가 많다. 그렇지만 주변에서 그런 일을 경험하지 못했다고 해서 존재하지 않는 것은 아니다. 다시 한 번 강조하지만, 약 6만 명이나 되는 많은 사람들을 떠 올려 보자. 우리 시선의 대부분은 일본인에게만 쏠려 있다. 대부분의 병원 내 표시나 게시물은 모두 일본어로 적혀 있다. 영어 표기조차 없는 곳이 허다하다. 그런데 일본어를 읽지도 말하지도 못하는 외국인도 일본인과 마찬가지로 병에 걸리거나 다친다. 보이지 않는 이웃들을 생각하자. 그런 사람들이 어떤 의료를 필요로 하고 있는지, 의료인이 할 수 있는 일, 해야 하는 일은 대체 무엇일까?

여기서는 자세히 소개할 수 없지만, 많은 민간단체가 재일 외국인의 보건·의료에 관한 일을 하고 있다. 인터넷 등을 이용해서 어떤 활동을 하고 있는지 조사해 보자. 가까운 곳에서 활동하고 있는 단체가 있으면 견학해 보는 것도 좋을 것이다. 분명 반갑게 맞아줄 것이다.

사례 19. 해외 파견

> 혼다 유이치 (45세)는 기술계통 기업의 영업부에서 근무하는 중견 사원이다. 상사로부터 두터운 신뢰를 받고 있다. 학생시절에는 럭비부 주장이었으며 술을 잘 마시기로 유명했다. 취업을 한 뒤로 운동을 할 기회는 거의 없었고 타고 난 사교적 성격과 일 관련으로 술을 마실 기회가 많다. 아내와 아들(사립대학교 1학년), 딸(중학교 3학년과 초등학교 4학년) 이렇게 5인 가족이다.
>
> 7~8년쯤 전부터 직장 건강진단을 받을 때마다 소변에 당이 나온다는 지적을 받았다. 회사 건강관리실에서 근무하는 간호사 아라이가 자세한 검사를 한번 받아보라고 열심히 권유했지만, "지금 하고 있는

일이 정리 되면" "식사에 신경을 쓰고 운동도 하고 있어요"라는 말만 할 뿐, 병원에 가기를 미루고 있었다. 3년 전에 간간히 피로와 입마름을 느끼게 되자 아내의 권유로 집에서 가까운 종합병원 내과에서 진찰을 받았다. 당뇨병 진단을 받고 정기적인 진찰과 구체적인 식사요법·운동요법을 처방 받았다. 몇 차례의 진찰 때 마다 당뇨병에 관한 설명을 듣고 "어떤 병인지 잘 알았다"라고 말했지만, 혼다는 이후 중요한 회사일이 들어오자 결국 불규칙적으로 진찰을 받고, 혈당조절도 제대로 하지 못했다. 얼마간은 기름기가 많은 음식을 피하고 기분이 내키면 산책을 하기도 했지만, 여전히 밤 늦게까지 술을 마실 기회가 많았고 그러다가 산책도 안 하게 되었다. 2년 전에 경구 당뇨병 약을 처방 받았으나, 먹는 게 귀찮아 2달 정도만에 약 복용을 중단했고 그 뒤부터는 병원도 다니지 않았다.

이번 달, 혼다는 갑자기 중남미에 있는 어느 나라로 부임하라는 지시를 받았다. 현지 사업소 책임자가 거래처의 부당한 요구에 대한 대처에 내몰리면서 과로가 쌓여 뇌경색으로 쓰러지자, 급하게 후임자로 현지 근무경험이 있는 혼다에게 2~3년 부임 지시를 내린 것이었다. 혼다는 회사 방침에 따라서 출국 준비를 서둘렀다.

해외 부임 전 법정 건강검진을 받았는데 공복시 혈당 280mg/dL, HbA1C 8.3으로 "치료 필요" 판정을 받았다. 부랴부랴 병원에서 진단을 받았는데 검사결과를 본 담당의는, 혼다가 지금까지 치료를 중단하고 있었고 부임 국가의 의료사정이 좋지 않다는 점을 고려해 볼 때 이대로 해외 근무를 하면, 당뇨병이 진행되어 합병증의 위험성이 높아질 것이라고 생각했다. 그래서 혈당조절을 하고 인슐린 사용의 여부를 판단하기 위해, 우선 2~3주간 입원하는 게 좋겠다고 혼다에게 권했다. 그러나 혼다는 "지금 입원할 여유가 없습니다. 식사는 지금보다 훨씬 충분히 주의하겠고, 상태가 안 좋아지면 현지 병원에서 치

> 료를 받겠습니다"라며 입원 권유를 거절했다. 아내는 "책임감이 남보다 강해서 고집을 꺾지 않는 사람이에요"라며 남편의 입원치료를 반쯤 체념하면서도 남편의 건강 걱정에 어쩔 줄 몰라 했다.

1. 이 사례에는 어떤 문제가 있을까?

혼다의 건강을 걱정하고 있는 사람은 혼다의 아내만이 아닐 것이다. 정말로 혼다를 이대로 중남미로 보내도 괜찮을까? 건강관리실의 간호사인 아라이나 종합병원 담당의는 대체 어떻게 해야 할까?

2. 생각해보자

■ 기업이라고 하는 곳

기업은 영리집단이다. 업적이 늘어나고 사업규모가 확대되어야 사원에게 승진, 보너스, 퇴직금 지급이 가능하다. 기업은 사원에게 급료나 수당, 교통비 등을 현금으로 지급하는 것 외에도 실업보험이나 의료보험, 사업자 부담 연금 납입금 등 눈에 잘 띄지 않는 지출을 한다. 그렇기 때문에 기업의 지출 중에서 인건비가 차지하는 비중은 상당히 크다. 만약 사원수가 늘어나면 인건비가 그 만큼 늘어나기 때문에, 그 비용만큼 업적을 올려야 한다. 그래서 기업은 보다 적은 사원으로 보다 큰 이익을 올리려고 한다. 그 결과 사원에게 부담은 가지만 동시에 복리면에서 그들에게 돌아오는 이익이 커지게 된다. 지금 "사원은 가족과 같다"라고 등의 기풍이나 종신고용제, 연공서열, 정기승급 등의 경제성장기 일본의 기업풍도는 크게 바뀌고 있다. 어쨌든 기업이 그 업계에서 살아남고, 회사원으로 있는 것이 그렇게 쉽지는 않다.

영업부는 타사와의 경쟁을 통해서 고객을 유치하고 일감을 받아 오는 최전선에 있는 부서다. 고객의 요구와 조건에 맞춰서 좋은 관계를 유지해 나가야만 한다. 근무 시간이건 아니건, 멀리 떨어져 있더라도 고객이 부르면 영업 담당자는 언제라도 달려나가야 한다. 일을 계속 받기 위해서는 무리한 요구도 받아들여야 한다. 이런 무리한 요구(예를 들면 납기일을 최대한 빨리 앞당긴다거나)는 당연히 회사 내 다른 부서에도 영향을 미치기 때문에 영업사원은 대외적 뿐만 아니라 대내적으로도 의견조율을 도모해야 한다. 그렇기 때문에 매우 힘든 일이다. 게다가 (기술계열 부서와는 달리) 특수한 자격이 있는 것이 아니어서 언제라도 인원 충원이 쉽게 될 수 있다고 여겨지기 때문에, 만신창이가 될 때까지 혹사당하고, 그 일을 견디지 못하면 회사를 그만둬도 상관없다는 분위기 속에서 일을 하고 있는 사람들이 일본의 대다수 영업사원들이다. 혼다도 접대나 회사 일 등으로 인해 정기적인 진찰이나 규칙적인 운동요법에서 쉽게 멀어지게 된 것이다.

의료인은 흔히, 건강에 관한 일이고 자신의 신체에 관한 것이므로, 환자는 무엇보다 치료를 우선시하는 것이 당연하다고 생각하기 쉽다. 그러나 그렇게 자유롭고 여유 있는 일을 하는 사람만 있지 않다. 세상에는 다양한 직종이 있으며 다양한 직장이 있다. 다양한 사람들을 진찰해야만 하는 의료인은 여러 직업의 노동환경에 대해 흥미를 가지고 관심을 기울여야 한다. 그렇지 않으면 일을 하고 있는 환자에게 너무나 현실과 동떨어진 이상적인 치료 참여를 요구하게 될 수도 있다. 이러한 의료인의 자세는 때에 따라 효과적일 수 있으나, 경우에 따라 환자를 의사로부터 멀어지게 하는 원인이 되기도 한다.

■ 해외에서의 근무와 의료

해외라고 해도 세계는 넓다. 여러 나라가 있으며, 그 나라 안에서도 지역에 따라서 생활환경이 전혀 다르기도 하다. 육로로 국경을 넘나드는 여행을 해보면, 똑같은 땅으로 이어져 있는데도 이웃한 나라 사이에 사람들의 생활이 너무 다르다는 것을 알게 된다. 혼다의 부임지는 도심지일까? 개발계열의 일이라면, 도심지에서 떨어진 지방에서 긴 기간 동안 머무르게 될 가능성도 있다. 나라에 따라서는 의료체제가 충분치 않은 경우도 예상해볼 수 있다.

1990년대 초반,[103] 일본의 많은 기업인이 부임해 있던 중동에서 걸프전이 일어났다. 약 7개월 동안 군사적인 긴장상태가 지속되었는데, 이 사이에 만성질환을 앓고 있는 혼자 일하러 온 사람들 중 적지 않은 사람이 생명의 위협을 느꼈다고 한다. 미사일이 두려웠던 것이 아니다. 회사에 자신의 병이 알려지면 장래 승진에 지장이 있기 때문에 병을 숨기고 출장을 가 있던 일부 사람들은 일본에 있는 가족으로부터 의약품을 받고 있었다. 그런데 이 전쟁 때문에 물자보급이 전면적으로 끊긴 것이다.

이러한 비상사태는 특별한 상황이라고라고 말할지 모른다. 그러나 각국의 의료환경이 일본과 같다고 생각하지는 않는 게 좋다. 문제는 의료를 제공하는 측의 체제에 국한되지 않는다. 그렇지 않아도 외국에서는 식생활이나 주거환경, 기후가 달라 심리적인 스트레스가 쌓이기 쉽다. 심리적 스트레스는 예상보다 당뇨병 진행에 큰 영향을 미친다. 이러한 병 예방 이전의 정신건강상의 이유로 대기업들 중에 해외부임을 할 때에 가족동반 또는 부부동반을 원칙으로 하는 회사도 있다. 혼다의 경우는 어떨까? 이전에 그 지역 부임 경험이 있다고는 하지만, 역시 갖가지 스트레스가 쌓일 것이다. 현지 책임자가 뇌경색으로 쓰러지기 전에 거래처의 부당한 요구에 대해 대처하는데 내몰렸다는 사실만 봐도 후임인 혼다가 처하게 될 상황의 어려움을 상상할 수 있다. 가족구성을 봐서는 가족전체가 부임지로 이사하기는 어려워 보인다. 장녀는 중학교 3학년이며 고등학교 입학시험을 앞두고 있다. 입시가 끝날 때까지 혼다의 아내는 일본을 떠날 수 없을 것 같다. 혼다는 당분간 혼자서 문제를 헤쳐 나가야 한다. 럭비로 다져진 몸이기 때문에 그렇게 걱정할 필요는 없는 걸까?

■ 산업의와 산업간호사의 역할

건강관리실에서 근무하는 간호사 아라이는 최근 수년 동안 혼다의 건강관리 실태를 쭉 봐왔기 때문에 걱정을 하고 있는 듯하다. 해외 사업소 책임자의 격무로 인한 스트레스가 당뇨병에 좋지 않아서만은 아니다. 혼다는 회사 정기건강검진에서 지적 받은 요당을 몇 년씩이나 방치한 채 일에 몰두하였으며, 머릿속으로는 병에 대해서 잘 이해하고 있는 것처럼 보이지만, 막상 일이 바빠지면 일 쪽으로 마음이 쏠려 요양지시를 잘 따르지 않는다.† 부인이 함께 따라 갈 수 없는 상황에서 식사 칼로리나 영양 밸런스 관리를 잘 할 수 있을까? 게다가 혼다는 술을 좋아한다. 술과 안주를 절제할 수 있을까? 거래처의 접대만이 아니라, 스트레스가 크면 클수록 집에 돌아와 혼자서 술을 마시면서 마음을 달래려고 하지는 않을까? 아라이는 이런 상상을 하면서 걱정하고 있다. 가능하다면 혼다가 가지 않았으면 좋겠다. 전임자처럼 되면 곤란하다.

그런데 대체 회사 경영자는 혼다가 당뇨병이라는 사실을 제대로 파악하고 있는 걸까?[104] 가령 알고 있더라도 그 사실에 대해 그렇게 신경 쓰지 않고 있을지 모른다. 그것보다 전임자가 병으로 쓰러진 것으로 그럴 경황이 없을 수도 있다. 아라이 외에 사원의 건강정보에 대해 어느 정도 파악

---

† 혼다를 자기관리도 못하는 멍청한 사람이라고 말을 하기는 쉽다. 그러나 요양에 전념하는 것은 그렇게 쉽지 않다. 그 이유로는 두 가지가 있다. 자신을 위한 일이라는 건 알지만 합리적·의지적으로 자기관리를 하는 것의 어려움. 그리고 인생의 과제에 있어서 가치의 우선순위를 매기는 것의 본질적 어려움. [미야기]

하고 있는 곳이 있다면, 총무과 인사팀이나 노무팀일 것이다. 인사팀이나 노무팀이 건강진단을 실시하는 기관과의 계약에 담당창구 역할을 하는 곳이 많다. 그러나 건강진단 결과는 아라이가 있는 건강관리실로 보내지는 것이 분명하다. 그렇다면 아라이는 혼다의 부임에 대해 간호사의 입장에서 건강관리상 그다지 찬성할 수 없다는 의견을 인사계나 노무계 담당자에게 제시해야 할까? 이때 아라이의 머릿속에는 당연히 혼다의 프라이버시를 존중해야 한다는 생각이 있었을 것이다. 이와 동시에 혼다의 건강을 지켜야 한다는 생각도 있기 때문에 고민에 빠져 있다.

일본의 경우 해외 부임 전에 반드시 법정 건강검진을 받아야 한다(검사항목에 관해서는 노동안전위생규칙 제45조 2). 병원 담당의는 그 결과를 보고 혼다에게 입원을 권한 것이다. 일본의 노동안전위생법 (제66조 4, 5)에 의하면 사업자(대표이사 즉 사장)는 건강진단의 결과에 따른 의사의 의견을 근거로 만약 사원의 건강유지를 위해서 필요한 처치가 있다면, 그것을 강구해야 한다. 업무상의 배려를 하지 않으면 안 되도록 되어 있다.

여기서 만약 병원의 담당의가 이런 상태로는 도저히 해외로 부임시킬 수 없다고 강한 반대 의견을 제시하면, 혼다의 파견을 결정한 회사의 경영진은 이 결정을 다시 검토해야 할 것이다.† 통상적으로 이러한 권한을 가지고 직무를 수행하는 의사를 산업의라고 한다. 법 규정에 의해서 상시 50인 이상의 사원이 근무하고 있는 회사는 산업의를 선임해야 한다.

이 회사에는 건강관리실이 있으나 산업의가 상근하고 있지 않다. 아마도 아라이가 건강관리의 실질적인 업무 전반을 맡고 있는 것 같다. 어쩌면 이 회사의 산업의는 노동기준감독서에 형식적으로 보고를 하고 있을 뿐

---

† 일본에서는 2008년부터 성인병 예방을 위한 '특정건강진단'이 시행되었다. 건강진단 결과는 위험인자 수에 따라서 계층화되어, 정보제공, 동기부여 지원, 적극적 지원으로 분류된다. 적극적 지원 대상이 되면 3개월 이상에 걸친 적극적 지원을 받을 수 있다. 여기에 6개월 후에 효과 판정이 내려진다. 여기에 지원을 받고 싶다·받고 싶지 않다는 구분은 존재하지 않는다. [쿠라바야시]

건강관리 실무에는 관여하지 않는 사람일지도 모른다. 아라이가 산업의에게 연락을 취해 볼 가치는 충분히 있을 것이다. 산업의와 혼다, 그리고 아라이가 함께 대화를 나누어 그 결과를 인사팀이나 노무팀, 경영진에게 전하고 다시 협의하는 것도 가능하다. 경우에 따라 혼다의 상사가 산업의에게 현지에서의 업무내용과 그 일의 힘든 정도에 대해 자세하게 설명을 해 줄 필요가 있다. 한편 산업의는 네트워크나 인터넷을 이용해서 현지의 의료사정에 대해서 어느 정도 조사할 수 있으며, 가능한 한 그렇게 해야 한다(스페인어나 포르투갈어를 못하면 그렇게 하기는 어렵다).

산업의가 이런 식으로 움직이지 않고, 회사 인사팀이나 노무팀 또는 간부들한테 떠밀려 기계적으로 "혼다의 해외 부임에 특별한 문제없음, 통상 근무가능"이라고 판단을 내려버린다면, 아라이는 어떻게 해야 할까?

3. 어떻게 하면 좋을까

그 회사의 산업의가 아닌 이상, 아마도 병원 담당의는 깊이 관여하지 않을 것이다. 그냥 건강진단 결과를 적어서 건네줄 뿐이며, 혼다가 이런 저런 사정이 있어 잠시 출장을 가야하기 때문에 진단서를 잘 적어 달라고 간곡하게 부탁을 한다면 난처해하면서도 진단서에 혼다의 부탁대로 의견을 적어 줄 가능성마저 있다.

이 때 아라이가 할 수 있는 일은 혼다와 아내를 건강관리실로 오게 해서 이야기를 나누는 것이다. 회사 경영진의 지시이기 때문에 억지로 받아들인 것인지 아니면 본인이 가고 싶어 하는 것인지, 혼다에게 진심을 물을 것이다. 진심이라고 말한다 하더라도 정말인지는 모른다.

회사원으로서 "말 못할 사정"이 있다. 혼다 본인이 자신의 몸을 걱정해서 남미로의 인사이동·전근을 거부하면 어떻게 될까? 회사에는 인사명령권이 있다. 취업규정에 인사이동·전근에 대한 지시가 있을 것이다. 이 지시에 따르지 않을 경우, 규정위반으로 징계해고 될 수 있다. 산업의가 해외파견 전 건강진단에서 "불가"라고 판정을 내리면 징계처분 대상은 되지 않는다.

부임이 자신의 인생에서의 선택이라고 한다면, 현지 의료환경과 자신의 건강관리에 관한 구체적인 계획에 대해 현지 경험이 있는 혼다 본인에게 물어보고 싶다. 만약 의료체제가 충분히 갖춰져 있지 않다면, 적당한 의료를 받을 수 있는 도회지까지 거리를 물어보고 또한 휴대용 간이혈당 자가측정기를 구입하여 자주 기록하도록 제안하는 것도 하나의 방법이다.

그러나 아무리 사전에 대화를 나눈다 하더라도 현지에 부임하고 난 뒤 혼다가 어떻게 하느냐가 관건이다. 아라이의 불안도 여기에 있다. 그러면 어떻게 할까? 일·생활과 의료 중에 어떤 것이 우선일까? 일이나 현재의 생활을 우선시 한다면 아무리 당뇨병이 진행되어 수명이 줄어든다 해도 어쩔 수 없는 일이다. 기회가 있을 때마다 자주 연락을 취하는 것이 아라이가 할 수 있는 일이다.

사례 20. 독거노인의 재택 지원

아리마 시즈에는 80세 여성으로 호쿠리쿠 지방의 눈이 많이 내리는 작은 마을에서 혼자 생활하고 있다. 오랫동안 공무원 생활을 했던 남편은 5년 전 위암으로 사망했다. 세 명의 자녀가 있지만 모두 수도권에 살고 있다. 자식들이 가끔씩 아리마 집에 찾아오기는 하나 각자의 집안사정 때문에 모시고 살 수 없는 형편이다. 현재 살고 있는 집은 지은 지 30년 정도 되는 목조 단독주택이다.

지금까지 건강 상태는 좋았으며 큰 병을 앓은 적도 없었다. 원래 내성적인 성격으로 남편이 죽고 나서부터 이웃과의 왕래가 줄어들었고 같은 마을에 사는 남편의 여동생과도 거의 연락을 하지 않았다. 이웃 사람들이 볼 때, 최근 2~3년 동안 완전히 늙어 기운이 없고, 아는 사람을 만나도 인사를 하지 않거나 이름을 잊어버리는 등의 치매 조짐이 엿보였다고 한다.

작년 겨울, 아리마는 감기의 악화로 폐렴에 걸려 한 달 정도 입원했다. 가벼운 뇌경색과 고혈압이 진단되었고 퇴원을 하고 나서부터 도우미 방문과 방문간호를 받게 되었다. 방문간호사인 쿠로카와는 한 달에 두세 번 방문해서 혈압측정과 복약 상황을 확인하고, 도우미인 미즈카미 씨는 주1회 방문하여 집안일을 돕고 있다. 최근 쿠로카와는 아리마가 약 먹는 걸 잊어버리는 경우를 자주 접하였다 또한 식욕도 없는 것 같고 체중감소도 보인다. 혼자 장을 보러 나가는 일도 줄어들었다. 데이 서비스에 다닐 것을 권했지만 아리마는 사람이 많이 있는 곳에 가기 싫다며 거절했다. 미즈카미는 1주일 전에 만들어서 냉장고에 넣어둔 반찬이 그대로 남아 있거나 전기밥솥에 들어 있는 밥에 곰팡이가 피어 있는 경우가 있어서 걱정이 되었다. 며칠 전 미즈카미가 방문했을 때, 거실에 새 이불이 놓여 있었다. 미즈카미가 물어보니 방문판매로 꽤 고가인 이불을 샀다고 한다. 옷장을 열어보니 세탁하지 않은 더러운 옷이 많이 나왔다. 이보다 더 관계자를 곤란하게 만든 일은 이번 한 달 사이에 두 번씩이나 냄비를 태워서 하마터면 화재가 날 뻔했다는 것이다. 곧 겨울이 다가 오는데 난롯불 관리가 걱정이다. 이웃 사람들은 화재나 고독사를 걱정하고 있어서, 어떻게든 요양시설로 보내 주기를 바란다고 동사무소에 요청한 상태다. 당사자인 아리마는 마지막까지 집을 떠나고 싶지 않다고 말하고 있으며, 자식들도 어머니를 요양시설에 보내는 것에 대해 아직까지 생각하고 있지 않은 듯하다.

1. 이 사례에는 어떤 문제가 있을까?

아리마는 고령으로 작년에 입원을 하고 나서부터 몸이 많이 약해졌고 건망증도 심해졌다. 도우미의 가사도움과 방문간호로 어떻게든 독신 생활을 유지하고 있다. 이대로 많은 사람들의 도움을 받으면서 집에서 살 수 있으면 좋겠지만, 언제까지 도움을 주어야 할까? 언제까지 도움을 줄 수 있을까? 방문 지원에도 한계가 있기 때문에 안전한 생활을 위해서는 자식들과 같이 살거나 요양원 입소가 바람직할지 모른다. 입소 이야기를 진척시키는 것이 좋을까? 아니면 그것은 괜한 참견일까? 할머니 혼자 사는 집에 불이 날까 봐 걱정하는 이웃 사람들에게는 어떻게 답해야 할까?

2. 생각해보자

■ 고독사란 고독한 죽음인가?

본론으로 들어가기 전에 잠시 다른 이야기를 하겠다. 고령자의 재택생활에서 자주 문제가 되는 일의 하나가 고독사이다.† 최근에는 무연사(無緣死)라고도 하며, 가끔씩 신문 기사에 실리기도 한다. 이들 기사 중에는 예를 들면, "죽은 지 몇 십일 동안이나 아무도 모른 채 방치되어 있었다. 시청에서는 프라이버시 문제가 있기 때문에 개입에 한계가 있으며……"라는 식으로 적혀있다.

---

† 일본은 2008년경부터 관공서를 중심으로 '고립사'라는 말이 사용되고 있다. 일본 후생노동성이 사용하기 시작한 말로써, "지역이나 사회로부터 '고립'된 결과, 사후에 장기간 방치된 죽음, 인간의 존엄을 해치는 비참한 죽음."을 가리킨다. 거주생활 형태와 심리적 상태를 구별해서, '고독'이라고 일률적으로 하지 않은 자세에 대해서는 공감이 간다. 한편, 공적인 역할은 어디까지나 외적 환경의 개선이며, 심적인 영역에는 관여하지 않는다라는 식의 일정한 거리를 둔 자세에 대한 비판의 목소리도 있다. [미야기]

강한 위화감을 느끼는 부분은 "방치되어 있었다"라는 표현이다. 보통 방치라고 하면 알면서도 그대로 내버려 두는 것이다. 대체 누가 방치했다는 말인가? 정부나 인근 주민이 사정을 알면서도 관여할 수 없었던 예도 분명 있을 것이다. 그러나 대부분의 경우는 누구도 모르게 죽는다. 자기 집에서 누구에게도 알리지 않고 불편을 끼치는 일 없이 혼자서 죽는 것은 용서할 수 없는 일일까? 고독하기 때문에 좋지 않은 죽음일까? 생각의 한 구석에 이런 의문을 조금만이라도 담아두길 바란다.

■ **본인의 희망에 따른 지원을 할 것**

그럼 이제부터 본론으로 들어가보자.

간호사와 도우미는 무엇을 해야 할까? 아리마가 자기 집에서 생활하는 것을 계속해서 도와야 한다. 지금, 아리마는 재택생활을 바라고 있으며 자식들도 반대하지 않고 있다. 위험할지는 몰라도 방문 서비스로 일단은 생활이 가능하다. 서비스의 내용이나 질을 향상시키면 좀 더 버틸 수 있을 것이다. 또 한 번 병으로 쓰러지거나 본인이 포기하기 전까지는 상황을 지켜보아야 할 것이다. 일단은 이 정도만으로도 괜찮을 것이다.

예산문제를 무시하고 방문 서비스 횟수를 늘리면 대부분의 사람은 자기 집에서 생활할 수 있을 것이다.† 그런데 아리마가 "훨씬 더 심각한 병에 걸려도 입원하지 않겠다, 요양원에는 안 가겠다"며 버티면 어떻게 될까? 자식들이 "어머니, 이젠 요양원에 들어가시죠"라면서 최후통첩을 하면 어떻게 될까? 작은 화재를 일으켜서 소방차가 집으로 출동하면 어떻게 될까? 이웃 사람들이 구청에 들이닥쳐서 어떻게든 조치를 취해달라고 하

---

† 현실적으로 예산문제를 도외시할 수 없는 경우가 많다. 일본의 경우 개호보험의 자기부담액은 10~20%(소득에 따라 다름)지만, 통원·입원계열 서비스의 식비 등은 자기부담이며, 그 외의 가산액을 더하면 예상금액을 훨씬 많이 초과하는 경우가 있다 한도액을 초과한 경우 전액 자기부담을 해야 한다. 이런 경우를 피하기 위해서 받고 싶은 서비스를 참는 사례, 경제적 부담이 가계를 압박하는 사례가 적지않다. [쿠라바야시]

면 어떻게 될까? 그래도 "아리마, 집에서 열심히 해봐요"라고 말할 수 있을까? 본인의 의향에 따라서 재택지원 주장을 계속해 나갈 수 있을까? 아마 당신도 "아리마, 어쩔 수가 없네요"라고 말하지 않을까?

현재 일본의 개호시설이나 병원을 이용하고 있는 노인의 대부분은 이런 식으로 재택생활을 포기할 수밖에 없는 사람들로 추정된다.[†]

■ 자기 집에서 생활한다는 것

아리마는 지금 자기 집에서 산다. 목조 단독주택이며 지은 지 30년이 되었다. 어떤 집일까? 공무원이었던 남편이 정년퇴직하기 전에 마지막을 맞이할 집으로 하려고, 큰맘 먹고 신축한 집일지도 모른다. 자식들은 이 집에서 도시로 취직해서 떠났으며, 곧 결혼을 하고, 손자를 데리고 고향을 찾아 왔을 것이다. 집안 벽 여기저기에 손자가 쓴 낙서가 있을지도 모른다. 건강했을 때 남편과 둘이서 여행을 갔던 홋카이도에서 산 목제 곰 조각상이 찻장 위에 놓여 있을 수도 있다. 불단 위에 남편의 근속 30년 표창장이 액자에 넣어져서 올려져 있을지도 모른다.

집이라고 하는 곳은 생활의 터전이다. 생활을 하고 있는 공간인 것이다. 그러나 그것만이 아니다. 아리마가 지금까지 살아 온 인생의 후반전에 있었던 다양한 드라마가 펼쳐졌던 무대이다. 아리마는 이 안에서 살아왔다. 그곳에서 뿌리를 내리고 살아왔다라고 할 수 있다. 특별한 의미를 지닌 장소인 셈이다. 인간 생활의 기본적인 것에 의식주가 있다. 각각에 의미가 있지만, 노인에게 있어 주거에 특별한 애착을 보이는 경우가 많다. 그런 집을 떠난다는 것은 모든 추억과 소중히 간직해 왔던 것으로부터 단절되

[†] 재택 이외의 선택지로 어떤 방법이 제시되고 있을까? 최근 일본에서는 고령자를 위한 주거환경이 다양화되고 있다. 넓은 정원과 툇마루가 있는 오래된 전통가옥을 이용한 소규모 다기능형 거주 개호(숙박, 통원, 방문개호를 더한 개호보험 서비스), 서비스 포함 고령자 대상 주택, 개호나 간호 케어가 잘 갖춰진 유료 요양원 등, 시설입소를 강요하거나 계속해서 재택생활을 돕기 전에, 의료인이 알아두어야 할 것이 있다.

는 것이기도 하다. 그야말로 뿌리째 뽑혀버리는 듯한 체험이라고 해도 과언이 아닐 것이다.

최근, 건강수명이라고 하는 말이 유행하고 있다. 건강하게 살 수 있는 동안만이 행복한 인생이며, 건강을 잃으면 수명을 다 했다고 말한다면, 자신이 바라는 사회생활을 더 이상 할 수 없게 되었을 때 수명을 다 했다는 의미로 〈생활수명〉이라는 말을 새로 만들어도 괜찮을 것 같다. 시설입소를 하게 되면 아리마의 생활수명이 다 했다고 말할 수 있을지도 모른다. 그러나 그것으로 아리마와 아리마 주위의 많은 사람들의 안전과 안심이 담보된다면, 그것 나름대로 좋은 일일지 모른다.

■ 자기 집에서 죽는다는 것

생활의 연장선상에 죽음이 있다. 아리마가 이 집에서 살고 싶어 하는 이유는 이 집에서 죽고 싶기 때문일지도 모른다. 단지 이사하는 것이 귀찮아서는 아닐 것이다. 일본의 경우 1975년경까지만 해도 자기 집에서 죽는 사람이 많았다. 고도경제성장기 이후 도시로의 인구 집중과 핵가족화 등 가족형태가 변하면서 더 이상 자기 집은 죽는 장소로써의 역할을 잃어갔다.† 현재는 자기 집에서 죽는 경우는 드물다. 아리마 세대의 사람들에게 자기 집에서 가족이 보는 앞에서 죽는 것은 일종의 이상적인 죽음이다. 죽을 장소에 대한 생각을 할 때 나는 항상 한 소설을 떠올린다. 릴케가 쓴 『말테의 수기』다. 작품의 무대는 약 100년 전의 파리. 주인공이 파리의 거리를 걸어가는 소설의 서두 부분에서 병원이 등장한다. 말테는 생각에 잠긴다. 사람은 살기 위해서 도시로 나오지만, 실제로는 죽기 위해서 도시로 오는 게 아닐까라며. 도시의 몇 백 침상이나 있는 큰 병원에서 매일 많은

---

† 환자의 임종이 다가 오면 대증요법으로 가족이 찾아 올 때까지의 시간을 보내는 경우가 있다. 모두가 지켜보는 가운데 가족들로부터 좋은 임종이었다는 말을 듣는다. 한편에서는 정든 자기집에서 조용히 숨을 거두는 사람도 있다. 좋은 죽음이란 누구한테 있어서 좋은 죽음일까. [나카자와]

사람이 죽어간다. 그는 이것을 획일적인 대량생산의 죽음이라고 생각한다. 그에 대해 자신의 할아버지가 자기 집에서 큰 소리로 괴성을 지르면서 죽어 갔던 일을 떠올리면서 이것이 개성적인 진짜 죽음이라고 말하고 있다. 릴케에 의하면 최근 일본의 노인 요양 시설에서의 죽음은 대량생산의 죽음이라고 말할 수 있을 것이다.

나는 릴케에 공감하지만 자기 집이 이상적인 죽을 장소라고 결론짓거나, 강요할 생각은 없다. 죽음 그 자체는 피할 수 없으며 시기도 선택할 수 없다. 그러나 죽는 장소만은 행운인지 불행인지 모르겠지만 선택할 수 있는 경우가 있다. 만약에 선택 가능하다면 선택하는 것은 나쁘지 않다고 생각한다. 많은 사람이 선택할 수 없게 되어버렸지만 아리마는 선택하려고 한다.

■ 재택생활의 위험

안전을 이유로 시설 입소의 필요성이 말해진다. 그러나 시설이나 병원이 안전하다고만은 할 수 없다. 오히려 위험한 장소일 수도 있다. 병원 내 감염이나 의료사고를 들먹이지 않더라도 잘 알고 있을 것이다. 자택이라는 뿌리가 뽑혀, 생명력을 잃고 시들어버린다는 이야기도 있다. 분명 아리마는 위험 속에서 홀로 재택생활을 하고 있다. 잡상인에게 속아서 비싼 이불을 샀다. 한 달에 두 번이나 냄비를 태웠다. 화재가 발생하지 않은 것이 다행이다. 재산이나 생명을 위험하게 만드는 상황에 아리마를 방치하는 것에 대한 죄책감을 주위 사람들이 느끼고 있을지도 모른다. 그러나 이 정도의 위험은 특별히 아리마에 국한된 것이 아니다. "겨우 이 정도로"라고 느낄지, "이 정도씩이나 되니 큰일"이라고 느낄지, 이것은 감수성의 차이일까? 나는 이 정도를 가지고 생활이 빼앗긴다면, 살기 어려운 사회라고 생각한다.

그렇다면 아리마가 화재로 인해 죽어도 괜찮은가, 이웃으로까지 불이번져도 괜찮은가라는 의견이 나올 것이다. 화재가 생기면 어떻게 할 거냐, 누가 책임을 질 거냐며 구청에 항의가 빗발칠지도 모른다. 위험성을 어느 정도 절박한 것으로 받아들이는가의 문제일까? 화재는 극단적인 예일지라도 병사 할 가능성은 있다. 시설에 있으면 조기에 대처를 할 수 있어서 생명을 구할 수 있지만 자택에서는 발견이 늦어져서 손을 쓸 수 없게 될지 모른다. 경우에 따라 사후에 발견될지도 모른다. 그것이 고독한 죽음일까? 모두에게 버림받고 무시당한 채로 죽는 것과 며칠 간격의 방문 사이에 일어난 우연한 죽음은 다른 것이다. 그런 죽음의 가능성을 이해하고 혼자 생활을 계속하다가 집에서 홀로 죽음을 맞이했다면 이것을 고독사, 불행한 죽음이라고 할 수 있을까?

시설이나 병원에서 병 간호를 받으면서 죽는 것은 적어도 남겨진 사람들, 간호를 하는 사람들에게 만족할 만한 좋은 죽음임에 틀림없다. 지켜보는 사람 없는 죽음은 누구에게나 고통스러울 것이다. 그러나 뿌리를 뽑혀가면서까지 시설에서 형식적이나마 간호를 받으며 죽는 것과 비교하여 어느 쪽이 좋은지는 개인의 선호 문제일 것이다.

3. 어떻게 하면 좋을까

아리마가 끝까지 재택을 고집하고 자식들도 이에 동의한다면 그렇게 할 수 있도록 하는 게 좋을 것이다. 불이 나지 않는 안전한 조리기구를 준비하고, 자동소화 센서가 있는 난방설비를 설치하며, 경우에 따라서는 스프링쿨러도 설치할 수 있다. 어떻게든 이웃에 아리마나 자식들이 그런 노력을 하고 있다는 사실을 이해시키고 받아주도록 해주었으면 한다. 본의 아니게 재택을 포기할 때가 아리마의 생활수명이 끝나는 때이기 때문이다.

사례 21. 다른 문화권에서의 연구조사

어떤 나라에서 일본의 연구자 와다 유스케에게 연구조사를 해달라고 요청이 들어왔다. 그 나라에서는 인수공통감염증(사람과 다른 동물에게 전염)의 일종인 포충증이 보건 시책상 중요한 과제이다. 포충증의 원인은 에키노콕스라고 하는 기생충이다. 에키노콕스의 회충알은 숙주의 폐나 간 등에 다수의 낭포를 만든다. 초기에는 증상이 없지만 20년 정도 지나면 수 센티미터 정도의 크기로 성장하여 그 장기에 기능부전을 야기하며, 또한 이것이 파열되면 쇼크 상태에 빠져 죽음에 이른다. 치료는 외과적 절제인데 그 나라에는 수술에 드는 의료비를 지불할 정도의 예산이 없다. 또한 현시점에서 포충증에 효과적인 약제는 아직 없다. 회충알을 퍼뜨리는 감염된 개나 여우를 포획하여 사람의 감염률을 낮추는 데 성공한 나라들이 있다. 그러나 이러한 대대적인 작업을 펼칠 때에는 유한한 자원을 효율적으로 배분하기 위해 국민들 사이에 포충증이 얼마나 퍼져있는가, 어느 지역의 감염률이 높은가를 보다 정확하게 파악할 필요가 있다. 그래서 전문가인 와다에게 의뢰가 오게 되었다.

와다는 조사 설계로 다음과 같은 방법이 최선이라고 생각했다. 피험자의 손가락 끝을 바늘로 약간 찔러서 혈액을 몇 방울 채취해서 자세한 검사를 하고, 피하검사로 알레르기 반응을 보는 것이다. 와다는 유럽 국가에서 연수 경험을 쌓은 현지 동료와 상의하여 공립 진료소에 진찰을 받으러 온 성인 환자를 피험자로 하기로 생각했다. 이 진료소에는 매일 200명 정도의 사람들이 먼 지역에서 며칠씩 걸어서 온다.

막상 예비조사를 시작해 보니 와다는 현지 사람들의 질병관이 일본인의 생각과는 많이 다르다는 사실을 알게 되었다. 대다수의 사람들이 믿고 있는 바에 따르면, 병이라는 것은 악령이나 누군가가 원한을 가진 사람의 저주의 결과로써 치료의 성공 여부는 이 악령이나 주술을 제거할 수 있는지에 달려있다고 한다. 그러나 동시에 사람들은 서양 의사들이 병의 증상을 완화 시키는 방법을 알고 있다는 사실을 인정하고 있으며, 진료소의 의사가 바늘을 사용한 치료를 해 주면 매우 기뻐한다. 바늘로 몸에 구멍을 뚫는 행위가 사람들의 질병관·의료관과 매우 잘 합치되는 것 같다.

이런 상황에서 와다와 그 동료는 역학조사를 어떻게 진행하면 좋을까?

(B-J. Crigger, Cases in Bioethics, 1997. 중에서 일부 수정)

1. 이 사례에는 어떤 문제가 있을까?

와다의 임무는 명확하다. 이 나라에 포충증이 어느 정도 넓게 퍼져있는지를 객관적으로 조사하는 것이다. 물론 전 국민을 대상으로 검사를 실시하면 정확한 데이터를 얻을 수 있지만, 그런 방법은 현실적이지 못하다. 역학조사에서는 일반적으로 샘플 조사를 한다. 즉 부분을 짚어서 전체를 추산하는 것이다. 단, 이 때에 쏠림을 배제하기 위해서 가능한 한 샘플 수, 즉 피험자 수를 늘린다. 그렇다면 어떻게 하면 좋을까? 검사라고 일일이 설명을 하지 않고 진료소에 온 사람들 전원에게 모른 척하고 검사를 하면 매우 편하고 간단하다. 아니면, 와다는 사람들에게 충분한 정보를 제공하고 나서 조사에 대한 참가 동의를 한 명, 한 명 받아야 하는 걸까?

2. 생각해보자

■ **의학연구에 있어서의 충분한 정보에 의한 동의**

와다가 한 명 한 명으로부터 충분한 정보에 의한 동의를 제대로 받아야 한다는 의견을 가진 사람이 분명 있다. 왜 그럴까? 그 이유는 현대의 의료나 의학연구에서는 충분한 정보에 의한 동의를 받는 것이 철칙이기 때문이다. 치료현장에서 충분한 정보에 의한 동의가 필요하게 된 일련의 흐름은 이미 앞에서 살펴보았다. (⇒ pp. 125-127) 그렇다면 연구현장에서는 어떨까?

의학이 발전하기 위해서는 동물실험뿐만 아니라 인체실험·임상실험·역학조사가 반드시 필요하다.[105] 세계에서 처음으로 전신마취 상태에서 유방암 적출 수술을 성공시킨(1804) 사람은 일본 와카야마의 개업 하나오카 세이슈다. 그런데 그 당시 사용한 마취약 '츠우센산' 개발 배경에는 그의 어머니 오츠구와 아내인 카에를 대상으로 한 인체실험이 있었다(카에는 실험 도중에 시력을 잃었다). 자기 몸에 어떤 일이 일어날지 모르는 상황에서, 의학의 발전을 위해서 협력을 자청하고 나서기까지는 보통 사람들로써는 상상도 할 수 없을 정도의 각오가 있었을 것이다. 사람들은 모두 후세 사람들이 보다 더 나은 치료를 받을 수 있도록, 실험대상이 되어야 하는 의무를 가지고 있을까? 의학의 발전을 위해서라면 자신도 모르는 사이에 실험대상자가 되어도 어쩔 수 없는 걸까?

역사적으로 보면 인체실험이 반드시 임상을 지향하지는 않았다.[106] 히틀러의 지휘 아래 있던 나치 의사단이 수많은 엽기적인 인체실험을 행했던 사실은 잘 알려져 있다. 그러나 그것은 나치만의 이야기가 아니다. 이시이 시로가 이끈 일본의 731부대(관동군방역급수부)는 만주에서 세균병기 개발을 위해 현지 사람들에게 세균을 주입시킨 후 해부를 하거나 마을에 세균을 뿌려 대규모 감염실험을 실시했다. 미국에서는 매독을 치료하지 않은 채로 내버려두면 어떻게 되는지를 관찰하기 위해서 공중보건국의 자금을 지원받아 흑인 매독환자를 모집했다. 무료로 치료를 해주겠다고 속이고는 (당시 이미 치료법이 개발되어 있었음에도 불구하고), 연구에 필요한 검사를 하는 것 이외에 1932년부터 1972년까지 그냥 자연경과만 지켜보았다(터스키기 사건). 적어도 표2-7에서 제시한 사례에 대해 참고자료를 찾아보면서 공부해주길 바란다.[107]

표2-7 조사해보고 싶은 인체실험

- 731부대
- 큐슈제국대학 생체해부 사건
- 윌로우브룩(Willowbrook) 간염 연구 사건
- 유대인 만성질환 병원연구 사건
- 터스키기 사건

　직시하고 싶지 않은 꺼림칙한 과거 사실이 있다. 그런데 이런 수많은 비참한 인체실험과 달리, 와다의 조사연구는 단지 소량의 피를 채취하고 피하검사를 하는 것뿐이라고 생각하는 사람도 있을 것이다.

　수년마다 한 번씩 개정되고 있는 「세계의사회 헬싱키 선언」은 나치의 전쟁범죄를 심판한 뉘렌베르그 재판이 있은 뒤에 제창된 「뉘렌베르그 강령」(1947)을 계승한 것이다.[108] 헬싱키 선언에는 인간을 대상으로 하는 의학연구에 관한 윤리적 원칙이 담겨있다. 요점만 발췌해 보면, 인간을 강제적으로 의학연구에 참여시켜서는 안 된다. 연구에 대한 (물론 위험성을 포함한) 정보를 충분히 제공한 뒤에, 자발적으로 협력하려는 사람에게 (가능하면) 문서로 충분한 정보에 의한 동의를 얻어야 한다. 연구 도중에도 자유롭게 그만둘 수 있는 권리를 보장 해주어야 한다. 연구에 참가하지 않거나 도중에 그만두었다고 해서 그 사람에게(예를 들면 부실한 치료를 받는 등) 불이익을 주어서는 안 된다.

그렇다면 가령 몇 방울의 피를 채취하기 위해 와다는 국제적인 윤리에서의 선언에 따라 반드시 한 명 한 명으로부터 충분한 정보에 의한 동의를 받아야하는 것일까?[†]

■ 충분한 정보에 의한 동의는 정말로 필요한가

이 진료소에는 상당히 먼 곳에서 많은 환자가 온다고 한다. 아마도 의료진의 수도 그렇게 많지 않을 것이다. 그렇다고 한다면 한 명 한 명에 대해서 포충증이나 에키노콕스에 대한 설명, 역학조사의 필요성이나 위해가 작다는 것에 대해서 설명하고, 나아가 질문을 받고 답을 하며, 동의서를 받는 등의 작업을 할 여유가 있을까? 그런 번잡한 일을 하면, 조사에 협력해 주는 사람의 수가 상당히 줄어들지는 않을까? 그래서 샘플의 수가 적어지면 조사의 객관성이나 의의를 잃게 되는 것은 아닐까? 그렇다면 윤리강령이나 선언 따위에 상관하지 말고, 그 나라 사람들의 건강증진과 직접 결부되는 조사를 적극적으로 진행해나가는 게 좋다, 위해가 미미한 연구조사를 위해서 형식적으로 충분한 정보에 의한 동의를 받는 것 보다 연구를 진행시키는 편이 훨씬 더 실리적이다 라는 견해도 있다.

원래 그 지역의 사람들은 병의 원인을 악령이나 저주 때문이라고 믿고 있다. 이런 사람들한테 억지로 에키노콕스나 서양의학적인 설명을 하는 것은 생각해 볼 문제다. 그 나라 사람들의 의료관이나 문화에 해를 끼치는 결과를 초래하지는 않을까? 사람들의 이해를 얻지 못하거나, 오히려 반발을 불러일으키지는 않을까?

[†] 요즘은 유전정보를 모으는데 피 한 방울만 있으면 충분하다. 본인도 모르는 사이에 다양한 연구가 이루어질 수도 있다고 생각하면 두려워진다. 어떤 절차를 거치더라도 목적 외 사용의 금지를 확실하게 보증하기란 매우 어렵다. [카토]

사람들이 바늘에 찔리는 것을 기꺼이 받아들이고 있기 때문에 이야기는 간단하다. 바늘을 찌르는 것은 좋은 일이다. 꼭 설명이 필요하다면 '악령이 몸 안에 있는지 없는지를 살펴볼게요.'라는 식으로 말을 하면 되지 않을까? 몸 안에 기생하면서 생명을 빼앗는 에키노콕스를 악령이라고 표현한다고 해서, 그것이 반드시 거짓말이라고는 할 수 없다. —이런 식으로 생각해도 괜찮은 걸까?

여기에는 반대 의견도 있다. 바늘을 찔러서 채액을 채취하는 행위를 그 나라 사람들은 치료라고 인식하고 있으며, 검사라고 생각하지 않을 수 있다. 그래도 괜찮을까? 괜찮다고 한다면 (뇌척수액을 채취해서 검사만 했을 뿐이었는데 그것을 치료라고 속인) 터스키기 사건과 비슷하지 않은가?

이러한 반대 의견에는 다음의 반론이 있다. 터스키기 사건이 나쁜 이유는 매독이 약으로 치료될 수 있는데도 치료를 하지 않은 채 지속적으로 관찰만 했기 때문이다. 반면 이 에키노콕스 사례에서는, 아무리 감염된 사실을 알더라도 외과 수술 이외에는 치료 수단이 없으며, 게다가 의료예산이 부족한 이 나라에서는 모든 환자가 수술을 받는 것은 불가능하다. 치료가 불가능한 사람한테 잠시 검사를 실시할 뿐이다. 터스키기 사건과는 이 점이 다르다. 이러한 서로의 논리에 대해 어떻게 생각하는가?

■ **아프리카인 연구자의 견해**

이 사례에 대해서 나이지리아의 어느 연구자는 이렇게 말을 한다.[†] [††]

[†] 나이지리아 라고스대학 의학부 Ebun O. Ekunwe씨의 의견. Hastings Center Report 14(3): 23, 1984.
[††] 이 내용은 아프리카에 한정된 이야기가 아니다. 일본의 어느 지방 도시에서는 대학과 공동으로 1,000명 이상의 시민을 대상으로 성인병 발병에 관한 코호트 연구가 진행 중이다. 주민은 단순한 건강검진 쯤으로 생각하고 가벼운 마음으로 참가했다. 채집된 혈액 등의 샘플을 앞으로 누가 어떤식으로 이용할지 애매한데다가 주민에 대한 설명도 없이 연구가 개시되었다. [이토]
Re: 대학병원처럼 연구·교육을 임무로 하는 의료기관에서는 검체·시료를 진료목적 외에 이용하는 것에 대한 (사용목적을 자세하게 기입하지 않은 채) '포괄동의'를 초진시 수진자에게 부탁하고 있다. [핫토리]

만약 이 나라가 아프리카에 있다면 와다는 '정보 제공을 뺀(uninformed) consent'를 취해야 한다. 즉 자세한 설명은 간단한 통지만 하면 된다. 가령 설명·동의문서를 내민다 해도 읽을 줄 모르며 읽을 줄 알더라도 이해를 못한다. 그런 것을 들이밀면 불안감과 거부감이 강해질 것이다. 잘 알아듣도록 이런저런 말로 열심히 설명을 하면 오히려 교묘하게 거짓을 숨기려 한다는 인상을 주게 된다. 충분한 정보에 의한 동의를 받으려고 하면 할수록 협력자는 줄어들게 되는 것이다. 그러면 데이터에 쏠림이 생겨서 정확하게 그 지역의 현 상황을 파악할 수 없게 된다. 단, 바늘을 찔러도 상태가 좋아지지 않는다는 사실은 처음부터 정확하게 알려주어야 한다. 그렇지 않으면 얼마 안 있어 진료소에 대한 나쁜 소문이 퍼지게 될 것이다. 왜냐하면 이미 감염된 경우에는 바늘을 찔러서 병이 나을 리가 없으며, 계속해서 죽는 사람이 나오기 때문이다.

이 연구자의 의견은 많은 생각을 하게 만든다. 다시 한 번 충분한 정보에 의한 동의라는 원칙이 처음 서양의 법정에서 생겨났다는 사실을 확인해 두지 않으면 안 된다. 그렇다면 전 세계에서 통용되는 의료윤리의 원칙 같은 것은 존재하지 않는다는 뜻일까? 서양 이외의 국가에서는 개인 의사의 자유나 자기결정이라고 하는 것을 존중하지 않아도 된다는 걸까? 충분한 정보에 의한 동의라고 하는 형식을 취하지 않는다면, 도대체 어떻게 개인의 자유의사를 존중할 수 있을까? 아니면, 인간은 모두 자유롭다고 하는 것 자체가 로컬의, 극히 지역적인 일종의 허구일까?

■ **신뢰를 얻는 것과 협력에 대한 보답**
일일이 개인에게 동의를 받으려고 하지 말고, 부락 촌장의 허가를 받으면 된다. 그러기 위해서는 선물을 지참하고, 먹고 싶은 마음이 들지 않는 현지의 음식을 억지로 맛있게 다 먹고, 술을 나눠 마시면서 친해져서 촌장의 신뢰를 얻는 것이 중요하다. — 현지 조사의 경험이 풍부한 연구자가 한 말이다. 자, 어떤가? 여기서 신뢰라는 말이 나왔다. 이 사람이 말하는 신뢰란 어떤 의미일까? 신뢰라는 말이 적합한 의미로 사용되고 있는 걸까? 이 연구자의 말을 요약하면, 속임수로 상대방을 잘 구슬려서 자신이 하고 싶은 일을 잘 해왔다는 것뿐이다. 이것을 신뢰라는 말로 도덕적으로 정당화하려고 한다. 마을의 장로나 관리 같은 사람이 검사에 협력하라고 호령하면 따르지 않을 사람은 거의 없을 것이다. 자료를 수집하기 위해서라면 이런 방법을 써도 되는 걸까? 무엇보다도 현지 사람들의 건강증진을 위한 자료이기 때문에 그렇게 말해도 괜찮은 걸까? 피를 채취 당하는 것쯤 아무렇지도 않다고 말하는 사람이 있을지도 모른다. 그러나 그건 그 사람이 개인적으로 동의한다는 사실을 나타내고 있을 뿐이지, 다른 사람의 동의나 거부와는 전혀 연관성이 없으며 반강제적인 검사가 실시되어도 괜찮다는 결론을 이끌어 내지는 못한다. 검사에 협력해 준 사람에게 작은 선물을 주는 방법이 있다. 미끼를 쓰는 방법을 어떻게 생각해야 할까?

■ **다른 문화권이라고 해서 다른 나라의 일이라고만은 할 수 없다**

이 사례 자체는 지리적으로 멀리 떨어진 전혀 다른 문화를 지닌 나라에서 의료활동을 하는 상황에서의 문제다. 그렇게 밖에 보이지 않을지도 모른다. 그 나름대로 중요한 문제겠지만, 외국에서 의료활동을 하는 사람은 그렇게 많지 않다. 적어도 나와는 별로 관계없는 일이라며 적당히 읽고 넘기려 할지 모른다. 그러나 잘 생각해 보자 실제로 훨씬 가까운 곳에도 아주 비슷한 문제가 숨어 있을 수도 있다.

'에키노콕스를 악령이라는 말로 바꿔서 설명해도 되는가'라는 문제. 그것은 의료인이 환자나 가족에게 의학적 사실을 어디까지 알기 쉽게 전했는가의 문제이기도 하다. 서양식의 의학을 체계적으로 배운 의료인과 배운 적이 없는 사람들 사이에는 의학적 사안에 대한 이해의 방법에 큰 차이가 있다. 알기 쉬운 표현을 사용하려면 얼마든지 알기 쉽게 설명할 수 있을 것이다. 그러나 동시에 내용의 정확성은 그 만큼 잃어버리게 된다. 전하기 쉽다면, 알기 쉽다면, 그렇게 해도 괜찮을까? (⇒ p. 128)

'의료관의 차이'라는 문제. 악령을 쫓아내서 부정을 없애거나 저주를 풀면 병이 낫는다고 믿는 사람들을 비웃을 수 있을까? 어떤 나라에도 민간요법이 있다. 의심스러운 것에서부터 생물학적인 근거가 밝혀진 것까지, 건강잡지가 매달 다양한 특집을 편성하여 싣고 있다. 만약 당신이 담당하고 있는 환자가 지금 받고 있는 치료를 그만두고, (당신이 미심쩍다고 생각하는) ○○요법을 해보고 싶다고 한다면, 어떻게 대처할 것인가?

나아가 이 사례는, 최근 일본에 임상시험에 참가하는 사람이 격감하고 있다는 사실과 비교해가면서 생각해볼 필요가 있다.

3. 어떻게 하면 좋을까

공중보건 활동을 위해서 개개인의 자유의사를 일일이 존중해줄 수는 없다.† 불문곡직하고 그물을 던져야, 실효성이 높은 조사나 보건시책이 가능하다. 이 부분이 사회의학과 임상의학의 차이일 것이다. 그러나 사회의학적인 조사연구 모두에 지역주민을 반강제적으로 참가시킬 만한 가치가 있는가를 묻는다면, 반드시 그렇다고는 말할 수 없다. 지역주민의 건강을 위해서라고 말하면서, 실제로는 연구자의 연구에 대한 야심을 만족시키려는 동기가 적지 않을 것이다.††

---

† 개인의 자유와 공통선[사회전체에 있어서의 공공의 선(善)]의 균형에 관한 문제. 즉 보건예방 개입에 있어서의 온정적 간섭주의 의 정당화나 그 범위에 대해서 고찰하는 것이 공중위생 윤리학이다. [미야기]
†† 국제의학기구협회(CIOMS)의 「사람을 대상으로 하는 생명의학연구에 대한 국제윤리지침(2002)」의 지침4와 13을 읽고, 어떤 문제점이 검토되고 있는지를 확인해보길 바란다. [아다치 토모]

이번 조사는 조사에 그치지 않을 것이다. 언젠가 에키노콕스 박멸을 위해 집에서 기르는 개에게 구충제를 먹이거나, 살처분을 하는 식의 작업이 필요하게 될 것은 분명하다. 그때에도 설명이 필요 없다라고는 말하지 못한다. 그렇다면 이번에도 설명을 생략해서는 안 된다. 진료를 기다리는 시간에 현지 사람에게 설명을 하고, 만약 그래도 협조를 얻지 못한다면 진료소 거점의 조사를 중단하고, 각 지역을 돌면서 협력을 요청해야 할 것이다. 이 때, 어떻게 하면 강제성을 줄이고 개인의 자발적 협력을 얻어 낼 수 있을까? 현지의 역사나 문화를 잘 아는 사람의 협조을 얻으면서 궁리해 나갈 필요가 있다.

사례 22. 설문조사

우시지마 유미는 12년째 준종합병원에서 근무하고 있는 간호사로, 이번 봄에 인근 지역에 있는 간호학 연구 대학원 석사과정에 진학했다. 근무를 하면서 필수기초과목을 수강하고 실습준비를 해야 해서 바쁘기는 하지만, 오래만의 학교생활에 매우 만족감을 느끼고 있다. 임상 업무도 물론 재미있으며, 보람 있다고 생각한다. 그런데 잠시 거리를 두고 자기 일을 객관적으로 바라보면서 그 의의를 확인하고 싶었고, 간호교육에도 관심이 있어 진학하게 되었다. 연구논문을 준비하는 과정에서 지도교수와 상담을 통해 다음과 같은 주제를 선택했다.

그 주제란 어느 정도 병세가 호전되어 요양병원이나 시설로 옮겨 간 환자들 또는 재택의료로 변경하고 나서 집에서 가까운 의원에서 진료를 받고 있는 환자들이 그 이후에 충분한 의료 서비스나 요양 서비스를 받고 있는지, 환자 본인은 물론 가족에게도 전원조치가 만족스

> 러웠는지 실태조사를 하는 것이었다.
>
> 물론 우시지마가 근무하고 있는 병동에 현재 입원중인 환자와 그 가족들에게는, 전원조치가 결정된 후에 우시지마 본인이 직접 연구에 협조해달라고 부탁할 수 있었다. 그러나 그것만으로는 조사 표본수가 그렇게 많지 않다. 게다가 특정 질환에 쏠림이 생기게 된다. 그래서 우시지마는 예전에 같은 병동에 입원했었던 환자에게 협조를 부탁하고 또한 다른 병동에 입원중이거나 입원했었던 환자도 조사대상으로 하기로 했다.
>
> 환자와의 관계 형성에 특히 신경을 많이 쓰는 우시지마는 환자에게 평판이 좋아서, 우시지마가 부탁하면 분명 많은 환자가 기꺼이 조사에 협력해줄 것이다. 타병동 환자에 대한 조사는 지역연계실에서 근무하고 있는 동기이며 친한 간호사의 협력을 얻어서, 대상환자 선정에 대한 도움을 받기로 했다. 연구 협조에 대한 부탁 문서와 설문 용지에 반송용 봉투를 첨부해서 자택 주소로 보내면, 일부러 병원에 오지 않아도 되기 때문에 환자의 부담도 적을 것이다.

1. 이 사례에는 어떤 문제가 있을까?

우시지마는 틀림없이 일을 잘 하는 사람일 것이다. 게다가 무엇보다도 열의가 있다 자신의 일을 열심히 하면서 나아가 자기계발에 힘쓰고 있다. 쉬운 일이 아니다. 최근 우시지마처럼 대학원에 진학하는 간호종사자가 상당히 늘었다고 한다.

대학원이라는 곳은 이미 알고 있는 내용을 배우거나 암기(공부)하는 곳이 아니라, 본격적으로 연구(아직 알려지지 않았거나 불명확한 것 내용을 자신들이 직접 밝히려는 것) 하려는 사람이, 그 방법을 배우는 곳이다. 대학의 연구실이나 실험실 안에서 하는 연구도 있지만, 우시지마처럼 학교 밖에서 조사하고 그 내용을 분석, 정리하는 연구도 있다. 이 사례에서 우시지마가 채택하려고 하는 조사방법과 구체적인 수순이 윤리학적으로 적합한지의 여부를 점검해보자.

2. 생각해보자

■ 연구에 필요한 것

수학자나 이론물리학자라면 혹시 종이와 연필만으로 연구를 할 수 있을지 모른다. 실질적으로 책이나 논문집, 연구에 몰두할 수 있는 자유로운 시간이 더 중요하다. 컴퓨터가 있어야 한다고 할 수도 있지만, 얼마 전까지만 해도 컴퓨터 같은 것은 이 세상에 존재하지 않았다. 부자유하기 그지없는 참호 안이나 처참한 강제노동수용소 안에서 획기적인 철학서를 쓴 사람들도 있다.[109] 그러나 의학연구는 그렇게 할 수 없다. 관찰이나 실험, 조사 대상으로써 인간 또는 그 외의 동물이 반드시 필요하기 때문이다.

학문연구에는 논증연구와 실증연구가 있다. 논증연구는 이론의 옳고 그름을 사고력으로 이치를 따져 규명해나가는 것이다. 실증연구는 어느 학설의 옳고 그름을 경험적 사실에 의거하여 검증·반증하는 것이다. 의료윤리학은 논증적인, 의학은 실증적인 연구로 구성되어 있다. 우시지마가 하려고 하는 연구는 실증연구다. 특별히 인간에게 약물을 투여하거나 골수에서 세포를 채취하는 것은 아니지만, 생활환경이나 의식에 대한 설문조사에 답변해 줄 사람들이 필요하다. 이런 사람들의 협조를 얻지 못하면 우시지마가 아무리 책상에 앞에 앉아서 골똘히 생각한다 하더라도 무엇

하나 알아내지 못한다.

■ **연구 조사 참여에 대한 동의**

만약, 급성기를 넘기고 종합병원에서 전원조치를 받은 환자나 가족 중 몇 할 정도 만족하는가라는 단순한 수치를 그냥 보기만 한다거나, 어떤 요망이나 의견이 있는지를 그냥 수집하는 정도의 내용이라면, 설문지에에 환자의 이름을 기입할 필요는 없을 것이다. 그러나 병 상태의 정도나 치료 경과, 조치에 대한 사전 의논의 진행 상태 등 조건 차이를 무시하고 함께 취급하여 만족·불만족의 비율을 본다면, 분석을 할 수 없으며 의미 있는 결론을 도출하는 데 상당한 어려움이 있다.

여기서 만약 진료기록이나 간호기록 등 의료인이 가진 객관적인 기록을 참조하여 보내온 회답과 비교해서 상세하게 분석하려 한다면, 설문지에 환자성명 기재는 절대적으로 필요하게 될 것이다.

우리는 우시지마가 실시하려는 설문조사의 자세한 내용을 알 수 없다. 그러나 꽤 깊은 부분까지 파고 들어가는 질문도 있을 것 같다. 예를 들면 가족 부담의 정도를 묻는 질문이 있다고 가정해 보자. 틀림없이 가족의 경제적 사정, 도와주거나 간병을 할 수 있는 가족의 수, 주거공간의 넓이나 집구조 등이 관련되어 있을 것이다. 경우에 따라서는 다른 사람들에게 밝히기 곤란한 환자와 가족 간의 리얼하면서 질척한 관계성이 드러날 수도 있다. 의료인이라 할지라도 환자나 그 가족이 타인에게 이러한 것을 밝힐 의무는 없다.

연구자가 응답자의 개인정보를 알 수 없도록 익명화라고 하는 작업이 필요하다. 여기에는 두 가지 방법이 있다.

1) 연결 불가능한 익명화는 이름이나 환자ID 등의 개인을 특정할 수 있는 정보를 전부 제거한 데이터만을 연구자가 가지고 이용하는 방법이다. 연구자가 사용하는 자료가 연구자의 손에 들어온 시점부터 이미 연결 불

가능한 익명화된 자료라면, 충분한 정보에 의한 동의 취득의 절차는 필요 없다(처음부터 불가능하다). 한편, 2) 연결 가능한 익명화의 경우에는, 개인을 특정할 수 있는 정보와 그 외의 데이터를 분리하고, 이때 개인정보 관리자가 각각에 대해서 번호 등을 붙혀 대응표를 작성하여 보관한다. 연구자는 개인을 식별할 수 있는 단서가 제거된 데이터만 받아서 연구를 진행하게 되는데, 나중에 추가 정보나 확인이 필요할 때에는 개인정보 관리자가 이 대응표를 이용해서 구별된 검사결과와 정보를 조합(연결)하는 추가 작업을 한다.

피험자가 나중에 연구 참여에 관한 동의를 철회할 때, 연결 가능한 익명화의 경우에는 당사자의 데이터를 분석대상에서 제외하는 것이 가능하다. 연결 불가능한 익명화의 경우, 그럴 수 없기 때문에 처음부터 이에 대한 설명을 해두어야 한다. 설문지에 응답하는 것으로 지금 당장 불만스러운 점이 해소되거나 다음 입원에서 우대조치를 받는다고 하면, 어쩌면 정성껏 답변할지도 모른다. 그러나 이것은 연구다. 각각의 환자와 가족을 직접 지원하고 편의를 도모하기 위한 조사가 아니다. 응답자에게 직접적인 이익이 돌아갈 리가 없다. 그렇다면 더더욱 연구 조사에 참여하여 답변을 보낼지는 각 환자와 가족의 자발성에 맡기지 않으면 안 된다. 참여하지 않을 자유가 보장되어야 한다.

우시지마는 당연히 조사에 협조를 의뢰하는 인사말·설명문에, "설문에 대한 협조는 강제적인 것이 아니며, 연구 참여를 거부하더라도 일체 불이익을 받지 않습니다"라고 쓸 것이다(「세계의사회 헬싱키 선언」). 실제로 우시지마는 응답해 주지 않은 환자나 가족에 대해 부정적인 감정(실망이나 화)을 조금도 느끼지 않을 것이며, 차별적인 대우도 하지 않을 것이다. 그러나 이것이 진실이라 하더라도 환자나 가족은 그 사실을 확인할 방법이 없다.

우시지마는 환자나 그 가족에게 두터운 신뢰를 받았고 평판도 좋다고 한다. 이는 우시지마의 인품이나 일에 대한 자세 때문일 것이다. 우시지마는 일방적이나 강압적이지 않으며 항상 좋은 관계성을 쌓으려고 노력하는 사람이다. 이 부분이 역설적이면서도 아주 중요한데, 관계성이 희박하면 거절에 대한 저항감이 적다. 그러나 연구자와 연구대상자와의 사이에 밀도 높은 관계성이 만들어져 있으면 있을수록, 연구대상자는 연구조사에 협조에 달라는 의뢰를 거절하기 어렵다. 병동에서 그렇게 잘 대해 줬으니 협조해 주지 않으면 안 되겠지라는 부담을 느낀다. 연구 참여는 자유라고 하지만 심리적으로 자유라고 할 수 없는 상황에 있는 셈이다. 은혜를 입었기 때문이 아니라 앞으로 또 무슨 일이 있을 때 도움을 받을 수 있을지도 모른다고 생각해서 설문지 응답에 협력하는 사람도 있을 것이다. 관계성이 어느 정도 만들어진 사람에 대한 연구조사를 의뢰하는 경우에는, 우시지마 자신에게 잘못이 없더라도 설문 응답에 대한 압력이 가해질 가능성이 있다는 것이다. 비슷한 예로 교수가 학생이나 대학원생, 학교 관계자에게 설문조사나 실험에 협조를 구할 때에도 생긴다.

■ **개인정보의 목적 외 사용**

우시지마가 직접 아는 사람이 아닌 다른 병동에 입원하였던 사람들에게 연구 참여를 부탁하면 심리적인 압박을 주지 않기 때문에 괜찮지 않을까? 그렇게 생각할지도 모른다. 그러나 그 경우 어떻게 조사대상자를 선정하고, 어떻게 그 사람에게 연락을 취할까?

우시지마는 학교 동기이며 친한 지역연계실 간호사의 협력을 얻으려 한다. 지역연계실에는 전원조치가 된 환자의 정보가 파일로 정리되어 있다. 그것을 이용하면 확실한 방법으로 설문지를 대상자가 있는 곳으로 보낼 수 있다. 파일을 열람하고 다시 진료기록 등을 참조할 수 있다면, 한층 대상자의 조건을 압축시킬 수 있다. 연구의 질을 고려하면 그렇게 하는 것이 분명 바람직하다. 그런데 과연 여기에 문제는 없을까?

환자와 그 가족의 입장이 되어 보자. 어느 날 갑자기 모르는 간호사로부터 연구조사에 협조를 부탁한다는 편지가 도착한다. 설명문의 마지막에는 우시지마가 소속된 인근 지역 대학원의 이름과 지도교수의 이름이 적혀있다. 어떻게 그런 사람들이 우리 가족이 사는 집으로 편지를 보냈을까? 어떻게 우리 가족에 대해 알고 있는 걸까? 이 우시지마라는 사람은 전에 입원했던 병원의 간호사였던 것 같다. 그런데 그 병동에 있었나? 우리 가족의 주소와 이름 그리고 병원을 옮긴 것들에 관한 정보는 당연히 병원에서 파악하여 관리하고 있겠지만, 약간 기분이 언짢아진다. 왜냐하면, 이 편지는 그 병원에서 보낸 조사의뢰가 아니라, 누군지 모르는 간호사 개인이 보낸 거잖아. 병원에서 일하는 사람은 자유롭게 환자의 개인정보를 보거나 이용할 수 있는 건가? 병원장이 허락했다하더라도 대체 어떤 이유로 그런 허가를 내 준 걸까? 우리들에 대한 정보는 모두 병원 내에 다 알려져 있는 걸까? 병원뿐만 아니라 인근 지역의 대학교수의 연구실에도 흘러들어 간 걸까?

「세계의사회 리스본 선언」에 의하면 환자의 개인정보가 제삼자에게 개시되어도 되는 경우는 본인의 승낙이 있는 경우와 불가피하게「알 필요」가 있는 경우로 한정된다. "알 필요"라고 하는 것은 어떤 것을 가리키는 것일까? 치료를 하는 데 있어서 환자에게 도움이 되는 것(예를 들면 진료기록의 표지에 "NSAIDs 알레르기 있음"이라고 붉은색 글씨로 써 놓는다)이나, 또한 의료인을 포함한 타자에 대한 위해를 방지하는데 있어서의 필요(수술시에 철저한 감염예방을 한다)라고 이해하면 타당할 것이다. 이러한 관점에서 보면, 지역연계실에 있는 우시지마와 친한 간호사는 환자와 가족의 승낙없이 관련 정보를 우시지마에게 건네어서는 안 될 것이다. 이런 일이 의료기관에 대한 불신을 키운다.

■ 연구자 입장에서 보면

연구자 입장에서 환자의 프라이버시 보호나 연구 참가의 자발성 확보, 동의서의 취득 등과 같은 요건은 그야말로 성가신 것, 연구진행의 장벽으로까지 느껴지기도 한다. 특히 지역주민을 대상으로 역학조사를 하는 경우 - 더구나 코호트 연구(어떤 지역에 살고 있는 어떤 사람들의 건강상태를 10년, 20년간 지속적으로 추적하면서 어떤 병에 걸렸는지, 왜 죽었는지 등을 파악하여, 어떤 인자가 건강에 영향을 주는지를 분석한다) 와 같이 연결 불가능한 익명화로는 연구를 수행할 수 없다면 한층 더 - 에 정확하게 설명을 해서 동의를 얻는 작업은 보통의 노력으로는 할 수 없다. 그렇기 때문에 개중에는 지역 자치회의 간부에게 각 가정을 방문해서 협조를 요청하도록 부탁하는 연구자도 있다(좁은 지역사회에서는 당연히 협력을 거절하기 힘들 것이다).

개인정보 보호나 윤리 등을 우선시하여 사람들의 건강상태에 영향을 미치는 인자를 규명하지 못하는 것은 본말전도라고 주장하는 연구자에게 뭐라고 말하면 좋을까?

3. 어떻게 하면 좋을까

만약 우시지마가 개인정보 보호를 위해서 개인을 특정할 수 없는 설문지를 만들어서 조사하겠다고 하면 동의서는 필요 없다. 우시지마에게 내용을 기입한 설문지를 회송해준 것으로서 동의 의사가 있다고 볼 수 있다. 협조하고 싶지 않은 사람은 회송하지 않으면 된다. 설문지와 함께 서명을 한 동의서를 받게 되면 누가 그 설문지에 응답했는지 알게 되므로 도리어 난처해진다. 만약 개인을 식별할 가능성이 있는 조사를 할 경우에는 기본적으로 당사자의 명확한 동의가 필요하다고 생각한다.

그럼, 연구대상자를 어떻게 정할 것인가? 익명화를 하지 않을 경우, 가장 문제가 적은 방법은 전원조치가 결정된 환자와 가족에게 연구에 관련된 설명문과 협조를 의뢰하는 부탁의 글, 우시지마의 연락처를 적은 종이를 기계적으로 배포해서, 협조에 응하는 사람부터 개별적으로 연구 동의와 문의에 관한 연락을 받는 방식이다. 여기에 동의한 사람들에게만 설문지를 우편으로 보내면 된다.

이런 연구를 시작할 때에는 계획을 세운 단계에서 소속 대학이나 병원, 학회 등에 설치된 윤리위원회에 윤리심사 신청서를 제출해서 자문을 구하게 된다. 해당 기관의 장이나 위원회, 그리고 연구자에게 「사람을 대상으로 하는 의학 연구에 관한 윤리지침」을 준수하는 자세가 요구된다.

사례 23. 실습에서 다루는 환자 정보

> 미야마 마이는 시내에 있는 간호대학 3학년생이다. 현재 병원에서 한창 실습 중으로 매우 바쁜 나날을 보내고 있다. 이번 주부터 시립병원의 내과병동에서 성인간호 실습이 시작되었다. 3주간 예정으로 담당 환자인 나가오카에 관한 정보수집, 간호계획 작성, 실시, 그리고 졸업연구를 대비한 리포트 작성, 발표 검토회와 산더미 같은 과제가 있다. 짬을 내서 친구와 국가시험 준비 공부모임도 막 시작한 상태다. 미야마가 소개받은 담당 환자인 나가오카는 70대의 여성으로 당뇨병 조절을 위해서 최근에 입원했다고 한다. 입원은 처음이 아니었고 이미 예전에 학생실습에 협조한 적이 있었기 때문에 순조롭게 학생실습을 받아들였다. 말하는 것을 좋아하는 데다 미야마를 손녀처럼 마음에 들어해서 많은 이야기를 들려주었다. 미야마와 잡담을 나누는 것을 좋아하는 나가오카 자신의 병 이외에도 이야기를 하기 시작하

면 그칠 줄 모른다. 병원 의사나 간호종사자, 그 외의 입원환자의 사적인 이야기까지 화제는 끝이 없다.

3~4일이 지났을 무렵, 미야마는 약간 부담감을 느끼기 시작했다. 나가오카의 수다를 어디까지 들어주어야 할지 고민이 되기 시작했다. "이건 비밀인데, 너한테만 가르쳐주는거야"라는 식의 말을 들으면, 어떻게 대처해야 할지 몰라서 곤혹스러웠다.

실습시간 내에 환자정보의 정리를 끝낼 수 없었기 때문에, 미야마는 학교로 돌아와 저녁까지 나가오카에게 들은 이야기와 간호기록 발췌문을 정리하는 것이 일과가 되었다. 어느 날, 학교로 돌아온 미야마는 나가오카의 정보를 적어 놓은 노트가 없어진 사실을 알아차렸다. 급하게 오느라 어딘가에 놓고 온 것이었다.

다음날, 시립병원으로 간 미야마는 청소 아주머니로부터 두고 온 노트를 건네받았다. 아주머니는 "학생 힘들지, 진짜 이것저것 잡다한 것까지 조사하지 않으면 안 되니까 말야"라면서 미야마를 격려해주었다.

1. 이 사례에는 어떤 문제가 있을까?

미야마는 실습에서 좀 수다스러운 나가오카를 담당하게 되었다. 나가오카에게 실습에 필요한 정보뿐 아니라 이런저런 잡다한 이야기까지 듣는 처지가 되었다. 이럴 때 학생은 어디까지 동조해야 할지 곤란하다. 말을 안 하는 환자의 경우도 곤란하지만, 너무 수다스러워도 곤란해진다. 이야기를 끊을 기회를 놓치면 실습시간을 넘기게 된다. 그 때문에 초조해진 미야마는 노트를 병원 어디에선가 잃어버렸다. 운 좋게도 다음날 찾았지만, 그래서 다행이라고 기뻐해도 되는 것일까? 환자의 개인정보 취급에 대해 이번 기회에 제대로 생각해보자.

2. 생각해보자

■ **비밀 청취·공유·누설**

미야마는 담당하고 있는 나가오카가 말하는 '비밀'이야기에 대해 어떻게 대처해야 할지 난처해하고 있다. 단언하건데 나가오카의 병실에 갈 때 마음이 무거워질 것이다. 내 생각에는 최악의 경우, 담당을 바꾸는 것도 나쁘지 않다고 생각한다. 담당 환자를 결정하는 절차가 어떻게 되어 있는지 모르겠지만, 결코 나가오카에게 실례가 되지는 않을 것이다. 하지만, 그렇게 하기 전에 먼저 미야마는 명확하게 자신의 생각을 나가오카에게 전하는 것이 우선이라고 생각한다.

환자의 비밀을 누설하는 것은 좋지 않다고 다들 알고 있다. 그러나 그 이전에 남의 비밀을 듣는 행위가 어떤 것인지 생각해 볼 필요가 있다. 처음부터 모르고 있으면 비밀을 누설할 일도 없기 때문이다. 진료상 꼭 필요한 정보는, 아무리 본인이 비밀로 하고 싶어 하더라도, 환자가 알려주지 않으면 안 된다. 그러나 그렇지 않은 것까지 들을 필요는 없다. 하물며 그것이 직원이나 다른 환자에 관한 소문이라면 더욱 그렇다. 비밀을 공유하는 것은 무심결에 공범관계가 된 것 같은 이상한 기분이 들게 하는 행위다. 비밀을 공유하는 상대방과 특별한 관계가 된다는 의미다. 그러므로 섣불리 비밀을 듣는 건 안 하는 게 좋다.

학생인 미야마 뿐만 아니라, 기밀유지 의무를 가진 의료인은 혼자서만 비밀을 떠안고 있어서는 안 될 것이다. 반드시 그렇게 해야 하는 경우도 드물게 있을지 모르겠지만, 매우 힘든 일임에는 분명하다. 몸이 견디질 못한다. 「임금님 귀는 당나귀 귀」는 아니지만, 비밀은 어디선가 뱉어내지 않으면 견딜 수 없다고 생각한다. 그럼, 어디서 뱉어내야 하나구? 그건 집담회에서 하는 것이 제일 좋다고 생각한다.

환자정보는 직장의 공유재산 같은 것, 이렇게 생각하면 마음이 편해진다.[†] 일본간호협회의 「간호종사자 윤리강령」(2003) 제5조에는 "간호종사자는 기밀유지 의무를 준수하고, 개인정보 보호에 힘쓰며, 이것을 타인과 공유하는 경우에는 적절한 판단하에서 해야 한다"라고 되어 있다. 또한 제5조의 해설문에는 "공유하는 정보의 내용과 필요성 등을 설명하고 동의를 얻도록 힘쓴다"라고 되어 있다. 현실적으로 대부분의 환자정보는 공유해야 하는 정보다. 그러므로 환자로부터 "이건 비밀로 해줘"라는 말을 듣더라도, 정확하게 사정을 설명하면서 "간호사는 팀에 속해서 일을 하고 있어요. 그렇기 때문에 해주신 말씀을 저 혼자만 알고 있을 수는 없어요. 죄송합니다"라고 말하면 될 것이다.

■ **환자 정보의 취급에 대해서**

학생을 포함해서 병동에는 다양한 직종의 사람이 출입하고 있으며, 진료기록 등을 쉽게 열람할 수 있다. 진료 기록을 일일이 잠금장치가 있는 선반에 넣어 두는 시설은 많지 않을 것이다. 자유롭게 열람할 수 없으면 많은 관계자가 불편을 느낀다. 많은 사람들이 자유롭게 접근하는 것이다. 아마도 수십 명이 관여한다. 팀의료가 추세인 현재로서 어쩔 수 없다.

학생이 병동에서 진료기록을 보는 것이 일단 문제가 되지 않는다고 하더라도 메모를 하는 것은 어떻게 생각해야 할까? 병원 직원의 경우 메모

[†] 정보를 팀에서 공유하는 취지를 통지하는 자세에는 의문이 든다. 중요한 일이기 때문에 공유를 해도 괜찮은지를 환자에게 물어보고 나서 해도 늦지 않다. [요네다]
Re: 일반적으로 중대한 비밀을 갑자기 거침없이 술술 말하는 사람은 적다. 대화 도중에 그 내용의 취급을 확인하는 건 가능할 것이다. 이런 것을 감안해서 어디까지 들을 것인지, 정보를 공유해도 되는지의 여부를 판단할 수 있다. [이토]

를 하더라도 그것을 병원 밖으로 가지고 나가는 일은 거의 없을 것이다. 그러나 실습중인 간호학생이 병원 안에서 기록 작성을 끝마치기는 어렵다. 학교로 돌아가서 메모를 참고해 교수의 조언을 들으면서 정리를 한다. 보통은 집에 와서 밤샘 작업을 하면서 완성한다. 즉 환자정보가 학생과 같이 병원, 학교, 집으로 이동하는 것이 보통의 경우일 것이다. 대다수의 간호학교와 실습병원은 지리적으로 떨어져 있다. 학생의 가방 안에 있는 개인정보가 여기저기 이동하면서 돌아다니는 건 어쩔 수 없는 일일까?

미야마는 중요한 노트를 병원에서 분실했다. 병원 안이어서 운이 좋았던 걸까? 마침 직원이 발견해서 건네받았다. 외부인이 안 봤으니까 괜찮다고 말할 수 있을까? 메모나 노트를 병원 밖으로 들고 나가는 게 어쩔 수 없는 일이었는지 검토할 필요가 있다. 만약 어쩔 수 없다면 개인을 식별할 수 없도록 정보를 일부 바꾸거나, 부분적인 정보로 한정시키는 등 어떠한 규제가 필요하다. 만약 이름과 병명이 잔뜩 적힌 메모가 외부로 유출되면 어떻게 될까? 곰곰이 생각해보아야 한다. 학교에만 대책을 맡길 것이 아니라, 학생으로서 무엇을 할 수 있는지 주체적으로 생각하고 궁리해보자.

■ 학생실습에 대해서, 환자의 동의를 받는 것에 대해

학생실습에 관한 내용으로 돌아가보자. 방금, 환자와 잘 지낼 수 없다면 담당을 바꾸면 된다고 적었다. 그러나 현실적으로는 상당히 힘들다. 그 이유는 대부분의 병원에 실습 담당을 맡아 줄 적당한 환자가 적기 때문이다. 그 이유는 다양하겠지만, 하나는 입원기간의 단축이 있을 수 있다. 병동 기능이 분화되면서 급성기 치료병동의 병상회전률이 높아 졌다. 실습을 시작하자마자 퇴원해버리면 곤란하기 때문에 대상자가 한정된다. 그리고 환자 측의 의식 변화도 그 중 하나일 것이다. 가능하면 자신과 상관없는 일에 관여하고 싶어 하지 않기 때문이다.

실습 담당환자를 정하는 방법이나 설명은 어떻게 이루어질까? 후보자

선정은 아마도 병원측의 임상 지도자가 하는 경우가 많을 것이다. 그 이후의 환자에 대한 설명과 승낙은 누구에 의해, 어떠한 과정을 통해 이루어질까? 환자에게 정확하게 설명하지 않으면 나가오카처럼 학생을 심심풀이 이야기 상대로 착각할 수도 있다. 학생을 단순히 견학하러 온 사람이나 견습생 정도로 생각하는 사람도 있을 것이다.

자신의 진료기록이나 간호기록을 읽는다는 점, 간호계획을 만들고, 기본적인 수기를 실시 한다는 점, 실습기록이나 리포트를 학교에 제출한다는 점, 사례연구 발표를 한다는 점 등에 대해서는 거의 설명하지 않은 채, 두루뭉실하게 저희 병원에서 맡게 된 학생이니 잘 부탁드립니다, 라는 정도로 적당히 넘기고 있는 건 아닐까? 만약, 이것을 모두 설명하면 환자는 망설이게 될까? 환자가 거절할 가능성이 높아질까? 그래서 설명을 생략한다면 문제가 될까? 실습이라고는 하지만 의료의 일환으로써 하는 것이기 때문에 설명과 동의를 얻는데 있어서 예외가 되지 않는다고 생각한다.

일본 후생노동성의 「간호기초교육에서 기술교육 양상에 관한 검토회 보고서」(2003)에는 실습내용을 환자에게 설명해서 승낙받는 것의 중요성과 구체적인 수순 등에 대한 내용이 실려 있다. 학생이 어떤 내용의 일을 실시할 것인가를 정확하게 문서로 주고받는 것이 바람직하다고 되어있다. 그러나 아직 일부 학교에서는 구두로만 설명하고 있다고 한다. 또한 실습 중에 알게 된 정보에 프라이버시 보호에 최대한의 주의를 기울여야 한다고 되어 있다. 그러나 이 부분에 있어서도 학생에게 환자기록이 어느 정도 개시되고 있는가라는 문제와 정보의 이동에 대해서는 구체적으로 논의되고 있지 않다.

「세계의사회 리스본 선언」에는 환자 정보를 개시할 때 환자의 동의를 전제로 하고 있다. 다른 보건의료 담당자에게 개시는 엄밀히 "알 필요성"이 있을 때만으로 한정된다. 여기서 말하는 필요성이란, 치료에 있어서의 필요성이라는 의미이며, 치료에 직접 관계하는 보건의료 담당자 관한 기술인 것 같다. 이 부분을 있는 그대로의 정의대로 해석하면 학생은 대상이 되지 않으며, 이렇게 생각하는 입장이 주류를 이루고 있는 것 같다. 하지만 학생을 치료팀의 일원으로 여긴다면, 이 대상에 포함된다고 해석할 수 있다. 따라서 학생이 진료기록을 볼 경우에는 실습에 필요한 부분만으로 한정시키는 등의 배려를 하고 있다는 사실을 환자에게 알리고 양해를 구하는 것이 좋다.[†]

■ 학교에서의 환자 정보 관리

잘 정리되어 작성된 실습기록(간호계획이나 간호기록 등)을 실습 종료 후에 어떻게 관리할지에 대한 문제를 제대로 검토하지 않는 학교가 많다는 이야기를 들은 적이 있다. 모든 것을 학생 스스로의 관리에 맡기고 있는 학교, 졸업할 때까지 보관하고 이후에 폐기하는 학교, 실습이 끝나면 즉시 처분하는 학교 등 제각각이라고 한다. 이러한 자료는 학교 측에서 보면 현장에서 얻은 자료에 불과하지만, 동시에 개인정보 덩어리이기도 하다.

일본에서는 2003년에 '개인정보 보호에 관한 법률'이 제정되었다. 이 법률은 주로 개인정보 취급 사업자(개인정보를 사업 용도로 공유하는 자)를 대상으로 하고 있다. 의료정보 관리 등의 개별 분야에 대해서 시행령이나 기본방침에서도 아직까지 논의되고 있다. 그러나 「개인정보 보호에 관한 기본방침」(2004년 4월 2일 일본 각의결정)에는 각 분야별 가이드 라인* 작성에 대해서, 여태까지처럼 각 행정부처의 실정에 맞는 조언 등을 한다고 명기하고 있다. 아마도 가까운 미래에 의료분야에 대해서도 어떤 구체적인 움직임이 있을 것이기에 주목하지 않을 수 없다.

[†] 학생이 집담회에 참가하는 걸로 그칠 것이 아니라, 담당환자에 대해서 어떤 정보제공을 하는 경우도 있을 수 있다. 자신은 학생이라는 의식에 머무르지 말고 의료인의 한 사람이라는 의식을 가지는 것이 중요하다. [카토]

3. 어떻게 하면 좋을까

실습생은 견학하러 온 사람이나 손님이 아니다. 기밀유지 의무를 가진 의료 팀의 일원으로 간주된다. 병원에서 얻은 정보는 단순한 교재가 아니며 매우 중대한 것이다. 그러므로 필요한 것 이외의 환자에 관한 정보는 보지 않을 것, 물어 보지 않을 것, 환자가 이야기를 꺼내더라도 거절할 것, 알고 싶고 배우고 싶은 내용은 많이 있겠지만 절제할 것. 기록물의 취급에는 세심한 주의를 기할 것. 다들 잘 알고 있겠지만, 아주 당연한 일이다. 그러면서도 아주 어려운 일이다.

환자 입장에서 보면 학생은 직원 중의 한 사람으로 보이지만 실제로는 외부인이기 때문에 병원 안에서만 기록 정리나 자료 작성을 하기에는 무리가 따른다. 무리를 무릅쓰고도 교수와 학생은 머리를 짜내면서 열심히 실습에 임하고 있다. 이런 위태로운 상황 속에서 간호교육이 줄타기 식으로 이루어지고 있는 현실을 병원관계자나 학교 교원은 보다 더 큰 목소리로 여론화해야 한다고 생각한다. 그렇게 하지 않으면 결국 환자에게 피해가 발생하게 될 것이다.

미주

1 Edwin Dubose・Ronald Hamel. "Casuistry and narrative: of what relevance to HECs?" HEC Forum 7(4): 211-227, 1995.
2 藤堂明保,『漢字語源辞典』, 学燈社, 1965.
3 新田孝彦,『入門講座 倫理学の視座』, 世界思想社, 2000. pp. 24-25.
4 桝形公也,「倫理の基礎；エートスとは何か」, 有福孝岳編,『エチカとは何か』, ナカニシヤ出版, 1999. pp. 98-117.
5 矢島洋吉,『倫理学の根本問題』, 福村書店, 1962. pp. 8-15.
6 平野仁彦・亀本洋・服部高宏,『法哲学』, 有斐閣アルマ, 2002, p. 30.
7 樋口範雄,『続・医療と法を考える；終末期医療ガイドライン』, 有斐閣, 2008. 第5章.
8 太田光・田中裕二・長谷部恭男,『爆笑問題のニッポンの教養；みんなの憲法入門』, 講談社, 2008.
9 新田孝彦,『入門講義 倫理学の視座』, 世界思想社, 2000. 田中朋弘,『文脈としての規範倫理学』, ナカニシヤ出版, 2012.
10 A. Fisher, Metaethics: An introduction, Acumen, 2011.
11 A. J. Ayer, Language, Truth and Logic, 1936.
12 A. Jonsen, The birth of bioethics, 2003.

13 A. Jonsen, "Of balloons and bicycles; or the relationship between ethical theory and practical judgment", Hastings Center Report 21 (Sep-Oct): 14-16, 1991.
14 服部健司,「臨床倫理学と文学」,『医学哲学倫理』27: 49-57, 2010.
15 A・ジョンセン,『医療倫理学の歴史』(藤野昭宏・前田義郎訳), ナカニシヤ出版, 2009.
16 服部健司「医師国試と医学哲学・倫理学教育のベクトル」,『医学哲学医学倫理』19: 223-230, 2001.
17 A・ウエストン,『ここからはじまる倫理』(野矢茂樹・高村夏輝・法野谷俊哉訳), 春秋社, 2004.
18 A. Musschenga, "The relation between concepts of quality of life, health and happiness", Journal of Medicine and Philosophy 22(1): 11-28, 1997.
19 ジャンケレヴィッチ(Vladimir Jankelevitch),『死とはなにか』(原章二訳), 青弓社, 1995. 인터뷰 형식이라서 읽기 쉽다. (Vladimir Jankelevitch, Penser la Mort.)
20 服部健司,「予防医学と臨床死生学のあいだ」,『医学哲学医学倫理』17: 11-22, 1999.
21 長岡成夫,「インフォームド・コンセント―患者の自己決定の意味」, 新潟大学教育人間学部紀要人文・社会科学編 2: 37-52, 1999.
22 J. Drane, Competency to give an informed consent: A model for making clinical assessments, JAMA 252, 925-927, 1984.
23 B. Lo, Resolving ethical dilemmas: A guide for clinicians, 5thed, 2013, p. 81
24 D・パーフィット(Derek Parfit),『理由と人格』(森村進訳), 勁草書房, 1998, pp. 667-679.
25 R・ノージック(Robert Nozick),『アナーキー・国家・ユートピア』(嶋津格訳), 木鐸社, 2000, pp. 67-72.
26 R・M・ヘア(Richard Mervyn Hare),『道徳的に考えること』(内井惣七・山内友三郎監訳), 勁草書房, 1994.
27 R. D. Truog, "Concept of "Futility" is gaining momentum, but universal definition remains elusive", at the 15th Annual Congress of ESICM in Barcelona, 2002.
   S. Moratti, "the development of "medical futility", J Med Ethics 35(6): 369-72, 2009
28 笠原嘉,『予診・初診・初期治療』, 診療新社, 1980. 이 책은 첨삭・수정하여 다른 출판사에서 복간되었다.『精神科における予診・初診・初期治療』, 星和書店, 2007. pp. 71-80.
29 C. ford et al., "Influence of physician confidentiality assurances on adolescents' willingness to disclose information and seek future health care", JAMA 278: 1029-1034, 1997.
30 타라소프 사건: Tarasoff v. Regents of the University of California. 529P 2d 55 (Cal 1974); on appeal 551 P 2d 334, 17 Cal (3d) 358, 425 (Cal 1976).
31 B・ロウ(Bernard Lo),『医療の倫理ジレンマ 第2版』(北野喜良・中澤英之・小宮良輔監訳), 西村書店, 2003. p. 54.

32 Schloendorff v. Society of New York Hospital 211 NY 125, 105 NE 92 (NY 1914).
33 Salgo v. Leland Stanford Junior University Board of Trustees 317 P 2d 170 (Cal 1957).
34 '성과 생식에 관한 건강과 권리(sexual and reproductive health and rights)'는 현대의 슬로건이다.
35 伊勢田哲治, 『動物からの倫理学入門』, 名古屋大学出版会, 2008. P・シンガー(Peter Singer), 『実践の倫理』(山内友三郎・塚崎 智監訳), 昭和堂, 1999.
36 "Do not do unto other as you would that they should do unto you. Their tastes may not be the same". Bernard Shaw, Maxims for revolutionists. (1903)
37 大槻 真一郎(編集責任), 『新訂 ヒポクラテス全集』, 全3巻, エンタプライズ, 1997.
38 D. Novack et al. 'Changes in physician's attitudes toward telling the cancer patients', JAMA, 241, 897-900, 1979.
39 J. Burack, Truth telling', in J. Sugarman (ed.), 20 commonproblems-Ethics in primary care, McGraw-Hill, 131-148, 2000.
40 A. R. Jonsen 외, 『臨床倫理学 第5版』(赤林 朗・蔵田伸雄・児玉 聡監訳), 新興医学出版社, 2006, p. 77.
41. R. Sartorius (ed.), Paternalism. University of Minnesota Press, 1983. H. Hayry, The limits of medical paternalism. Routledge, 1991. Charles M. Culver, Bernard Gert, Philosophy in medicine : conceptual and ethical issues in medicine and psychiatry, Oxford University Press, 1982
42 瀬戸山晃一, 「現代法におけるパターナリズムの概念」, 『阪大法学』47(2): 233-261, 1997.
43 樋澤吉彦, 「『同意』は介入の根拠足り得るか？：パターナリズム正当化原理の検討を通して」, 『新潟青陵大学紀要』5: 77-90, 2005.
44 瀬戸山晃一, 「法的パターナリズム論の新展開(一)」, 『阪大法学』69(4): 89-108ロ, 2010.
45 R. Munson, Intervention and reflection 6th ed., Wadsworth, 2000. pp. 378-381.
46 M. Parker, D. Dickenson, The Cambridge medical ethics workbook, 2001. pp. 17-22.
47 I・Kant, 『도덕형이상학의 기초』의 제3장. Isaiah Berlin『이사야 벌린의 자유론』, 박동천 옮김, 아카넷, 2014. 齋藤純一『自由』岩波出版, 2005.
48 瀧澤利行, 『健康文化論』, 大修館書店, 1998. 服部健司, 「根本的価値概念としての健康」, 『医学哲学医学倫理』16: 12-23, 1998. 佐藤純一・池田光穂・野村一夫・寺岡伸吳・佐藤哲彦, 『健康論の誘惑』文化書房専文社, 2000. 浮ヶ谷幸代, 『病気だけど病気ではない』, 誠信書房, 2004. 新村 拓, 『健康の社会史』, 法政大学出版局, 2006.
49 加藤直克, 「ケアはいつケアになるのか；原サファリングと二次サファリング」浮ヶ谷幸代編, 『苦悩することの希望』, 共同医書出版社, 2014.

50 メリヤロフ,『ケアの本質』(田村真・向野宜之訳), みゆる出版, 1987.
51 N・ノディングス,『ケアリング』(立山善康・林泰成・清水重樹・宮崎宏志・新茂之訳), 晃洋書房, 1997.
52 クーセ,『ケアリング』(竹内徹・村上弥生監訳), メディア出版, 2000.
53 中井久夫・山口直彦,「看護のための精神医学」, 医学書院, 2004, p.2.
54 金泰明,『欲望としての他者救済』, NHKブックス, 2008.
55 三橋順子,『女装と日本人』講談社現代新書, 2008.
56 『別冊ジュリスト 医事法判例百選』, 有斐閣, 2006.
57 大泉実成,『説得』, 講談社文庫, 1992.
58 江頭大蔵「社会変動と高齢社会」(渡辺満・小谷朋弘編著『高齢社会論』成文堂, 2000), pp. 119-139.
59 服部健司,「死ぬ義務 あるいは家族と自己決定」,『医学哲学医学倫理』19:151-165, 2001. 宮城昌子「家族と病者の〈死ぬ義務〉」,『生命倫理』13:61-68, 2002.
60 鶴見俊輔・浜田晋・春日キスヨ・徳永進,『いま家族とは』, 岩波書店, 1999. pp. 221-225.
61 R・ドゥウォーキン,『平等とは何か』(小林公・大江洋・高橋秀治・高橋文彦訳), 木鐸社, 2002. J・ロールズ,『正義論 改正版』(川本隆史・福間聡・神島裕子訳), 紀伊国屋書店, 2010.
62 谷本光男,『環境倫理のラディカリズム』, 世界思想社, 2003. 浜野喬士,『エコ・テロリズム—過激化する環境運動とアメリカの内なるテロ』, 洋泉社, 2009.
63 세계의사회,『WMA 의료윤리 매뉴얼』제3장.
64 徳永純・西澤正豊,「難病支援の理念について: 経済効率からの再検討」,『生命論理』22: 103-110, 2011.
65 자세한 내용은 다음을 참조. 香川知晶,『生命倫理の成立』, 勁草書房, 2000.
66 Beauchamp 등이 1990년에 Richardson이 제기한「특정화」모델을 제4판부터 도입했다. 자세한 내용은 다음 논문을 참조. Richardson H.S., Specifying, balancing, and interpreting bioethical principles, Journal of Medicine and Philosophy, 25: 285-307. Principles of Biomedical Ethics, 7th edition, 2012, pp. 17-19.
67 A. Jonsen et al., Clinical ethics: A practical approach to ethical decisions in clinical medicine, 8th ed., McGrawHill, 2010.
68 Albert R. Jonsen, Mark Siegler, William J. Winslade『臨床倫理学 第5版』(赤林朗・蔵田伸雄・児玉聡監訳), 新興医学出版社, 2006. pp.13, 255-268. (제5판 번역서와 원서 제8판에 실린 차트에는 서로 다른 점이 있다.)
69 A. Jonsen, "Casuistry as methodology in clinical ethics", Theoretical Medicine 12: 295-307, 1991.

70 服部健司,「臨床倫理学におけるカズイストリの可能性」,『生命倫理』22:52-60,2011.
71 浅井篤・高橋隆雄編著,『臨床倫理』〈シリーズ生命倫理学13〉의 제2·3장:「倫理コンサルテーション」「臨床倫理委員会の現状と課題」(長尾式子),丸善出版,2012.
72 Widdershoven, Guy and Molewijk, Bert, Philosophical foundations of clinical ethics, A hermeneutic perspective, in Clinical ethics consultation 37-52, edited by J. Schildmann, J-S. Gordon and J. Vollmann. Ashgate, 2010.
73 服部健司,「臨床倫理学における対話の意味」,『生命倫理』26:22-29,2015.
74 해석학적 접근에 대해서 개관적으로 알려주는 자료. D. Leder, "Toward a hermeneutical bioethics". In: E. DeBose et al. (eds.), A matter of principles? Trinity Press International, 1994, pp. 240-259. G. Winddershoven, "Interpretation and dialogue in hermeneutic ethics," in: R. Ashcroft et al. (eds.), Case analysis in clinical ethics, Cambridge University Press, 2005, pp. 57-75.
75 미셸 푸코,『성의 역사2: 쾌락의 활용』, 문경자 외 옮김, 나남신서 137(개정판), 2004.
76 服部健司,「臨床倫理学と文学」,『医学哲学医学倫理』28:49-57,2010.
77 服部健司,「臨床倫理学における対話の意味」,『生命倫理』26:22-29,2015.
78 大庭健,『「責任」ってなに?』講談社現代新書,2005.pp.78-84.
79 木澤義之,「「もしも」のことをあらかじめ話し合っておいたらどうなるか?」,『緩和ケア』22(5):399-402,2012.木澤義之「アドバンス・ケア・プランニング;"もしもの時"に備え,"人生の終わり"について話し合いを始める」,『Hospice and Care』23(1):49-62,2015.
80 圓増文,「医療従事者と患者の信頼関係構築に向けた取り組みとしての「目的の共有」」,『医学哲学医学倫理』26:1-10,2008.
81 「終末期患者における延命治療の差し控えと中止」,日本医師会『医師の職業倫理指針』,2008, pp.37-38.
82 福井次矢・浅井篤・大西基喜編『臨床倫理学入門』医学書院,2003,p.202.
83 中山將,「よい死をめぐって」,高橋隆雄・田口宏昭編『よき死の作法』,九州大学出版会,2003, pp.42-43.
84 British Medical Association Ethics Department, Medical Ethics Today, 3rded,2012,p.77.
85 服部俊子,「アドバンス・ディレクティヴの倫理問題」,『医学哲学医学倫理』22:27-35,2004.
86 B·ロウ(Bernard Lo),『医療の倫理ジレンマ』(北野善良・中澤英之・小宮良輔監訳),西村書店,2003.p.116.
87 RYOJI+砂川秀樹編,『カミングアウト・レターズ』,太朗次郎社エディタズ,2007.石川大我,『僕の彼氏はどこにいる』,講談社文庫,2009.ペアリーヌ・ド・ピンク,『熊婦人の告白』,ポット出版,2005.

88 I. Rasooly et al. A survey of public health partner notification for sexually transmitted diseases in Canada. Can J Public Health, 85: S48-52, 1994.
89 완전 의무・불완전 의무. M・シューメーカー,『愛と正義の構造―倫理の人間学的基盤』(加藤尚武・松川俊夫訳), 晃洋書房, 2001.
90 JSHCT monograph Vol.6, 2002. 4.
91 A・ウェクスラー,『ウェクスラー家の選択』(武藤香織・額賀淑郎訳), 新潮社, 2003.
92 横塚晃一,『母よ！殺すな』, 生活書院, 2007. (초판은 すずさわ書店, 1975)
93 新田孝彦,『人間講義 倫理学の視座』, 世界思想社, 2000. pp. 32-35.
94 낸시 크루잔 사건: G・ペンス,『医療倫理1』(宮坂道夫・長岡成夫訳), みすず書房, 2000. 第2章.
95 大西香代子,「看護師をめぐる人間関係と倫理」, 浅井 篤・服部健司・大西基喜・大西香代子・赤林朗『医療倫理』, 勁草書房, 2002. pp. 39-53.
96 K.W. Fulford and T. Hope, "Psychiatric ethics: a bioethical Ugly Duckling?", in E. Gillon (ed.), Principles of Health Care Ethics, pp. 681-695, 1993. [핫토리]
97 泉水明臣,「精神医療における『生活指導』の倫理問題」,『医学哲学医学倫理』14: 24-33, 1996.
98 伊東隆雄,「精神障害者の身体合併症への非自発的治療の倫理性―精神科医療におけるインフォームド・コンセントの限界について」,『医学哲学医学倫理』16: pp. 112-122, 1998.
99 伊東隆雄,「心と身体の架橋としての自殺論―精神科領域における自殺への治療的介入の倫理問題」,『医学哲学医学倫理』18: pp. 78-89, 2000.
100 http://www.jata.or.jp/rit/rj/air_tb2007.pdf
101 沢田貴志,「在日外国人の結核・HIV対策の鍵を握るのは'ケア・サポートの充実」,『保健師ジャーナル』62(12): pp. 1,000-1,003, 2006
102 中村安秀・沢田貴志,「(対談)在日外国人に対する医療」,『日本医事新報』4458: 34-41, 2009. 沢田貴志,「『外国人労働者』とは誰か？」;「外国人労働者の健康問題」,『公衆衛生』74: pp. 599-602; 697-700; 786-789, 2010.
103 野田 衛,「エイズと職場」,『都市問題』85(7): 60, 1994.
104 服部健司,「職域健康管理の倫理問題」,『医学哲学医学倫理』14: 69-80, 1996.
105 인체실험(experiments on human subjects/medical research inovolving human subject)
106 G・ペンス,『医療倫理2』(宮坂道夫・長岡成夫訳), みすず書房, 2001. 의 제10장.
107 http://www.lit.osaka-cu.ac.jp/user/tsuchiya/class/vuniv99/vuniv-index.html
108 W・ラフルーア, G・ベーメ, 島薗 進,『悪夢の医療史』(中村桂志・秋山淑子訳), 勁草書房, 2008.
109 ウィトゲンシュタイン,『論理哲学論考』(野矢茂樹訳), 岩波文庫, 2003. レヴィナス,『実存から実存者へ』(西谷 修訳), ちくま文芸文庫, 2005.

참고문헌

이 책 다음에는 어떤 책을 읽으면 좋을지 고민하는 독자를 위해서, 참고문헌을 제시해 두겠다. 여기에 제시한 문헌 이외에도 엄청나게 많은 문헌들이 있다. 집필자인 우리 자신이 공부하는 데 굉장히 많은 도움이 된 훌륭한 책들도 많이 있다. 그러나 상당히 전문적인 문헌들이기 때문에 대부분 생략하기로 했다. 지식을 늘려주는 것보다, 생각을 하게 해주는 것을 우선시했다. 여기에서 잔뜩 소개해버리면, 어느 것을 읽으면 될까? 이렇게나 많이 읽어야 해? 라며 당황해할 것이다. 그렇게 되지 않게 하기 위해서, 어디까지나 이 책을 읽고 나서 읽으면 좋을 문헌으로 한정했다. 본문 왼쪽 여백에 실은 문헌은 페이지 관계상 기본적으로 생략하기로 했다. 절판이 되어서 입수가 곤란한 문헌에 대해서는 중고서점이나 도서관을 활용하기 바란다.

■ 생각하는 힘·글을 쓰는 힘을 키우는 데 도움이 되는 문헌

名古屋大学教育学部付属中学校·高等学校国語科,『はじめよう'ロジカル·ライティング』, ひつじ書房, 2014.

慶応義塾大学教養研究センター監·慶応義塾大学日吉キャンパス学習相談員,『学生による学生のためのダメレポート脱出法』, 慶応義塾大学出版会, 2014.

戸田山和久,『新版 論文の教室:レポートから卒業まで』, NHKブックス, 2012.

■ 의료윤리학 전반

浅井篤·服部健司·大西基喜·大西香代子·赤林朗,『医療倫理』, 勁草書房, 2002.

福井次矢·浅井篤·大西基喜編,『臨床倫理学入門』, 医学書院, 2003.

H·T·エンゲルハートほか,『バイオエシックスの基礎, 欧米の「生命倫理」論』(加藤尚武·飯田亘之編), 東海大学出版会, 1988.

S·ポスト編,『生命倫理百科事典』全5巻, 丸善, 2007.

A·ジョンセン,『生命倫理学の誕生』(細見博志訳), 勁草書房, 2009.

A·ジョンセン,『医療倫理の歴史』(藤野昭宏·前田義郎訳), ナカニシヤ出版, 2009.

E·バンドマン·B·バンドマン,『ケーススタディ いのちと向き合う看護と倫理』(鶴若麻里·仙波由加里訳), 人間と歴史社, 2010.

Seedhouse D, Ethics: the heart of health care, Second ed., John Wiley & Sons, 1998.

Seedhouse D, Practical Nursing Philosophy: The universal ethical code, John Wiley&Sons, 2000.

Sugarman J, 20 common problems: Ethics in primary care, McGraw-Hill, 2000.

Ashcroft R, et al. (eds), Case analysis in clinical ethics, Cambridge University Press, 2005.

■ 케이스 북·케이스 드라마 집

服部健司·伊東隆雄,『ドラマで考える医療倫理』全8 シリーズ DVD2枚組, art medical, 2009.

樋口範雄著,『ジュリスト増刊. ケーススタディ生命倫理と法 第2版』, 有斐閣, 2012.

カナダ国立映画製作庁,『生命倫理を考える 終わりのない7編の物語』(赤林 朗 日本語版監修)DVD7巻, 丸善, 2009.

Fry S·Veatch R, Case studies in nursing ethics, Second ed., Jones and Bartlett Publishers, 2000.

■ 철학·윤리학

川原栄峰,『哲学入門以前』, 南窓社, 1967.

岡田雅勝,『ウィトゲンシュタイン』, 清水書院, 1986.

安彦一恵·大庭健·溝口宏平,『道徳の理由』, 昭和堂, 1992.

笹澤豊,『〈権利〉の選択』, 勁草書房, 1993.

加藤尚武,『現代倫理学入門』, 講談社学術文庫, 1997.

佐藤康邦·溝口宏平編,『モラル·アポリラ 道徳のディレンマ』, ナカニシマ出版, 1998.

加茂直樹編,『社会哲学を学ぶ人のために』, 世界思想社, 2001.

古東哲明,『他界からのまなざし 臨生の思想』, 講談社, 2005.

戸田山和久,『科学哲学の冒険』, NHKブックス, 2005.

篠澤和久·馬淵浩二編,『倫理学の地図』, ナカニシヤ出版, 2010.

J·レイチェルズ,『倫理学に答えはあるか』(古牧徳生·次田憲和訳), 世界思想社, 2011.

田中朋弘,『文脈としての規範倫理学』, ナカニシヤ出版, 2012.

■ 문학

大橋洋一,『新文学入門 : T·イーグルトン『文学とは何か』を読む』, 岩波セミナ

ーブックス55, 1995.

土田知則・青柳悦子・伊藤直哉,『現代文学理論：テクスト・読み・世界』, 新曜社, 1996.

廣野由美子,『批評理論入門：『フランケンシュタイン』解剖講義』, 中公新書, 2005.

P・ハリー,『文学理論講義：新しいスタンダード』(高橋和久監訳), ミネルヴァ書房, 2014.

亀井秀雄監, 蓼沼正美,『超入門！現代文学理論講座』, ちくまプリマー新書, 2015.

別役実,『舞台を遊ぶ別役実の演劇教室』, 白水社, 2002.

丹治愛編,『知の教科書 批判理論』, 講談社, 2003.

Tyson L, Critical theory today: A user-friendly Guide, 3rded., Routledge, 2014.

■ 법학·정치학·사회학

齋藤純一,『公共性』, 岩波書店, 2000.

田口宏昭,『病気と医療の社会学』, 世界思想社, 2001.

黒田浩一郎,『医療社会学のフロンティア』, 世界思想社, 2001.

植木哲,『医療の法律学』, 第3版, 有斐閣, 2007.

仲正昌樹,『集中講義！アメリカ現代思想』, NHKブックス, 2008.

■ 상상력을 키우는 데 최적인 소설

ジュンパ・ラヒリ,『停電の夜に』(小川高義訳), 新潮文庫, 2003.

レベッカ・ブラウン,『体の贈り物』(柴田元幸訳), 新潮文庫, 2004.

グレアム・スウィフト,『ウォーターランド』(真野泰訳), 新潮クレスト・ブックス, 2002.

ジュディ・バドニッツ,『元気で大きいアメリカの赤ちゃん』(岸本佐知子訳), 文芸春秋, 2015.

ラモーナ・オースベル,『生まれるためのガイドブック』(小林久美子訳), 白水社,

2015.

■ 특정 테마를 주제로 한 단행본·잡지 특집

池上千寿子, 『性ってなんだろう』, 大修館書店, 1989.

山田昌弘, 『近代家族のゆくえ』, 新曜社, 1994.

米本昌平·松原洋子·橳島次郎·市野川容孝, 『優生学と人間社会』, 講談社現代新書, 2000.

荻野美穂, 『ジェンダー化される身体』, 勁草書房, 2002.

江原由美子, 『自己決定権とジェンダー』, 岩波セミナーブックス84, 岩波書店, 2002.

金井淑子編著, 『ファミリー・トラブル』, 明石書店, 2006.

杉野昭博, 『障害学 理論形成と射程』, 東京大学出版会, 2007.

春日キスヨ, 『変わる家族と介護』, 講談社現代新書, 2010.

M·フーコー, 『監獄の誕生:監視と処罰』(田村俶訳), 晶文社, 1977.

I·イリッチ, 『脱病院化社会:医療の限界』(金子嗣郎訳), 晶文社, 1998.

『現代思想』26(2)[特集 身体障害者], 青土社, 1998.

『現代思想』26(8)[特集 自己決定権―私とは何か], 青土社, 1998.

『現代思想』34(14)[特集 自立を強いられる社会], 青土社, 2006.

『現代思想』36(2)[特集 医療崩壊―生命をめぐるエコノミー], 青土社, 2008.

『現代思想』36(3)[特集 患者学―生存の技法], 青土社, 2008.

『現代思想』37(2)[特集 ケアの未来―介護·労働·市場], 青土社, 2009.

■ 학회잡지

日本医学哲学·倫理学会, 『医学哲学医学倫理』(1983~)

日本医事法学会, 『年報医事法学』(1986~)

日本生命倫理学会, 『生命倫理』(1991~)

日本看護倫理学会, 『日本看護倫理学会誌』(2008~)

日本臨床倫理学会, 『臨床倫理』(2013~)

부록

인생의 최종단계에서의 의료 결정 프로세스에 관한 가이드라인

일본 후생노동성 2007년 5월 (개정 2015년 3월)

해설편_ 종말기 의료의 결정 프로세스 본연의 방향에 관한 검토회

〈가이드라인의 취지〉

인생의 최종단계에서의 치료 개시·유보 및 중지 등의 의료 본연의 문제는 예전부터 의료현장에서 중요한 과제로 여겨지고 있습니다. 후생노동성에서는 인생의 최종단계에서의 의료 본연의 자세에 관해서 1987년부터 네 차례에 걸쳐서 검토회를 개최하면서 지속적으로 검토를 거듭하고 있습니다. 그 기간 동안 실시해 온 의식조사 등에서 알 수 있듯, 인생의 최종단계에서의 의료에 관해 국민 의식에 변화가 있으며 누구나 맞이하는 인생의 최종단계이지만 그 양태나 환자를 둘러 싼 환경이 다양하다는 점에서, 정부가 인생의 최종단계에서의 의료 내용에 대해 일률적인 규정을 제시하는 것이 바람직한가 아닌가에 대해서 신중한 태도를 취해왔습니다.

그렇지만, 인생의 최종단계에서의 본연의 의료에 대해, 환자·의료 종사자가 다 같이 합의할 수 있는 기본적인 점에 대해 확인하고 그것을 가이드라인으로 제시하는 것이, 보다 더 나은 인생의 최종단계에서의 의료를 실현하는데 도움이 된다고 보고, 후생노동성에서 처음으로 가이드라인을 책정했습니다.

이 해설편은, 후생노동성에서 책정한 가이드라인을 보다 널리 국민, 환자 및 의료종사

자가 이해할 수 있도록, "종말기 의료 결정 프로세스 본연의 자세에 관한 검토회"에서 논의된 내용을 정리한 것입니다.

정부에 대해, 본 가이드라인 보급을 노력할 것과 완화케어를 충실히 하는 등 인생의 최종 단계를 맞이하는 환자 및 가족을 지원하기 위한 체제정비에 적극적으로 힘을 다해주기를 바랍니다.

기본적인 사고방식은 다음과 같습니다.

1) 이 가이드라인은 인생의 최종단계를 맞이한 환자 및 가족, 의사를 비롯한 의료종사자가 최선의 의료와 돌봄을 만들어 나가는 프로세스를 제시하는 가이드라인입니다.

2) 이를 위해서는 담당의뿐만 아니라, 간호사나 사회복지사 등으로 구성된 의료·케어팀이 환자 및 가족을 지원하는 체제를 만드는 것이 필요합니다. 이 일은 두 말할 필요 없이 특히 인생의 최종단계에 있어서 중요한 일입니다.

3) 인생의 최종단계에서의 의료에서 중요한 것은 가능한 한 조기에 육체적인 고통 등을 완화하기 위한 케어가 이루어지는 것입니다. 완화가 충분히 이루어진 뒤에 의료행위의 개시·유보, 의료 내용의 변경, 의료행위의 중지 등에 대해 가장 중요한 환자의 의사를 확인 할 필요가 있습니다. 확인을 할 때에는 충분한 정보에 의한 결정(informed consent)이 중요합니다. 그 내용에 관해서는 환자가 거부하지 않는다면 가족에게 알리는 것이 바람직합니다. 통상적으로 가족이 의료 종사자와 함께 환자를 지원하기 때문입니다.

4) 환자의 의사가 명확하지 않을 때, 가족의 역할이 무엇보다 중요합니다. 이 경우에도 가족이 충분한 정보를 얻은 다음에 환자가 무엇을 원하는지, 환자에게 무엇이 최선인지에 대해서, 반드시 의료·케어팀 사이에 서로 의논을 해야 합니다.

5) 환자, 가족, 의료·케어팀이 합의를 이끌어 냈다면, 그것은 그 환자에게 있어 가장 좋은 인생의 최종단계에서의 의료라고 할 수 있습니다. 의료·케어팀은 합의에 기반한 의료를 실시하면서도, 합의의 근거가 된 사실이나 상태의 변화에 따라 유연한 자세로 인생의 최종단계에 있어서의 의료를 계속해나가야 합니다.

6) 환자, 가족, 의료·케어팀 사이에서 합의를 이끌어 내지 못할 경우에는 여러 명의 전문가로 구성된 위원회를 설치해서, 그 조언에 따라서 이상적인 케어에 대해서 다시 생각하고, 합의가 이루어지도록 노력할 필요가 있습니다.

7) 인생의 최종단계에 있어서의 의료 결정 프로세스에서는 환자, 가족, 의료·케어팀 사이에서의 반복적으로 합의를 이루어가는 것이 중요합니다.

1. 인생의 최종단계에서의 의료 및 케어의 본연의 자세
① 의사 등 의료 종사자로부터 적절한 정보의 제공과 설명이 이루어지고, 그것에 기반해서 환자가 의료종사자와 의논을 하며, 환자 본인에 의한 결정을 기본으로 하여 인생의 최종단계에 있어서의 의료를 진행하는 것이 가장 중요한 원칙이다.

※주1) 보다 더 나은 인생의 최종 단계에 있어서의 의료에는, 제일 먼저 충분한 정보와 설명을 들은 뒤의 환자의 결정이 가장 중요하다. 단, 에서 기술하고 있듯이, 인생의 최종단계에 있어서의 의학적 타당성·적절성은 당연히 확보될 필요가 있습니다.

② 인생의 최종단계에서의 의료에 있어서 의료행위의 개시·유보, 의료내용의 변경, 의료행위의 중지 등은 여러 전문직종의 의료종사자로 구성된 의료·케어팀에 의해서, 의학적 타당성과 적절성을 기준으로 신중하게 판단되어야 한다.

※주2) 인생의 최종단계는 암 말기처럼 예후가 수 일부터 길어도 2~3개월로 예측이 되는 경우, 만성질환에서 반복된 급성악화로 예후가 불량해 진 경우, 뇌혈관질환의 후유증이나 노쇠 등으로 수 개월에서 수 년 안에 죽음을 맞이하는 경우가 있습니다. 어떤 상태가 인생의 최종단계인지는 환자의 상태에 입각한 의료·케어팀의 적절하고 타당한 판단에 따라야 할 일입니다.
또한 팀을 구성할 시간이 없는 긴급 상황에서는 생명존중을 기본으로 하여 의사가 의학적 타당성과 적절성을 바탕으로 판단하는 수밖에 없으며, 그 이후 의료·케어팀에서 다시 그 이후의 적절한 의료의 검토를 하게 됩니다.

※주3) 의료·케어팀이 어떠 것인지는 의료기관의 규모나 인원에 따라서 달라질 수

있으며, 일반적으로는 담당의사와 간호사 및 그 이외의 의료 종사자로 이루어지는 것이 기본형입니다.

또한, 뒤에 서술한 주6)에서처럼 의료·케어팀에, 예를 들어 사회복지사가 참가하는 경우, 사회복지사는 직접 의료를 제공하지는 않지만, 여기서는 의료종사자에 포함할 수 있다는 의미에서 사용하고 있습니다.

※주4) 의료·케어팀에 대해서는 두 가지 우려가 예상됩니다. 첫 번째는, 결국 강한 의사(醫師)의 생각을 추인하게 되어버린다는 우려, 또 한 가지는 반대로 책임 소재가 애매하게 되어 버릴 것이라는 우려입니다. 그러나, 전자에 대해서는 의료종사자의 협력관계 양상이 변화되어 의사 이외의 의료종사자가 각자 전문가로서의 공헌이 인정되는 현실을 오히려 중시하고 있다는 점, 후자에 대해서는, 이 가이드라인은 어디까지나 인생의 최종단계에 있는 환자에 대해서 의료적 견지에서 배려하기 위한 팀 구성을 지원하기 위한 것이며, 각자가 전문가로서의 책임을 지니고 협력해서 지원하는 체제를 만들기 위한 것임을 이해해 주시길 바랍니다. 특히 형사책임이나 의료종사자 간의 법적 책임의 실상 등의 법적 측면에 대해서는 계속해서 검토해나가야 할 필요가 있습니다.

③ 의료·케어팀에 의해서 가능한 한 통증이나 그 외의 불쾌한 증상을 충분히 완화하고, 환자·가족의 정신적·사회적인 원조를 포함한 종합적인 의료 및 케어를 하는 것이 필요하다.

※주5) 완화케어의 중요성을 감안하여, 2007년 2월 후생노동성은 완화케어를 위한 마약 등의 사용을 이전보다 더 허가하는 조치를 취했습니다.

※주6) 사람이 인생의 최종단계를 맞이할 때에는 동통 완화뿐만 아니라, 다른 종류의 정신적·사회적 문제도 발생합니다. 가능하다면 의료·케어팀에 사회복지사 등 사회적인 측면을 배려하는 사람이 참가하는 것이 바람직합니다.

④생명을 단축시키는 의도를 지닌 적극적 안락사는 이 가이드라인의 대상이 아니다.

※주7) 질환에 따르는 견딜 수 없을 만큼의 고통은 완화케어에 의해서 해결해야 할 과제입니다. 적극적 안락사는 판례나 그 외에서, 극히 제한된 조건하에서 인정될 수 있는 경우가 있다고 되어 있습니다. 그 전제에는 견딜 수 없는 육체적 고통이 요건으로 되어 있는데, 이 가이드라인에서는 육체적 고통을 완화하는 케어의 중요성을 강조하고, 의료적인 견지에서는 완화케어를 한층 더 충실히 하는 것이 무엇보다도 필요하다는 입장을 취하고 있습니다. 이런 이유로 이 가이드라인은 적극적 안락사가 무엇이며, 그것이 적법하게 되는 요건은 무엇인지에 대한 문제를 명확히 하는 것을 목적으로 삼고 있지 않습니다.

2. 인생의 최종단계에 있어서의 의료 및 케어 방침의 결정 절차
인생의 최종단계에 있어서의 의료 및 케어 방침의 결정은 다음을 따르기로 한다.

(1) 환자의 의사 확인이 가능한 경우
① 전문적인 의학적 검토를 거친 후에 충분한 정보에 의한 동의에 근거한 환자의 의사결정을 기본으로 하여, 여러전문직종의 의료종사자로 구성된 의료·케어팀에서 행한다.

② 치료방침 결정에 있어서 환자와 의료종사자가 충분한 의논을 하여 환자가 의사결정을 하고, 그 합의 내용을 문서로 정리해 두도록 한다.
상기의 상황은 시간의 경과, 병세의 변화, 의학적 평가의 변화에 응하며, 또한 환자의 의사가 변화한다는 사실에 유의하여 그 때마다 설명을 해서 환자의 의사의 재확인을 하는 것이 필요하다.

③ 이 프로세스에 있어서 환자가 거부하지 않는 한 결정 내용을 가족에게도 알리는 것이 바람직하다.

※주8) 합의 내용을 문서로 정리할 때에는 의료종사자에 의해 강요 받지 않도록 배려를 하고, 환자의 의사가 충분히 반영된 내용을 문서로서 남겨 두는 것이 중요합니다.

※주9) 보다 나은 인생의 최종단계에 있어서의 의료의 실현을 위해서는, 우선 환자의 의사를 확인할 수 있는 경우에는 환자의 결정을 기본으로 할 것., 그것이 의료·케어팀에 의한 의학적 타당성·적절성의 판단과 일치하는 것이 바람직하며, 이를 위한 프로세스를 거칠 것, 나아가 그것을 반복해서 행하는 것이 중요하리라고 생각됩니다.

(2) 환자의 의사를 확인할 수 없는 경우
환자의 의사를 확인할 수 없는 경우에는 다음과 같은 절차에 의해서, 의료·케어팀 내에서 신중한 판단을 행할 필요가 있다.

① 가족이 환자의 의사를 추정할 수 있는 경우에는 그 추정 의사를 존중해서, 환자에게 최선의 치료방침을 취하는 것을 기본으로 한다.

② 가족이 환자의 의사를 추정할 수 없는 경우에는 환자에게 무엇이 최선인가에 대해서 가족과 충분히 의논하고, 환자에게 있어서의 최선의 치료방침을 취하는 것을 기본으로 한다.

③ 가족이 없는 경우 및 가족이 판단을 의료·케어팀에 맡기는 경우에는 환자에게 있어서의 최선의 치료방침을 취하는 것을 기본으로 한다.

※주10) 가족이란, 환자가 신뢰를 하고, 인생의 최종단계에 있는 환자를 보살피는 존재라는 목적을 가지고 있기 때문에, 법적 의미에서의 친족 관계만을 의미하지 않으며, 더 넓은 범위의 사람을 포함합니다(이 가이드라인의 다른 부분에서 사용되고 있는 의미도 마찬가지입니다).

※주11) 환자의 의사결정이 확인되지 않는 경우에는 가족의 역할이 보다 더 중요해집니다. 그 때도 환자가 무엇을 바라는지를 기본으로 하며, 그것을 아무리 노력해도 알 수 없는 경우에는 환자의 최선의 이익이 무엇인지에 대해서 가족과 의료·케어팀이 충분히 의논을 하고 합의를 이끌어내는 것이 필요합니다.

※주12) 가족이 없는 경우 및 가족이 판단하지 않고 결정을 의료·케어팀에게 맡기는 경우, 의료·케어팀이 의료의 타당성·적절성을 판단해서 그 환자에게 최선의 의료를 실시할 필요가 있습니다. 또한 가족이 판단을 맡기는 경우에도 그 결정 내용을 설명하고 충분히 이해할 수 있도록 노력할 필요가 있습니다.

(3) 여러 명의 전문가로 구성된 위원회의 설치
상기 (1) 및 (2)의 경우 의료 방침의 결정에 있어서,

- 의료·케어팀 내에서 병태 등으로 인해 의료내용의 결정이 곤란한 경우
- 환자와 의료종사자 사이에 의논을 통해서 타당하고 적절한 의료 내용에 대한 합의를 이끌어 내지 못한 경우
- 가족 내에서 의견이 일치하지 않거나, 의료종사자와의 의논에서 타당하고 적절한 의료 내용에 대한 합의를 이끌어 내지 못한 경우

등에 대해서는 여러 명의 전문가로 구성된 위원회를 별도 설치해서, 치료방침 등에 대한 검토 및 조언을 행하는 것이 필요하다.

※주13) 별도 설치되는 위원회는, 어디까지나 환자, 가족, 의료·케어팀 사이에 바람직한 인생의 최종단계에 있어서의 의료를 위한 프로세스를 거쳐도 합의를 이끌어 내지 못한 경우 예외적으로 필요한 것입니다. 이 위원회에서 검토·조언을 거치고, 새로이 환자, 가족, 의료·케어팀에서 케어 방법 등을 개선하는 방법을 통해 합의에 이르도록 노력하는 것이 필요합니다.

찾아보기

4분할표 277
731부대 455
May의 윤리 45
QOL 81
QOL 체크 시트 83
Should의 윤리 45
SOL 81

가부장제 362
가이드라인 57
가족애 231
가족주의 228
간호사-의사 관계 400
간호윤리학 73
감사하다(有り難い) 35
감시 379
강제치료 412

개별적 환자 기준설 146
개인 189, 193
개인주의 228
객관적 리스트설 99
건강 201
결과의 평등 245
결과주의 186, 273
결의론 265
결정지원모델 140
고독사 436, 447
고립사 450
공리주의 241, 273
공서양속 175
공통도덕 265
구속 377, 379, 427
규칙공리주의 274
그 외의 관계 234

그로닝겐 프로토콜(Groningen protocol) 363
기밀유지 104, 333, 475
기회의 평등 243

난병의료 254
내 아이론 365
낸시 크루잔 사건 387
네이탄스 사건 146
노인차별 372
논증연구 464
뉘렌베르크 강령 130

덕윤리학 268

리빙윌(living will) 320
리스본선언 105, 163, 468, 475

맡기는 의료(おまかせ療) 91, 125
무연사(無死) 436
무익 300
무익성 100

버나드 쇼 133
베이비 도우 규칙 363
보조생식의료 219
불완전 의무 335
비밀 107, 333, 471

사려 깊음(delicacy) 105
사전지시 319
산업간호사 442
산업의 442
살고사건 126

생명윤리학 69
생명지상주의 81
선행 260
설득 144
설문조사 462
성정체성장애 221
세대간 윤리(intergeneration ethics) 248
소극적 안락사 185
소극적 자유 191
소비자 운동 129
순응(compliance) 194
슈렌돌프 사건 126
실습기록 476
실증연구 464

안락사 183
알지 않을 권리 162
애드보커시(advacocy) 195
약한 온정적 간섭주의 172
역차별 242
역학조사 455
연명의료 309
온정적 간섭주의(paternalism) 165, 419
완전 의무 335
욕구충족설 98
우츠노미야병원 사건 410
운 244
원초적 고통(primal suffering) 210
원칙론 257
위루술 385
유전정보 337
윤리강령 61
윤리지침 57

윤리학 66
의료보호 입원 409, 422
의료윤리학 69, 73
의료자원 배분 249, 327
의료자원 84, 237, 372
의무론 270
의사(意思) 193
의사조력자살 184
의지(意志) 193
이벤트 모델(event model) 137
이식의료 339
인격론(person론) 365
인체실험 130, 455
임상윤리학 69
임의입원 409

자기결정능력(competence) 93, 172, 416
자기결정모델 139
자기실현 201
자원의 배분 237
자유 90, 191, 252, 381, 459
자율 189, 272
자율성 존중 원칙 259
재류 외국인 431
적극적 안락사 185
적극적 자유 191
전인적 의료 110
전자의무기록 122
정의 · 공정 261
좋은 죽음 86
존엄사 185
좋은 가족 227
죽음준비교육(death education) 83

진료기록 개시 153
진실말하기 155

책임 36
최선의 이익 97
충분한 정보에 의한 동의(informed consent) 125, 346, 416, 455
충분한 정보에 의한 찬성(informed assent) 346
치료 거부 224, 316, 419
치료 보류 359
침습적 131, 206

카렌 사건 321
켄터베리 판결 146
코호트 연구 469
쾌락주의 98

타라소프 사건 118
타율 190
터스키기 사건 456
트리아지(triage) 240

판단능력 416
평등 243, 252, 372
프라이버시(privacy) 104, 469, 475
프라이버시권 110
프로세스 모델(process model) 138
플라세보 158, 398

합리적 의사 기준설 146
합리적 환자 기준설 146
해악금지 260

핵가족 230
행복 273
행위 공리주의 273
헬싱키 선언 130, 456
협동결정 모델 139
환경윤리학 248
환자분 215
환자의 입장이 되는 것 38
환자-의료인 관계 141

비오스총서를 펴내며

비오스총서는 생명과 윤리에 관한 성찰을 담은 책의 모음이다. 우리 문화에서 '생명'은 종교적 차원에서 다루어지는 것이 보통이었다. 한편 '윤리'는 인간의 삶의 도리로서 체득되는 것으로 여겨져 왔으며, 윤리적 요구 사이의 충돌이나 갈등과 같은 문제에 대한 성찰은 일상적 삶의 범위를 넘어서는 것으로 치부되어 왔다. 이렇게 보면 양자 모두 보통 사람들이 상식적인 시각을 가지고 따질 수 있는 주제로 여겨지지 않았던 것이다. 그래서 우리나라에서 생명과 윤리에 대한 담론은 주로 종교인의 몫이었으며, 각 종교에서는 자신들의 이념과 신앙을 가지고 생명과 윤리에 대한 담론을 전개하여 왔다.

비오스총서는 이러한 생명과 윤리에 대한 담론이 교차하는 '생명윤리'를 대상으로 하여, 이를 성찰적 사유의 영역으로 끌어들이고자 기획되었다. 생명윤리(bioethics)라는 말은 1970년대 초반 미국에서 탄생하였다. 우리나라에서 이 말이 의미 있게 쓰이기 시작한 것은 줄기세포 논문조작 사건이 일어났던 때부터이다. 생명과 윤리가 높은 관념의 영역에서 유희하고 있는 동안, 현실의 세계에서는 의학과 생명과학이 놀라울 정도로 발전하고 있었던 것이다. 그렇지만 의학과 생명과학의 놀라운 '발전'이, 인간 생명의 존엄성, 인권과 정의라는 우리 사회의 핵심 가치에 대하여 어떤 도전이 되며 그에 대해서 어떻게 대응해야 하는지에 관한 진지한 숙고는 충분히 전개되지 못하였던 것도 사실이다. 한국의 지식인 사회는 의학과 생명과학이라는 전문적인 영역에서 벌어지는 기술적 발전의 현황과 그 함의에 대하여 민감하지 못하였으며, 의사와 생명과학자들 역시 자신들의 일을 수행하기에 필요한 법제도를 인지하는 것 이외에 그 배후에 존재하는 가치와 의미에 대해 근본적으로 성찰할 여유가 없었던 것이다.

우리는 오늘날 콩트가 말한 인지의 신학적, 형이상학적 단계에 살고 있지 않다. 오히려 어느 사이에 실증적 단계도 넘어선, 다원화된 민주주의 사회에 살고 있다. 진리에 대한 인식 태도가 달라진 것이다. 그렇다면 이 사회에서 생명과학과 의학이 초래한 가치의 위기는 어떻게 극복되어야 할 것인가? 그것은 다원적 민주사회의 진리관 하에서, 즉 실천적 사유와 담론의 장에서 민주적인 소통과 토론을 통하여 극복되어야 할 것이다. 비오스총서의 목적은 바로 한국의 지식사회에 그러한 소통과 토론을 촉진하기 위한 사유의 씨앗을 뿌리려는 데 있다. 지금 의학과 생명과학에서 일어나고 있는 일들은 장차 한국 사회 나아가 세계의 변화에 거대한 영향을 미칠 것이 분명하다. 그리고 이 문제들은 특정 분야의 몇몇 전문가의 힘만으로 해결될 수 있는 문제는 아니며, 과학기술의 힘만으로 해결될 수 있는 문제는 더더욱 아니다. 현대의 일상적 삶 속에서 생명과학과 의학에 의해서 형성되고 영향받는 영역은 개인의 삶의 모든 영역이라고 해도 과언이 아니다. 그런데 생명과학과 의학의 성취의 함의가 아직 충분히 규명되지 못했음에도 불구하고, 우리는 이에 관해 선택하고 결정하지 않을 수 없는 상황에 처해 있다. 그러한 선택과 결정을 올바르게 수행하기 위해서 우리가 안고 있는 문제들에 대한 깊이 있는 지적 탐색은 무엇보다도 긴요한 것이라고 하지 않을 수 없다.

이화여자대학교 생명의료법연구소는 2005년 설립된 이후 이 생명윤리를 연구하는 우리나라의 대표적인 기관으로서, 생명윤리 및 생명윤리 정책에 관한 연구를 위하여 그리고 이에 관한 담론의 확산을 위해 많은 노력을 기울여 왔다. 이제 어언 십년이 흐른 지금, 우리 사회에 생명윤리 담론의 착근과 확산, 그리고 더욱 수준 높은 연구 성과의 창출에 조금이라도 기여하기를 바라는 마음에서 그동안 거둔 결실의 일부를 이 비오스총서로 내놓는다.

여러 가지 부족함과 많은 한계에도 불구하고, 이 총서가 우리 지식사회의 생명윤리 관련 담론을 더욱 풍부하게 하고, 관련 서적과 자료가 부족한 현실에서 젊은 연구자들의 길잡이가 되며, 나아가 이러한 담론을 전개하는 가운데 성찰적 민주주의의 훈련이 이루어져서 우리 사회를 한층 더 성숙하게 하는 데 도움이 될 수 있다면 그 이상 기쁜 일은 없을 것이다.

2014년 2월
이화여자대학교 생명의료법연구소 연구진 일동

비오스총서 009

의료윤리학의 이론과 실제

초판1쇄 인쇄 2016년 12월 28일
초판1쇄 발행 2016년 12월 30일

지은이 핫토리 켄지·이토 타카오
옮긴이 김도경·정신희
펴낸이 김수영
펴낸곳 로도스출판사

출판등록 2011년 2월 22일 제301-2011-035호
주소 서울시 성북구 동소문로 118 플라망스타워 1102호
전화 02-3147-0420~0421
팩스 02-3147-0422
이메일 rhodosbooks@naver.com

ⓒ 로도스, 2016, Printed in Seoul, Korea.

ISBN 979-11-85295-23-7 94190
　　　979-11-85295-10-7(세트)

값은 뒤표지에 있습니다.
잘못된 책은 바꿔드립니다.

이 책은 (재)국가생명윤리정책연구원의 '2016년 생명윤리관련 도서출판 지원사업'의 지원으로 제작되었습니다.